KB072635

이 책에 쏟아진 찬사들

포스트 스티브 잡스 시대의 애플에 대한 매혹적인 시선이자 크리에이터와 운영자가 협력해 가치를 창조하는 방법을 알려주는 마스터 클래스와도 같은 책.
— **스콧 갤러웨이**Scott Galloway, 《표류하는 세계》, 《플랫폼 제국의 미래》 저자

현대 기업 역사상 가장 위대한 드라마를 보여주었던 기업의 감춰졌던 '비밀의 장막'이 드디어 열렸다! 이 책은 애플이 훌륭하고 카리스마 넘치는 창업자의 죽음 이후 어떻게 살아남았고 번영했는지를 잘 보여준다.
— **제임스 스튜어트**James Stewart, 《도둑 소굴Den of Thieves》, 《디즈니 전쟁Disney War》, 《블러드 스포츠Blood Sport》 저자

애플의 비밀주의 문화를 뚫고 들어가 스티브 잡스 이후 어떻게 팀 쿡과 조너선 아이브가 애플을 전례 없는 성공으로 이끌었는지 그 뒷이야기를 흥미진진하게 들려준다.
— **사라 게이 포든**Sara Gay Forden, 블룸버그 뉴스 기술 정책 취재 팀장, 《하우스 오브 구찌》 저자

저자의 사실적 필체는 스티브 잡스가 숨진 이후 10년간의 드라마와 인물, 사건들에 생명을 불어넣었다.
— **마이클 모리츠**Michael Moritz, 세쿼이아 캐피털Sequoia Capital의 파트너이자 《스티브 잡스와 애플 Inc.》 저자

스티브 잡스의 후계자 팀 쿡이 적대적인 미·중 관계를 포함하여 잡스가 겪지 않았던 많은 도전들에 어떻게 맞섰는지를 생생하게 보여준다.
— **링링 웨이**Lingling Wei, 《강대국 최후의 결전Superpower Showdown》 저자

애플을 세계 시가총액 1위 기업으로 이끈 인물, 흥미로운 사건, 의사결정들에 대한 짜릿한 뒷이야기. 이 책에는 포스트 스티브 잡스 시대 애플에 대한 확실한 설명이 담겨 있다.
— **뷰 스리니바산**Bhu Srinivasan,《아메리카나Americana》저자

2000년대 조너선 아이브의 성공을 바탕으로 만들어진 애플이 2010년대에 팀 쿡의 회사가 된 과정을 가감 없이 보여주는 책. 애플의 시련과 승리를 재료로 하여 밀도 있고 세밀하게 만든 모자이크 작품을 보는 듯하다. 치밀한 전략과 예상치 못한 운 사이의 끊임없는 긴장을 놀랍도록 상세하게 묘사했다.
— 〈뉴욕 타임스〉

애플의 비밀주의 문화를 감안했을 때 이 책은 진정한 저널리즘적 업적이 아닐 수 없다.
— 〈워싱턴 포스트〉

스티브 잡스 사망 이후 애플의 문화가 어떻게, 왜 바뀌었는지에 대한 저자만의 날카로운 통찰력을 엿볼 수 있다. 애플 애호가와 회의론자 모두 읽어봐야 할 책이다.
— 〈퍼블리셔스 위클리〉

과연 애플이 '기술 선도자'의 자리를 계속해서 지킬 수 있을지에 대한 논쟁을 여러 사실을 기반으로 세밀하게 다루는 작품. 앞으로 애플의 진화가 궁금하다면 이 책을 읽어야 한다.
— 〈커쿠스 리뷰〉

굉장하다! 스티브 잡스 사망 이후 '포스트 애플'을 이끈 정반대 성향을 가진 두 사람의 어린 시절부터 현재까지의 이야기를 이토록 깊이 있게 다룬 책은 없을 것이다.

– 〈와이어드〉

새로운 애플의 두 기둥인 조너선 아이브와 팀 쿡의 역사와 성장 과정, 그리고 그들이 왜 이러한 사람이 되었는지를 놀랍도록 자세하고 재미있게 들려준다. 스티브 잡스와 연결되는 애플의 마지막 역사를 다루고 있는 책! 진정한 애플 팬이라면 꼭 읽어봐야 한다.

– 아마존 독자(Aliyna C)

비밀스러운 회사로 악명 높은 애플에 대한 저자의 깊이 있는 취재는 그의 이야기를 더욱 사실적이고 생생하게 만든다. 디자인 과정을 비롯하여 제조와 물류에 대한 흥미진진한 이야기를 담은 이 책은 애플의 새로운 비즈니스 모델과 스티브 잡스 이후의 혁신을 이해하고자 하는 사람들에게 최고의 책이 될 것이다.

– 아마존 독자(Justin)

애플 유저로서 애플이라는 회사의 이면을 들여다보고 싶었다. 잡스, 쿡, 아이브 및 기타 애플의 거물 경영진들이 전체적인 그림을 그리면서 회사를 어떻게 발전시켰는지를 보는 과정은 놀랍고도 유쾌했다. 그동안 알지 못했던 애플의 비하인드 스토리가 듬뿍 담겨 있어서 흥미진진했다.

– 아마존 독자(Heather)

애프터 스티브 잡스

표지 사진 © Getty Images, Photo by Justin Sullivan

애프터 스티브 잡스

초판 1쇄 발행 · 2024년 4월 5일

지은이 · 트립 미클
옮긴이 · 이진원
발행인 · 이종원
발행처 · (주)도서출판 길벗
브랜드 · 더퀘스트
주소 · 서울시 마포구 월드컵로 10길 56(서교동)
대표전화 · 02)332-0931 | **팩스** · 02)322-0586
출판사 등록일 · 1990년 12월 24일
홈페이지 · www.gilbut.co.kr | **이메일** · gilbut@gilbut.co.kr

기획 및 책임편집 · 유예진(jasmine@gilbut.co.kr), 송은경, 오수영 | **제작** · 이준호, 손일순, 이진혁
마케팅팀 · 정경원, 김진영, 김선영, 최명주, 이지현, 류효정 | **유통혁신팀** · 한준희
영업관리 · 김명자 | **독자지원** · 윤정아

디자인 · 알레프 디자인 | **교정교열** · 최진
CTP 출력 및 인쇄 · 정민문화사 | **제본** · 정민문화사

• 더퀘스트는 ㈜도서출판 길벗의 인문교양·비즈니스 단행본 브랜드입니다.
• 이 책은 저작권법에 따라 보호받는 저작물이므로 무단전재와 무단복제를 금합니다. 이 책의 전부 또는 일부를 이용하려면
  반드시 사전에 저작권자와 (주)도서출판 길벗(더퀘스트)의 서면 동의를 받아야 합니다.
• 잘못 만든 책은 구입한 서점에서 바꿔 드립니다.

ISBN 979-11-407-0897-0 03320
(길벗 도서번호 090213)

정가 35,000원

독자의 1초를 아껴주는 길벗출판사

(주)도서출판 길벗 | IT교육서, IT단행본, 경제경영, 교양, 성인어학, 자녀교육, 취미실용 www.gilbut.co.kr
길벗스쿨 | 국어학습, 수학학습, 어린이교양, 주니어 어학학습, 학습단행본 www.gilbutschool.co.kr

잡스 사후, 애플이 겪은 격동의 10년을 기록한 단 하나의 책

애프터 스티브 잡스

트립 미클 지음 | **이진원** 옮김

더퀘스트

AFTER STEVE

Copyright ⓒ 2022 by Tripp Mickle

All rights reserved

Korean translation copyright ⓒ 2024 by Gilbut Publishing Co.,Ltd

Published by arrangement with William Morrow,

an imprint of HarperCollins Publishers through EYA Co.,Ltd.

이 책의 한국어판 저작권은 EYA Co.,Ltd를 통해 William Morrow,

an imprint of HarperCollins Publishers 사와 독점계약한 ㈜도서출판 길벗에 있습니다.

저작권법에 의하여 한국 내에서 보호를 받는 저작물이므로 무단전재 및 복제를 금합니다.

"제도란 길게 늘어진 한 사람의 그림자다."

– 랄프 왈도 에머슨(미국의 사상가 겸 시인)

———————

"합리적인 사람은 자기를 세상에 맞추지만

비합리적인 사람은 세상을 자신한테 맞추고자 계속 고집을 부린다.

그러므로 모든 진보는 비합리적인 사람의 손에 달려 있다."

– 조지 버나드 쇼(아일랜드의 극작가 겸 소설가이자 비평가)

조너선 아이브에게 기발한 아이디어가 떠올랐다. 때는 2018년 봄이었고, 애플의 핵심 임원 100명이 캘리포니아 카멜 밸리의 한 호텔 회의실에 모여 있었다. 애플이 스티브 잡스가 세상을 떠난 후 처음 내놓은 신제품인 애플워치를 출시한 지 3년이 지난 시점이었다. 애플의 다음 행보는 불투명했고, 오랫동안 애플의 디자인을 책임졌던 아이브는 아이폰보다 더 강력한 새로운 기기를 개발하기 위해 고군분투하고 있었다. 그는 설렘과 불안감을 안고 회의실에 모인 사람들 앞에 서서 SF 소설에 나올 법한 일을 현실로 만들 아이디어를 소개했다.

아이브가 상영한 콘셉트 비디오는 애플 광고처럼 세련된 느낌을 줬다. 영상은 런던에서 택시를 탄 한 남성이 증강현실 헤드셋을 쓰고 샌프란시스코에 있는 아내에게 전화를 걸면서 시작했다. "런던에 올래?" 남편이 물었다. 이후 부부는 곧 남편의 눈을 통해 런던의 멋진 풍경을 공유하기 시작한다. 빅 벤 시계탑, 피커딜리서커스 광장, 템스강 등. 두 사람은 대륙과 바다를 사이에 두고 멀리 떨어져 있었지만 이미지가 너무 선명해서 아내는 마치 자신이 직접 택시 창밖을 내다보며 런던의 울퉁불퉁한 거리를 달리고 있다고 느꼈다.

디지털 세계와 현실 세계를 혼합해 보여주는 애플의 이 차세대 비즈니스 혁신 기기를 본 임원들은 흥분을 감추지 못했다. 앞서 수년 동안 아이브는 이러한 기기의 목적에 대해 의문을 품고 있었다. 그는 이것이 쾌락적인 미디어 소비를 위한 수단, 다시 말해 현실 세계에서 벗어나 비디오 게임이나 영화로 빠져들게 만드는 도구가 될까 봐 걱정했다. 그는 헤드셋 개발팀에게 헤드셋을 서로 멀리 떨어져 있는 친구와 가족을 한데 모으는 '연결을 위한 도구'로 만들어달라고 부탁했다. 그는 이러한 개념이 사람들의 삶을 풍요롭게 하는 기술을 개발한다는 애플의 사명을 실현해주리라 생각했다.

그날 회의에 참석한 거의 모든 사람의 의견이 일치했다. 애플에게 이것은 미래 그 자체였다.

당시만 해도 이 헤드셋에는 이름이 없었지만 다른 애플 제품들과 똑같은 개발 과정을 거쳤다. 아이브가 이끄는 산업 디자인팀은 가장 먼저 기기를 구체화하기 시작했다. 그들은 기기의 목적을 정의하고 제작을 주도했다. 수많은 엔지니어링 아이디어를 거절하고 중요한 개념만을 받아들였다. 그리고 아이브가 이 프로젝트의 축복을 빌며 자신이 기대하는 기기에 대한 꿈을 제시한 후에야 비로소 '비전 프로Vision Pro'라는 이름을 얻게 됐다. 그렇게 이 기기는 개발 단계를 벗어나 전 세계 매장으로 옮겨질 수 있었다.

하지만 2024년 초, 비전 프로가 출시되었을 때 아이브는 이미 애플을 떠난 뒤였다. 그는 2019년 여름 애플을 떠났고, 2022년 여름에는 애플에 제공하던 컨설팅마저 중단했다. 그는 멀리서 애플이 증강현실을 연구하는 모습을 지켜보면서 엔지니어 마이크 록웰Mike Rockwell이 주도하는 이 프로젝트가 개인용 기기를 만들겠다는 자신의 비전을 포기하고 대신 처음의 우려대로 미디어 소비 기기 쪽으로 방향을 전환하고 있다는 사실에 불안감을 느꼈다.

아이브의 걱정은 잡스가 사망한 후 10년 동안 이루어진 애플의 변화에 대한 것이기도 했다. 과거 애플은 창의적인 분위기 속에서 신제품에 대한 아이디어가 솟구쳐 나오는 회사였다. 애플의 공동 창업자이자 창의적인 선구자였던 잡스는 아이맥, 아이팟, 아이폰, 아이패드의 탄생을 이끌었다. 잡스가 사망한 후 아이브는 제품 관리의 책임을 맡으면서 창업자의 죽음 이후 10년 만에 나온 유일한 신제품인 애플워치의 개발을 주도했다. 잡스와 아이브, 이 두 사람은 애플을 비즈니스 제국으로 만들어준 기기들을 탄생시킨 창의적인 영혼이었다.

이 책은 잡스 사후 애플에서 일어난 변화들에 주목하고 있다. 아이브와 애플의 CEO인 팀 쿡의 삶과 경력을 재조명하며 애플이 어떻게 우뇌형 예술가와 좌뇌형 경영자의 재능을 균형 있게 조화시키면서 번창했는지를 보여준다. 아이브는 잡스 사후 첫 신제품인 애플워치를 구상하고 개발을 이끌었다. 그리고 쿡은 가장 중요한 신규 사업인 애플뮤직 같은 소프트웨어 및 서비스 판매를 주도했다. 워치와 서비스의 결합은 애플을 전례 없이 높은 위치로 끌어올렸다.

시간이 흐르고 한때 화목했던 두 사람의 관계에 긴장감이 감돌았다. 쿡은 아이브를 중심으로 제품을 만드는 데 집중하던 회사를 소프트웨어 판매에 더욱 집중하는 회사로 바꿔놓았다. 이 과정에서 쿡은 회사의 지출을 줄이고, 스타급 인재들을 팀의 일원 정도로 만드는 좀 더 평등한 구조를 창조했다. 이러한 변화로 인해 창의적인 목소리는 점점 작아졌고 다수가 애플에 이별을 고했다.

그런 상황에서도 애플은 큰 문제 없이 잘 버텼다. 쿡의 전략은 회사의 실적을 기록적인 수준으로 끌어올렸다. 연 매출은 4,000억 달러에 육박했고 순익은 1,000억 달러를 기록했다. 2023년에는 시가총액이 잠시 3조 달러를 돌파하기도 했다. 하지만 동시에 애플은 여러 가지 도전에도 직면했다. 아이폰 판매는 정체기를 맞았고, 맥과 아이패드의 판매는 감소하고 있다. 방송통신위원회가 기존 인앱 결제(애플 자체 결제 시스템) 외 대체 결제를 도입하도록 한 한국을 비롯해 전 세계 규제 당국이 앱 판매에 따른 애플의 수익에 압박을 가했다. 그리고 중국 최대 스마트폰 제조업체인 화웨이Huawei는 수년간 이어진 미국의 제재에서 회복하며 반등했다.

무엇보다 중요한 사실은, 이 글을 쓰는 현재까지 애플이 실리콘밸리를 휩쓸고 있는 신생 기술인 생성형 AIGenerative AI 분야에 뛰어들지 않고 있다는 점이다. 질문에 답하고, 이미지를 만들고, 코드를 작성할 수 있는 이 기술이 기존의 비즈니스를 혁신하고 수조 달러의 경제적 가치를 창출할 잠재력을 지닌 것으로 기대되고 있는데도 말이다. 생성형 AI의 등장은 주식 시장에도 엄청난 판도 변화를 가져왔다.

판매 둔화 등의 역풍에 직면한 애플은 결국 세계 시가총액 1위 기업의 자리에서 내려왔다. 2011년 이후 계속해서 유지해오던 1위 자리를 2024년 초 마이크로소프트Microsoft에 내준 것이다. 이 서문을 쓰고 있는 2024년 2월 현재, 애플은 여전히 세계 시가총액 2위에 머물고 있다. 마이크로소프트는 AI 기술 전환을 선두에서 이끌면서 애플을 추월할 수 있었다. 마이크로소프트는 생성형 AI 바람을 몰고 온 챗GPTChatGPT의 제조사인 오픈AIOpenAI에 막대한 투자를 한 건 물론이고 자사의 제품군 전체에 AI 기술을 적용했다. 이러한 과감한 베팅은 매출 급증이란 가시적 성과로 이어졌다.

쿡은 애플도 2024년 AI 기술을 적용한 첫 제품을 출시할 것이라고 말했다. 애플은 현재 사진을 편집하고 코드를 작성할 수 있는 거대언어모델large language model 기반의 AI 제품을 개발 중이다. 하지만 애플이 AI 제품을 출시할 때가 되면 경쟁사보다 이미 1년 이상 뒤처진 상태가 된다. 과연 그때도 애플은 경쟁사들을 따라잡고 주식시장에서 빼앗겼던 왕좌 자리를 되찾을 수 있을까?

처음 애플워치를 선보였을 때 아이브는 창시자로 존경을 받았고, 애플 제품의 선구자로 추앙받았다. 이제 아이브가 부재한 상황에서 쿡은 애플의 새로운 제품 책임자로 자리를 잡았다. 이 책이 출간되기 전인 2024년 2월 초 애플이 아이브가 떠난 뒤 만든 첫 번째 신제품인 비전 프로를 출시했을 때, 쿡은 애플 파크 내 자기 사무실에 앉아 그것을 착용한 채《베니티 페어 Vanity Fair》디지털 표지에 들어갈 사진을 촬영하고 있었다. 그는《베니티 페어》와의 인터뷰에서 비전 프로의 초기 시연 결과 이 제품이 컴퓨팅의 미래라는 것을 알았다고 말했다. 그는 이어 "우리가 여기까지 오리라는 것을 수년 전부터 알고 있었다"면서 "정확한 시점까지는 몰랐지만 어쨌든 그럴 것임을 알고 있었다"고 설명했다.

가격이 3,500달러로 고가인 비전 프로에 대한 초기 평가는 엇갈렸다. 일부 기술 리뷰어들 사이에선 '획기적인 컴퓨터 인터페이스를 선보이는 놀라운 엔지니어링 업적'이라는 긍정적인 평가도 나왔지만 사용 목적이 불분명하고, 장시간 쓰고 있으면 불편하고, 가격이 비싸다는 비판도 제기됐다. 비전 프로를 구매한 많은 고객들도 이러한 비판적 평가에 동의했다. 구매자 중 상당수는 제품을 반품하고 더 가볍고 저렴해질 다음 세대를 기다리기로 했다. 미국의 기술 전문매체인 '더 버지The Verge'의 닐레이 파텔Nilay Patel 편집장은 "비전 프로가 정말 마법처럼 느껴질 수 있다. 단, 그렇지 않다고 느껴질 때까지만 말이다"라고 꼬집었다.

나는 비전 프로를 착용한 채 이 서문을 작성했다. 비가 추적추적 내리는 샌프란시스코의 겨울밤 어두운 창밖을 바라보는 대신 다이얼을 돌리자 하와이에 있는 3킬로미터 높이의 한 봉우리 꼭대기의 풍경이 눈앞에 펼쳐졌다. 산 위로 부드럽게 불어오는 바람 소리가 귓가에 맴돌았다. 타이핑한 단어가 영화 스크린 크기의 가상 디스플레이에 나타났다. 하지만 시간이 지나면서 점점 목이 아프기 시작하고, 눈이 건조해지는 것을 느낄 수 있었다. 가상현실도 결국은 현실을 벗어날 수 없음이 밝혀졌다.

비전 프로를 착용하고 보니 문득 아이브가 애플에 계속 있었다면 이 제품이 어떻게 다르게 나왔을지 궁금해졌다. 이 책을 읽어보면 알 수 있듯이 아이브는 완벽한 제품 개발을 위해 모든 세부적인 면까지 꼼꼼히 관리하는 사람이었다. 그러면 더 가벼운 제품을 만들기 위해 노력하지 않았을까? 헤드셋에 배터리 팩을 내장시켜야 한다고 요구하지 않았을까? 지금처럼 공간 컴퓨팅spatial computing을 위한 도구가 아닌 사람들을 연결해주는 기기로 광고하자고 주장하지 않았을까?

애플이 비전 프로를 판매할 준비를 하는 동안 쿡은 한 개인을 조명해 영웅을 만들어내기보다는 함께하는 팀워크에 집중했다. 그는 과거에는 사용자의 얼굴에 기계를 얹히려면 거대한 기기를 사용할 수밖에 없었으나 이제 그것을 소형화했다는 점을 높이 평가했다. 쿡은 〈굿모닝 아메리카〉에 출연하여 "이런 일이 여러분에게 일어났고, 여러분은 지금 이 순간 이것이 얼마나 대단한 일인지 알고 있습니다. 실로 이건 엄청난 사건입니다"라고 말했다. 그는 가격에 대한 우려를 떨쳐버리듯 비전 프로는 훌륭한 가치를 선사한다면서 "이것이 바로 내일의 기술입니다"라고 주장했다.

 2020년 이 책의 집필 작업을 시작했을 무렵, 내 머릿속에 불현듯 애플의 미래에 대한 여러 중요한 질문들이 떠올랐다. 예를 들면 이런 것들이었다. 잡스와 아이브라는 창조적 천재의 비전을 바탕으로 번창했던 회사가 두 사람의 부재 속에도 계속 성공할 수 있을까? 기존의 선구자 없이도 새로운 위대한 제품을 만드는 방법을 찾을 수 있을까? 미래 지향적 기기를 내놓으면서도 과거의 제품들이 애플을 떠받쳐줄 수 있을까?

 2024년 현재, 이러한 질문들에 대한 답이 서서히 구체화되고 있다. 최신 비전 프로는 아직 초기 단계의 기술을 미리 경험하고 싶어 하는 소프트웨어 제작자와 기술 애호가를 위해 만들어진 제품임이 분명하다. 애플은 비전 프로가 주류로 자리 잡기 전에 무게와 비용을 줄여야 할 것이다. 그리고 생성형 AI를 일상 업무에 사용하기 시작하는 사람들이 늘어나면서 하드웨어와 소프트웨어의 관련성을 유지하는 게 애플로서는 매우 중요할 것이다. 동시에 애플은 어제가 아닌 미래의 기술 회사로 남을 것이라는 투자자들의 믿음을 유지하기 위해 생성형 AI 경쟁사들을 따라잡고 화웨이의 부상을 막아야 한다.

 애플의 향후 움직임이 매우 흥미로운 이유도 바로 이런 도전들 때문이다. 아무리 덩치가 커졌다고는 하나, 애플이 존립의 기로에 서 있었던 적은 이번뿐만이 아니다. 심지어 1990년대에는 파산을 6개월 앞두기도 했다. 창업자 잡스는 2011년에 사망했다. 아이폰 사업도 침체를 겪었다가 부활했다.

이 모든 곤경 속에서도 단 한 가지 변하지 않은 게 있다면 바로 팀 쿡이다. 앨라배마 출신의 경영자인 그는 과연 애플을 다시 구할 수 있을까? 오직 시간만이 그 답을 알려줄 것이다.

차례

이 책은 〈월스트리트 저널〉 기자로 애플을 취재한 4년을 포함해서 5년 동안 내가 직접 쓴 기사에 바탕을 두고 쓴 논픽션 작품이다. 나는 그동안 200명이 넘는 전·현직 애플 직원들을 만나 이야기를 나누면서 회사의 모든 면에 대한 그들의 생각을 들을 수 있었다. 또한 그들의 가족, 친구, 공급업자, 경쟁자, 그리고 정부 관계자들을 인터뷰했다. 그들 중 다수와는 수개월에 걸쳐 여러 장소에서 따로 만나 몇 시간 동안 이야기를 나누었다. 그들 대부분은 애플이 자사의 사업에 대해 외부에 정보를 흘리는 사람들에게 법적 위협을 가한 전력이 있다는 점을 언급하며 자신의 신원을 밝히지 않는다는 조건으로 나를 도와주었다. 나는 또한 지난 수십 년간 나온 애플과 관련된 뉴스 기사, 서적, 법정 기록물과 함께 다른 출판물도 참조했다. 이런 자료들에 대한 출처는 책 마지막에 자세히 기록해놓았다.

이 책에 등장하는 대화는 비디오나 오디오 녹음에서 따왔거나 사건 당사자들의 회상을 바탕으로 재구성했음을 밝힌다. 같은 상황에 대해 서로 상충된 설명을 들었을 때는 가장 그럴듯한 설명을 넣었고, 충분한 근거가 있다고 판단되는 다른 기억들은 주 형식으로 책 뒤에 상세히 기술해놓았다.

등장인물

팀 쿡 Tim Cook

- 최고경영자(2011~현재)

- 월드와이드 오퍼레이션Worldwide Operations 수석 부사장 겸 최고운영책임자COO(1998~2011년)

조너선 아이브 Jony Ive

- 최고디자인책임자CDO(2015~2019년)

- 디자인 수석 부사장, 디자인 팀원(1992~2015년)

임원

- **앤절라 아렌츠**Angela Ahrendts | 소매 부문 수석 부사장(2014~2019년)

- **케이티 코튼**Katie Cotton | 월드와이드 커뮤니케이션 부문 부사장(1996~2014년)

- **에디 큐**Eddy Cue | 서비스 부문 부사장(2011~현재, 1989년 입사)

- **스티브 다울링**Steve Dowling | 커뮤니케이션 부문 부사장(2015~2019년, 2003년 입사)

- **토니 파델**Tony Fadell | 아이팟 사업부 수석 부사장(2005~2008년, 2001년 입사)

- **스콧 포스톨**Scott Forstall | 모바일 소프트웨어 부문 수석 부사장(2007~2012년, 1997년 입사)

- **그레그 조스위악**Greg Joswiak | 월드와이드 마케팅 부문 부사장(2020~현재, 1986년 입사)

- **루카 마에스트리**Luca Maestri | 수석 부사장 겸 최고재무책임자CFO(2014~현재, 2013년 입사)

- **밥 맨스필드**Bob Mansfield | 하드웨어 엔지니어링 부문 수석 부사장(2005~2012년, 1999년 입

사. 2012년 이후 미래 프로젝트 자문관으로 활동)

- **데어드레이 오브라이언**Deirdre O'Brien | 소매·인사 부문 수석 부사장(2019~현재, 1988년 입사)

- **피터 오펜하이머**Peter Oppenheimer | 수석 부사장 겸 CFO(2004~2014년, 1996년 입사)

- **댄 리치오**Dan Riccio | 하드웨어 엔지니어링 부문 수석 부사장(2012~2021년, 1998년 입사)

- **존 루빈스타인**Jon Rubinstein | 하드웨어 엔지니어링 및 아이팟 사업부 수석 부사장(1997~2006년)

- **필 실러**Phil Schiller | 월드와이드 마케팅 부문 수석 부사장(1997~2020년, 1987년과 1997년 입사)

- **브루스 시웰**Bruce Sewell | 수석 부사장 겸 고문 변호사(2009~2017년)

- **제프 윌리엄스** | 최고운영책임자(2015~현재, 1998년 입사)

산업 디자인팀

- **바트 안드레**Bart Andre | 디자이너(1992~현재)

- **로버트 브루너**Robert Brunner | 산업 디자인 책임자(1990~1996년)

- **대니 코스터**Danny Coster | 디자이너(1994~2016년)

- **다니엘 드 이우리스**Daniele De Iuliis | 디자이너(1992~2018년)

- **줄리안 회니그**Julian Hönig | 디자이너(2010~2019년)

- **리처드 하워스**Richard Howarth | 디자이너(1996~현재)

- **던컨 커**Duncan Kerr | 디자이너(1999~현재)

- **마크 뉴슨**Marc Newson | 디자이너(2014~2019년), 러브프롬LoveFrom(2019~현재)

- **팀 파시**Tim Parsey | 산업 디자인 스튜디오 매니저(1991~1996년)

- **더그 샛츠거**Doug Satzger | 디자이너(1996~2008년)

- **크리스토퍼 스트링거**Christopher Stringer | 디자이너(1995~2017년)

- **유진 황**Eugene Whang | 디자이너(1999~2021년)

- **리코 조켄도르퍼**Rico Zorkendorfer | 디자이너(2003~2019년)

소프트웨어팀

- **임란 초드리**Imran Chaudhri | 디자이너(1995~2016년)

- **그레그 크리스티**Greg Christie | 휴먼 인터페이스 디자인 부문 부사장(1996~2015년)

- **앨런 다이**Alan Dye | 휴먼 인터페이스 디자인 부문 부사장(2012~현재), 크리에이티브 디렉터

  (2006~2012년)

- **헨리 라미루**Henri Lamiraux | 소프트웨어 엔지어링 부문 부사장(2009~2013년, 1990년 입사)

- **리처드 윌리엄슨**Richard Williamson | 디자이너(2001~2012년)

마케터

- **히로키 아사이**Hiroki Asai | 글로벌 마케팅 커뮤니케이션 부문 부사장(2010~2016년, 2000년 입사)

- **폴 드네브**Paul Deneve | 애플 유럽 법인 세일즈·마케팅 매니저(1990~1997년), 특별 프로젝트 부

  문 부사장(2013~2017년)

- **던컨 밀너**Duncan Milner | 최고크리에이티브책임자, TBWA\미디어 아트 랩(2000~2016년)

- **제임스 빈센트**James Vincent | TBWA\미디어 아트 랩 CEO 겸 TBWA/치아트/데이와 애플 상무

  이사(2000~2006년)

음악

- **닥터 드레**Dr. Dre | 비츠뮤직 공동 창업자

- **지미 아이오빈**Jimmy Iovine | 비츠뮤직 공동 창업자

- **트렌트 레즈너**Trent Reznor | 비츠뮤직 최고크리에이터책임자

- **제프 로빈**Jeff Robbin | 소비자 애플리케이션 부문 부사장

엔지니어

- **제프 다우버**Jeff Dauber | 엔지니어(1999~2014년, 실리콘·건축·기술 부문 수석 책임자)

- **유진 김**Eugene Kim | 엔지니어(2001~현재, 2018년 부사장 임명)

운영

- **토니 블레빈스**Tony Blevins | 조달 부문 부사장(2000~현재)

- **닉 포렌자**Nick Forlenza | 제조 디자인 부문 부사장(2002~2020년)

서비스

- **제이미 일리크트**Jamie Erlicht | 월드와이드 비디오 부문 책임자(2017~현재)

- **잭 반 앰버그**Zack Van Amburg | 월드와이드 비디오 부문 책임자(2017~현재)

- **피터 스턴**Peter Stern | 클라우드 서비스 부문 부사장(2016~현재)

이사회

- **제임스 벨**James Bell(2015~현재)

- **미키 드렉슬러**Mickey Drexler(1999~2015년)

- **앨 고어**Al Gore(2003~현재)

- **밥 아이거**Bob Iger(2011~2019년)

- **수전 바그너**Susan Wagner(2014~현재)

패션

- **앤드류 볼튼**Andrew Bolton | 메트로폴리탄 미술관 의상 연구소 수석 큐레이터

- **칼 라거펠트**Karl Lagerfeld | 디자이너

- **애나 윈투어**Anna Wintour | 《보그》 편집장

동료

- **마틴 다비셔**Martin Darbyshire | 탠저린 공동 창업자 겸 CEO

- **짐 도튼**Jim Dawton | 탠저린 디자이너, 뉴캐슬 폴리테크닉 급우

- **클라이브 그리니어**Clive Grinyer | 탠저린 공동 창업자

· **피터 필립스**Peter Phillips | 탠저린 파트너

팀 쿡과 조너선 아이브의 부모

· **도널드 쿡**Donald Cook

· **제럴딘 쿡**Geraldine Cook

· **마이클 아이브**Michael Ive

· **패멀라 아이브**Palema Ive

조너선 아이브는 새너제이^{San Jose}에 있는 극장의 어둑어둑한 복도에서 자신의 차례를 알리는 신호를 기다리며 어슬렁거리고 있었다. 그는 자신이 해야 할 말을 알고 있었고, 사람들이 무엇을 기대하는지도 이해하고 있었다. 다른 사람들이 자신의 행동 하나, 표정 하나를 유심히 관찰하고 있다는 사실을 잘 알고 있던 그는 아무것도 드러내지 않는 무표정한 표정을 유지하고자 애썼다.

때는 2019년 6월 초순이었다. 아이브는 애플의 연례행사 중 하나가 끝난 뒤 열린 제품 시연 행사에 참석해야 했다. 그것은 비밀스러운 회사 애플이 새롭고 놀라운 신제품을 공개하는 의례적 행사였고, 아이브는 그동안 모든 신제품 디자인에서 중요한 역할을 담당해왔다. 헐렁한 리넨 바지와 티셔츠, 견고한 짜임새의 카디건으로 '고급스러운 느낌의 캐주얼' 복장을 한 그는 이제 쉰두 살였고, 더 증명할 것이 아무것도 남아 있지 않았다. 그의 시각, 즉 순수하고 단순한 선線에 대한 사랑은 이미 세상을 다시 그려냈다고 해도 과언이 아니었다. 그러나 그는 애플워치 두께를 1밀리미터까지 따지거나 다른 사람들의 눈에는 보이지 않는 아이폰 부품들이 교차하는 곳에 생긴 아주 미세한 틈새까지 찾아내며 자신의 창작물에 결코 만족하는 법이 없었다. 그는 기계 안에서 '시詩'를 보았고, 꽃망울의 곡선과 열대 수역의 색깔에서 영감을 얻었으며, 모방을 아첨이 아닌 '게으른 절도'라고 생각했다.[1] 그가 팀원들 사이에 서 있을 때면 팀원들은 어떤 문제라도 해결할 수 있고 어떤 혁신도 가능할 것처럼 느꼈다.

그런 그가 여기선 자기가 나갈 차례를 기다리는 조연처럼 보였다. 아이브는 신제품 맥 프로Mac Pro가 올려져 있는 오크나무 테이블 앞을 서성였다. 그는 맥 프로에 관해 모든 것을 빠짐없이 알고 있었다. 디자인팀이 심해 산호 구멍에 대해 논의하고 있을 때도 스튜디오에 있었다. 맥 프로 안팎으로 공기와 열이 통하게끔 만들어진 알루미늄 프레임은 바로 그 심해 산호 구멍으로부터 아이디어를 얻은 것이었다. 그 결과 이 세상의 어떤 컴퓨터와도 다르게 생긴 컴퓨터가 탄생할 수 있었다. 바로 그 제품, 가장 최근에 만든 그 경이로운 제품 앞에 선 아이브는 어딘가 지루해 보였다.

그때 극장 입구에서 웅성거리는 소리가 들려왔다. 팀 쿡 애플 CEO가 〈CBS 이브닝 뉴스CBS Evening News〉 진행자 노라 오도넬Norah O'Donnell과 나란히 극장 안으로 성큼성큼 걸어 들어왔다. 취재진과 사진 기자들은 그의 일거수일투족을 포착하기 위해 붐 마이크와 카메라를 들고서 움직였다. 쉰여덟 살의 쿡은 날씬한 근육질이었다.[2] 새벽 운동을 하고, 평생 구운 닭고기와 찐 야채 식단을 유지해온 결과였다. 그는 근 10년 동안 애플의 시가총액을 1조 달러로 끌어올리는 엄청난 수익 성장기를 진두지휘하며 이 세계의 최대 상장기업을 경영해왔다. 그가 그렇게 기업의 CEO 자리에 오르기까지 걸어온 길은 작은 앨라배마주 마을 출신으로선 매우 놀라운 여정이었다. 앨라배마에선 향후 세계에서 가장 존경받는 CEO 자리에 오르기보다는 프랜차이즈 레스토랑 데니스Denny's를 경영할 가능성이 더 높았을 것이다.

많은 면에서 쿡은 아이브와 정반대였다. 쿡은 공급 부문 쪽에서의 능력을 인정받아 승진했다. 그는 신제품을 만드는 재능을 갖고 있지는 않았다. 대신 이윤을 극대화할 수 있는 수많은 방법을 개발했고, 일부 공급업체들을 쥐어짜거나 설득하여 더 많은 제품을 생산하기 위한 도시 크기 수준의 공장을 여러 개 짓도록 만들었다. 그는 재고를 죄악시했고, 압박을 가하는 질문을 던져 부하 직원들을 진땀 나게 만드는 방법을 알고 있었다. 시작은 비록 스프레드시트의 마법사였지만 그는 결국 미국 대통령과 중국 주석이 세계적 차원의 동맹을 맺도록 만든 위대한 정치인의 역할까지 해냈다. 그는 말 한마디로 세계 주식시장을 요동치게 만들 수도 있었다.

그에게 경의를 표하는 카메라 셔터 소리는 귀가 멍멍할 정도였다. 아이브는 이 소동에 끼어들어 쿡을 맞이했다. 이어 두 사람은 맥북 쪽으로 방향을 틀어 짜인 각본대로 자연스럽게 각자의 역할을 수행했다. 아이브는 쿡에게 맥북을 소개하며 마치 자기도 처음 보는 물건을 보여주듯 행동했다. 쿡 역시 이 모든 행위가 마케팅 의식儀式이라는 사실을 모르는 것처럼 진심으로 궁금해 죽겠다는 척을 했다. 이런 연출을 본 일부 관객들은 히죽히죽 웃음을 터뜨렸다.

그 순간이 너무 어색한 나머지 아이브는 더 이상 서 있기가 힘들 정도였다. 그는 자신의 대사를 마칠 때까지 몇 분 동안만 조명 아래에서 서성거리다가 카메라가 쿡으로 향하자 다른 곳으로 이동했다. 아이브가 사람들 사이를 미끄러지듯 통과해서 옆문으로 빠져나가며 사라진 것을 눈치챈 관객은 거의 없었다.

사실 아이브는 과거 수년 동안 사람들의 관심에서 벗어나 있었다. 애플은 더 이상 그의 아름다운 창조물이 아니었다. 그는 더 이상 이런 쇼의 스타가 아니었다. 카메라는 더는 그를 찍지 않았고, 뉴스 앵커들은 디자인에 대한 시적인 설명을 듣겠다고 그를 초대하지도 않았다. 외부 세계는 오직 애플이 관세, 이민, 프라이버시 문제와 관련해서 어떤 조치를 취할 건지만을 궁금해했다. 그들은 쿡을 원했다. 애플의 '창조적인 영혼'은 '기계' 같은 쿡에 밀려 빛을 잃고 있었다.

AFTER STEVE

CHAPTER 1

한 가지 더

조너선 아이브는 팰로앨토Palo Alto에 있는 수수한 2층짜리 집 밖에서 마음을 다잡았다.[1] 2011년 10월 4일 화요일 아침, 평상시 같으면 햇볕이 쨍쨍 내리쬐었을 실리콘밸리 평지가 짙은 구름과 함께 폭풍우로 뒤덮여 있었다. 날씨가 더 괜찮았다면 아이브는 쿠퍼티노Cupertino에 도착해 있었을 터였다. 애플은 그날 그곳에서 아이브가 디자인한 신형 아이폰을 소개하기 위한 특별 행사를 개최하고 있었다. 그러나 그는 상사이자 친구이면서 영적인 파트너인 스티브 잡스를 만나기 위해 그 행사에 가지 않았다.

아이브는 병원으로 변해버린 잡스의 집으로 들어갔다. 의사와 간호사들이 췌장암에 걸린 잡스가 누워 있는 곳 안에서 이리저리 움직였다. 잡스의 병실로 변신한 서재에는 세계 유일의 애플 제품 행사 동영상 스트리밍을 제공해주기 위해, 즉 애플의 이 오랜 쇼맨이 볼 동영상을 틀어주기 위해 TV가 유선으로 연결되어 있었다.

잡스의 집을 방문한다는 생각으로 아이브의 마음은 무거워졌다. 연초 병가를 낸 이후로 잡스는 아이브는 물론 애플의 디자인, 소프트웨어, 하드웨어, 마케팅팀의 다른 리더들을 자신의 집으로 계속 호출했다. 집 안에서는 잡스의 홀쭉해진 몸과 느려진 움직임을 통해 시간이 경과함을 알 수 있었다. 잡스의 얼굴은 수척해졌고, 두 다리는 뻣뻣한 나뭇가지처럼 말라 있었다. 잡스는 가족사진, 투약병, 종이 더미, 모니터, 기계들로 둘러싸인 침대를 거의 떠나지 않았다. 여전히 그는 일을 중단하길 거부했다. 그는 집에 모인 리더들을 향해 "애플은 내게 일이 아니다. 내 삶의 일부다. 난 이게 너무 좋다"라고 말하곤 했다.

그날 아이브는 잡스가 누워 있는 방으로 향하면서 사진작가 해럴드 에저튼Harold Edgerton이 찍은 사진을 지나쳤다. 에저튼은 시간을 얼어붙게 만드는 사람이다. 진한 파란색을 배경으로 한 사진에는 총알이 관통한 직후 중심부가 터지는 순간을 포착한 붉은색 사과의 모습이 담겨 있었다.

약 24킬로미터 떨어진 곳에서 팀 쿡은 '인피니트 루프 1번지1 Infinite Loop'에 자리한 애플 본사 밖의 아스팔트 주차장에 차를 세웠다. 옅은 황백색의 여섯 개 건물이 원형 반지 형태로 이어진 13만 제곱미터 크기의 이 애플 캠퍼스는 280번 주간 고속도로에서 조금 떨어진 쿠퍼티노에 있는 BJ 레스토랑 앤 브루하우스BJ's Restaurant & Brewhouse 뒤에 위치해 있었다. BJ 레스토랑 앤 브루하우스는 전국 체인점이자 연간 260억 달러에 가까운 이익을 거두는 애플의 평범한 작전기지였다.

그날은 아마도 쿡의 경력에서 가장 중요한 화요일이었을지 모른다. 두 달 전 잡스는 그를 COO에서 CEO로 승진시켰다. 이 발표는 세계를 경악시켰다. 애플과 잡스는 그가 앓는 병의 심각성을 숨긴 채 직원, 투자자, 언론이 악화하는 그의 건강에 대해 자세히 알지 못하도록 막았다. 잡스는 자신의 오랜 부관이었던 쿡에게 권력을 이양하면서 직원과 투자자들에게 자신이 제품 개발과 기업 전략에 계속 관여할 것이라고 장담하면서도 쿡이 회사를 이끌 것이라고 말했다. 그것은 회사의 백오피스^{back-office}, 즉 후방업무 지원 관리자에게 제품 출시 행사의 전면에 나서는 자리를 맡기겠다는 의미였다.

몇 시간 뒤 약 300명의 기자와 특별 손님들이 쿡의 첫 기조연설을 듣기 위해 애플 캠퍼스로 내려올 예정이었다. 이런 행사는 대개 샌프란시스코의 대형 강당이나 컨벤션 센터에서 열렸지만 이번 행사만큼은 캠퍼스 뒤편에 있는 타운홀^{Town Hall}이라고 알려진 비좁은 강의실에서 열리기로 결정됐다.

애플의 쇼 기획자들은 의도적으로 잡스의 집에서 가까운 이 작은 장소를 택했다. 잡스는 최고의 쇼맨이었다. 그러나 쿡은 그렇지 않았다. 애플의 공동 창업자인 잡스는 기업 프레젠테이션을 제품을 알리는 극장 공연처럼 바꿔놓았다. 그는 잠재 고객을 흥분시키고, '단순함^{simplicity}'을 통해 신제품의 목적을 드러내는 섬세하게 구성된 이야기로 청중을 매료시켰다. 그는 아이폰을 전화, 음악 플레이어, 인터넷 통신 기기라는 세 가지 용도로 쓸 수 있다고 광고했다. 그는 맥북 에어^{MacBook Air}를 갈색 사무실 봉투에 넣고 다니다가 꺼내 볼 수 있을 만큼 얇은 '은빛 토끼' 같은 존재로 바꾸어놓았다. 또한 음악을 듣기 위해서가 아니라 사람들이 음악을 발견하고 즐기는 방식을 바꿔놓기 위해서 아이팟^{iPod}을 개발했다며 세상 사람들을 설득했다. 반면 쿡은 청중 앞에 서 있기보다는 공급망 물류를 평가하는 게 더 편했다. 그 역시 과거 무대에 선 경험이 있었지만 어디까지나 판매한 컴퓨터 대수나 개점한 매장 수를 상세히 설명하는 부차적인 역할에 그치곤 했다. 그러던 쿡이 이제 잡스 대신 주연으로 나설 때가 온 것이었다.

타운홀에서 회의가 개최되기로 결정되면서 쿡의 데뷔 위험도 줄었다.

이곳은 뉴욕 브로드웨이 외곽 지역의 소극장 거리인 오프브로드웨이^{Off} ^{Broadway}에 있는 극장처럼 악평을 쓸지 모를 기자와 비평가들을 수용할 수 있는 좌석 수가 적었다. 또한 캠퍼스 안에 있었기 때문에 쿡은 일주일 내내 여러 차례 예행 연습을 해볼 수 있었다. 그는 혹시 모를 무대 공포에 무감 각해지기 위해 몇 시간 동안 대본에 적힌 자신의 발언을 검토했다. 타운홀 의 크기가 작아서 들어올 수 있는 카메라나 촬영팀 수가 많지 않았고, 발생 하는 소음도 적었다. 주변 환경에 익숙해진 그는 가장 중요한 임무인 '대사 전달'에 집중했다.

직원들은 그날 출시되는 아이폰에 '스티브를 위해^{For Steve}'라는 별명을 붙 였다.[2]

지난 30년 동안 잡스는 레오나르도 다빈치^{Leonardo da Vinci}와 토머스 에디 슨^{Thomas Edison}에 모두 비유됐을 정도로 독창적인 비전을 지닌 사람으로서 자신의 위치를 확고히 다졌다. 그는 고등학교 동창이자 엔지니어인 스티 브 워즈니악^{Steve Wozniak}과 함께 캘리포니아주 로스앨터스^{Los Altos}에 있는 그 의 부모님 집에서 일하면서 최초의 대중용 컴퓨터 중 하나를 개발했다. 컬 러 그래픽을 보여줄 수 있는 키보드와 전원공급 장치가 달린 회색 상자 모 양의 컴퓨터였다. 1977년, 두 사람은 회사를 세웠고 회사 이름은 잡스가 가장 좋아하는 밴드인 비틀스와 그들의 음반사인 애플 레코드에서 영감 을 받아 애플 컴퓨터^{Apple Computer Inc.}라고 공식 명명했다. 혹자는 잡스의 뻔 뻔한 컴퓨터 판매술을 실체가 없는 홍보성 주장이라고 일축했지만, 애플 II(애플 컴퓨터가 1977년에 만든 개인용 컴퓨터-옮긴이)는 상업적으로 성공한 최 초의 PC 중 하나가 되어 1980년 회사가 상장하기 전까지 연간 1억 1,700

만 달러의 매출을 올려줬다. 잡스와 워즈니악은 애플 II 덕분에 백만장자가 됐고, 차고에서 빈털터리로 시작해 성공한 그들의 출세담은 훗날 실리콘밸리 신화에 이름을 올렸다.

디자인 안목이 뛰어난 마케터였던 잡스는 1984년 키보드를 두드리지 않고 마우스 클릭만으로 화면을 제어할 수 있는 대중용 컴퓨터인 매킨토시Macintosh를 선보이면서 PC의 범주를 재정의했다. 잡스는 매킨토시를 "기술을 민주화하고, 최대 컴퓨터 제조사인 IBM을 폐위시킬 기계"라고 선전했다. 그는 광고 대행사인 치아트/데이Chiat/Day와 함께 빅 브라더Big Brother가 등장하는 '1984'라는 제목의 슈퍼볼 광고를 만들었다. 조지 오웰George Orwell의 동명 소설《1984》를 오마주한 광고였다(애플은 당시 강력한 경쟁사였던 IBM을《1984》소설 속 독재자인 빅 브라더로 묘사하고 매킨토시를 새로운 세상을 개척하는 여성 캐릭터로 형상화했다 - 옮긴이). 잡스는 일주일 후 애플의 첫 시그니처 행사 중 한 곳에서 매킨토시를 공개했다. 그는 캘리포니아주 쿠퍼티노에 있는 어두운 강당에서 매킨토시를 켜고 컴퓨터가 "안녕하세요, 저는 매킨토시입니다. 저 가방에서 나오니 정말 좋네요"라고 말하는 연출을 통해 청중을 매료시켰다.

그러나 1985년 매킨토시의 판매가 부진하자 이사회는 전 펩시코PepsiCo 임원인 존 스컬리John Sculley를 CEO로 앉히고 잡스를 퇴진시켰다. 스컬리는 마이크로소프트Microsoft의 윈도우 소프트웨어가 애플의 시장점유율을 잠식하기 시작할 때까지 애플에서 판매 신기록을 세웠다. 애플은 노트북 시장에 늦게 입성했고, 내분이 일어나자 스컬리도 퇴진하게 되었다. 그의 후임자는 1993년 애플에 입사한 마이클 스핀들러Michael Spindler였다. 스핀들러는 시장이 애플 컴퓨터로 넘쳐나게 만드는 전략을 썼지만 이로 인해 애플의 고민은 더욱 깊어졌다. 애플은 2년 동안 20억 달러 가까운 손실을 입었고, 1996년 잡스가 추방 중에 론칭한 넥스트NeXT라는 데스크톱 컴퓨터 회사를 인수하는 계약을 체결했을 무렵에는 파산 직전까지 내몰린 상태였다.

잡스는 애플로 돌아왔고, 역사상 가장 주목할 만한 사업상 복귀에 불을 지폈다. 그는 애플의 제품 라인업을 선별하고, 넥스트의 운영체계를 더 빠르고 현대적인 소프트웨어 시스템인 OS X의 기초로 사용했다. 또 회사 매출이 다시 성장할 수 있게 만들어 준 반투명한 사탕 색깔의 데스크톱인 아이맥iMac의 개발에 박차를 가했다. 또한 2001년에 출시한 아이팟을 통해 애플을 컴퓨터 회사를 넘어 소비자 가전제품 회사로 만들었다. 아이팟을 구매한 사람들은 99센트짜리 수천 곡을 호주머니에 넣고 다닐 수 있게 됐다. 2007년에 등장한 아이폰은 커뮤니케이션 방식을 전환해준 터치스크린 시스템을 선보이며 역사상 가장 많이 팔린 제품 중 하나가 되었다. 2010년에 나온 후속 제품인 아이패드는 태블릿 컴퓨팅을 재정의했다. 이처럼 내놓는 제품마다 줄줄이 성공을 거두자 잡스는 컬트 히어로cult hero(소수의 독자나 마니아들이 열광적으로 좋아하여 영웅처럼 여기는 예술 작가, 연예인, 운동선수 등을 이르는 말-옮긴이)가 되었다.

애플의 가장 열성 고객들은 사이비 종교 신자들만큼이나 애플에 열정적이었고, 애플을 지키기 위해 애썼다. 어떤 고객들은 애플의 로고나 광고 문구를 손목에 문신으로 새기기도 했다. CEO인 잡스는 그들의 구세주였고, 검은색 터틀넥, 리바이스 501 청바지, 뉴발란스 운동화 등 그의 일상복은 그의 종교적 이미지를 더욱 공고히 했다. 그는 현실을 왜곡할 수도 있었다. 그는 엔지니어링과 제조의 한계를 받아들이지 않고 어떻게 해서든 자신의 아이디어를 구현하기를 원했다. 또한 불가능해 보이는 것을 이룰 수 있다고 디자이너와 엔지니어팀을 설득했다. 그의 말이 얼마나 설득력 있고 강했던지 그가 죽지 않고 영생할지도 모른다고 믿는 사람도 일부 있었다.

잡스가 그날 행사 전에 열린 예행 연습에 참석하지는 않았지만, 애플의 경영진 중 몇몇은 그날 아침 그가 타운홀에 나타날지도 모른다며 기대를 품었다.[3]

직원들은 혹시 올지 모를 잡스를 위해 강의실 앞 통로 쪽 좌석을 남겨뒀고, 황갈색 의자 등받이 위에 흰색으로 '예약'이라는 글자가 적힌 검은 천 조각을 걸쳐놓았다.[4] 옆좌석에 앉은 애플의 고문 변호사 브루스 시웰Bruce Sewell은 잡스가 자리를 채울 가능성이 낮다는 걸 알고 있었지만 아무 말도 하지 않았다. 잡스의 건강이 최근 며칠 사이 악화됐지만 그는 전에도 깜짝 등장해 모두를 놀라게 한 적이 있었다. 그래서였는지 심지어 그의 가장 가까운 보좌관들조차 행사가 시작될 때쯤 그 빈자리가 채워질 것이라는 희망을 버리지 않았다.

팀 쿡이 흰색 애플 로고가 그려진 어두운 화면 뒤에서 무대 앞으로 미끄러져 나왔다. 캐주얼하면서도 패셔너블한 이세이 미야케의 터틀넥을 입고 나타나던 잡스와 달리 브룩스 브라더스 풍으로 버튼다운식 검은색 브로드 broadcloth 셔츠를 입고 나타난 쿡은 군중 앞에서 본인의 페이스를 유지하며 손에 리모컨을 들고 프레젠테이션을 시작했다.

"좋은 아침입니다. CEO로 임명된 후 처음으로 제품을 출시하게 되었습니다. 여러분은 이런 사실을 몰랐겠지요."

그는 자신의 무미건조한 유머가 방 안의 긴장을 조금이라도 풀어주기를 바라면서 미소를 지었다. 긴장된 분위기 속에서 청중들 사이에서 웃음소리가 들렸다. 농담이 잘 통하지는 않았지만 쿡은 계속 말을 이어갔다. "저는 애플을 사랑합니다. 저는 근 14년 동안 애플에서 일할 수 있었던 게 제 평생의 특권이라고 생각하며, 새로 맡은 역할에 매우 흥분됩니다."

성장하는 애플의 소매 부문으로 화제의 중심을 전환한 그의 목소리에 자신감이 넘쳤다. 그는 애플이 중국에서 깜짝 놀랄 만한 매장 두 곳의 문을 열었다고 말했다. 상하이 매장은 개장 후 첫 주말에 10만 명의 방문객을 맞이하는 기록을 세웠다. 로스앤젤레스 플래그십 매장조차 한 달이 걸려 달성한 수치였다. 쿡은 애플의 매킨토시, 아이팟, 아이폰, 아이패드 제품 사업의 하이라이트에 포커스를 맞췄다. 라인 그래프와 파이 차트가 완비된 프레젠테이션이었다. 그는 "오늘 아침 10억 대 판매를 돌파했다는 소식을 전하게 돼 기쁩니다"라면서 "우리는 판매 목표를 다음 단계로 올리는 중입니다!"라고 말했다.

쿡은 잡스의 다른 고위 부관들에게 무대를 넘겨주었다. 모바일 소프트웨어 책임자인 스콧 포스톨Scott Forstall은 새로운 메시징 기능을 자세히 설명했고, 서비스 책임자인 에디 큐Eddy Cue는 아이클라우드iCloud를 시연했다. 마케팅 책임자인 필 실러Phil Schiller는 배터리 수명이 늘어나고 카메라 성능은 더 개선됐지만 전작과 모양이 비슷한 아이폰4S를 공개했다. 행사는 포스톨이 애플의 새로운 가상 비서인 시리Siri를 라이브로 시연하면서 절정에 달했다. 단 한 번의 버튼 터치 후 음성으로 질문하면 시리는 날씨 정보를 가져오고, 주가를 보여주고, 인근 그리스 식당 정보 목록을 알려줬다.

"정말 놀랍지 않나요?" 쿡이 다시 무대에 올라서며 물었다. "애플만이 이렇게 놀라운 하드웨어, 소프트웨어, 서비스를 만들어 강력하지만 통합된 경험으로 그들을 한데 모을 수 있습니다."

하지만 그의 이런 열정은 냉담한 기술 언론의 마음을 사지는 못했다. 청중석에 앉아 있던 기자와 기술 분석가들은 아무런 감명을 받지 못했다. 한 기술 분석가는 〈월스트리트 저널〉에 프레젠테이션이 '전혀 감동적이지 않았다underwhelming'고 혹평했다. 또 다른 분석가는 애플이 아이폰 화면을 4인치로 늘리지 않고 3.5인치로 고집한 데 대해 실망감을 표시했다. 팬보이들fanboys(애플의 제품을 필요 이상으로 사들이거나 무조건 좋아하는 사람 – 옮긴이)도 트위터(현재의 X – 옮긴이)에서 불만을 표출했다. 투자자들이 주식 투매에 나서자 애플의 주가는 최대 5퍼센트 하락하면서 시가총액 20억 달러가 날아갔다. 대중은 외면했고 그것은 흥행의 실패를 의미했다.

하지만 쿡과 애플의 나머지 경영진은 대중의 반응을 처리할 시간이 없었다. 행사가 끝나자 잡스의 아내 로렌 파월 잡스Laurene Powell Jobs는 최고 부관들인 쿡, 필 실러, 에디 큐, 그리고 월드와이드 커뮤니케이션 부문 부사장인 케이티 코튼Katie Cotton에게 집에 와달라는 문자를 보냈다. 옹송그리며 모인 그들은 두려움에 사로잡혔다. 잡스가 행사가 마음에 들지 않아 질책하려고 연락을 해왔거나, 아니면 그의 건강이 악화되어 연락을 한 것이라고 생각했다. 그들은 차라리 잡스가 분노했길 바라며 행사장에서 15분 정도 떨어져 있는 그의 집으로 달려갔다. 그들에겐 잡스가 건강상의 문제로 행사에 참석하지 못한 것이라는 절망감을 감당하기보다는 그가 화가 났다고 상상하는 편이 더 나았다.

이들이 잡스의 집에 도착했을 때 조너선 아이브는 그날 아침 잡스와 단둘이 시간을 보낸 뒤 이미 집을 떠난 뒤였다. 로렌은 몰려온 임원들에게 잡스의 상태가 상당히 좋지 않으며, 잡스가 그들 각자와 개별적으로 이야기하기를 원한다고 말했다. 잡스는 그들을 질책하지 않을 것이었다. 그는 작별 인사를 원하고 있었다.

다음 날인 2011년 10월 5일 오후, '딩동'하는 알림 소리가 인피니트 루프에 교향곡처럼 울려 퍼졌다.[5] 애플 직원들의 아이폰에는 "스티븐 P. 잡스 애플 공동 창업자 56세 일기로 타계"라는 소식이 담긴 긴급 알림이 떴다. 창업자가 이끄는 회사의 직원들이 오랫동안 그들의 CEO였던 사람의 사망 사실을 그가 창조하고 생명을 불어넣은 혁명적인 제품을 통해 전달받은 것은 역사상 처음 있는 일이었다.

24명의 소프트웨어 엔지니어들이 모여 제품 출시 계획 회의를 하고 있을 때 매니저인 헨리 라미루Henri Lamiraux의 아이폰에 알림이 도착했다. 그는 회의를 중단하고 뉴스를 공유한 뒤 믿고 싶지 않은 이 소식을 확인하기 위해 동료 프로그래머들이 휴대폰을 꺼내는 모습을 지켜보았다. 그들은 아무 말도 하지 않은 채 조용히 회의실을 빠져나갔다.

그곳에서 24킬로미터도 채 떨어져 있지 않은 잡스의 집 밖 정원에는 아이브가 앉아 있었다.[6] 그날 10월 하늘은 뿌옜고, 신발은 너무 꽉 끼었다. 쿡이 그와 합류해서 두 사람은 오랫동안 함께 앉아 있었다. 잡스가 했던 "나는 우리가 함께 나눈 대화가 그리울 것"이라는 마지막 말이 떠오르자 아이브의 가슴은 먹먹해졌다.

샌프란시스코 반도 저 멀리에선 행사 종료 직후 출장을 떠났던 브루스시웰 고문 변호사가 샌프란시스코 국제공항에 막 착륙한 상태였다. 비행기 안에서 사람들의 전화기가 울리기 시작했고, 그의 주위에선 숨죽인 채 내뱉는 '헉' 소리가 울려 퍼졌다. 시웰 옆에 있던 누군가가 "그거 봤어요?"라고 속삭이듯 물었다. 시웰은 전화기를 켜지 않았지만, 그의 상사가 숨을 거뒀다는 사실을 곧장 알 수 있었다. 그와 같이 비행기에 있던 사람들 중 잡스와 개인적인 친분이 있는 사람은 아무도 없었지만 그들은 손에 든 아이폰을 통해 잡스와 유대감을 느꼈다. 이제 그들은 시웰이 비행 내내 당연히 나오리라고 예상하고 있던 질문의 답을 찾느라 씨름하고 있었다. 바로 "잡스의 죽음은 애플과 세계에 무엇을 의미할까?"란 질문이었다.

〈뉴욕 타임스〉와 〈월스트리트 저널〉 1면은 잡스의 부고로 도배되다시피 했다. 잡스는 샌프란시스코 반도의 과수원(실리콘밸리를 의미 – 옮긴이)을 전 세계의 혁신 허브로 변화시킨 공로를 인정받았다. 하드웨어 엔지니어나 소프트웨어 프로그래머는 아니었지만 그는 애플 제품이 가진 목표를 정의했고, 인재를 끌어모았고, 팀들을 움직여 많은 사람들이 불가능하다고 생각했던 일들을 이뤄냈다. 그는 카리스마 넘치는 리더십 스타일과 기꺼이 큰 위험을 감수하려는 의지로 이 모든 일들을 이뤄낼 수 있었다. 그의 이러한 리더십은 때로는 신랄한 태도를 보여줬음에도 불구하고 사람들의 충성심을 불러일으켰다. 쿡은 직원들에게 보낸 편지에서 이렇게 썼다. "애플은 선견지명을 가진 창조적인 천재를 잃었고, 세계는 놀라운 한 사람을 잃었습니다. 우리는 그가 그토록 사랑했던 일을 계속하기 위해 전력을 다함으로써 그를 추모할 것입니다." 그는 그렇게 애플은 변하지 않을 것이라며 직원들을 안심시켰다.

잡스는 앞으로 닥칠 위험을 예상하고 있었다. 그는 월트 디즈니 컴퍼니 Walt Disney Company가 공동 창업자의 죽음 이후 상당히 허둥대는 모습을 보고 애가 탔고, 폴라로이드Polaroid가 창업자 에드윈 랜드Edwin Land를 퇴출시킨 뒤 회사 리더십이 얼마나 망가졌는지를 주제로 직접 강의한 적도 있었다. 또

워크맨Walkman의 성공을 이끌었던 마케팅 거장 모리타 아키오Akio Morita의 지시를 받지 못하자 소니Sony가 방향을 잃는 걸 보고 깜짝 놀랐다. 잡스는 이처럼 한때 위대했던 기업들도 독과점이 되고, 혁신의 속도가 둔화되고, 그들이 만든 제품이 뒷전으로 밀려나면서 쇠락의 길을 걸었다고 믿었다. 상황이 이 지경에 이르면 결국 기업들은 영업사원들에게 회사를 맡기고, '무엇을' 팔았는지보다는 '얼마나' 팔았는지를 우선시했다. 하지만 인텔Intel 과 휴렛팩커드Hewlett-Packard 같은 기업들은 달랐다. 잡스는 자신의 전기 작가 월터 아이작슨Walter Isaacson에게 "그들은 단지 돈을 버는 회사가 아니라 오래 가는 회사를 만들었다. 나는 애플도 그런 회사가 되기를 바란다"고 말했다(2015년 휴렛팩커드는 75년 만에 분사했다. 2020년까지 인텔은 더 작으면서도 강력한 실리콘 칩을 제조하는 데 있어 경쟁사들에 뒤처지고 있었다).[7]

월트 디즈니도 잡스처럼 비전, 야망, 운의 조합을 통해 제국을 건설했다. 월트 디즈니는 미주리주에 있는 한 농장에서 자라면서 만화가가 되는 꿈을 꿨다. 1923년 그는 할리우드로 이주한 뒤 형 로이와 디즈니 브라더스 스튜디오Disney Brothers Studio를 세웠다. 디즈니는 스토리텔링에 집중했고 형제가 만들어 처음으로 히트한 캐릭터인 '행운의 토끼 오스왈드'를 착안해 내는 걸 도왔다. 유니버설 픽처스Universal Pictures와 배급 계약을 맺고 오스왈드에 대한 권리를 넘겨준 디즈니는 토끼를 '미키 마우스'라는 큰 귀를 가진 캐릭터로 재탄생시켰다. 디즈니가 무성영화 시절이던 당시로서는 참신한 기법이었던 소리를 추가하자 미키 마우스는 큰 인기를 끌면서 세계적인 센세이션을 일으켰다. 그는 애니메이션 제작자를 고용하고 구피와 도널드 덕 등 새로운 캐릭터를 개발했으며, 이어 〈백설공주와 일곱 난쟁이〉 같은 장편 영화 제작을 추진했다.

디즈니는 잡스가 애플을 구조조정한 것과 상당히 유사하게 자기 회사의 구조조정을 단행했다. 그는 수평적 조직을 만들었다. 직원들은 직함이 없었고, 직원끼리는 서로 이름을 불렀다. 그는 "당신이 회사에 중요한 사람이라면 당신 스스로 그 사실을 알게 될 것"이라고 말했다.

애플의 철학도 마찬가지였다. 잡스가 사망하기 전 애플에는 세 명의 C 레벨 임원들과 CEO, COO, CFO만 직함을 가지고 있었다. 또 다른 일곱 명이 임원진에 속해서 수석 부사장(상무급)직을 맡았다. 애플이 판매하는 제품을 개발하고 관리하는 부사장은 약 90명이었다. 그들 아래에는 시니어 디렉터senior director와 디렉터들이 있었다. 문서상으로는 모두가 재무 책임자에게 보고했다. 이러한 구조는 잡스가 경멸하고 무시했던 관료주의를 없애줬다. 이러한 시스템 아래에서 잡스는 애플의 최고 인재들과 직접 소통했다.

월트 디즈니는 모든 일이 자신을 거쳐 흘러가는 회사를 만듦으로써 이와 비슷한 비격식적 문화를 창조했다. 하지만 1966년 그가 폐암으로 세상을 떠나자 사람들은 스스로 창조적인 도약을 하기보다는 "월트라면 어떻게 할 것인가?"라고 묻기 시작하면서 회사의 생산성은 답보 상태에 빠지고 말았다. 1980년대가 되자 디즈니의 영화 시장점유율은 4퍼센트까지 추락했다. 1984년 마이클 아이스너Michael Eisner가 CEO가 되어 일련의 영화 히트작들을 낼 때까지 디즈니는 흥행작을 내지 못했고, 재정적 기반도 취약했다.

잡스는 폴라로이드에도 집착했다. 그는 폴라로이드의 창업자인 에드윈 랜드를 미국에서 가장 위대한 발명가 중 한 명으로 여겼다. 랜드는 나중에 비전, 추진력, 세일즈 측면에서 잡스와 유사점이 많은 사람으로 평가받았다. 랜드는 잡스보다 앞서 기술과 인문학이 교차하는 지점에 놓인 회사를 세우겠다는 생각을 드러낸 사람이었다. 그는 눈부심을 줄일 수 있는 편광 필름으로 선글라스 등의 제품을 코팅하는 공정을 개발한 뒤 폴라로이드를 창업했고, 이후 즉석 사진을 만드는 방법을 발명했다. 폴라로이드는 1948년 첫 카메라를 선보인 이후 1976년 코닥Kodak이 유사 제품을 개발할 때까지 세계 굴지의 카메라 제조사 자리를 지켰다. 하지만 랜드의 다음 발명품인 가정용 즉석 영화 카메라가 실패하면서 그는 회사에서 밀려났다. 그가 떠나자 폴라로이드는 신제품을 내놓기보다는 기존 제품을 가다듬는 데 주력했다. 이런 전략이 부적절했던 것으로 드러나자 1983년경 폴라로이드를 방문한 잡스는 경영진을 호되게 나무라기도 했다.

소니는 잡스가 가장 잘 알던 회사였다. 1980년대에 그는 소니의 일본 본사를 방문하여 공동 창업자인 모리타 아키오를 만났다. 잡스와 마찬가지로 모리타와 공동 창업자 이부카 마사루Masaru Ibuka는 본능과 직감에 의존해 제품의 방향을 결정했다. 워크맨은 국제선 비행기에 휴대하고 탈 수 있는 음악 플레이어를 만들어달라는 이부카의 요청으로 탄생한 제품이었다. 모리타는 초기 프로토타입을 테스트하고 4개월 뒤에 "왜 인간은 걷는 법을 배웠는가"라고 적힌 배너 아래 워크맨을 보여주는 영리한 인쇄 광고와 함께 그것을 시장에 내놓았다. 워크맨은 폭발적인 인기를 얻었고, 이후 10년 동안 소니는 80종의 워크맨 모델을 개발했다. 모리타의 지휘 아래 소니는 여러 음반 회사와 영화 스튜디오를 인수했다. 자사의 음악 플레이어와 TV에서 재생되는 노래와 영화를 장악함으로써 이익을 낼 수 있으리란 믿음이 작용했던 것이다. 모리타는 1994년에 회장직을 넘겨줬다. 소니는 자사의 스타 마케터 중 한 명을 CEO로 임명했고, 그는 소니를 창업자들의 직감에 따라 움직이는 기업이 아닌 전통적인 거대 기업처럼 움직이게 만드는 것을 목표로 했다. 하지만 소니의 전자 사업은 부진의 늪에 빠지면서 또 다른 히트작을 내놓는 데 실패했다.

세 명의 창조적인 창업자가 이끌었던 이 세 개의 위대한 기업 중 어느 한 곳도 창업자가 물러난 이후 예전과 똑같은 모습을 보여주는 데는 성공하지 못했다.

잡스는 애플이 디즈니, 폴라로이드, 소니의 운명을 거스르기를 원했다. 그리고 그 방법 중 하나로 2008년 애플 대학Apple University을 설립하기로 하고, 조엘 포돌니Joel Podolny 예일 대학교 경영대학원 학장을 채용했다. 잡스는 애플의 신입사원들에게 애플과 다른 회사들과의 차별점을 가르치고 싶어 했다. 포돌니가 면접 중 얼마나 많은 수업을 개설하고 교수진 규모를 어떻게 유지해야 될지 묻자 잡스는 웃으면서 "내가 그런 질문들에 대한 답을 안다면 당신 같은 사람을 고용할 필요가 없을 것"이라고 말했다. 포돌니는 애플의 제품과 프레젠테이션이 가진 장점인 명확함과 단순함을 강조한 '애플 내 커뮤니케이션Communication at Apple' 같은 수업으로 커리큘럼을 짜기 위해 부단히 애썼다. 애플이 아이팟과 아이튠즈iTunes를 마이크로소프트 윈도우와 호환되게 만든 결정처럼 중요한 결정에 대한 사례 연구도 커리큘럼에 포함됐다.[8]

그러나 애플의 확실한 성공을 위해선 잡스의 생각을 '성문화'하는 것 이상의 노력이 필요했다. 잡스는 하버드 경영대학원에서 가르치는 '조직 행동organizational behavior' 개념에 집착하지 않았다. 그가 세운 회사는 불가사리처럼 운영되었다. 불가사리로 따지자면 그는 마케팅, 디자인, 엔지니어링 및 공급망 관리의 다리들이 교차하는 지점에 앉아 있었다. 그는 자신이 원하면 한쪽 다리의 끝까지 기어 나와 직접 관여하고, 적합하다고 생각하는 대로 각 부서를 지휘했다.

잡스는 죽기 전에 애플의 이러한 '불가사리 다리'들이 계속해서 붙어 있도록 압력을 가했다. 그는 임원들에게 개별적으로 다가가 회사에 몇 년 더 남아 있어 달라고 압박했다. "팀이 당신을 필요로 할 것"이라고 말하면서 말이다. 또 이사회에는 경영진을 붙잡아두기 위해 스톡그랜트stock grant(유능한 인재에게 회사 주식을 직접 무상으로 주는 인센티브 방식 – 옮긴이)를 주라고 요청했다. 실제로 그가 숨지고 며칠 뒤 이사회는 긴급회의를 열어 잡스의 요청을 이행했다. 결국 임원마다 15만 주의 '양도제한조건부주식RSU, restricted stock unit(일정 기간의 근무 조건이나 경영 성과를 조건으로 회사 주식을 부여하는 보상 형태로, 정해진 기간 내에는 주식의 매매가 불가능하고 회사와 구성원 사이의 약속된 조건이 이행되지 못할 경우 주식 지급은 무효화된다. – 옮긴이)'을 받았다. 2013년과 2016년 두 번에 나눠 절반씩 받는 조건이었다. 시웰, 포스톨, 실러, 그리고 각각 재무, 하드웨어, 공급망 책임자인 피터 오펜하이머Peter Oppenheimer, 밥 맨스필드Bob Mansfield, 제프 윌리엄스Jeff William에게 RSU가 지급됐다. 최근 시범적으로 경영진에 합류한 큐는 더 적은 수의 RSU를 받았다. 각 임원이 받은 RSU의 가치는 당시 6,000만 달러로 평가됐다. 아이브는 6,000만 달러를 넘게 받은 것으로 추측됐지만 그는 자신이 회사 임원으로 분류되지 않게 미리 손을 써놓았기 때문에(아마도 받은 보상을 비밀에 부치기 위해) 그가 받은 보상은 공개되지 않았다. 쿡이 3억 7,500만 달러 상당의 100만 주로 가장 많은 보상을 받았다. 이로 인해 월스트리트에서 그를 보는 시선이 달라진 건 물론이고, 그는 통상 신격화되는 실리콘밸리 기업의 창업자나 되어야 누릴 수 있는 부를 축적함으로써 다른 사람들보다 더 높은 위상을 얻게 되었다.

잡스가 숨진 다음 날 아침 쿡은 인피니트 루프 1번지 4층에 있는 회사 이사회실로 경영진을 불러 모았다. 끝에서 두 번째에 있던 잡스의 의자는 여전히 비어 있었다. 쿡은 항상 그랬듯이 잡스와 실러 자리 사이에 앉았다. 그들은 이후에도 얼마간 잡스의 빈 의자를 그냥 내버려뒀다. 그가 항상 회의에 참석하고 있다는 것을 시각적으로 상기시켜주기 위해서였다.

쿡은 직원 모두와 함께 잡스에 대한 기억을 공유하고자 했다. 그들 중 다수에게 잡스의 죽음은 부모의 죽음과도 같았다. 잡스는 그들이 지난 10년 넘게 내린 거의 모든 사업 결정을 승인해줬다. 그들은 잡스와 얽힌 이야기와 사적인 기억을 공유했다. 쿡은 경영진에게 잡스가 세운 애플의 정신과 영혼을 보존하고 싶다는 확신을 주면서 즉시 어떤 변화도 모색할 의사가 전혀 없다는 신호를 보냈다. 그들은 이야기를 나누면서 잡스에게 보낼 수 있는 가장 큰 존경의 표시는 회사의 존속에 그치지 않고 위대한 제품을 만들어 기술을 선도하는 회사로서의 자리를 지키는 것이라는 의식을 공유했다.

2주 후 수천 명의 애플 직원들은 잡스를 기리는 추도식에 참석하기 위해 인피니트 루프 안 잔디 마당을 가득 채웠다.[9] 이날을 공식적인 애도일로 정해놓았기 때문에 전 세계 직원들이 추도식을 인터넷으로 실시간 시청할 수 있게 애플 제국은 모든 매장의 문을 닫았다. 옆에 광고판 크기의 잡스의 흑백 초상화가 세워진 무대로 쿡이 오르자 캠퍼스에 모인 사람들은 함성을 질렀다. 쿡은 잡스를 선견지명이 있고 세상과 타협하지 않으며 독창적이고 가장 위대한 CEO이자 역사상 가장 뛰어난 혁신가로 묘사했다. 그는 두 사람의 관계에 대한 어떠한 개인적인 이야기도 꺼내지 않았다. 잡스 자신이 쿡에게 회사를 맡겼지만 잡스는 오랫동안 COO 역할을 맡았던 쿡을 '수수께끼 같은 인물'로 여겼다. 그들과 함께 일해본 사람들 눈에 그들의 인연은 회사에 대한 그들의 헌신을 의미했다. 쿡이 감정을 배제한 채 한 다음 말은 두 사람 사이에 존재했던 강한 '사무적인 유대감'을 드러내줬다.

쿡은 "내가 알고 있는 스티브는 애플을 위해서 이 구름이 걷히고, 우리가 자신이 그토록 좋아했던 일에 다시 집중하길 원했을 것"이라고 말했다. 그는 가슴에 손을 얹고 잡스가 회사 정체성의 핵심으로 삼았던 원칙들을 확인해나갔다. 사업에선 개인이 아닌 팀으로 위대한 성과를 거둘 수 있다는 확신, 직원들은 '충분히 괜찮은' 수준의 결과에 만족하지 않고 항상 '미칠 정도로 위대한' 결과를 내기 위해 분발하라는 명령, 그리고 그들이 만드는 모든 제품을 아름다운 제품으로 만들겠다는 약속이 그런 원칙들이었다.

쿡은 "잡스는 마지막 날까지 애플에 대해 생각했습니다. 그가 나와 여러분 모두를 위해 해준 마지막 조언은 '잡스라면 어떻게 할지 절대 묻지 말라'는 것이 있었습니다. 그는 '그냥 옳은 일을 하라'고 말했습니다"라고 전했다. 잡스의 이 말은 애플 내에서 쿡의 위상을 높여줬다. 쿡이 선견지명이 있는 잡스와 마지막으로 이야기를 나눈 사람 중 한 명임을 보여주었고, 직원들에게 고인이 쿡을 그들의 지도자로 선택했다는 사실을 상기시켜줬기 때문이다. 쿡의 연설은 직원들에게 애플의 미래가 과거와 연결되어 있기는 하지만 과거에 얽매여 있지는 않으리라는 점을 주지시켜줬다. 잡스가 없다면 애플의 정체성은 바뀌어야 했다.

아이브는 쿡을 따라 연단으로 올라가 쓰고 있던 선글라스를 검은색 티셔츠의 목 부위에 끼웠다. 그는 메모를 내려놓은 뒤 앞에 모인 조문객들을 내려다보았다. 공개 연설을 싫어하는 사람에게는 무서운 광경이었다.

아이브를 올려다보던 직원들은 그가 지금 서 있는 바로 그 안뜰 가장자리에서 잡스와 점심을 먹는 장면을 자주 목격하곤 했다. 직원들은 잡스가 아이브를 CEO인 본인 다음으로 애플에서 가장 중요한 사람으로 여겼다는 점을 잘 알고 있었다. 잡스의 사무실을 제외하면 두 사람은 바로 옆 디자인 스튜디오에서 많은 이야기를 나누곤 했다. 그곳에선 아이브가 이끄는 20명쯤 되는 산업 디자이너들이 회사 사업을 되살려주고, 아이브에게 회사 내 다른 누구보다도 더 많은 경영권을 안겨준 애플 제품들을 스케치해왔다. 최근 며칠 동안 아이브는 그들의 돈독한 업무상 관계와 오랜 시간 동안 쌓아온 우정을 담아낼 적절한 단어를 찾느라 고민하고 있었다.

아이브는 "스티브는 저에게 '이봐, 조니, 나한테 바보 같은 생각이 있어'라고 자주 말하곤 했습니다"라며 입을 열었다. "가끔 그의 생각은 정말 바보 같았습니다."

군중 속에서 웃음이 터져 나왔고, 아이브는 말을 이어갔다.

"그리고 가끔은 정말 끔찍한 생각이었습니다." 그는 여기까지 말하고 잠시 말을 중단했다.

그가 집게손가락을 메모의 다음 줄로 옮기자 왼쪽 손목에 차고 있던 은 시계가 햇빛에 반짝였다. 아이브는 다시 말을 이어갔다. "하지만 때때로 그 생각들에 정신이 팔려 우리 둘 다 완전히 침묵에 빠지곤 했지요. 대담하고, 정신 나갔지만, 훌륭한 생각들이었습니다. 혹은 섬세함의 측면에서 매우 심오했던, 조용하면서 단순한 생각들이었습니다."

아이브는 잡스가 창조하는 과정을 경건하게 여겼고, 아이디어는 깨지기 쉽고 비상하기 전에 뭉개지기 쉽다는 것을 인정했다고 설명하자 그의 말에 흠뻑 빠져 있던 군중은 침묵했다. 두 사람은 종종 함께 여행을 다녔고, 뛰어나야 한다는 잡스의 요구가 워낙 강했던 나머지 아이브는 호텔에 체크인한 후 가져간 가방을 푼 적이 없다고 실토했다. 대신 그는 침대에 앉아 잡스가 전화를 걸어 "이봐요, 조니, 이 호텔은 형편없네요. 다른 데로 갑시다!"라고 말하기를 기다리곤 했다고 말했다.

이 말을 들은 군중은 웃음을 터뜨렸지만 아이브가 잡스와 함께 새로운 창조물을 개발하는 과정이 어떠했으며, 많은 사람들이 불가능하다고 여긴 일을 가능하게 만들기 위해 어떻게 몇 달 동안 고군분투했는지를 듣다가 다시 조용해졌다. 아이브는 "잡스는 '이 정도면 충분합니까? 이게 맞나요?'라고 끊임없이 질문했습니다"라면서 "그가 이룬 온갖 성공과 업적에도 불구하고, 그는 우리가 결국 그런 일들을 진짜 이뤄내리라고는 전혀 예상하지 못했습니다"라고 말했다.

이윽고 아이브는 적어온 노트를 주워 담으며 잡스를 추모하기 위해 특별 공연을 준비했다고 말했다. "부탁드리건대, 우리 친구들인 밴드 콜드플레이를 환영할 수 있게 도와주시겠어요?" 그는 연단에서 방향을 틀어 옆 흰색 천막 아래에 있는 자신의 자리로 성큼성큼 걸어갔다. 그동안 아이팟 광고에도 출연한 적이 있던 이 영국 밴드는 그들의 첫 히트곡인 '옐로우 Yellow'를 연주하기 시작했다. 리드 싱어인 크리스 마틴Chris Martin이 마이크에 대고 울부짖듯 노래하는 동안 아이브와 경영진은 공연을 지켜봤다. 그들의 무표정한 표정 뒤엔 슬픔과 마음속에 요동치던 모든 근심이 감춰져 있었다. 그들의 직업적 삶에서 가장 중요한 부분을 차지했던 한 사람이 사라진 상황에서 애플은 어떻게 앞으로 나아가야 하는 걸까?

이 질문에 대한 대답은 쿡과 아이브에게 달려 있었다.

AFTER STEVE

CHAPTER 2

아티스트

직원들은 그곳을 더할 나위 없이 성스러운 곳이라고 불렀다.[1] 인피니트 루프 2번지 건물에 위치한 디자인 스튜디오는 캠퍼스에서 가장 존경받는 공간이었다. 미래의 제품이 탄생하고 과거의 유물을 다시 상상하는 곳이었다. 선팅된 창문과 잠겨진 문 덕분에 조너선 아이브와 팀원들은 호기심이 많은 사람들의 시선에서 자유로울 수 있었다. 유리 부스로 둘러진 안쪽 접수 데스크에선 비서들이 방문객들의 신원을 일일이 확인했다. 그들 외에 디자인 스튜디오에선 디자이너 20명, 모델 제작자 여러 명, 그리고 페인트·금속·플라스틱 재료 전문가 몇 명이 같이 일하고 있었다. 입장이 아주 엄격하게 통제되었던지라 들어갈 자격을 얻는 것 자체가 회사에서 얻을 수 있는 가장 큰 영예 중 하나로 여겨졌다.

작지만 다부진 체격의 조너선 아이브는 접수 데스크를 지나 무거운 발걸음을 옮겼다. 삭발에 가깝게 자른 머리와 이틀 동안 깎지 않은 수염 때문인지 그는 넋이 나간 사람처럼 보였다. 애플의 대사제大司祭였던 스티브 잡스의 사망 이후 편안한 미소와 뒤에 오는 사람을 위해 문을 잡아주는 친절함으로 가득했던 그마저도 추레한 모습으로 슬픔에 빠져 허우적댔다.

스튜디오는 수심으로 가득했다. 잡스는 지난 10년 동안 거의 매일 그곳을 방문해 디자인팀이 하는 일을 확인하고 개선에 필요한 제안을 하곤 했다. 잡스는 늘 경건한 마음으로 그곳을 찾아 디자이너가 검은색 시트를 직접 들추어주기를 기다렸다(검은색 시트는 디자인팀이 외부의 시선을 차단하기 위해 사용한 것이었다). 디자이너들의 미적 감성, 즉 곡선을 정의하고, 맞춤형 색상을 상상하고, 강박에 가까운 재료 선택에 대한 잡스의 존경심은 디자인을 애플 조직체계의 최상층에 올려놓았다. 잡스는 디자이너의 안목을 가지고 있었다. 한때 그는 곧 출시될 아이폰의 시제품을 지나쳐 가다가 "이 거지 같은 건 뭐죠?"라며 고함을 친 적이 있다. 시제품의 곡률과 광택은 제조 과정에서 약간만 바뀌었을 뿐이지만, 그는 한눈에 그 차이를 알아차리고 불쾌감을 느꼈던 것이다. 그는 수정을 요구했다. 잡스가 없으면 디자인팀은 그들의 작업에 연료를 공급해줄 피드백을 얻지 못했다.

잡스의 부재를 뼈저리게 느낀 아이브는 스튜디오 구석에 놓인 옅은 색 대형 오크나무 테이블에 앉아 몇 안 되는 팀 내 여성 디자이너 중 한 명하고만 조용히 이야기를 나누며 많은 날을 보냈다. 동료들에게 그의 그런 모습은 마치 슬픔의 황야에서 길을 잃어 무한정 치료를 받아야 할 것처럼 보였다.

조너선 아이브는 그의 아버지 같은 사람이 되기를 꿈꾸며 자랐다.[2]

1967년 런던 교외에서 태어난 조너선 폴 아이브Jonathan Paul Ive는 마이클 존 아이브Michael John Ive와 패멀라 메리 월포드Palema Mary Walford 부부의 첫째 아들이었다. 아이브의 부모는 튜더식 연립주택들로 이루어진 조용한 지역인 칭퍼드Chingford에서 자랐으며, 약 50명의 교구 주민들이 다니던 작은 교회에서 만났다. 그들은 모두 교회에 헌신했고, 교사가 되었다. 친구들로부터 똑똑하고 지적인 사람이라는 칭찬을 듣던 패멀라는 신학을 가르쳤고, 후에 치료사가 되었다. 성실하게 일하고 평생 공부하는 사람으로 여겨졌던 마이클은 디자인과 기술을 가르치는 고등학교 교사가 되었다.

디자인과 기술에 대한 마이클의 관심은 주변 커뮤니티에서 싹텄다. 칭퍼드는 인근의 제조와 구리 공장 및 발전소를 식히는 데 사용되는 일련의 공해空海 저수지가 내려다보이는 숲이 우거진 언덕 위에 자리해 있었다. 공해 너머로 런던의 건물들이 우뚝 서 있는 게 보였는데, 런던은 칭퍼드가 있는 에식스로 뻗어 있었다. 칭퍼드 거주민 중 다수는 현지 공장에서 일하는 기술자들이었다. 조너선 아이브의 할아버지는 인근 '왕립 소형 무기 공장Royal Small Arms Factory'에서 기계 공구 장비를 다루는 일을 했다. 그들은 그곳에서 미래에 기술자, 기계공, 장인이 될 아이들과 손자들을 길렀다.

마이클은 10대 때 목공과 금속공예를 시작했고, 후에 장인 정신과 기술을 가르치는 전문대학인 쇼디치 전문대학Shoreditch Training College을 다녔다. 마이클은 쇼디치에서 고대 은 세공인의 공예를 전문적으로 공부하는 동시에 현대 기계공학에도 관심을 가지며 신구 기술을 두루 익혔다. 방과 후에는 이스트 런던East London에 있는 한 학교에서 16~19세 사이의 소년들에게 공예, 디자인, 기술을 가르치기 시작했다. 그는 학생들에게 금속을 절단하고 알루미늄을 주조하는 방법을 가르쳤고, 모서리 연결 부위의 각도가 특이한 의자와 견고한 은색 커피 주전자 등 자신이 만든 작품들을 공유하며 학생들에게 영감을 주었다. 그는 학생들이 어떻게 일하는지를 보여주려고 아들을 종종 작업장에 데려오기도 했다. 조너선 아이브가 네 살이 되던 무렵 그의 아버지는 지역 기독교 단체와 힘을 합쳐 아프리카의 차드 호수Lake Chad를 가로질러 의료용품을 수송하기 위한 호버크라프트hovercraft(아래로 분

출하는 압축 공기를 이용하여 수면이나 지면 바로 위를 나는 탈것 – 옮긴이)를 만들었다. 그와 엔지니어인 팀 롱리^{Tim Longley}는 3년 동안 프로젝트를 이끌었고, 디자인을 정의했으며, 학생들이 기계를 조립할 때 방향을 잡아줬다.

아직 어린아이였던 조너선 아이브는 종종 아버지를 따라 호버크라프트 주위를 돌아다녔고 마이클이 알루미늄을 주조하거나, 섬유유리를 조각하거나, 프로펠러가 잘 돌게 고치는 법을 설명하는 것을 들었다. 이후 아이브는 학생들이 나무를 만지작거리거나 리벳을 설치하는 모습을 관찰하면서 조용히 서 있곤 했다. 그때 수업을 들었던 학생들에 따르면 아이브는 토요일 아침 만화를 보는 아이처럼 몰두하며 그 모습을 바라봤다고 한다.

50년 가까이가 지나서 조너선 아이브는 당시 호버크라프트에 대해 "그건 충격적일 만큼 완벽하게 만들어졌다"고 말했다.

그 후 몇 년 동안 아들이 호버크라프트의 작동 원리를 알기 위해 부품을 분석하면서 라디오와 자명종은 물론이고 손에 잡히는 모든 것을 분해하기 시작하자 아버지 마이클은 그런 아들을 격려해줬다.[3] 아이브는 그 덕에 고카트^{go-cart}(지붕·문이 없는 작은 경주용 자동차 – 옮긴이), 가구, 나무집 등 자신이 상상하는 모든 것을 직접 만들 수 있었다. 단, 뭔가를 만들기 전 손으로 먼저 그려봐야 한다는 한 가지 조건을 충족시켜야 했다. 그는 제작 전 스케치를 해보는 연습을 통해 사람들이 제품에 얼마나 많은 공을 들이는지를 깨달았다.

나이가 들면서 아이브는 주말마다 아버지와 함께 차를 타고 전국 각지를 돌아다니면서 온갖 가게들의 진열대를 둘러보았다. 그들은 나란히 서서 토스터 같은 물건을 집어 들고 그것이 어떻게 만들어졌는지 토론하곤 했다. 아이브는 "왜 나사 대신에 리벳을 사용했을까요?"라는 식으로 묻곤 했다. 그는 아버지가 오랫동안 가르치고 디자인한 경험에서 우러나온 답을 들려주는 동안 열심히 경청했다. 동료 교사들은 어째서 그런 지루한 주말을 보내는지 이상하게 생각하면서도 아버지와 아들 사이만큼은 정말로 돈독하다며 감탄했다. 아이가 미래에 자신의 꿈을 성취하는 데 그런 관계가 가장 중요한 영향을 미친다는 사실을 알고 있었기 때문이다.

1979년 마이클은 영국 남부 전역에 걸쳐 디자인 교육을 감독하고 전국 디자인 커리큘럼을 현대화하는 일을 총괄하는 중앙정부 직책인 '여왕의 교육자문관Her Majesty's Inspector'이 되어 교육부에 합류했다. 그의 가족은 칭퍼드에서 스태퍼드Stafford로 이주했다. 하룻밤 사이에 아이브는 친숙했던 런던 교외에서 런던에서 북쪽으로 2시간 거리에 있는 시골로 옮겨왔다. 그의 부모는 빨간 벽돌로 지은 랜치 하우스ranch houses(폭은 별로 넓지 않은 옆으로 긴 단층집 – 옮긴이)들이 새로 지어지고 있던 브록턴Brocton에 집을 샀다. 그곳에는 우체국과 골프장은 있었지만 술집은 없었다. 브록턴은 뒤쪽으로 소나무와 자작나무 숲으로 둘러싸인 굴곡진 초원인 캐녹 체이스Cannock Chase까지 이어졌는데, 현지 전설에 따르면 이곳에선 늑대들이 돌아다닌다고 했다.

아이브는 집 근처에 있는 월튼 고등학교에 입학하자마자 1,500명의 급우들에게 강한 인상을 남겼다. 다부진 몸매에 독립적이면서 예민한 성격이었던 그는 10대들 사이에서는 보기 드문 성숙함과 자신감을 가지고 있었다. 그는 교사들과 동등한 입장에서 이야기했고, 페미니즘과 반인종주의 등 당시 중요했던 이슈들에도 적극적인 관심을 보였다. 그는 예술과 디자인 분야에서 자신이 가지고 있는 강점을 마음에 들어했고, 전통적인 학문에 상대적으로 약하다는 점에도 문제를 느끼지 않았다. 대부분의 반 친구들이 정체성과 미래의 꿈 문제로 씨름하는 동안 그는 디자인을 공부하기 위해 기술 전문대학에 들어갈 계획을 세웠다. 그는 같은 반 친구인 롭 채트필드Rob Chatfield에게 "나는 아마도 시험에서 C등급을 받겠지만 그 정도만 받아도 충분하다"고 말했다.

그에게는 강인한 결단력과 완벽주의자가 되고자 하는 추진력이 있었다. 학교 럭비팀에서 활동했던 아이브는 자신의 다부진 체격을 십분 활용해 스크럼을 짜서 밀어붙이곤 했는데, 어느 날인가 경기 도중 코를 세게 차였다. 얼굴에선 피가 흘러내렸지만 그는 한마디 말도 없이 닦아낸 뒤 다시 스크럼 속으로 뛰어들었다. 그의 가슴은 들썩거렸고, 얼굴은 좌절로 붉어졌다. 그가 다쳤거나 다른 사람을 다치게 할까 봐 걱정한 체육 교사는 경기가 재개되기 전에 그를 경기에서 끌어내려야만 했다. 또 다른 예로, 아이브는 '쇼 앤드 텔show-and-tell(자신의 물건을 가져와서 발표하는 것 – 옮긴이)' 행사용으로 자신의 드럼 키트를 가지고 온 적이 있었다. 록그룹 핑크 플로이드의 팬이었던 아이브는 반 친구들이 발로 박자를 맞추는 가운데 록 클래식 음악을 연주했다. 친구들은 그의 연주를 마음에 들어했지만 그는 실망한 표정으로 자기 자리로 돌아갔다. 아마도 자신이 세운 엄격한 기준에서는 어느 부분에선가 박자를 놓쳤다고 생각했던 듯했다.

이런 성격 덕분에 학교에서 그의 뜻을 거스르는 사람은 거의 없었다. 4학년이 되자 아이브는 검은색 옷을 입고 다니고, 어깨 부근까지 내려오는 머리를 위로 올려 뾰족한 모양으로 세우기 시작했다. 그는 겨드랑이에 미술용 폴더를 끼고 다녔고, 아버지 동료 장학사의 딸인 헤더 페그Heather Pegg와 사귀었다. 페그는 학구열이 높은 학생이었다. 아이브가 가장 인기 있던 학생은 아니었지만 어린 반 친구들은 그가 학교에서 꽤나 멋진 아이 중 한 명이라고 생각했다. 그는 자신감이 넘쳤다. 아이브가 1980년대 글램록 뮤지션 같은 모습을 하고 미술용 폴더를 겨드랑이에 낀 채 학교를 거닐고 있으면 선생님들도 고개를 들어 미소를 지으며 "별일 없지, 조니?"라고 부르곤 했다. 학생들은 선생님들조차도 아이브의 스타일과 사자 굴을 걷는 것 같은 자신감에 경탄했음을 감지했다.

학교 안에서 록스타처럼 보이는 아이브였지만 학교 밖에서 그는 소년 성가대원처럼 행동했다. 다수의 영국인이 종교를 포기했을 당시 아이브는 와일드우드 기독교 펠로우십Wildwood Christian Fellowship이란 지역 복음주의 교회에 다녔다. 신도들은 일요일 아침 스태퍼드 외곽에 있는 1층 벽돌 건물에서 만나 예수의 제자가 되라는 성경의 메시지에 집중했다. 아이브의 친구들은 그를 진지한 믿음을 가진 헌신적인 기독교인으로 간주했다. 그와 헤더는 같은 교회에 다녔고, 칭퍼드의 복음주의 교회에서 만난 아이브의 부모처럼 그들도 나중에 결혼식을 올렸다.

아이브가 10대 때 들고 다니던 미술용 폴더에는 갈색 종이에 그려진 여러 스케치가 담겨 있었다. 시계, 스테인드글라스 창문, 고딕 건축 양식, 그리고 그가 평생 집착하게 된 제품인 얇은 전화기를 세세하게 그린 그림이 수없이 많았다.[4]

그렇게 정교하게 그린 그림들은 월튼의 디자인 교사인 데이브 휘팅Dave Whiting의 의심을 사기 충분했다. 그는 "아이브의 작품이 너무 훌륭해서 그가 직접 그렸다고 생각하지 않았다"고 말했다. 휘팅은 처음엔 아이브가 아버지로부터 도움을 받았다고 확신했지만 아이브의 미술부 친구들의 이야기를 듣고 나서야(아이브가 친구들을 위해 그려준 작품에 대한 이야기) 비로소 자기 제자의 작품이 그가 직접 그린 것, 즉, '훌륭한 제도사'의 작품임을 확신하게 되었다.

그해 여름방학, 아버지 마이클은 학교 측과 오랜 시간 논쟁을 한 끝에 러프버러 대학교의 디자인 교사들을 위한 여름방학 집중 강좌에 아이브가 들어갈 자리를 마련했다. 데이비드 존스David Jones라는 이름의 디자인 강사가 제도 과정을 가르쳤다. 공학적 사고방식을 가진 아버지와 달리 존스는 그래픽 예술가의 감수성을 가지고 있었고, 학생들에게 펜과 종이는 상상력을 표현하는 도구, 즉 디자이너들이 세상에 내놓는 것에 대한 가능성을 불러일으키는 도구라고 말하곤 했다. 그는 어른이 아이에게 알파벳을 가르치듯 자신을 그대로 따라 하게 함으로써 학생들의 제도 기술을 향상시켰다. 이 과정을 통해 아이브는 아버지가 가르쳐준 직업과 다른 측면의 직업을 접하게 되었다. 그때까지 마이클의 동료들은 아이브가 스튜디오 미술 학위를 취득할지 모른다고 생각했지만, 이 수업으로 아이브는 그의 예술적 감성을 디자인에 투영하는 방법을 알게 된 셈이다.

방학이 끝나고 다시 학교로 돌아왔을 때 아이브는 향상된 제도 기술 덕분에 최종 프로젝트 용도로 만들던 오버헤드 프로젝터overhead projector(슬라이드에 인쇄되어 있는 문서의 화상을 확대시켜 화면에 투영시키는 장치 - 옮긴이)를 쉽게 설계할 수 있었다. 그는 학교에서 흔히 볼 수 있는 거대한 프로젝터를 다시 상상해 만들어보기를 원했다. 그런 프로젝터들은 모두 휴대가 불가능하다는 결정적인 단점이 있었다. 그는 바퀴 달린 것에 싣고 다녀야 할 필요가 없고, 교사들이 서류 가방에 넣고 다닐 수 있는 프로젝터를 상상했다.

마이클은 이들이 완성한 완성된 프로젝터를 동료들에게 보여주기 위해 사무실로 가져가 봤다. 그는 사무실 탁자 위에 가로세로 약 60센티미터 크기의 검은색 상자를 올려놓고 몇몇 동료들을 불러 모아 시연하기 위해 빛을 비췄다. 그는 "이걸 보여줘야겠다"고 말했다. 이어 녹색을 띤 노란색 테두리가 있는 검은색 상자의 걸쇠를 벗기고 상자 뚜껑을 천천히 열었다. 프로젝터가 살포시 펼쳐지면서 상자 표면 위로 올라오는 동안 유압 장치가 가벼운 한숨을 내쉬었다. 마이클은 프로젝터의 팔 부분을 들어 올려 확대경과 빛이 어떻게 이미지를 프레넬 렌즈Fresnel lens(비교적 얇고 가벼워 영화와 텔레비전 조명기로 널리 사용하는 렌즈 – 옮긴이)를 통해 벽으로 투사하는지 시연해줬다. 그는 열일곱 살짜리 아이가 만든 작품에 경탄을 보내는 동료들의 모습을 보고 미소를 지었다. 마이클의 동료인 랄프 타베러Ralph Tabberer는 "우리는 살면서 이런 것을 본 적이 없었다"면서 "그것이 어떻게 움직이고 작동하는지를 보는 재미가 쏠쏠했다"고 술회했다.

1983년 아이브가 월튼을 졸업하기 전, 영국 전역에서 디자인 교사들이 러프버러 대학에서 열린 한 콘퍼런스에 참석하기 위해 모였다.[5] 마이클은 행사 준비를 도왔는데, 그곳에 런던의 일류 회사인 로버츠 위버 그룹Roberts Weaver Group의 전무이사 필립 그레이Philip Gray가 연사로 초빙됐다. 그레이는 디자인을 공부하는 학생들이 그린 스케치로 장식된 강의실 로비에서 마이클과 마주쳤다. 크레용, 마커, 펜으로 그린 스케치를 훑어보던 도중 그의 눈은 섬세하게 인체공학적으로 설계된 손잡이가 달린 칫솔의 렌더링rendering(제품의 외관을 이해할 수 있도록 실물 그대로 그린 완성 예상도 – 옮긴이)에 고정되었다.

"정말 대단한 재능이군요." 그가 말했다.

"내 아들 작품입니다." 마이클이 답했다.

행사가 끝나고 얼마 지나지 않아 아이브는 아버지와 같이 런던에 있는 로버츠 위버 그룹의 사무실에서 그레이를 만났다. 아이브는 졸업을 앞두고 어느 대학을 갈지 고민 중인 상태였다. 마이클은 그레이가 도와줄 수 있기를 바랐다.

사무실 인근에 있는 작은 이탈리아 식당에서 점심 식사를 같이하면서 그레이는 아이브에게 최고의 디자인 직업 학교인 뉴캐슬 폴리테크닉Newcastle Polytechnic에 지원해볼 것을 권했다. 그곳은 25명 정원에 250여 명의 학생이 지원할 정도로 경쟁이 치열한, 매우 들어가기 힘든 학교였다. 아이브의 재능을 발견한 그레이는 재학 중에는 인턴으로, 그리고 졸업 후에는 정직원으로 로버츠 위버에서 일하는 대가로 그에게 매년 1,500파운드의 장학금을 주기로 했다.

아이브는 다음 해에 뉴캐슬에 등록했다. 기차를 타고 완만하게 경사진 녹색 농지를 지나 약 4시간 반 정도를 달리면 영국 북동쪽 구석에 자리한 뉴캐슬에 도착할 수 있었다. 석탄이 풍부하고 북해의 몹시 찬 바다와 인접한 이 북부 도시는 한때 제조업의 중심지였다. 하지만 아이브가 탄 기차가 뉴캐슬을 관통해 흐르는 타인강을 건넜을 때 인근 탄광들은 폐쇄되어 있었고, 도시가 낳은 증기 기관차는 전기 열차에 의해 밀려난 뒤였다.

뉴캐슬 폴리테크닉 디자인 학교는 1960년대에 지어진 칙칙한 갈색 벽돌로 된 거대한 직사각형 건물인 스콰이어스 빌딩 3층에 자리하고 있었다. 아이브는 매일 좁은 계단을 올라가 어두운 복도로 나오곤 했다. 이 복도는 마치 조립 라인처럼 작동하면서 학생들이 졸업할 때까지 매년 인접한 네 개의 스튜디오를 거쳐 이동하도록 설계됐다. 아이브가 먼저 들어간 복도

왼쪽에 있는 첫 번째 스튜디오에는 약 30개의 제도대가 있었고, 마커펜과 달콤한 화학 섬유판 냄새가 났다. 두려움이 감도는 곳이었다. 상상력이 부족할지 모른다는 두려움, 데드라인을 놓칠지 모른다는 두려움, 그리고 동기들의 비판을 받을지 모른다는 두려움이 느껴졌다. 뉴캐슬에서 아이브가 사귄 친구 짐 도튼Jim Dawton은 당시 상황에 대해 "극도로 경쟁적인 분위기가 팽배했다"면서 "모두가 잘하고 싶어 했다. 주변 사람들이 정말로 잘하면 더 잘하고 싶은 마음이 들었다"고 회상했다.

아이브의 제도 솜씨는 곧바로 동료들에게 강한 인상을 주었다. 그는 연한 파란색, 부드러운 노란색, 빛바랜 갈색 등 옅은 채색펜으로 이미지를 스케치하고, 고운 검은색 프로피펜Profipen을 써서 날카롭게 다듬은 다음 연필로 그림자와 깊이를 더했다. 첫해에 그는 자신의 제도 실력을 특별한 시험대에 올려놓았다. 그는 빠듯한 예산으로 생활했는데, 거기에 장거리 연애 중인 헤더에게 매주 보내는 편지와 스케치 비용까지 추가되니 더욱 여유가 없었다. 그래서 그는 봉투에 우표를 그리기로 결심했다. 그는 엘리자베스 여왕 모습이 담긴 우표를 완벽하게 그려 붙인 봉투를 우편함에 넣었다. 얼마 후 헤더가 답장한 걸 보고 그는 자신이 만든 우표가 영국 우정공사를 속였다는 것을 알 수 있었다. 그는 웃으며 친구 숀 블레어Sean Blair에게 "아무 탈 없이 넘어갔다"고 말했다. 힘이 난 아이브는 돈을 아끼려는 노력을 게임으로 바꾸어버렸다. 그는 매주 우표를 그렸는데, 그가 그린 우표들은 점점 덜 사실적으로 변했다. 결국 창조적 반항에 빠진 그는 만화 같은 여왕을 그리고 있었다.

뉴캐슬 대학에는 직업 프로그램과 함께 전통적인 대학 커리큘럼도 있었는데, 학생들은 그 수업들을 통해 재료와 산업 공정, 인체공학, 전자공학, 생산 관리에 대해 배웠다.[6] 교육 시간 중 약 40퍼센트는 독일에서 일어난 예술과 제품 디자인 통합 운동인 바우하우스Bauhaus 운동 같은 디자인 이론과 미술과 건축사를 연구하는 데 할애됐다.

그리고 이런 과정들은 아이브의 미적 감각을 더 날카롭게 가다듬어줬다. 1980년대는 톡톡 튀는 색깔, 부자연스러운 모양, 그리고 당시의 방종한 분위기를 나타내는 공상적이고 과장된 표현으로 가득 찬 급진적인 포스트모던 디자인이 넘쳐나던 시기였다. 이탈리아에서 일어난 디자인 운동 '멤피스Memphis'는 여피yuppie(도시 주변을 생활 기반으로 삼고 전문직에 종사하면서 신자유주의를 지향하는 젊은이들 – 옮긴이) 스타일의 재미난 가구로 이루어진 집을 짓기 위해 미드센추리 미니멀리즘midcentury minimaism(기능성을 높이고 공간 낭비를 줄인 간결한 디자인 – 옮긴이)과 작별했다. 삼각형 모양의 검은색 다리 맞은편에 반원형의 녹색 다리를 붙여 지탱하는 노란색 책상이 그런 디자인의 대표적 사례다. 한때 뉴욕의 소니 타워Sony Tower부터 로스앤젤레스의 폭스 플라자Fox Plaza에 이르기까지 모든 것이 당시 유행하던 장식을 채택했다. 하지만 아이브는 그런 화려한 장식을 중시하는 디자인 개념을 거부했다. 그는 여러 모양과 색깔의 부조화를 시각적 모욕이라고 생각했다. 그는 그보다 대칭적 모양을 한 뉴욕의 시그램 빌딩Seagram Building처럼 바우하우스에서 영감을 받은 질서 정연한 선형적 디자인을 선호했다. 그는 독일 디자이너 디터 람스Dieter Rams의 '기능주의적 감성'을 배웠다. 람스의 디자인 철학인 '덜할수록 더 좋다less but better'에 따라 만든 미니멀리즘 라디오와 헤어드라이어는 브라운Braun을 누구나 다 아는 유명 브랜드로 만들어줬다. 급우들은 그가 소설《마천루The Fountainhead》의 주인공인 천재 건축가 하워드

로크^{Howard Roark}처럼 원칙에 엄격하고, 복잡한 스타일을 추구하는 급우들을 보면 참지 못했다고 말했다. 한번은 한 친구가 만든 화려한 디테일을 가진 제품 모델을 보고선 아이브가 '진실성^{integrity}'이 부족하다며 깎아내린 적이 있었다. 그 일로 두 사람의 우정은 금이 갔는데, 그 친구는 자신이 먼저 아이브의 디자인 철학을 모욕했기 때문에 그런 일이 벌어진 건 아닌지 평생 의심하며 살았다.

아이브는 제품을 만들 때 세세한 부분까지 보는 안목뿐만 아니라 그것을 마케팅하기 위한 감성까지 보여주었다. 그는 다리미를 만들라는 1학년 과제를 수행하기 위해 뭉툭한 코에 헬리콥터 조종석처럼 생긴 물통이 달린 모델을 만들었다. 아랫부분에서 떨어져 비뚤름하게 되어 있는 손잡이는 다리미를 공격적으로 보이게 만들었다. 다리미는 완전히 흰색이었는데, 아이브는 연한 자주색으로 섬세하게 엠블럼을 넣어 제품을 강조했다. 당시 르노^{Renault}가 자사 자동차 중 하나를 '도로 위를 거칠게 나아간다^{Tough on the streets}'는 문구를 내세워 광고하고 있었는데, 아이브는 이 표현을 빌려서 자신이 만든 디자인에 '시트 위를 거칠게 나아간다^{Tough on the sheets}'란 문구를 붙여 반 친구들의 평가를 받았다.

아이브는 이 다리미로 교수와 동기들의 눈도장을 받으며 학급의 스타가 됐지만, 그는 자신이 만든 많은 작품을 '끔찍하다'고 평가했다. 몇 년 뒤 그는 "개념적으로 내가 하고 싶은 일을 할 수 없었기 때문에 좌절했다"고 회상했다. 완벽하지 않다는 느낌은 경력을 쌓는 내내 그를 뒤쫓아 다니면서 그를 '가면 증후군^{imposter syndrome}(자신의 성공이 노력이 아니라 순전히 운으로 얻어졌다고 생각하고 지금껏 주변 사람들을 속여왔다고 생각하면서 불안해하는 심리 - 옮긴이)'에 빠지게 만들었다.

1987년 아이브는 필립 그레이와 한 약속을 이행하기 위해 로버츠 위버에서 인턴 생활을 했다.[7] 로버츠 위버는 런던 노팅힐Notting Hill에 있었는데, 그곳은 이미 로버츠 위버 본사에서 몇 블록 떨어진 디자인 회사인 펜타그램Pentagram 덕분에 디자이너들의 주요 활동 무대로 변신하고 있었다. 아이브는 고층 사무실에서 정규직 직원들과 함께 제도 작업을 담당했다. 가히 충격적인 그의 뾰족한 머리 스타일은 곧바로 동료들의 시선을 사로잡았다. 나중에 아이브의 평생 친구가 된 수석 디자이너 클라이브 그리니어Clive Grinyer는 그때를 회상하며 "그는 칫솔처럼 보였다"고 말했다.

초기에 아이브는 로버츠 위버의 공동 창업자인 배리 위버Barrie Weaver의 사무실에 우연히 들어갔다가 진열되어 있던 일제 계산기, 스테이플러, 펜에 마음을 빼앗겼다. 그는 아버지와 함께 가게에 갔을 때 물어봤던 것처럼 위버에게 그 물건들이 어떻게 만들어졌는지를 물었다. 그의 호기심과 시각적 예민함에 깊은 인상을 받은 위버는 아이브에게 일본 회사 제브라Zebra의 지갑 개발 작업을 맡겼다. 위버는 아이브에게 회사가 제브라에게 바느질을 포함해 제품을 만드는 방법을 정확히 보여주지 못한다면 제브라가 직접 제품 생산에 나설 것이라고 말해줬다. 아이브는 작업장으로 돌아가서 자신이 만들고 싶은 지갑 모델을 그대로 만들기 위해서 두꺼운 흰색 판지를 자르고 접기 시작했다. 그는 종이를 겹쳐서 가죽의 두께감을 만들었고, 그것에 양각하여 질감을 더했다. 그런 다음에 펜을 사용해서 지갑 가장자리에 있는 모든 바늘땀에 점을 찍었다. 그의 정교함에 깊은 인상을 받은 동료들은 그를 인턴이 아닌 동료로 보기 시작했다.

일하는 시간이 아닐 때면 아이브는 그리니어에게 질문 공세를 퍼부었다. 그는 그리니어가 책상 위에 핀으로 고정해놓은 컴퓨터로 그린 집 스케치에 집착했다. 그리니어가 캘리포니아에서 일할 때 그린 스케치라고 알려주자 아이브의 눈이 휘둥그레졌다.

"캘리포니아에서 일하는 건 어때요?"

아이브가 묻자 그리니어는 "여기서 일하는 것과는 분위기가 다르다"고 말해줬다. 영국에선 디자이너들이 아이디어를 내면 종종 고객들이 퇴짜를 놓곤 했다. 그러나 샌프란시스코에서는 디자이너들이 자금 지원을 받아 상상한 대로 디자인했다고 그리니어는 설명해줬다. 몇 년 뒤 그리니어는 당시 장면을 회상하며 이렇게 말했다. "당시 아이브에게 샌프란시스코는 마치 '핫플레이스'처럼 들렸을 것이다. 그는 깜짝 놀라서 자신이 원하는 디자인을 맘껏 펼칠 수 있는 환경이 갖춰진 그곳의 이야기를 자주 듣고 싶어 했다."

아이브가 일하는 로버츠 위버는 그가 매료된 샌프란시스코의 분위기와는 정반대였다. 디자인을 통해 경계를 허물고자 하는 그의 충동은 몇몇 고객을 불편하게 만들었다. 고객들은 그의 아이디어를 거부하거나 수정을 요구했다. 전자일 때 그는 상처를 입었고, 후자일 때는 짜증이 났다. 아이브는 새로운 핸드 드릴을 원하는 공구 제작자를 위해 복잡한 다이아몬드 모양의 손잡이가 달린 날렵하고 미래 지향적인 소형 드릴을 스케치했다. 고동색과 자주색이 뒤섞인 핸드 드릴의 색상은 안전모를 눌러쓴 건장한 남성이 들고 다니기에는 과분한 아름다움을 선사했다. 고객은 너무 우아해 보인다는 이유로 그 디자인을 거부했다. 위버는 "아이브는 야심 찬 아이디어를 냈고, 늘 물건을 아름답게 그리고 싶어 했다"면서 "그는 제품의 디자인에만 신경을 썼지, 용도가 뭔지는 몰랐다"고 말했다.

뉴캐슬로 돌아온 아이브는 디자인에 착수하기 전에 제품의 용도를 정의해놓기 위해 더 애썼다. 그는 그 시대에 등장한 아동용 보청기를 보고 '장애인으로 낙인찍기' 딱 좋은 디자인이라고 생각했다. 당시 영국의 국민건강보험National Health Serivce은 어린이들에게 옷깃에 끼워 쓰는 무선 수신기가 부피가 큰 분홍색 이어폰과 선으로 연결된 형태의 보청기를 제공했다. 아이브는 그 대신에 사람들이 어디든 가지고 다닐 수 있는 소니 워크맨처럼 현대적이고 멋져 보이는 보청기를 만들고 싶었다. 그래서 그는 한 초등학교를 방문해서 청각 장애인 아이들과 이야기를 나누었다. 아이들은 그에게 보청기 모양 때문에 장애인으로 낙인찍히는 느낌을 자주 받는다고 알려줬다. 그는 친구들에게 디자인을 개선하면 아이들이 더 잘 듣는 데도 도움을 주고, 남들과 다른 사람이라서 받게 되는 스트레스를 낮추는 데도 도움을 줄 것이라고 말했다. 그는 또한 학교에서 아이들의 집중력이 개선되고, 성적도 오르며, 부모님들이 하는 걱정도 줄어들 것이라고 기대했다. 그는 교사가 마이크에 대고 하는 말을 학생들이 들을 수 있게 벨트 클립과 헤드폰이 달린 직사각형 모양의 흰색 수신기를 디자인했다.

컴퓨터는 뉴캐슬 대학 디자인 커리큘럼의 필수 과목은 아니었지만 졸업하기 전 아이브는 매킨토시를 처음 접했다. 여전히 장학사로 일하고 있던 아버지는 애플 컴퓨터의 대변인이 되어 학교에다 매킨토시를 구입해보라고 권했다. 활용 범위가 더 넓은 BBC 마이크로BBC Micro 컴퓨터보다 애플 컴퓨터가 디자인을 배우는 학생들이 더 사용하기 쉽다는 게 이유였다. 아이브는 그 이유를 금세 이해했다. 포인트 앤 클릭pint-and-click 마우스가 있는 매킨토시는 그가 접해본 어떤 컴퓨터보다도 직관적이었다. 매킨토시에 애착을 느낀 그는 결국 그것을 만든 회사를 연구하기에 이르렀다. 그는 애플의 광고 '1984'에 담긴 반항 정신을 좋아했는데, 매킨토시에서 그러한 정신을 보았다. 아이브는 훗날《뉴요커The New Yorker》와의 인터뷰에서 "나는 매킨토시를 만든 사람들과 같은 가치관을 가지고 있었다"고 말하기도 했다.

모든 뉴캐슬 학생들은 졸업하기 전 익숙한 개념을 가지고서 그것을 새롭게 상상하는 프로젝트를 완수해야 했다.[8] 일명 '블루 스카이 프로젝트'라고 불린 이 프로젝트에서 학생들은 현재의 생산 능력에 제약을 받지 않는 미래의 제품을 상상해 스케치해야 했다.

당시 신용카드의 부상에 관심을 갖게 된 아이브는 값싼 플라스틱 재료와 사람들이 신용카드를 긁어서 쓰는 돈의 양 사이의 단절에 대해서 곰곰이 생각해봤다. 그는 또한 소비자는 종이 명세서가 우편으로 배달될 때까지 기다려야 하는 데 반해 가게 주인은 어떻게 해서 즉시 구매 내역을 추적할 수 있는지를 골똘히 생각해봤다. 그는 사람들이 조약돌 만한 크기의 원형 메달 같은 것을 들고 다니면서 계산대 위에 놓인 미니 컴퓨터에 갖다 대 계산을 하는 세상을 상상했다. 이 외에도 광택이 나는 그 검은색 메달이 거래 정보를 표시해주는 휴대용 계산기 크기의 장치에서 충전되는 세상도 상상했다. 뉴캐슬 대학의 존 엘리엇John Elliott 교수는 "아이브는 그 프로젝트에서 제품의 중요성과 시계 제작자의 섬세함을 함께 드러내고자 했다"고 회상했다. 그로부터 수십 년 뒤 애플이 애플페이Apple Pay라는 비접촉식 결제 시스템을 내놓자 엘리엇은 아이브의 '블루 스카이' 프로젝트를 머릿속에 떠올리며 "그는 20년이나 앞서 있었다"라고 말했다.

연말에 학생들이 최종적으로 만든 작품을 전시하러 모였을 때, 그곳에서도 아이브의 발표는 단연 눈에 띄었다. 학생들이 각자 만든 작품을 가로 2미터, 세로 1미터 크기의 목판 위에 펼쳐놓으면 교수들이 최종 점수를 매

기기 전에 그들을 꼼꼼하게 심사했다. 학생들이 목판의 위에서 아래까지를 전부 자신이 만든 작품에 대한 사진과 정보로 채운 것과 달리 아이브의 목판들에는 빈 공간이 많았다. 그는 자신의 목판 중 하나에 잡지 선반을 고정시킨 뒤 '블루 스카이' 논문과 메달을 넣어뒀다. 다른 두 장의 목판 위에는 자신의 작품 사진들을 띄엄띄엄 붙여놓았다. 전시실 내에서 가장 절제된 발표였는데, '적을수록 더 좋다'는 그가 최근 갖게 된 철학을 반영한 결과였다. 목판 앞에 다가온 외부 평가자인 러셀 말로이Russell Malloy는 어떤 반응을 보여야 할지 몰랐다. 그는 엘리엇과 다른 교수들에게 조언을 구했다. 그는 "점수를 몇 점까지 줘도 됩니까?"라고 물었다. 보통 최고 점수는 A 학점에 해당하는 70점이었다. 아무도 교수들에게 그보다 더 높은 점수를 줄 수 있는지 묻지 않았다. 논의 끝에 그들은 말로이에게 그냥 가장 적절하다고 느끼는 점수를 주라고 말했다. 말로이는 아이브에게 90점을 주었다.

"정말 90점을 줄 건가요?" 심사위원장이 물었다.

"지금껏 이런 작품을 본 적이 없습니다." 말로이가 말했다. "충분히 90점을 받을 자격이 됩니다."

아이브는 왕립예술학회Royal Society of Arts가 주최하는 디자인 공모전 심사위원들에게도 비슷한 인상을 주었다. 18세기에 설립된 이 영국 단체는 1924년부터 산업 디자인 대회를 열어 학생들에게 여행 상금과 보조금을 지급해왔다. 아이브는 전화기 경연대회에 참가했다. 그는 오래전부터 사람들이 통화를 위해 전화기를 들어 얼굴에 갖다 대고 있는 모습이 부자연스럽다고 생각하고 있었다. 그는 그런 모습이 실제로 전화기를 작동시키는 데 필요한 두 가지, 즉 입과 귀 사이의 단절을 초래한다고 생각했다. 그는 사람들이 전화기를 마이크처럼 들고 말할 수 있게 칫솔만 한 크기의 가느다란 수신기가 달린 경쾌한 모양의 각진 기기로 다시 상상했다. 그러자 물음표 같은 모양이 됐다. 그것을 제대로 만들기 위해 아이브는 모양과 각도 면에서 미묘한 차이가 있는 수백 개의 스티로폼 모델들로 방 안을 가득 채웠다. 최종 버전은 연보라색 다이얼 버튼이 달린 흰색 플라스틱으로 만들었다. 그는 그것을 '오레이터Orator(연설가, 웅변가를 뜻하는 단어 – 옮긴이)'라고 불렀다. 그는 수십 년 뒤에 오레이터라는 그 이름에 대해 상당한 자부심을 느꼈다고 말했다. 아이브는 여행 상금으로 500파운드를 받았고, 급우들은 그가 만든 모델을 보고 깜짝 놀랐다.[9] 아이브의 뉴캐슬 1년 선배인 크레이그 먼시Craig Mounsey는 "누구도 본 적이 없는 것 같은 작품이었다"라고 말했다.

하지만 아이브는 그것을 실패작으로 간주했다. 그가 오레이터를 실제로 사용하는 사람들의 사진을 찍으려고 어느 사무실로 가져갔을 때, 특이한 모양 탓에 사람들이 제품의 사용법을 바로 이해하지 못했기 때문이다. 이때의 경험은 아이브가 이후 수년간 해결하기 위해 씨름하게 될 문제의 정체를 드러내주었다. 즉, 급진적으로 보이는 제품을 만드는 것만으로는 충분하지 않고, 사람들과 제품을 '연결'되게 만들어야 했다. 정말 좋은 제품은 그것이 어떻게 기능하는지를 직관적으로 이해할 수 있어야 했다. 그렇지 않으면 사람들은 그것을 사용하지 않을 테니까 말이다.

두둑한 상금을 받은 아이브는 1989년 여름 캘리포니아행 비행기에 몸을 실었다.[10] 실리콘밸리는 그의 마음속에서 여전히 디자이너들이 세계를 변화시키고 있는 컴퓨터와 다른 제품들에서 크나큰 목소리를 내는 신화적인 장소임이 확실해 보였다. 그곳은 한때 과수원이었던 곳이 칩 제조업체, 스타트업, 벤처 캐피털 기업들로 가득 찬 약 50킬로미터에 이르는 기술 단지에 자리를 내준 '해가 지지 않는 장소'로 묘사되었다. 그곳에서 이름을 따온 실리콘 웨이퍼silicon wafer(반도체 집적회로에 널리 사용되는 기본 재료 - 옮긴이)는 당시 스물세 살의 스티브 잡스를 백만장자로 만든 개인용 컴퓨터의 시대를 낳았다. 그와 같은 일을 할 수 있을지 모른다는 생각에 이끌려 전 세계의 젊은 엔지니어, 디자이너, 기업가들이 그다음 '새로운 것'을 쫓기 위해 실리콘밸리로 몰려들었다.

아이브는 호기심 많은 순례자였다. 친구 클라이브 그리니어가 늘어놓는 캘리포니아 얘기를 몇 년 동안이나 듣던 그는 그곳이 자신이 상상한 그대로인지 확인하고 싶었다. 그는 루나 디자인Lunar Design을 포함하여 여러 디자인 회사들에 대한 정보를 얻기 위해 인터뷰를 하기로 했다. 인근 새너제이 주립대학교 산업 디자인과를 졸업한 로버트 브루너Robert Brunner가 공동 창업한 루나는 최근 애플의 신형 컴퓨터와 관련한 일거리를 수주했고, 여유로운 서퍼의 분위기가 물씬 풍기는 신생 디자인 회사로서 명성을 쌓고 있었다.

아이브는 스탠퍼드 대학교 근처에 자리한 루나의 사무실로 찾아갔다. 로비에선 아래층 인도 식당에서 올라온 탄두리 치킨 냄새가 났다. 아이브는 브루너에게 자신이 디자인한 미래형 무선 전화기를 보여주었다. 그는 탈착식으로 된 일련의 내부 부품 모델들을 보여주고자 오레이터의 윗부분을 들어 올렸다. 브루너는 아이브가 부품들이 어떻게 작동하고, 전화기는 어떻게 조립할 수 있는지를 설명하는 동안 그저 멍하니 바라보고만 있었다. 졸업한 지 얼마 되지는 않았지만 아이브는 외관에서부터 제조 방법에 이르기까지 전화기의 모든 것을 설명할 수 있었다.

아이브가 설명하는 동안 브루너는 '어떻게 하면 이 애를 고용할 수 있을까?' 고민하기 시작했다. 당시 회사는 채용 계획이 없었지만 브루너는 자신이 아이브에게 관심이 있다는 사실을 알리고자 애썼다. 그는 "계속 연락하면서 당신이 어디로 갈지 지켜봅시다"라고 말했다.

이러한 브루너의 관심은 캘리포니아에 꽂힌 아이브를 흥분시켰다. 영국으로 돌아온 그는 왕립예술학회에 캘리포니아 여행을 정리해 보고서로 제출했다. 그는 "나는 즉시 샌프란시스코와 사랑에 빠졌고, 미래에 언젠가 그곳으로 갈 수 있기를 간절히 바란다"고 썼다. 그리고 시간과 브루너의 도움으로 그는 결국 소원을 이루게 된다.

아이브가 런던에 있는 로버츠 위버로 복귀해 보낸 시간은 짧았다.[11] 로버트 위버는 영국에서 일어난 금융위기로 인한 재정 붕괴로 1990년 파산했다. 뉴캐슬 대학에 다니는 동안 재정적 지원을 받는 대신 일하기로 한 계약에서 풀려난 아이브는 친구 그리니어와 또 다른 디자이너인 마틴 다비셔Martin Darbyshire가 세운 회사에 들어갔다. 세 사람은 회사명을 탠저린Tangerine이라고 지었다.

그들은 이스트 런던 쇼디치Shoreditch 근교의 낡은 다락방에 사무실을 차렸다. 당시 쇼디치는 스트립 클럽과 게이바가 즐비한 지저분한 지역이었다. 경기는 심각한 침체 상황이었고, 일자리는 부족했다. 그들은 사업을 활성화하기 위해 디자인 잡지에 광고를 싣기로 하고 자신들의 능력을 보여주기 위한 콘셉트를 만들었다. 아이브는 뉴캐슬 대학을 다닐 당시 열린 디자인 협의회 전시회에서 그가 만든 보청기를 보고 그에게 관심을 가졌던 아이디얼 스탠다드Ideal Standard라는 화장실·욕실 설비 회사를 위한 프로젝트에 착수했다. 그는 살던 아파트를 욕실 싱크대의 스티로폼 모델로 채웠다. 어느 날 아파트를 방문한 친구 도튼은 아이브가 바닥에서 스티로폼에서 부서져 나온 하얀 알갱이를 진공청소기로 빨아들이느라 바쁜 모습을 보았다. 아이브는 도튼 방향으로 몸을 돌리고선 진공 호스를 자기 얼굴에 갖다 댄 후 미소를 지으며 코에 붙은 스티로폼 알갱이를 빨아들였다.

아이브와 그리니어는 아이디얼 스탠다드 프로젝트를 수행하기 위해 서머셋Sumerset에 있는 아이브의 부모님 댁으로 도피했다. 그들이 싱크대와 화장실 모델을 차고에 쌓아두는 동안 아이브는 물의 중요성에 대해 철학적으로 이야기했다. 그는 물의 움직임에 대해 알려주는 해양생물학 서적을 탐독했고, 고대 그리스 도자기를 참조하며 영감을 얻으려고 했다. 이런 노력의 결과로 나온 작품이 벽에 붙어 있지 않고 떨어진 기둥 위에 올려진 반타원형 세면대였다. 그들은 자선 단체인 코믹 릴리프Comic Relief가 기획한 자선 행사에서 아이디얼 스탠다드를 통해 자신들이 만든 제품 모델을 선보였다. 싱크대 모델을 본 CEO는 싱크대 제조비가 너무 높고, 더 밋밋한 느낌을 주는 자사의 디자인 스타일과 비교했을 때 지나치게 급진적인 건 아닌지 불안해했다.

"만약 저 무거운 싱크대 중 하나가 넘어져서 아이가 깔리는 일이라도 생기면 어떻게 되는 거죠?" CEO가 물었다.

싱크대는 결국 퇴짜를 맞았다. 의기소침해진 아이브는 런던으로 돌아오는 내내 우울해했다. 그는 디자이너로서 한계를 느낄 수밖에 없었다. 그는 고객을 만족시키기 위해 자신의 디자인을 타협하고 싶지 않았다. 그러나 탠저린처럼 고객의 '환심'을 사야 성장할 수 있었던 기업 입장에선 해야 할 일이 복잡했다. 아이브는 이러한 대행업이 자신에게 맞지 않는다는 사실을 깨달았다. 그는 훗날 "디자인 사업은 내가 가까이서 할 수 있는 일이 아니다"라고 말했다.

아이브는 옛 지인으로부터 절실히 필요했던 격려를 받았다.[12] 1989년 애플은 아이브가 캘리포니아에 갔을 때 방문했던 루나 디자인에서 일하던 브루너를 고용해 사내 산업 디자인팀을 새로 꾸렸다. 애플은 데스크톱에서 탈피해 노트북과 PDA로 제품군을 확장하는 과정에 있었다. 이전 디자인, 즉 수직과 수평으로 들여쓰기된 선들로 이루어진 크림색 느낌이 나는 황백색 디자인은 매킨토시가 구식이 되기 전에 큰 성공을 거두게 해주었다. 브루너는 새로운 기기의 이동성을 감안해서 더 역동적인 외관을 원했다. 그는 새로운 아이디어를 찾던 도중 아이브를 떠올렸고, 탠저린에 네 가지 주요 애플 제품을 디자인하는 프로젝트를 맡기자고 제안했다. 여기서 말한 네 가지 제품이란 태블릿, 모바일 키보드, 그리고 두 종의 데스크톱 컴퓨터를 말한다.

암호명 '저그너트Juggernaut'인 이 프로젝트를 맡은 아이브는 겁이 났다. 자신이 동경하던 디자인을 해온 회사와 같이 일할 기회를 얻은 것이 처음이었기 때문이다. 그는 태블릿 디자인의 책임을 맡았고, 사람들은 그가 스튜디오에 앉아 스티로폼 키보드 모델에다 타이핑하는 모습을 볼 수 있었다. 그 결과로 나온 디자인에선 스크린이 마치 제도판처럼 기울어져 있었다.

아이브는 완성된 모델을 상자에 담아 애플로 보냈다. 그는 먼저 에어캡으로 포장한 제품 모델을 넣은 후 위에다 모델별로 상응하는 스케치를 올려놓았다. 그리고 그 위에 오렌지색 탠저린 로고가 인쇄된 티셔츠를 덮었다. 티셔츠는 반투명한 흰색 종이로 세심하게 포장되어 있었다. 땅콩 모양

스티로폼 조각들만 상자에 넣어 모델을 포장하는 디자인 회사들에 익숙한 동료들은 아이브의 이런 꼼꼼함을 보고 깜짝 놀랐다. 아이브는 애플로 향하는 상자를 중요한 '경험'으로 전환시켰다. 그는 모델을 포장하기 위해 쏟는 정성이 그것을 만들 때 쏟는 정성만큼이나 중요하다고 생각했다.

아이브가 보낸 상자는 곧바로 브루너에게 강렬한 인상을 주었다. 그는 탠저린의 창업자들을 쿠퍼티노로 초대했다. 그들이 할 일을 설명한 뒤 브루너는 아이브를 그의 옆으로 오게 했다. 성장하는 애플 디자인팀을 더 키우려고 했던 그는 애플에 대한 아이브의 관심을 느낄 수 있었다. 그는 "이곳의 문은 항상 열려 있습니다. 생각해보시죠"라고 말했다.

그러한 구애를 지켜보던 다비셔와 그리니어는 저그너트 프로젝트가 단지 몇 개의 모바일 기기를 디자인하는 것 이상의 의미가 있는 프로젝트라고 판단했다. 신생 기업들이 세계적인 기업들로부터 우연히 브리핑을 받는 법은 없다. 브루너는 그들의 파트너를 고용하길 원했다. 그들이 모두 돌아온 후 아이브가 혹스턴 광장 사무실로 걸어 들어오자 그리니어가 불쑥 이렇게 말했다. "그들이 널 잡은 거 맞지?"

아이브는 활짝 웃었지만 아무 말도 하지 않았다.

"해!" 그리니어가 말했다.

아이브는 갈등했다. 그는 자신이 동경해왔던 회사와 일할 수 있는 엄청난 기회가 생겼다는 걸 알았다. 그는 고객들을 만족시켜야 한다는 부담감으로부터 해방되고, 더 많은 돈을 벌고, 캘리포니아로 이사할 수도 있었다. 하지만 그건 영국을 떠나 그의 부모님, 특히 그의 경력에서 엄청나게 중요한 역할을 했던 그의 아버지로부터 멀리 떠나 다른 나라에서 가정을 꾸려야 한다는 의미이기도 했다.

그는 몇 주 동안 결정을 내리지 못했다. 다른 걱정도 걱정이었지만 그는 자신이 그 일을 할 자격이 충분한지에 대해서도 고민했다. 그는 겨우 스물다섯 살이었고, 학교를 졸업한 지 몇 년밖에 되지 않았다. 또 그가 했던 디자인 중 다수는 실제 제작으로 이어진 적도 없었다. 그는 훌륭한 디자인 유산을 가진 회사에서 자신이 어떻게 탁월한 역량을 보여줄 수 있을지 고민했다.

어느 따뜻한 날 런던을 산책하는 동안 아이브와 그의 대학 동창인 스티브 베일리Steve Baily는 산책을 멈추고 템스강으로 흐르는 강이 내려다 보이는 벤치에 앉았다. 그가 고향이라고 부르던 도시가 눈앞에 펼쳐져 있었다. 그곳을 남겨두고 떠난다는 생각이 아이브로서는 감당하기 힘들었다. 그는 베일리에게 자신이 애플에서 새로운 역할을 맡을 준비가 되었는지 잘 모르겠다고 말했다. 애플의 디자인 유산은 겁이 날 정도였다. 애플의 매킨토시는 사람들이 컴퓨터와 상호작용하는 방법을 재창조했고, 경쟁자들이 판매하는 어떤 컴퓨터보다 더 이용하기 쉬워 보였다. 동료들의 눈에는 아이브가 정말로 많은 성취를 이룬 것처럼 보였지만 그는 그들의 칭찬을 믿지 않았고, 여전히 자신이 한 많은 디자인에서 여러 오류들을 발견하곤 했다. 베일리는 "그는 정말로 긴장했다"고 회상했다. 아이브는 애플에서 일하며 디자이너로서 자신의 단점이 드러날까 봐 두려웠고, 자신의 앞길에 대해 걱정했다.

CHAPTER 3

운영자

직원들은 그곳을 '발할라Valhalla(북유럽 신화에서 신 오딘odin을 위해 싸우다 죽은 전사들이 머무는 궁전 – 옮긴이)'라고 불렀다. 인피니트 루프 1번지 빌딩 최상층에 자리한 임원실은 상업 제국 애플의 중심점이었다. 애플의 경영진 10명은 매주 월요일 이곳 임원 회의실에 모여 회사 업무에 대해 4시간 동안 토론했다. 이 주간 회의에선 소규모 그룹이 신규 점포 개발부터 신제품 카테고리 탐색까지 사업의 모든 사항을 꼼꼼히 평가하면서 급성장하는 거대 기술기업의 위계질서가 어떻게 돌아가는지를 보여줬다.

스티브 잡스의 사망 이후 애플의 상업 부문을 총괄하는 팀 쿡은 월요일 회의를 단독으로 진행하는 데 적응했다. 쿡은 잡스가 자신을 CEO로 임명했을 때 잡스에게서 조언을 구하는 장면을 머릿속으로 떠올리곤 했다. 하지만 그는 잡스의 안내를 받을 수 없는 상태에서 자력으로 리더십을 발휘하며 복잡한 상황을 타개해 나가야 하는 자신을 발견했다.

쿡은 개인주의 성향이 강한 사람으로 유명했다. 하지만 그의 행동은 동료들에게 멘토가 죽은 후 그의 감정 상태가 어떠한지를 잘 드러내주었다. 그는 CEO가 되고도 잡스가 예전에 쓰던 사무실로 이사하는 대신 그곳을 봉인해버렸다. 서류는 책상 위에 흩어진 채 그대로였고, 잡스의 딸이 그린 그림들은 화이트보드에 계속 그려져 있었다. 어떤 날에는 쿡이 문을 열고 안으로 들어가 전임자의 존재감을 느끼곤 했다. 그는 그러한 성찰의 순간을 성묘 같은 것으로 비유하곤 했다.[1]

쿡은 월요일마다 잡스가 살아 있었을 때와 비슷한 분위기를 만들려고 노력했다. 임원들은 이사회실로 줄지어 들어와, 잡스가 아이디어를 스케치하곤 했던 화이트보드의 그림자가 드리운 큰 회의 테이블 주위에 늘 앉던 순서대로 자리를 잡았다. 임원들이 하드웨어와 소프트웨어처럼 각자 맡은 영역에서 최신 정보들을 이야기하는 동안 일부 임원들은 회의에 대한 쿡의 무관심이 뿌리를 내리고 있음을 느꼈다. 잡스가 그의 두뇌만큼이나 직감에 의존하여 본능적인 결정을 내렸던 것과 달리 쿡은 천천히 생각했고, 분석하기를 더 선호했다. 잡스라면 직원들에게 대형 아이폰 제작을 요구했겠지만 쿡은 다양한 크기의 아이폰을 분석해서 크기별 이점을 평가해볼 것을 제안했다. 팀원들 중에선 그의 이러한 우유부단함을 불평한 사람도 있었지만, 정보를 취합한 후에 방향을 제시하는 스타일을 수용한 사람도 있었다.

그 초창기 몇 달 동안 열린 한 회의 도중 쿡은 동료들이 논의를 계속하는 동안 일언반구 없이 일어나 슬그머니 방을 빠져나갔다. 그가 나간 뒤 문이 닫혔고, 모두가 그가 돌아오기를 기다리며 방 안은 조용해졌다. 그는 복도를 따라 자신의 사무실로 걸어가서 책상 앞에 앉았다. 얼마 뒤 결국 한 임원이 뒤쫓아 와서 생각에 잠겨 있는 쿡을 불렀다. 쿡은 고개를 들더니 "아직 (논의가) 다 안 끝났습니까?"라고 물었다. 임원은 "우리 모두 당신을 기다리고 있습니다"라고 답했다.

팀 쿡은 성장하면서 아버지와 다른 삶을 살겠다는 꿈을 키웠다.[2]

1960년 앨라배마주 모빌에서 태어난 티모시 도널드 쿡Timothy Donald Co- ok(팀 쿡)은 도널드 도지어 쿡Donald Dozier Cook과 제럴딘 메이저스Geraldine Majors 부부가 낳은 세 아들 중 둘째였다.[3] 그의 부모님은 농장, 널찍한 참나무, 키 큰 소나무로 이루어진 풍경을 자랑하는 앨라배마 남부에서 50킬로미터 정도 떨어진 곳에서 자랐다. 아버지의 가운데 이름은 그가 학교를 다니던 마을인 도지어에서 따왔다.[4] 도지어는 플로리다 북서부와 몽고메리 남부에 맞닿아 있는 틴더 벨트Tinder Belt란 지역 내 수백 명의 주민이 거주하는 시골 벽지의 소도시였다. 그의 가족은 남부 노스캐롤라이나주와 사우스캐롤라이나주에서 출발해서 미국의 제7대 대통령인 앤드류 잭슨이 장군 시절 인디언 부족 머스코지족을 격파한 후 정착민들에게 넘긴 지역에서 표류하다가 그곳에 도착했다.[5] 그의 아버지는 농산물을 팔고 유제품 트럭을 운전하며 가족을 부양했다.[6] 도지어에서 외곽으로 향하는 길 하나는 제럴딘이 자란 앨라배마주 조지아나Georgiana 북서쪽으로 뻗어 있었다.

도널드는 자신이 시골 출신이라는 데 자부심을 느꼈고, 말할 때마다 항상 남부 시골 사투리를 섞어 가며 말했다. 어느 날 그는 둘째 아들이 "어떤 일도 포기하지 않는 타입의 남자다. 그는 야심가다"라고 자랑하곤 했다.[7] 그는 자식들에게 겸손함을 가르쳤고 일확천금에 대한 경멸감을 심어주었다. 쿡이 애플의 CEO가 되어 아버지에게 트럭을 선물했을 때도 도널드는 종종 그 선물에 대해 불평하곤 했다.[8] 그는 커피를 마시면서 친구들에게 "쿡이 왜 내게 트럭을 주었는지 모르겠다"고 말했다. 그는 다른 사람에게 잘난 체하는 사람으로 보이고 싶어 하지 않았다.

쿡의 아버지는 근면하고 성실한 노동자의 태도를 지닌 사람이었다.[9] 고등학교 졸업 후 그는 앨라배마주 모빌Mobile에 소재한 '앨라배마 드라이 독 해운선사Alabama Dry Dock and Shipbuilding Company'에 취직해서 일하다가 한국전 쟁 때 미 육군에 징집됐다. 육군은 그를 보급계원으로 임명하여 군인, 군수 품, 식량 등을 전선戰線으로 운반하는 화물 트럭에 들어갈 부품을 관리하도 록 했다. 그는 재고 관리 업무를 좋아했고, 그것을 일명 '군대의 꽃보직'으 로 여겼다. 그는 한국에서 18개월을 복무한 뒤 멕시코 연안 지역으로 돌아 와 조선소에서 일하며 생계를 꾸렸다. 그와 제럴딘은 결혼하여 가정을 꾸 린 뒤 세 명의 아들을 낳았다. 그들 가족은 모빌에서 쿡의 할아버지가 살고 있는 플로리다주 펜서콜라Pensacola 부근으로 이주했다. 그들은 막내 제럴드 가 학교에 다니기 시작할 때까지 그곳에 머물렀다. 당시는 1970년이었고, 디프사우스Deep South(미국 남부 여러 주 가운데 루이지애나·미시시피·앨라배마·조 지아·사우스캐롤라이나 다섯 개 주를 지칭하는 말-옮긴이) 전역에서 인종차별 폐 지가 가속화하고 있었다. 다인종 통합 교육을 위한 '버스 통학제bussing' 수 용을 거부했던 펜서콜라는 판사로부터 학교들을 모두 통합하라는 명령을 받았다. 그러자 도시 내에 긴장이 고조됐고 고등학교에서는 백인과 흑인 들 사이에 싸움이 벌어졌다. 몇몇 싸움은 남부 연합군 이미지 때문에 야기 되기도 했다. 중하층에 속했던 쿡 부부는 제럴딘의 쌍둥이 자매가 정착해 살고 있던 앨라배마주 볼드윈 카운티Baldwin County 인근으로 이사했다.[10] 도 널드는 유치원에서 12학년까지 수업을 모두 한 학교에서 들을 수 있어 세 아들이 함께 학교에 다닐 수 있는 로버츠데일Robertsdale이라는 마을을 선택 했다고 말했다.[11]

로버츠데일은 옥수수, 목화, 감자 농경지로 이루어진 광활하고 평평한 길을 가로질러 2차선 도로가 뻗어 있는 작은 농업 공동체였다. 참나무 숲과 우뚝 솟은 소나무가 농장이 끝나고 시작하는 지점이 어디인지를 표시해 줬다. 젖소들은 풀이 무성한 들판에서 풀을 뜯어 먹었다. 마을을 관통하는 철도는 수확물을 북쪽 몽고메리로 실어 날랐다. 텅 빈 평지가 많아 1층 목장 주택 개발이 장려됐다. 이곳 거주민은 거의 전적으로 백인이었다. 2,300명의 주민 대부분은 주변 농장이나 동네 구멍가게, 그게 아니면 속옷, 잠옷, 브래지어를 만드는 직물 공장에서 일했다.[12] 아이들은 자유롭게 동네를 돌아다녔고, 주민들은 같은 주민이 소유한 식료품점에서 쇼핑했으며, 주말 예배가 끝나면 모두 프라이드치킨이 유명한 지역 식당인 조니 매스Johnnie Mae's로 달려갔다.[13] 학교생활은 미국의 다큐멘터리 영화인 〈위기에 빠진 젊은이들Youth in Crisis〉에 나오는 것처럼 종교의식으로 시작했고, 계절이 바뀔 때마다 고등학교 축구 경기와 함께 인근 걸프쇼스Gulf Shores에선 새우 축제가 열렸다.

쿡 부부는 그러한 작은 마을에선 보기 드물게 있는 듯 없는 듯하면서 살았다.[14] 가끔 교회에 나가곤 했지만 특별히 적극적으로 활동하지는 않았다.[15] 사교적인 태도를 견지했으나 정원 클럽 모임, 뒷마당 바비큐, 저녁 파티에 대해 이야기하는 지역 신문의 사회란과는 거리를 두었다. 그들은 주로 자기들끼리 생활했고, 그런 생활 태도를 아들들에게도 전수했다.

어린 시절 쿡은 아버지 도널드가 일찍 일어나 모빌에 있는 조선소로 한 시간 가까이 운전해 출근하러 나가는 모습을 지켜보곤 했다. 도널드는 그곳에서 작업장을 대신 청소해주고 장비를 가져다주는 등 용접공과 다른 숙련된 노동자들을 돕는 보조 작업자로 일했다.[16] 그는 수천 톤의 배들이 유지보수를 위해 지지 블록에 끌어올려지는 동안 모빌만을 따라 자리한 습한 곳에서 힘들게 일했다. 보수는 시간당 약 5달러였다. 쿡은 아버지가 낮은 보수에 대해 불평하지는 않았지만 그 일을 좋아하지 않는다는 것을 잘 알고 있었다. 다만 아버지는 가족을 부양하기 위해 그 일을 하고 있을 뿐이었다. 아버지가 부두에서 보내는 힘들고 즐겁지 않은 시간은 원하는 직업을 찾고자 꿈꾸던 쿡의 기억 속에 계속 남아 있었다.

쿡의 부모님은 그에게 근면의 중요성을 가르쳐주셨다.[17] 그는 열 살 때부터 스스로 돈을 벌었다. 몇 년 동안 근처 모빌에서 〈프레스 레지스터Pres-Register〉 신문을 배달했고, 패스트푸드 체인인 테스티 프리즈Tastee Freez에서 햄버거를 뒤집었으며, 동네 슈퍼에서 바닥을 닦고, 진열대를 정리하고, 현금출납 업무를 보는 등 척척박사처럼 온갖 일을 맡아서 했다. 슈퍼에서는 브랜드별 베스트셀러를 바탕으로 담배 코너를 재정비해 매출 증대에 도움을 주며 그의 인생에 큰 영향을 미칠 진취성과 사업적 감각을 보여줬다.[18]

쿡은 학교생활에도 비슷한 원칙을 도입했다. 그는 농부와 제철소와 부두 노동자들의 아들딸들과 함께 흰색 창문으로 꾸민 단층 벽돌 건물 짓는 일을 했다. 그러면서도 과제를 빼먹거나 말썽을 일으키지 않고 수업과 일을 정신없이 병행했다. 그럼에도 그는 자신의 일을 힘들게 여기지 않았다. 학교 선생님들은 그를 골든 리트리버에 비유하곤 했다.[19] 그가 항상 웃고 미소 지으면서 반 친구들과 장난을 치는 낙천적인 성격의 학생이었기 때문이다. 그는 학교에서 가장 똑똑하고 지적인 학생에 속했지만 수업 중 토론이 벌어질 때면 언제나 수줍은 듯 조용하게 있었다. 선생님들은 종종 "팀, 어떻게 생각하니?"라고 물으면서 그의 참여를 독려해야만 했다.

학교 밴드 감독인 에디 페이지Eddie Page는 쿡에 대해 "그는 속속들이 잘 파악하기 힘든 아이였다"고 회상했다.[20] 화학 선생님인 켄 브렛Ken Brett은 쿡을 "말씨가 부드럽고, 친해지기 쉬우며, 숙제를 게을리하지 않는 지식인"이라고 불렀다. 몇 년 동안 쿡의 급우들은 그를 "가장 학구적인 친구"로 여겼다.

중학교 시절, 그는 오번 대학교 입학을 자신의 첫 번째 주요 목표로 정했다. 대학 학위가 없는 부모의 아들이 꿈꾸기에는 야심 찬 꿈이었다. 그가 오번 대학교를 선택한 이유 중 하나는 다름 아닌 풋볼 때문이었다. 쿡이 살던 로버츠데일에서는 풋볼의 인기가 대단해서, 앨라배마 대학교와 오번 대학교 간의 연례 라이벌 경기는 언제나 큰 화젯거리였다. 로버츠데일은 앨라배마 대학교의 진홍색과 흰색보다 오번 대학교의 파란색과 주황색을 선호했고, 쿡 역시 그러했다.

1971년 쿡은 자신의 첫 오번-앨라배마 경기를 TV로 시청했다.[21] 오번 타이거스Auburn Tigers가 31 대 7로 패한 경기였다. 쿡은 두 팀이 다음 해에 맞붙을 때까지 이날 느낀 패배의 실망감을 잊지 않았다. 1년 후 앨라배마주 버밍엄Birmingham의 레지옹 필드에서 열린 경기에서 오번은 경기 종료 10분을 남기고 앨라배마에 16 대 0으로 뒤지고 있었다. 오번이 필드골을 넣은 뒤 수비진은 앨라배마의 늦은 공격을 멈춰 세우고, 이어진 펀트punt(손에 쥔 공을 떨어뜨려 그것이 바닥에 닿기 전에 길게 차는 것 – 옮긴이)를 막은 뒤 전세를 역전시키는 25야드 터치다운을 성공시켰다. 몇 분 후 그들은 다시 공격을 막고 두 번째 펀트를 터치다운과 연결해 경기에서 승리했다. 이길 가능성이 워낙 희박한 경기였기 때문에 주 전체는 그것을 '펀트-(앨라)바마-펀트Punt-(Ala)Bama-Punt' 게임이라고 이름 붙였다. 그로부터 1년 동안 쿡은 어머니에게 '어떻게든' 오번에 다니고 싶다고 말하고 다녔다.[22]

쿡이 왔을 때 로버츠데일에선 인종차별이 심각한 상태였다. 이곳은 비공식적으로 '일몰 지역sundown town', 즉 유색인종 차별 지역이었다.[23] 흑인 등 유색 인종은 일몰 이후에는 해당 지역을 떠나라는 표지판이 설치되어 있었기 때문에 이런 이름이 지어졌다. 당시 인종차별이 심한 남부에는 이런 지역이 많았다. 로버츠데일에 밤이 찾아오면 흑인 주민들은 이웃한 록슬리Loxley와 실버힐Silver Hill 마을에 있는 집으로 향했다. 1969년 지역 학교는 두 마을에 거주하는 흑인 학생들을 버스에 태워 로버츠데일로 보내기 시작했다.[24] 그러자 일부 지역 주민들은 흑인 학생들과 같이 버스를 타기를 거부했다. 갈등은 심화됐고, 통합 대상에 해당하는 흑인 고등학생 집 우편함에서 파이프 폭탄이 발견되는 일도 있었다.

가족이 로버츠데일로 이사한 후 쿡은 이러한 인종적 갈등 상황을 직접 대면하기도 했다. 6학년 때 자전거를 타고 집으로 오던 중 동네 흑인 가족 집 잔디밭에 불타는 십자가를 꽂고 있는 남자들을 발견한 것이다. 그들은 흰 두건으로 얼굴을 가린 채 인종 비하적인 발언을 쏟아내고 있었다. 어디선가 유리창이 깨지는 소리도 들렸다. 쿡은 놀라서 자전거를 멈추고 소리쳤다. "그만 해요!" 그러자 한 남자가 그를 향해 몸을 돌리더니 쓰고 있던 두건을 들어 올렸다. 쿡은 그 남자가 근처 교회의 집사임을 알아차렸다. 깜짝 놀란 그는 페달을 밟으며 도망쳤다.[25]

그때 KKK단으로부터 받은 인상은 이후 수십 년 동안 쿡의 기억 속에 남아 있었다. 애플의 CEO가 된 후 그는 자신이 겪은 일을 주제로 연설했다.[26] 그는 "제가 살던 지역과 멀지 않은 곳에서 십자가가 불에 타는 장면을 목격했던 기억이 생생합니다"라면서 "그것은 제 인생을 영원히 바꿔놓았습니다"라고 말했다. 연설이 끝나자 애플 직원들은 집사와 자전거에 대한 구체적인 내용을 포함하여 〈뉴욕 타임스〉에 실린 쿡의 프로필을 둘러싼 이야기의 확인 작업을 도왔다.[27] 기사를 읽은 많은 로버츠데일 사람들은 격분했다. 학교 친구들과 이웃들은 쿡이 자신의 두드러진 위치를 이용해 그의 고향을 부정적으로 묘사한 데 대해 이의를 제기했다. 그들은 〈뉴욕 타임스〉에 실린 에피소드가 실제로는 일어난 적이 없다고 모두가 확신했기 때문이다.

문제의 기사로 인해 쿡은 고향 사람들로부터 버림받았다. 이후 몇 년 동안 그의 학교 친구들과 이웃들은 기사가 정확한지를 두고 논쟁을 벌였다.[28] 한 전직 교사는 수십 년 전에 쿡이 비슷한 이야기를 했던 기억을 떠올렸지만, 그 이야기에 꼬투리를 잡은 사람들도 있었다. 그들은 당시 로버츠데일에 사는 흑인은 없었고, 가장 가까운 곳이라고 해봤자 쿡의 가족이 살던 집에서 족히 몇 킬로미터는 떨어져 있었다고 주장했다. 절친한 고등학교 친구인 리사 스트라카 쿠퍼Lisa Straka Cooper는 쿡에게 이메일을 보내 그가 다른 교회 집사를 어떻게 알아봤으며, 그의 부모님에게 십자가가 불탄 일을 말했는지를 물었다. 그녀는 이메일에다 "만약 그것이 사실이라면 너는 더 자세한 정보를 알려줄 필요가 있다. 누구 집 마당에서 일어난 일인지, 집주인들과 여전히 연락하고 사는지 등"이라고 썼다. 쿠퍼는 "쿡이 '내가 거짓말하고 있다면 그 동기는 뭐라고 생각하지?'라고 물었다"고 회상했다. 그녀는 쿡에게 로버츠데일 사람들이 그의 말을 믿지 않는다고 알려줬다. 이후로 옛 친구들은 이 일에 대해 더 이상 왈가왈부하지 않았다.[29]

쿡은 1970년대 유행하던 스타일인 넓은 칼라의 버튼다운 셔츠와 부츠컷 청바지를 입은 키가 크고 여윈 10대 소년의 모습을 한 채 고등학교에 도착했다. 그의 풍성한 머리숱은 귀를 완전히 덮었다. 그는 10학년 때 트롬본을 배운 뒤 학교 밴드 모임에 들어갔다.[30] 악기를 배우는 속도가 워낙 늦었던 지라, 중학생 때부터 시작한 또래들을 따라잡느라 애를 먹었다.

쿡은 학교에서 보내는 시간 대부분을 밴드 친구들과 함께 보냈지만, 운동선수나 반 친구들과도 잘 어울렸다.[31] 그러나 방과 후나 주말에 어울리는 법은 거의 없었다. 당시 반 친구들은 수업이 끝나고 테니스 코트에서 많은 시간을 보내면서 어울렸고, 고등학교 안인데도 맥주를 마시곤 했다. 급우들 중 방과 후 그와 어울려 놀았던 사람은 거의 없었다. 쿡보다 1년 후배인 조니 리틀Johnny Little은 "팀은 이상했고, 약간 달랐다"면서 "그는 주로 여학생들과 어울렸다"고 회상했다.[32]

쿡은 쿠퍼를 가장 친한 친구로 꼽았다.[33] 그들은 둘 다 바브라 스트라이샌드와 로버트 레드포드가 출연한 영화 〈추억〉을 감명 깊게 봤고, 영화 히트곡 가사를 서로에게 불러주며 그 감성적인 가사를 소재로 이야기하곤 했다. 쿠퍼가 "추억은 내 마음 한구석을 밝혀준다"고 운을 떼면 쿡은 "우리가 남긴 미소를 담은 흩어진 사진들"이라며 가사를 이어갔다. 반 친구들이 그런 쿡과 쿠퍼의 모습을 못 본 척하면 두 사람은 친구들이 히스테리가 날 정도로 짜증이 났을 거라며 웃곤 했다.

쿡은 과외 시간 대부분을 학교 연감을 만드는 데 쏟아부었다. 그는 경영 관리자처럼 어딜 가나 거의 항상 공책을 가지고 다니면서 연감에 광고를 실어줄 지역 사업체의 명단을 검토하고, 그들이 약속대로 광고료를 냈는지 여부를 검토했다.[34] 정오쯤에 연감 수업이 시작되면 쿡은 학교 연감 제작 지도교사인 바버라 데이비스Barbara Davis에게 광고 판매와 수주 현황에 관한 최신 정보를 알려주었다. 대수학과 삼각법을 가르쳤던 데이비스는 연감 제작을 담당하는 학생들이 결제 기한이 도래할 때까지 기다렸다가 허겁지겁 광고비를 걷는 모습에 익숙했다. 쿡은 그녀가 같이 일해본 학생 중 중간에 광고비를 걷은 최초의 학생이었다. 그의 인내심과 책임감을 눈여겨본 그녀는 쿡이 계속 그 일을 맡도록 추천했다. 3년 동안 수학 수업을 들으면서 쿡은 단 한 번도 숙제를 빼먹은 적이 없었고, 늘 최상위권 성적을 유지했다. 그녀는 수십 년 뒤 쿡에 대해 "그는 매우 효율적으로 일하고 신뢰할 수 있는 학생이었다"고 회상했다.

그런 좋은 성적을 받고 있었음에도 쿡은 4학년으로서 자신이 대학 입학 준비를 잘하고 있는 것인지 걱정하곤 했다.[35] 쿡과 같은 반 친구인 테레사 프로카스카Teresa Prochaska도 그와 비슷한 고민을 하고 있었다. 그들이 학교 생활 지도교사에게 가서 자신들의 걱정을 털어놓았더니, 지도교사로부터 "걱정하지 마. 잘할 수 있을 거야"라는 답변이 돌아왔다.

프로카스카가 수석이자 졸업생 대표로, 쿡이 차석으로 졸업하면서 두 사람은 지도교사의 말이 옳았다는 것을 증명해 보였다.

1970년대 앨라배마주 남부에서는 그곳을 둘러싸고 있는 바이블 벨트 Bible Belt(기독교 문화가 강한 미국 남부와 중서부 지대 – 옮긴이) 상당 지역이 그렇듯 동성애를 죄악시했다. 많은 사람들은 구약성서에 나오는 구절들을 동성 간 관계를 금지하는 것으로 해석했다. 그러한 관계는 변태나 '부자연스러운' 관계로 여겨졌다.[36] 로버츠데일처럼 소규모 농업 공동체에서는 그 거부감이 더욱 심해서 급우와 선생님들 모두가 자신은 당연히 동성애자가 될 리 없다고 말하고 다니는 분위기로 이어졌다.[37] 동성애는 백인 기독교 마을에서는 받아들이기 불가능하다고 여겼던 이질적인 개념이었다.

그렇게 다름을 인정하지 않는 분위기는 쿡을 '이방인'으로 만들었다.[38] 그는 그때 이미 자신이 다르다는 것을 알았으나 친구들에게 그 사실을 말한 적은 없었다. 그는 가장 친한 친구들에게조차 자신의 희망이나 꿈에 대해 털어놓지 않았다. 그는 캠퍼스에서 열리는 기독교도를 위한 행사에도 참석하지 않았으며 짝사랑하는 여자친구에 대해서도 말하지 않았다. 그는 사교 행사에 자주 가지 않았다. 그리고 가장 친한 몇몇 친구들에게조차 자신이 게이일지도 모른다고 말하지 않았다. 대신 그는 우수한 성적을 거두고 오번에 입학함으로써 급우들의 일상적인 관심을 넘어서는 완벽주의자의 후광을 창조했다. 미래에 집중하는 그의 범상치 않은 모습은 친구들에게 그의 '다른 점'을 미처 깨닫지 못하게 해주었다.

쿡이 만든 이러한 이미지는 동성애를 혐오하는 움직임이 때때로 수면 위로 올라오는 환경에서 그를 보호해줬다. 로버츠데일 고등학교 선생님 중 미혼에다 여성스러운 분이 계셨다. 어느 날 학교에서 그 선생님이 한 무리의 학생들과 이야기를 나누고 있었을 때 교직원 한 분이 한 학생과 함께 그들 옆을 지나갔다. 교직원은 학생들에게 그 선생님을 가리키며 "동성애자와 얘기하지 않는 게 좋을 거야"라고 말했다. 때마침 근처에 서 있던 쿡의 영어 선생님인 페이 패리스Fay Farris가 즉시 교직원의 편협한 시각을 꾸짖었다. 학생들은 그녀가 개입해준 데 대해 감사함을 느꼈다.[39] 그러나 이런 대화는 1970년대의 편협한 분위기를 단적으로 보여줬다.

쿡이 고등학교를 졸업하자 어머니는 쿡이 일했던 슈퍼의 동료들에게 쿡이 이웃한 마을에 사는 한 여학생과 사귀고 있다고 말했다. 그의 '성적 취향'은 그의 삶 많은 부분에서 그림자를 드리웠다.[40]

쿡은 1977년 오번 대학교로부터 오랫동안 고대했던 합격 통지서를 받았다. 오번은 1859년 '이스트 앨라배마 남자대학'으로 개교한 뒤 '앨라배마 농기계 대학'으로 바뀌었다. 그러다 다시 현재 소재한 곳의 이름을 딴 대학명을 갖게 되었다. 앨라배마주 중부 평지에 위치한 오번은 걸프만의 바닷바람으로부터 멀리 떨어져 있어 연중 내내 무더웠다.

쿡은 로버츠데일 졸업생 여덟 명과 함께 캠퍼스 건너편에 있는 작은 아파트를 임대했다.[41] 그들은 부분 칸막이벽, 책상, 트윈베드, 부엌이 있는 작은 방들에서 지냈다. 인근 캠퍼스에는 잎이 무성한 참나무, 활짝 핀 목련, 2층 벽돌 건물 등이 있었다. 학교생활은 풋볼을 중심으로 돌아갔다. 매주 토요일마다 오렌지와 파란색 옷을 입고 경기장으로 몰려든 학생들의 응원 구호가 캠퍼스에 울려 퍼졌다.

이곳은 집과 거리가 있어 쿡은 자신을 '리메이크'할 수 있었다. 고등학교 시절 테니스 코트에서 친구들과 같이 맥주를 마신 적이 거의 없던 그는 대학에 들어가면서부터 수업이 끝나면 학교 근처 술집으로 직행하곤 했다. '퍼널 피버Funnel Fever' 맥주 마시기 대회가 열렸고, 맥주세 2센트 인상에 반대하는 학생들의 시위도 있었다.[42] 쿡은 몇 년 뒤 "굳이 말하자면 그냥 온 힘을 다해 즐긴 파티였다"고 회고했다.[43]

쿡은 학생회의 영화 위원회에도 참여했다.[44] 위원회는 〈해양 괴물〉과 〈청춘 낙서〉 같은 영화를 틀어줬다. 그는 상영관 앞에서 학생증을 확인하고, 조명이 꺼지기 전에 영화를 소개해주는 일을 했다. 이때 반항아 기질이 있는 대학생들이 야유하며 그를 향해 물건을 던져도 당당해 보이려고 최선을 다했다. 당시 겪은 경험은 그에게 말은 간결하게 하는 게 중요하다는 교훈을 가르쳐주었다.

오번에서의 삶은 쿡의 정체성에 큰 영향을 미쳤다. 그곳의 신조는 그에게 큰 반향을 일으켰다. 1943년 오번의 초대 풋볼 감독인 조지 페트리 George Petrie가 쓴 신조의 내용은 이랬다. "나는 우리가 실용적인 세계에 살고 있으며, 내가 버는 것에만 의지할 수 있다고 믿는다. 그러므로 나는 일과 근면함을 믿는다. 나는 현명하게 일할 수 있는 지식을 주고 내 마음과 손이 능숙하게 일할 수 있게 해주는 교육의 힘을 믿는다. 나는 정직과 진실함을 믿으며, 이것 없이는 내 동료들의 존경과 신뢰를 얻을 수 없다."

쿡은 열심히 노력해야 했다. 그가 오번에서 전공으로 선택한 산업·시스템 공학과에서는 로버츠데일에서는 어렵지 않게 얻었던 좋은 성적을 얻기가 힘들었다. 그가 이 전공을 선택한 데는 엔지니어가 되고자 하는 열망도 있었지만 다른 이유도 있었다. 근로 장학 프로그램을 통해 리치먼드 Richmond에 있는 레이놀즈 알루미늄Reynolds Aluminum에서 틈틈히 일하며 학비를 충당할 수 있었기 때문이다. 한마디로 매우 실용적인 선택이었다.[45]

산업공학은 제조업자들이 생산 개선 방법을 모색하면서 20세기 초반부터 성장해왔다. 과학의 중요성은 조금 덜어낸 대신 수학을 사용해 보다 효율적인 공장 라인을 만들거나 병원 응급실 업무를 간소화하는 등 복잡한 공정을 개선하는 방법을 찾아내는 데 더 중점을 둔다는 점에서 산업공학은 다른 공학 분야와 구분된다. 많은 동기들과 마찬가지로 쿡은 수학과 인간에 대해 함께 배우는 걸 즐겼다. 수업은 그에게 모든 현상에 대해 생각하고 질문하는 태도를 가르쳐주었다.[46] 학교는 학생들에게 "원래 그런 거다" 같은 평범한 답은 없다는 걸 가르쳐주며, 관행 속에서 개선점을 찾아내도록 후속 질문을 던지는 훈련을 시켰다. 이러한 훈련들은 쿡에게 사업상 결정을 분석하고 최상의 결과를 고를 수 있는 기반을 제공해주면서 쿡의 인생을 재설계해줬다.

수업 규모는 방대했고, 쿡은 그 수업들 속으로 사라졌다. 급우들은 그를 거의 몰랐다고 회상했다.[47] 그들은 쿡을 "눈에 띄게 똑똑하거나 유능하지는 않았던 조용한 곱슬머리 학생" 정도로 기억했다. 통계학 수업 때 앞쪽에 앉아 필기를 하긴 했지만 질문을 하거나 토론에 참여하지는 않았다. 그는 수업이 시작하면 다른 학생들과 교류하는 일이 거의 없었고, 교수의 연구실을 방문한 적도 없었다. 그러나 단 한 번도 수업을 빼먹지 않았고, 항상 시험에서 뛰어난 성적을 거두었다. 그를 가르친 교수들은 복잡한 내용을 분석해서 빠르게 문제의 핵심에 도달하는 그의 능력에 감탄했다.[48]

졸업반이던 1982년 쿡은 산업공학 대학 내 우등생 단체인 '알파 파이 무Alpha Pi Mu'에 가입했다.[49] 그는 공과대학 학생 자문 위원회의 대표가 되었다. 위원회 회의 때 보고를 하는 그의 모습을 보고 회의에 참석한 IBM(당시 빅 블루Big Blue라는 별명으로 불리던)의 채용 담당자가 다가와 자사 입사를 권유했다. 쿡은 앤더슨 컨설팅Anderson Consulting과 제너럴 일렉트릭General Electric에서 일할 기회도 같이 고민하던 끝에 결국 IBM에 입사했다.

그리고 이 결정은 그를 컴퓨터 세계로 밀어 넣어줬다. 그곳은 그가 진지하게 생각해본 적은 없는 분야였지만, IBM에서 일하며 그는 보람 있는 삶을 살기 위해선 계획과 행운이 모두 필요하다는 믿음을 갖게 되었다. 그로부터 수십 년 뒤인 2010년, 졸업식 연설을 하기 위해 오번을 찾은 그는 졸업생들에게 자신이 그날 IBM의 채용 담당자로부터 기회를 얻었던 것처럼 그들에게도 기회가 오리라 기대하고 미리부터 준비해둘 것을 촉구했다.[50] 그는 "우리는 기회가 도래할 시기를 조절하지는 못하지만 준비를 조절할 수는 있다"고 말했다.

쿡은 그렇게 PC 시대의 동이 틀 무렵 IBM에 입사했다. 훗날 그의 상사가 되는 스티브 잡스는 스티브 워즈니악과 함께 캘리포니아의 차고에서 일하면서 개인용 컴퓨터, 즉 PC를 대중화시켰다. PC의 광범위한 매력은 세계 기술업계의 거물인 IBM에게 당시 기업과 대학들이 사용하던 초대형 메인프레임 기계에서 벗어나 사람들이 집에 가져다 놓고 쓸 수 있는 컴퓨터로 사업 영역을 넓히도록 영감을 불어 넣어줬다.

윗선의 지시를 받은 IBM의 고위 매니저인 필립 돈 에스트리지Philip Don Estridge와 윌리엄 로William Lowe는 구매자들이 원하는 대로 소프트웨어와 디스크 드라이브를 구성할 수 있는 애플 II의 경쟁 제품 개발을 이끌었다. 그 결과로 나온 IBM의 PC 인기가 급상승했고, 매출은 1980년 제로에서 쿡이 1982년 합류할 무렵 10억 달러 가까이까지 올라갔다.[51] 판매량이 얼마나 많았던지 해당 연도에 가장 많은 영향을 준 인물인 '올해의 인물Person of the Year'을 선정하는 《타임Time》은 그해에만 인물이 아닌 IBM 컴퓨터를 '올해의 기계Machine of the Year'로 선정했다.

쿡에게 IBM은 완벽한 장소였다. 수십 년 동안 커왔던 이 '빅 블루' 제국은 구조, 위계, 유행어로 가득 찬 관료주의 성격을 풍기는 거물이었다. IBM이 밟아온 성공의 역사는 그곳을 세계에서 가장 경영이 잘 되는 회사 중 하나로서 명성을 쌓게 해주었다. 임원진은 풀 먹인 흰색 버튼다운 셔츠를 입었고, 뛰어난 성과를 내는 주니어 인재를 '잠재력이 많다'는 뜻의 'high potentials'의 줄임말인 'HiPos'라고 불렀다.[52] 그러나 IBM의 순응 문화가 모두에게 맞는 건 아니었다. 애플을 IBM의 '영혼 없는 컴퓨팅 제국'에 맞서는 '혁명적 도전자'로 포장한 잡스에게는 특히 더 그랬다.

하지만 쿡은 혁명가가 아니었다. 오번을 갓 졸업한 그는 아버지와 형이 일하는 조선소에서 멀리 떨어진 곳에 일자리를 찾아 기뻐하는 로버츠데일 출신의 책임감 있는 청년이었다. IBM에 들어간 그는 노스캐롤라이나주 롤리Raleigh에서 추진 중인 신생 사업에 생산 엔지니어로 첫발을 내딛었다. 그 일을 하게 된 덕분에 쿡은 호황을 누리는 컴퓨터와 프린터 사업의 조립 부문 자동화를 위한 제조 라인을 설계하려는 IBM의 노력에 앞장서게 됐다.[53] IBM은 컨베이어 벨트 위에서 맴돌면서 개별 키보드 키를 집어 제자리에 놓는 일을 하는 IBM 7535 같은 새로운 로봇을 만드는 작업을 한창 추진 중이었다. 자동화 노력이 항상 성공하지는 못했다. 시행착오 끝에 부품 간 간격이 좁은 경우처럼 일부 사례에서만 인간의 노동력을 활용하는 것이 더 비용 효율적이라는 사실이 밝혀지기도 했다. 어쨌든 쿡은 빠르게 두각을 나타내면서 경영 잠재력 면에서 HiPo 직원 명단에 오를 유망한 젊은 직원 25인에 꼽혔다.

쿡은 특히 자재 관리 부문에서 명성을 떨쳤다.[54] IBM은 PC 조립 업무를 플로리다에서 노스캐롤라이나로 옮기고 있었고, 그가 맡은 일은 생산의 성패를 좌우할 수도 있었다. 그는 PC를 만들 부품을 확보하는 일을 맡았다. 부품이 없으면 제조 라인은 멈출 수밖에 없다. 반면에 부품이 지나치게 많으면 IBM은 초과 재고의 비용을 떠안아야 했다. 쿡은 수중에 있는 부품 수와 매일 생산되는 컴퓨터 수가 일치하도록 '적기Just-in-Time' 주문 프로세스를 구현했다. IBM은 점점 더 치열해지는 아시아 기업들의 도전을 뿌리치려고 애쓰던 1970년대에 일본으로부터 이 관행을 도입해 세계에서 가장 저렴하게 컴퓨터를 생산하는 회사로 발돋움했다. IBM은 또한 쿡에게 신뢰할 수 있는 저가 공급업체를 찾는 것이 얼마나 가치 있는 일인지를 가르쳐줬다. IBM은 PC 사업 구축을 위해 지난 수십 년 동안 갖고 있던 자체 제작 부품을 만들어 써야 한다는 편견을 과감히 버리고 소규모 공급업체의 저렴한 대체품을 쓰기로 했다. 그렇게 IBM은 PC 사업에서 애플을 빠르게 따라잡고 비용을 최소화할 수 있었다. 쿡의 장점 중 하나가 공급업체를 관리하고 재고를 최소화하는 것이었지만 그의 인지도를 높여준 건 다름 아닌 그의 열정과 직업윤리였다.

그는 크리스마스와 새해 사이에 IBM의 PC 사업부에 납품할 제조 업무를 맡겠다고 자원했다.[55] 그가 그 일을 맡자 상사들은 가족과 함께 시간을 보낼 수 있었고, 쿡은 IBM의 연말 성과에 중요한 제품 배송 책임을 지게 되었다. 쿡의 상사들은 그를 신뢰할 수 있는 지도자로 보기 시작했고, 회사 측에다 그가 인근 듀크 대학교의 후쿠아 경영대학원Fuqua School of Business에서 MBA 야간 과정을 밟을 수 있도록 학비를 지원해줄 것을 권고했다. MBA 과정을 밟으며 들은 금융, 전략 및 마케팅 강좌는 쿡이 맡고 있던 공급망 업무 너머의 사업 원칙들에 대한 안목을 넓혀줬다. 마케팅 분야를 배우던 그는 잡스가 만든 그 유명한 '1984' 광고를 공부하기도 했다.[56] 그는 IBM에 엄청난 충성심을 가지고 있었지만 '1984' 광고만큼은 특별히 좋아했다.

1987년 9월 5일 쿡은 자신이 곤경에 처했다는 것을 깨달았다. 대학 풋볼 팬들이 버번과 맥주를 마시며 경기를 관람하던 어느 가을 토요일이었다. 듀크 대학교는 노스캐롤라이나주 중북부 더럼Durham 홈구장에서 콜게이트 대학교를 상대하고 있었고, 미국 랭킹 5위인 오번은 텍사스 대학을 상대로 홈구장에서 시즌 개막전을 치렀다. 오스틴 대학의 풋볼팀 롱혼스Longhorns는 4년 전에 전국 대회에서 오번 대학의 풋볼팀인 타이거스를 이긴 적이 있었는데, 이번에는 타이거스가 31 대 3으로 승리를 거두며 당시 패배를 설욕했다. 쿡은 그날 더럼을 가로질러 차를 몰고 가다가 경찰과 언쟁을 벌였다. 이 사건에 대한 자세한 기록은 존재하지 않지만 현장에 있던 한 경찰관은 쿡이 가벼운 사고를 당했으며 음주 운전을 했다고 말했다. 더럼 경찰국은 그에게 난폭 운전과 음주 운전 혐의로 소환장을 발부했다.

쿡은 나중에 '난폭한 위험 운전'이란 덜 심각한 혐의에 대해 자신의 유죄를 인정했다. 당시 미국에서 음주 운전 종식 캠페인이 시작된 지 얼마 안 된 상태였지만, 노스캐롤라이나주 판사들은 이에 상당히 관대했고 종종 기소도 줄이곤 했다. 하지만 인종차별의 부당함에 맞서 목소리를 높였던 로버츠데일 출신의 책임감 강한 아이인 쿡에게 그것은 그가 처음으로 다른 누군가를 해칠 수도 있는 잘못을 저지른 사건이었다.

얼마 후 쿡은 또 다른 예상치 못한 개인적 도전과 맞닥뜨렸다.[57] 다발성 경화증 진단을 받은 것이다. 뇌가 마비되고 척수가 손상될 위험이 생겼다. 훗날 그것이 오진이었음이 밝혀졌지만 건강을 둘러싼 공포는 그에게 다발성 경화증 연구를 위한 기금 활동에 뛰어들고 자기 성찰의 시간을 갖게 해주었다.

그리고 그 무렵 그는 "내 인생의 목적은 무엇인가?"라는 질문을 던지고 있는 자신의 모습을 발견했다.[58] 그는 20년 뒤 옥스퍼드 대학교 학생 모임에서 "인생의 목적이 일을 사랑하는 게 아님을 그때 깨닫기 시작했습니다"라며 이렇게 덧붙여 말했다. "인생의 목적은 보다 넓은 차원에서 인류를 위해 봉사하는 것이며, 그런 봉사 활동의 결과로 본인의 일을 사랑해야 합니다. 그런데 저는 그렇게 할 수 있는 자리에 있지 않다는 사실을 깨닫기 시작했습니다."

쿡은 듀크 대학교에서 과 상위 10퍼센트로 졸업한 뒤 IBM에서 계속 근무했다. 4년 뒤인 1992년 그의 제조 부문 상사가 예기치 않게 IBM을 떠났다.[59] IBM이 크리스마스 전에 출하하고자 했던 첫 번째 저가 컴퓨터 PS/밸류포인트PS/ValuePoint 생산을 준비하고 있던 중에 이런 일이 터진 것이었다. IBM의 분기 실적은 이 저가 컴퓨터에 달려 있었다.

당시 불과 서른한 살이었던 쿡은 크리스마스 전까지 25만 대의 컴퓨터를 생산하는 책임을 맡았다. 엄청난 압박 속에서도 결국 그는 그 일을 해냈다. IBM은 필요한 컴퓨터를 출하해 크리스마스 판매 기록을 세웠고 이후 쿡은 북미 운영 이사로 승진하여 미국, 멕시코, 캐나다, 중남미 지역에서의 제조와 유통을 감독하게 했다. 이 승진 덕에 업계 내 그의 인지도는 올라갔고, 인텔리전트 일렉트로닉스Intelligent Electronics라는 PC 도매업체의 눈에 띄게 됐다. 필라델피아에 본사를 둔 이 상장 기업은 수익성 개선을 도와줄 운영 전문가가 절실히 필요했다. 인텔리전트 일렉트로닉스는 IBM에서 일했던 쿡의 상사의 추천을 받아 그에게 연락했다.[60] 전 상사는 쿡을 날카롭고, 책임감이 강하고, 곤경에도 흔들림이 없는 사람이라며 높이 치켜세웠다.

인텔리전트 일렉트로닉스의 창업자 리처드 샌포드Richard Sanford는 그러한 자질을 가진 누군가가 절실히 필요했다. 컴퓨터 도매업에서 마진은 3퍼센트 정도로 낮았고, 인텔리전트 일렉트로닉스가 올린 이익의 약 절반은 일부 내부자들조차 수상하게 여긴 회계 관행을 통해 나온 것이었다.[61] 이 회사는 IBM과 애플 같은 회사들이 브로슈어와 광고에 쓴 실제 돈보다 더 많은 마케팅 비용을 청구했다. 1994년 이러한 관행은 결국 미국 증권거래위원회U.S. Securities and Echange Commission 조사와 집단소송을 촉발했다. 회사의 주가는 25퍼센트 폭락했고 토머스 코피Thomas Coffey 전 최고재무책임자CFO가

'전쟁 상황'에 비유할 정도로 회사 내부는 혼란으로 가득했다.

쿡은 황폐화된 그 잔해 너머를 보았다. 인텔리전트 일렉트로닉스는 그에게 장래성이 점차 사라지고 있는 IBM 업무에서 벗어날 수 있는 길을 제공하는 듯 보였다. 당시 IBM은 신임 CEO인 루이스 거스너Louis Gerstner의 지휘하에 주력 사업을 컴퓨터 제조에서 서비스 판매로 전환하고 있었다. 승진의 사다리를 오르는 임원들은 제조업이 아닌 영업과 마케팅 출신들이었다.[62] 인텔리전트 일렉트로닉스로부터 받은 제안은 쿡에게 점점 쇠퇴해가는 기업에서 벗어나서 상장 거래되는 기업의 임원이 될 기회처럼 보였다.[63] 그는 30만 달러의 주식을 보수로 받기로 하고 덴버Denver에 자신의 첫 번째 집을 마련했다. 그는 자신과 비슷한 시기에 입사한 코피와 함께 어려움에 빠진 사업을 회복시키기 위해 비용 절감에 착수했다.

인텔리전트 일렉트로닉스는 필요 이상으로 많은 창고를 가지고 있었고, 고객 주문을 받는 소프트웨어 시스템도 주문마다 제각각이었다. 회사는 경쟁사들을 인수하며 급성장했지만, 인수 기업들을 제대로 통합하지는 못했다. 당시 일부 고객들은 인텔리전트 일렉트로닉스가 시스코Cisco의 네트워킹 장비와 IBM의 컴퓨터로 주문을 이행해주길 원했지만, 주문받은 장비들은 종종 덴버에 있는 네 개의 창고에 분산되어 있었다. 쿡은 회사가 창고들 사이에서 장비를 운반하느라 시간과 돈을 낭비하고 있다는 사실을 깨달았다. 그는 비용 절감을 위해 회사 재고를 통합하고, 신속한 배달을 위해 운송 파트너인 페덱스FedEx가 있는 곳으로 재고를 옮기기로 했다. 쿡은 입사 첫해에 회사 창고 다섯 곳을 폐쇄하고 300개의 일자리를 없앴다.[64] 또한 오래된 창고들을 페덱스의 주요 공항 터미널과 인접한 멤피스에 있는 4만 6,000제곱미터의 창고로 대체했다. 아울러 공급망 개편을 통해 비용을 절감해서 회사가 받는 압박을 완화했다.

그렇게 마진은 개선됐지만 그럼에도 불구하고 회사의 총이익은 감소했다. 1996년 쿡과 코피는 이사회를 위해 회생 프레젠테이션을 준비했다.[65] 그들은 주문 소프트웨어를 정비하거나 회사를 매각하기 위해 증자에 나서줄 것을 제안했다. 제안서 평가를 위해 투입된 컨설팅 회사 맥킨지McKinsey는 회사가 직접 투자를 하거나 다른 회사에 매각돼야 한다는 제안서 내용에 동의했다. 이사회는 재건 프로젝트에 돈을 쏟아붓느니 차라리 매각이 낫다고 결정했다.[66] 경쟁사인 잉그램 마이크로Ingram Micro는 코피와 쿡이 충분히 받을 수 있다고 생각했던 가격보다 더 낮은 가격을 제시했다. 계속된 협상에도 잉그램 마이크로는 인수 가격 인상을 거부했고 코피는 좌절에 빠졌다. 하지만 쿡은 냉정을 유지했다. 그는 진득하게 가격 인상을 요구했다. 결국 그는 잉그램 마이크로를 설득하여 가격을 몇백만 달러 올렸고 결국 7,800만 달러에 매도 계약을 성사시켰다.[67] 코피는 "팀이 아니었으면 거래는 성사되지 않았을 것"이라고 말했다.

매각 과정이 시작되자 컴팩Compaq은 인텔리전트 일렉트로닉스가 자사의 조립 공정을 개선하는 데 어떤 도움을 줄 수 있는지 알아보기 위해 쿡과 미팅을 잡았다.[68] 그레그 펫쉬Greg Petsch 컴팩 제조 부문 책임자는 고객이 원하는 사양에 맞춰 메모리를 추가하거나 하드 드라이브를 변경하는 리셀러의 관행에 마침표를 찍기를 원했다. 대신 그는 컴팩이 직접 고객이 원하는 대로 컴퓨터를 만들 수 있기를 원했다. 쿡은 즉시 펫쉬가 인텔리전트 일렉트로닉스가 그랬던 것처럼 창고들을 통합하여 효율성을 얻고자 한다는 사실을 파악했다. 그리고 그의 이런 스마트함은 펫쉬에게 깊은 인상을 남겼다. 사실 펫쉬는 쿡을 만나기 앞서 다른 배급업체 10곳을 방문했었는데, 그들 모두 그가 무엇을 원하는지 제대로 이해하지 못했기 때문이다. 회의가 끝난 직후 펫쉬는 쿡에게 연락해서 컴팩 채용 면접에 응시해볼 생각은 없는지 물었다. 펫쉬는 쿡에게 컴팩이 가족 같은 문화를 가지고 있다고 강조했다. 그는 "당신이 잘 맞을 것 같다"고 말했다.

인텔리전트 일렉트로닉스의 일을 정리하고 있던 쿡 입장에선 이상적인 시기에 받은 제안이었다. 그렇게 쿡은 컴팩에서 재고 관리 업무를 맡았다. 1991년 컴팩의 연매출은 30억 달러 정도에 그쳤으나 그가 입사한 해인 1997년에는 매출이 근 340억 달러로 급증했다. 재고 관리는 그가 평생 경력으로 삼기 위해 해보려고 애써왔던 일이었다.

쿡이 막 입사했을 당시 컴팩은 재고 문제를 해결하느라 분주했다. '창고 대 제조 공간' 비율은 2 대 1이었다. 컴팩은 급증하는 주문에 대응하기 위해 재고 관리 체계를 개선할 필요가 있었고, 그러기 위해선 창고 면적을 줄여야 했다. 쿡은 제조 교대 근무가 시작되기 한 시간 전에 납품 일정을 잡음으로써 수요에 맞춰 재고를 확보하기 위해 노력했다. 이 방식을 따르면 컴팩은 12시간마다 일어나는 교대 근무 직전 매일 2시간이라는 짧은 시간 동안만 재고를 보유하면 됐다. 컴팩의 현금흐름은 개선되었고, 비용은 감소했다. 더욱 좋은 일은, 창고 공간을 더 많이 확보하고 조립 라인을 추가 설치함으로써 컴퓨터 생산량을 늘릴 수 있었다는 점이다. 쿡의 개입으로 회사는 거금을 절약할 수 있었다.

1998년 초 펫쉬는 헤드헌터로부터 한 통의 전화를 받았다.[69] 헤드헌터는 그에게 애플에서 일하는 데 관심이 있는지 물었다. 스티브 잡스가 최근에 애플로 복귀했는데, 애플의 고위급 경영 담당 임원이 회사를 떠났다는 얘기였다. 잡스는 곤경에 처한 애플의 공급망을 되살리는 일을 도와줄 사람을 간절히 찾고 있었다. 하지만 펫쉬는 이직 제안을 거절했다. 그는 헤드헌터에게 "내가 왜 애플에 가려고 세계 최고의 컴퓨터 회사를 떠나야 하죠?"라고 물었다.

그가 이렇게 거절하자 애플의 채용 담당자들은 쿡에게 접근했지만 쿡 역시 그들의 제안을 거절했다. 그는 이미 인텔리전트 일렉트로닉스에서 문제가 있는 사업을 성공적으로 운영해서 세계 최대의 컴퓨터 제조업체인 컴팩에서 자신의 마음에 쏙 드는 일로 보상을 받은 상태였다. 그러니 이 일을 그만두고 파산 직전의 회사에 들어갈 이유가 없었다.

그러나 애플의 채용 담당자들은 쿡에게 적어도 스티브 잡스를 만나보기라도 하라고 끈질기게 부탁했다. 쿡은 잠시 생각에 잠겼다.[70] '스티브 잡스를 만나보라고? PC 산업 전체를 만든 사람? 안 될 것도 없지, 뭐!'

그렇게 쿡은 잡스와의 만남에 동의했다. 그는 토요일 팰로앨토에서 잡스를 만나러 캘리포니아로 날아갔다. 잡스는 부엌과 회의실이 있는 소형 사무실에서 애플의 회생 전략을 수립하기 시작했다. 그는 여타 컴퓨터 제조업체들과 다른 방향으로 나아갈 계획을 세웠다. 당시 컴팩, IBM, 델^{Dell}은 기업 고객을 잡기 위해 진흙탕 싸움을 벌이고 있었다. 하지만 잡스는 애플이 가정용 컴퓨터가 필요한 일상 소비자들에 집중하기를 원했다. 그는 혁신적인 디자인으로 평범한 미국인들의 마음을 사로잡는 것을 목표로 했고, 궁극적으로 매킨토시를 개발 중이었다. 쿡은 잡스의 계획에 매료됐다. 그는 애플 입사의 장단점을 연필로 적어 비교해보았다. 사실상 애플에 입사했을 때의 장점은 거의 없다시피 했다. 그럼에도 쿡은 자신이 잡스의 말을 들으면서 '애플에서 일해보고 싶다'는 예상치 못한 감정에 압도되고 있음을 깨달았다.

몇 년 뒤 쿡은 "실은 나는 애플에 공헌할 수 있고 잡스와 같이 일하는 것은 평생의 특권이라고 생각했다"면서 "나는 '하겠다! 죽어라 해보겠다! (애플이 있는) 서쪽으로 가자, 자, 서쪽으로!'라고 생각했다"고 술회했다('서쪽으로 가자'는 서부 개척시대를 대표하는 슬로건이다. – 옮긴이).

그러나 쿡은 이런 낭만주의에 빠져 협상에 차질이 생기는 걸 용납하지 않았다. 그는 자리를 수락하기 전에 애플이 그가 컴팩을 떠날 시 포기해야 하는 급여와 옵션을 주기로 약속해줄 것을 요구했다. 총액은 애플이 그때까지 제안했던 어떤 임원 보수보다 많은 100만 달러 이상이었다.[71]

쿡의 요구를 들은 잡스는 폭발했다. 그는 쿡을 찾아낸 릭 데빈Rick Devine 임원 채용 담당자에게 "애플이 그런 거금을 줄 수는 없습니다!"라며 소리를 질렀다.[72] "생각하면서 말하는 겁니까? 수학 몰라요?"

데빈은 잡스의 흥분이 가라앉을 때까지 기다렸다가 이렇게 말했다.

"스티브, 애플이 다시 위대한 회사가 될 거라는 게 당신이 당면할 현실입니다. 쿡에게 현실은 그가 애플을 위대한 회사로 만들 의향이 있지만, 그는 이미 위대한 회사에 있다는 것이고요. 그는 당신처럼 부자가 아닙니다."

전화기가 잠시 조용해졌다.

"마무리하세요." 잡스가 말했다.

몇 주 뒤 쿡은 펫쉬의 사무실에 들어가 면담을 청했다. 펫쉬는 그의 젊은 부하 직원이 무슨 말을 하려고 하는지 즉시 알아챘다.

"나쁜 소식이 있어요." 쿡이 입을 열었다.

"애플에 갈 건가요?" 펫쉬가 물었다.

"네, 그럴 생각이에요." 쿡이 답했다.

쿡은 낙천적인 자신의 상사가 지쳐가는 모습을 지켜보았다. 나중에 펫쉬는 쿡을 사무실로 다시 불러 자신이 1년 안에 컴팩의 운영 책임자로서 은퇴할 계획이라고 알려줬다. 그는 쿡이 원하는 일을 하기를 바랐다. 두 사람은 불과 8개월 동안만 함께 일했지만 컴팩 주식을 소유하고 있던 펫쉬는 컴팩의 주가가 오르기를 원했다. 주주로서 그는 쿡을 붙잡아두면 컴팩의 주가가 확실히 오르리라고 믿었다.

펫쉬는 "당신이 남는다면 내가 회사를 일찍 떠나죠"라고 말했다.

쿡은 고개를 가로저으며 말했다. "저는 이미 약속했으니 약속을 지켜야 합니다".

AFTER STEVE

CHAPTER 4

그를 잡아라

아침이 되면 조너선 아이브의 노란색 사브 컨버터블이 쿠퍼티노로 향하는 I-280 고속도로를 질주하는 모습이 보였다.[1] 그의 차는 1992년식이었다. 아이브는 애플 본사까지 매일 72킬로미터 거리를 이동하기 위해 그 차를 구입했다. 그는 크리스탈 스프링스 저수지 위의 녹색 언덕에서 안개가 피어오르는 모습을 보길 좋아했다. 따뜻한 주말에는 지붕을 열어놓은 채 풍요로운 햇빛에 놀라워하며 샌프란시스코를 이리저리 돌아다녔다.

그와 헤더는 여러 공원들 사이에 자리 잡은 번화한 저지대인 카스트로 Castro 근교의 침실 두 개짜리 집에 정착했다. 샌프란시스코는 아직 기술 산업의 영향을 덜 받고 있던 상태였다.[2] 이곳은 여전히 보헤미안과 은행가들의 도시이자 히피들과 동성애자 공동체가 자리 잡은 반문화 정서가 뿌리를 내린 곳이었다. 이곳 미션 지구 Mission District는 민속 예술과 그래피티 개념을 융합한 활기찬 예술 현장이었고, 그런 현장을 대표하는 소마 SOMA 지역의 창고에서 열린 광란의 파티는 샌프란시스코를 미국 전자 댄스 음악계의 선봉에 서게 해주었다.[3]

아이브는 일주일에 70~80시간씩 일에 매진했다. 그는 뾰족한 머리를 포기하고 승무원처럼 머리를 아주 짧게 잘랐고, 종종 깔끔하게 맞춘 트위드 정장을 입고 큰 부츠를 신었다.[4] 그의 겉모습은 겸손하고, 우아하고, 예민하며 고상한 영국인이었지만 그 속에는 상상한 대로 제품을 만들길 원하는 완벽주의자의 추진력과 야망, 결심이 숨어 있었다.

디자인팀은 애플의 인피니트 루프 캠퍼스에서 한 블록 떨어진 아주 낮은 콘크리트 사무실에서 일했다.[5] 아이브는 이 작지만 성장하고 있는 디자인팀의 아홉 번째 멤버였다. 예술가의 작업실을 떠올리게하는 다락방 스타일의 사무실에서 아이브는 회사의 태블릿인 '뉴턴Newton'의 두 번째 버전 제작에 착수한 참이었다. 1985년 스티브 잡스를 몰아냈던 존 스컬리 애플 CEO는 그것을 팩스와 이메일을 주고받고, 일정을 기록하고, 메모를 적을 수 있는 최초의 휴대용 컴퓨터로 묘사했다. 애플은 뉴턴의 개발에 1억 달러를 쏟아부었다. 첫 번째 버전은 이용자가 장시간 사용하는 동안 아래쪽에 끼워 디스플레이를 보호할 수 있는 덮개가 달린 게 특징이었다. 아이브는 그것이 낯설고 어색하다고 느꼈다. 그의 말에 따르면 첫 뉴턴은 사용자들이 이해할 수 있는 은유를 선사하지 못했다.[6] 그는 크리스마스를 앞두고 뉴턴을 개선하기 위한 구상안을 스케치하던 중 갑자기 한 가지 좋은 생각을 떠올렸다. 속기사가 쓰는 메모장과 비슷한 모양으로 만들면 좋겠다는 생각이었다. 그는 덮개를 들어서 수평으로 돌려 기기 뒷면에서 끼워 고정할 수 있는 이중 경첩을 설계했다. 둥근 철사로 묶인 공책에 펜을 고정해놓을 수 있듯이 경첩은 스타일러스를 고정하고 있는 내부 슬롯 위로 접혔다.

아이브가 디자인한 이 뉴턴 메시지패드Newton MessagePad는 그에게 수많은 디자인상을 안겨줬지만 제품 자체는 성공하지 못했다. 대표적인 기능인 필기 인식 기술이 너무 형편없어서 애니메이션 〈심슨 가족〉에서 패러디 소

109

재로 쓰일 정도였다. 한마디로 값비싼 실수였다. 1992년 애플의 이익은 급증했지만 다음 해에 컴팩과 IBM이 자사 컴퓨터 가격을 30퍼센트 할인하며 PC 가격 전쟁에 불을 지피자 이익은 완전히 바닥으로 곤두박질쳤다.[7]

이에 책임을 지고 존 스컬리 애플 CEO는 사임했다. 이사회는 그의 후임자로 마이클 스핀들러를 임명했다. 스핀들러는 매출에 목숨을 건 독일인으로, 그는 애플이 컴퓨터 모양 말고 프로세서 작동 속도로 관심을 전환하기를 원했다. 그는 모든 것을 전쟁에 비유해 말했고, 경쟁자들을 무너뜨리는 데 집중하는 쪽으로 회사의 방향을 전환했다.

잡스가 없었다면 애플은 아이브의 상상력이 발휘되는 디자인 메카가 아니라 위기에 빠진 기업이 됐을 것이다. 스핀들러는 매출 감소를 타개하기 위해 몇 종에 불과했던 컴퓨터 제품 라인을 40종 이상으로 대폭 늘렸고, 비용을 절감하라는 압박 강도를 높였다.[8] 아이브와 동료들에게 필요한 제품 개발 시간도 절반으로 줄였다. 아이브의 상사인 로버트 브루너는 맞춤 생산을 하는 디자인팀이 일반적인 회색 상자를 생산하는 조립 라인처럼 바뀌자 제품 계획을 놓고 엔지니어 및 경영진들과 싸웠다.[9]

애플 창립 20주년을 맞아 디자이너들에게 그날을 기념하는 매킨토시 특별판을 만들 기회가 주어졌다. 브루너는 동료와 고객들에게 디자인의 중요성을 상기시키기 위해 스테레오와 비디오 플레이어로 가득 찬 더 얇은 컴퓨터를 만들고자 했다. 그는 아이브에게 그러한 컴퓨터 개발을 주도하는 임무를 맡겼다. 디자인 과정에서 아이브는 뉴캐슬 대학에서 보청기를 디자인했을 때만큼 스피커에 대한 심층 조사를 하면서 다음과 같은 질문들을 던졌다. 누가 전에 이런 일을 해본 적이 있나? 그들이 사용한 재료에 대해 무엇을 배울 수 있을까? 그것이 더 나은 디자인을 하도록 영감을 줄 수 있을까?

당시 스튜디오 관리자인 팀 파시Tim Parsey는 "아이브는 정말 깊고 깊게 생각하는 사람이었다"면서 "작업하며 천재성을 발휘했다"라고 말했다.[10]

브루너가 맡긴 임무로 아이브는 애플의 일반 컴퓨터들을 만드느라 고생하며 일하던 동료들보다 더 실력 있는 디자이너로 보이게 되었다. 약간의 질투가 뒤따랐지만 아이브는 동료들과 강력한 유대관계를 유지함으로써 그것을 이겨냈다. 그는 고급 카푸치노 제조법을 모두에게 가르쳐줘 팀 내에서 주목을 받은 영국계 이탈리아인 디자이너 다니엘 드 이우리스Daniele De Iuliis와 같이 일하기 위해 카풀을 하기도 했다.

동료들의 눈에 드 이우리스와 아이브 사이의 *끈끈한* 유대감은 자연스러우면서도 동시에 계산적으로 보였다. 드 이우리스가 동료들로부터 존경받는 사람임을 아는 아이브는 그와 함께 성장하는 그들의 팀에 신규 멤버를 모집하기 위해 일하는 스타일과 성격이 마음에 드는 사람들을 찾아 나섰다. 아이브는 성실함과 타고난 재능으로 다른 팀원들로부터 존경을 받고, 프로젝트에 대한 의견을 제시하기에 앞서 팀원들의 의견을 경청함으로써 신뢰를 얻으면서 점차 팀 리더로서의 면모를 보여주었다. 그러자 브루너는 곧 이 스물여덟 살의 아이브를 스튜디오 관리자로 승진시켰다.

늘 그렇듯 이번에도 아이브는 집착에 가까운 꼼꼼함을 발휘하며 프로젝트를 완성했다. 그 결과로 금속성 박막薄膜이 첨가된 플라스틱 케이스를 떠받치는 주형鑄型 납판대가 특징인 컴퓨터가 등장했다.[11] 전원 코드는 컴퓨터 뒤 수평을 유지해주는 클립에 오붓이 꽂혀 있었다. 키보드 받침대 재질은 사람들이 손바닥을 댈 수 있게 검은 가죽으로 되어 있었다. 컴퓨터의 액정 디스플레이 옆에는 고운 회색 천으로 감싼 보스Bose 스피커가 서 있었다. 이처럼 세세한 부분들이 더해지니 가격은 무려 9,000달러까지 치솟았다. 애플은 이를 1만 1,000대 판매하는 데 그쳤다.

프로젝트는 상당히 힘들게 진행됐다. 끊임없는 회의에 지친 브루너는 컨설팅 업계로 돌아가고자 중간에 애플을 퇴사했다. 떠나기 전 그는 컴퓨터 하드웨어 부문 책임자인 상사 하워드 리Howard Lee에게 아이브를 수석 디자이너로 승진시킬 것을 권유했다. 리는 전 세계를 뒤져 수석 디자이너를 찾기를 원했지만, 브루너는 그에게 "(그랬다가는) 팀 전체를 잃게 될 것"이라고 경고했다.[12] 애플은 외부에서 인재를 영입할 수 있는 처지가 아니었다. 스핀들러가 이끄는 애플의 경영난이 심화되고 있었기 때문이었다. 애플은 수요를 실제보다 적게 예측했고, 불이 난 노트북 모델을 리콜 조치해야 했으며, 폭증하는 비용을 통제하기 위해 직원의 16퍼센트를 정리해고해야 했다.[13] 스핀들러는 결국 해임되었고 CEO는 이사회 멤버인 길 아멜리오Gil Amelio로 교체됐다.[14]

디자인 책임자로서 아이브의 대관식은 이처럼 애플이 계속 어려움에 시달리는 상태에서 치러졌다. 금융 분석가들은 애플의 파산 가능성을 점치기 시작했고, 뉴스 매체들은 애플이 썬 마이크로시스템즈Sun Microsystems의 인수 대상이라고 보도했다.[15] 애플을 '사면초가에 몰린 컴퓨터 제조사'로 묘사하는 기사가 잇따라 등장했다. 아이브는 부정적인 기사 제목을 보고 발끈했다.[16] 그는 《디자인 위크Design Week》와의 인터뷰에서 "애플은 엄청난 기세를 가진 회사"라면서 "수십억 달러의 손실을 냈지만 수십억 달러를 벌었습니다. 그런 회사가 사라진다는 건 말도 안 됩니다"라고 주장했다.

겉으로는 이렇게 자신감이 넘쳤지만 아이브 역시 속으로는 큰 좌절감을 느끼고 있었다. 스튜디오가 몇 달 동안 고생해가며 컴퓨터를 디자인해도 회사가 그것을 만들 돈이 없어 디자인이 무용지물로 돌아가곤 했기 때문이다. 그런 이유로 애플을 그만두고 영국으로 돌아가야 하나를 고민했고, 이런 고민이 계속되자 불안감이 엄습해왔다.[17] 그는 한 영국 기자에게 "당신이 나처럼 일했는데 스물아홉 살밖에 안 됐다면 이후 무슨 일을 하겠습니까?"라고 묻기도 했다. 그의 물음에 기자는 "아마도 왕립예술대학에 가서 석사 과정을 밟을 것 같습니다"라고 답했다.

1997년 7월의 어느 날, 아이브는 애플 캠퍼스 내 강의실인 타운홀 뒷자리에 앉아 회사가 겪는 문제를 논의하기 위한 전체회의에 참가했다.[18] 그는 프레드 앤더슨Fred Anderson CFO가 자신이 애플 CEO 대행을 맡게 된다고 말하는 것을 들었다. 4년 동안 벌써 네 번째 CEO 교체였다. 스티브 잡스가 애플에서 억지로 밀려난 지 12년 뒤 애플은 그가 세운 스타트업인 넥스트 컴퓨터를 인수했다. 앤더슨은 잡스와 함께 넥스트를 애플에 통합하겠다고 밝혔다. 잡스의 복귀에 직원들은 불안해했다. 직원들이 PC 분야의 선구자였던 잡스에 대해 느끼는 존경심은 무례하고 치기 어리고 극도로 비판적인 사람으로 오랫동안 악명 높았던 그의 평판으로 인해 상쇄된 상태였다.[19] 낙담한 직원들 앞에 나선 잡스는 그런 걱정이 기우가 아니었음을 확인해주었다. 회사에 복귀하자마자 잡스는 "대체 여기가 어떻게 된 거죠? 제품들이 형편없네요! 더 이상 죽여주는 맛이 없네요!"라고 비판했다.[20]

이러한 비판은 앞으로 닥칠 문제를 예고했다. 아이브도 지난 몇 년 동안 애플 제품들이 단조롭다고 생각했지만 그의 새로운 상사는 그 수준을 뛰어넘어 애플에 있는 대부분의 사람과 모든 것을 폄하했다. 그는 뉴턴을 없애고 넥스트 임원들을 경영진 자리에 앉힐 계획이었다. 그가 칙칙한 컴퓨터를 디자인한 디자인팀을 그대로 내버려둘 이유는 어디에도 없어 보였다.

이런 불확실성에도 불구하고 아이브는 디자인팀의 결속을 유지하려고 애썼다. 디자인팀에는 세계 최고의 컨설팅 회사들에서 뽑은 국제적인 인재들도 섞여 있었다. 영국(드 이우리스, 리처드 하워스Richard Howarth, 던컨 커Duncan Kerr), 네덜란드(대니 코스터Danny Coster), 호주(크리스토퍼 스트링거Christopher Stringer), 미국(더그 샛츠거Doug Satzger와 바트 안드레Bart Andre) 출신들이었다. 그들은 모두 잡스가 세계적으로 유명한 디자이너를 고용하고 자신들을 내칠 계획이라는 소문에 당황해했다.[21] 아이브는 팀원들의 사기를 높여주기 위해 그들과 일대일로 만나 점심 식사를 하기로 했다. 그는 먼저 신시내티 출신의 디자이너인 샛츠거를 이탈리아 식당에 데려갔다. 두 사람은 식당에 앉아 회사 내에서 일어난 혼란에 대해 이야기를 나누었다.

샛츠거는 "스티브가 복귀하면서 우리 팀에 어떤 일이 일어날지 확신할 수 없습니다"라고 말했다. 그는 일자리를 잃게 될까 봐 걱정된다고 실토하며 "스티브가 우리 모두를 해고하면 어떡하죠?"라고 물었다. 아이브는 "저는 팀을 그대로 존속시키고자 노력할 것입니다"라고 답했다. 그는 팀원들과 함께 디자인 회사를 차리자는 아이디어도 냈지만 잡스의 계획을 알기 전까지는 아무도 회사를 떠나지 않기를 바랐다.

예상대로 잡스는 세계적인 디자이너를 고용하기 위해 움직였다. 그는 IBM 씽크패드ThinkPad를 개발한 리처드 사퍼Richard Sapper와 페라리Ferrari 및 마세라티Maserati에서 일했던 이탈리아 자동차 디자이너 조르제토 주지아로Giorgetto Giugiaro를 인터뷰했다.[22] 또한 최초의 매킨토시 디자인을 담당했던 전 파트너인 프로그 디자인Frog Design의 하르트무트 에슬링거Hartmut Esslinger

도 만났다. 에슬링거는 잡스에게 아이브가 재능이 있다고 알려주며 그를 꼭 데리고 있을 것을 권했다.[23] "히트작 하나면 끝납니다."

그즈음 잡스의 스튜디오 방문을 앞두고 아이브는 사직을 준비하고 있었다.[24] 디자인팀은 자리를 정리하고 잡스가 검토할 수 있게 몇 가지 디자인 모델을 준비해놓았다.[25] 여기에는 드 이우리스가 만든 코드명 '마릴린 Marilyn'인 평면 컴퓨터와 옆모습이 땅콩껍질을 닮은 '월스트리트Wall Street'라고 알려진 노트북도 포함되어 있었다. 잡스는 문을 박차고 들어와 시끄럽게 떠들며 활기찬 모습으로 방 안을 돌아다녔다. 차분하고 내성적인 성격의 아이브가 인사를 건네며 모델들을 보여줬다. 방 곳곳에 흩어져 있던 디자이너들은 아이브가 잡스의 질문을 마치 그런 일을 좋아하기라도 하는 듯 잘 받아넘기는 모습을 보면서 최대한 바쁘게 보이려고 노력했다.

"빌어먹을, 여러분은 전혀 효율적으로 일하지 않았군요, 맞죠?" 잡스가 책망 반, 감탄 반을 섞어서 말했다.[26]

방 안에 있던 디자이너들은 안도의 한숨을 내쉬었다. 잡스는 디자인 스튜디오가 디자인한 제품들이 매장 진열대에 오르지 못한 이유가 디자인 문제가 아닌 다른 곳에 있었음을 바로 간파했다. 아이브가 애플 경영진을 설득해 디자이너들의 제안대로 제품을 만들도록 하는 일에 서툴렀기 때문임을 말이다. 잡스는 바보들이 애플을 경영해왔다고 생각했기 때문에 아이브가 경영진을 설득하지 못한 걸 용서하고, 디자인에 대한 본인의 생각에 집중했다. 그는 디자인팀이 실험하고 있는 모양과 재료에 대한 아이브의 설명을 주의 깊게 들었고, 그들이 할 수 있는 일에 대해 논의하는 동안 대화는 점점 더 활기를 띠기 시작했다.

아이브는 몇 년 뒤 당시 만남에 대해 "우리는 주파수가 통했다. 나는 불

현듯 내가 왜 애플을 사랑하는지 이해하게 됐다"라고 말했다.[27]

　애플을 소생시키기 위한 작업이 곧바로 시작됐다. 잡스는 인터넷 연결에 초점을 맞춘 '네트워크 컴퓨터'가 차세대 PC가 될 것이라고 장담했다. 그는 애플이 플로피 디스크 드라이브가 없고, 사람들이 소프트웨어와 정보를 얻기 위해 웹으로 눈을 돌리게 하는 일체형 데스크톱으로 이러한 변화의 선두에 서기를 원했다. 그는 아이브에게 디자인을 맡겼다.

　회사의 장래가 불투명한 상태에서 아이브는 프로젝트 착수를 위해 팀원 모두가 협력해 일하도록 했다. 이전에는 디자인할 제품이 너무 많아서 팀원들이 독립적으로 작업했지만 잡스는 이제 양적이 아닌 질적으로 뛰어난 컴퓨터를 만들어야 한다며 대부분의 제품을 없애버렸다. 디자이너들은 스튜디오 테이블에 둘러앉아 아이디어를 논의했다. 스케치할 수 있게 테이블 위에는 종이와 색연필과 펜이 놓여 있었다. 아이브는 즐거움을 주는 컴퓨터를 만들자는 잡스의 격려에 고무된 채 팀원들에게 질문을 던졌다.[28] 사람들이 우리 컴퓨터에 대해 어떻게 느끼길 바라는가? 그것이 우리 마음 속 어떤 부분을 차지해야 할까? 어떻게 하면 새롭지만 위협적이지 않은 뭔가를 만들 수 있을까? 팀원들은 컴퓨터도 TV 만화 〈우주 가족 젯슨〉처럼 미래적이지만 친숙한 느낌을 줄 필요가 있다는 생각을 중심으로 뭉치기 시작했다. 그들이 회의에서 이야기를 나누는 동안 샛츠거는 현대적인 TV를 연상시키는 달걀 모양의 컴퓨터를 그렸고, 또 다른 디자이너인 크리스 스트링거는 화려한 사탕 디스펜서를 스케치했다.[29] 디자인팀은 최근 반투명 플라스틱으로 노트북을 만들었는데, 아이브는 그렇게 플라스틱을 사용한다는 아이디어가 마음에 들었다.[30] 컴퓨터 모니터가 마치 우주에 떠 있는 것처럼 보였기 때문이다. 그와 대니 코스터가 디자인에 앞장섰다. 난자 모양, 유색, 투명함이란 세 가지 특징을 합쳐 잡스에게 보여주기 위한 모델을 탄생시켰다.

아이브는 그 콘셉트에 큰 기대를 걸었지만 잡스는 무려 12개의 모델을 반려시켰다. 아이브는 포기하지 않고 또 다른 모델을 내밀며 그것을 기술적으로 설명했다. 그는 잡스에게 "이제 막 데스크톱에 도착했거나, 아니면 이제 막 출발하여 어디론가 가려는 것 같은 느낌을 줍니다"라고 말했다.[31] 이런 장난감을 얘기하는 것 같은 묘사는 잡스의 관심을 불러일으켰다. 그가 나중에 검토 때 세련된 버전을 보았을 때 잡스는 그 모델이 너무나 마음에 든 나머지 그것을 들고 캠퍼스를 돌아다니면서 다른 사람들에게 보여주기까지 했다. 그는 그 모델에서 히트작이 될 잠재력을 보았다.

방향이 정해지자 이제 디자인팀은 소재와 색상을 고르는 데 집중했다. 케이스로는 가장 강한 플라스틱 중 하나인 폴리카보네이트를 선택했다. 폴리카보네이트는 변색이 덜 됐다. 디자인팀은 세 가지 색상 모델을 만들었다.[32] 오렌지, 보라, 그리고 서핑을 했던 디자이너 한 명이 스튜디오에 가져온 해변의 유리몽돌에서 영감을 받은 청록 세 가지였다. 그들은 프로젝트 리더인 코스터가 선호하는 서핑 장소 중 하나인 시드니에 있는 본다이 비치Bondi Beach의 눈부신 푸른 바다에서 영감을 얻어 청록색을 '본다이 블루Bondi Blue'로 부르기로 했다. 컴퓨터 내부가 보이는 디자인이었기 때문에 그들은 부품들도 함께 펼쳐놓았다.

아이브는 잡스가 비용을 나중에 따져보기로 했다는 사실을 알고 기운을 냈다. 디자인팀이 개발한 플라스틱 케이스는 견고한 반투명으로 만들어야 해서 특별한 주문 제작 과정이 필요했다.[33] 한 개당 60달러로 일반 컴퓨터

케이스 제작에 드는 비용의 세 배에 달했지만 잡스는 이 비용을 두말없이 지원해줬다.[34] 아이브는 또한 컴퓨터에 손잡이를 추가하자고 밀어붙였다. 그는 사람들이 이 새로운 컴퓨터를 '만지고 싶은 느낌'이 들도록 만들고 싶었다. 잡스는 즉시 아이브의 생각을 이해했다. "멋지네요!" 그가 말했다. 엔지니어 중에서는 제조 비용이 상승한다는 이유로 손잡이에 반대한 사람도 있었지만 잡스는 그들의 반대를 물리쳤다. 디자인이 우선시되는 새로운 작업 방식이 등장하게 된 순간이었다.

1998년 5월 초, 잡스는 쿠퍼티노에 있는 디엔자 칼리지De Anza College 내 플린트 공연예술센터Flint Center for the Performing Arts를 갑자기 방문했다.[35] 다가오는 행사에서 아이맥을 세상에 공개하기 전 이뤄지는 리허설을 직접 점검하기 위해서였다. 애플 캠퍼스에서 3킬로미터 정도 떨어진 2,400석 규모의 휑뎅그렁한 이 극장은 잡스에겐 '성지聖地'나 다름없었다. 거의 15년 전 그는 그 무대에 서서 사람들의 컴퓨터 사용 방식을 재정의해준 매킨토시를 공개했다. 잡스는 애플이 매킨토시처럼 세상을 혁신하기를 바라는 기기를 공개할 때 늘 같은 장소를 사용해야 한다고 주장했다.

잡스는 아이맥이 소형 테이블 위에 올려져 있는 무대를 향해 성큼성큼 걸어갔다. 그가 최종 제품을 본 것은 이번이 처음이었다. 그는 아이맥이 자신이 상상했던 모습 그대로인지 확인하고 싶었다. 아이맥으로 다가가던 순간 그는 얼어붙었다. CD를 넣을 수 있는 슬롯 대신 적재 트레이를 밖으로 빼주는 버튼만 있었다. 이건 그가 동의했던 디자인이 아니었다.

"이게 대체 뭡니까?!?" 그가 폭발했다.[36] 잡스는 그가 원하는 것은 없다고 설명한 존 루빈스타인Jon Rubinstein 하드웨어 엔지니어링 책임자를 질타

했다. 어찌나 화를 냈던지 잡스를 지켜보던 일부 사람들은 그가 행사를 취소하거나 제품 출시일을 연기하면 어쩌나 걱정했다.

아이브는 나중에 무대 뒤에서 화를 삭이지 못하고 있는 잡스를 발견했다. 그는 침착하게 슬롯이 있는 미래의 컴퓨터에 대한 계획을 언급했다. 그리고 "스티브, 당신은 차세대 아이맥을 구상하고 있습니다"라며 이렇게 덧붙였다.**37** "우리는 더 나은 아이맥을 만들고 있지만 (당신이 만족하지 못하더라도) 우리는 이번 제품을 출하해야 합니다."

잡스는 호흡을 가다듬었다. 그의 얼굴에서 분노가 사라지기 시작했다. 그는 "알겠어요. 알겠다고요"라고 말했다.

이어 잡스가 아이브의 어깨에 팔을 걸친 채 두 사람은 함께 자리를 떴다. 잡스의 총괄 프로듀서로 오랜 시간 일했던 웨인 굿리치Wayne Goodrich는 두 사람의 대화를 지켜보고 있었다. 그는 나중에 "아이브는 변덕스러운 CEO를 진정시키는 불가사의한 방법을 가지고 있었다"고 말했다. 그는 "그때부터 계속 아이브가 방에 있으면 잡스는 안도감을 느꼈다"고 덧붙였다.

잡스는 나중에 극장을 가득 채운 사람들 앞에서 아이맥을 선보일 때 먼저 박스형 베이지색 PC 사진을 연달아 클릭해 보여준 뒤 무대 정중앙에 놓인 테이블 시트를 벗겨내며 아이맥을 공개했다. 잡스는 "다른 행성, 더 실력 있는 디자이너들이 있는 멋진 행성에서 온 것 같습니다"라고 자랑했다.

새 컴퓨터에 대한 수요는 기대 이상이었다. 애플은 전 세계에서 15초마다 한 대씩 아이맥을 팔았다.**38** 그해 말까지 총 80만 대를 팔면서 아이맥은 미국에서 가장 많이 팔린 건 물론이고 애플 역사상 가장 빠른 속도로 팔리는 컴퓨터가 되었다. 아이맥이 워낙 큰 센세이션을 일으키자 아이브는 두 눈으로 직접 그 모습을 확인하고 싶었다.

아이맥 출시 당일 아이브의 집 근처에 있는 동네 컴퓨터 매장은 자정에 문을 열었다.[39] 아이브는 아이맥을 가장 먼저 사려고 매장 밖에 진을 치고 있는 70명이나 되는 다양한 나이의 고객 무리에 합류했다. 그는 사람들이 아이맥을 쓰다듬고 애지중지하는 장면을 지켜봤고, 보통 동물을 칭할 때 쓰는 것 같은 귀여운 형용사를 써서 아이맥을 묘사하는 말을 들었다. 아이브가 의도한 대로 사람들은 아이맥을 만질 수 있었다.

아이맥이 거둔 성공에 대한 공로는 아이브에게 돌아갔다.[40] 신문과 잡지들은 거의 알려진 바가 없던 이 디자이너의 프로필을 앞다퉈 다루기 시작했다. AP통신은 아이브를 "사근사근하고 말을 붙이기 쉽지만 디자인의 최전선을 달리는 재능 있는 사람"으로 묘사했고, 〈뉴욕 데일리 뉴스〉는 그를 '컴퓨터 업계의 조르지오 아르마니'라고 불렀다. 영국에서 그는 2만 5,000 파운드의 상금이 걸린 디자인 박물관이 주최한 첫 '올해의 디자이너Designer of the Year' 상을 수상했다.[41]

하지만 고객들은 이내 결함을 발견했다. 아이브가 하키 퍽처럼 생긴 마우스를 밀어붙였는데, 그 디자인 때문에 줄이 엉키는 문제가 생겼던 것이다. 또 모양이 평평해서 사람들이 마우스를 쓰려면 손에 경련이 날 정도로 꽉 쥐어야 했다. 하지만 그런 문제로 인해 판매가 줄어들지는 않았다.

잡스는 더 많은 색상의 제품을 출시하기로 했다. 컬러 디자인을 이끈 샛츠거는 밝은 색상의 접시부터 투명한 보온병에 이르기까지 수십 종의 플라스틱 제품을 구입했다. 그는 잡스가 검토할 수 있도록 그것들을 테이블 위에 올려놓았다. 잡스는 움찔하며 "감당할 수 없을 만큼 많네요"라며 샛츠거를 바라보더니 이렇게 덧붙였다. "이런 젠장." 그 후 3주 동안 샛츠거는 식품용 색소와 다른 염료들을 사용하여 호박 맥주와 무화과 잎 같은 색상으로 된 15개 모델을 만들기 위해 안간힘을 썼다.[42] 그는 방에 들어온 잡스에게 모델들을 보여줬고, 잡스는 노란색을 포함해서 자신의 마음에 들지 않는 색들을 옆으로 빼두었다. 노란색 모델을 본 잡스는 "소변 색 같네요"라고 말했다. 그는 포도, 라임, 귤색을 내버려두고 분홍색을 만들어보자고 했다. 그는 컴퓨터가 식품 회사 라이프 세이버스Life Savers에서 나오는 사탕 색깔처럼 보이기를 원했다.

아이브는 깜짝 놀랐다. 대부분의 경우 잡스가 결정을 내리기까지 보통 몇 달이 걸렸는데 이번에는 불과 30분 만에 결정을 끝냈던 것이다.[43]

아이맥의 성공으로 회사의 이미지와 대차대조표가 모두 크게 바뀌었다. 애플은 1997년도에 그랬던 것처럼 '다르게 생각Think Different'할 수 있는 회사라고 광고만 하는 데 그치지 않고 시중에 나와 있는 그 어떤 컴퓨터와도 전혀 다른 사탕색 제품을 선보였다. 그 결과 3년 연속 흑자 기조를 이어갔다. 잡스가 복귀하기 전해에 애플이 10억 달러의 적자를 냈던 것과 대조적이었다. 앞서 사면초가에 빠진 회사로 묘사되던 애플은 다시 부상하기 시작했다.

데스크톱 작업을 통해 아이브는 잡스와의 관계를 공고히 했다. 에슬링거가 말해준 대로 단 하나의 히트작이 필요한 잡스에게 아이브는 정확히 그것을 만들어줬다. 아이브가 고가의 기능을 넣기 위해 싸웠을 때 잡스는 비용에 대한 엔지니어들의 우려를 불식시키며 아이브의 후원자임을 입증해줬다. 또한 애플의 제품군을 좁히기 위한 잡스의 움직임은 디자인팀에 관심을 집중시켰다. 그가 애플에 다시 들어오기 전에 디자인팀은 종종 색상과 스타일, 소재가 각기 다른 다양한 컴퓨터들을 작업해왔다. 그러나 아이맥 개발을 위한 협업 프로세스가 성공적인 결과를 가져오면서 작업 방식에 변화가 생겼다. 아이브는 수석 디자이너에게 각 제품의 관리를 맡겼지만 제품 개발을 할 때는 모든 팀원들의 협업을 이끌어냈다. 샛츠거는 "잡스가 오기 전에 디자인 사무실 내 모든 디자이너들은 '내 디자인이 최고'라는 믿음을 가지고 있었다"면서 "그러한 믿음은 잡스가 오면서 곧바로 사라졌고, 디자이너들 간에 진솔한 대화가 펼쳐졌다"고 술회했다.

잡스는 2001년 초 디자인 스튜디오를 인피니트 루프로 옮기고 아이브와 더 많은 시간을 함께 보내기 시작했다.[44] 애플은 실내에 에스프레소 기계와 감미로운 전자음악을 들려주는 스피커를 들여와 디자이너들의 기대에 부응했다. 또 스튜디오 안을 염탐하지 못하도록 안뜰과 마주 보는 창문을 어둡게 만들었다. 디자이너들은 각자 맡은 프로젝트에 대해 토론하기 위해 돌아다녔고, 높이가 허리까지 오는 테이블 위에 기대어 스케치했다. 마감 시간의 압박으로 어쩔 줄 모르는 엔지니어들이 있는 공간과 달리 디자이너들의 공간은 차분하고, 집중이 잘 되는 무술 스튜디오처럼 느껴졌다.

잡스와 아이브는 그들의 디자인 감성에 공통점이 있다는 점을 발견했다. 디터 람스의 '덜할수록 더 좋다'는 철학과 결을 같이하는 아이브의 생각은 잡스가 1980년대 애플 브로슈어에 넣은 "단순함은 궁극의 정교함이다Simplicity is the ultimate sophistication"라는 개념과 일맥상통했다. 두 사람이 가진 미니멀리즘적 본능은 그들의 삶에도 영향을 준 것처럼 보였다. 아이브는 검은 머리와 그루터기를 깔끔하게 깎고 다녔고, 잡스는 매일 똑같은 이세이 미야케의 검은 터틀넥을 입고 다녔다. 그들 모두 제품에 사용된 소재와 제품의 제조 방법을 분석하고자 하는 열망이 강했다. 동료들은 그들의 비판적인 시선이 무언의 경쟁을 부채질했다고 전했다. 두 사람은 애플 제품의 위대함을 가로막는 사소한 결점들을 서로 더 잘 찾아내려고 했다.

잡스는 창의적인 파트너를 찾는 데 일가견이 있었다. 애플은 잡스와 스티브 워즈니악과의 파트너십을 통해 성장의 싹을 틔웠다. 향후 몇 년 동안 잡스와 아이브의 관계는 애플에서 그가 열게 될 2막의 중심이 되었다. 잡스가 가장 좋아하는 밴드의 리더들인 냉소적인 존 레넌과 감성적인 폴 매카트니처럼 두 사람은 서로 균형을 잘 맞추었다. 잡스가 수다스럽고, 직설적이고, 고집 세다면 아이브는 조용하고, 한결같고, 인내심이 강했다. 잡스는 아이브의 작품을 감독하면서 좋고 싫음을 직설적으로 밝힐 수 있었던 반면에 아이브는 잡스가 폭발할 때 그를 진정시키거나 잡스가 아이디어를 재고하게 만들 수 있었다.

그들의 역동적 관계의 중요성에 맞춰 잡스는 아이브를 다른 직원들과 다르게 대했다. 직원들을 괴롭히고 비하하는 경향이 강한 그였지만 아이브에게는 일부러 상처를 준 적이 없었다. 잡스는 아이디어가 깨지기 쉽다고 생각한 아이브에게 권한을 부여하며 그가 제품 개발의 중심에 서게 만들었다. 잡스는 그의 전기 작가인 월터 아이작슨에게 "조니와 나는 대부분의 제품을 함께 기획한 다음에 다른 사람들을 끌어들인 뒤 '보세요, 이 제품에 대해 어떻게 생각해요?'라고 묻는다"라며 이렇게 덧붙였다.[45] "조니는 각 제품에 대해 극단적일 만큼 정말로 세세한 부분뿐만 아니라 전체적인 그림도 같이 파악한다. 그리고 그는 애플이 제품을 만드는 회사라는 것을 명확히 이해한다. 그는 단순한 디자이너가 아니다."

아이브의 완벽주의는 잡스가 CEO로 있는 동안 더욱 강해졌다. 2002년 애플 경영진은 노트북 케이스를 티타늄에서 그보다 더 다용도로 쓰이는 금속인 알루미늄으로 바꾸기로 합의했다. 애플은 컴퓨터 케이스를 생산하기 위해 일본의 한 제조업체를 선임했고, 아이브는 제품 디자인 리더인 바트 안드레와 엔지니어인 닉 포렌자Nick Forlenza와 함께 제조업체의 작업을 평가하기 위해 도쿄로 출장을 떠났다. 회의 장소는 도쿄에서 가장 오래된 특급 호텔 중 하나인 호텔 오쿠라 도쿄였다.

회의 당일 애플 대표단과 제조업체 임원들은 금빛으로 물든 호텔 로비를 지나 프라이빗 룸으로 향했다. 한 일본 임원이 아이브가 검토할 수 있게 마닐라지로 만든 봉투에서 알루미늄 노트북 케이스 몇 개를 꺼냈다. 제조업체는 케이스를 조명에서 반사돼 반짝이는 새틴 실버색처럼 보이게 광을 내놓은 상태였다. 아이브는 케이스를 위에서 살펴보다가 불빛을 향해 그것을 들어 올렸다. 더 밝은 조명 아래서 본래 디자인 사양과 다른 약간의 편차가 보이자 그는 당황스러움에 손을 떨었다. 마음이 상한 그는 갑자기 일어나 자리를 떠났다.

케이스에 결함이 있다는 사실을 간파한 포렌자는 빨간색 네임펜을 잡아 아이브에게 건넸다. 그는 "잘못된 부분에 동그라미 치세요"라며 "고치라고 하겠습니다"라고 말했다. 그러자 아이브는 그를 빤히 쳐다보며 퉁명스럽게 말했다. "더 좋은 생각이 있어요. 빨간색 페인트가 담긴 양동이를 하나 가져다주세요. 이걸 양동이에 담가놓고 괜찮은 부분들을 닦아내는 게 더 빠르겠네요."

아이브는 알루미늄 시트를 머리 위로 들고 천장 조명 아래서 둥글게 말면서 포렌자에게 불빛의 반사로 거의 눈에 띄지 않는 결함이 어떻게 드러나는지 보여주었다. 그는 그런 흠집이 완전히 제거되기를 원했다. 포렌자는 일본 제조업체에 문제를 설명해줬고, 애플 대표단이 2주 뒤 돌아와 케이스를 다시 검토하자 더 이상의 흠집은 보이지 않았다.

아이브는 애플의 제품군이 확대됨에 따라 공급망에 대한 정밀 조사를 강화했다. 2003년 사스^{SARS}(중증급성호흡기증후군) 사태가 터졌을 때 애플은 알루미늄으로 만든 첫 번째 데스크톱인 파워맥^{Power Mac} G5 생산을 준비하고 있었다. 폭과 높이가 종이 식료품 봉지 정도인 이 타원형 컴퓨터는 작은 구멍이 나 있는 앞뒷면 패널로 테두리를 두른 매끄러운 알루미늄 면으로 이루어져 있었다.

아이브는 그것이 조립 라인에서 생산되어 나오는 장면을 직접 확인하고 싶었다. 그래서 그와 운영 팀원들은 사스 사태 이후 운항이 재개된 첫 비행기 편을 타고 홍콩으로 날아갔다. 이어 그들은 중국 선전^{Shenzhen}으로 향했고, 그곳에서 40일 동안 공장 기숙사에서 숙식하며 제조 현장을 거닐고 다녔다. 그는 조립 라인을 조사하면서 매우 열정적으로 일했다. 조립 과정 도중에 동료들을 붙잡고 부품을 함부로 다루는 한 공장 노동자를 가리키며 "그가 우리 제품을 만지지 않게 해주세요. 제품 옆면을 어떻게 만지고 있는지 보세요!"라고 말하기도 했다.

파워맥을 생산하는 동안 플라스틱 통기공^{通氣孔}이 스프레이로 칠한 것처럼 보인다고 판단한 아이브는 가동 중인 기계를 멈췄다. 그는 도색은 부실하게 만들어진 부분을 가리는 불순한 방법이라고 여기고 가능한 한 거의 사용하지 않았다. 통기공이 컴퓨터 후면에 있었지만, 그는 공장 측과 함께 금속 도금 공정을 개발하여 통기공을 니켈로 마감했다. 시간과 비용이 많이 들었지만 그는 타협을 거부했다.

어느 날 아이브는 포렌자 곁을 지나가다가 그에게 컴퓨터 디스플레이에 연결된 경첩이 달린 L자형 스탠드를 스케치한 종이 한 장을 건네주었다. 아이브가 "그걸 만들 수 있을 것 같아요?"라고 물었다. 포렌자는 믿을 수 없다는 듯이 그 그림을 바라보았다. 아이브가 미래의 제품을 상상하는 동안 포렌자는 그들 앞에 있는 데스크톱을 완성하는 데 집중했다. 그들은 스케치에 나온 대로 알루미늄 조각을 구부리는 작업의 난이도에 대해 논의했고 그럴 수 있는지 알아보기로 동의했다.

며칠 뒤 아이브와 포렌자가 귀국하기 위해 홍콩 공항에 갔을 때 여전히 전염병 때문에 공항은 거의 비어 있었다. 그들은 공항 라운지에 있는 빈 술집에서 자리를 잡고 커피를 주문했다. 카푸치노 맛을 음미하던 아이브는 스테인리스강으로 꾸며진 술집을 둘러보더니 조용히 "이 술집의 모든 이음선들이 다 보이네요"라고 말했다. 포렌자도 아이브를 따라 스테인리스강으로 꾸며진 부분을 바라보았다. 하지만 그의 눈에는 매끄러운 은색 금속만 보일 뿐이었다. 그는 당시 침울한 표정을 짓고 있던 아이브가 엑스레이 수준의 시력을 가지고 있는 것이 틀림없다고 판단했다. 그는 아이브에게 "당신의 삶은 분명 너무나 피곤할 거예요"라고 말했다.

이듬해 포렌자와 그의 팀은 아이브의 L자형 컴퓨터 디스플레이 스탠드를 만들기 위해 시카고에 있는 한 자동차 부품 회사를 찾았다. 디자인은 두 가지 제조상의 문제를 일으켰다. 그 정도 두께의 알루미늄에는 어두운 선들이 생기고, 알루미늄을 구부리면 외관이 오렌지 껍질처럼 구겨질 수 있었다. 아이브는 이 두 가지 결점을 최소화하고 싶었다. 포렌자가 이끄는 팀은 벤더의 도움을 받아 알루미늄에서 그러한 선이 생기는 재료상의 원인을 분석했고, 여러 화학 처리를 통해 선을 줄임으로써 아이브의 기대를 일부나마 충족시켰다. 포렌자가 공급망을 더 깊숙이 파고들어 알아낸 사실을 알려주자 아이브는 미소를 지었다. 그는 "우리는 공급망에 이런 식의 통제를 한 적이 없습니다"라면서 "이제 우리는 어떻게 만드는지뿐만 아니라 제품이 어떻게 보이도록 만들지도 통제할 수 있습니다"라고 말했다.

그렇게 통제는 아이브가 추구하는 정신의 일부가 되었다. 그는 스케치나 모델을 벗어나 소재에까지 자신의 영향력을 확장하기 시작했다. 그는 엔지니어인 포렌자를 끌어들여 디자인 스튜디오의 일원으로 만들었다. 아이브는 포렌자의 운영팀 이름인 '인클로저Enclosures'가 마음에 들지 않았다. 어느 날 스튜디오에서 포렌자와 함께 있던 아이브는 빨간 펜을 들고 화이트보드로 다가가 12개의 다른 이름을 휘갈겨 쓴 다음 마침내 '제조 디자인manufacturing design'이라는 단어에 밑줄을 긋고 그들과 가장 가까이서 일했던 팀인 '산업 디자인팀'과 '제품 디자인팀'의 이름을 합쳤다. 그렇게 이후 수년간 애플의 제품을 형상화할 세 개의 디자인팀이 탄생했다. 산업 디자이너들은 제품의 외관을 결정했고, 제품 디자이너들은 구성품의 작동 방식을 결정했다. 제조 디자이너들은 모든 것의 조립 방식을 감독했다. 제품 디자이너들이 하드웨어와 제조 디자이너들에게 보고하긴 했지만 제품이 만들어지려면 두 팀의 리더 역시 스튜디오와 긴밀히 협력해야만 했다. 그들은 디자인 스튜디오가 회사 운영의 선두에 서도록 조용히 회사를 재편하고 있는 아이브와 많은 시간을 보냈다. 시간이 지나면서 아이브는 모든 팀원들에게 그들 자신을 '장인'으로 여길 것을 강조했다.

그렇게 세 개의 디자인팀은 함께 일하면서 제품의 품질을 향상시키고, 결함 건수를 줄이고, 생산량을 늘렸다. 무엇보다 제품에 대한 수요가 늘어나자 애플에서 일하는 모두가 더 행복해했다.

복귀한 잡스는 휴대용 음악 플레이어를 만들자는 아이디어로 디자이너들을 닦달하기 시작했다. 초창기 MP3 시장은 잡스에게 차세대 소니 워크맨에 대한 꿈을 갖게 해줬다. 이 프로젝트는 하드웨어 엔지니어링 책임자인 존 루빈스타인이 도시바Toshiba의 반도체 법인이 1,000곡의 노래를 담을 수 있는 초소형 디스크 드라이브를 만들었다는 사실을 알아낸 후 시작되었다. 잡스는 도시바가 만든 모든 디스크에 대한 권리를 사도록 밀어붙였다. 그는 프로젝트를 실행하기 위해 제너럴 매직General Magic의 PDA 사업을 담당했던 하드웨어 엔지니어 토니 파델Tony Fadell을 고용했다. 루빈스타인과 파델은 부품을 조립했고, 애플의 마케팅 책임자인 필 실러는 덴마크 명품 오디오 브랜드인 뱅앤올룹슨Bang & Olufsen이 만든 전화기에서 영감을 받아서 노래들을 스크롤할 수 있는 바퀴를 만들자는 아이디어를 냈다.[46] 그들은 아이브가 포장하면 되는 재료들을 건네주었다.[47]

샌프란시스코와 쿠퍼티노 사이를 매일 통근하는 동안 아이브의 머릿속에 디자인 콘셉트가 떠올랐다.[48] 그는 어떻게 하면 벽돌 같은 부품들에 미적 매력을 가미할까 고민하던 중 뒷면이 광택이 나는 강철로 된 순백색 MP3 플레이어를 상상했다. 금속은 MP3 플레이어에 들어간 수천 곡의 노래에 쏟아부은 음악가들의 작업량을 느끼도록 무게감을 줬고, 흰색 플레이어와 헤드폰은 기기를 대담하면서 동시에 너무 튀어 보이지 않게 해줌으로써 원래 검은색인 소니 워크맨과 밝은 노란색의 후속작들 사이에서 자리를 잡게 만들어줬다.

그러나 디자인은 내부적으로 큰 저항에 부딪혔다. 동료들은 스테인리스 강 케이스와 금형 본체에 의문을 제기했고, 애플의 로고를 전면이 아닌 후면에 새기겠다는 아이브의 생각에도 반대했다. 또한 좀 더 평범한 검은색

이 아닌 흰색 헤드폰에 대한 생각에도 의문을 표시했다. 여러 반대 의견이 등장했지만 잡스는 아이브와 디자인팀의 제안에 힘을 실어주었다.

모양부터 색상에 이르기까지 이 기기는 아이브가 뉴캐슬에서 만든 보청기(워크맨에서 영감을 받았던 그 보청기)의 미묘한 확장판이었다. 애플은 이미 흰색 컴퓨터를 제작하고 있었다. 디자인 스튜디오는 흰색을 선호했다.[49] 디자이너들은 흰색이 특히 대량생산 시대에 남들과 달라 보이고 싶어하는 소비자들의 심리를 자극할 수 있을 거라 믿었다. 흰색은 신선하고, 가볍고, 반응도 좋아서 단일 모델로도 충분했다. 모두에게 어필하려고 무지개 색깔로 여러 모델을 만들지 않아도 됐다는 뜻이다. 아이브는 아이팟에 들어갈 색으로 새로운 흰색을 원했다. 색 재료 담당인 샛츠거는 동료들과 함께 '달빛 회색Moon Gray'이라고 부른 강렬한 흰색을 만들었다.

드디어 2001년 10월 애플이 아이팟을 출시하자 애플의 광고 대행사인 TBWA\미디어 아트 랩TBWA\Media Arts Lab은 약 50종의 휴대용 MP3 플레이어들이 경쟁하는 혼잡한 시장에서 흰색 케이스를 애플이 내세울 수 있는 가장 독특한 특징으로 여겼다.[50] 이 회사의 영국 출신 직원인 제임스 빈센트James Vincent는 화려한 색상을 배경으로 하얀 헤드폰을 낀 채 춤을 추는 사람들의 검은 실루엣을 보여주자고 제안했다. 2003년 등장한 이 스폿 광고spots(라디오나 텔레비전 방송에서 프로그램 사이 또는 프로그램 진행 중에 하는 짧은 광고-옮긴이)에는 록 밴드의 경쾌하고 신나는 노래들이 배경음악으로 곁들여졌다. 광고와 99센트를 받고 노래를 제공하는 디지털 매장인 아이튠즈의 등장은 아이팟의 폭발적인 인기를 견인했다. 2003년 100만 개였던 애플의 아이팟 판매량은 2005년 2,550만 개로 급증했다. 아이팟이 궁지에 몰린 이 컴퓨터 회사를 가전 대기업으로 변모시키자 애플의 연매출은 140

억 달러로 68퍼센트나 급증했다.

이런 대성공에도 불구하고, 아이브는 실망을 금치 못했다.[51] 그의 디자인 팀이 아이맥 때보다 제품 개발에 덜 집중하고 있었기 때문이다. 그는 애플 제품을 구상하는 데 있어서 자신의 목소리를 더 크게 내고 싶어했다. 그는 당시 루빈스타인을 거쳐서 잡스에게 보고할 때도 있었다. 그런데 특정 디자인 특성에 대한 그의 고집 때문에 컴퓨터에 바르는 광택제부터 내부에 들어가는 특수 설계된 나사에 이르기까지 세부 사항을 둘러싸고 종종 충돌이 일어났다. 반도체에서부터 펌웨어와 디자인에 이르기까지 제품의 모든 측면을 모두 관리하는 루빈스타인은 아이브가 낸 생각 중 일부는 너무 돈이 많이 든다며 자기 선에서 반려시켰다. 아이브는 발끈했다. 그는 충돌을 싫어했지만 디자인에 있어서는 타협을 경멸했기에 루빈스타인을 거치지 않고 잡스에게 직접 보고했다. 사사건건 부딪히는 두 사람을 동료들은 잡스의 관심을 끌기 위해 싸우는 두 명의 어린이에 비유했다. 잡스의 고문들은 그에게 아이브가 직접 보고를 할 수 없게 하라고 설득했다. 그러나 결국 루빈스타인이 애플을 떠났고, 루빈은 나중에 경쟁 기기 제조업체인 팜 Palm의 CEO가 되었다. 이후 잡스는 애플의 보고 구조를 조정해 아이브가 그에게 직접 보고하도록 하면서 아이브가 자기 다음으로 애플에서 가장 영향력 있는 인물이 되도록 그를 밀어주었다. 잡스는 아이작슨에게 "그에게 무엇을 하라거나 참견 말라고 지시할 수 있는 사람은 아무도 없다"면서 "내가 그렇게 되게 만들었다"고 말했다.[52]

아이브는 루빈스타인과 싸우면서 내부 정치를 할 수밖에 없음을 깨달았다. 일부 동료들은 그를 애플의 경영진 중 정치적 상황 판단이 가장 빠른 사람으로 여기곤 했다. 아이브는 회사의 최고위급 임원이 되고 몇 년이 지난 뒤에도 종종 동료들을 위해 문을 열어주고 잡아주면서 캠퍼스에서 영국 신사로 명성을 쌓았다. 그는 관용 정신을 가지고 있었고, 동료들이 휴가를 갈 때면 그들이 묵을 호텔 객실에 꽃이나 샴페인이 배달되게 미리 손을 써놓으면서 동료들의 사랑을 받았다. 그러한 친절과 관용의 부산물로 그의 디자인을 살리는 효과를 낸 거대한 충성심이 생겨났다.

하지만 아이브 역시 때론 가혹하게 행동하기도 했다. 동료와의 관계가 마음에 들지 않으면 그는 때때로 애플에서 그 사람을 쫓아내려고 밀어붙였다. 인사 담당자들은 그런 직원을 아이브에게서 숨기느라 애썼던 것으로 기억한다. 항상 디자인팀 내에서 상호 존중과 협업을 요구했던 그는 자기 주장만 내세우는 일에 대해서는 사실상 관용을 베풀지 않았고, 목소리를 잘 내지 않는 사람들을 포함하여 모든 사람들의 목소리가 들리도록 만들고 싶어 했다. 디자이너들은 아이맥에 영향을 준 반투명 노트북을 개발한 스웨덴 디자이너 토마스 마이어호퍼Thomas Meyerhoffer가 회의에서 자기 주장만 내세우고 동료들의 작품을 무시하자 아이브의 눈 밖에 났다고 말했다.[53] 결국 마이어호퍼는 애플을 떠나 대행사를 직접 세웠다. 그의 재능을 높이 평가한 몇몇 팀원은 그가 애플에 남도록 설득하려고 애썼지만 아이브와 디자인팀은 그가 없을 때 훨씬 더 협력하며 일할 수 있었다.

아이브가 새로운 색상 전문가를 데려온 후 지금껏 중요한 역할을 해왔던 샛츠거는 자신도 마찬가지로 팀에서 배제되고 있다는 사실을 깨닫게 되었다. 약 15명으로 이루어진 디자인팀에서는 각 구성원이 신입사원 면접을 따로 보고 각 후보자에 대한 채용 제안을 했다. 어느 날 신입사원 면접을 준비하고 있던 샛츠거는 면접 일정이 재조정되었다는 말을 전해 들었다.[54] 당연히 후보자를 만나보지 못한 채로 그는 아이브가 소집한 채용 회의에 참석했다. 팀원들이 모두 모인 그 자리에서 아이브는 샛츠거를 첫 번째로 지목해 질문을 던졌다.

"면접 본 사람 어땠어요?"

"그를 인터뷰하지 못했습니다." 샛츠거가 말했다.

"왜죠?" 아이브가 물었다.

당황한 샛츠거는 일정이 재조정되어서 그랬다고 설명했는데, 당시 그는 아이브도 그 사실을 알고 있었다고 생각했다. 샛츠거는 그 일이 일어난 직후 애플을 떠났다. 아이브는 사람들에게 자신이 샛츠거를 해고했다고 말했다. 샛츠거는 몇 년이 지나 당시 상황을 뒤돌아보며 아이브가 일부러 일정을 조정해놓고, 동료들 사이에서 신뢰도를 떨어뜨리기 위해 그를 첫 번째로 지목해 질문을 던졌다고 생각했다.

아이브가 샛츠거 대신 디자인팀 서열 2위 자리에 올려놓은 영국 출신 직원인 파시는 "영국 신사가 되는 것이 어떤 일을 하기 위한 수단이 될 수 있다"며 이렇게 덧붙였다.[55] "믿고 싶지 않아도 그것이 (출세의) 문을 열어준다. 그런데 실제 모습은 딴판이다. 모든 영국 고전들에서 영국 신사들이 얼마나 매력적으로 구는지 보라. 그러나 그들은 사실 나라를 훔치는 망할 놈의 해적들이다."

아이브가 새로 찾아낸 영향력은 애플의 구조를 재편했다. 대부분의 제품 회사에선 엔지니어링이 제품을 '정의'하고 디자인이 그것을 '포장'했다. 애플이 아이팟을 갖고 그랬듯이 말이다. 그러나 잡스가 아이브를 승격시켰다는 건 디자인 스튜디오가 제품 개발을 주도하고 엔지니어들이 스튜디오의 요구사항을 충족시키기 위해 노력해야 한다는 것을 의미했다. 디자이너들은 제품의 겉모습을 정의했고 그것의 기능에 대해 목소리를 크게 냈다. 디자이너들은 "신들을 실망시키지 말라"는 단 하나의 구절로 자신들이 가진 힘을 함축적으로 보여주기 시작했다.

아이브는 디자이너들이 일하는 환경을 꼼꼼히 정비하고, 출입자를 통제하면서 스튜디오의 위상을 공고히 다졌다. 그는 회의 도중에는 스튜디오에서 소음이 나지 않기를 원했고, 가능한 가장 미적으로나 기능적으로 순수한 제품을 만드는 데 집중했다. 엔지니어링이나 운영부서 직원들은 토론 결과를 존중하지 않거나, 너무 시끄럽게 떠들거나, 심지어 비용을 언급했다간 그들의 신분증으로 더 이상 스튜디오에 접근할 수 없게 됐다는 사실을 깨닫곤 했다. 그들의 입장이 어느 순간 조용히 금지된 것이었다. 이런 말 없이 내려진 판단은 "조니가 말을 걸지 않으면 그에게 말을 걸지 마라"는 회사의 격언을 탄생시켰다.

아이브는 스튜디오에 있는 사람들이 디자이너의 요구 사항을 이해하고, 비용이나 생산 제한에 대해 언급함으로써 장애물을 세우기보다 디자이너의 아이디어를 실현시킬 수 있는 방법을 찾아주기를 원했다. 아이브는 "나는 누군가의 빌어먹을 다리가 페달에 닿을 만큼 길다고 해서 그에게 버스를 운전하게 시키지는 않을 것"이라고 말하곤 했다.

그의 세심함은 제품 개발에 그대로 반영됐다. 만약 비용을 아끼려는 공급업체가 저가의 재활용 플라스틱을 사용하기로 했다면 아이브는 그 사실을 한눈에 감지할 수 있었을 것이다. 고가의 플라스틱은 높은 컴퓨터 품질을 일관되게 유지하는 데 매우 중요했다. 아이브의 이런 예민한 통찰력 덕분에 운영팀은 공급업체들에게 그가 어떤 문제라도 잡아낼 수 있으니 절대 대충 넘어가지 말라고 신신당부했다. 운영팀은 영화 〈식스센스〉를 언급하며 "아이브가 귀신을 본다"는 농담을 하기도 했다.

그렇게 디자이너들은 애플의 다른 동료들보다 더 많은 특전을 누렸다. 그들은 캘리포니아 와인 컨트리에 있는 5성급 리조트에 있는 야외 휴양지에서 휴식을 취했다. 또 아시아로 출장을 갈 때면 고급 호텔에 머물렀다. 운영과 엔지니어링 부서 동료들이 더 일반적인 3성급이나 4성급 호텔에 머문 것과 대조적이었다. 홍콩에서 아이브가 선택한 호텔은 현악 4중주가 연주되는 가운데 애프터눈 티를 제공하는, 영국이 홍콩을 식민 지배했던 당시 지어진 5성급 호텔 페닌슐라였다. 애플은 디자이너들을 그토록 애지중지했다.

괴짜 엔지니어들로 이루어진 회사 안에서 그들은 '예술학교'를 멋지게 구현했다. 그들은 티셔츠와 후드티, 청바지를 캐주얼하게 입고 다녔다. 또한 비싼 차를 몰았는데, 가장 고가의 차는 아이브가 몰던 애스턴 마틴Aston Martin DB9로 가격은 약 25만 달러였다. 그들은 자신들의 취미에도 집착했다.[56] 드 이우리스는 끊임없이 세계 최고의 커피를 찾았고, 서핑광인 줄리안 회니그Julian Hönig는 맞춤형 보드를 만들었다. 그리고 유진 황Eugene Whang은 음반 회사 퍼블릭 릴리스Public Release를 세웠으며, 클럽에서 DJ 활동을 했다.

그들은 록스타처럼 살았다. 제품 행사가 끝나면 리무진에 샴페인 병을 가득 싣고 저녁과 심야 음주를 즐기러 나갔다. 그들은 장인 정신이 깃든 칵테일을 파는 샌프란시스코 시내의 유서 깊은 술집인 '레드우드 룸'의 단골 손님이었고, 가끔은 애플의 광고 대행사와 파티를 열기 위해 로스앤젤레스로 여행을 떠났다. 퀘일루드quaalude(진정제의 일종 – 옮긴이)부터 코카인에 이르기까지 온갖 마약도 구할 수 있었다. 이 모두가 예술과 발명에 헌신하는 르네상스 시대 남성 집단에 퍼진 '열심히 일하고 놀자'는 문화의 일부였다.

디자인팀이 가진 힘은 그곳을 새로운 아이디어를 탐구하는 엔지니어들의 피난처로 만들었다.[57] 마우스 없이 컴퓨터를 제어하는 방법을 개발하고자 했던 브라이언 협피Brian Huppi라는 엔지니어가 그 방법을 알아보고자 디자이너인 던컨 커를 찾아왔다. 아이브는 협피의 생각이 마음에 들었다. 아이브가 축복해준 덕에 커와 바스 오딩Bas Ording, 임란 초드리Imran Chaudhri, 그레그 크리스티Greg Christie를 포함한 소프트웨어 엔지니어팀은 손가락 터치만으로 기기를 제어하는 방법을 찾기 위한 연구개발 프로젝트에 착수했다. 그들은 곧바로 컴퓨터를 제어하는 터치패드를 만드는 델라웨어Delaware에 소재한 한 회사를 찾아냈다. 엔지니어링팀은 패드 하나를 사서 손본 뒤손가락으로 화면을 탐색하면 어떻게 될지 알아보기 위해 맥 화면의 이미지를 패드 위에 비춰봤다. 그들은 지도를 확대하고, 파일을 드래그하고, 이미지를 회전시키기 위한 코드를 작성했다. 커가 이 기술을 디자인팀과 공유하자 디자인팀은 소스라치게 놀랐다.

잡스는 큰 기대를 걸고 시제품을 보러 오지는 않았다. 그는 그 아이디어를 폄하했다. 어설플 뿐만 아니라 여전히 대형 탁자 크기였던지라 비현실적으로 커 보였기 때문이다. 하지만 아이브는 그가 수년 전 잡스에게 아이맥 디자인을 보여줬을 때 그랬듯이 절묘하게 잡스의 관심을 자극하며 버텼다. 그는 "디지털카메라의 뒷면을 상상해보세요"라면서 "왜 작은 화면에 이 모든 버튼이 들어가 있어야 할까요? 왜 모든 것이 디스플레이로 표현될 수 없었을까요?"라고 물었다.[58]

아이브에게 설득당한 잡스는 이 아이디어에 열광했고, 그들이 이 기술에 붙인 명칭인 '멀티터치'는 아이폰의 기반이 되었다. 애플에서는 이미 몇 년 전부터 휴대폰 제작에 대한 관심이 끓어오르고 있었다. 회사의 리더들은 기존의 휴대폰은 투박하며 크고 무겁다고 생각했다. 또한 경쟁사가 MP3 플레이어와 전화기를 하나의 기기로 통합함으로써 아이팟을 쓸모없게 만들까 봐 걱정했다. 그러한 운명을 피하기 위해 잡스는 기밀 프로젝트인 '프로젝트 퍼플Project Purple'을 실행에 옮겼다.

그때부터, 그러니까 약 2005년부터 2007년까지 엔지니어와 디자이너들은 새로운 기기를 만들기 위해 노예처럼 일했다. 아이브는 휴대폰의 터치스크린이 인피니티 풀infinity pool처럼 음악, 지도, 인터넷의 더 넓은 세계로 사람들을 실어 나르는 빛나는 유리창이 되는 장면을 상상해보았다. 디자인팀은 소니 제품의 미니멀리즘에서 영감을 받은 스타일에 정착하기 전까지 몇 가지 콘셉트를 개발했다. 무광의 검은색 겉면과 연마 알루미늄 프레임에 확장형 스크린이 들어가는 스타일이었다. 파델이 이끄는 하드웨어팀은 여러 구성요소를 덧붙여 그것에 생기를 불어넣었고, 최고 소프트웨어 책임자인 스콧 포스톨은 혁신적인 소프트웨어 개발을 주도했다.

아이브와 포렌자는 2006년 12월 19일, 2년간의 고된 작업 끝에 심신이 지칠 대로 지친 상태로 중국 선전에 도착했다. 어두운 공장 회의실 안에는 최초로 제작된 100대의 아이폰이 탁자 위에서 그들을 기다리고 있었다. 그들은 제품 공개 행사에서 선보이기 위해 조립 완성도가 가장 높은 모델 30개를 뽑을 예정이었다. 아이브와 포렌자가 아이폰들을 꼼꼼히 살펴보는 동안 40명의 공장 노동자들이 회의실 안에서 기다렸다.

"아무 말도 하지 마세요." 아이브는 몸을 숙여 포렌자에게 속삭였다. "여기 있는 어떤 거라도 출하할 수 있습니다." 그는 첫 모델 중 오직 일부만 결함이 없었던 경우를 자주 접해봤지만 그의 앞에 놓인 제품들은 대량생산 전자제품의 황금 기준인 일본의 카메라 회사 캐논Canon이 만든 어떤 카메라보다도 세련되어 보였다. 제조사는 아이브에게 애플이 박물관에 전시된 수공예품만큼이나 정밀하게 조립된 수백만 대의 휴대폰을 만들 수 있다는 확신을 주었다. 아이브는 포렌자의 어깨를 붙잡고 이렇게 속삭였다. "이제 우리는 무엇이든 만들 수 있습니다."

한 달 뒤 잡스는 샌프란시스코 모스콘 센터Moscone Center에서 아이폰을 공개하면서 그것이 아이팟, 전화기, 인터넷에 연결된 컴퓨터가 하나로 합쳐진 제품이라고 선전했다.[59] 그는 그 자리에서 아이브에게 가장 먼저 전화를 걸었다. 잡스는 손에 든 아이폰에서 아이브의 번호를 누르며 "내가 조니에게 전화를 걸려면 전화번호만 누르면 됩니다"라고 말했다.

관객석에서 플립폰으로 전화를 받은 아이브는 "안녕하세요, 스티브"라고 말했다.

"안녕하세요, 조니, 어떻게 지내요?" 잡스가 웃으며 물었다.

"잘 지내요. 대표님은요?"

"개발을 시작하고 2년 반 만에 아이폰으로 대중 앞에서 처음 전화를 걸게 되니 얼마나 감격스러운지 이루 말할 수 없네요." 잡스가 말했다.

이 통화는 미국의 과학자이자 발명가인 알렉산더 그레이엄 벨이 100여 년 전에 IBM의 창업자인 토머스 왓슨과 했던 전화 통화에 비유됐다. 애플은 출시 첫해 무려 1,100만 대의 아이폰을 판매했는데, 이는 아이팟이 판매된 대수보다 10배 많은 수치였다.

잡스와 아이브는 아이폰의 판매량 자체보다 그것이 문화적인 센세이션을 일으킨 방식에 대해 자부심을 느꼈다. 지난 수년 동안 그들은 성공을 평가하는 방법에 대해 논의한 끝에 주가나 판매량에 따라 평가를 내리지 말자는 데 동의했다.[60] 이러한 기준을 적용할 경우 경쟁사인 마이크로소프트는 성공했지만 결국 정체되었다고 볼 수 있었다. 두 사람은 대신 '자신들이 디자인하고 만든 것에 자부심을 느끼는가'라는 주관적인 의견에 따라 궁극적으로 성공을 평가하기로 했다.

아이폰은 가히 그들이 이뤄낼 수 있는 과업의 정점처럼 보였다. 하지만 매출이 늘어나자 아이브는 그 시점에서 애플을 떠날지 말지 저울질하기 시작했다. 그의 쌍둥이 아들들은 2004년에 태어났다. 불혹의 나이에 접어든 아이브는 15년 동안 매주 80시간씩 일하느라 탈진한 상태였다. 그는 매사추세츠주 남동부 도시 서머셋Somerset에 있는 부모님 집 근처에 침실 10개가 있는 집을 300만 달러를 주고 사놓은 상태였다.[61] 그는 오랜 친구인 클라이브 그리니어에게 조만간 은퇴한 뒤 친구인 디자이너 마크 뉴슨Mark Newson과 함께 고급 명품을 만들까 생각하고 있다고 말하기도 했다.[62] 하지만 아이폰의 인기와 잡스의 병 때문에 그의 모든 계획은 틀어지고 말았다.

2009년 5월 조너선 아이브는 스티브 잡스를 맞이하기 위해 새너제이 공항에 도착했다.[63] 암에 걸린 잡스는 간 이식을 받은 후 멤피스에서 돌아오고 있었다. 아이브와 COO인 팀 쿡이 그를 맞이했고, 잡스의 아내 로렌 파월 잡스는 축하주를 따르기 위해 탄산 사과주 한 병의 마개를 열었다. 그러나 모든 것이 좋지 않았다.

축하 행사 뒤에선 아이브의 짜증이 끓어오르고 있었다. 그는 그 무렵 애플의 성장으로 제품, 특히 연간 5,400만 대가 팔린 아이팟의 개발 주기에 가해진 압박을 이겨내느라 힘겨워하고 있었다. 그는 새로운 흥미진진한 방법으로 아이팟의 화면을 바꿔볼까도 생각했지만, 생산 마감일이 지난 뒤에 그런 생각이 떠올랐다. 그는 동료들에게 자신이 창조적 계시를 2주나 늦게 받는 바람에 1년을 더 기다려야 한다며 안타까워했다. 이어 잡스가 병에 걸리자 언론들은 애플의 미래에 대해 물음표를 달기 시작했다. 그들은 애플의 공동 창업자인 잡스가 회사를 탄생시키고 나중에 부활시켰다고 판단했다. 잡스가 없었을 때 애플은 시들했다는 얘기였다. 그래서 그들은 과거가 미래를 여는 서막이라면 애플은 불행한 운명을 맞게 될 수도 있다고 생각했다.

잡스는 자신이 애플로 데려온 팀원들에게 의지해 일했지만 공은 대체로 그 자신이 차지했다. 그는 직원들이 인터뷰하는 것을 못마땅하게 여겼고, 애플의 창조적인 과정에 대해 이야기하지 못하게 막았다. 이러한 전략은 제품의 비밀을 유지하고, 최고 인재가 경쟁사로 스카우트되는 가능성을 줄였다. 이뿐만 아니라 대중들 사이에서 모든 제품이 팀워크가 아닌 개인의 천재성이 낳은 결과라는 인식을 심어주었다. 잡스가 첫 아이폰 공개 전화를 아이브에게 걸었지만 그런 미묘한 제스처만으로는 아이브가 아이폰에 한 공헌을 충분히 전달해주지 못했다. 공항에서 잡스의 집으로 가는 길에 아이브는 자신이 애플에서 마음이 떠났음을 깨달았다.

잡스의 전기 작가 아이작슨에 따르면 아이브는 "나는 정말 상처받았다"고 말했다고 한다(다만 아이브는 대변인을 통해 문제의 발언에 대해 반박했다). 아이브는 애플의 혁신이 잡스로부터 흘러나왔다는 인식에 대해 불평하곤 했다. 아이브를 위시해 많은 사람들이 애플의 성공에 결정적인 역할을 한 것이 사실이었기 때문이다.

잡스와 아이브는 또 다른 애플의 주요 제품인 아이패드 제작 때도 협력했다. 아이패드는 많은 면에서 그들이 만든 제품 중 가장 애는 적게 썼지만 보상은 가장 컸던 제품이었다. 그들은 사실 아이폰을 만들기 전부터 태블릿을 만들 생각을 하고 있었고, 잡스는 이식 수술을 받기 전에 태블릿 개발 작업을 부활시켰다. 아이폰은 그것과 동일한 소프트웨어를 사용할 태블릿의 디자인을 미리 알려준 셈이었다. 다만 가장 중요한 질문은 다름 아닌 크기를 어떻게 할 것이냐 하는 점이었다.

아이브는 모서리가 둥근 다양한 크기의 모델 20개를 만들어 평가하기 시작했다. 그는 잡스를 스튜디오로 초대해서 그가 검토할 수 있게 모델들을 펼쳐 보여줬다.[64] 두 사람은 이동하며 모델들을 살펴보면서 외관과 느낌을 평가했다. 그들은 리갈 패드legal pad(줄이 쳐진 황색 용지 묶음 — 옮긴이)처럼 탁자 위에 평평하게 놓여 있는 가로 9인치, 세로 7인치 크기의 직사각형 위에 멈춰 섰다. 그것을 조작해본 잡스는 너무 평범하다고 생각했다. 아이브는 그의 생각을 이해했다. 그 모델에는 아이맥 같은 과거의 제품들을 가까이하기 쉽게 만들어줬던 둥근 모서리 같은 게 없었다. 그는 나중에 손가락을 아래로 미끄러지듯 넣어 테이블에서 그것을 잘 들어 올릴 수 있게 모서리를 약간 둥글게 만들었다.

잡스는 2010년 1월 샌프란시스코의 예르바 부에나 아트 센터Yerba Buena Center for the Arts에서 아이패드를 선보였다. 그는 얼마나 수월하게 인터넷 화면을 스크롤하고 전자책을 읽을 수 있는지 보여주기 위해 안락의자에 기대어 앉는 쇼맨십으로 사람들을 사로잡았다. 아이패드는 곧바로 히트를 쳤고, 애플은 1년 만에 2,500만 대의 아이패드를 팔았다.

하지만 잡스의 건강은 아이패드 출시 이후 악화되었다. 2011년 그의 병세가 너무 나빠져 출근할 수 없게 되자 아이브는 정기적으로 그의 집에 방문하기 시작했다. 두 사람은 아이폰과 관련해 진행 중인 작업, 새로운 애플 캠퍼스에 대한 계획, 그리고 잡스가 가족과 함께 항해하기 위해 만든 요트에 대해 이야기하곤 했다.

2011년 10월 5일 잡스가 숨을 거두자 동료들은 잡스 없는 아이브가 어떻게 될지 걱정하기 시작했다. 그들은 지난 수년간 스튜디오에서 잡스가 해준 피드백이 재능 있는 편집자가 재능 있는 작가의 이야기를 보강해주듯 아이브의 작품을 강렬하게 만들어주는 걸 지켜보았다. 아이브는 사람들에게 자신은 괜찮을 거라고 장담했다. 그럼에도 불구하고 오랜 후원자가 없어지니 스튜디오는 무기력하고 붕 떠 있는 듯한 느낌이었다. 한 디자이너는 "모두가 실수할 수 있다고 느꼈다"고 말했다.

아이브는 앤드류 주커만Andrew Zuckerman이라는 실력 있는 사진작가를 고용했고, 그를 애플의 기존 히트작들을 클로즈업해 찍은 사진들로 꾸민《디자인드 바이 애플 인 캘리포니아Designed by Apple in California》라는 포토북을 개발하는 프로젝트에 투입했다. 아이브는 그렇게 이제는 떠나버린 창조적인 파트너와 평생 같이 일하며 얻은 기념품들 속에서 뒹굴며 자신이 과거에 한 일을 자세히 살펴봤다.

잡스의 추도식이 있은 지 두 달 후 아이브는 디자인 분야에 기여한 공로를 인정받아 기사 작위를 받았다. 그는 산업 디자인을 전문적으로 지원해주는 비영리 단체인 디자인 카운슬Design Council의 추천을 받아 '대영제국 2등급 훈장KBE, Knight Commander of the Most Excellent Order of the British Empire'을 받았다. 이는 기사단 서열 2위를 의미하며 기사 작위에 해당한다. 기사 작위를 받음으로써 아이브는 '조너선 아이브 경卿'으로 불리게 되었다.

5월 말 런던의 어느 화창한 날 아이브는 버킹엄 궁전에서 거행되는 작위식에 참석하기 위해 아주 연한 청색 넥타이를 매고 검은색 연미복을 차려입었다. 영국인들의 고루함에 대해 책망했던 잡스는 이 행사의 격식을 보고 웃었겠지만, 영국 디자이너이자 두 선생님 사이에서 태어난 아이브에게 이것은 엄청나게 중요한 의미가 있었다. 기사 작위는 그가 한평생 이룬 업적을 인증해주는 증표였고, 계급을 중시하는 영국에서 훈장을 받음으로써 그는 공적인 칭호를 얻게 됐다. 스티븐 스필버그와 빌 게이츠 같은 유명 미국인들도 대영제국 훈장을 받았지만 아이브는 영국이 낳은 아들이기에 감회가 남달랐다.

아이브는 헤더와 쌍둥이 아들들과 함께 궁전 무도회장으로 들어가 금박을 입힌 나무로 만들어진 왕좌 두 개가 놓인 작은 무대 앞에 앉았다.[65] 곧 왕실 관리가 작위를 받도록 그를 앞으로 불렀다. 바흐의 〈바이올린을 위한 협주곡 D단조〉가 연주되는 가운데 아이브는 고개를 숙인 채 왕좌를 향해 절제된 발걸음을 옮겼다. 그가 여왕의 딸인 앤 공주 앞에서 미소를 지으며 고개를 숙인 다음 무릎을 꿇자 앤 공주는 할아버지 조지 6세의 검으로 아이브의 왼쪽과 오른쪽 어깨를 가볍게 두드렸다.

그날 오후 아이브는 런던 웨스트 엔드 중심부에 있는 고급 레스토랑에서 열린 리셉션에 참가하고자 연미복과 넥타이를 벗었다.[66] 디자인 카운슬 측은 스테인드글라스 창문이 있는 프라이빗 룸을 빌려 배우 스티븐 프라이, 그룹 듀란듀란의 리더 사이먼 르 봉, 영향력 있는 디자이너들인 폴 스미스와 테렌스 콘랜 등 아이브의 친구들도 초대했다. 아이브의 여동생 앨리슨과 어머니와 아버지 또한 그곳에 있었다.

참석자들이 샴페인을 음미하며 전채요리를 먹는 동안 아이브의 입가에선 미소가 떠나지 않았다. 아이브의 기사 작위 수여를 지지했던 고든 브라운Gordon Brown 전 영국 총리가 건배를 제안하자 방 안은 조용해졌다. 관심을 받기를 갈구했지만 막상 스포트라이트를 받자 부담스러워진 아이브는 브라운이 디자인 스튜디오를 방문했을 때의 이야기를 하는 동안 아들의 어깨 위에 손을 얹고 멋쩍은 미소를 지었다.

아이브의 아버지 마이클은 이 장면을 미소를 지으며 바라보았다. 마이클은 오랜 시간 동안 셀 수 없이 많은 것들을 만들어냈다. 그는 호버크라프트와 수납장을 만들었고, 낡은 차를 수리했고, 결혼식 밴드를 결성했고, 학교 커리큘럼을 짰으며, 찻주전자를 벼리어 만들었지만, 그날 그 방에는 그가 가장 높이 평가하는 자신이 만든 '최고의 작품'이 전시되어 있었다. 그는 친구들에게 아이브야말로 자신이 만든 최고의 창조물이라고 말했다.[67]

AFTER STEVE

CHAPTER 5

진지한 결정

동이 트기 전 낮은 사무실 건물과 쇼핑센터들이 비추는 희미한 그림자를 지나 101번 고속도로의 어두운 공허함 속을 윙윙거리며 내달리는 혼다 어코드가 보였다. 애플이 팀 쿡에게 기본급 40만 달러와 사이닝 보너스^{signing} ^{bonus}(계약 체결 시 선지급하는 보너스 - 옮긴이) 50만 달러를 줬지만 쿡은 자신이 모는 차에 큰 가치를 두지 않았다. 그에겐 체육관과 사무실에 데려다주고 일과가 마무리된 후 팰로앨토에 있는 자기 아파트로 다시 돌아갈 수 있게 해주는 바퀴 네 개 달린 차량만 있으면 그걸로 족했다.

1998년 텍사스에서 이주한 쿡은 팰로앨토에 약 49제곱미터 크기의 아파트를 임대했다.[1] 임원보다는 대학생에게 더 어울리는 크기의 아파트였지만 이러한 크기와 숙소 위치는 대부분의 시간을 회사에서 보내야 하는 그의 현실을 잘 보여줬다. 그는 애플의 인피니트 루프 캠퍼스에서 차로 불과 20분 거리에 살고 있었다. 그가 사는 조용하고 스타일리시하고 비싼 팰로앨토 교외 지역은 북쪽으로 48킬로미터 떨어진 샌프란시스코에서 느껴지는 것 같은 활기가 부족했다. 그곳은 스탠퍼드 대학교와 중심가인 유니버시티 애비뉴^{University Avenue} 주변에 모여 사업하는 스타트업들의 보금자리였다. 유니버시티 애비뉴에서 영업하는 식당과 커피숍들은 최신 닷컴 회사와 최신 벤처 캐피털 투자에 대한 이야기로 늘 떠들썩했다. 사람들은 어디든 걷거나 자전거를 타고 다녔는데, 로버츠데일에서 그랬던 것처럼 자전거를 타고 시내를 돌아다니는 것을 즐겼던 쿡에게 완벽히 어울리는 분위기였다.

애플에 들어오고 처음 며칠 동안 쿡이 한 일은 운영 회의를 소집하는 것이었다.[2] 그는 회사의 끔찍한 공급망에 대한 모든 사항을 속속들이 알고 싶어 했다. 애플은 현금흐름이라는 늪의 굴레에서 벗어나기 위해 애쓰면서 지난 1년을 보내던 중이었다. 1997년 잡스가 복귀하기 전까지만 해도 팔리지 않은 컴퓨터 재고가 도처에 쌓여 있었다. 애플은 캘리포니아, 아일랜드, 싱가포르에 자체 공장을 운영하고 있었는데, 컴퓨터 부품은 남아돌았고 19일분 재고를 유지하고 있었다. 프레드 앤더슨 CFO는 재고 감축을 목표로 한 '협곡을 넘어Crossing the Canyon'라는 프로그램을 통해 대차대조표 문제를 해결하려고 노력했다. 잡스의 귀환 후 직원들의 퇴사로 공허해진 운영팀은 쿡이 그들에게 "대체 이건 왜 그런 거죠? 이건 무슨 의미가 있는 건가요?" 같은 질문들을 퍼붓는 동안 그들이 그동안 이뤄낸 진전 사항에 대해 자세히 설명했다. 쿡이 왔을 때 COO 대행을 맡고 있던 조 오설리번Joe O'Sullivan은 "어른들이 우는 것을 봤다"면서 "쿡은 경이적이라고 할 만큼 꼬치꼬치 캐물었다"라고 말했다.[3]

회의는 쿡의 경영 방식을 알려주는 예고편과도 같았다. 그는 직장 분위기를 쇄신하는 정곡을 찌르는 질문을 통해 직원들을 다그쳤다. 강렬하고, 상세하고, 진을 빼는 스타일의 그에게 오류의 여지는 사실상 없었다. 그는 부하 직원들이 알려준 모든 정보를 흡수하고 유지하는 것처럼 보였고, 누구도 예상하지 못했을 만큼 빠르게 사업을 파악했다. 잡스는 오설리번에게 넉 달 동안 쿡에게 애플의 운영 방식을 가르치라고 부탁했는데, 쿡은 불과 4~5일 만에 모든 것을 터득했다. 그는 끊임없이 질문을 던지며 쟁점을 파헤쳐 나갔다. 그의 소크라테스식 대화 스타일은 직원들을 몹시 당황하게 만드는 긴장된 분위기를 조성했다.

쿡이 "조, 오늘 몇 대나 만들었죠?"라고 물으면, 오설리번은 "1만 대요"라는 식으로 답하곤 했다. 그러면 쿡은 출하 전에 품질 보증 테스트를 통과한 대수의 비율을 언급하며 "통과율이 얼마였나요?"라고 물었고, 오설리번은 다시 "98퍼센트였습니다"라는 식으로 답하곤 했다. 효율성에 그다지 좋은 인상을 받지 못한 쿡이 더 깊이 파고들어서 "그 2퍼센트는 어떻게 하다 실패했죠?"라고 물으면 오설리번은 '젠장, 나도 몰라요'라고 생각하며 쿡을 쳐다보곤 했다.

운영팀은 차차 생산의 모든 면을 철저히 조사하고 쿡이 던질 수 있는 어떤 질문에도 대답할 준비를 해놓으며 그에게 적응했다. 그들은 특정 부품의 성능과 조립 라인별 생산 결과까지 자세히 조사해놓았다. 오설리번에 따르면 모든 걸 속속들이 알고자 하는 쿡의 욕구는 모든 사람들을 '거의 쿡처럼almost Cook-like' 행동하게 만들었다.

쿡은 재고를 '근본적으로 악한 것fundamentally evil'이라고 불렀다.[4] 그는 선반 위에 놓여 있는 컴퓨터와 컴퓨터 부품들을 야채 같다고 생각했다. 지나치게 오랫동안 놓아두면 상해서 버려야 하는 야채 말이다. 애플 운영팀은 잡스의 복귀 이후 재고 일수를 3분의 2로 줄였지만 쿡은 거기서 더 줄이기를 원했다.[5]

1998년 쿡은 어떻게 하면 더 많은 개선을 이룰 수 있는지 알아보기 위해 싱가포르에 있는 지사 사무실을 방문했다. 쿡은 회의 테이블 맨 앞에 앉아 제조 담당 직원들이 알려주는 사업 현황에 대한 설명을 들으면서 의자를 앞뒤로 흔들었다. 팀원들은 그 행동을 고무적인 신호로 간주했다. 그동안 무표정하고 신중한 상사에게 적응해 나가면서 그런 의자를 흔드는 버릇이 그가 설명 자료에 만족한다는 뜻임을 알아낸 터였다. 반대로 동작이 멈추면 그것은 문제를 발견했고, 직원들을 긴장하게 만들 질문을 던질 생각이라는 걸 나타냈다.

그날 운영팀은 재고 사용과 교체 빈도인 재고 회전율(1년간 재고가 몇 번 고갈되었고 다시 보충되었는가를 나타내는 비율 – 옮긴이)에 대한 프레젠테이션을 만들었다. 재고 회전율이 높을수록 기업이 부품을 못 쓰게 돼 드는 비용은 줄어들었다. 운영팀은 연간 8회였던 회전율을 25배 이상으로 늘려 어떻게 델에 이어 업계 2위를 차지할 수 있었는지를 자세히 설명해줬다.

그들이 프레젠테이션을 마무리할 무렵, 쿡은 흔들던 의자를 딱 멈췄다. 그는 말없이 그들을 응시하다가 "어떻게 해야 회전율을 100퍼센트로 끌어올릴 수 있죠?"라고 물었다.

"그렇게 말씀하실 줄 알았습니다." 최고의 제품을 만들려는 쿡의 야심을 예상하기 시작했던 오설리번이 말했다. "거의 그 수준에 도달했습니다."

오설리번은 추가적인 개선 계획에 대해 자세히 설명했다. 그는 설명을 끝마치고 만족해했지만 쿡은 그를 쳐다보기만 할 뿐 팀원들이 들인 특별한 수고에 감사를 표하지 않았다. 대신 그는 "그렇다면 회전율을 1,000퍼센트로 끌어올릴 수 있는 방법은 뭐죠?"라고 물었다.

몇몇 발표자들은 불가능에 가까운 쿡의 요구를 비웃었지만 쿡은 그들을 빤히 쳐다보았다. 그의 표정은 진지했다.

"1,000퍼센트라고요?" 오설리번은 믿을 수 없다는 듯이 물었다. "그건 하루에 재고를 세 번 회전시켜야 한다는 뜻입니다."

아무도 입을 열지 않았다. 쿡은 믿을 수 없다는 듯이 자신을 쳐다보고 있는 운영 팀원들을 지켜보았다. 그렇게 그가 정한 기준이 그들의 목표가 되었다.

몇 년 후 애플은 컴퓨터 수주 생산을 시작했고, 장부상 재고는 사라졌다. 운영팀은 이러한 목표를 달성하기 위해 공장 바닥 중앙을 노란색 선으로 칠했다.[6] 노란색 선 한쪽에 모아둔 부품들은 애플이 새 컴퓨터를 조립하기 위해 반대편 선으로 옮길 때까지 공급업체의 장부에 남아 있었다. 그러자 애플이 부담해야 할 비용이 줄었다. 일반적으로 인정되는 회계 원칙을 따를 경우 부품이 조립 라인으로 이동하기 전까지는 재고가 자사 창고에 보관되어 있더라도 애플은 재고를 보유하지 않는 것으로 인정됐기 때문이다. 당시로서는 획기적이었던 이 개념은 이후 업계 표준이 되었다.

쿡이 왔을 때 애플은 부활의 초기 단계에 있었다. 사탕 색깔의 아이맥은 그가 채용되고 5개월 뒤에 출시되었다. 생산 일정이 예정보다 늦어져서 애플은 일정을 맞추기 위해 장비를 추가해야 했다. 한 운영 이사가 대당 약 100만 달러짜리 생산 장비 일곱 대를 추가할 것을 권했지만 아직 회사에 현금이 부족한 상황이라 오설리번은 하루 7,000대에서 1만 대로 증산할 수 있는 만큼의 장비 세 대를 추가하면 일정을 따라잡을 수 있다고 생각했다. 쿡은 그의 생각에 반대했다.[7] 그는 "가능한 한 빨리 최대한 많은 양을 출하할 것입니다"라고 말했다. 쿡은 결국 14대의 장비 도입을 승인했고, 두 배 늘어난 생산 역량으로 애플은 아이맥 출시 이후 급증하는 수요를 충족시킬 수 있었다. 쿡은 절약해야 할 때는 절약하지만 승산이 있을 때는 돈을 걸고서라도 모험을 할 의사가 있음을 스스로 증명했다.

쿡이 합류한 지 약 반년이 지나자 잡스는 쿡이 올린 성과에 고무된 채 캠퍼스에 있는 오설리번에게 다가갔다. "어떻게 생각해요?" 그가 물었다.

"모르겠어요." 오설리번이 말했다.

"모르겠다는 게 무슨 뜻이죠?" 잡스가 물었다.

"그가 마술을 부린 건 아닙니다." 오설리번이 말했다.

잡스의 카리스마 아래 번창했던 회사에서 쿡은 자신이 CEO를 돋보이게 해주는 사람임을 빠르게 증명해냈다. 그는 냉정하고 내성적이라서 속내를 잘 드러내지 않았다. 그는 숫자에 집착했고, 온갖 스프레드시트란 스프레드시트는 다 살펴봤다. 그는 동트기 전에 체육관에 가서 운동한 뒤 저녁까지 일하는 등 아주 오랜 시간 일했다. 그는 사이클선수 랜스 암스트롱Lance Armstrong의 "나는 패배를 좋아하지 않는다. 그것을 경멸할 뿐이다"라는 말을 전면에 내세우며 팀원들을 결집시켰다.[8] 그리고 그의 그런 절제된 접근법은 결실을 맺었다. 그의 부임 첫해에 애플은 재고량을 한 달 분에서 6일 분으로 줄였다. 1년 뒤 그것을 다시 이틀분까지로 줄였고, 그는 그런 절감 노력이 애플의 수익에 미치는 영향을 지켜봤다.[9]

"그는 거침없는 미드필더 같다." 오설리번은 축구 용어를 써서 자신의 새 상사를 이렇게 묘사했다. 그는 쿡을 맨체스터 유나이티드Manchester United에서 탄탄한 수비벽을 구축하며 여러 시즌 우승을 일궈낸 전설적인 수비형 미드필더 로이 킨Roy Keane에 비유했다. 오설리번은 "쿡은 골을 넣고 나이트클럽에서 사진 세례를 받는 센터포워드가 아니라 온갖 일을 처리하고 퇴근하는 조용한 사람이다"라고 말했다.

애플이 재고를 통제할 수 있게 되자 쿡은 제조 운영 부문을 재편하기 시작했다. 그는 2000년에 제조 공장들을 폐쇄하고 대신 하청업체에 생산을 아웃소싱하기 시작했다. 애플은 이미 수년 동안 이런 관행을 써왔지만 쿡은 이것을 극단적인 수준까지 밀어붙였다. 컴팩에 있는 동안 그는 폭스콘 테크놀로지 그룹Foxconn Technology Group의 창업자인 궈타이밍Gou Tai Ming을 알게 되었다.[10] 이 대만 사업가는 세계에서 가장 신뢰할 수 있는 전자제품 조립업체를 만든 인물이었다. 1980년대에 PC로 사업을 확장하기 전 TV 채널을 바꿀 수 있는 플라스틱 손잡이를 만들기 위해 타이베이에 공장을 세웠고[11] 또 토지와 인건비가 저렴한 중국에 공장을 설립함으로써 컴퓨터 제조업을 변화시켰다. 델 및 컴팩 등과 생산 계약을 체결하자 회사 인력은 3만 명, 매출은 30억 달러로 각각 늘어났다. 하루 16시간씩 일하는 것으로 알려진 그는 제품은 항상 예정대로, 그리고 고객의 요구사항에 맞게 출시돼야 한다는 것을 기조로 삼았다. 또한 항상 직접 나서서 생산 문제를 해결하곤 했다. 그의 이런 까다로운 스타일은 쿡의 마음에 들었고, 쿡은 애플에도 같은 방식을 도입하기로 했다.

2002년 쿡은 애플의 다음 주요 컴퓨터 출시를 위해 폭스콘과 하청 계약을 체결했다. 애플은 '작은 젤리 과자' 모양의 아이맥을 평면 패널 버전으로 대체할 계획이었다. 애플의 요청에 따라 폭스콘은 하루 1,500대를 생산할 수 있는 공급망을 구축했지만 잡스는 아이맥의 목표 시장을 하이엔드 전문가에서 일반 소비자로 전환하기로 방침을 바꿨다.[12] 생산량을 10배로 늘리기 위해서 쿡에겐 폭스콘이 필요했고, 증산은 신속하게 이뤄져야 했다. 애플의 분기 실적이 새 컴퓨터의 성공에 달려 있었기 때문이다. 쿡은 애플의 최고 엔지니어들과 증산 상황을 감독하기 위해 중국으로 날아갔다. 그는 추수감사절과 성탄절 내내 중국에 머물면서 조립 라인에서 컴퓨터가 조립되어 나오는 과정에서 문제가 있는지를 파악하고 필요할 경우 귀에게 문제를 알려 빨리 해결이 되도록 하기 위해 작업 현장에서 일했다. 스트레스를 많이 받을 수밖에 없는 환경이었지만 쿡은 내내 침착함을 유지했다. 그는 IBM과 인텔리전트 일렉트로닉스에서도 문제를 해결하며 이 같은 침착함을 보여준 바 있었다. 감정적으로 냉정함을 유지하고, 변화무쌍한 환경에 적응하면서 상황을 진정시키는 게 그의 전형적인 상황관리 스타일이었다. 12월이 막바지에 달할 무렵 애플은 컴퓨터를 중국 밖으로 운송하기 위해 비행기에 실었다. 애플은 이렇게 12월에 판매한 물량을 4분기 판매량으로 잡아 월가의 분기 판매 예상치를 맞출 수 있었다.

쿡은 시간을 두고 컴퓨터에 들어가는 부품 공급업체를 상대하는 방식을 전면 개편했다. 그동안 부품 구매 업무를 맡은 조달 담당자들은 효과적인 관계를 유지하려면 애플과 공급업체 모두가 윈윈해야 한다는 격언을 지켜오고 있었다. 하지만 쿡은 가차 없고, 타협하지 않는 다른 접근법을 사용했다. 협상 시 그는 가격이나 납품 일정 등에서 당당하게 애플에 유리한 입장을 취했다. 그는 한 치도 양보하지 않았다. 대신 상대방은 원하지만 애플에게는 우선순위가 높지 않은 점들을 찾아내어 묵인해주곤 했다. 또한 그는 회의 중에 종종 침묵을 지키며 공급업체들을 불편하게 만들곤 했다. 가끔은 아무 말도 하지 않고 있다가 긴 스트레칭을 하고 나서 몸을 앞으로 숙인 다음에 "제가 원하는 것을 말씀드리죠"라고 말하곤 했다. 그러면 탁자 앞에 앉아 있던 모두가 그의 말에 귀를 기울였다. 그때가 회의 중 처음으로 입을 연 경우였기 때문이다. 공급업체들은 쿡의 이런 전술을 군사 심리 기술에 비유했다. 2000년대 중반에 한 칩 공급업체와의 계약이 최종 마무리되기 직전에 쿡은 그 업체에 전화를 걸어 계약 체결을 재고하겠다고 통보했다. 그는 "당신이 우리를 하대했다고 생각합니다. 더 이상 협상하지 않겠습니다"라고 말했다. 그런 다음 며칠 동안 침묵을 지켰고, 공급업체는 거래를 따내지 못한 게 아닌지 전전긍긍했다. 결국 애플과 계약을 체결한 공급업체는 이후 "쿡은 막판에 우리가 큰 양보를 해주기를 바랐다"고 당시 상황을 회상하며 이렇게 덧붙였다. "똑똑한 사람이라면 그냥 '신뢰를 지켜라'라고 말하면 될 일이었다. 그것은 낡은 협상 방법이었다."

쿡은 검소한 생활을 했다. 받은 주식까지 합치면 그가 받은 보상금은 연간 40만 달러가 넘었지만 그는 애플 입사 후에도 몇 년 동안 팰로앨토의 비좁은 아파트에서 계속 살았다.[13] 동료들은 아파트에 식기, 접시, 그릇, 컵 한 세트밖에 없다고 농담하곤 했다. 그곳에 흰개미가 있다는 소문도 퍼졌다. 잡스와 애플의 하드웨어 엔지니어링 책임자인 존 루빈스타인이 결국 개입하기 위해 쿡의 아파트를 찾았다.

"이봐요, 이제 집 좀 사시죠." 루빈스타인이 말했다.

미국에서 가장 비싼 주택 시장 중 하나인 팰로앨토로 이사한 지 거의 10년이 지난 다음에야 쿡은 마침내 197만 달러를 주고 214제곱미터 규모의 비교적 소박한 집 한 채를 구입했다. 잡스는 1.6킬로미터 떨어진 곳에서 두 배 이상 큰 대저택에서 살았다.

회사에선 온갖 극적인 일이 일어났지만 운영팀에선 그런 일이 일어나지 않아 주목을 받았다. 쿡은 정치적 '수 싸움'을 용인하지 않았고, 팀원 모두가 협력하기를 기대했다. 그는 분기 말이 되면 늘 목표치에 미달했던 부분을 검토하기 위해 회의를 열었다. 이때 부하 직원 10여 명은 잘못되었다고 생각하는 점을 포스트잇에 적어 화이트보드에 붙여두곤 했다. 아이맥 판매량을 10만 대로 예측했으나 3,000대가 부족했다는 식으로 간단한 문제일 수도 있었다.[14] 포스트잇들을 한데 묶어 그 안에 적힌 문제들을 중요도에 따라 순위를 매긴 뒤 토론이 시작됐다. 회의는 책임 의식을 고취시켰다. 누구도 자신의 이익을 위해 동료를 곤경에 빠뜨리려고 하지 않았다. 오설리번은 "회의는 마치 고해성사 시간 같았다"라고 회상했다.

그리고 이러한 과정은 쿡이 최고의 업무 수행 능력자를 찾아내는 데 도움을 주었다. 쿡이 IBM에서 데려온 제프 윌리엄스도 그중 하나였다. 노스캐롤라이나주 롤리Raleigh에서 성장했고, 상사인 쿡만큼이나 냉철한 성격의 윌리엄스는 노스캐롤라이나 주립대학교에서 기계공학을 전공한 후 듀크 대학교에서 MBA를 취득했다. 그리고 미시간 주립대학교에서 경영학 학위를 받고 새너제이 주립대학교에서 경영학 MBA를 취득한 데어드레이 오브라이언Deirdre O'Brien도 있었다. 그녀는 수요 예측 관리 책임을 맡았다. 그리고 터프츠 대학교에서 경제학과 기계공학을 복수 전공한 사비 칸Sabih Khan이 있었다. 칸은 주요 제조 문제를 해결하는 데 두각을 나타낸 인물이었다. 쿡은 "정말 심각한 문제가 생겼으니 누군가는 중국에 가야겠군요"라고 말한 뒤 잠시 뒤 칸을 보더니 이렇게 물었다.[15] "왜 아직도 여기 있어요?" 그러자 칸은 곧바로 자리에서 일어나서 샌프란시스코 국제공항으로 차를 몰고 달려 갈아입을 옷도 없이 중국으로 날아갔다.

이러한 쿡의 까다로운 냉정함은 공포감을 조성했다. 중간 관리자들은 직원들이 관련 이슈들에 대해 철저히 알고 있는지 확인하기 위해 미리 리허설을 시킨 뒤 본 프레젠테이션을 하도록 했다. 중간 관리자들은 쿡이 발표 내용을 듣지도 않고 넘겨버릴까 봐 두려워했다. 쿡은 누군가가 준비가 미흡했다고 느끼면 참지 못하고 "다음"이라고 말하면서 회의 안건 자체를 그냥 넘겨버렸다. 팀원 중에선 눈물을 흘리며 회의실을 빠져나간 사람도 있었다.

결과적으로 쿡이 선호하는 이미지에 맞게 팀원들이 구성됐다. 다시 말해, 그들은 모두 철저한 직업윤리를 가진 엔지니어와 MBA 출신들이었다. 그래도 쿡은 회사 내 다른 영역에서 나오는 다양한 관점을 얻기 위해 노력했다. 언젠가 인사과에 공석이 생겨 새로운 직원을 뽑아야 했을 때 임시로 그 일을 맡고 있던 여성이 쿡에게 자기 말고 다른 사람을 앉히는 게 좋을 거라고 말한 적이 있었다. 자신은 너무 우뇌형이고 감정적이라 쿡처럼 지나치게 분석적인 사람과는 맞지 않을 거라는 얘기였다. 하지만 쿡은 그녀에게 지원해줄 것을 독려했다. 자신과 다르게 생각하는 사람과 함께 일하고 싶다는 게 이유였다.

일에 대한 쿡의 이러한 헌신적인 태도는 그의 상사를 괴롭혔다. 잡스가 그에게 제발 개인 생활 좀 하라고 애원할 정도였다. 이는 잡스 자신이 가정을 꾸리면서 개인적으로 풍요로워지는 느낌을 받았기 때문에 한 말이기도 했는데, 그래서 잡스는 가끔 쿡을 저녁 식사에 초대해 그 자리에 온 다른 손님들과의 만남을 주선하기도 했다.[16] 쿡은 "잡스는 그의 삶에서 가족이 얼마나 중요한 존재인지 알고 있었기에 나도 그런 가족을 꾸리길 원했다"라고 회상했다.[17]

쿡이 일을 통해 잡스와 끈끈한 관계를 맺었던 반면 아이브와의 관계는 소원했다. 본래부터 운영팀과 디자인팀은 서로 상극일 수밖에 없었는데, 이들 사이에 흐르는 긴장감은 가끔 두 팀 사이의 대립을 야기했다. 결함 때문에 폐기된 제품 수를 최소한으로 줄이면서 가능한 한 많은 제품을 제조하여 비용을 통제하는 게 쿡의 임무였다. 반면에 아이브가 맡은 디자인팀은 조립 라인에서 나온 제품들이 스케치와 모델에 가깝게 생산됐는지 정밀하게 조사했다. 아이브가 결함을 발견하면 당연히 생산에 지장을 받았다. 그럴 경우 고치는 시간이 필요했고, 비용도 올라갔다.

그러나 애플의 공급망은 탁월한 운영에 대한 쿡의 요구, 뛰어난 디자인에 대한 아이브의 고집, 그리고 놀라운 제품을 만드는 데 필요한 돈을 기꺼이 투자하려는 잡스의 의지가 뒤섞이며 재편되기 시작했다.

아이팟은 그러한 성공적인 조합의 전환점이 되었다. 2002년과 2005년 사이에 애플의 연간 아이팟 판매 대수는 50만 대에서 2,250만 대로 급증했다. 회사의 베스트셀러 제품이 될 아이팟 나노iPod Nano의 개발이 진행되는 동안 아이브는 공장 노동자들에게 케이스를 만드는 도구에 광을 내라고 하면서 이 MP3 플레이어의 화려한 알루미늄 케이스 모양을 잡는 도구의 개선을 추진했다. 이런 생산 단계는 제품이 만들어진 다음에 제품 케이스에 광을 내는 한층 일반적인 관행에서 벗어난 것이었다. 아이브는 이런 식의 순서가 제품의 품질을 떨어뜨린다고 생각했다. 폭스콘은 아이브의 요청을 들어주기 위해 애플의 운영팀과 협력했다. 그렇게 제조 기술을 익힌 폭스콘은 새로 배운 전문 지식을 다른 소비자 제품 회사에 판매할 수 있었다.

중국의 공급업체들은 애플의 생산 요구와 판매 제품 수가 그들의 사업을 구축하는 데 큰 도움을 줄 수 있기에 애플과의 협력을 강력히 바라곤 했다. 그리고 쿡이 이끄는 운영팀은 그들의 그러한 바람을 애플에 유리한 쪽으로 이용했다. 그들은 보통의 시장 가격보다도 낮은 가격을 제시하도록 중국 공급업체들을 압박했다. 공급업체들은 종종 받아들이기 힘들 만큼 부담스러운 조건에도 동의했다. 애플의 엔지니어들로부터 최첨단 제조 기술을 배운 뒤 제품 디자인 면에서 애플을 따라잡고자 하는 다른 소비자 가전 회사들에 그러한 역량을 되팔 수 있다는 걸 알고 있었기 때문이다. 이러한 역학은 중국에 대한 애플의 의존도와 애플에 대한 중국의 의존도를 모두 심화시켰다.

이 당시만 해도 쿡에게는 결정 권한이 많지 않았다. 그가 한 일은 지루한 것들이었다. 애플의 섹시함은 주로 곡선미를 뽐내는 아이팟 나노의 뒷면, 흰색 헤드폰을 쓴 채 춤추는 검은색 실루엣, 매장 내 지니어스 바Genius Bar(기술 지원 서비스 – 옮긴이)의 오크 테이블 같은 창의적인 노력에서 주로 풍겨 나왔다. 아이팟이 어떻게 조립되고 상자에 포장되어 매장으로 보내지는지에 대해 그다지 신경을 쓰지 않는 애플 팬보이들이 점차 더 늘어났다. 그들은 매출을 집계하거나 온라인 매장을 세워 운영하는 게 누군지 관심이 없었다. 그러나 실리콘밸리의 기업들은 이러한 사업 분야에서 쿡이 한 일에 주목했다.

이런 이유로 2005년 휴렛팩커드가 신임 CEO 물색 작업에 착수했을 때 쿡의 이름이 채용 후보 1순위 명단에 오른 건 그리 놀라운 일이 아니었다. 애플의 난국을 타개할 때 보여준 능력 덕분에 그는 이미 경쟁사들 사이에서 업계 최고의 경영자 중 한 명으로 명성을 얻고 있었다. 잡스의 고문들은 쿡을 잃을까 봐 두려웠고, 그들은 잡스에게 쿡을 COO로 승진시키고 임원들이 다른 회사의 이사로 일하는 것에 대한 제한을 풀어달라고 요청했다. 이는 쉽게 들어줄 수 있는 요청이 아니었다. 애플에선 잡스와 재무 분야를 제외하고는 일하는 그 누구에게도 '최고Chief'라는 직함을 붙여주지 않왔다. 그리고 컴퓨터 애니메이션 스튜디오인 픽사Pixar의 회장이기도 한 잡스 외에 다른 회사의 이사로 일한 사람도 없었다. 잡스는 부하 직원들에게 권한을 부여하기를 매우 꺼렸다. 그가 과거 1983년에 존 스컬리를 CEO로 지명하면서 누군가에게 '최고'라는 직함을 부여했을 때, 스컬리가 잡스에게 등을 돌리고 그를 회사에서 내쫓았던 전력이 있기 때문이었다. 그때까지 쿡은 5년 동안 제조와 판매를 감독해왔고 2004년 췌장암으로 잡스가 휴가를 냈을 때 그의 빈자리를 훌륭하게 채워줬다. 고문들은 잡스에게 "쿡을 잃어서는 안 된다. 그 누구도 그가 한 일을 대신할 수 없다. 그는 공급망을 재편한 사람이다"라며 간청했다. 이런 압박은 결국 통했다. 2005년 가을 일본행 비행기에서 잡스는 쿡에게 몸을 돌려 "당신을 COO로 임명하기로 결정했어요"라고 말했다.[18]

이 승진으로 애플의 백오피스에서 쿡의 영향력은 더욱 확고해졌고, 그는 나이키Nike의 이사회에 합류할 수 있게 됐다. 제조, 판매, 물류 분야에서 쿡이 보여준 유능한 통제력 덕분에 잡스는 회사의 창의적인 분야, 즉 디자인, 엔지니어링, 마케팅에 집중할 수 있었다. 잡스가 이끄는 불안정한 사업부들은 애플의 다음 혁신적 제품인 아이폰을 개발하고, 분리된 쿡의 운영팀은 폭스콘의 공장에서 복잡한 제품을 되살리면서 음양의 조화가 이루어졌다. 한 그룹은 수요를 창출했고, 다른 그룹은 그 수요를 충족시켰다. 한 그룹은 마법과 발명을 토대로 번창했고, 다른 그룹은 방법과 과정을 통해 회사를 지배했다.

쿡의 승진과 동시에 애플은 탁월한 선택을 했다.

아이팟의 가장 중요한 구성요소는 플래시 메모리였다. 잡스는 화려한 색상의 가벼운 알루미늄 커버가 달린 나노 모델의 수요가 폭발하리라고 보았다.[19] 이를 충족시키기 위해 그는 운영팀에게 충분한 양의 메모리를 안정적으로 공급받기 위해 주요 메모리 공급업체들과 협상할 것을 요청했다. 결국 그들은 12억 5,000만 달러를 선불로 주고 인텔과 삼성을 포함한 여러 메모리 공급업체들과 다년 계약을 체결했다. 쿡의 오른팔인 제프 윌리엄스가 협상을 주도했다. 애플은 경쟁사들의 접근을 막고 메모리 시장을 독점하면서 잡스의 예상대로 메모리 가격이 급상승했을 때 수요를 충족시킬 수 있었다.

아이브의 디자인팀은 새로운 노트북 제조 방법을 찾아내면서 이에 맞먹는 업적을 달성했다. 단단한 알루미늄 조각으로 케이스에 문양을 새기는 기계를 이용해 노트북 케이스를 디자인하는 방법이었다. 고급 자동차와 시계 제조사들이 사용하는 이 기술은 컴퓨팅 업계에서는 사용한 전례가 없었다. 하지만 이 기술을 이용한다면 노트북의 두께를 최대 30퍼센트 줄일 수 있을 터였다.[20] 그러나 이 복잡한 공정을 모두 마치려면 레이저 천공을 포함해서 13단계의 특별한 기계 가공 공정을 거쳐야 했다. 야심 찼지만 비용 부담이 큰 공정이었다. 여느 기업이라면 이처럼 높은 비용 부담이 드는 정교한 작업을 금지하겠지만 잡스는 현실적인 우려를 무시했다. 그는 그 기술에서 더 날렵하고 가벼운 노트북을 만들 수 있는 가능성을 보았다. 그와 아이브의 꿈을 실현하는 건 쿡의 몫이었다.

애플이 합리적인 가격에 충분한 양의 노트북을 생산할 수 있다는 걸 보장하기 위해서 운영팀은 한 일본 제조업체와 향후 3년 동안 그곳에서 생산할 수 있는 모든 기계를 구매하기로 계약을 맺었다. 일명 CNC라는 이 컴퓨터로 제어되는 기계들의 가격은 대당 100만 달러나 됐다. 애플이 1만 대를 구매하자 단 한 업체에 그렇게 많은 주문을 하는 데 익숙하지 않은 제조업계는 요동쳤다.

디자인과 제조 부문의 혁신은 맥북 에어MacBook Air의 탄생으로 이어졌다. 맥북 에어는 잡스가 봉투에서 꺼내서 보여줄 만큼 얇고, 무게가 1.3킬로그램에 불과한 노트북이었다. 그것은 또한 아이폰 제조 공정에 따라 제조됐다. 맥북 에어의 등장이 더욱 의미를 갖는 이유는 그것이 컴퓨터와 전자 산업 전체를 변화시켰다는 점에 있다. 맥북 에어의 등장 직후 다른 기업들은 애플을 모방해 비슷하게 얇고 가벼운 노트북을 만들고자 애썼다.

아이폰은 쿡의 운영 능력을 더욱 시험에 부쳤다. 잡스가 2007년 1월에 무대에 올린 초기 모델에는 플라스틱 디스플레이가 붙어 있었다. 잡스는 아이폰을 주머니에 넣었을 때 주머니 안 열쇠 때문에 디스플레이 표면이 긁힐 수도 있다는 사실을 발견했다. 그는 출시 6개월 전에 플라스틱 디스플레이를 유리로 교체할 것을 지시했다. 쿡을 비롯한 다른 사람들은 유리 디스플레이의 내구성을 걱정했다. 쿡의 부관인 윌리엄스는 심지어 잡스에게 더 내구성이 강한 유리를 만드는 기술은 3~4년은 지나야 등장할 것이라고 이야기하기도 했다.[21]

그러자 잡스는 "절대 안 됩니다"라면서 "6월에 출시될 때 (디스플레이를) 유리로 해야 합니다"라고 말했다. 윌리엄스는 "하지만 우리가 현재 존재하는 모든 유리를 테스트하면서 떨어뜨려본 결과 100퍼센트 깨졌습니다"라고 항변했다. 잡스는 "우리가 어떻게 하면 좋을지 모르겠지만 6월에 출시할 때 유리로 해야 합니다"라고 다시 말했다.

그 후 잡스는 유리 제조사 코닝Corning의 CEO에게 전화를 걸어 코닝이 만든 유리가 형편없다며 그를 자극했다. 이에 웬델 윅스Wendell Weeks 코닝

CEO는 잡스를 직접 찾아가 그에게 보호용 압축층이 있는 '고릴라 강화유리gorilla glass'라는 아직 검증되지 않은 유리에 대해 알려주었다.**22** 쿡과 윌리엄스는 역사상 가장 잘 팔린 제품(아이폰)의 수요를 충당하기 위해 6개월 안에 충분한 유리를 생산할 수 있게 코닝과 손잡고 켄터키 공장 개편에 나섰다.

쿡이 불가능한 일을 해낼 때마다 회사의 재산은 불어났다. 눈에 보이지 않는 그의 수고는 애플의 비밀 무기가 되었다.

2009년 암이 재발하자 잡스는 다시 휴가를 내고 쿡에게 애플의 경영을 맡겼다. 쿡은 예전과 다름없이 애플을 잘 돌아가게 만들었지만 잡스의 건강이 눈에 띄게 나빠졌기 때문에 5년 전보다 월가와 언론으로부터 더 많은 질문 공세에 시달렸다. 잡스가 휴가를 떠난 직후 월가 분석가들을 상대로 열린 실적 발표에서 쿡은 "우리는 위대한 제품을 만들기 위해 지구 표면에 서 있다고 믿으며, 그런 믿음은 변하지 않는다"라고 말하며 비판을 무마시키려고 노력했다.**23** 그는 또 이렇게 덧붙였다. "우리는 끊임없이 혁신에 집중하고 있습니다. 우리는 복잡함이 아닌 단순함을 믿습니다. 우리는 우리가 만드는 제품의 이면에 있는 1차 기술을 소유하고 통제해야 하며, 우리가 상당히 기여할 수 있는 시장에만 참여해야 한다고 봅니다. 우리는 우리에게 진정 중요하고 의미 있는 소수의 프로젝트에 제대로 집중할 수 있도록 수천 개의 프로젝트를 거절할 거라고 믿습니다. 우리는 다른 누구도 할 수 없는 방식으로 혁신할 수 있도록 해주는 우리 그룹들 사이의 심도 깊은 협업과 지식의 상호 교류의 중요성을 믿습니다. 그리고 솔직히 말해서 우리는 탁월하지 않은 그 어떤 것에도 만족하지 않습니다."

'쿡의 신조Cook Doctrine'라고 불린 이 말에선 잡스의 의사소통 스타일의 특징과도 같은 '응축적인 명확함'이 느껴졌다.[24] 그의 이 말은 또한 애플에서 10년을 보내며 그가 회사의 독특한 문화를 흡수하고 깊이 이해하게 됐다는 사실을 보여주었다. 이런 이해는 잡스의 가장 유력한 후계자로서 그의 위치를 공고히 해줬다. 그에 맞설 진정한 도전자는 없었다. 애플의 가장 재능 있는 엔지니어 세 명이었던 소프트웨어 개발자 아비 테바니안Avie Tevanian과 하드웨어 분야 임원인 존 루빈스타인과 토니 파델은 이미 회사를 떠난 뒤였다. 떠오르는 소프트웨어 분야 스타 스콧 포스톨은 너무 젊다고 여겨졌고, 하드웨어 분야 리더 밥 맨스필드는 지나치게 관점이 편협한 사람으로 간주되었다. 그리고 제품 마케팅 담당자인 필 실러는 심각하게 조직의 분열을 초래하는 인물로 평판이 좋지 않았다. 아이브는 급성장하며 뻗어나가는 애플의 사업에 대해 걱정하기보다는 소규모 팀을 관리하는 데 더 뛰어났다. 소매업 분야를 책임지는 론 존슨Ron Johnson은 회사 경영에 필요한 마케팅과 운영 기술을 가지고 있었지만, 애플의 다른 많은 사업 영역에 노출된 적이 없었다. "잡스에게는 선택의 여지가 없었다." 잡스의 전 고문은 이렇게 말했다. "다른 누구도 그 일을 맡을 수 없었을 것이다. 애플이 가진 가치의 적어도 절반은 공급망에서 나왔기 때문이다."

2011년 8월 11일 잡스는 쿡을 집으로 불렀다.[25] 그는 자신은 회장이 되고, 쿡을 회사의 CEO 자리에 앉힐 계획을 세웠다고 이야기해주었다. 두 사람은 이것이 무엇을 의미하는지 토론했다.

잡스는 "모든 결정은 당신이 하는 겁니다"라고 말했다.

그러자 쿡은 도발적인 뭔가를 생각해보려는 듯 "잠깐만요. 질문 하나 할게요"라면서 "제가 광고를 검토한 뒤 마음에 든다면 당신의 동의 없이 진행해도 된다는 뜻인가요?"라고 물었다.

잡스는 웃으면서 "음, 최소한 나한테 물어나 봐주면 좋겠어요!"라고 대답했다.

잡스는 쿡에게 월트 디즈니의 공동 창업자인 월트 디즈니가 사망한 후 어떤 일이 일어나면서 회사 경영이 마비됐는지를 연구했다고 이야기해주었다.[26] 모두가 항상 "월트는 어떻게 할까?"나 "월트라면 어떤 결정을 내릴까?" 물었다는 것이었다. 그러면서 잡스는 "절대 그렇게 하지 마세요. 그냥 옳은 일을 하면 됩니다"라고 말했다.

잡스가 자신의 전기 작가 월터 아이작슨에게 말했듯이 쿡은 '프로덕트 매니저product manager(새로운 상품에 대하여 기획에서부터 생산, 판매, 광고에 이르기까지 모든 책임을 지고 수행하는 전문 매니저 – 옮긴이)'는 아니었기 때문에 그의 후계자 임명을 본 일부 외부인들은 깜짝 놀랄 수밖에 없었다. 하지만 내부자들은 잡스의 선택을 이해했다.[27] 쿡은 극적인 사건 없이 사업부를 경영하면서 협업에 집중한 인물이었다. 대체 불가능한 누군가를 잃게 되는 상황에서 애플에는 새로운 운영 방식이 필요했다.

쿡의 부모는 자식의 승진에 감격했다. 쿡이 2009년 잡스를 대행할 준비를 하고 있었을 때 쿡의 아버지는 지역 신문인 〈인디펜던트Independent〉 사무실로 차를 몰고 가서 인터뷰를 제안했다. 도나 라일리 레인Donna Riley-Lein 기자가 쿡의 부모님을 집으로 찾아가 만났고, 그들은 리클라이너 의자에 앉은 채 쿡이 얼마나 대단한 아들인지에 대해 자랑했다. 어머니 제럴딘은 "쿡은 어릴 때부터 정말 똑똑했어요"라면서 "그가 집을 떠났을 때 아들과 함께 고향을 떠나려 했지요"라고 말했다.[28]

쿡이 미혼이라는 사실을 알고 있던 레인은 쿡이 인생을 같이할 여자가 있는지 물었다.[29] 만약 있다면 로버츠데일에 사는 여성들이 더 이상 쿡에게 잘 보이려고 꾸미고 다닐 필요가 없을 거라고 생각하면서 말이다. 일순간 쿡의 부모는 조용해졌다. 레인은 자신이 민감한 주제를 건드렸다는 사실을 곧바로 깨달았다.

기사는 애플의 미디어 홍보팀이 전화를 걸어 〈인디펜던트〉 편집장에게 기사를 싣지 말아 달라고 요청하기 전까지 신문 1면을 장식할 예정이었다. 편집장은 기사를 내지에 싣기로 타협했다. 이 소동은 쿡의 이미지를 윤색하고 그의 사생활을 보호하기 위해 앞으로 어떤 노력이 오랫동안 펼쳐질지를 확실히 예고해줬다. 쿡이 자동차 경주대회 나스카NASCAR를 사랑하는 남부에서 자랐다는 사실은 잡스가 애플의 이미지로 전 세계에 광고해놓았던 '캘리포니아에서 성장한 멋진 사람'과 맞지 않았다. 쿡 또한 외부에 자신을 잘 드러내지 않는 모습을 유지했다.

잡스의 죽음은 쿡에게 큰 상처를 주었다. CEO로 취임한 후 첫 공식 석상에 모습을 드러낸 쿡은 '2012년 D: 모든 것의 디지털화2012 D: All Things Digital' 콘퍼런스에서 인터뷰를 하기 위해 〈월스트리트 저널〉의 월트 모스버그Walt Mossberg와 카라 스위셔Kara Swisher 기자 반대편에 자리를 잡았다. 세 사람은 캘리포니아 남부의 한 호텔 회의실에 있는 빨간 가죽 의자에 앉아 있었다.

쿡은 지난해 매출액이 65퍼센트 증가한 1,080억 달러로 알려진 애플이 '일련의 양호한 분기 실적을 몇 차례' 이어오고 있다는 사실을 슬쩍 흘리면서 자신만만하게 웃었다.[30] 그는 아이패드가 일반 소비자와 교육 업계, 기업들 사이에서 얼마나 많은 인기를 얻었는지 이야기했다. "믿을 수 없는 일이었죠. 그냥 끝내줬어요, 그리고 권투로 치면 아직 1회가 진행 중인 것

같아요"라고 쿡은 말했다.

기술 평론가인 모스버그는 애플이 새로운 CEO 밑에서 어떻게 운영되고 있는지로 점차 대화의 주제를 전환했다. 그는 스티브 잡스라는 사람을 잘 알고 있었고, 잡스의 추도식에도 참석했었다. 그는 쿡이 전임자와 얼마나 다른지를 누구보다도 잘 알고 있었다. 모스버그는 "분명 애플은 스티브 잡스의 죽음으로 엄청난 변화, 큰 손실을 겪었습니다"라고 입을 뗀 후 "CEO로서 스티브로부터 배운 것은 무엇이고, 어떻게 애플을 바꿔나가고 있습니까?"라고 물었다.

그러자 쿡은 "스티브로부터 많은 것을 배웠습니다"라고 말한 뒤 머리를 흔들면서 두 눈을 감았다. 그리고 침을 삼켰다. 이후 몇 초가 지났다. 여전히 눈을 감은 상태로 그는 "그가 세상을 떠난 날은 제 인생에서 가장 슬픈 날이었습니다"라며 말을 이어갔다. 방 안이 조용해지자 그는 상실감에 젖은 채로 앞에 앉아 있던 기자들을 응시했다. "아마 그 정도로 슬펐을 겁니다." 그는 다시 말을 멈췄다가 입을 열었다. "여러분들은 잡스의 죽음을 예견하거나 예측했을지 모르나 저는 정말 안 했습니다. 작년 말 누군가가 저를 흔들어대며 '이제 회사를 이끌 시깁니다'라고 말했죠. 그래서 제 모든 슬픔은 우리가 밟아온 여정을 계속 이어가겠다는 강렬한 결심으로 뒤바뀌었습니다."

쿡은 사회적 대의를 향한 애플의 태도를 빠르게 확대해 나갔다. 잡스가 세상을 떠나고 한 달도 안 돼 그는 자선 선물을 할 기업들을 연결해주는 프로그램을 도입해 애플이 '명예훼손 방지연맹Anti-Defamation League' 등에 직접 기부할 수 있는 길을 열었다. 이는 그런 식의 연결에 대해 오랫동안 반

대해왔고 주주들에게 현금을 돌려주는 것을 선호해왔던 잡스와는 대조적인 모습이었다. 잡스는 기부가 적절하다고 판단하면 주주들이 받은 현금을 기부하면 된다고 생각했다. 그러나 쿡의 태도는 지역 식당에서 자원봉사를 하고 모교인 오번에 장학금을 지원했던 쿡의 과거 행적과 맥을 같이했다.[31] 이러한 변화는 즉시 직원들 사이에서 호감을 불러일으켰고, '모든 팀원들에게'로 시작하는 그의 전체 이메일 역시 전임자보다 더 포용적이면서 소통을 강조하는 스타일의 커뮤니케이션임을 예고해줬다.[32]

그러나 모두가 안심했던 건 아니었다.[33] 실리콘밸리의 리더들은 애플이 필시 흔들릴 것이라고 내다봤다. 충성 고객은 미래의 혁신을 걱정했다. 그리고 월가는 애플의 앞길에 대해 불안함을 내비쳤다.

쿡은 이런 잡음을 무시한 채 "무엇을 할지 절대 묻지 말라. 그냥 옳은 일을 하라"는 잡스의 충고를 따랐다. 쿡은 매일 아침 4시 전에 일어나 판매 데이터를 검토하는 작업을 이어갔다. 그는 데이터를 자세히 파고 들어가며 분석한 끝에 조지아의 한 작은 도시에 있는 AT&T 매장이 주 내 다른 지역에서 운영되는 매장들과 다른 판촉 활동을 하고 있어서 그곳의 한 아이폰 모델이 다른 모델들보다 더 많이 팔리고 있다는 점을 알아냈다. 그는 금요일 날이면 운영 및 재무 담당 직원들과 회의를 열었다. 팀원들은 그 회의를 '쿡과 데이트하는 밤'이라고 불렀다. 일밖에 모르는 쿡이 저녁 늦게까지 몇 시간 동안 회의를 할 것이 뻔했기 때문이다. 그는 회의 시간 내내 사업과 운영 문제에 집중했지만 디자인과 마케팅 등 잡스가 이끌어온 창의적 사업 분야에는 개입하지 않으려 했다. 그는 소프트웨어 디자인팀과의 회의에 참석하라는 초대를 거절했고, 잡스를 매일 볼 수 있었던 장소인 디자인 스튜디오에는 거의 들르지 않았다.

쿡은 이 당시 상황에 대해 "잡스를 모방하지 않아야 한다는 것을 알았다"면서 이렇게 덧붙였다.[34] "내가 그렇게 모방했다가는 비참하게 실패할 것이 뻔했다. 자신보다 더 위대한 삶을 산 사람에게서 지휘봉을 인계받은 많은 사람들이 주로 그렇게 모방을 하는 실수를 저지른다. 하지만 자신만의 진로를 설계하는 게 더 중요하다. 자신이 가진 최고의 역량을 발휘해야 한다."

애플 내에서도 쿡의 경영 방식에 대한 불신의 기운이 감돌기 시작했다. 쿡은 CEO가 된 직후 애플에서 10년 이상 장기 근속한 직원들은 애플 로고가 음각으로 새겨진 크리스털 큐브를 기념 선물로 받게 될 것이라고 발표했다. 선물은 아이브의 디자인팀이 만들었다. 애플이 만든 다른 모든 제품과 마찬가지로 선물은 주문제작한 상자에 담겨 독특하게 포장됐다. 디자인팀은 평소 자신들이 하는 일의 모든 면을 높이 평가한 잡스가 생일 선물을 열어보듯 그들이 만든 최신 작품을 열정적으로 개봉하는 모습을 열렬히 지켜봐왔다. 그러한 쇼맨십은 그들이 만드는 모든 것에 마법 같은 기운을 잔뜩 북돋워주었다. 그들은 쿡도 잡스와 똑같이 해주기를 바랐다.

직원들이 타운홀로 모이자 쿡은 그들에게 장기 근속상에 대해 공표했다. 그런 다음 모두가 볼 수 있도록 아주 무미건조하게 크리스털 큐브를 위로 들어 올렸다. 쿡의 그런 행동은 마술쇼라기보다는 초등학교 발표 시간에 더 가까운 모습이었다. 디자이너들은 그들의 새로운 리더를 공포에 질린 눈으로 바라보며 그가 잡스가 해왔던 '마술쇼'를 제대로 이해하고 있는지 의문을 가졌다.[35]

그리고 바로 그 순간, 그들은 앞으로 상황이 완전히 달라지리라는 것을 깨달았다.

CHAPTER 6

허술한 아이디어

조너선 아이브는 활기찬 기운을 느끼며 인피니트 루프 1번지에 도착했다. 2012년 1월이었다. 잡스의 죽음 이후 그는 처음으로 목적의식을 느꼈다.

지난 몇 달 동안 그는 상사이자 창조적 파트너인 친구를 기리는 방법을 찾음과 동시에 애플의 미래에 대해 의심하는 세상 사람들에게 애플이 선견지명을 가진 지도자 없이도 계속 잘 나아갈 수 있다는 것을 증명해왔다. 그는 자칭 '새로운 플랫폼'을 개발하기를 원했다. 아이폰처럼 사람들의 생활 방식을 바꿀 수 있는 새로운 기능과 유틸리티를 추가할 수 있어 향후 몇 년 뒤에 '그릇vessel' 역할을 할 수 있는 제품이었다.

최근 몇 년 동안 애플의 엔지니어와 디자이너들은 "다음엔 무엇이 나올까?"라는 질문을 던져왔다. 그들은 다양한 가능성을 연구하고 있었는데, 그중 계속해서 거론되는 가능성 중 하나가 건강이었다. 2010년 인간 바늘꽂이가 된 것마냥 1년 내내 혈액 검사를 받아 지칠 대로 지친 잡스는 레어 라이트Rare Light라는 스타트업 인수를 구상했다. 레어 라이트는 레이저를 이용해 혈당 수치를 측정하는 사업을 구상 중이었다. 이들의 구상이 현실화된다면 당뇨병 환자들의 삶이 획기적으로 바뀔 수 있었다. 레어 라이트의 기술이 제대로 준비된 건 아니었지만 그런 회사의 존재는 건강 기기를 만드는 방법과 관련한 대화의 씨앗이 되었다.

최근 추도사를 했던 장소인 안뜰을 지나던 아이브는 한 가지 가능성에 대한 생각에 기운이 났다. 그는 '기술을 착용하는' 방법에 대해 많은 고민을 하고 있었다. 핏빗FitBit이라는 웨어러블 디바이스 제조업체가 허리에 클립으로 밴드를 고정해서 쓰는 만보기를 선보인 이후 실리콘밸리에선 기술의 착용을 둘러싼 아이디어가 퍼지고 있었다. 아이브는 웨어러블 기술의 개념을 더 발전시키고 싶었다.

그는 브레인스토밍 세션을 열기 위해 디자인팀 내 몇 명을 스튜디오로 불렀다. 팀원들은 스케치북을 들고 와서 미래 제품에 대한 브레인스토밍을 준비했다. 그들이 자리를 잡는 동안 아이브는 손에 마커를 들고 화이트보드로 걸어갔다. 그는 알아보기 힘든 일련의 소문자를 쓰기 시작했다. 그런 다음 디자이너들을 향해 돌아섰다.[1] 그의 등 뒤에는 '스마트워치'라는 단 하나의 단어가 적혀 있었다.

인피니트 루프 밖의 세계는 애플에 등을 돌리고 있었다. 잡스가 죽은 후 몇 달 동안 참을성 없는 투자자와 고객들은 다음에 나올 제품이 뭔지를 궁금해했다. 잡스가 아이팟, 아이폰, 아이패드의 유일한 창시자로 자신을 포장해온 까닭에 그가 없는 애플이 과연 무슨 일을 할 수 있을지에 대한 의구심이 커졌다. 잡스의 절친한 친구인 오라클Oracle의 창업자 래리 엘리슨Larry Ellison은 애플이 평범한 회사로 전락하고, 1980년대에 잡스가 애플을 떠난 뒤에 겪었던 것 같은 장기 쇠퇴 국면에 빠질 것으로 예측했다.[2] 그는 CBS와의 인터뷰에서 "잡스는 대체 불가능한 존재"라면서 "잡스가 떠난 이상 애플은 그가 있었을 때만큼 크게 성공하지 못할 것"이라고 주장했다.

잡스의 오랜 협력자인 아이브는 이처럼 애플의 미래에 갖는 사람들의 의구심을 새로운 제품으로 날려버려야 한다는 강박을 느꼈다. 스마트워치에 대한 아이디어가 그러한 스트레스를 어느 정도 낮춰줬지만, 그 아이디어는 곧바로 애플 경영진의 회의적 시선을 마주해야 했다.

잡스가 가장 좋아했던 소프트웨어 책임자인 스콧 포스톨도 우려를 제기했다. 아이폰 운영 시스템을 만든 엔지니어인 그는 사람들이 초소형 컴퓨터를 손목에 차고 다닌다면 일상생활에 지장을 받을 수 있다고 걱정했다. 그는 의도하지 않게 생긴 아이폰의 문제를 더욱 키울까 봐 우려했다. 아이폰의 중독성이 워낙 심하다 보니 그것이 사람들의 관심을 사로잡고, 대화를 방해하고, 운전자들을 위험에 빠뜨렸기 때문이다. 포스톨은 스마트워치가 사람들의 호주머니와 지갑에서 손목으로 알림 장소를 이동시켜 일상생활에 지장을 줄까 봐 초조해했다. 그는 스마트워치의 상품성 자체를 배제하지는 않았지만 이미 아이폰에서 사용할 수 있는 수준 이상의 기능을 가져야 한다고 주장했다.

포스톨의 이런 의심 때문에 아이브는 짜증이 났다. 아이브는 본래 아이디어란 미지의 장소에서 예상치 못한 순간에 떠오르는, 처음에는 허술하면서도 잠정적인 것이라고 믿었다.[3] 아이브와 잡스는 늘 아이디어를 뭉개지 말고 키워야 한다는 믿음을 공유했다. 그런데 이제 몇 달 만에 나온 그의 가장 중요한 아이디어 중 하나가 동료인 포스톨의 의심에 시달리고 있는 것이었다.

포스톨은 스마트워치에 전폭적인 지지를 보내기보다는 잡스가 좋아했던 TV를 재발명하는 프로젝트에 더 관심을 가졌다. 잡스는 죽기 전 아이작슨에게 사람들이 원하는 채널을 찾기 위해 여러 채널을 무심코 돌리는 일을 끝내줄 그런 TV를 재발명하는 것을 꿈꿔왔다고 말했다. 그는 "그 TV는 당신이 상상해본 적이 없는 가장 간단한 사용자 인터페이스를 가질 것"이라면서 "내가 마침내 그런 TV를 개발할 수 있는 방법을 찾아냈다"고 말했다.[4] 그러나 어떤 생각을 했건 잡스는 그것을 널리 공유하지 않았다.

그가 숨진 후 애플의 경영진은 최고 엔지니어 몇 사람에게 회사가 TV를 통해 할 수 있는 일이 담긴 프레젠테이션을 진행해줄 것을 요청했다. 잡스가 작성해준 로드맵이 하나도 없는 상태에서 소프트웨어와 하드웨어팀은 마치 고대 문자 해독 임무를 부여받은 고고학자들처럼 잡스의 의도를 간파하기 위해 애썼다. 그들은 스트리밍 비디오 기기인 애플 TV를 새로운 리모컨, 홈 스크린, 검색 시스템 등으로 개편하는 방안을 포함해서 광범위한 아이디어를 전달했다. 모두 잡스가 상상했지만 공유하지 않았던 아이디어에 대한 추측이었다.

부하 직원들을 프레젠테이션에 참석시킨 포스톨은 사람들이 음성으로 프로그램을 검색할 수 있도록 TV 채널들을 한 장소로 끌어다놓는 시스템을 만들자고 했다. 이 시스템은 또한 사람들이 정기적으로 시청하는 프로그램들을 보여주고, 그들이 좋아할 만한 관련 프로그램을 제시해줄 수 있었다. 하지만 그게 제대로 작동하려면 그것에 투자해줄 TV 네트워크들이 필수적이었는데, 이는 애플의 통제하에서는 진행될 수 없는 오랜 시간이 걸리는 일이었다.[5]

외압이 높아지는 가운데 애플의 다음 행보를 결정하는 것은 팀 쿡의 몫이 되었다. 쿡은 아이브의 스마트워치 프로젝트와 포스톨의 TV 중에서 하나를 골라야 했다. 이것은 잡스와 일했던 두 천재(한 명은 그의 창조적인 파트너로 여겨져왔고, 다른 한 명은 하드웨어가 소프트웨어, 즉 제품의 진정한 영혼을 담아내는 그릇일 뿐이라고 대담하게 이야기했던) 사이에서 오랫동안 이어져왔던 경쟁을 심화시킨 선택이었다.

조너선 아이브가 잡스의 산업 디자인 신동이었다면, 스콧 포스톨은 소프트웨어 디자인 신동이었다.

1969년에 태어난 포스톨은 시애틀에서 퓨젓사운드Puget Sound만을 건너면 있는 워싱턴주 킷삽 카운티Kitsap county에서 두 형제와 함께 자랐다. 어머니는 간호사였고 아버지는 기계 엔지니어였다. 그는 학창 시절 수학에 뛰어나서 영재 그룹에 들어가 '애플 IIe'(애플이 1983년 출시한 애플 II 시리즈 컴퓨터 중 하나 - 옮긴이)로 가득 찬 교실에서 수업을 받을 수 있었다.**6** 거기서 자연스럽게 코딩을 읽혔고, 기계가 작업을 수행하도록 만드는 단어들을 쓰는 것에 재미를 느꼈다. 그는 킷삽 카운티에서 컴퓨터 천재로 명성을 쌓았다. 고등학교 때는 근처 해군 해저 전쟁 공병기지Naval Undersea War Engineering Station에서 핵잠수함용 소프트웨어를 개발하는 일을 했다. 그곳에서 세계에서 가장 강력한 컴퓨터를 마음대로 주무를 수 있었다. 단, 그의 뒤에 해병대원들이 전투견과 함께 서 있었다는 것만 빼고.

성취도가 높았던 포스톨은 축구를 했고, 학교 극장에서 공연도 했다. 연극은 그가 가장 좋아하는 과외 활동이었다. 연극에 참여한 모두가 단 하나의 목표를 향해 노력하고, 관객들은 그러한 노력을 지지해줬기 때문이다. 그는 공동 수석으로 고등학교를 졸업했고, 그때 느낀 기쁨을 고등학교 때 사귄 미래의 아내 몰리 브라운Molly Brown과 공유했다. 둘 다 스탠퍼드 대학교에 다녔고, 그곳에서 포스톨은 철학, 심리학, 언어학, 컴퓨터 과학을 두루 공부하는 '기호 시스템Symbolic Systems'을 전공해 학위를 받았다.**7** 그는 이를 통해 잡스가 말한 '기술과 인문학의 교차점'에 서 있을 수 있었다.

졸업 후 그는 잡스가 애플을 나와 세운 컴퓨터 회사인 넥스트로부터 인터뷰 요청을 받았다. 넥스트는 대학과 대학 연구원들을 겨냥해 넥스트스텝NeXTSTEP이란 매끈한 검은색 컴퓨터를 돌릴 혁신적인 운영 시스템을 개발해놓은 상태였다. 그러나 컴퓨터 판매가 신통치 않자 잡스는 회사가 오로지 소프트웨어에만 집중하게 만들면서 프로그래머 충원에 착수했다.[8] 채용 과정은 회사보다는 클럽에 가입하는 것 같은 느낌을 주었다.[9] 10여 명의 소프트웨어 엔지니어가 모든 지원자를 인터뷰한 뒤 그들의 기술력과 개인적인 취미에 동일한 비중을 매겼다. 이후 엔지니어들이 각 후보자에 대해 투표했다. 나중에 애플도 채택한 관행이기도 했지만, 채용 과정에서 지원자의 과거 과외 활동을 중시하자 파트타임 뮤지션, 스키광, 그리고 골수 서퍼 출신 전문 프로그래머들로 이루어진 회사가 만들어졌다. 포스톨이 오랫동안 가져왔던 연극에 대한 관심(그는 결국 브로드웨이 제작자가 됐다)은 일 외에 다른 분야에도 관심을 가진 엔지니어를 고용하길 원했던 채용팀을 만족시켰다. 채용팀은 그런 사람들을 뽑아야 사무실이 더 흥미롭게 일할 수 있는 장소가 되고, 더 사려 깊게 만든 제품이 탄생할 수 있다고 믿었다.

포스톨의 인터뷰가 시작된 지 10분 만에 잡스가 불쑥 면접실로 들어왔고 잡스는 넥스트 엔지니어를 내보낸 뒤 직접 포스톨의 면접을 보았다.[10] 그는 포스톨에게 일련의 질문을 퍼붓고 나서 침묵을 지키다가 이렇게 말했다. "남은 시간 동안 다른 누가 무슨 말을 하건 상관없습니다. 우리는 당신에게 입사를 제안할 것이고, 당신은 그것을 받아들이게 될 것입니다. 다만 면접 때마다 신경을 쓰는 척을 해주세요."

포스톨은 응용 프로그램용 넥스트 소프트웨어 툴에 대해 연구했고, 잡스의 레이더 안에 머물고자 노력했다.[11] 매 분기 잡스는 회사 직원 400명 전원이 참석한 전체 회의를 주최했는데, 포스톨은 잡스에게 깊은 인상을 남기려고 회의 전날 밤 몇 시간을 투자해 그의 관심을 끌 만한 질문들을 적어놓곤 했다.[12] 그러고선 회의 당일 잡스에게 가장 도전적이고 창의적인 질문을 던지곤 했다. 동료들은 그런 계산된 질문을 그의 열정과 야망을 드러내주는 증거로 간주했다.

잡스와 포스톨의 관계는 1997년 넥스트가 애플에 인수된 이후 더욱 돈독해졌다. 포스톨은 넥스트 기반 운영체제인 맥OS^{MacOS}의 향후 출시를 이끄는 경영진 역할을 맡게 됐고, 적시 제품 공급과 창의적 분위기 조성을 통해 잡스의 신뢰를 얻었다. 그는 소프트웨어 출시 후 한 달 동안 직원들에게 원하는 어떤 프로젝트든 작업할 수 있도록 해줬다. 이러한 정책은 스트리밍 비디오 기기인 애플 TV 등장에 추진력을 불어넣어준 소프트웨어 디자인을 포함해 애플의 신제품 탄생에 많은 도움을 주었다.

포스톨은 2004년에 위장염에 걸려 10킬로그램 이상 몸무게가 빠졌고, 결국 음식을 먹을 때마다 구토하는 바람에 스탠퍼드 대학 병원에 입원했다.[13] 잡스는 매일 전화를 걸다가 결국 포스톨에게 자신의 개인 침술사를 병원으로 보내겠다고 말했다. 잡스는 "아마도 병원 측이 내가 외부 의사를 병원으로 데려오는 걸 좋아하지 않겠지만 그래도 상관없어요. 만약 제지당한다면 병원 부속 건물을 하나 지어주겠다고 하면 됩니다"라고 말했다. 친구와 동료들에 베푸는 관대함을 감출 만큼 괴짜로 유명했던 잡스다운 말이었다. 잡스가 데려온 침술사는 포스톨의 등, 팔, 머리에 침을 놓았다. 침을 맞고 나서야 그는 음식을 삼킬 수 있었다. 포스톨은 나중에 사람들에게 잡스가 자신의 목숨을 구했다고 말하고 다니면서 잡스의 메시아적 명성을 한껏 끌어올렸다.

애플로 돌아온 잡스는 포스톨에게 암호명 '프로젝트 퍼플' 즉, 회사의 초기 휴대폰 개발 프로젝트를 맡겼다. 포스톨은 소프트웨어 디자이너와 엔지니어들로 팀을 구성했는데, 이들 중 다수는 넥스트 출신이었다. 이들은 맥의 강력한 운영체제를 전화기에 집어넣기 위해 애썼고, 사용자가 손가락으로 화면을 탐색할 수 있는 기능을 설계했다. 잡스는 포스톨과 그의 최고 소프트웨어 디자이너들을 매주 만나 홈 화면 모양새에서부터 사용자들이 사진을 확대, 축소할 수 있는 방법에 이르기까지 모든 것을 검토했다.

마침내 2007년 아이폰이 출시되었고 iOS 소프트웨어는 컴퓨터의 상호작용 방식에 일대 변화를 일으키며 스마트폰 혁명에 불을 붙였다. 그리고 이 성공은 포스톨과 잡스의 관계를 더욱 강화시켰다. 그들은 애플 내 카페테리아에서 정기적으로 점심을 함께 먹곤 했다.[14]

최초의 아이폰은 앱 다운로드를 허용하지 않았다. 잡스가 개발자의 소프트웨어 때문에 휴대폰이 바이러스에 감염되는 것을 원치 않았기 때문이다. 그는 애플이 만든 앱만 판매하고자 했다. 포스톨은 아이폰을 앱 제작자들에게 열어주는 편이 좋겠다고 생각했고, 그것이 가능하도록 애플이 소프트웨어를 보호할 수 있는 장치를 구축했다. 나중에 이사회로부터 받은 압력 때문에 결국 잡스는 앱스토어App Store를 만드는 데 동의했다. 앱스토어 개발 홍보 행사에서 잡스는 개발자들이 전 세계에 우버Uber, 스포티파이Spotify, 인스타그램Instagram을 선보일 수십억 달러 규모의 앱 경제를 구축하는 데 쓸 도구를 소개하기 위해 포스톨에게 무대를 넘겼다.

애플에서 더 높은 자리로 올라갈수록 포스톨은 잡스의 스타일을 더 많이 모방하기 시작했다. 《비즈니스위크》는 그를 '마법사의 견습생Sorcerer's Apprentice'이라고 불렀다. 자신의 멘토를 그대로 따라 포스톨은 검은색 셔츠와 청바지를 입었고, 직원들에게 탁월한 능력을 발휘해줄 것을 요구했다. 그는 아이폰의 화면 재생률refresh rate(초당 보이는 정지 이미지의 수로, 하나의 정지 이미지를 프레임frame이라고 함-옮긴이) 향상처럼 사소한 세부 사항들에 집착했다. 당시 화면에 표시되는 일부 이미지들은 초당 30회로 느리게 업데이트되었다. 포스톨은 연락처 목록의 맨 아래로 스크롤할 때 화면을 쓸어올리는 손가락 속도대로 화면이 매끄럽게 움직일 수 있도록 화면이 더 빠르게 업데이트되기를 원했다. 그는 소프트웨어팀에게 "한 프레임이라도 놓치면 기기에 대한 환상이 깨집니다. 사람들은 이것을 단지 컴퓨터로 볼 거예요"라고 말했다. 엔지니어들은 그에게 그래픽 처리 칩 속도가 너무 느려서 화면을 그렇게 자주 재생할 수 없다고 말했지만 포스톨은 자신의 주장을 굽히지 않았다. 그들은 끝내 화면을 초당 60프레임까지 재생할 수 있는 방법을 찾아냈다. 이러한 소프트웨어 부문의 기술적 도약 덕분에 애플은 모방할 수 없는 성능으로 경쟁사들을 저 멀리 따돌릴 수 있었다.

포스톨의 부상에는 대가가 따랐다. 잡스는 아이폰을 만들기 위해 포스톨의 소프트웨어팀과 아이팟의 대부인 토니 파델이 이끄는 하드웨어팀 사이에 경쟁을 붙였다.[15] 포스톨과 파델은 인재 확보를 위해 서로 경쟁했고, 소프트웨어팀의 일에 대한 포스톨의 엄격한 비밀주의로 인해 자주 충돌했다.[16] 포스톨의 디자인 아이디어가 승리하자 하드웨어 엔지니어들은 포스톨을 필두로 한 소프트웨어 엔지니어들이 카메라 성능 개선 같은 새로운 기능들을 우선적으로 추진하지 못하게 막아 자신들의 일을 방해했다고 믿으면서 두 팀 사이의 갈등의 골은 더욱 깊어졌다. 또한 포스톨은 오랫동안 컴퓨터용 아이튠즈를 관리해왔던 서비스 책임자인 에디 큐가 이끄는 팀이 아닌 소프트웨어팀이 아이폰용 아이튠즈를 개발해야 한다고 주장함으로써 큐의 분노를 샀다.[17] 헨리 라미루 전 애플 iOS 담당 부사장은 "포스톨은 아이폰을 전적으로 통제하고 있었다"면서 이렇게 덧붙였다.[18] "그것은 그의 세계였고, 포스톨은 다른 팀 사람이 끼어드는 것을 원치 않았다. 그는 다른 팀 사람들이 아이폰 소프트웨어의 일부라도 가져가면 그것이 붕괴되리라고 믿었다."

가장 문제가 됐던 충돌은 아이브와의 사이에서 일어났다. 2010년 애플은 아이폰4의 마지막 생산 단계에 있었다. 포스톨에게 보낸 시제품은 그가 통화하는 동안 반복적으로 끊어졌다. 그는 소프트웨어와 관련된 문제 때문에 이런 일이 생겼다고 우려한 나머지 직원들에게 문제의 원인을 파악하라고 지시했다. 그러나 코딩에는 아무 문제가 없었고 포스톨은 해당 문제가 아이폰 디자인에서 비롯됐다는 사실을 알아냈다. 더 얇고 가벼운 아이폰을 원했던 아이브가 자신의 디자인을 실현시키기 위해 금속 안테나를 기기의 가장자리에 둘러놓았던 것이다.[19] 포스톨은 화가 나서 졸도할 지경이었다. 그는 잡스를 찾아가 결함이 있는 디자인을 맹렬히 비난했고 아이브는 그러한 비판에 발끈했다. 아이폰이 출시된 후 통화 품질에 관한 고객 불만이 터져 나오면서 '안테나게이트Antennagate'라는 이름의 위기가 초래됐다. 잡스는 이 문제를 해결하기 위해 기자회견을 열었는데, 그는 기자회견 도중 사과하기를 거부했다.[20] 대신 그는 문제가 지나치게 과장되었다며 반박했다. 그는 사람들이 전화기의 왼쪽 하단 모서리를 건드리면 통화가 끊길 수 있다는 사실을 인정했다. 그러면서도 "안테나게이트는 없다"면서 언론의 비판을 조롱했다. 잡스는 사용자들에게 통화 끊김 문제를 해결해주는 방법이라며 무료 케이스를 제공했다.

안테나게이트 분쟁은 아이브가 포스톨로 인해 느낀 또 다른 좌절감을 고조시켰다. 아이브가 생각하기에 포스톨은 아이폰의 산업 디자인과는 맞지 않는 소프트웨어 시스템을 설계하고 있었다. 아이브의 디자인팀은 아이폰의 둥근 모서리에 집착했고, 직선 면과 곡선 면 사이의 전환 시 생기는 단절을 없애기 위해 사용되는 컴퓨터 모델링에서 유래된 개념인 베지어 곡선Bezier curve의 옹호자들이었다.[21] 베지어 기하학을 통해 아이폰의 모서리는 조각처럼 아치형으로 둥글게 만들어졌다. 표준적인 둥근 모서리는 사분원四分圓로 이루어진 반면에 그들이 만든 곡선은 12개의 점을 통해 매핑되어 더 완만하면서 자연스럽게 전환되는 느낌을 주었다. 반면에 포스톨은 아이폰 앱의 모서리에 표준 3점 곡선을 사용했다. 아이폰을 쓸 때마다 아이브는 섬세하게 만들어진 하드웨어의 모서리와 소프트웨어의 투박한 모서리 사이의 차이를 단번에 알아볼 수 있었다. 그러나 잡스가 그를 소프트웨어 디자인 회의에 참여시키지 않았기에 그에겐 그런 문제들을 바꿀 힘이 없었다. 그는 단지 앱들을 보고 씩씩댈 뿐이었다.

iOS에 대한 포스톨의 강박적인 통제와 탐욕스러운 야망은 동료들의 짜증을 북돋웠다. 그는 총 288건이나 되는 회사에서 가장 많은 특허를 획득한 데 대해 자부심을 느꼈고, 이 숫자를 늘리는 데 적극적으로 나서곤 했다. 2012년 맥 소프트웨어 엔지니어 테리 블랜차드Terry Blanchard는 VIP 지위를 부여받은 사람들이 보낸 이메일을 중요한 메시지로 간주해 별도의 받은 편지함에 모이도록 하는 시스템을 개발했다. 그는 이 개념을 그의 상사인 크레이그 페더리기Craig Federighi와 포스톨에게 알렸다. 처음에 포스톨은 애플이 알고리즘으로 사람들에게 VIP를 선정해주면 되는데 왜 사람들이 직접 수동으로 VIP를 선정해야 하는지를 물으면서 그 개념에 문제를 제기했다. 그런데 프로젝트가 승인되자 포스톨은 아이디어가 마치 자기 것인 양 특허 신청을 하기 위해 애플의 변리사와 만날 일정을 잡았다. 한 동료가 이 사실을 블랜차드에게 알렸고, 블랜차드는 변리사를 만나 특허에 대한 자신의 권리를 지키기 위해 서둘러 움직였다. 하지만 그는 결국 포스톨과 특허권을 공유하게 됐다.

이러한 행동은 포스톨을 회사 내에서 분열을 조장하는 인물로 만들었다. 그가 이끄는 iOS 엔지니어들은 계속해서 그에 대한 충성을 이어갔지만, 그와 충돌한 부서 직원들은 전반적으로 그를 경멸했다.

2011년 잡스가 사망한 후 경영진에 속한 포스톨의 동료들은 포스톨이 자신이 CEO가 되지 못한 데 불만을 품었을 거라고 여겼다. 그들은 포스톨의 자존심과 과거 그와의 갈등이 쿡 체제의 경영진이 직면하게 될 가장 큰 어려움이 되리라 예상했다. 포스톨의 부하 직원들도 그가 과거에 일으킨 정치적 충돌이 문제가 되지 않을까 걱정했다. 심지어 그의 가장 충실한 부하 직원들조차 그러한 난처한 상황을 인정했다. 소프트웨어 디자인 책임자인 그레그 크리스티는 아이폰 소프트웨어의 부사장인 헨리 라미루에게 보호해줄 잡스가 없으면 포스톨이 오래 버티지 못할 것이라고 말했다.

"당신 미쳤어요?" 라미루가 말했다. "포스톨이 곧 아이폰입니다."

"아무리 그래도 그는 살아남지 못할 거예요." 크리스티는 말했다. "아무도 그를 좋아하지 않으니까요."

포스톨이 가장 시급하게 해결해야 할 프로젝트는 회사의 첫 지도 제작 시스템 개발이었다. 스마트폰 시장에서 애플이 1위 자리를 고수할 수 있느냐 여부가 여기에 달려 있었다.

2007년 출시 이후 아이폰은 실제와 디지털 세계를 돌아다니기 위한 방법으로 구글의 지도와 검색 서비스에 의존해왔다. 하지만 자체 운영체제인 안드로이드를 출시하면서 우호적인 파트너였던 구글은 단번에 경쟁자로 바뀌게 되었다. 구글은 안드로이드의 시장점유율을 높이기 위해 '턴바이턴 내비게이션turn-by-turn navigation(음성이나 시각적 지침 형태로 사용자에게 턴바이턴, 즉 선택한 경로에 대한 방향을 계속해서 제공하는 위성 내비게이션 기능 – 옮긴이)' 같은 정교한 지도 기능들을 아이폰에 주기 전에 안드로이드에 먼저 넣을 계획이었다. 이것은 애플을 스마트폰 왕좌에서 끌어내리기 위한 구글의 경쟁우위에 해당했다.[22]

포스톨이 이끄는 소프트웨어팀은 '지도 2012Maps 2012'라는 간단한 계획으로 구글에 보복하자고 제안했다. 이름은 얌전하게 지었지만 계획의 규모는 야심 찼다. 사용자들이 실시간으로 이미지를 확대해서 보고 목적지까지 계속해서 방향을 안내받을 수 있게 해주는 글로벌하고 역동적인 지도 시스템을 만들자는 것이었다.[23] 이 계획은 몇몇 엔지니어를 불안하게 만들었다. 이런 시스템을 만들려면 모든 거리, 모든 주소, 모든 사업체를 망라한 세계의 모든 정보가 담긴 데이터베이스를 먼저 확보해야 했다. 또한 지구상에 존재하는 모든 장소의 이미지들이 모든 사람의 전화기에 고해상도로 표시돼야 했다. 애플은 몇 년 안에 구글이 10년 동안 해왔던 일을 따라잡는 수준을 넘어 능가하기를 원했다.

그렇게 애플은 자체 지도 개발에 비용을 쏟아부었다. 이 프로젝트를 이끈 포스톨의 부하 직원 리처드 윌리엄슨Richard Williamson은 구매 때마다 재정팀의 승인을 받지 않고 한 번에 최대 500만 달러까지 쓸 수 있는 권한을 부여받았다. 이런 거액을 마음껏 쓸 수 있었던 덕분에 그는 데이터 센터 구축과 직원 채용에 아낌없이 지출할 수 있었다. 애플은 지도 제작 경험이 있는 소규모 기업 몇 곳을 인수했고, 구글이 가지고 있지 않은 기능들을 구축했다. 전 세계 도시들의 고층 건물들을 회전하며 3차원 이미지로 위에서 내려다보게 해주는 '플라이오버 뷰flyover view' 기능이 그중 하나였다. 애플은 이미지 수집을 위해서 카메라가 달린 세스나Cessna 비행기를 날려 신시내티 같은 도시들을 잔디 깎이가 움직이듯 한 줄씩 조사했다. 그러나 디지털 지도 데이터 확보 협상에선 인색하기 그지없었다.

  필 실러가 이끄는 애플의 마케팅팀이 세계 1위 지도 정보 제공업체인 네덜란드 회사 톰톰TomTom과의 협상을 주도했다. 톰톰은 대부분의 자동차에 들어가는 GPS 시스템을 제공했고, 일반적으로 자사 데이터를 쓰는 모든 자동차에 약 5달러의 수수료를 징수했다. 이 회사는 애플이 판매하는 아이폰 한 대당 그에 상응하는 라이선스 비용을 받기를 원했지만 실러는 그러한 제안을 받아들일 수 없다고 생각했다. 자동차용 시스템은 아이폰용 시스템보다 수천 달러가 더 비싸기 때문이다. 따라서 그는 톰톰 경영진에게 수수료를 낮춰 달라고 압박했다. 톰톰 측은 이를 거부했다. 애플이 일부 고속도로 데이터 정보를 뺀 더 작은 데이터 패키지에 대해 더 적은 비용을 지불하기로 양측이 합의할 때까지 논쟁은 과열되었다. 이 결과로 더 강력한 데이터 패키지를 원했던 일부 소프트웨어 팀원들은 실망을 할 수밖에 없었다. 그들은 또 협상에 긴장감이 커지면서 중요한 공급업체와 적대적인 관계가 형성된 건 아닌지 걱정했다.

톰톰이 제공한 데이터는 가장 기본적인 수준이라서 고품질 지도를 제작하고 싶었던 포스톨의 열망을 충족시켜주지 못했다. 그는 글꼴, 색상 및 이미지에 집착하며 소프트웨어 디자이너들과 장시간 회의를 열었다. 디자이너들은 고속도로 모양이 어떻게 보일 수 있는지 스케치하기 위해 일본 예술가를 초빙해왔고, 어떤 파란색을 써서 바다를 표시해야 하고 도로 표지판에는 어떤 글꼴을 사용해야 하는지 등 세밀한 부분들까지 논의했다. 그들은 현실적인 곡선이 있는 고속도로를 구상했지만, 톰톰으로부터 받은 지도 정보에는 도로 폭에 대한 세부 사항이 나타나 있지 않았다. 소프트웨어 디자이너들이 원했던 것과 소프트웨어 엔지니어들이 제공해줄 수 있는 것 사이에 차이가 컸다. 모두가 데이터 때문에 이런 차이가 생겼다는 걸 알고 있었다.

윌리엄슨은 포스톨과 실러에게 가서 프로젝트가 제시간에 준비되지 못할 것이라고 이야기했다.[24] 마감일이 촉박했고, 목표는 너무 야심 찼으며, 팀도 데이터를 확보하느라 고군분투했다. 그는 고객들이 지도를 너무 맹신하다가 단 하나의 결점 때문에 아이폰에 대한 충성심이 줄어들지 않을까 걱정했다. 그는 아이폰에서 구글 맵을 계속 사용하고, 애플 지도를 베타 버전 형태로 사전 공개하여 사용자들이 앱이 개선되고 있다는 점을 알 수 있도록 하자고 제안했다. 그러나 실러는 단박에 이를 거절했다. "우리는 베타 버전을 내보내지 않습니다."

2012년 4월, 연례 사외社外 회의가 열리는 몬트리올 남부 휴양지인 카멜 밸리 랜치Carmel Valley Ranch로 애플 직원들을 실어 나르기 위한 전세 버스들이 인피니트 루프 주차장으로 들어왔다.[25] '톱 100'으로 알려진 이 행사는 회사의 최고 의사결정권자들과 가장 재능 있는 직원들만 모여서 여는 회의였다. 지난 몇 년 동안은 잡스가 참석자 명단을 확정한 뒤 참석자들에게 모임 장소로 버스를 타고 오게 했다. 이러한 전통은 쿡이 CEO가 된 뒤에도 이어졌다.

직원들이 200만 제곱미터 규모의 리조트에 도착하자 윌리엄슨은 놀라운 광경을 목격했다. 산타 루치아 산맥의 구불구불한 녹색 언덕들과 골프 코스, 포도밭이 함께 어우러져 있었다. 손님들이 양봉과 매 사냥 등을 할 수 있는 곳에선 야생 칠면조들이 유유히 돌아다녔다. 그곳은 최고급 휴양지였지만 윌리엄슨은 그곳을 즐길 시간이 거의 없으리라는 것을 알고 있었다. 그는 애플 지도를 주제로 프레젠테이션을 해달라는 요청을 받은 상태였다.

상위 100명의 지도자들은 바닥부터 천장까지 창문들이 이어진 큰 회의실에 모였다. 윌리엄슨은 모인 사람들을 바라보며 그의 팀이 해온 작업에 대해 이야기하기 시작했다. 그는 스크린에 샌프란시스코 거리를 이동하는 자동차를 보여주면서 그의 팀 작업을 시연했다. 이미지 끊김 없이 사용자들은 거리를 원하는 만큼 확대해서 볼 수 있었다. 그는 샌프란시스코 마켓 스트리트Market Street의 3차원 지도를 켠 뒤 금융가를 향해 차를 몰았다. 몇몇 사람들이 박수를 치기 시작했다. 윌리엄슨은 포스톨과 실러도 흥분했다는 것을 알 수 있었다. 그는 애플 지도 출시를 연기하려는 자신의 계획이 끝장났음을 깨달았다.

소프트웨어팀은 새로운 지도 시스템을 테스트하기 위해 '내가 사는 집 주변'에서 이용해보는 방식을 취했다. 포스톨은 애플 지도를 켜놓고 베이

에어리어^{Bay Area} 주변을 운전하면서 시스템이 완벽하게 작동한다는 사실을 확인했다. 다른 팀원들은 캘리포니아 전역에서 그것을 시험해봤다. 나머지 81개국에선 약 여덟 명의 품질 보증 직원들이 점검에 나섰다.[26] 애플 지도는 이제 출시만을 앞두고 있었다.

2012년 6월, 포스톨은 그의 팀이 한 일을 알리고자 샌프란시스코 시내에 있는 모스콘 센터에서 열린 애플의 연례 세계개발자회의^{Worldwide Developers Conference} 무대 위에 올랐다.[27] 그가 거대한 검은색 스크린 앞에 모습을 드러내자 운집한 5,000명의 프로그래머들은 웃음을 터뜨리며 환호했다. 아이폰이 출시된 이후 5년 동안 그는 이 행사의 스타이자 애플 소프트웨어 부문을 대표하는 얼굴이 되었다. 그는 군중들에게 능글맞은 미소로 화답하며 일련의 소프트웨어 업데이트 사실을 알렸다. 그러다 잠시 말을 멈추고는 마지막 기능을 설명하기 시작했다.

"다음은 지도입니다."

그의 뒤로 보이는 화면에 에메랄드빛 녹색 산맥으로 둘러쳐진 모양의 타호 호수 이미지가 나타났다. 포스톨은 다음 화면을 클릭해 기업들에 대한 핵심 정보가 어떤 식으로 나타나는지 보여주고, 건물이 어떻게 3차원으로 렌더링됐는지도 시연해줬다. 이어 그가 '플라이오버'라는 라벨이 붙은 버튼을 누르자 지도가 전개되면서 마치 헬리콥터 창문을 통해 보는 것처럼 회전하는 샌프란시스코의 트랜스아메리카 피라미드^{Transamerica Pyramid}의 비디오 이미지가 등장했다. 군중 속에서 몇몇 사람이 놀라 숨이 막힌 듯 가벼운 신음 소리를 냈다.

"그냥 아름답습니다. 다른 말이 필요없지요." 포스톨이 말했다.

그는 애플이 구글에 앞서게 됐다고 확신했다.

하지만 애플 지도에 곧바로 문제가 나타났다. 출시 몇 시간 만에 애플 고객들의 제보가 빗발쳤다. 지도를 보면 런던은 대서양에 빠져 있고, 패딩턴 역은 사라진 것으로 표시되어 있다고 말이다.[28] 더블린Doublin에는 존재하지도 않은 비행장이 표시되어 있어서 한 지역 조종사 협회는 그곳에 비상 착륙을 시도하지 말라고 경고해야만 했다.[29] 심지어 플라이오버 기능에도 결함이 있었다. 뉴욕의 브루클린 다리는 마치 지진이라도 난 듯 스크린에서 녹아내렸다.[30]

이러한 대실패로 쿡은 처음으로 전면적인 위기를 맞았다.

부정적인 언론 보도가 점차 늘어나자 그는 윌리엄슨뿐만 아니라 애플의 경영진 일부를 불러 회사 이사회실에서 회의를 열었다. 포스톨은 아내와 휴가를 보내기 위해 간 뉴욕에서 전화로 연결됐다. 회의실에는 긴장감이 감돌았다. 잡스의 뒤를 이은 지 불과 1년이 조금 지난 가운데, 쿡은 회사에 대한 언론 보도에 신경을 곤두세우고 있었다. 부정적인 언론에 영향을 받은 고객들이 애플을 하루아침에 특별한 회사에서 평범한 회사로 간주해버릴 수 있었기 때문이다.

그는 포스톨에게 "사과문을 발표합시다"라면서 "서명해주세요"라고 말했다.

포스톨의 의표를 찌른 요구였다. 지도를 둘러싼 온갖 비난이 쏟아지고 있었지만 포스톨은 쿡이 사과문을 발표할 것이라고까지는 예상하지 못했다. 잡스가 안테나게이트가 터졌을 때조차 공개적으로 언급하고 싶어 하지 않았던 단어가 바로 '사과'였다.

"왜 우리가 사과문을 내야 하죠?" 포스톨이 물었다. "목적이 뭔가요?"

쿡은 약간 몸을 앞쪽으로 움직이며 회의실 테이블 중앙에 있는 스피커폰을 응시했다. 주변 임원들은 포스톨의 질문을 새 CEO의 리더십에 대한 도전으로 간주했다. 그들 중 몇 명도 몸을 앞으로 숙였다. 아무도 말을 하지 않았다.

대륙 반대편에서 포스톨은 그의 멘토인 잡스라면 다르게 대처했을 거라며 쿡을 설득했다. 그는 사과 대신 여러 문제에도 불구하고 지도에 대한 관심이 뜨거우니, 애플은 앱을 개선하는 데 전념하겠다는 사실을 알리자고 제안했다. 그렇게 그는 사과에 대한 자신의 반대 입장을 분명히 밝혔다. 그는 애플이 지도의 실패에 대해 인정하고 사과한다면 직원들이 향후 힘든 프로젝트 맡지 않으려 할 거라고 했다. 나중에 발견된 단점 때문에 공개 망신을 당할 수 있다면 굳이 힘들게 제품 개발에 뛰어들 사람이 어디 있겠느냐는 논리였다.

하지만 쿡은 흔들리지 않았다. 방 안에 모인 모두가 그의 결심이 이미 섰음을 분명히 알 수 있었다. 애플은 사과문을 발표할 것이란 사실을.

쿡은 애플의 커뮤니케이션팀과 함께 애플 지도가 '세계적 수준의 제품'을 만들겠다는 회사의 약속에 부합하지 못했다는 내용이 담긴 서한 초안을 작성했다.[31] 그는 애플이 최근 소프트웨어 업데이트 시 1억 명이 넘는 아이폰 고객들에게 기능상 문제가 있는 지도 앱을 다운로드하게 만들었다는 불편한 진실을 마주하지 않으려고 애썼다. 애플이 지도 성능을 개선하기 위해 노력하는 동안 쿡은 사람들에게 경쟁사인 구글과 마이크로소프트의 제품을 다운받으라고 제안했다. 애플의 CEO가 고객들에게 경쟁사의 제품을 사용하라고 알려준 건 당시가 최초였다. 이는 포스톨과 소프트웨어팀에 대한 쿡의 생각, 즉 그들이 얼마나 심각한 잘못을 저질렀다고 생각하는지를 분명히 보여준 고통스러운 양보였다.

쿡은 편지에다 이렇게 썼다. "애플의 전 직원들은 세계 최고 수준의 제품을 만들겠다는 목표를 이루기 위해 항상 매진하고 있습니다. 우리는 여러분이 우리에게 이러한 기대를 하고 있다는 사실을 잘 알고 있으며, 애플 지도가 그 높은 기준에 부합할 수 있을 때까지 끊임없이 노력할 것입니다."

한 달 가까이가 지난 뒤 쿡은 포스톨을 팰로앨토에 있는 그의 집으로 불렀다. 일요일이었다. 포스톨은 이전에도 업무 회의차 쿡의 집에 가본 적이 있었지만 그러한 회의는 일반적으로 사전에 일정이 정해져 있었다. 이번 집으로의 호출은 전혀 일정에 없던 일이었다.

쿡의 집 근처 거리를 운전하는 동안 포스톨의 머리 한구석에선 지도와 관련된 골치 아픈 일들이 떠올랐다. 최근 몇 주 동안 쿡은 포스톨이 지도 앱을 개선하도록 최고 부관인 제프 윌리엄스에게 일을 맡겼다. 포스톨이 아무리 팀을 몰아붙이더라도 문제가 조속히 고쳐지지 않을 게 분명했다. 톰톰은 일반적으로 분기마다 데이터를 업데이트하여 자동차 제조업체에 업데이트한 데이터를 다시 보내줬다. 다시 말해 톰톰은 하룻밤 사이에 개선할 준비가 되어 있지 않았다.

쿡 입장에서는 포스톨이 일을 망친 게 분명했다.[32] 지도는 당시 상태로 공개되지 말았어야 했다. 하지만 그보다 더 큰 문제는 실수를 인정하지 않으려 하는 포스톨의 태도였다.

쿡은 문 앞에서 포스톨을 만나 집 안으로 안내했다. 그의 집 거실 바닥은 기초 부분까지 벗겨져 있었고, 콘크리트는 매끄러운 철회색 느낌이 나게 다듬어져 있었다. 많은 사무실에서 흔하게 볼 수 있는 아무런 개성이 없는 바닥이었다.

쿡은 퇴직금을 보여주며 포스톨에게 서명을 요구했다. 포스톨이 그것을 검토하는 동안 쿡은 포스톨에게 그가 그날 오후부터 회사를 떠난다는 사실을 소프트웨어팀에게 알릴 것이며, 다음 날 그의 퇴사에 대한 간단한 보도자료를 배포하겠다고 말해줬다. 1년 전 멘토였던 잡스를 잃고 이제 그가 세운 회사에서 일자리마저 잃게 된 포스톨에게는 충격적인 소식이었다.

"지도 때문인가요?" 포스톨이 물었다.

"아니요." 쿡이 말했다. "그건 아닙니다."

"그럼 무엇 때문이죠?"

포스톨은 항의했다.

쿡은 포스톨의 해고 사실을 알리는 보도자료를 쓸 때 이 일을 전화위복의 계기로 묘사하라고 커뮤니케이션팀을 압박했다. 동료들은 이 일이 CEO로서 쿡이 느낀 가장 큰 두려움 중 하나를 드러냈다고 생각했다. 그것은 잡스가 불러 모았던 '올스타팀'이 그를 버릴지 모른다는 두려움이었다. 동료들의 이야기에 따르면 쿡은 투자자들이 포스톨의 퇴사를 자신의 리더십 문제와 연결지을까 봐 걱정했다고 한다. 잡스의 죽음 이후 이사회가 높은 수익을 올릴 수 있는 주식 패키지를 제시하며 경영진의 이탈을 막기 위해 문단속을 한 것도 이런 이유 때문이었다. 언론이 포스톨의 축출을 머리기사로 중점 보도하는 중에도 쿡이 보도자료를 통해 애플에 계속 머물고 있는 사람들을 부각시키려고 했던 것도 같은 이유 때문이었다.

쿡은 보도자료에서 아이브, 밥 맨스필드, 에디 큐, 크레이그 페더리기 등이 맡게 될 새로운 역할과 책임을 강조하자고 제안했다. 그는 또한 투자자들에게 포스톨처럼 애플을 떠나게 될 존 브로윗John Browett을 대신할 새로운 소매 부문 책임자를 찾는 작업을 자신이 직접 주도할 것이라는 확신을 주고자 애썼다. 10월 29일에 나온 보도자료는 그의 그런 바람이 담긴 선언문과도 같았다. '애플, 하드웨어·소프트웨어·서비스 부문 전반의 협업 강화를 위한 변화 방안 발표'라는 제목이 달린 이 보도자료에선 '협업'이 두 차례, 지도가 한 차례 언급됐다.

애플의 직원들은 이를 새로운 경영진의 시대가 도래했음을 알리는 신호로 해석했다. 잡스는 자존심이 강한 임원들에게 자신이 고를 수 있게 위대한 제품을 만들 수 있는 아이디어를 내달라고 격려하면서 임원들 간 경쟁 관계를 유지시키곤 했다. 그는 그러한 치열한 경쟁 심리를 억제할 수도 있었다. 잡스라면 포스톨을 책망하되 지도 제작에 직접 책임이 있는 부하 직원을 해고했을지도 모르지만, 쿡은 그러한 대실패를 경영진 사이의 불협화음을 없애고 전 직원에게 모두가 과거보다 더 힘을 모아 일하기를 바란다는 신호를 보내는 기회로 삼았다. 각기 다른 사업 분야를 모두 연결해줄 수 있는 잡스가 없는 이상 그들 스스로 그러한 연결고리를 만들어야 했다.

그러한 과정에서 쿡은 자신이 맡은 CEO 자리를 위협할 유일한 경쟁자로 간주됐던 한 사람을 제거했다. 또한 애플에서 가장 중요한 직원인 아이브에게 그가 오랫동안 원했던 책임과 함께 애플의 소프트웨어 디자인에 영향력을 행사할 수 있는 권한을 보상으로 주었다.

쿡은 이렇게 아이브의 충성심을 얻게 될 행동을 취했지만 경영진으로부터 버림받을지 모른다는 두려움을 없애지는 못했다. 그 두려움은 그가 이후로도 몇 번이고 직면해야 할 문제였다.

AFTER STEVE

CHAPTER 7

가능성

조너선 아이브는 자신의 최신작에 집중했다. 그는 자신의 사무실에서 스튜디오에 설치된 테이블들을 유리 벽 너머로 지켜보면서 그의 팀이 이뤄낸 성과를 끊임없이 추적했다.[1] 그중 한 테이블 위에는 애플의 초기 시계 모델들이 올려져 있었다.

그의 사무실은 마크 뉴슨이 디자인한 직사각형 모양의 사펠리 책상이 놓여 있고 선반 위에는 수십 권의 하드커버 스케치북이 진열되어 있는 미니멀리즘의 초상화였다. 스케치북의 노란색 책등은 그가 단순함과 아름다움을 통제하는 데 한평생을 바쳤다는 것을 증명해주듯이 길고 순수한 색의 선으로 이뤄져 있었다.[2] 책상 뒤편 벽에는 그래피티 아티스트 뱅크시Banksy가 그린 〈원숭이 여왕Monkey Queen〉 판화가 액자에 담긴 채 기대어 서 있었다. 〈원숭이 여왕〉은 왕관을 쓰고 반짝이는 보석 목걸이를 걸고 있지만 침팬지의 얼굴을 한 엘리자베스 2세 여왕의 흉상이 그려진 스크린 판화였다. 그해 초 엘리자베스 2세 여왕의 가족으로부터 기사 작위를 받은 아이브에겐 어울리지 않는, 진정 무례해 보이는 이미지였다. 가치가 10만 달러에 이르는 것으로 평가되는 이 이미지의 사인 판화는 전 세계에 단 150개만 존재했는데, 모두 익명의 길거리 아티스트가 만든 것이다(하지만 팬들은 그 정체가 아이브의 친구인 밴드 매시브 어택^{Massive Attack}의 멤버 로버트 델 나자^{Robert Del Naja}일 거라고 믿고 있다).**3** 판화 옆에는 디자인 스튜디오인 GFDA^{Good Fucking Design Advice}에서 나온 포스터가 놓여 있었다. 포스터에는 다음과 같이 적혀 있었다.**4**

> 망할 너 자신을 믿어봐. 망할 밤을 새워! 네 망할 버릇을 버리고 일해. 언제 망할 말을 꺼내야 할지 알아. 빌어먹을 공동 작업. 젠장, 꾸물대지 마. 망할 네 자신을 이겨내. 계속 배워. 형식은 빌어먹을 기능을 따를 뿐. 컴퓨터는 거지 같은 생각들을 하기 위한 라이트-브라이트^{Lite-Brite} 장난감이야. 여기저기서 빌어먹을 영감을 찾아봐. 망할 네트워크. 빌어먹을 의뢰인을 교육시켜. 네 망할 직감을 믿어. 거지 같은 도움 구해봐. 젠장, 지속가능하게 만들라고. 전부 다 물어봐. 망할 콘셉트를 잡아. 빌어먹을 비판을 받아들이는 법을 배워. 날 신경 써줘. 맞춤법 검사기 사용해. 거지 같은 조사나 해. 더 많은 빌어먹을 아이디어를 스케치해. 문제에는 빌어먹을 해결책이 들어 있어. 모든 거지 같은 가능성을 생각해봐.

2012년 11월 2일, 아이브는 스튜디오에 일찍 도착했다. 스콧 포스톨의 퇴진이 발표된 지 불과 4일이 지난 뒤였다. 포스톨 밑에서 일하던 엔지니어들 중 일부는 이 소식을 듣고 충격을 받았지만 다른 부서들은 샴페인을 들고 축하했다. 회사 내 싸움에 능했던 아이브는 한때 적이었던 포스톨이 맡았던 책임을 떠맡을 준비를 했다.

쿡은 포스톨을 해고한 뒤 소프트웨어 부서를 재편하고 그곳의 책임을 분산시키기로 했다. 그는 '휴먼 인터페이스'라고 부르는 애플의 소프트웨어 디자인에 대한 감독을 아이브에게 맡겼고, 크레이그 페더리기에게는 소프트웨어 엔지니어링 부문의 경영을 맡겼다. 이 결정으로 애플의 구조가 더욱 분명해졌다. 1997년 돌아온 잡스는 회사 전체를 단일 손익계산서에 따라 관리했고, 수석 부사장들이 다양한 사업 분야를 관리하는 조직을 만들었다.[5] 이런 식의 소위 '기능별 구조functional structure'로 인해 하드웨어, 소프트웨어, 마케팅, 운영, 재무 및 법률 책임자들은 그에게 직접 보고했다. 잡스는 이후 아이팟과 아이폰을 만들기 위한 특별 프로젝트팀을 만들었다. 두 제품이 성공하면서 회사의 구조는 잡스에게 맞게 유연하게 바뀌었다. 소프트웨어 개발은 제품별로 나뉘었고, 포스톨은 iOS를, 페더리기는 맥OS를 각각 이끌었다. 쿡은 MBA가 전례 없는 성장을 누리는 회사에 도움이 될 것으로 예상하면서 '기능별 구조'라는 MBA의 이상을 더욱 엄격하게 고수하기를 원했다. 애플은 전년도에 1만 2,000명의 직원을 충원함으로써 전체 직원 수는 7만 3,000명으로 20퍼센트 늘어났다. 페더리기에게 소프트웨어 엔지니어링 업무를 맡긴다는 얘기는 그가 아이브와 소프트웨어 디자인팀이 창조하려고 상상했던 것을 실제로 만들고 감독한다는 의미였다. 감독은 애플이 수년 동안 하드웨어 분야에서 해온 대로 진행될 예정이었다. 그러나 인사 담당자들 중 몇몇은 쿡이 부여하고자 하는 질서가 혼란만 초래할지 모른다며 우려를 표하기도 했다. 결국 잡스가 디자이너들을 감독하는 역할로 아이브의 책임을 제한했던 이유도 그가 경영이라는 관료주의를 떠맡기보다 창작에 더 소질이 있다고 믿어서였다.

아이브는 새로운 임무를 받아들였다. 그는 아이폰 운영체제인 iOS의 그래픽을 보며 느꼈던 좌절감을 끝낼 준비가 되어 있었다. 잡스는 스큐어모피즘skeuomorphism이란 스타일을 옹호했다.[6] 스큐어모피즘이란 실감 나는 시각적 효과를 중시하여 대상의 질감을 있는 그대로 구현하는 걸 중시하는 디자인 기법이다. 그러나 아이브는 소프트웨어를 묘사할 때 사용되는 이 투박한 단어가 소프트웨어를 낡고 세련되지 않아 보이게 만든다고 생각했다. 스큐어모피즘의 기원은 소프트웨어 엔지니어들이 쓰레기통이나 파일 폴더 같은 실제 물체를 닮은 컴퓨터 아이콘을 만들기 시작한 PC 시대의 여명기로 거슬러 올라간다. 잡스는 이 스타일을 직관적이라고 생각했기 때문에 좋아했지만, 아이브는 그것을 싫어했다. 그는 디지털 시대로 접어든 지 30년이 지난 마당에 사람들에게 더 이상 깊이를 알려주려고 계산기 버튼에 음영 표시를 할 필요가 없다고 생각했다. 그는 소프트웨어를 탑재한 아이폰만큼 깔끔하고 정제된 더 날렵한 소프트웨어 디자인을 상상했다. "하드웨어는 그릇이고 소프트웨어는 기기의 영혼"이라는 잡스의 말이 옳다면 아이브는 애플 베스트셀러 제품의 영혼을 재정의해야 할 때가 온 것이었다.

그날 아이브는 디자인 스튜디오를 찾아온 애플의 최고 제품 마케터들인 필 실러와 그레그 조스위악Greg Joswiak, 소프트웨어 인터랙션 책임자인 그레그 크리스티를 맞이했다. 1층 공간은 잡스의 죽음 이후 1년 만에 다시 생기를 되찾았다. 그곳 디자이너들은 일과 시간 대부분을 새로운 모델을 분석하거나 딱딱한 표지를 씌운 스케치북에 그림을 그리는 데 썼다. 윙윙거리는 에스프레소 기계로 간 커피에서 나는 흙냄새가 공중에 떠다녔다. 아이브와 일행은 정돈되지 않은 테이블 주위에 모였다.

그전까지 아이폰 소프트웨어의 외관과 느낌에 대한 논의는 건물 내 안전하게 폐쇄된 소프트웨어 구역에서만 이루어지곤 했다. 포스톨은 크리스티가 이끄는 소규모 팀이 제시한 디자인을 실제로 구현시키는 테이스트메이커tastemaker(유행하는 것을 만들어내는 사람 - 옮긴이)로 활약했다. 잡스는 주말마다 그들을 만나서 그들이 한 일을 승인하거나 반려했다. 잡스는 소프트웨어가 혁신으로 빛날 때까지 작업이 되풀이될 때마다 수정을 가했다. 그런데 11월 회의 장소는 그런 잡스의 역할을 아이브가 맡게 됐다는 사실을 분명히 보여줬다. 아이브는 팀이 '거시적 관점에서 생각하기think big'를 원했다. 아이폰이 출시된 지도 4년이 넘은 시점이었다. 등장하는 앱들이 늘어나자 아이폰은 점점 더 어수선해졌고, 지도에서부터 아이튠즈에 이르기까지 여러 아이콘이 페이스북과 앵그리버드 게임과 함께 공간을 차지하기 위한 각축전을 벌였다. 이때 디자이너들이 가볍게 던진 첫 번째 질문은 "홈 스크린 모양은 어때야 할까요?"였다. 품위 있게 행동하지만 말투는 거친 아이브라면 GFDA 포스터에 나온 대로 "대체 망할 이 홈 스크린 모양을 어떻게 하는 게 좋을까요?"라고 했겠지만 말이다.

포스톨이 떠난 후 시간이 너무 빨리 흘렀다. 2012년 말 아이브는 애플의 최고 경영자들을 샌프란시스코에 있는 세인트 레지스 호텔로 불렀다. 애플의 운영, 소프트웨어, 하드웨어, 마케팅 책임자들이 로비로 걸어 들어와 캐나다 아티스트인 앤드류 모로Andrew Morrow의 벽화 〈전쟁War〉을 지나갔다.[7] 〈전쟁〉은 말을 탄 무사가 칼을 휘두르며 사람들을 쫓아가는 모습을 묘사한 그림으로, 인류가 벌이는 시간과의 경쟁을 상징적으로 보여줬다. 잡스 없이도 또 다른 훌륭한 제품을 만들 수 있는 능력이 애플에 있는지 의심하는 회의론자 및 비평가들을 뛰어넘으려는 이 집단이 처한 상황과 왠지 잘 맞아떨어지는 듯했다. 애플 보안팀은 샌프란시스코 현대 미술관San Francisco Museum of Modern Art 건너편에 있는 260개 객실을 갖춘 호텔 한 층을 봉쇄하고, 녹음장치가 없고 창문에 커튼이 쳐졌는지 확인하며 이들의 도착을 준비했다. 외부 회의는 오랜 기간 지속되어온 관행이었다. 외부 회의는 고위 경영진이 모이는 것을 언뜻 보고서 무슨 일이 일어날지 궁금해할 수 있는 일반 직원들 사이에서 괜한 추측이 생기는 것을 막는 데도 효과적이었다. 잡스가 키운 애플의 '알아야 할 필요성need-to-know'을 중시하는 문화는 비밀 유지, 유출 방지, 신비감 조장을 목표로 했다.

이날 회의는 잡스의 죽음 이후 애플을 괴롭혀왔던 "다음은 무엇인가?"라는 질문에 답하기 위한 중요한 단계였다. 아이브의 압박 때문에 엔지니어링팀은 앞서 대략 반년 동안 애플이 스마트워치를 개발한다면 그것으로 무슨 일을 할 수 있을지 알아봤다. 그들은 착용자의 심박수를 측정하기 위해 센서를 차고 일했고, 블루투스를 이용해서 손목에 알림을 전달하는 방법을 탐구했으며, 사람들의 감정 측정을 포함해 여러 다른 기능도 연구했다. 연구가 이미 진행될 만큼 진행된 가운데, 아이브는 경영진이 스마트워치가 애플의 다음 '큰 도전'임을 수긍해줄 만큼 엔지니어들이 아주 매력적인 연구 결과를 제시해주기를 원했다.

엔지니어들은 발표를 준비하면서 회사의 최고위 임원들이 말발굽 모양으로 배열된 테이블에 차례차례 앉는 모습을 지켜보았다. 방은 아이브와 같이 일하는 디자이너들인 리처드 하워스, 리코 조켄도르퍼Rico Zorkendorfer, 줄리안 회니그를 포함한 최고위급 인사들로 채워졌다.

주요 인물 중 한 명만 불참했다. 바로 팀 쿡이었다.

10년 넘게 CEO 주도로 제품 개발을 해오던 애플은 처음으로 CEO가 참여하지 않는 개발에 나서고 있었다. 이로써 쿡은 자신은 전임자가 하던 대로 일할 생각이 없다는 메시지를 보냈다. 잡스가 프로덕트 매니저가 아니라고 말했던 그의 후임자 쿡은 프로덕트 매니저가 될 계획도 없었다. 대신에 그는 전문가들이 하는 일에 방해를 하지 않을 생각이었다.

아이브가 진행자 역할을 맡았다. 그는 디자이너들과 멀지 않은 테이블 중앙 쪽에 자리를 잡았다. 그의 앞에는 친환경 주스 한 병이 놓여 있었는데, 그날 이 주스 한 병만 마실 계획이었다. 그는 디톡스 다이어트를 하는 중이었다. 잡스의 죽음으로 스트레스와 슬픔을 겪은 후 써본 일련의 다이어트 방법 중 가장 최근에 쓰고 있는 방법이 디톡스였다. 산업 디자인 렌더링, 시계 크기에 대한 세부 정보, 디스플레이 소재 분석, 그리고 손목을 두드린 사용자에게 알림을 전달할 방법에 대한 통찰로 가득 찬 150장 이상의 슬라이드로 구성된 두꺼운 자료를 만드느라 몇 주를 소비한 엔지니어들은 그 주스를 보고 깜짝 놀랐다. 그들은 프레젠테이션이 여섯 시간 이상 걸릴 것으로 예상했고, 이날 모인 사람들이 온종일 회의를 할 수 있을 정도로 많은 질문 공세를 펼 수 있다고 추측했다. 그들은 디톡스 다이어트로 인해 아이브가 배고파서 짜증을 내지 않기를 바랐다.

프레젠테이션이 진행되는 동안 아이브는 엔지니어들의 발표 내용을 잠자코 들으면서 줄곧 침묵을 지켰다. 다른 사람들보다 침묵했던 그의 모습은 그의 리더십의 전형이었다. 그는 회의에서 좀처럼 말을 하지 않았고, 막상 말을 할 때는 종종 논의되고 있는 몇 가지 아이디어를 묶어서 다른 누구도 상상하지 못한 '가능성'을 제기했다. 이윽고 몇몇 전기 엔지니어가 애플이 미출시 기기를 숨기고 안전하게 운반하기 위해 사용하는 검은색 펠리컨 케이스 하나를 열었다. 케이스 뚜껑이 열리자 검은색 손목 스트랩이 달린 사각형 아이팟 나노들의 모습이 잇따라 드러났다. 엔지니어들은 케이스에서 아이팟들을 꺼내 임원들의 손목에 착용해주었다. 아이브는 왼손을 내밀어 한 엔지니어가 아이팟을 그의 손목에 단단히 묶어주는 모습을 지켜보았다. 그는 고개를 가로저었다. 그는 "나는 손목에 시계를 느슨하게 차고 다니는 것을 좋아합니다"라고 말한 뒤 밴드를 살짝 풀었다.

아이브가 그 스마트워치 시제품을 보고 감탄하는 동안 엔지니어들은 걱정스러운 듯 서로의 얼굴을 쳐다보았다. 심박수를 측정하기 위해선 아이팟 나노에 설치된 센서들이 피부에 밀착되어 있어야 했기 때문이다. 엔지니어들은 손목 밴드를 느슨하게 풀기로 한 아이브의 결정 때문에 시연회가 실패로 돌아가지 않기를 간절히 바랐다. 아이팟은 심장의 전기적 활동인 기본적 심전도 차트를 만들기 위해 후면 센서와 측면 센서를 결합했다. 아이브는 심전도 검사를 하는 방법을 알려주는 엔지니어의 설명을 듣고 나서 자신이 찬 아이팟의 디스플레이가 입원실 환자 모니터에 표시되는 삐죽삐죽한 선처럼 뾰족한 빨간 선으로 채워지는 모습을 보았다. 그는 인정한다는 듯 고개를 끄덕였다. 6개월 만에 엔지니어링팀은 애플의 아이팟 중 하나를 MP3 플레이어에서 헬스케어 제품으로 탈바꿈시켰다.

프레젠테이션이 끝나자 아이브는 그가 사람들의 손목에 선사하리라고 상상했던 헬스케어 기기의 가능성을 그의 동료들도 보았다는 걸 알 수 있었다. 물론 앞으로의 도전은 험난할지 몰랐다. 무엇보다 아이팟 나노는 크기가 너무 컸다. 따라서 소형화되고, 방수가 되며, 곡선 디스플레이를 장착할 필요가 있었다. 하지만 그날 모든 회의 참석자들은 스마트워치를 향후 애플의 핵심 제품으로 만들자는 같은 생각을 하며 자리를 떠났다.

쿠퍼티노로 돌아온 아이브는 iOS의 미래로 다시 관심을 돌렸다. 그는 소프트웨어 디자이너와 엔지니어들에게 소프트웨어의 대대적인 시각적 쇄신이 필요하다고 주장했다.

아이브는 이 프로젝트에 숙련된 예술가의 안목을 적용하고 싶어서 시러큐스 대학교에서 시각 공연 예술 대학을 졸업한 앨런 다이Alan Dye의 도움을 구했다.[8] 아이브처럼 다이의 아버지와 어머니 모두 교사였다. 다이는 목수인 아버지로부터 가구와 장난감을 만드는 법을 배우며 자랐다. 그는 어렸을 때부터 글자와 단어를 스케치했고, 평생 타이포그래피에 집착하다가 몰슨Molson 맥주와 패션 브랜드인 케이트 스페이드Kate Spade 같은 회사들의 상표와 인쇄 광고를 디자인하는 일을 맡게 됐다. 애플이 2006년에 제품 포장, 웹사이트, 광고 작업을 맡기기 위해 그를 고용했을 때 그는 떠오르는 스타였다. 그래픽에 대한 그의 집착을 잘 이해했던 아이브는 다이를 수백 명으로 불어나게 될 팀의 토대로 삼았다.

아이브는 다이와 함께 일하면서 아이폰의 디지털 그래픽과 물리적인 형태를 조화시키기 위해 아이콘들의 모양을 바꾸기 시작했다. 그들은 아이폰의 물리적 곡선과 애플 앱 아이콘의 곡선을 일치시키면서 항상 아이브를 짜증 나게 했던 세부 사항들을 빠르게 수정했다. iOS 7의 모서리는 베지어 원칙에 따라 재설계되면서 모든 앱의 모서리를 더 부드럽고 유기적인 곡선 느낌이 나도록 만들었다.[9] 아이브는 이러한 변화가 너무 자랑스러워 향후 건축가 및 디자이너들과 같이 작업할 때 그들에게 iOS 6에서 iOS 7로 바뀔 때 앱 모서리의 포인트 수가 어떻게 늘어났는지를 보여주며 이것을 완벽한 곡선을 만드는 방법의 사례로 들었다. 그는 또한 모든 앱에 쓸 더 얇은 모양의 산세리프 서체와 함께 더 밝은 색상을 곁들여 홈 화면을 생기 있어 보이게 만들 방법을 찾기 시작했다. 이러한 미묘한 변화는 과거로부터의 중대한 탈피를 예고했다.

몇 달 뒤 아이브는 애플의 엔지니어들과 이러한 새로운 방향을 공유하기 위해 대회의실에서 회의를 열었다.[10] 그는 엔지니어들에게 애플이 포토 앱 등에 사용해왔던 모든 낡은 아이코노그래피를 완전히 제거하고 보다 현대적인 디자인으로 대체하는 것이 목표라고 말했다. 그는 애플의 음성 메모의 이미지를 예로 들어 보여줬다. 포스톨 체제에서 그 아이콘은 라디오 방송사들이 1950년대에 사용했던 것과 같은 알약 모양의 리본 마이크였다. 아이브는 "그 비유는 무슨 뜻인지 모르겠다"면서 "내가 무엇을 보고 있는지 모르겠다는 뜻"이라고 말했다. 아이브 입장에서 그것은 사용자가 이해할 거라고 상상할 수 없는 시대착오적 아이콘이었다. 대신에 그는 오디오 녹음 소프트웨어로 렌더링해 목소리를 삐죽삐죽한 이미지로 표현한 새로운 아이콘을 소개할 계획이었다. 그는 달력 앱과 사파리Safari 웹 브라우저에서도 비슷한 변화를 보여줬다. 새로운 아이콘은 더 밝고, 더 역동적이고, 더 활기차 보였다.

아이브가 시각적인 스타일링을 중시하자 소프트웨어 디자인팀은 짜증이 났다. 그들 역시 색상과 모양에 집착하긴 했어도 그들은 결국 사람들이 전화기와 어떻게 '상호작용'하는지를 더 우선으로 여겼다. 그들은 또 종종 사용자들에게 얼마나 직관적일지 직접 경험해보고 필요에 따라 수정할 목적으로 소프트웨어 시제품을 만들었다. 그들 중 다수는 디자인이 소프트웨어의 작동 방법을 결정한다고 믿었고, 아이브가 근시안적으로 그것의 모양새에만 너무 초점을 맞췄다고 생각했다. 아이브가 앱 버튼 안쪽의 어두운 경계를 없애려고 하자 디자인 철학이 충돌하며 긴장감이 고조됐다. 일부 팀원들은 그러한 선이 사용자들이 화면을 클릭할 때 어떤 버튼을 눌러야 하는지를 빠르게 식별하는 데 유용하다고 믿었기 때문이다. 그들은 선이 없어지면 버튼이 배경과 구분하기 힘들게 흐릿해져서 사용자가 어디를 클릭해야 하는지 자세히 들여다보는 일이 벌어질까 봐 걱정했다. 하지만 아이브의 지시에 따라 그들은 앱의 작동 방법을 보여주는 일을 중단하고 앱이 어떤 모양일지를 보여주는 작업을 시작했다. 그들은 소프트웨어 전문가라기보다는 그래픽 디자이너에 더 가까워졌다.

아이브는 소프트웨어를 반투명하게 만들어 텍스트와 아이콘 층이 마치 성에가 긴 창처럼 홈 화면에 존재할 수 있게 할 생각이었다. 이 개념은 '제어 센터Control Center'라고 불리는 기술 발전의 핵심이었다. 이 기술은 화면 아래에서 위로 손가락을 문질러서 와이파이와 블루투스를 한 번에 클릭할 수 있는 반투명 페이지를 끌어올릴 수 있게 해줬다. 아이브가 동영상에서도 이 기능이 작동하도록 만들라고 압박하자 엔지니어들은 모두 한결같은 반응을 보였다. 할 수 없다는 것이었다. 그들은 아이폰의 그래픽 프로세서 속도가 충분히 빠르지 않은 게 문제라고 말했다. 하지만 아이브는 고집을 꺾지 않았고, 엔지니어들은 결국 하드웨어의 한계를 극복하고 불가능하다고 생각했던 것을 가능하게 만드는 시스템을 고안했다. 이 변화는 아이브가 요구했던 전체 운영 시스템의 전면적 개편에 핵심적인 역할을 했다. 하지만 엔지니어들은 이것을 '죽음의 행진'이라고 불렀다.

제품을 성공으로 이끄는 열쇠는 '목적'이다. 아이팟은 사람들의 호주머니에 1,000곡의 노래를 넣어줬기 때문에 음악 시장을 제패했다. 아이폰은 MP3 플레이어, 전화기, 컴퓨터가 하나로 통합된 기기라서 성공했다. 모든 기기가 그러한 혁신적인 목표를 염두에 두고 시작하지는 않지만 모든 성공은 깊은 숙고에서 나온다.

스마트워치가 발전하자 아이브는 애플이 무엇을 해야 하는지 고민했다. 그는 기존 시장을 가장 먼저 평가하고 싶었다. 그때까지 스마트워치 산업은 시계를 만드는 여섯 개 정도의 기업들끼리만 경쟁하는 초기 단계에 속했다. 아이브는 그 모든 시계에 대해 알고 싶었다.

어느 날 그는 경쟁 제품들에 대한 정보를 수집한 뒤 그들의 특징과 크기에 대한 세부 사항을 11×17인치 크기의 종이에 요약·정리해놓고선 엔지니어링팀을 불러들였다. 그는 팀원들을 스튜디오 테이블 주위로 모이게 한 후 각각의 시계에 대한 정보가 담긴 종이 뭉치를 휙휙 넘기기 시작했다. 그는 셔츠 소매 너비의 사각형 소니 스마트 시계와 지포^{Zippo} 라이터만큼 두꺼운 이탈리아제 시계의 과거 이미지들이 담긴 페이지를 넘겼다. 그는 그 페이지들을 자세히 살펴보던 중 인상을 쓰더니 "이 제품들은 인간미가 부족하네요"라며 씩씩거리며 말했다.

크기가 큰 시계는 혐오스럽다는 듯 아이브가 바라보자 그의 주위에 앉아 있던 팀원들은 동의한다는 듯 고개를 끄덕였다. 그 시계들은 전통적인 시계들과 단 한 가지의 공통점만을 가졌다. 즉 시간을 알려줬다. 아이브의 팀이 애플의 시계 디자인을 완성한 건 아니었지만 아이브는 애플의 시계가 시중에 나와 있는 그 어떤 시계와도 아주 달라 보이리라는 것을 알고 있었다. 미래에 번창하기 위해선 과거로부터 정보를 얻을 필요가 있었다. 사람들이 그것을 '착용'할 것이라는 바로 그 사실은 주머니에 쏙 넣거나, 가방 속에 던져두거나, 테이블 위에 올려놓을 어떤 것보다 그것의 디자인을 더 중요하게 만들었다. 그 기기는 친밀감이 느껴지고 피부에 계속해서 편하게 잘 붙어 있으며 멈출 걱정 없이 언제나 볼 수 있는 배터리와 프로세서로 구동되는 시계의 확장판이어야 했다. 또한 보석처럼 생긴 컴퓨터이자 영혼이 있는 제품이어야 했다.

이러한 비전은 디자인팀을 시간 여행으로 이끌었다. 그들은 시계가 탄생한 과거로 갔다가 다시 어떻게 현대식 시계들이 만들어졌는지 탐구하기 위해 현대로 돌아왔다. 디자이너들은 영국인들이 어떻게 대형 괘종시계를 소형화하여 항해사들이 바다에서 자신의 위치를 알 수 있게 해주는 크로노미터chronometer(천문·항해에 사용하는 정밀한 경도측정용 시계 – 옮긴이)로 만들어 대영제국의 부상을 촉진했는지를 알게 되었다.[11] 그들은 어떻게 주머니 크기의 시계가 전쟁 중에 진격 시기를 서로 맞춰 군대를 도와줄 수 있는 손목시계가 되었는지 연구했다. 그들은 1900년대 초 루이 까르띠에Louis Cartier가 케이스가 직사각형이고 로마 숫자가 들어간 상징적인 탱크Tank 시계를 개발한 후 어떻게 손목시계가 패션 작품이 되었는지를 시계 학자들로부터 들었다. 또한 스위스 시계 제조사들이 어떻게 분을 표시해주는 복잡한 기어를 만들어냈는지를 조사했다. 단, 이 기술은 1970년대에 수정 진동자의 등장과 배터리가 일으킨 혁명에 의해 밀려났다.

그들은 역사 수업을 하는 동안 세계 최고의 시계도 몇 개 구입했다. 애플이 인근 의료 사무 단지에 만든 스타트업인 아볼론테 헬스Avolonte Health를 통해 구입 주문이 전달됐다. 의료 사무 단지에선 애플의 엔지니어들이 레어 라이트의 비침습적 혈당 모니터링 기술을 비밀리에 연구하고 있었다. 애플은 국내 곳곳에서 흩어져 그런 은밀한 사업들을 추진하면서 경쟁사들에게 정보를 흘리지 않고 연구 개발을 할 수 있었다. 아볼론테의 직원들은 포장한 시계들을 트럭에 실어 인피니트 루프로 운반했고, 디자이너들은 파텍 필립Patek Philippe과 예거 르쿨트르Jaeger-LeCoultre 등 세계에서 가장 비싼 손목시계의 비밀을 파헤치기 위해 거침없이 제품들을 분해했다.

연구하느라 시간 가는 줄을 몰랐던 팀원들은 별도의 시간을 내서 애플워치에 들어가야 할 주요 기능에 대해 난상토론을 벌였다. 그들은 애플워치가 시중에 나와 있는 어떤 시계보다 더 정확하게 시간을 알려줘야 한다는 데 동의했다. 다른 아이디어들도 뒤따라 제기됐다. 스톱워치 겸 타이머, 알람 겸 세계시계여야 한다거나, 심장과 혈당 모니터링처럼 엔지니어들이 연구해온 헬스케어 기능이 들어가 있어야 한다는 아이디어들이었다. 팀원들은 또 사람들의 감정을 추적하고 사람들의 건강 수준을 기록하는 기능을 넣는 방안에 대해서도 토론했다. 하지만 무엇보다도 그들은 애플워치가 사람들을 휴대폰의 억압으로부터 해방시키고, 손목으로 문자 메시지를 전달하고, 이동 중에 전화를 걸거나 음악을 들을 수 있게 해주는 기능이 들어가야 한다는 점을 이야기했다. 단, 이 마지막 기능은 무선 헤드폰이 기술적 도약을 이뤄야 가능할 것이라는 데 의견을 같이했다. 그리고 바로 그런 이유로 애플워치는 또 다른 웨어러블 제품을 탄생시키기에 이르렀다.

아이디어의 빠른 개발 속도는 애플이 성장시킬 수 있는 플랫폼을 가지고 있음을 분명히 보여주었다. 그리고 그것은 아이폰이 전화기, 음악 플레이어, 포켓 컴퓨터로 시작해서 고성능 카메라, 손전등, 내비게이션, 게임 콘솔, TV 화면으로 진화해온 과정을 연상케 했다. 매년 추가되는 기능들은 아이폰을 사람들의 삶에서 없어서는 안 될 그 무엇으로 만들었다. 애플워치도 애플을 더 밝은 미래로 이끌어줄 기능들을 담은 그릇으로써 장시간 기능할 수 있는 아이폰과 비슷한 잠재력을 가지고 있었다.

제품 개발 시간이 길어질수록 아이브는 점차 좌절감을 느꼈다. 세인트 레지스 호텔에서 그와 합류한 두 명의 최고 디자이너인 리코 조켄도르퍼와 줄리안 회니그가 디자인 책임을 맡았다. 그들은 나머지 팀원들과 협력하던 중 인식표 팔찌처럼 생긴 디자인으로 최종 결정을 내렸다. 애플워치의 직사각형 모양은 까르띠에의 유명한 탱크 시계와 일부 유사점이 있었다. 단 그만큼의 우아함이 느껴지지는 않았다. 아이브는 좀 더 유행하는 형태의 디자인을 원했다.

디자인은 심장 센서 문제로 복잡해졌다. 심박수를 가장 정확하게 재려면 간호사들이 사람들의 맥박을 측정할 때처럼 손목 안쪽을 재야 한다.[12] 그러나 그러한 점을 반영해 디자인하려면 부피가 커질 수밖에 없었고 이는 시계에 대해 사람들이 가진 전통적인 개념과 맞지 않았다. 디자인팀은 하드웨어가 시계 케이스의 뒷면에 가 있어야 한다는 데 동의했다.

해결책을 찾아야 한다는 압박감이 나날이 커졌다. 디자인 스튜디오는 제품 개발 프로세스의 정점에 서 있었기 때문에 이곳에서 제품의 모양새에 대해 내리는 결정은 소프트웨어와 하드웨어는 물론이고 회사의 운영팀이 확보해야 할 부품과 제조 도구 결정에 모두 영향을 줄 수 있었다. 하지만 아이브는 '집필자 장애writer's block(글을 쓰는 사람들이 글 내용이나 소재에 대한 아이디어가 떠오르지 않아서 애를 먹는 상황-옮긴이)'를 겪는 작가처럼 디자인의 벽에 부딪히고 있었다.

2013년 3월 말, 아이브의 친구인 마크 뉴슨이 스튜디오를 방문했다. 그는 세계에서 가장 유능하고 다재다능한 디자이너 중 한 명이었고, 호주에서 시계를 분해하면서 성장하다가 직접 스튜디오를 차린 자수성가한 스타였다. 그는 콴타스Qantas 항공 비행기 인테리어에서부터 나이키 운동화와 루이뷔통Louis Vuitton의 여행용 가방까지 온갖 것을 디자인했다.[13] 그는 영국의 스타일리스트 샬럿 스톡데일Charlotte Stockdale과 결혼했고, 차고를 구형 자동차들로 가득 채웠으며, 뉴욕의 가고시안^{Gagosian} 갤러리에서 개최한 단독 쇼로 호평을 받았다. 하지만 가장 중요한 사실은 그가 20년 동안 손목시계를 디자인해본 경험이 있다는 것이었다.

아이브는 디자인팀이 작업한 초기 여섯 개 시제품이 펼쳐진 테이블로 뉴슨을 데리고 가서 그의 생각을 물었다. 뉴슨은 원형과 직선형 및 각진 스타일의 디자인 콘셉트를 훑어봤다. 작품들의 수준은 놀라웠지만 어느 것도 적절해 보이지 않았다. 그는 아이브와 부족한 점을 이야기하기 시작했는데 얘기는 계속해서 시계의 밴드로 귀결됐다. 밴드가 시계 앞면과 매끄럽게 교차할 필요가 있었다.

이야기를 나누던 그들은 스케치북을 펴고 만년필로 활발하게 선을 긋기 시작했다. 그들의 손은 급하게 페이지를 넘겨댔고, 아이브는 정확한 획으로, 뉴슨은 구불구불한 선으로 귀퉁이가 둥그런 미니 아이폰 모습을 한 네모난 모양의 시계 앞면을 만들어냈다.[14] 다른 아이디어들도 쏟아져 나왔다. 그들은 시계 케이스의 뒤쪽으로 곡선 모양의 공백을 그려넣고, 그것에 별도의 스트랩을 연결하는 방법을 상상했다. 디자이너들은 애초에 미끄러지듯 잠갔다가 풀 수 있는 밴드를 원했는데, 마침내 그런 바람을 실현할 수 있는 디자인을 하게 되었다. 디자인팀이 몇 달 동안 작업해왔기에 아이브에게 아주 낯익은 둥그런 용두龍頭(손목시계 따위에서 태엽을 감는 꼭지 – 옮긴이)도 그려보았다. 디자인팀은 시계 제작자들이 1820년에 시계태엽을 감고 시간을 설정하기 위해 도입했던 초소형 용두를 집어넣음으로써 그들이 만든 모델이 '손목 컴퓨터'가 아닌 시계처럼 보이게 만들고자 애썼다.[15]

아이브는 깨달음을 얻으면 활력을 되찾곤 했다.[16] 시계 역사에 대한 디자인팀의 철저한 연구로부터 새롭게 스케치한 시계에 의미를 부여하는 아이디어가 나왔다. 그와 팀이 생각해낸 용두는 탐색용 도구이자 볼륨 조절용 다이얼, 그리고 손목 위 초소형 앱들을 돌려볼 수 있는 바퀴이자 홈 화면으로 돌아가는 버튼이 될 수 있었다. 그는 과거 시계에 달려 있던 작은 도구가 미래 시계의 가장 대표적인 도구가 될 수 있다는 사실을 깨달았다.

아이브와 뉴슨은 창조적인 에너지를 발산하는 과정에서 집단 무의식을 활용해 항상 존재해왔으나 실제로 스케치해볼 필요가 있었던 개념을 발굴하는 작곡가가 된 것처럼 느꼈다. 스케치를 마친 그들은 컴퓨터 디자인실로 그것을 급히 보내 CAD 전문가에게 3차원 모델로 변환해달라고 부탁했다. 그들은 직원이 화면에 이미지를 만드는 동안 어깨 너머로 화면을 응시했다. 그들이 생각한 개념을 실체로 전환할 수 있는지 알게 되는 순간이었다. 대부분의 아이디어가 유효했다. 형태, 두께, 시계 밴드를 연결하는 메커니즘 모두가. 아이디어는 살아 있고 강력했다.

이제 시계 제작이라는 복잡하고 어려운 일을 할 차례였다.

CHAPTER 8

불가능해진 혁신

팀 쿡은 자신이 한밤중에도 스포트라이트를 받는 삶에 적응하게 됐다는 사실을 깨달았다.

전 세계 시가총액 1위 기업을 이끌던 재임 초기 그는 항상 그의 팰로앨토 집 현관에서 누군가가 두들기고 소리치는 소리에 잠에서 깼다.[1] 거리에서 45미터도 채 떨어져 있지 않은 그의 집은 이웃들에 의해 둘러싸여 있었는데, 항상 튀어 보이기 싫어했던 남부의 아들 쿡은 24시간 동안 경호팀의 근접 경호를 받는 소란을 피우고 싶지 않았다. 쾅쾅 소리가 계속되자 그는 야구 방망이를 집어 들었다.

문 쪽으로 다가가던 쿡은 밖에서 한 남자가 애플의 주가에 대해 소리치는 것을 들었다. 아이폰의 판매 증가세가 둔화하자 곧이어 애플의 주가도 하락했다. 투자자들이 화가 난 이유였다. 투자자들이 워낙 꾸준히 오르기만 하는 애플 주가에 익숙해져 있었던지라, 주가의 하락에 그렇게 비명을 지르는 것도 충분히 납득이 갔다. 쿡은 조용히 상황이 끝나기만을 기다렸다. 시간이 지나자 고함 소리는 멈췄고 쿡은 침대로 돌아갔다.

그로부터 몇 주 후 개인 보안 프로토콜을 논의하기 위한 회의를 앞두고 쿡은 경호팀에게 무심코 그가 겪은 일을 이야기했다. 즉각 그의 집에 카메라를 설치해야 한다는 말이 나왔고 쿡은 수긍할 수밖에 없었다. 하지만 쿡이 경호팀의 경호를 받아야 한다는 걸 깨닫게 된 사건은 따로 있었다. 그는 CEO가 된 후에도 민간 항공사 비행기를 타고 다녔는데, 사람들의 눈에 띄지 않으려고 늘 야구 모자를 쓰고 공항에 갔다. 그런데 한 번은 출장 도중 공항에서 수속을 밟는데 누군가가 그를 알아보고 같이 사진을 찍자고 요청해왔다. 그러자 곧 다른 사람들도 그를 알아보고 주변으로 모여들었다. 군중들 틈에서 쿡은 누군가가 그의 어깨를 잡아당기는 느낌을 받았다. 심한 통증이 느껴졌다. 최근 운동 중에 어깨를 다친 뒤라 누군가 어깨를 잡아당기니 압박감이 더 크게 느껴졌다.

공항에 모인 군중, 끌어당김, 고통은 모두 그가 더 이상 앨라배마 출신의 무명 경영자가 아니라는 사실을 분명히 보여줬다. 이제 그는 전 세계에서 가장 많은 주목을 받는 기업의 CEO였다.

잡스가 죽은 지 1년이 지나서도 애플은 여전히 마법이 살아 있다는 것을 보여주기 위해 최선을 다하고 있었다.

2012년 말 애플은 전작보다 18퍼센트나 얇은 유리와 알루미늄 케이스를 장착한 신형 아이폰을 선보이며 이것을 '완벽한 보석absolute jewel' 같다고 광고했다. 쿡은 바닥부터 천장까지 유리로 된 팰로앨토의 새 애플 스토어 개점 행사에 참석해서 이 신형 아이폰 출시를 지원했다.[2] 그는 열광적인 쇼핑객들을 빠르게 스쳐 간 뒤 신형 아이폰을 팔기 위해 열심히 일하는 매장 직원들과 어울렸다. 그는 신형 아이폰의 반응을 보고 흡족해했다. 애플은 출시 첫 주말 동안 신형 아이폰을 500만 대나 팔았다.[3] 이는 회사의 초기 공급량을 넘어선 새로운 판매 기록이었다. 그러나 그 흐름은 계속 이어지지 못했다. 시장은 주주들이 이 신제품에 그다지 호응을 보내지 않고 있다는 사실을 매일 상기시켜줬다.

이 새 모델의 전년 대비 판매 성장률은 아이폰의 5년 역사상 가장 부진했다.[4] 결과적으로 애플의 주가는 반년 만에 최저치로 떨어졌고, 그해 코카콜라의 전체 시가총액과 엇비슷한 1,600억 달러의 시가총액이 증발했다. 투자자들 눈엔 애플이 만만치 않은 적과 처음으로 맞서게 됐음이 분명해 보였다.

로스앤젤레스에서 남쪽으로 약 643킬로미터 떨어진 곳에 있는 볼프강퍽 레스토랑에서 토드 펜들턴Todd Pendleton은 스마트폰 시장의 왕인 애플을 겨냥한 공격 계획을 세우기 위해 삼성의 마케팅 담당자들을 끌어모았다. 당시는 아이폰의 계절인 가을이었고, 미국 내 삼성 최고마케팅책임자CMO, chief marketing officer는 애플이 그들의 최신 기기에 아낌없이 쏟아낸 찬사를 불손한 조롱으로 바꿀 파괴적인 광고 캠페인을 구상 중이었다.

잡스의 선견지명적 '힘의 장force field(눈에 보이지 않는 힘이 작용하는 구역 - 옮긴이)'이 없는 애플은 취약했다. 그의 부재는 그 없이도 애플이 혁신할 능력이 있을지 의문을 불러일으켰고, 심지어 가장 열렬한 팬보이들에게까지 애플이 상상력 부족에 시달리게 될지 모른다는 두려움을 키웠다.

타이밍은 더할 나위 없이 나빴다. 아이폰과 경쟁 스마트폰들 간의 격차는 점점 줄어들고 있었다.[5] 경쟁사들이 몇 세대 만에 가장 중요한 소비재가 된 휴대폰 시장점유율을 끌어올리기 위해 전력을 다하면서 그들의 하드웨어와 소프트웨어를 빠르게 개선하자 애플의 시장점유율은 떨어지기 시작했다.

펜들턴과 그의 동료들은 애플이 약해진 순간을 삼성 갤럭시의 우수성을 전 세계에 알릴 절호의 기회로 보았다.[6] 프리미엄 스마트폰인 갤럭시에는 아이폰보다 큰 화면에 아이폰을 대체할 기능과 함께 전 세계 고객들의 마음을 사로잡을 만한 정교한 카메라가 장착되어 있었다.

최근 몇 년 사이 애플과 삼성의 싸움은 기업 간 싸움으로 변했다. 2011년 애플은 삼성이 아이폰의 모양, 디자인, 인터페이스를 모방했다고 비난하며 미국 캘리포니아 북부 지방법원에다 삼성을 고소했다. 애플은 자사 직원들은 주말에도 일하면서 특허 출원을 했고 제품 혁명을 일으켰지만, 삼성이 이 모든 것을 도용했다면서 애플이 승소하는 게 마땅하다는 주장을 펼쳤다.[7] 삼성의 파트너인 구글조차 한국인들에게 삼성의 소프트웨어 디자인이 애플의 디자인을 모방했다고 경고했다. 삼성은 펜들턴에게 상업적인 반격을 이끌어내라는 임무를 맡겼다.

나이키 임원 출신인 펜들턴은 '앰부시 마케팅ambush marketing(교묘히 규제를 피해 가는 마케팅 기법 – 옮긴이)'을 공부한 바 있었다. 나이키는 1996년 애틀랜타 올림픽 후원을 거절한 다음에 애틀랜타의 광고판을 스우시(나이키의 로고 – 옮긴이)로 도배하다시피 하며 매출을 늘렸다. 이런 반항적인 행동에 대한 취재가 시작되자 나이키는 무료로 뉴스에 홍보하는 효과를 거두었고, 고객들의 마음도 사로잡았다. 펜들턴은 기술 분야의 올림픽에 맞먹는 아이폰이 출시됐을 때도 비슷한 마케팅 기회를 잡았다.

과거 식당으로 쓰였던 전략 회의실에선 삼성의 마케터들이 TV로 애플의 제품 출시 행사 영상을 지켜 보고 있었다. 그곳 근처에선 삼성의 광고 대행사인 세븐티투앤서니72andSunny의 카피라이터들이 화이트보드에 광고에 넣을 글귀를 이리저리 써보고 있었다. 그들은 언뜻 이해하기 힘든 애플의 마케팅 표현, 즉 카메라가 '공간 노이즈 감소' 효과를 낸다는 식으로 부풀려 선전하는 경향과 아이폰을 '보석'이라고 부르는 습관을 조롱하는 데 집중했다.

펜들턴은 삼성 마케터들에게 제품이 출시되기 전 몇 시간 동안 애플 스토어 밖에서 줄을 서서 기다리는 사람들의 어처구니없는 행동을 비웃는 방법을 찾으라고 종용했다. 그는 복잡한 아이폰 구매 과정과 간편한 삼성 갤럭시 구매 과정을 서로 대조해 보여주고 싶었다. 그는 이 차이가 사람들이 과장 광고하는 아이폰의 실체를 꿰뚫어보고 더 좋은 삼성 휴대폰을 사도록 영감을 주는 똑똑한 광고 제작에 도움이 될 수 있다고 생각했다. 그가 마케팅팀을 식당 안으로 몰아넣은 이유는 풍자 대본을 브레인스토밍하면서 창의력을 발휘하게 만들기 위해서였다. 누군가가 "엄마를 기다리는 사람을 등장시키면 어떨까요?"라는 제안을 했다.[8] 그러자 "오, 그건 멋지지 않아요"라는 의견이 나왔다.

광고 제작진은 그곳 근처에서 카피라이터의 작업이 끝나면 바로 촬영을 할 수 있게 가짜 애플 스토어 밖에서 기다리고 있었다. 펜들턴은 서둘러 촬영장으로 가서 수십 명의 배우들이 대사를 읽는 모습을 지켜보았다. 가짜 애플 스토어 밖에서 고객 역을 맡은 배우들이 아이폰을 사려고 기다리며 애플이 최신 기능으로 내세운 것에 대해 열렬히 떠드는 가운데 카메라가 돌아다녔다.

한 배우가 "헤드폰 잭이 하단에 있을 거예요!"라고 말했다. 다른 배우는 "커넥터가 모두 디지털이라고 들었어요. 그런데 그게 대체 무슨 뜻이죠?"라고 말했다. 그리고 그들 옆으로 더 큰 화면, 각자의 휴대폰을 탭해서 플레이리스트를 서로 교환하는 등의 독점적인 기능을 가진 삼성 갤럭시폰을

든 사람들이 지나갔다. 가짜 애플 스토어에 줄을 서 있던 사람들은 삼성 휴대폰이 더 세련된 기능을 가지고 있다는 것을 깨닫고 경외심을 가지고 사람들이 지나가는 모습을 지켜보았다.

이 광고는 삼성의 '차세대 혁신은 이미 여기 와 있습니다Next Big Thing Is Already Here' 캠페인의 일부였는데, 이 캠페인은 삼성 갤럭시를 '힙한 사람들'이 선택한 휴대폰으로, 반면에 아이폰은 잘 속고 편협한 사고를 하는 샌님들이 선호하는 휴대폰으로 묘사한 신랄한 풍자였다. 삼성은 갤럭시 S3를 광고하는 광고판을 애플 스토어 밖에 세워 이 광고들을 보완했다. 여기서 그치지 않고 아이폰을 사려고 기다리는 사람들에게 피자를 배달해줬다. 전형적인 앰부시 마케팅 전략이었다.

이런 식의 상업적 공격을 받자 쿠퍼티노에 있는 모두는 짜증이 났다. 삼성의 마케팅 수법과 애플이 써왔던 마케팅 수법 사이에 명백한 유사점이 있다는 사실 때문에 더 짜증이 났다. 애플은 과거 코미디언 존 호그만에겐 정장과 넥타이를 착용한 PC 역을, 배우 저스틴 롱에겐 셔츠와 청바지를 입은 맥 역을 맡긴 '맥을 가져라Get a Mac' 캠페인을 통해 '멋짐 대 따분함cool-versus-nerd'을 대비시킨 광고를 대중화시킨 적이 있었다. 그 광고에선 호그만이 스프레드시트를 만들 수 있다며 자랑하자 롱이 디지털 영화를 만드는 방법에 대해 이야기한다. 이 광고는 시청자들에게 다음과 같은 질문을 던지게 했다. "내가 얼간이들이 쓰는 구식 컴퓨터를 가져야 할까, 아니면 멋진 사람들이 선호하는 잘 작동하는 데스크톱 컴퓨터를 가져야 할까?"

이제 삼성은 사람들이 스마트폰에 대해서도 비슷한 질문을 던지게 만들고 있었다. "애플 스토어 밖에서 간절히 구입을 원하는 팬보이들과 함께 몇 시간 동안 줄을 서서 기다릴까, 아니면 편리하고 속 편하게 쓸 수 있는 풍부한 기능을 가진 기기를 사서 느긋하게 인생을 즐기며 살까?"

한국의 경쟁사가 애플을 뛰어넘어 전 세계 스마트폰의 왕으로 등극하기 직전이었다.

삼성의 광고가 전파를 타자 쿡은 앵커 브라이언 윌리엄스Brian Williams가 진행하는 NBC의 뉴스 프로그램 〈록 센터Rock Center〉에 출연하기 위해 뉴욕을 찾는 등 이례적인 언론 공세에 나섰다. 그들은 그랜드 센트럴 역을 거닐다가 계단을 올라가서 기차역의 아치형 중앙홀 위에 있는 애플 스토어로 향했다. 그들이 사업에 대해 이야기하기 위해 자리에 앉자 윌리엄스는 삼성에 대한 애플의 악감정에 대한 이야기부터 꺼냈다.

윌리엄스는 삼성의 광고를 가리켜 "얼마 전까지만 해도 상상할 수 없었을 거인에 대한 정면 공격"이라고 묘사했다.[9] "삼성은 그들의 제품이 멋지고 당신들의 제품은 멋지지 않은 것으로 포장하려고 애쓰고 있더군요. 핵전쟁이 일어난 겁니까?" 윌리엄스가 물었다. 쿡이 입을 오므리더니 "핵전쟁일까요?"라고 물었다. "사실 우리는 경쟁을 좋아합니다. 우린 경쟁이 우리 모두를 낫게 만들어준다고 생각하죠. 하지만 우리는 또한 사람들이 그들만의 독창성 있는 무언가를 발명하기를 원합니다." 쿡은 자신의 말을 강조하려는 듯 탁자를 쾅쾅 치며 말했다.

윌리엄스가 말할 때 쿡의 몸이 흔들렸고, 시선은 그에게 집중됐다. 윌리엄스는 잔인한 광고가 되풀이되는 데 대한 쿡의 생각을 알기 위해 "애플이 유통기한 없이 신선함을 유지할 수 있는 회사라면 그런 트렌드에 가장 먼저 맞설 수 있을 것"이라고 말했다. 그러자 쿡은 더 이상 몸을 흔들지 않았다. 그는 몸을 앞으로 숙이면서 눈을 가늘게 떴다. 그러고는 "우리가 진다는 데 베팅하지 말아요. 브라이언. 절대로요"라고 말했다.

쿡은 삼성의 부상을 보며 마음이 괴로웠다. 그는 삼성의 휴대폰이 모방폰에 지나지 않으며, 광고는 경박하고, 삼성 제국은 세탁기와 전자레인지까지 온갖 것을 다 만든다고 생각했다. 그는 삼성은 복잡한 문제에 대한 간단한 해결책을 생각해내기 위해 밤낮으로 고민하지 않았고, 제품 라인업을 신중하게 큐레이션하지도 않았다고 생각했다. 그러나 삼성이 애플을 밀어내고 언론의 주목을 받고 있었다.

한국인들이 마케팅 문제를 일으키자 애플의 마케팅팀에 그것을 해결할 임무가 떨어졌다. 잡스 시절 광고와 포장을 개발한 팀은 애플의 강점 중 하나였다. '마케팅'과 '커뮤니케이션'을 줄인 마콤Marcom은 애플 경영진과 함께 애플 광고를 맞춤 제작해주는 로스앤젤레스에 본사를 둔 광고 대행사 TBWA\미디어 아트 랩 리더들로 구성된 선발팀이었다. 이들은 매주 수요일 세 시간 동안 만나 아이디어를 검토하고 다듬었다. 아이팟 실루엣 캠페인 '맥을 가져라'나 팝송 '뉴 소울New Soul'에 맞춰 마닐라지로 만든 봉투에서 빠져나오는 매끈한 맥북 에어의 모습을 담은 '봉투Envelope' 등 황금 같은 광고 아이디어를 찾아낼 때까지 회의는 이어졌다. CMO로도 활동했던 잡스는 가장 의견이 많은 마콤 멤버 두 명끼리 경쟁을 붙여 그렇게 기억에 남을 만한 광고들을 만들었다. 잡스는 제품 마케팅 책임자인 필 실러에게는 새로운 기술을 홍보하는 방법을, 그리고 미디어 아트 랩의 제임스 빈센트 CEO에겐 고객의 관심을 끌 수 있는 창의적인 아이디어를 찾아내라고 재촉했다. 그 결과 세계 최고의 광고들이 탄생했다.

2011년 잡스가 사망한 후 실러가 마콤을 이끌게 되자 회사 안팎에선 우려의 목소리가 새어나왔다. 세이지색 셔츠를 좋아하는 둥근 얼굴의 뉴잉글랜드 출신인 실러는 상상력이 부족하다는 평가를 받았다. 그는 또한 '닥터 노Dr. No'라는 별명이 붙을 정도로 다른 사람들의 생각을 자주 무시했다.[10] 빈센트는 그의 승진을 납득하기 힘들었다. 잡스는 죽기 전 '크리에이티브계의 크리에이티브creative's creative'라는 동료들의 평가를 받는 빈센트에게 마콤을 이끌어달라고 당부했었다. 하지만 이제 그는 회사 브랜드의 중재자가 된 경쟁자 실러에게 보고해야 하는 상황이었다.

실러가 이끄는 마콤은 흔들리는 것처럼 보였다. 배우 존 말코비치가 출연한 인공지능 음성 비서 시리 광고가 기능을 과장했다는 이유로 소송을 당했다(소송은 기각되었다). 기술 평론가들은 한 배우를 고객이 겪는 기술적 문제들을 해결해주는 '지니어스 바'의 기술 지원자로 등장시킨 '지니어스Genius'라는 후속 광고 캠페인을 혹평했는데, 이것이 애플의 '그냥 쓰면 된다It Just Works'는 판매 전략과는 양립할 수 없는 개념이었기 때문이다.[11] 애플은 문제의 광고를 중단했다. 이례적인 일이었다. 이 광고에 대해 일부 마콤 직원들은 잡스라면 "그걸로는 충분하지 않다"면서 광고를 시작하기도 전에 중단했을 것이라고 말하기도 했다. 자사 광고에 대한 언론의 비판이 거세지자 애플은 미디어 아트 랩이 제안한 아이디어와 경쟁할 만한 다른 아이디어를 제시하기 위해 카피라이터와 크리에이티브로 구성된 자체 팀을 구성하기 시작했다. 이 팀이 느끼는 고민과 긴장은 잡스가 세운 회사가 지휘자의 오랜 부재에 적응하는 과정에서 요동치는 고민과 긴장의 축소판과도 같았다.

2013년 1월 말 실러는 〈월스트리트 저널〉 비즈니스 섹션의 1면에 실린 기사를 보고 깜짝 놀랐다.[12] 그는 '애플, 삼성 때문에 냉정을 잃었나?'라는 기사 제목 때문에도 화가 났지만 기사에 등장한 일화가 더 문제라고 느꼈다. 이 기사에선 삼성의 광고 공세에 마음이 움직여 본래 쓰던 아이폰을 갤럭시 S3로 교체한 윌 에르난데스Will Hernandez라는 애플 고객이 한 말을 인용했다. 에르난데스는 "TV에서 이런 물건을 본다면 (구매를) 고민하게 될 것"이라며 자신은 갤럭시 S3의 더 큰 화면이 마음에 든다고 덧붙였다. 실러는 이 기사를 빈센트에게 전달하며 이메일에다 "작금의 상황을 반전시키기 위해 해야 할 일이 많다"고 적었다.[13]

빈센트는 이 이메일을 읽고 낙심했다. 그는 애플이 당면한 문제가 삼성의 광고 캠페인 외에도 많다고 생각했다. 애플에 대한 뉴스 보도는 애플이 만든 훌륭한 제품에서 혁신에 대한 의문, 중국 아이폰 공장에 일어난 자살 사건 보도, 삼성과의 소송에 대한 보도로 바뀌었다. 그중 어느 것도 사람들이 사랑하는 멋지고 반항적인 회사로 애플이 유명세를 떨치게 해줬던 보도와 아무런 관련이 없었다. 대신 애플이 거대 다국적 기업이 된 기업처럼 느껴졌다. 빈센트는 실러에게 보낼 긴 답장을 작성했다.

우리도 작금의 상황에 공감하며 마음이 아픕니다. 우리는 현재 언론이 비판적 보도 일색이란 걸 알고 있습니다. 한꺼번에 여러 가지 안 좋은 일이 겹쳐 생긴 더할 나위 없이 나쁜 지금의 상황이 우리에게 소름 끼칠 만큼 부정적인 이야기를 몰고 오고 있습니다.

지난 며칠 동안 우리는 회사를 위해 더 큰 아이디어를 개발하기 시작했습니다. 지금 우리에 대한 보도를 보다 긍정적으로 변화시키는 데 광고가 절대적으로 도움을 줄 수 있습니다.

빈센트는 '중국과 미국 노동자', '과도한 자산', '지도', '애플 브랜드 추락' 등 회사가 직면한 문제를 제기한 뒤 애플이 안테나게이트 직후 열었던 것과 유사한 긴급회의 소집을 제안했다. 그는 16년 전 '다르게 생각하라' 캠페인 이후 처음으로 애플이 브랜드 캠페인을 고려해야 할 시기라고 생각했다.

위기 극복에 도움을 줄 광고의 필요성 면에서 현재 우리가 처한 상황이 1997년의 상황과 매우 유사하다는 것을 알고 있습니다.

이메일을 읽던 실러는 간담이 서늘해졌다. 빈센트의 이메일은 사실상 "우리가 아니라 당신이 문제"라는 말을 하고 있었기 때문이다. 실러는 최근 빈센트와 만났던 날을 머릿속에 떠올렸다. 아이폰5 출시를 지켜보면서 스마트폰 경쟁 상황에 대한 제품 마케팅 프레젠테이션을 같이 들었을 때였다. 당시 만남에서도 빈센트는 아이폰5가 갤럭시보다 더 나은 제품이라는 게 분명하니 지금 애플의 문제는 순전히 마케팅에 있다는 식이었다. 실러는 다음과 같이 자신이 느끼는 좌절감을 전달했다.

애플이 회사 운영 방식을 갑자기 완전히 다르게 생각해야 한다는 제안을 하다니 좀 충격적이군요. (중략) 지금은 1997년이 아닙니다. 어떤 면에서 보더라도 전혀 비슷하지 않습니다. 1997년에 애플은 마케팅할 제품이 없었습니다. 당시 회사는 벌이가 너무 신통치 않아 폐업을 6개월 앞두고 있었어요. 재시작 버튼을 눌러야 하는 사면초가에 몰린 애플이었습니다. (중략) 세계 최고의 제품을 만드는 세계에서 가장 성공한 기술 회사가 아니었던 겁니다.

실러의 이메일을 받은 빈센트는 후회막심이었다. 자신이 쓴 이메일을 다시 읽어보자 실러가 왜 이렇게 그의 생각을 무시하는 듯한 반응을 보였는지 알 수 있었다. 그는 자신이 쓴 이메일 때문에 큰 대가를 치를 수 있다는 것을 깨달았다. 애플은 미디어 아트 랩의 대표 고객이었다. 그는 실러가 받은 상처를 치유해주기 위해 애썼다.

사과를 받아주시길 바랍니다. 절대 고의는 없었습니다. 제가 보낸 이메일을 다시 읽어보니 왜 당신의 마음이 상할 수밖에 없었는지 알 수 있었습니다. (중략) 죄송합니다.

생각을 좀 정리한 실러는 쿡에게 최근 빈센트와 나눈 대화를 알려주기로 결정했다. 그는 쿡에게 이메일을 보내 미디어 아트 랩에 대한 우려를 제기했다. 미디어 아트 랩은 1997년 애플의 브랜드를 부활시켰고 잡스의 도움으로 애플에 일련의 전설적인 광고를 만들어주었지만 이번엔 달랐다. 실러는 쿡에게 미디어 아트 랩이 아이폰5에 대한 대중의 인식을 긍정적으로 만드는 데 실패했다고 말했다.[14] 그는 다음과 같은 내용을 쓴 후 '보내기' 버튼을 눌렀다.

새 대행사를 찾아야 할 것 같습니다. 이런 상황을 막기 위해 열심히 노력했지만, 필요한 것을 얻지 못하고 있습니다. (중략) 그들이 무엇보다도 올해 우리를 위해 더 열심히 일해줘야 한다는 사실을 받아들이지 않는 것 같습니다.

쿡은 실러의 이메일을 검토했다. 쿡은 항상 자신이 메일을 확인했음을 전달하는 정도로 짧게 썼지만 행동을 부추기기에는 부족함이 없을 만큼 직설적으로 썼다. 그는 이렇게 답장을 보냈다.

그래야 한다면 당장 그렇게 합시다.

쿡은 그가 다른 사람에게 맡길 수 없는 더 시급히 해결해야 할 또 다른 문제에 직면하고 있었다. 의회 조사관들은 2013년 초 워싱턴 D.C.에서 열린 한 회의로 애플의 조세 전문가들을 소환했다. 당시 상임조사소위원회 Permanent Subcommittee on Investigations 위원장인 칼 레빈Carl Levin 상원의원(미시간주·민주당)은 기업들의 세금 회피 실태와 미국 내 세금을 회피하려고 기업들이 해외에 세운 '껍데기 회사들'에 대한 조사를 수년 동안 벌이고 있었다. 위원회의 직원들은 한 무리의 기업들에게 이처럼 해외에 차린 회사들에 대해 묻는 질의서를 보냈다. 애플이 답변에서 한 부분을 비워두자 조사관들은 그 이유를 알고 싶어 했다.[15]

회의에 도착한 세무팀은 10여 개의 짝이 맞지 않는 의자들로 둘러싸인 긴 테이블이 있는 회의실로 안내됐다. 벽에 기대져 있는 빨간 가죽 소파는 마치 중고품 할인상점에 온 것 같은 느낌을 주었다. 인피니트 루프 회의실을 차지하고 있는 매끈한 흰색 테이블과는 큰 차이가 있었다. 세무팀은 자리에 앉아 노련한 의회 조사관 겸 변호사인 밥 로치Bob Roach가 질의서에 대한 애플의 답변을 검토하기 시작하는 모습을 지켜봤다.

"왜 이 부분은 채워 넣지 않았죠?" 로치가 애플 유럽Apple Europe이라는 법인의 관할권을 알려달라는 질문의 답변란이 빈칸으로 남아 있는 이유에 대해 물었다.

애플 세무팀은 질문을 먼저 본 뒤 다시 조사관들 쪽으로 시선을 돌렸다. 방 안이 조용해졌다. 애플 세무팀의 시선이 아래로 향했다. 조사관들은 애플이 단순한 실수가 아닌 다른 이유로 답변을 생략했다고 의심했다.

"우리는 어느 곳에서도 실제로 '세법상 거주자tax resident'가 아닙니다." 애플 세무팀의 한 직원이 말했다.

로치는 몸을 앞으로 내밀고 싶은 충동을 억누르고 얼굴을 꼿꼿이 세운 뒤 물었다. "어떻게 그럴 수 있죠?"

애플 세무팀은 미국은 법인화 시점을 기준으로 법인 거주지를 결정하나 애플 유럽이 거점을 두고 있는 아일랜드에서는 회사가 관리 및 통제되는 장소에 따라 거주지가 결정된다고 설명했다. 애플의 아일랜드 법인에 직원이 없고, 그곳이 아일랜드에서 관리나 통제를 받지 않기 때문에 아일랜드의 세법상 거주자로 취급되지 않는다는 것이었다.

그들이 발언을 마치자 로치는 애플이 유럽에서 벌어들인 이익에 대해 미국에서 세금을 내지 않고 있다는 사실을 깨달았다. 그 돈이 아일랜드 자회사로 흘러 들어갔기 때문이다. 그리고 애플은 아일랜드 자회사가 미국에서 관리되고 있는 이상 유럽에서 벌어들인 이익에 대해서도 세금을 내지 않았다. 이리저리 돌려놓은 영리한 논리적 속임수로 애플은 수십억 달러의 세금을 절약하는 중이었다.

로치는 회의실에서 나와 몇 명의 세금 전문가를 불러 애플의 관행을 평가하기 시작했다. 그리고 얼마 지나지 않아 그들은 뭔가 특별한 것을 발견해냈다. 애플이 어디에도 세법상 거주자로 분류되지 않는 아일랜드 자회사 세 곳을 가지고 있었던 것이다. 이 세 곳에선 지난 4년 동안 740억 달러의 이익을 올렸다. 애플은 아일랜드 정부와 우호적인 합의를 체결함으로써 그곳에서 올린 이익에 대해 2퍼센트 미만의 세율을 적용받고 있었다.[16] 더 중요한 사실은, 조사관들이 문서 속에서 팀 쿡의 서명을 발견했다는 것이었다.

로치는 그들이 알아낸 사실을 레빈에게 가져갔다. 레빈은 즉시 사안의 중대성을 느꼈다. 미국에서 가장 크고 가장 성공적인 회사가 미국에서는 물론이고 유럽에서도 납세를 회피하고 있었던 것이다. 레빈은 그것을 '탈세의 성배聖杯'라고 불렀다.

몇 주 뒤 쿡은 조사팀과 직접 만나기 위해 워싱턴으로 향했다. 그는 방으로 들어가 큰 나무 탁자 앞에 있는 자리에 앉았다. 평소 즐겨 입던 캘리포니아 캐주얼복이 아닌 정장에 넥타이를 맨 그는 애플의 세금 관행에 대해 조사관들이 우려를 표하는 것을 조용히 들었다. 그는 애플이 아일랜드에 자회사들을 설립한 이유를 정중하게 설명했다. 그는 일반적으로 미국의 세법상 기업들이 국내 소득과 마찬가지로 해외 소득에 대해서도 35퍼센트의 세율을 적용받는 건 불공평하다고 생각한다고 말했다. 그런 높은 세율이 불합리하다고 생각해서 애플이 번 돈을 미국으로 가져오기보다는 아일랜드로 이전해왔다는 것이었다.[17]

한 시간여에 걸쳐 진행된 회의가 끝나자 쿡은 조사관 중 한 명이 아이폰을 꺼내는 모습을 지켜봤다.

조사관은 "한 가지 질문이 더 있습니다"라면서 "이 앱을 열 수가 없네요"라고 말했다.

쿡은 웃으며 "저도 어떻게 여는지 모르겠네요"라고 말했다.

비행기가 쿠퍼티노 근처에서 하강하기 시작했을 때, 미디어 아트 랩의 팀원들은 불안감이 엄습해오는 것을 느낄 수 있었다. 빈센트가 실러에게 문제의 이메일을 보낸 지 몇 주가 지났고, 자사와 애플 사이의 관계가 그렇게 경직된 적은 없었다. 팀원들은 세계 시가총액 1위 회사와 16년 동안 이어온 관계가 앞으로도 유지될지는 이번에 맡게 될 브랜드 캠페인의 성공 여부에 달려 있다는 것을 직감했다.

팀원들은 창의적인 콘셉트를 담은 스토리보드를 들고 애플 회의실로 줄지어 들어가 애플의 마케팅 테이스트메이커 3인방에게 보여줄 프레젠테이션을 준비하기 시작했다. 이 3인방은 다름 아닌 실러, 히로키 아사이Hiroki Asai 마케팅 부사장, 케이티 코튼 커뮤니케이션 책임자였다. 이 3인방은 처음에는 반신반의했지만 결국 빈센트가 낸 브랜드 캠페인 아이디어를 승인해줬다. '네모난 구멍에 끼워진 동그란 말뚝'에 경의를 표하는 애플의 유일한 브랜드 캠페인인 '다르게 생각하라'는 역대 최고의 광고 중 하나로 여겨졌다. 그에 못지않게 훌륭한 다음 광고를 만드는 일이 미디어 아트 랩 팀의 몫이었다.

그곳의 최고 크리에이티브 책임자 던컨 밀너Duncan Milner가 캠페인을 이끌었다. 토론토 예술학교 출신인 그는 브랜드가 원하는 것을 표현하면서도 창의적인 광고를 만드는 데 소질이 있었다. 그에 따르면 수상 경력이 있는 마이클 루소프Michael Russoff라는 카피라이터가 첫 번째 광고를 생각해냈다. 회사에서는 광고 이름을 '산책The Walk'이라고 지었다.

밀너는 광고 설정을 위해 팀원들에게 정신없이 바쁜 일과가 시작되기 전에 삶의 마법을 느끼는 순간인 이른 아침 산책을 상상해보라고 했다. 그는 잡스를 언급하며 "스티브는 항상 대화를 나누기 위해 사람들과 함께 산책하는 것을 좋아했다"면서 "우리는 모든 애플 직원과 사용자를 산책에 데려가고 싶다"고 말했다.

스크린에 캘리포니아 북부 언덕들의 모습이 펼쳐졌다. 이른 아침이었다. 아직 해가 완전히 뜨지 않았고, 미풍이 풀숲을 스치며 불고 있었다. 밀너가 광고에 대한 설명을 하는 가운데 카메라는 걷는 속도로 움직였다. 그는 "창업자가 죽으면 슬픕니다"라고 운을 뗀 후 다음과 같이 말을 이어갔다.

"여러분은 과연 그가 없어도 해낼 수 있을지 궁금해합니다. 세상을 향해 용감한 표정을 지어야 할까요, 아니면 그냥 솔직한 표정을 지어야 할까요? 여러분은 의심합니다. 회의에서는 말하지 않더라도 '그러면 어떻게 했을까?'나 '그러면 뭐라고 했을까?'처럼 생각하는 사람들이 있습니다. 마법의 기운을 전수받았을 만큼 그와 충분히 오랫동안 같이 지냈는지 궁금할 겁니다. 여러분 안에 마법이 있나요? 아니면 그가 그것을 가져갔나요? 이렇게 한동안 의심은 계속됩니다. 어느 날 여러분은 앉아서 결정적으로 중요한 뭔가에 대해 토론하고 있습니다. 갈림길이 생기고, 중요한 일이 생겼기 때문입니다. 이때 여러분은 어떻게 해야 할지 자신이 정확히 알고 있다는 걸 압니다. 그러면 어떻게 했을지 묻지 않아도 그것을 스스로 알아냈지요. 그가 믿었던 모든 것들이 아직 살아 있다는 걸 깨닫습니다. 스티브 잡스는 자신의 최고의 제품은 손에 쥐거나 사용할 수 있는 제품이 아니라는 것을 알고 있었습니다. 그것은 아이폰이나 맥이 아니었습니다. 그것은 훨씬 더 대담한 것이었습니다. 바로 두려움 없는 회사, 국경 없는 나라입니다. 애플 그 자체입니다. 그는 단지 다르게만 생각했던 것이 아니었습니다. 그는 주위 사람들 모두가 다르게 생각하기를 원하게 만들었습니다. 이제 멈출 수가 없습니다."

화면에선 '다르게 생각하라'는 말과 함께 애플 로고가 서서히 등장했다.

밀너가 고개를 들어 보니 애플의 커뮤니케이션 책임자인 케이티 코튼이 울고 있었다. 그녀는 눈에 고인 눈물을 훔쳤다. 밀너는 회의 도중 고객이 우는 것을 본 적이 없었다. 그는 얼어붙었다.

"이 광고를 내보낼 수는 없어요." 코튼이 마음을 가라앉히려고 애쓰면서 말했다.

"오, 케이티. 미안합니다." 밀너가 말했다.

실러와 아사이는 깜짝 놀랐다. 두 사람은 광고에서 애플의 숨진 CEO를 언급한다는 것을 상상할 수 없었다. 그들은 미디어 아트 랩 팀에 잡스가 생전에 광고에 출연하기를 결코 원하지 않았다는 사실을 상기시켰다. 잡스는 1997년 '다르게 생각하라' 광고에서도 자신이 내레이션하는 것에 반대한 사람이었다. 그보다 더 중요한 사실은, 광고 내용이 사실과 다르다는 점이었다. 실러는 잡스 생애 마지막 2년 동안 그는 거의 회사에 없었고, 직원들은 잡스 없이 회사를 운영하는 법을 배웠다고 이야기해줬다.

실러는 "이 광고를 내보낼 수 없어요"라면서 "우리가 뒤돌아보지 않고 앞으로 나아가고 있고, 우리가 스티브 잡스를 뛰어넘고 있다는 사실을 세상에 보여줘야 합니다"고 말했다.

밀너가 수긍한다는 듯 고개를 끄덕였다. 그날 제시한 다른 제안들 역시 실러, 아사이, 코튼에게 깊은 인상을 주지 못했다. 세 사람은 미디어 아트 랩 팀을 로스앤젤레스로 돌려보내며 더 나은 광고 아이디어를 찾아줄 것을 요청했다.

애플은 워싱턴에 있는 자신들의 전초기지를 기업 규모에 비해 의도적으로 작게 만들었다. 잡스가 정치를 경멸했고 로비를 낭비라고 생각했기 때문이다. 상원의 세무조사 인력은 늘어났다. 회사로서는 전혀 예상하지 못했던 결과였다.

겨울이 끝나자 레빈 상원의원은 애플 청문회 일정을 잡고, 쿡을 출석시켜 선서하에 애플의 세금 관행을 설명하게 했다. 쿡은 워싱턴 팀에 상원의원들과의 개별적인 만남을 주선하도록 압박했다. 청문회에 출석해 공개적으로 이야기하기 전에 상원의원들을 만나 개인적·직접적으로 이야기하겠다는 것이었다. 의회에서 증언해본 적이 없던 그는 빌 클린턴Bill Clinton 전 대통령과 로이드 블랭크페인Lloyd Blankfein 골드만삭스Goldman Sachs CEO에게도 직접 전화를 걸었다. 어떤 질문이 나오고 무슨 일이 일어날지 예측해야 했다.

2008년 금융위기 이후 열린 청문회에서 10시간 동안 증언해야 했던 블랭크페인은 쿡에게 무슨 말을 해야 하는지 변호사들이 정하도록 놔두지 말라고 조언했다. 그들이 쿡을 법적 위험으로부터 보호해줄지는 몰라도 그들 말대로 증언했다간 대중의 비난으로부터 회사를 제대로 보호할 수 없을 것이라는 얘기였다. 블랭크페인은 또한 골드만삭스와 애플의 커뮤니케이션팀들이 소통할 수 있게 주선해 쿡의 청문회에 앞서 언론 브리핑을 할 수 있는 길을 열어줬다.

그해 봄 어느 날 아침, 쿡은 애플의 워싱턴 사무실 회의실로 들어가 '심사 위원회용' 테이블의 맨 앞에 앉았다. 로비스트, 변호사, 세무 고문, 커뮤니케이션 관계자들이 방을 가득 채웠다. 그들은 다가오는 청문회를 대비해 열린 이 모의 청문회에서 쿡을 심문하는 상원의원인 척하며 하루를 보냈다. 그들의 목표는 쿡을 겁주는 것이었다.

애플이 억울한 누명을 쓰고 있다고 확신한 쿡은 청문회에서 더 중요한 주장을 펼칠 생각이었다. 미국 세법에 문제가 있다면 애플을 비난하지 말고 법을 고쳐야 한다는 주장이었다. 하지만 애플의 변호사와 로비스트들이 그에게 아일랜드 자회사들에 대한 질문을 던지기 시작하자 그는 세법에 대해 되묻는 식으로 대응했다. 그는 그런 종류의 질문들을 받았을 때 정확히 무슨 말을 해야 하는지 알고 싶었다. 모의 청문회는 난해한 세법에 대한 기술적인 논의 시간으로 바뀌었다. 이후 쿡은 자세한 논의에서 잠시 벗어나 "우리가 여기서 무슨 말을 하고 있는 거죠?"라는 광범위한 질문을 던졌다.

논의 대상이 세부적인 사안과 거시적인 사안 사이를 오락가락하자 방 안에선 불안감이 더욱 고조됐다. 몇몇 로비스트는 쿡이 너무 세부 사항들에 집중한다고 걱정하기 시작했고, 그가 다가오는 청문회에서 세법에 대한 상세한 논의로 빠져들까 봐 우려했다. 그랬다가 상원의원들이 그를 짜증 나는 '똑똑한 체하는 사람'으로 간주해버릴 수도 있었다. 쿡은 또한 로비스트들이 던진 몇 가지 질문에 발끈하기도 했다. 애플은 이 세상에서 선행을 행했으니 탐욕스러운 기업처럼 비난받아서는 안 된다는 회사의 기풍을 보여주는 모습이었다. 그러자 일부 로비스트는 그의 청문회 증언이 회사에 재앙이 될까 봐 불안해했다.

며칠 뒤 쿡은 상원의원들 앞에 서서 진실만을 증언하겠다고 선서했다. 이어 자리에 앉아 레빈이 청문회 개최 이유를 길게 소개하는 동안 무표정한 얼굴로 경청했다.[18] 레빈은 "애플의 유령회사들이 부조리를 악용하고 있다"고 설명했다. 쿡은 한 시간 넘게 레빈의 질문 공세에 시달렸다. 질문의 상당수는 애플이 미국 내 세금을 회피하기 위해 해외에 쌓아두고 있던 현금에 관한 것이었다.

"한 가지 질문을 하고 싶습니다." 레빈이 말했다. "우리 직원들에게 정부가 세율을 낮추지 않는 한 1,000억 달러를 미국으로 가져가지 않겠다고 말한 것이 사실입니까? 맞는 말인가요?"

쿡이 "그렇게 말한 기억이 없습니다"라고 답하자 레빈은 다시 "사실입니까?"라고 되물었다.

쿡은 무뚝뚝한 얼굴로 "그렇게 말한 기억이 없다고 말씀드렸습니다"라고 재차 말했다.

"정부가 세율을 낮추지 않는 한 미국으로 돈을 가져오지 않겠다는 게 사실인지 묻고 있습니다." 레빈이 쿡을 압박했다.

"현재 세율로 돈을 가져올 계획은 없습니다." 쿡은 사실을 인정했다.

레빈은 자신이 듣고 싶었던 증언을 들은 것처럼 보였지만 쿡은 발언을 끝마치지 않았다. 한참 동안 말없이 있던 그는 이렇게 덧붙였다. "우리가 영원히 그럴 것처럼 말씀하시는데, 세상이 어떻게 바뀔지 전혀 알 수 없는 이상 저희가 영원히 어떻게 할지까지 예측하지는 못합니다."

청문회에 앉아 있던 청문회 준비 팀원들은 쿡의 발언을 믿을 수 없었다. 쿡은 진실을 구체적으로 밝히라는 레빈의 압박에 굴하지 않았다. 그는 차분하고, 주의 깊고, 존경스러웠지만 애플의 세금 관행을 변호할 때는 확고하고 흔들림이 없었다. 그리고 구체적인 세법에 대해 말하기보다 본래 준비했던 대로 애플은 미국에서 가장 많은 매년 60억 달러의 세금을 내고 있으며, 아일랜드에 세워놓고 해외에서 번 이익을 보관하고 있는 자회사는 본래 수십 년 전 그곳에 세워놨던 컴퓨터 제조사였다는 이야기를 이어갔다. 그 순간 팀원들은 그가 본래부터 정해진 잡스의 후계자에서 애플에 필요한 CEO로 변모하는 모습을 목격했다.

로스앤젤레스에서는 광고 아이디어를 찾아내기 위한 노력이 계속됐다. 미디어 아트 랩은 쿡과 아이브에게 보여줄 아이디어를 완성하기 위해 맹렬히 일했다. 그들은 애플과 삼성 및 스마트폰의 미래에 대한 대중의 인식을 바꾸고자 여름 출시에 맞춰 광고 캠페인을 끝낼 수 있기를 원했다.

그해 초봄에 쿡은 결과물을 보기 위해 마콤의 회의실로 성큼성큼 걸어 들어갔다. 그는 그곳에 TBWA\월드와이드의 리 클라우Lee Clow 회장이 같이 있는 것을 보고 크게 기뻐했다. 클라우는 처음에는 쿡이 듀크 대학교에서 공부했던 '1984' 광고로, 나중에는 '다르게 생각하라' 광고로 애플의 브랜드를 되살렸던 인물이었다. 쿡은 그가 또 다른 부활에 관여하게 됐다는 것을 알고 기뻤다.

쿡과 아이브, 마콤 팀원들로 이루어진 심사위원들이 자리에 앉자 스크린에 영상이 나오기 시작했다. 하얀색 바탕에 등장한 애니메이션 그림은 땅에 심어진 씨앗이 싹터서 묘목에서 거대한 사과나무로 자라는 모습을 보여주었다. 그것이 자라는 동안 다음과 같은 내레이터의 설명이 흘러나왔다.

당신이 찾은 것보다 더 나은 세상을 만들고 떠나요. 말도 안 되는 생각 같겠죠. 조금만 선을 베풀어요. 그렇게 간단해지지 않지만요. (중략) 축하를 받게 됩니다. 당신은 더 크게 성장합니다. 그리고 세상과의 관계가 바뀔 것으로 기대합니다. 하지만 당신이 당신의 생각에 충실하다 보면 반드시 그렇게 되지는 않을 거예요. (중략) 당신이 찾은 것보다 더 나은 세상을 만들고 떠나고, 다른 사람들도 그렇게 하도록 영감을 주도록 해요.

애니메이션은 애플 로고로 희미해졌다. 광고가 끝나자 애플팀은 고개를 끄덕였다. 쿡은 광고 메시지를 고마워했다. 애플이 성장하면서 맡은 책임도 달라졌다. 과거에는 마이크로소프트의 대안으로 서 있던 허접한 약자였지만 이제는 거대 기술기업이 된 애플이었다. 그리고 그러한 성장 과정에서 애플은 아웃소싱에 대한 기사로 퓰리처상을 수상한 〈뉴욕 타임스〉부터 위험한 화학 약품 사용을 문제 삼아 공격했던 그린피스Greenpeace에 이르기까지 모두의 표적이 되었다. 쿡은 그러한 부정적인 이미지를 전환하기를 원했다.

"마음에 듭니다." 쿡이 말했다.

디지털 미디어 랩은 또 다른 광고를 제작했다. 네 개의 점이 하얀색 스크린을 가로질러 움직이며 연필로 획을 긋듯 사각형, 팔각형, 원을 그리는 가운데 부드러운 피아노 음악이 흘러오며 방 안을 채우는 광고였다. 한 줄 한 줄 단어들이 화면에 나타났다가 사라지는 동안 음악 소리가 점점 더 커졌다.[19]

모두가 모든 것을 만들기에 바쁘다면 누군가가 하나라도 완벽하게 만들 수 있을까요? 우리는 편리함과 기쁨을, 풍요로움과 선택을 혼동하기 시작합니다. 무언가를 디자인할 때 필요한 건 집중입니다. 우리가 가장 먼저 던지는 질문은 사람들에게 가져다줄 느낌입니다. 기쁨, 놀라움, 사랑, 인연. 그리고 우리는 의도에 맞게 만들기 시작합니다. 시간이 걸리지요. 수천 번의 '노' 끝에 '예스'를 얻습니다. 우리는 단순화하고, 완벽하게 만든 다음 다시 시작합니다. 우리의 손길이 닿는 모든 것들이 각자의 삶을 향상시킬 때까지요. 그때서야 비로소 우리는 우리의 작품에 서명합니다. 캘리포니아에서 애플이 디자인한 것이

웬만해선 감명을 받지 못했던 아이브가 먼저 입을 열었다. "마음에 듭니다. 우리 얘기네요."

쿡은 고개를 끄덕였다. "나도 마음에 듭니다."

빈센트와 미디어 아트 랩 팀에게 이 말은 구원의 메시지와도 같았다. '의도Intention'라는 제목이 달린 이 광고는 그들이 애플에 스며든 아이브의 철학을 마케팅 개념으로 전환하려고 한 노력의 결과물이었다. 미디어 아트 랩 팀은 이 광고가 전 세계에 애플이 어떤 회사인지를 상기시키고, 잡스의 죽음 이후에도 애플이 정체성을 충실히 유지하고 있다는 대중의 믿음을 회복시켜주기를 바랐다.

잠재적인 캠페인에 대한 논의에서 쿡은 미디어 아트 랩이 애플에게 훌륭한 선택권을 준 데 대해 만족한다고 분명히 밝혔다. 그러나 애플의 아웃소싱과 환경 발자국을 둘러싼 조사와 관련한 부정적인 시각이 너무 강하다 보니 쿡은 '당신이 찾은 것보다 더 나은 세상을 만들고 떠나겠다'는 약속이 위선적이라는 느낌을 줄지도 모르겠다며 우려를 표했다. 대신 그는 디자인과 기기에 집중한 광고 '의도'가 그러한 비난을 피할 수 있는 더 좋은 방향이라고 생각했다. 그리고 이는 '애플은 제품에 대해서 마케팅해야 한다'는 잡스의 믿음을 존중하는 방향이기도 했다.

샌프란시스코 모스콘 센터의 불이 꺼지고, 만원 강당에는 고요함이 감돌았다. 6월의 어느 월요일 아침부터 5,000명의 개발자가 연례 세계개발자회의 컨벤션 홀을 가득 메웠다. 쿡은 미디어 아트 랩의 '의도' 광고가 거대한 스크린에서 상영되는 것을 무대 밖에 서서 지켜보았다. 화면을 가득 채운 피아노 음악과 여러 가지 모양들은 곧 기쁨, 놀라움, 사랑, 인연이란 일련의 영감을 주는 단어들로 바뀌었다.

모여 있는 팬보이들 사이에서 박수와 휘파람, 그리고 여러 감탄사가 터져 나왔다. 말끔히 다려진 버튼다운 셔츠를 입고 짧은 회색 머리는 완벽하게 가르마를 탄 쿡이 싱긋 웃으며 서둘러 무대 위로 올라갔다. "고맙습니다." 그가 말했다. 그는 청중들이 더 크게 지르는 함성에 귀를 기울이다가 이렇게 말했다. "마음에 드신다니 정말 기쁩니다.[20] 이 단어들은 우리에게 큰 의미가 있으며, 여러분은 쇼 내내 그 의미를 보게 될 것입니다."

잡스가 숨진 뒤 20개월 동안 무대 위에 선 쿡의 존재감은 꾸준히 개선되었다. 그는 60여 개 국가 대표들이 참석하게 된 사연과 참석자 세 명 중 두 명이 첫 참석자라는 사실을 일일이 자랑스럽게, 그리고 힘주어 말했다. 그는 18분 동안 무대에 선 채 애플이 비평가들이나 삼성이 말하는 것보다 훨씬 더 나은 상태에 있다고 주장했다. 애플은 베를린에 새로 매장을 열었고, 맥 매출은 증가하고 있으며, 새로 선보일 소프트웨어와 하드웨어 개발을 끝냈다는 것이었다.

쿡은 아이브가 내레이션을 맡은 최신 아이폰 소프트웨어인 iOS 7을 소개하는 비디오가 상영되기를 기다렸다. 맨 앞자리에 앉아 있던 아이브는 애플의 소프트웨어 디자인을 이끄는 더 중요한 역할을 맡았지만 여전히 공개석상에 나가 연설을 하는 애플의 전통을 따르지 않았다. 그는 엔지니어들이 개발한 투명한 제어 센터, 세련된 타이포그래피, 다시 디자인한 아이콘, 그리고 대담한 새로운 색상들을 보여주는 7분짜리 비디오를 미리 녹화해놓은 상태였다. 영상은 철학적인 말로 시작했다.

"우리는 항상 디자인이 겉보기보다 훨씬 더 많은 의미를 준다고 생각해왔습니다. 디자인은 모든 것이며, 어떤 물건을 여러 차원에서 실제로 작동하게 만드는 방식입니다. 그것은 복잡함에 질서를 부여해줍니다."

아이브가 한 소프트웨어 작업에 이어 하드웨어 작업이 나왔다. 삼성 광고가 나온 이후 쿡과 실러는 잡스 없이 혁신할 수 있느냐는 세간의 질문에 진절머리가 나 있었다. 그들은 예전 관행에서 탈피해 잡스가 꺼려 했던 배송 준비가 되기도 전에 신제품을 공개하는 일을 함으로써 비판에 반박하려 했다. 무대에 오른 실러는 "여러분이 중요한 청중이라서 보통 때와 달리 이렇게 합니다"면서 "우리가 개발 중인 것을 살짝 보여드리고 싶습니다"라고 말했다.

그의 뒤에 있는 화면에 '맥 프로'라는 단어가 나타났다. 실러는 맥 프로가 혁명적이고 급진적일 것이라고 말했다. 어두운 구체를 희미하게 비추는 하얀빛이 나오는 동영상이 재생되었다. 카메라가 검은 원통 모양의 컴퓨터를 가로지르며 보여주는 동안 천천히 커지던 굉음은 묵직한 기타 리프와 요란한 드럼 소리로 바뀌었다. 청중들이 함성을 지르자 실러는 고개를 끄덕이며 입술을 꽉 물었다.

"더 이상 혁신은 불가능합니다, 아무렴요." 그는 상대팀에게 욕하는 운동선수처럼 중얼거렸다. 그가 무대 위에서 거드름을 피우며 뒤에 세워진 거대한 스크린에 비친 컴퓨터 이미지를 올려다보는 동안 관중들은 낄낄거렸다. 대본에 없었던 그의 대사는 불안의 재처럼 떠내려갔다.

몇 달 후 맥 프로가 출시되었을 때 고객들의 관심은 애플이 기대했던 수준에 미치지 못했다. 초기 약 2만 대가 팔린 이후 주문은 급감했고, 애플은 결국 생산 대수를 줄였다. 맥 프로는 회사 내에서 '실패한 쓰레기통failed trash can'으로 통하게 되었다.

iOS 7에 대한 평가는 엇갈렸다. 〈뉴욕 타임스〉의 칼럼니스트 데이비드 포그David Pogue는 아이폰을 '짜증 나지 않게de-annoyifying' 만든 디자인을 칭찬했고, 〈테크 크런치Tech Crunch〉의 리뷰어는 그것이 '사용하기 더 쉽고 더 즐겁다'고 평가했다.[21] 그러나 아이폰 사용자들이 새로운 타이포그래피 일부의 정렬이 잘못된 것을 발견하고, 더 밝아진 색상 때문에 배터리 소모가 빠르다고 비난하면서 고객 불만이 고조되었다.

브랜드 광고인 '의도'도 그다지 좋은 효과를 내지 못했다.[22] 애플은 추상적 성격이 강한 광고 대신 자사 기기들을 클로즈업해서 보여주는 광고를 공개했다. 마케팅 담당자 실러는 그렇게 클로즈업한 이미지들을 좋아했다. 광고에는 아이패드로 학교 숙제를 하는 아시아 학생들과 아이폰으로 셀카를 찍는 커플이 등장했다. 이때 다음과 같은 내레이션이 등장했다. "중요한 것은 이것입니다. 제품에 대한 경험. 그것이 주는 느낌. 그것이 더 나은 삶을 만들어줄까요? 그것이 존재할 만한 자격이 있을까요? 우리의 손길이 닿는 모든 아이디어가 그것이 닿는 각자의 삶을 향상시킬 때까지 우리는 몇 가지 훌륭한 것들에 많은 시간을 소비합니다. 좀처럼 보기 힘들지 몰라도 여러분은 그걸 항상 느낄 수 있습니다. 이것이 우리의 특징이고, 모든 것을 의미합니다."

시청자들은 이 광고를 모든 회사들이 내보내는 광고 평균보다 낮게, 그리고 보통의 애플 광고 기준으로는 그보다 훨씬 더 낮게 평가했다. 온라인 잡지 '슬레이트Slate'는 광고를 혹평했다.[23] '캘리포니아에서 얼간이가 디자인함Designed by Doofuses in California'이라는 제목의 기사에서 슬레이트의 비평가는 "광고가 애플 스스로 '대단한 뭐라도 되는 것처럼 여긴다'는 것을 보여주는 '근본적인 오만함'을 드러냈다"고 비판했다.

비판은 신랄했지만 마콤의 일부 팀원들은 그 비판에 공감했다. 이런 광고는 다른 회사들에게는 좋은 광고였을지 몰라도 애플에게는 B급 광고였을 뿐이었다.

점점 더 늘어나는 애플의 현금 보유금에 대해 상원이 주목하자 월가의 '상어들'이 몰려들었다. 삼성이 스마트폰 시장점유율을 빼앗자 애플의 주가 부진이 이어지고 있던 상태였다. 투자자들은 애플이 배당금을 지급해주기를 원했다. 2013년 8월 유명 행동주의 투자자 칼 아이칸Carl Icahn은 트위터를 통해 자신이 애플의 지분을 대량 매입했으며, 쿡과 전화 통화를 했다고 밝혔다. 아이칸은 분명한 메시지를 보냈다. 부진한 주가를 끌어올리기 위해 애플이 보유 자본을 투자자들에게 돌려줄 필요가 있다는 것이었다.

1세대 기업 사냥꾼인 아이칸은 1980년대에 TWA처럼 잘못 경영되는 기업들의 지분을 매집한 뒤 그들에게 비용절감과 자산매각을 압박해 명성을 얻었다.[24] 그는 분석을 거부하고 직감에 따라 행동했으며, 경영진이 말을 듣지 않으면 언론을 향해 자신의 주장을 펼쳤다. 그는 영리함과 엄포로 180억 달러의 개인 재산을 모았다.

아이칸의 압박이 쿡에게는 난제였다. 잡스는 주주들에게 현금을 되돌려줘야 한다고 생각하지 않았다. 1996년 애플이 파산 직전까지 내몰린 데 상처를 입은 그는 경기 하락 시 회사에 도움을 주고 필요할 때 사업에 재투자할 만한 화력을 마련해주는 금고를 만들길 더 선호했다.

쿡은 덜 독단적이었지만 전임자의 그늘에서 살았다. 그는 CEO가 되고 첫해에 100억 달러 규모의 자사주 매입에 전념했다. 2013년 애플은 매입 규모를 600억 달러로 늘렸다. 약 20억 달러 상당의 주식을 샀던 아이칸은 애플에 자사주 매입 규모를 약 세 배인 1,500억 달러로 늘릴 것을 요구했다. 아이칸의 이런 움직임은 그가 일반적으로 따르던 각본과 거리가 있었다. 그는 애플이 잘 경영되고 있지만 월가에 의해 저평가되고 있다고 믿었다. 그는 자사주를 매입하면 애플의 주당 순이익이 늘어나고 주가도 3분의 1은 상승할 것으로 추정했다.

그러나 그의 이런 생각은 대응 방법을 고민하던 쿡을 불안하게 만들었다. 쿡은 워런 버핏Warren Buffett에게 조언을 구하고, 골드만삭스를 개입시켜 난국을 헤쳐나가는 데 도움을 받고자 했다.

아이칸은 센트럴 파크가 내려다보이는 5번가에 있는 자신의 호화로운 뉴욕시 아파트로 저녁 식사를 같이하자며 쿡을 초대했다. 쿡은 초대에 응함으로써 그의 고문들을 놀라게 했다. 잡스라면 수락을 고려조차 하지 않았을 그런 초대였다. 창업자가 아닌 MBA 교육을 받은 회사의 관리자로서 쿡은 아이칸의 제안에 담긴 지혜를 간파할 수 있었다.

쿡은 피터 오펜하이머 CFO와 함께 9월 30일 저녁 아이칸의 아파트에 도착했다. 그는 이 금융계의 거인을 따라 53층 테라스로 나갔다. 어퍼웨스트사이드의 불빛이 공원의 어둠을 가로질러 반짝였다. 아무렇지도 않게 담소를 나누던 아이칸이 쿡을 저녁 식사 자리로 안내했다. 3시간 동안 이어진 저녁 식사는 애플의 로고 모양으로 잘린 쿠키가 디저트로 나오면서 절정에 달했다. 식사하는 동안 아이칸은 자신의 주장을 내놓았다. 그는 "팀, 분명한 것은 당신이 돈을 놀리고 있다는 것입니다"라면서 "자사주 매입을 해야 합니다. 주가가 더럽게 싸게 팔리고 있습니다"라고 말했다.

아이칸은 애플이 미국에서 세금을 내지 않기 위해 해외에 1,000억 달러 이상의 현금을 보유하고 있다는 사실을 알고 있었다. 그는 애플에게 그 돈을 담보로 돈을 빌린 뒤 그것을 투자자들에게 줄 배당금으로 쓰라고 제안했다. 이후 미국의 세법이 바뀌면 그때 해외에 있던 돈을 미국으로 가져와서 빚을 청산하면 된다는 논리였다.

쿡은 별다른 말을 하지는 않았지만, 아이칸에게 대화를 이어갈 충분한 여지를 줌으로써 자신이 그의 제안을 받아들일 수도 있다는 인상을 심어줬다. 그는 자사주 매입 활동을 진지하게 고민하고 있다는 확신을 주기 위해 아이칸이 하는 말을 집중해 듣고, 수긍하는 듯이 고개를 끄덕였다.

저녁 식사 이후 아이칸은 애플에 빚을 내서 자사주 매입 자금을 마련할 것을 촉구하는 서한을 보냈다. 애플은 결국 자사주 매입 규모를 600억 달러에서 900억 달러로 늘렸다. 아이칸은 추가 매입을 압박했다. 한편 골드만삭스는 애플이 자사주 매입에 사용할 수 있는 수십억 달러 규모의 채권 발행을 주관했다.

그렇게 자사주 매입은 애플의 주가를 끌어올렸고 아이칸은 조용해졌다. 아이칸은 결국 보유하고 있던 애플 주식을 매도해 18억 3,000만 달러의 이익을 챙겼다. 쿡은 영리하게 아이칸의 충고를 따랐고, 그의 전임자라면 절대 고려하지 않았을 법한 행동을 함으로써 회사의 주가를 상승시켰다.

여름이 가을로 바뀌자 쿡은 경영진을 충원하기 위해 발 빠르게 움직였다. 애플의 소매 부문 책임자는 1년 동안 공석이었고, 아이브는 스마트워치를 밀고 있어서 쿡은 신제품 출시를 도와줄 사람을 찾기를 바랐다. 그가 이전에 고용했던 존 브로윗은 엉망이었다.

포스톨과 같이 애플을 떠나게 된 브로윗은 애플에서 고작 몇 달밖에 버티지 못했다. 영국의 전자제품 체인점인 딕슨스Dixons의 대표를 지낸 브로윗은 쿡의 도움을 받아 비용 감축 조치에 착수했다. 하지만 소매 부문 직원들은 이에 몹시 분노했고, 애플 매장들에서는 작은 반란이 일어났다. 쿡은 브로윗의 조치가 매장들의 운영 효율성을 높이고 싶었던 자신의 오랜 바람에서 비롯된 것이긴 했지만 브로윗이 애플의 문화에 잘 맞지 않다고 판단해 결국 그를 내쳤다.

아이브가 스마트워치 제조를 추진하는 가운데 쿡은 대형 전자제품 판매 체인점인 베스트 바이Best Buy보다는 버버리Buberry 느낌이 강한 누군가를 찾아야 했다. 애플은 최근 이 영국 패션 브랜드의 앤절라 아렌츠Angela Ahrendts CEO와 손을 잡고 가을 패션쇼 장면을 촬영하기 위해 미공개 아이폰을 제공한 바 있었다. 패션과 기술의 결합이라는, 애플워치를 더욱 돋보이게 만들 창의적인 아이디어의 일환이었다. 아렌츠는 버버리의 매출을 세 배 끌어 올렸고, 뛰어난 매니저로 명성을 쌓아왔다.[25] 또 아이브의 오랜 친구이자 버버리 수석 디자이너인 크리스토퍼 베일리Christopher Bailey의 파트너였다. IT 업계 임원들이 부적합하다며 퇴짜를 놓았지만 쿡은 굴하지 않고 아렌츠를 인피니트 루프로 초대했다.

애플의 소매 부문을 이끌 적임자라고 그녀를 설득하기까지는 약간의 시간이 필요했다. 그녀는 기술에 특별히 관심이 있지도 않았고 엔지니어보다는 여성복 디자이너 옆에 앉아 있는 걸 더 편하게 느꼈다. 쿡은 그것이 문제가 되지 않을 것이라며 그녀를 안심시켰다. 그는 "우리 회사에는 수천 명의 기술자가 있습니다"라면서 "나는 지금 기술자를 찾고 있는 것이 아닙니다"라고 말했다.[26]

쿡이 10월 그녀의 영입을 발표하자 아렌츠는 100퍼센트 남성으로만 이루어진 임원진에 합류한 유일한 여성 인재로 알려졌다. 그녀는 카리스마가 있고 외향적이며, 전 세계에 두루 퍼져 있는 4만 명의 소매점 직원들에게 동기부여를 해줄 완벽한 사람으로 여겨졌다.[27] 눈에 띄는 파란 눈과 금발 머리를 가진 그녀는 세련된 옷으로 가득 찬 옷장을 가지고 있었다. 하지만 그녀의 명성과 옷차림이 신기루를 만든 것뿐이었다. 사실 그녀는 내성적이고 수줍음이 많았다.

그녀의 출근 첫날, 애플 본사 소매 담당 직원들은 쿠퍼티노 사무실 문 바로 안에 두 줄로 서서 그녀가 오기를 기다렸다. 그녀가 건물 출입문 쪽으로 다가오자 직원들은 환호성을 지르기 시작했다. 소매점 직원들이 종종 신제품이 나오거나 할 때 애플 매장에 들어서는 고객들을 열렬한 박수로 맞이하는 것처럼 말이다. 건물 안으로 들어선 아렌츠는 그대로 얼어붙었다. 그리고 열정적인 새 직원들이 만든 인간 통로를 지나가기는커녕 출입문으로 뒤돌아 사라져버렸다.

AFTER STEVE

CHAPTER 9

용두

프로젝트들이 쌓여가고 있었다. 2013년, 애플에 군림하는 테이스트메이커의 관심은 언제라도 워치 디자인에서부터 소프트웨어 디자인을 거쳐《디자인드 바이 애플 인 캘리포니아》사진집에 이르기까지 여러 방향으로 분산될 수 있었다. 회사가 새로운 본사를 착공함에 따라 아이브는 건축 설계, 건축 자재 및 건설 계획에 대한 감독을 점점 더 많이 맡게 되었다. 아이브 같은 완벽주의자에게는 이러한 모든 일이 다 부담이었지만 특히 창조적인 파트너였던 잡스의 도움 없이 한꺼번에 이 모든 책임을 혼자 떠맡아야 한다는 것이 너무도 벅찬 일이었다.

시간 감각이 흐려지기 시작했다.

아이브는 자유방임주의적 성격이 강한 디자인팀에서 가장 일관성 있게 행동하는 예측 가능한 멤버였다. 그는 보통 매일 아침 같은 시간에 스튜디오에 도착했고, 일을 끝마쳤다고 느꼈을 때 비로소 퇴근했다. 월요일, 수요일, 금요일 일주일에 세 번 디자인 회의를 주최하고 이끌었으며, 달이 조수를 당기듯 점진적으로 팀의 작업을 진전시켰다. 그러나 소프트웨어와 건축과 관련해 맡은 책임이 늘어남에 따라 그의 일정은 더 들쭉날쭉해졌고, 회의 참석 여부는 예측 불가능해졌다.

역설적인 상황이었다. 아이브가 세계에서 가장 정확한 시계를 만들려는 노력을 이끌던 바로 그 순간, 그의 시간은 점점 불규칙해지고 있었다.

시계 디자인 개발을 끝낸 아이브와 뉴슨은 뮤지션 보노Bono로부터 큐레이션 요청을 받은 자선 경매로 관심을 돌렸다. 디자이너들을 이탈리아 조각가 도나텔로와 미켈란젤로에 비유했던 밴드 U2의 리더 보노는 아프리카 내 HIV와 에이즈 퇴치에 힘쓰는 자선단체 '(레드RED)'를 위한 기금을 모으기 위해 두 사람을 초청했다. 새로운 과제를 맡으면 대부분 그렇듯이 아이브와 뉴슨도 자신들이 무슨 일을 하고 싶은지, 혹은 어떻게 해야 하는지를 전혀 모른 채 무턱대고 프로젝트에 왔다.[1] 점차 그들은 '(레드)를 위한 레드 팝스' 팔로 그랜드 모델 A 스타인웨이Parlo Grand Model A Steinway 피아노, 본인들이 직접 디자인한 붉은색 냉장고에 든 1966년산 돔 페리뇽 샴페인 매그넘magnum(포도주 등을 담는 1.5리터짜리 병 – 옮긴이), 맞춤 제작한 에어스트림Airstream 스포츠 트래블 트레일러 등의 제품 컬렉션을 만들게 됐다. 그들은 큐레이션한 제품에 독특하고 특이한 주문 제작 라이카Leica 카메라를 추가했다.

그들이 라이카 카메라를 디자인한 데는 실용적인 이유가 있었다. 한 사람은 사회를 변화시킨 기술 제품을 디자인하고, 다른 한 사람은 산업 디자인을 고차원적 예술로 승화시킨 세계 최고의 디자이너 두 사람이 협력해 만든 유일한 제품은 희소성이 떨어지는 다른 어떤 제품들보다 더 많은 자선 활동 기금을 모을 수밖에 없었다.[2] 하지만 아이브의 마음을 움직인 결정적인 부분은 카메라 제작을 둘러싼 특별한 느낌이었다. 많은 사람들을 위한 기기를 개발하는 데 익숙한 자기 같은 사람이 단 한 사람만을 위한 제품을 위해서도 그에 못지않은 에너지를 쏟는다는 게 뭔가 재미있게 느껴졌다. 라이카는 세계 최초의 콤팩트 카메라 여러 대를 제작함으로써 두각을 나타냈다. 라이카의 시그니처 모델인 디지털 레인지파인더^{Digital} Rangefinder의 주요 특징은 검은색 금속 케이스였다. 아이브는 라이카의 전통적인 검은색 케이스를 벗겨 내고 은색 맥북 에어처럼 날렵하고 단순한 케이스로 교체하는 새로운 카메라 제작 프로젝트와 관련해 팀 쿡의 승인을 얻어냈다.[3] 아이브는 그 일을 애플 프로젝트처럼 진행했다. 그는 두 명의 디자이너 미클루 실반토^{Miklu Silvanto}와 바트 안드레^{Bart Andre}에게 프로젝트를 이끌게 했고, 제품 엔지니어로 제이슨 키츠^{Jason Keats}를 뽑아 부품과 조립 임무를 맡겼다. 그들은 카메라 제작을 위해 디자인 스튜디오에 있는 테이블을 치워놓았다. 수백만 대가 팔린 아이패드, 아이폰, 맥 전용 테이블들과 같은 테이블 위에다 그 단 하나의 제품을 올려놓은 것이다.

아이브와 뉴슨은 알루미늄 한 덩어리에서 카메라 케이스를 잘라내야 만들 수 있는 디자인을 구상했다. 그들은 케이스 외부에 육각형 패턴을 레이저로 조각하기 위해 컴퓨터로 제어되는 기계를 사용하자고 제안했다. 이렇게 하면 초기 라이카 카메라를 감싸던 구멍이 뚫려 있는 검은색 가죽을 연상시키는 미묘한 질감을 줄 수 있었다.

이 프로젝트는 몇 주 안에 마무리할 예정이었지만 곧 문제가 생겼다. 원래의 라이카 카메라는 조개 뚜껑처럼 열렸고, 샌드위치 안에 들어가 있는 것처럼 디지털 부품들이 들어가 있었다. 그런데 그들은 일체형 케이스를 만들 계획이었기 때문에 회로 기판에서 제어 스위치에 이르기까지 카메라의 내부 부품들을 전부 본체 안으로 높이를 낮춰 넣을 수 있게 재구성해야 했다.

첫 번째 시제품이 완성되었을 때 아이브는 자신의 유리 사무실에서 나와 카메라가 놓인 테이블로 걸어갔다. 그는 반짝이는 은색 카메라를 양손으로 들어 비틀어 보고, 닌텐도 조종 장치처럼 보이는 카메라 뒷면에 있는 토글 버튼toggle button(손가락으로 직접 스위치를 이동시켜 온·오프on/off 상태를 변경하는 짤막한 막대 모양의 버튼 – 옮긴이)을 손가락으로 움직여봤다. 이 버튼은 사용자들이 카메라 디스플레이에서 디지털 사진을 스크롤할 수 있게 하는 용도였다. 하지만 그는 토글 버튼이 마음에 들지 않았다. 너무 많이 튀어나와 있었다. 그는 팀원들에게 버튼이 알루미늄 케이스 자체와 수평을 이루고 매끈하면 좋겠다고 말했다.

"완벽한 느낌이 들게 해주세요." 아이브가 말했다.

결코 쉽지 않은 일이었다. 키츠는 뒷면 토글 버튼 양쪽에 마일러mylar라고 불리는 100밀리미터 크기의 플라스틱 필름을 삽입해서 케이스 외관과 거의 수평이 되게 유지하는 한편, 그것을 식별할 수 있을 만큼 최소한으로만 버튼 높이를 올리려고 애쓰느라 며칠의 시간을 쏟아야 했다.

카메라 디자인을 완성하는 데 9개월 이상이 걸렸고, 아이브가 만족하기 전까지 561개의 다른 모델을 만들어야 했다.[4] 애플은 카메라 제작에 55명의 엔지니어가 총 2,100시간을 투자한 것으로 추산했다. 애플은 맥북 스피커의 레이저 식각 공정을 포함하여 향후 나올 애플 제품에 라이카 카메라 제작 때 썼던 제작 기술을 일부 재사용했다. 키츠는 마지막 조립을 수작업으로 했고, 카메라가 제대로 작동하는지 라이카의 엔지니어들에게 확인을 받기 위해 독일로 떠났다.

카메라가 완성되자 아이브는 쿡에게 그것을 보러 오라며 스튜디오로 초대했다. 잡스의 사망 이후 애플의 권력 중심지 두 곳인 디자인 스튜디오와 경영진 사이의 거리는 더 벌어져 있었다. 매일 스튜디오를 방문했던 전임자와 달리 쿡은 회사의 '상업 수도'에서 '창조성의 중심지'로 오려고 하려고 하지 않았다. 전자가 발할라라면 후자는 신성한 곳에 해당했다.

아이브는 쿡을 테이블로 안내한 뒤 광택이 나는 알루미늄 카메라를 들어 보여줬다. 제스테zester(오렌지나 레몬의 껍질을 벗기는 기구 – 옮긴이)처럼 외관을 옴폭 들어가게 만든 레이저 식각에 대해 설명하는 그의 얼굴은 벌겋게 상기돼 있었다. 아이브는 카메라에서 유일하게 눈에 띄는 색상은 전면 라이카 로고와 함께 노출 다이얼에서 자동Auto을 뜻함과 동시에 '(레드) 자선 경매(RED) Auction'를 암시하는 A 같은 몇 가지 작은 세부 사항에 쓰인 빨간색이라고 알려줬다.

쿡은 아이브의 어깨 너머로 카메라를 살펴보면서 무표정하게 고개를 끄덕였다. 스튜디오 건너편에서 그 모습을 지켜보고 있던 사람들의 눈에 쿡은 아이가 완성한 레고를 관심 있는 척 심드렁하게 살펴보는 부모의 모습이었다. 어떤 팀원들은 나중에 쿡의 눈이 회사의 주요 수입원인 아이폰, 아이패드, 맥이 있는 근처 테이블을 스캔하고 있는 걸 잡아냈다며 농담했다.

쿡이 자리를 뜬 뒤에도 아이브는 여전히 카메라에 몰두하고 있었다. 쿡은 단지 5분 동안 머물렀을 뿐이었다.

아이브가 자선 활동을 위한 작업을 끝내자 그의 팀은 애플워치 제작으로 관심을 돌렸다. 아이브와 뉴슨이 만든 디자인은 회사가 앞으로 나아갈 방향을 제시해줬다. 아이브는 애플 경영진에게 공식적으로 뉴슨을 팀에서 같이 일할 수 있게 해달라고 요청하며 그의 수고를 보상해줬다. 뉴슨을 데려오는 책임은 애플 M&A팀에게로 돌아갔다. M&A팀은 뉴슨을 직원이라기보다는 회사처럼 가치를 산정해 독립 디자이너로서 고액의 합의 조건을 마련했다.

디자인팀은 시계 밴드를 탈부착하는 방법에 대한 해결책을 찾아냄으로써 시계를 다른 어떤 애플 제품보다 더 '개인적인 것'으로 만들고자 하는 아이브의 야망을 현실화해주었다. 이는 애플이 워치의 바디 부분을 대량 생산하고, 그러면서도 언제든 바꿔 낄 수 있는 다양한 색상과 소재의 밴드로 사람들에게 맞춤 제작의 느낌을 줄 수 있다는 것을 의미했다. 주간 회의에 참석한 디자이너들은 실리콘, 가죽, 금속으로 밴드를 만들기로 결정했다.[5] 아이브는 재료별로 수석 디자이너를 임명하고, 채용 담당자들에게 수석 디자이너를 지원해줄 섬유 분야 전문가들을 채용해달라고 부탁했다.

가죽 밴드 제작을 위해 섬유 제품 엔지니어들로 구성된 신규 팀은 전 세계를 뒤져 이상적인 재료를 제공할 수 있는 제혁소(가죽공장)를 찾아냈다. 그들은 이탈리아, 프랑스, 영국, 덴마크, 네덜란드에서 갈색 소가죽 샘플을 수입한 뒤 트거나 벤 자국이 없는 가죽 부분을 찾기 위해 꼼꼼히 살펴봤다. 그들은 마치 정육점 주인이 거세한 수소의 필레미뇽filet mignon(안심이나 등심처럼 뼈가 없는 소고기 부위 – 옮긴이)을 다듬듯이 찾아낸 완벽한 조각들을 샘플에서 잘라냈다. 그러고 나서 검토를 위해 스튜디오 내 오크 디자인 테이블 위에 완벽한 샘플을 펼쳐 놓았다.

아이브는 깃털을 들어 올리듯 섬세하게 절단된 갈색 가죽 하나하나를 집어 들면서 살펴봤다. "정말 아름답군요!" 그는 열정적으로 중얼거렸다. 그는 이어 부드러운 정도를 평가하기 위해 집게손가락을 표면 위아래로 문질러봤다. 또 샘플을 접어 얼마나 유연하고 주름은 어떻게 잡히는지 살펴보았다. 그런 다음 보석상이 쓰는 현미경 아래에 샘플을 놓고 표면을 스캔하면서 작은 얼룩이나 결함이 없는지 살펴봤다. 검토가 끝나면 가죽을 가져왔던 자리에 다시 조심스럽게 돌려놓고 다음 샘플로 넘어가서 조사를 반복했다.

아이브는 1년 동안 그와 같은 회의에 수십 번 참석하면서 여러 종류의 샘플들을 평가했다. 결국에 그는 1803년에 세워진 프랑스 제혁소에서 가져온 황갈색의 매끄러운 탑그레인 가죽top-grain leather(원피의 표면을 살짝 깎아내거나 갈아내서 표면 상태를 균일하게 만든 후 표면에 코팅 처리를 한 가죽 - 옮긴이), 이탈리아 제혁소에서 나온 조약돌 같은 질감의 진주색 가죽, 그리고 네덜란드 제혁소에서 나온 미묘한 느낌의 결을 가진 검은 가죽을 선택했다.[6] 그는 가죽 샘플이 얇고 섬세해야 한다고 주장했고, 엔지니어들은 내구성을 높이기 위해 일부 샘플 사이에 라미네이트laminate(얇은 판을 여러 장 붙여 만든 것 - 옮긴이)를 추가했다.

디자인팀이 금속을 짜 넣어서 천처럼 섬세한 시계 밴드를 만들 수 있는 방법을 찾아낼 때까지 아이브가 집착했던 부드럽고 유연한 스테인리스강 팔찌인 일명 '밀레니즈 루프Milanese loop'에서도 비슷한 공정이 펼쳐졌다.[7] 또한 그는 뉴슨이 시계 브랜드 이케포드Ikepod와 함께 했던 작업을 연상시키는 디자인의 실리콘 밴드 색상을 선택할 때도 이에 못지않은 관심을 쏟았다. 그렇게 구멍에 금속 버튼을 꽂아 길이 조절이 가능한 실리콘 시계 밴드가 만들어졌다.[8]

그들은 애플워치 바디를 만들 때 그랬듯이 하나의 밴드를 만들 때조차 강박적이라고 할 만큼 철저히 고민하고 검토해서 만들었다.

아이브는 여기서 끝내지 않았다. 그는 또한 팀원들이 가히 분자 수준까지 꼼꼼하게 생각하도록 밀어붙였다.

그는 수년 동안 디자인팀이 사용하는 재료에 대해 깊이 있게 파고들었다. 이러한 노력은 2004년 아이맥의 알루미늄 스탠드에 있는 희미한 검은색 줄무늬를 없애려는 그의 분투로 탄력을 받기 시작해서 그 후 몇 년 동안 보석처럼 세련된 아이폰 볼륨 버튼을 개발하려는 노력으로 확장됐다. 알루미늄에 대한 그의 집착을 보여주는 전자의 사례에서 그는 애플의 공급망 깊숙이까지 파고들어가 알루미늄 합금에 들어가는 마그네슘과 철 등의 원소 비율을 파악해 문제의 줄무늬를 최소화할 수 있었다. 개선에 대한 아이브의 집착을 보여주는 두 번째 사례는, 그가 2010년경 열린 홍콩 시계 박람회에 가서 시계 가장자리와 같은 높이의 초소형 광택 금속 단추를 만드는 데 사용되는 장비 전시자들을 평가할 때 일어난 일이다. 시간이 지나면서 디자인팀은 타테베 마사시게Tatebe Masashige 같은 재료 전문가들에 점점 더 많이 의존했다. 마사시게가 화이트보드 앞에 서서 플라스틱과 금속 안에 있는 분자의 모습을 그림으로 그려주면 이를 보고 있던 디자이너들이 재료의 특성이 어떻게 색상에 영향을 미치고 빛을 반사하는지 질문을 던졌다.

아이브는 이렇게 여러 해 동안 배운 모든 것을 다양한 재료를 이용해 시계 케이스를 만드는 데 적용함으로써 취향대로 원하는 시계를 차고 싶어 하는 사람들에게 선택권을 늘려주자고 제안했다. 애플은 재료 사용을 지원하고 사용 범위를 확장하기 위해 최초로 컴퓨터를 사용해서 맞춤 합금을 설계한 시카고 소재의 퀘스텍 이노베이션QuesTek Innovations을 인수했다.[9] 이 회사는 경주용 자동차와 로켓에 사용되는 강철에 대한 특허를 소유하고 있었고, 아이브는 자신만의 금제품 라인을 개발하는 데 도움을 받기를 원했다.

아이브는 워치 제작 초기부터 금시계를 만들자는 고집을 부렸다. 금시계가 전체 제품군을 보석으로 보이게 하는 후광 효과를 내주리라고 상상했기 때문이다. 그는 로즈골드와 전통적인 금으로 시계를 만들자고 제안했고 그의 아이디어에 재료, 하드웨어 구성요소, 소프트웨어를 제조 가능한 제품에 통합하는 책임을 맡은 애플의 제품 디자인 엔지니어들은 경악했다. 엔지니어들은 금이 밀도가 높더라도 쉽게 손상되고 잘 긁히는 부드러운 금속이라는 것을 알고 있었기에 경미한 충격에도 손상되는 1만 달러짜리 시계에 대해 거액의 환불을 요청하는 고객들이 쇄도할 것이라 전망했다. 그들은 이러한 위험을 없애기 위해서 더 견고하고 내구성이 강한 금을 디자인하기 위한 작업에 착수했다.

이 작업은 퀘스텍팀에게 맡겨졌다.[10] 그들은 컴퓨터를 이용해 더 튼튼한 금속을 개념화했다. 표준 18캐럿 금은 금 75퍼센트와 아연과 니켈 같은 다른 금속 25퍼센트로 이루어진다. 이러한 다른 금속들의 함유량이 금의 강도를 결정한다. 애플 엔지니어들은 로즈골드와 구리, 은, 팔라듐 같은 전통적인 합금의 조합을 생각해냈다. 이 호화로운 금속을 금덩어리로 주조한 뒤 끌로 깎아내서 단일 몸체의 시계 케이스를 만들 수 있었다. 그러나 무엇보다 아이브를 기쁘게 해준 것은 그것이 전통적인 금보다 두 배나 강하다는, 즉 고급스러우면서도 내구성이 높다는 점이었다.

시계에 대한 아이브의 야망은 잡스의 원칙 중 하나와 배치됐다. 1997년 애플로 돌아온 잡스는 애플이 만들고 있던 제품의 70퍼센트를 없애고 화이트보드에 사각형 차트를 하나 그렸다. 그는 네 칸에 각각 '소비자', '프로', '데스크톱', '휴대용'이라고 적어넣은 뒤 회사가 각 사분면에 하나씩,

즉 총 네 개의 훌륭한 제품을 만들어야 한다고 말했다. 이것은 '무엇을 하지 말아야 할지'를 결정하는 것이 '무엇을 해야 할지'를 결정하는 것만큼이나 중요하다는 그의 철학을 보여줬다.[11] 이와 반대로 아이브는 워치를 가지고 여러 색상과 함께 다수의 복잡한 밴드를 쓸 수 있는 두 가지 크기의 세 가지 케이스를 밀어붙임으로써 그러한 한계를 테스트하고 있었다.[12] 개인화된 제품에 대한 그의 열정은 결과적으로 54가지의 다른 조합을 낳았다. 그는 범위를 좁혀 집중하기보다 더 많은 결정과 요식이 요구되는 광범위한 사업을 추진했다.

어떤 경영자들은 수하에 데리고 있을 직원 수를 확충하면 권한이 강해졌다고 생각하기도 하지만 아이브는 직원 확충을 자신이 창의적인 아이디어를 내는 데 장애물을 더하는 성가신 '비대해짐'으로 간주했다. 워치에 관리해야 할 요소들이 많아지고 애플 제품 마케팅 부서가 아이폰을 다섯 가지 색상의 더 저렴한 모델로 다양화하라고 밀어붙이자 스튜디오로 스며드는 엔지니어와 운영 직원들의 수는 점점 더 늘어났다. 이렇게 새로 온 사람들은 운영과 비용에 대한 쿡의 백오피스 우려를 신성불가침한 장소였던 스튜디오로 가져왔다. 아이브가 정해놓은 불문율이 깨지기 시작했다. 2013년 워치 케이스에 대한 회의를 하는 도중 수석 디자이너인 줄리안 회니그와 리코 조켄도르퍼는 예정된 시간에 맞춰 적은 예산으로 제품을 납품하는 게 임무인 운영 직원들에게 둘러싸였다. 그들은 산업 디자인 스튜디오의 부엌 근처에 있는 오크 테이블에 둘러앉아 인쇄된 프레젠테이션 슬라이드 한 무더기를 돌려보고 있었다. 서류를 뒤적거리던 회니그와 조켄도르퍼는 시계 용두용으로 더 저렴한 제조 기술을 사용하여 비용을 절감하자는 구체적인 제안 내용을 발견하고 놀랐다. 디자인팀은 컴퓨터 제어 기계인 CNC 도구로 각 용두를 잘라내길 원했다. CNC의 정밀도는 비교 불가한 수준이라서 더욱 아름답고 사실적인 용두를 만들어낼 수 있었다. 그러나 운영 직원들은 수백만 달러를 절약할 수 있는 저렴한 레이저 절단 공정을 제안했다.

"애플은 그렇게 일하지 않습니다." 조켄도르퍼가 말했다.

"그건 삼성이나 할 짓입니다" 회니그가 덧붙였다.

테이블에 함께 앉아 있던 제품 디자이너들은 놀라움을 감추고자 애썼다. 그들은 운영 직원들의 제안에 대해 아이브가 얼마나 달갑지 않게 생각했을지 알고 있었다. 디자이너들은 아이브가 없는 동안 환전상들이 디자인 신전神殿에 자리를 잡았다는 사실을 깨달았다.

인피니트 루프에서 예전 휴렛팩커드 캠퍼스까지 3킬로미터 남짓을 운전해 가는 데는 10분도 채 걸리지 않았다. 2010년 애플은 3억 달러에 그곳을 매입했다. 당시 40만 제곱미터 규모의 복합 상업지구였던 그곳엔 아스팔트 주차장들이 적의 침입을 막기 위해 성 밖에 만든 해자垓子처럼 둘러싸인 아주 낮은 건물들이 여기저기 넓게 퍼져 있었다. 애플은 굴곡진 언덕과 우뚝 솟은 참나무, 세계적인 건축회사인 포스터+파트너스Foster+Partners가 지은 쇼케이스 본사로 그곳을 대체할 계획을 세웠다.

2013년 말 아이브는 타당성 검토를 위해 이 예전 휴렛팩커드 캠퍼스에 도착했다. 그는 1년 전 착공식 이후로 그곳을 정기적으로 방문하고 있었다. 주변 풍경은 흙과 부서진 아스팔트로 이루어진 황무지였다. 그런 잔해에서 그리 멀지 않은 곳에 미래 애플 본사가 될 한 섹션의 단층 프로토타입이 자리하고 있었다. 미래의 본사 모양은 비행접시 모습을 한 곡면 유리로 이루어진 28만 제곱미터 크기의 원이었다. 파이형 쐐기 모양의 강철과 시멘트로 제작된 프로토타입은 본사 디자인 작업의 본거지가 되었다. 아이브는 그곳에서 그가 미래 제품들에 쏟는 것과 같은 관심과 염려를 기울이며 캠퍼스의 모든 요소를 검토하고 점검했다.

아이브는 이 프로젝트에 대해 특별한 책임감을 느꼈다. 그는 2004년 잡스와 함께 런던의 하이드 공원Hyde Park으로 산책을 하러 갔다가 대학 내 안뜰처럼 개방되어 있어 누구나 찾을 수 있는 새로운 애플 캠퍼스를 짓는 공상에 빠졌다.[13] 잡스는 죽기 전에 길이와 넓이가 축구장 세 개를 합친 크기의 안마당이 있는 4층짜리 원형 디자인을 최종 캠퍼스 디자인으로 승인했다. 작고한 상사의 까다로운 취향에 부합하도록 확실히 프로젝트를 추진하는 건 아이브의 몫이었다.

애플의 소매팀은 아이브가 검토할 유리 샘플을 찾아내기 위해 전 세계를 몇 달 동안 샅샅이 뒤졌다. 사무실 건물 용도의 투명 유리를 구하는 게 어쩌면 복잡해 보이지 않을 수 있다. 일반적인 기업 부동산 개발업자들은 유리가 투명하기만 하면 크게 신경 쓰지 않는다. 하지만 아이브는 투명도가 충분한지 확인하기 위해 모든 유리를 검사해봐야 한다고 주장했다.

소매팀이 유럽과 아시아에서 구한 유리 샘플을 쿠퍼티노로 보내면 아이브가 직접 그것들을 검사했다. 그는 너무 투명해서 회사 사무실을 자연광으로 가득 채워줄 유리 조각을 찾고 싶었다. 그래야 직원들이 행복해지고 그들의 생산성을 높여줄 수 있을 테니 말이다. 결국 그는 소음을 최소화하고 건물의 내부 온도를 조절해줄 수 있는 믿을 수 없을 만큼 투명하면서도 비교적 얇은 12밀리미터 두께의 복층 유리를 선택했다.

그다음으로는 건물 내부를 캘리포니아의 뜨거운 태양으로부터 가려줄 건물 각 층에 모자챙처럼 튀어나온 캐노피의 옵션을 검토할 차례였다. 그는 세계에서 만들어진 여러 개의 샘플을 요청해서 살펴보다가 결국 어떤 유리보다 철 함유량이 가장 적은 창유리 한 장을 찾아냈다. 그런데 유리를 살펴보던 중 그것이 녹색 빛깔을 띠는 게 마음에 들지 않았다. 그는 따뜻한 느낌보다는 시원한 느낌을 주는 색을 선호했고, 캐노피를 아이팟처럼 하얗게 만들 수는 없는지 물었다.

그의 이 질문은 투명한 유리 조각을 가져다가 색깔이 들어간 듯한 착각을 일으키는 방법을 찾기 위한 쟁탈전에 불을 붙였다. 건축가와 엔지니어들은 실리콘 마감재를 발라 유리 캐노피에 자연적으로 생기는 녹색 빛깔을 없애는 해결책을 찾아냈다. 그 결과, 구조가 웨딩 케이크처럼 순수해 보이는 반투명 수직 안정판들로 둘러싸인 건물이 탄생했다.

인피니트 루프로 돌아온 아이브는 애플워치 작동법을 개발하기 위해 자신이 끌어모은 10명의 소프트웨어 디자이너들과 거의 매일 만났다. 물리적 디자인이 확정되지 않고는 제품 개발을 진행할 수 없듯이 사람들이 워치와 어떻게 상호작용할지가 결정되기 전까지 그것을 시장에 출시할 수 없었다.

애플워치 프로젝트에 대한 아이브의 책임을 상징하듯 그 10명으로 이루어진 팀은 그의 사무실에서 걸어서 조금만 걸어가면 되는 디자인 스튜디오 안에 머물렀다. 그들은 가로세로 각각 3미터 크기의 공간에 게시판을 세워 소프트웨어 모양이 담긴 스케치와 삽화를 전시했다.

아이브는 워치의 진행 상황을 평가하고 제안하기 위해 그곳에 자주 들르곤 했다. 손목에 찰 아이폰의 축소판을 만드는 게 목표였다. 그것은 친숙하면서도 독창적이어야 했다. 아이폰에 의해 탄생한 멀티터치 기술의 확장판이면서 그 기술이 아이폰보다 작은 1.5인치 화면에 적용돼야 했다. 그는 시계 용두로 제어 가능한 홈 스크린을 원했다.

이 개념을 담은 초기 버전은 엔지니어 임란 초드리에게서 나왔다. 짧은 머리를 하고, 검은색 티셔츠와 청바지를 즐겨 입던 그는 영국 태생의 휴먼 인터페이스 분야 전문가였다. 그는 아이폰을 성공으로 이끈 멀티터치 기술의 핵심 인물로 애플에서 이름을 날렸다. 그는 전통적인 시계 앞면의 둥근 모양을 그대로 살려 원 안에 배열된 수십 개의 작은 앱 아이콘들로 이루어진 홈 스크린 아이디어를 스케치했다. 시계의 용두를 돌려 아이콘들의 크기를 키우거나 줄일 수 있었다.

아이브는 사용자들이 앱을 넣고 뺄 때 모양을 더 쉽고 균형 있게 유지할 수 있도록 아이콘을 육각형 모양으로 배열하기를 좋아했다. 팀원들은 그것이 멋져 보인다고 생각했지만 몇몇 소프트웨어 디자이너들은 나중에 애플워치를 직접 테스트해보고 아이콘이 사람들이 사용하기에는 너무 작다며 걱정하기도 했다.

프로토타입이 여전히 개발 중이라 디자인팀은 벨크로 스트랩이 장착된 아이폰에서 상호 작용을 테스트했다.[14] 그들은 아이폰 위에 시계 크기의 화면을 만들고, 디지털 용두를 장착해서 그것이 어떻게 앱 아이콘들을 확장하고 축소할 것인지를 평가할 수 있었다. 축소한 화면이 너무 좁아 메시징을 할 수 없자 그들은 '퀵보드Quickboard'라는 시스템을 개발했다. 이 시스템은 단 한 번의 탭으로 전달할 수 있는 기본 답장 메시지들을 제시해줬다.

그들은 또한 사람들에게 들어오는 메시지를 알려주고자 제품 디자인팀과 협력하여 사용자의 손목에 미묘한 진동을 전달해주는 탭틱taptic 엔진도 개발했다. 이것은 엔지니어링 분야에서 상당한 도전이었다. 탭틱 엔진은 햅틱 모터가 작동할 때마다 느껴지는 진동과 울림을 담당하는 선형공진동자LRA, linear resonant actuator로 이루어져 있다. 휴대폰에서 이것은 사람들이 태생적으로 민감하게 반응하는 소리인 모기의 윙윙거리는 소리와 같은 주파수로 울렸기에 사람들의 주목을 받았다. 그러나 그 누구도 손목 위에서 모기가 윙윙거리는 듯한 소리를 듣고 싶어하지 않았고, 엔지니어들은 손목을 부드럽게 건드리는 듯한 느낌만 남을 때까지 그러한 진동 소리를 최소화하기 위해 노력했다.

신제품 개발을 수행할 일이 없는 쿡은 제프 윌리엄스 COO에게 애플워치 개발과 출시를 책임지고 있는 디자인, 소프트웨어, 하드웨어팀들의 조율 업무를 맡겼다. 쿡 자신은 프로젝트 진행 과정을 점검하기 위해 정기적으로 만나는 각 부서 대표들이 참석하는 위원회를 이끄는 책임을 맡았다. 그렇게 이제 아이브의 비전에 대한 관리는 잡스와 확실히 다른 감성을 가진 낯선 사람의 손에 맡겨지게 됐다. 윌리엄스는 윌리엄스대로 완전히 낯선 영역으로 들어가게 된 셈이었다. 자신의 상사와 마찬가지로 윌리엄스는 제품 발명이 아니라 대규모 제품 제조에 전문 지식이 있는 사람이었다. 애플 내부에서 그는 '팀 쿡이 데리고 있는 팀 쿡'으로 알려져 있었다. 두 사람은 이력서부터 체격까지 많은 면이 비슷했다.

쿡과 윌리엄스 모두 엔지니어링 학위와 MBA 과정을 밟은 남부 출신이었다. 또 모두 키가 크고 홀쭉했으며, 머리를 아주 짧게 자르고 다녔고, 가는 눈을 지녔다. 둘 다 말하기보다 듣는 편인 과묵한 사람들이었고, 검소한 생활을 유지했다. 쿡이 10년 동안 집을 사길 거부했기 때문에 동료들은 그를 인색한 사람으로 여겼다. 윌리엄스 역시 2012년 보수 총액이 6,900만 달러로 치솟은 뒤에도 도요타 캠리를 계속 타고 다녔기 때문에 같은 평가를 받았다.[15]

윌리엄스가 직면한 첫 번째 도전 중 하나는 하드웨어 엔지니어링이었다. 산업 디자인 작업이 속도를 내자 하드웨어 엔지니어들은 애플워치의 기능을 마무리하기 위해 고군분투했다. 그들은 심박수를 확인하기 위한 심전도EKG, electrocardiogram 시스템과 사람들에게 마음이 진정된 상태인지 스트레스를 받는 상태인지를 알려주는 일명 '전기 피부 반응galvanic skin response' 측정 도구를 포함해 다양한 기능을 알아봤다. 하지만 어떤 기능을 넣어야 할지 결정하지 못했고, 그 결과 시계에 동력을 공급하는 데 필요한 칩과 부품도 찾아낼 수가 없었다. 그들의 작업장이 제품 개발 시설이라기보다는 과학 연구실에 더 가까워지자 수석 연구원 유진 김Eugene Kim을 비롯해 일부 팀원들의 사기는 바닥으로 떨어졌다. 김은 결국 잠시나마 구글로 떠나버렸다.

놀란 하드웨어 책임자 밥 맨스필드는 하드웨어 엔지니어링팀 최고 책임자를 그가 가장 신뢰하는 부관 중 한 명인 제프 다우버Jeff Dauber로 교체했다. 이 선택은 윌리엄스와 색다른 조합을 만들어냈다. 다우버는 카리스마 있고, 자기주장이 강하며, 동성애자임을 공개하고 다녔다. 그는 미스터 클린Mr. Clean(P&G의 브랜드명이자 마스코트 – 옮긴이)처럼 머리를 깔끔하게 밀고 곱슬곱슬한 콧수염을 하고 다녔다. 왼팔은 온통 문신으로 덮여 있었다. 그는 1999년 애플에 입사해서 잡스가 한때 "해군보다 해적이 되는 게 낫다"는 슬로건을 내걸며 결집했던 회사의 반항 정신의 화신이었다.

다우버가 가장 먼저 하고 싶었던 일 중 하나는 구글로 간 유진 김을 데려오는 일이었다. 전 직원을 재고용하는 일이 흔한 업계였지만 애플에서는 그런 생각이 불온하게 여겨졌다. 잡스는 직원들에게 절대적 충성을 요구했고, 회사를 떠나 경쟁사로 간 사람은 그게 누가 됐든 돌아올 수 없다는 불문율을 고수했다. 다우버가 윌리엄스에게 김을 다시 데려오자고 제안하자 윌리엄스는 처음에는 망설였다. 그는 회사가 잡스의 그늘에서 벗어나고 있는 가운데 그가 정한 불문율이 유지되어야 할지 아니면 폐기돼야 할지를 두고 씨름했다. 결국 그는 다우버의 생각을 따르기로 했다.

그 즉시 다우버와 김은 혼란스러운 하드웨어 엔지니어링 작업에 질서를 부여하기 위해 움직였다. 그들은 성능이 의심스럽거나 마감 시간을 맞출 수 없다고 판단한 기능들을 모두 제거했다. 이렇게 사라진 기능 중에는 심전도와 전기 피부 반응도 있었다. 심전도는 관료적인 절차로 인해 수년의 시간이 걸리는 식품의약국FDA의 승인을 받아야 했다. 전기 피부 반응은 불필요한 기능처럼 보였다. 사람들이 흥분했을 때 그렇다는 사실을 알려주는 기기가 정말로 필요한지가 의문이었다. 자신이 흥분했다는 건 누구나 알 수 있기 때문이다.

이런저런 기능들을 없애자 애플워치의 건강 상태 모니터링 기능이 축소되면서 워치의 존재 목적에 대한 의문이 생겨났다. 스마트워치 개발을 추진하고자 했던 명분 중 하나가 7조 달러 규모의 의료 산업에 뛰어드는 것이었기 때문이다. 아이폰 덕분에 연간 매출이 1,500억 달러를 돌파한 상황에서 애플에겐 새로운 매출을 창출할 수 있는 헬스케어 시장 같은 거대한 산업에서 팔 수 있는 제품을 개발할 필요가 있었다. 헬스케어 기능을 포함하면 워치는 '애플이 사람들의 삶을 풍요롭게 해주는 제품을 만들 것'이라는 쿡의 약속과 잘 맞아떨어지면서 이타적인 면을 부각할 수도 있었다. 그러나 애플이 알아본 모든 헬스케어 개념은 그리 특별하지 못했다. 심지어 애플이 레어 라이트로부터 얻은 비침습적 혈당 모니터링 기술도 실망스러운 것으로 드러났다. 아볼론테 헬스에서 일한 애플의 엔지니어들은 레어 라이트의 기술이 기대했던 대로 작동하지 않는다는 것을 발견하고 아예 처음부터 자체 혈당 포도당 모니터링 시스템을 만들기 시작했다. 그들은 소형 냉장고만 한 포도당 모니터링 시스템을 손목시계에 들어갈 수 있을 만큼 소형화시키는 데만 10년 가까운 시간을 소비해야 했다. 다른 아이디어들에 대한 흥분도 실망으로 바뀌었다.

아이브와 윌리엄스를 포함한 애플워치 프로젝트에 대한 최고 경영자 위원회 회의에서 누군가가 암을 발견할 수 있는 마이크로칩을 개발했다고 주장하는 스타트업 이야기를 꺼냈다. 아이브는 암처럼 치명적인 질병을 조기 발견할 수 있는 가능성에 대해 흥분했다. 방 안에 있던 다른 사람들 역시 그와 같이 흥분했다. 암은 잡스의 생명을 앗아갔을 뿐만 아니라 2013년 사실상 최신 과학기술 분야의 최고 전문가였던 마이크 컬버트Mike Culbert를 죽음에 이르게 한 병이기도 했다. 그러나 경영진이 고객들에게 잘못된 양성과 음성 진단 결과를 알려줌으로써 생길 수 있는 법적 위험과 애플워치가 "당신은 암에 걸려 죽을지 모른다"는 암울한 알림을 전달해주는 '죽음의 메신저'가 됨으로써 애플이 입을 수 있는 브랜드 피해를 고려하자 흥분은 금세 시들해졌다.

이러한 좌절에 직면하자 다우버는 엔지니어링팀이 워치 케이스 뒷면에 있는 심박수 센서에만 집중하게 만들었다. 그들은 혈액이 붉은색 빛을 반사하고 녹색 빛을 흡수하기 때문에 붉은색이라는 지식을 바탕으로 녹색 LED 빛을 초당 수백 번 깜박임으로써 손목의 동맥을 관통해 흐르는 혈액의 양을 모니터하는 시스템을 개발했다.[16] 심장이 박동할 때마다 동맥을 통해 흐르는 혈액의 양이 늘어난다. 혈액은 움직이면서 더 많은 양의 녹색 빛을 흡수한다. 심장 박동 사이에는 녹색 빛의 흡수량이 감소한다. 이러한 차이를 센서와 알고리즘을 통해 실시간으로 계산하여 분당 심박수를 판단할 수 있었다. 엔지니어링팀은 심박수를 측정하기 위해 10분마다 손목에 빛을 비추는 별도의 적외선 센서를 개발했다. 그들은 애플 디자이너들의 지시에 따라 매끄러운 세라믹 케이스에 들어 있는 네 개의 동일한 원 안에 빛을 비췄다. 그 결과로 복잡한 엔지니어링과 세련된 스타일의 결합물이 탄생했다.

그들은 시스템에 전력을 공급하기 위해서 애플이 지금껏 만들어본 것 중에서 가장 작은 회로 기판을 디자인했다. 그 회로 기판이 애플워치를 아이폰에 연결했고, 아이폰은 안테나를 통해 손목으로 문자 메시지와 이메일을 전송했다. 이렇게 연결해주는 무선 주파수 부품들은 일반적으로 상호 신호 간섭을 방지하기 위해 작은 보호 장치 안에 들어가 있어야 했지만, 워치의 크기가 워낙 작다 보니 안에 그런 보호 장치를 넣을 공간이 없었다. 엔지니어들은 어쩔 수 없이 신호의 무결성을 지키기 위해 회로 기판 위에 뿌릴 수 있는 맞춤 코팅을 했다. 이 해결책은 30개가 넘는 부품과 30개의 실리콘 조각이 들어가는 가로세로 1인치 크기의 보드 탄생으로 이어졌다. 이 보드가 애플워치의 두뇌가 되었다.

하드웨어 엔지니어들이 서서히 돌파구를 마련해 나아가자 초기 프로토타입 제작과 테스트를 담당하던 제품 디자이너들의 작업량 또한 늘어났다. 프로토타입마다 모든 것이 조화롭게 작동하는지 확인하기 위해 각 부품을 테스트해야 해서 이 작업은 속도가 더딜 수밖에 없었다. 마치 들어오지 않는 전구가 있는지 알아보기 위해 크리스마스 줄전구에 붙어 있는 모든 전구를 하나씩 확인하는 것과 비슷한 작업이었다.

윌리엄스는 공정 속도를 높이기 위해 엔지니어들에게 프로토타입 개발 속도를 높일 것을 촉구했다. 엔지니어들은 이러한 압박이 2014년 가을까지 애플워치를 출시해 투자자들에게 애플이 아이폰만 만드는 회사가 아님을 보여주려는 쿡의 압박에서 비롯됐다고 생각했다. 윌리엄스의 팀은 제조 현장에서 문제를 해결함으로써 야심 차게 정해진 데드라인을 지키고, 제품의 출하일을 단축할 수 있었다. 윌리엄스는 제품 디자이너들도 자기들과 똑같이 해주기를 원했다. 일부 엔지니어는 그들이 하는 작업 특성상 시행착오를 거쳐야 하기에 근본적으로 제품을 빠르게 내놓기가 어렵다고 설명하려고 했다. 하지만 윌리엄스가 계속 고집을 부렸고, 그들은 결국 윌리엄스에게 보여줄 가짜 달력을 만들어놓고 필요한 부품이 도착하기 몇 주 전 중국으로 출장을 떠났다. 그들이 자기들끼리 보려고 보관하고 있던 더 현실적인 달력은 진실을 드러내줬다. 즉, 그들에겐 시간을 늘릴 방법이 없었다.

애플의 상위 100대 리더들이 쿠퍼티노 남쪽의 연례 회의 장소에 모였을 때 분위기는 대체로 낙관적이었다. 힘이 강해진 삼성은 마케팅을 통해 애플을 계속 조롱하고 있었지만, 애플워치에 대한 기대감은 그 자리에 모인 이들에게 애플이 비판자들을 정면으로 반박할 수 있으리라는 낙관적인 전망을 심어주었다.[17] 프레젠테이션은 미래에 대한 열정과 자신감으로 초호화 리조트 내 회의실을 가득 채웠다.

애플워치는 애플 직원들에게 활력을 불어넣어주고 목적의식을 갖게 해줬다. 또한 애플의 리더들이 집단적인 슬픔에서 벗어나서 회사를 이끌어 나가고자 하는 도전 의식을 고취시켰다. 그들은 애플워치를 통해 아이팟, 아이폰, 아이패드를 만들 수 있게 해준 팀워크와 창의성을 다시 발견했다. 그들은 또한 모바일 결제 시스템과 신형 아이폰을 포함한 다른 제품 개발들도 진행했다. 이들이 낙관할 수 있는 이유는 많았다.

하지만 아이브는 현재 일어나는 일들을 곱씹어 보고 있었다.

어느 날 아침 그는 가장 신뢰하는 운영 동료인 닉 포렌자에게 아침 식사를 같이하자고 요청했다. 포렌자는 그날 아침 눈을 가렸어도 불안감을 감춰주지는 못한 광각 선글라스를 끼고 그늘진 야외 테라스에 도착했다.

애플워치 제작에 참여한 엔지니어 한 명이 경쟁사로 달아날 작정이었다. 아이브는 그가 경쟁사로 가서 애플이 수년 동안 개발해온 디자인과 엔지니어링 개념을 유출시켜버릴지 모른다는 걱정을 하고 있었다. 아이브는 자신이 애지중지해왔던 것들이 위험에 처할까 봐 걱정했다.

"이것이 얼마나 나쁜 일이 될지 압니까?" 그가 물었다.

아이브가 해결책을 찾는 동안 포렌자는 동정하듯 귀를 기울였다. 아이브는 문제의 엔지니어를 붙잡아두기 위해 그에게 무엇을 제시할 수 있는지 물었다. 비용이 얼마가 들든 상관없었다. 아이브는 그저 애플의 지적자산을 지킬 수 있기만을 원했다. 그는 불안한 듯 허공을 응시하며 해결책을 찾았다.

"당신이 잘 이해했는지 모르겠군요." 아이브가 말했다.

아이브는 시계 용두가 애플워치의 대표적 특징일 것이라고 설명해줬다. 그것은 과거의 시계와 컴퓨터로 작동되는 미래의 시계를 연결해주는 다리이자 사람들이 자신의 손목 위 화면을 둘러보고 앱을 클릭할 수 있게 해주는 사용자 경험의 핵심이었다. 그는 경쟁사로 가려는 엔지니어가 그곳에 용두에 대한 아이디어를 넘김으로써 경쟁사가 엉성한 짝퉁 용두를 내놓아 애플워치가 출시되기 전에 시장을 더럽힐까 봐 걱정했다. 아이브는 "경쟁사가 애플워치의 한 측면이 아니라 핵심을 이해하게 되는 게 중요하다"라면서 "용두가 애플워치의 핵심"이라고 말했다.

포렌자는 문제의 엔지니어를 다시 데려오기 위해 노력하겠다고 말했으나 결과적으로 그를 다시 채용하려는 노력은 실패로 돌아갔다. 그러나 포렌자의 확신은 아이브를 진정시키고 그가 자신감을 회복하는 데 도움을 주었다.

리더들은 새로운 부담과 책임을 갖고 리조트에서 쿠퍼티노로 돌아왔다. 아이브는 이제껏 애플의 마케팅에 최소한의 정보만을 제공해왔었다. 그는 주로 제품 포장 정도에만 관여했는데 대표적인 것이 미니멀리즘적인 흰색 상자였다. 그 상자는 허용 오차가 워낙 적어서 놀랍도록 쉽게 열렸다. 그 외 광고에서부터 이벤트에 이르기까지 홍보 활동의 나머지 부분은 모두 잡스가 주도했다. 그러나 이제 잡스가 없는 상황에서 마케팅 전략은 달라져야만 했다. 쿡은 아이브에게 애플이 이 신제품을 어떤 방식으로 세상에 팔면 좋을지에 대한 조언을 구했다. 아이브는 이상적으로 생각하는 애플워치에 대한 더할 나위 없이 뚜렷한 비전을 가지고 있었기 때문에 그 책임을 받아들였다.

애플워치가 조립되면서 그것의 존재 목적에 대한 아이브의 확신은 깊어졌다. 그는 끊임없이 워치를 애플의 '가장 개인적인 기기'로 정의하고, 워치의 성공은 그것을 착용하려는 사람들의 의지에 달려 있다고 설교했다.

애플워치를 팔려면 특히 '사람들이 착용하는 것'에 대해 보이지 않는 영향력을 행사하는 패션 업계에서 문화적인 테이스트메이커들의 지지가 필수적이었다.

아이브는 마케팅 회의에서 패션 잡지 《보그Vogue》의 편집장인 애나 윈투어Anna Wintour와 패션 디자이너 칼 라거펠트Karl Lagerfeld 같은 테이스트메이커들의 반응이 최신 맥을 평가한 기술 평론가들보다 애플워치의 성공에 더 큰 영향을 미칠 것이라고 말했다.

"우리의 미래는 월트 모스버그 같은 사람들의 손에 달려 있지 않습니다." 아이브는 〈월스트리트 저널〉에서 오랫동안 제품 리뷰어로 활동하고 있는 모스버그 기자를 언급하며 애플 마케터들에게 이같이 말했다. 그는 모스버그를 존경했지만, 애플워치가 인정을 받기 위해서는 기술 업계 외의 사람들로부터 호의적인 반응을 받아야 한다고 믿었다.

이러한 시각은 일부 동료들에게 충격으로 다가왔다. 역사적으로 애플은 기술적 특징들을 전면에 내세우는 방식으로 마케팅을 해왔기 때문이다. 제품 마케터인 실러는 착용자의 손목에 메시지를 띄우거나 운동 상태를 추적할 수 있는 기능을 강조하며 애플워치를 아이폰이나 피트니스 기기의 액세서리로 홍보하길 원했다. 애플의 마콤 팀원들은 아이브가 본인이 개인적으로 관심을 갖고 있는 방향으로 회사를 밀어보낼 웨지wedge(공 치는 부분이 쐐기 모양으로 되어 있는 골프채 – 옮긴이)로 애플워치를 이용하고 있는 건 아닌지 우려했다. 그들은 패션에 대한 아이브의 관심이 부질없고 이기적이라고 생각했다.

아이브는 그들의 이런 반발에 분노했다. 그는 애플워치를 컴퓨터인 양 마케팅한다면 아무도 그걸 착용하지 않을 것이라고 확신했다. 그와 가까운 사람들은 패션에 대한 그의 관심이 기술과 문화를 결합하려고 했던 잡스의 유산과 이어져 있다고 이해했다. 그들이 보기엔 아이팟 혼자서 애플을 부활시킨 것이 아니라, 음악과의 연관성도 부활에 힘을 보탰다. 애플워치가 성공하려면 애플은 과거 음반사와 뮤지션들을 아군으로 만들었던 것과 같은 방식으로 창조적인 세계에서 활동하는 사람들과 관계를 맺고 패션계의 선구자들의 마음을 사로잡아야 했다.

잡스라면 자신의 입맛대로 독재정치를 함으로써 그러한 내부의 긴장을 무너뜨렸을 것이다. 그가 결정을 내리면 그걸로 끝이었기 때문에 갈등을 싫어했던 아이브는 통상적인 기업 내분으로 인해 생기는 두통에서 벗어날 수 있었다. 그러나 쿡은 제품 개발에 직접적으로 관여하지 않았고, 각자 원하는 것을 일부라도 들어주려고 애쓰면서 기업 내 불화가 끓어오르는 걸 사실상 방치했다.

쿡은 아이브의 비전을 지원하기 위해 파리에 본사가 있는 프랑스 패션 의류 브랜드인 이브생로랑Yves Saint Laurent에서 폴 드네브Paul Deneve를 데려왔다. 드네브는 쿡에게 보고하면서 애플워치의 시장 진출 전략을 개발하는 임무, 즉 판매, 유통, 홍보, 제품 범위product range에 대한 책임을 맡았다. 그는 매일 스튜디오에 나와서 고전적인 시계 버클이 달린 가죽 밴드를 붙이기로 늦게나마 결정하는 등 아이브가 패션과 관련된 디자인 결정을 하는 데 도움을 줬다. 두 사람은 애플 스토어에서 유명한 오크 테이블을 유리 밑에 애플워치가 보이는 미니 보석상 케이스로 바꿔보면 어떨지 따져보는 등 매장에서 워치를 어떻게 전시하면 좋을지 머리를 맞대고 고민했다.[18] 애플은 항상 외부 컨설턴트들의 도움을 받는 데 반대해왔지만 아이브는 아랑곳하지 않고 패션 분야 경력이 있는 커뮤니케이션 자문관들을 데려왔다.

이로 인해 애플 방식으로 일하는 데 익숙한 오래된 마케터들과 나름의 아이디어를 가진 외부인들 사이에 긴장이 높아지게 되었다.

2014년 여름 아이브는 이사회실에서 열리는 회의에 참석하기 위해 회사 4층 임원실 밖에 도착했다. 그와 쿡은 마케팅 및 커뮤니케이션 팀원들과 함께 애플워치 공개 계획을 논의했다. 애플은 가을 프레젠테이션 때문에 고민하고 있었다. 크리스마스 쇼핑 시즌을 앞두고 신제품 라인업을 소개하는 주요 마케팅 행사였다. 수백만 명의 사람들이 이 쇼를 보고, 언론은 모든 신제품을 보도함으로써 애플에 수억 달러 상당의 무료 광고를 해주었다. 애플워치가 잡스의 죽음 이후 애플의 첫 번째 신제품 카테고리에 해당했기 때문에 가을 프레젠테이션은 그 어느 때보다도 완벽하게 진행돼야 했다.

쿡은 실러와 아이브 주변 사람들의 상충된 견해를 중재할 준비를 했다. 실러가 이끄는 마케팅팀은 잡스가 최초의 맥과 아이맥을 소개했던 쿠퍼티노에 위치한 디엔자 칼리지 내 플린트 센터Flint Center for the Arts에서 9월에 위치를 공개하기를 원했다. 그러나 아이브와 외부인들로 구성된 팀은 이후 미디어와 특별 손님들을 위해 시계를 전시할 장소를 정하지 못해 조바심을 냈다. 그는 프레젠테이션이 끝난 후 워치를 직접 구경할 수 있는 장소 규모를 두 배로 늘리자며 천막을 치자고 제안했다. 천막 색깔은 전부 자신이 좋아하는 색깔인 흰색으로 하자고 했다. 이 계획을 성사시키기 위해선 건물 밖에 있는 나무들을 제거하고, 천막을 세운 다음 나중에 다시 나무를 심어야 했다. 돈이 많이 들 수밖에 없었다.

"비용이 얼마나 들까요?" 쿡이 물었다.

"2,500만 달러를 원하더군요." 누군가가 말했다.

쿡은 딜레마에 빠졌다. 그는 애플의 뿌리로 돌아가서 디엔자에서 행사를 주최하고 싶어 하는 마케터들의 마음을 이해했다. 또한 쿠퍼티노에 있는 커뮤니티 칼리지에서 패션 언론 행사를 진행하는 데 따르는 위험에 대한 아이브의 우려도 인정했다. 천막에 대한 토론이 벌어지는 동안 그의 마음은 이리저리 흔들렸다. 하얀색 천막이 결혼식장처럼 보일까 봐 속으로 걱정하는 사람도 있었고, 나무를 이동하는 문제를 두고 의문을 제기한 사람도 있었다. 일부는 한때 파산 위험에 시달리던 회사가 어떻게 그렇게 많은 돈을 천막에 써야 할지 고민하게 됐는지를 그냥 담담히 받아들이려고 했다. 여러 의견을 충분히 들은 쿡은 마침내 동요를 멈추고 말했다.

"일단 그렇게 해봅시다."

애플워치의 초기 버전이 완성되자 아이브는《보그》편집장인 애나 윈투어에게 대중이 보기 전에 먼저 한번 워치를 살펴봐달라고 부탁했다. 마술처럼 짠 하고 신제품을 공개하도록 제품을 철저히 비밀에 부쳐왔던 회사에서는 이례적인 요청이었다. 그동안은 중요한 제품 출시가 있기 전에 잘 알고 지내던 기자들에게 가끔 브리핑하는 정도가 전부였다. 하지만 아이브는 그 정도 수준을 뛰어넘어 오늘날 미디어 세계에서 가장 영향력 있는 인물 중 한 명에게 워치를 소개하려고 하고 있었다.

아이브와 윈투어 모두에게 맞는 시간을 찾기란 어려웠다. 아이브는 여름이 되면 일정 기간 영국에서 시간을 보냈고, 윈투어는 햄프턴에 있는 17만 제곱미터 규모의 사유지에서 여름을 보냈다. 두 사람은 결국 뉴욕시 어퍼이스트사이드에 있는 칼라일 호텔에서 만나기로 했다. 그곳은 베갯잇에 금으로 손님들의 이름 이니셜을 새겨주는 등의 명품 서비스로 유명한 아이브가 가장 좋아하는 호텔이었다.

제품 보안팀은 8월에 애플워치 여러 모델을 제트기에 실어 뉴욕으로 운반했다. 그들은 검은색 케이스에 든 시계들을 아이브와 윈투어가 만나기로 되어 있는 센트럴 파크가 내려다보이는 스위트룸으로 옮겼다.

아이브는 이 악명 높았던 《보그》편집장을 만나본 적이 없었다. '얼음 여왕'으로 알려진 그녀는 패션계에서 가장 영향력 있는 인물이었고, 날카로운 비즈니스 감각으로 존경받았지만 까탈스러운 성격으로 두려움의 대상이기도 했다. 그녀는 단 한 번의 눈길로 디자이너의 성패를 좌우할 수 있었다. 그녀의 승인이 떨어져야 《보그》는 디자이너의 컬렉션을 잡지에 실을 수 있었다. 이는 곧 패션계의 가장 엘리트적이고 영향력 있는 독자들이 볼 만한 컬렉션임을 인정해준다는 뜻이었다.

두 사람은 스위트룸에서 단둘이 만났다. 윈투어가 자리를 잡자 아이브는 마치 선물 포장을 풀 듯이 가죽 견본에 싸여 있던 시계를 섬세하게 풀었다. 그는 마을 광장의 대형 시계탑이 손목시계로 소형화된 것과 방 하나 크기만 했던 초기 컴퓨터가 스마트폰으로 소형화된 것 사이에 어떤 유사점이 존재하는지 설명하며 시간 엄수의 역사가 주는 교훈을 전달했다. 애플워치는 이 두 분야를 융합시킨 것이었다. 아이브는 각각의 시계를 집어 들어 디자인, 합금, 밴드에 대해 설명했다. 그리고 각 시계의 제조 과정을 알려주면서 윈투어에게 용두가 어떻게 이 소형 컴퓨터를 탐색하는 도구가 될 수 있는지를 보여줬다.

윈투어는 넋을 잃을 만큼 매료되었다.[19] 그녀는 평생 패션 업계에서 일하는 동안 자신의 작품을 자랑하는 디자이너들을 수없이 만나봤기 때문에 소개하는 제품에 실제로 깊이 관여한 사람과 본인은 아이디어만 내고 디자인은 스태프에 맡긴 사람들을 구분하는 법을 알고 있었다. 그녀의 눈에는 아이브가 시계의 모든 부분을 알고 있고 모든 세부 사항을 충분히 고민했다는 것이 분명히 보였다. 그녀는 그가 직접 시계를 만들 수 있을 것 같다는 느낌을 받았다.

아이브는 그녀에게 모든 시계를 아주 사랑스럽게 보여줬다. 그녀는 예술 작품에 버금가는 디자인과 기능성을 갖춘 시계라는 사실에 감명을 받았다. 아이브의 꼼꼼한 프레젠테이션은 그녀에게 오랫동안 샤넬Chanel 디자이너로 일하면서 패션계에서 가장 영향력 있는 인물 중 한 사람으로 인정받는 칼 라거펠트와 가져왔던 많은 만남을 떠올리게 했다.

예술가와 얼음 여왕은 본래 15분 동안만 만날 예정이었으나 두 사람의 만남은 한 시간 넘게 이어졌다.

비슷한 시간에 캘리포니아로 돌아온 제프 다우버는 애플워치에 점점 더 많은 신경을 쏟고 있었다. 엔지니어들은 배터리를 최대한 오래 사용할 수 있게 만들려고 최선을 다했지만 녹색 LED 불빛에는 엄청난 전력이 필요해서 그들은 결국 타협할 수밖에 없었다. 심장 센서가 작동하는 시간을 제한하거나 착용자가 손목을 자기 얼굴 쪽으로 향했을 때만 시계 디스플레이에 정보가 표시되도록 함으로써 배터리 수명을 연장하자는 해결책 등이 등장했다. 결국 그들이 내린 결론은 종종 시간조차 보여주지 않는 스크린이 꺼진 상태의 시계였다.

이와는 별도로 엔지니어들은 시계의 처리 속도가 느려지는 문제도 발견했다. 휴대폰에서 워치로 메시지를 전송하는 데 시간이 걸릴 수 있었다. 다른 성능도 마찬가지로 뒤떨어졌다. 그러자 일부 엔지니어들은 개발 후반기에 중대한 질문을 놓고 씨름하게 되었다. 그것은 "시계는 대체 무슨 역할을 했었던 걸까?"란 질문이었다.

출시 한 달 전인 8월, 다우버는 인피니트 루프 근처에 있는 운영 건물 내 윌리엄스의 사무실로 향했다. 당시 윌리엄스는 쿡을 포함한 애플의 고위 경영진으로부터 최대한 빨리 애플워치를 출하하라는 엄청난 압박을 받고 있었다. 워치 개발에 참여하고 있던 사람들 중 다수는 그런 압박을 사내 비판자들에 재갈을 물리고 투자자들을 안심시키기 위한 노력으로 해석했다. 하지만 다우버는 의심을 떨쳐버릴 수 없었다.

"제프, 만약 집에 휴대폰을 놔두고 사무실에 출근했다면 다시 돌아가서 그걸 가져올 건가요?" 그가 물었다.

"네." 윌리엄스가 답했다.

"그럼 만약 시계를 집에 놔두고 왔다면 그걸 가지러 돌아가겠습니까?" 다우버가 재차 물었다.

그러자 윌리엄스는 잠시 시간을 두고 고민하더니 "아니요"라고 답했다. "퇴근하고 집에 가서 쓰면 되죠."

"그래서 우리는 워치를 출하할 수 없습니다." 다우버가 말했다. "아직 준비가 덜 됐습니다. 대단한 제품이 아니에요."

CHAPTER 10

거래

유나이티드 항공United Airlines의 점보제트기가 팀 쿡과 베이징 사업에 목이 마른 다른 탐사자들을 태우고 태평양 상공에서 서쪽으로 날아갔다.

2014년까지 중국은 세계에서 독보적 속도로 성장하는 시장으로 그 자리를 확고히 다졌다. 전국의 농부들은 본래 거주하던 작은 시골 소도시를 떠나 광란의 건설 붐 덕에 폭발적으로 성장 중이던 고임금 일자리가 있는 메가시티로 이주했다. 메가시티 중 여섯 곳은 뉴욕만큼 혹은 그 이상으로 크기가 컸다. 브랜드에 민감한 소비자들은 미국 소비자들보다 하기스Huggies 기저귀와 펜폴즈 까베르네 쇼비뇽Penfolds Cabernet Sauvignon 와인에 더 아낌없이 돈을 쓰고 있었다.[1] 비행기들은 하루가 멀다 하고 캘리포니아 등지에서 온 기업 임원들을 천안문 광장 입구까지 실어 날랐고, 임원들은 중국의 상업적 호황을 틈타 더 많은 것을 뽑아내기 위해 권력의 중심부인 그곳에서 열심히 일했다.

쿡은 과거 여러 번 중국을 여행한 적이 있었다. 2007년 아이폰의 첫 출시 이후 그는 "애플은 세계에서 가장 인구가 많은 나라 중국에서 지리적 확장에 집중해야 한다"고 주장해왔다. 아이팟은 새로운 휴대폰을 갈망하는 중국 소비자들의 머릿속에 애플 브랜드를 각인시켰으나, 이 인기 있는 기기를 유통시키기 위해서는 중국 정부의 승인을 받아야 했다. 그 과정에서 너무나 복잡 미묘한 관료집단을 상대해야 했기 때문에 애플 직원들은 2008년 중국에서 초기 유통 계약을 체결할 당시 미국 국무부의 도움을 받았다.[2] 애플은 매년 유통 경로를 추가로 다수 확보했지만 쿡은 초지일관 중국 최대 이동통신 회사인 차이나 모바일China Mobile과의 거래라는 진정한 '상'을 받기 위해 힘썼다.

그러한 기회를 노리던 쿡은 애플의 수석 외교관으로 변신해 중국에 가서 산업정보기술부 관리들을 만날 기회를 얻었다. 그는 집중력과 결의로 관리들을 매료시켰으며, 자기 얘기를 잘 안 하는 사람치고는 드물게 동생의 아내가 중국인이라는 점을 알리며 자신이 중국과 개인적인 인연이 있음을 부각했다. 그는 특히 자기처럼 오번 대학교 풋볼팀을 좋아했던 수학 인재인 조카 앤드류와 친했는데, 중국 관리들에게 동생의 아내가 중국인이라 조카도 중국에 더 깊은 관심을 갖게 됐다고 말했다.[3]

하지만 이번 출장은 문화 탐사를 위한 것이 아니었다. 출장의 목적은 6년 동안 끌어온 계약을 마무리하는 것이었다. 비행기가 착륙하자 쿡은 애플의 새로운 주장을 내세워보고 싶었다.

쿠퍼티노의 애플 경영진은 절벽이 바로 눈앞으로 다가오고 있음을 볼 수 있었다. 세상을 변화시키고 애플의 사업에 큰 흥분을 일으켰던 아이폰 판매가 피로감을 드러내고 있었다. 2014년 초 아이폰이 사상 최저 수준의 휴일 매출 상승률을 기록하자 회사 안팎에서 경고등이 켜졌다.[4] 애플의 마케팅팀은 전 세계 스마트폰 시장이 포화상태라서 잠재적인 최초 휴대폰 구입자의 수가 줄어들었다고 판단했다. 그리고 그러한 안타까운 성장세가

'새로운 표준'이 되는 미래가 도래할 것으로 예측했다. 그들의 이러한 예측은 애플에게 가장 귀중한 자산이 위험한 부채가 되었다는 두려움으로 이어졌다.

쿡이 다음 주요 기기의 매출이 최소 100억 달러가 되기를 원한다는 소문이 회사 전체에 퍼졌다. 100억 달러는 애플이 추진하는 어떤 프로젝트건 연간 1,700억 달러의 매출을 보고하는 기업에 어울릴 만한 수준이 돼야 한다는 믿음에 따라 인위적으로 정한 기준이었다. 이런 재무적 목표는 비즈니스 이론상 블록버스터 제품 판매가 늘어날수록 투자자들이 기대하는 성장률을 달성하기 점점 더 어려워진다는 '대수의 법칙law of large numbers'을 떠올리게 했다. 하지만 쿡은 대놓고 이 이론을 "공포심을 조장하기 위해 꾸며낸 도그마"로 치부했다.[5] 그는 투자자들에게 잡스는 숫자에 얽매이지 않는 사고를 애플의 문화로 만들었다고 장담했다. 대신 애플은 숫자(매출)를 생산하는 제품 그 자체에 초점을 맞추고 있다고 말했다. 그러나 이때는 이미 인피니트 루프 내부에서 숫자가 제품 개발 및 사업 전략 정보를 제공하기 시작한 뒤였다.

쿡은 아이브가 제시한 애플워치의 비전과 함께 아이폰 시장이 성숙해졌더라도 매출 확대를 견인할 수 있는 애플워치의 잠재력을 믿었다. 그러나 항상 백업 계획을 짜고 위험 완화를 위해 애써야 했던 그는 투자자들의 기대에 부응하기 위해 하나가 아닌 두 개 이상의 신규 사업이 필요할 수 있다고 예상했다. 그는 직접 기회를 모색하고 나서기로 했다.

베이징 파크 하얏트 호텔에서 차이나 모바일 본사까지 운전기사가 차를 몰고 가는 동안 쿡은 들뜬 마음으로 창밖을 응시했다. 평소 내성적이고 단

호한 모습인 그는 2014년 1월이었던 그날 즐거움에 들떠 있었다. 베이징은 활기차 보였다. 겨울 코트를 입은 사람들이 교차로를 잰걸음으로 건너고 있었고, 그중 일부는 손에 휴대폰을 움켜쥐고 있었다. 그들 중 일부는 차이나 모바일의 무선 서비스 가입자 7억 6,000만 명 중 하나였다. 며칠 후면 바로 그 사람들이 처음으로 아이폰을 구입해 사용할 수 있었다.

쿡이 탄 차가 정면에 차이나 모바일 이름이 새겨진 칙칙한 콘크리트 벽이 세워져 있는 철과 유리로 된 고층 빌딩에 도착했다. 쿡은 새 사업 파트너인 시궈화Xi Guohua 회장을 만나기 위해 건물 안으로 성큼성큼 걸어 들어갔다. 두 사람은 차이나 모바일이 판매하는 아이폰 한 대당 얼마의 보조금을 지급해줄지를 두고 지난 1년 동안 몇 차례 미팅을 가져왔다. 그러한 보조금은 애플이 전 세계적으로 맺은 모든 무선 통신 거래에 매우 중요했다. 보조금은 통신사와 다년 계약을 맺은 고객들에게 아이폰 가격을 낮춰줄 수 있기 때문이다. 중국에서 보조금은 덜 후한 경향이 있었다. 두 사람이 보조금 액수에 합의하는 데까지는 시간이 걸렸지만, 양측이 접점을 찾은 만큼 이제 새로운 협력관계로 인해 느끼는 설렘을 전 세계에 드러낼 준비가 되어 있었다.

CNBC TV 제작진이 길이가 바닥에서 시작해 천장까지 이르는 아이폰 포스터 앞에서 두 사람을 인터뷰하기 위해 칙칙한 방 안에 자리를 잡고 있었다. 쿡은 이번 TV 출연으로 애플 투자자들에게 애플이 수억 명의 신규 고객에게 다가가기 위한 거래를 성사시킴으로써 아이폰 판매량을 늘릴 수 있는 방법을 찾았다는 메시지를 전달할 수 있기를 바랐다.

쿡은 "오늘은 애플에게 분수령이 되는 날"이라고 입을 뗀 후 "시 회장과 차이나 모바일과 거래하게 돼 영광입니다"라고 말했다.

쿡은 의자에 웅크리고 앉아 긴장을 풀고 편안한 자세를 취했다.

"시 회장님, 이제 아이폰을 쓰실 건가요?" CNBC의 뉴스 진행자가 물었다.[6]

"좋은 질문입니다." 시는 중국어로 답했다. "차이나 모바일과 애플이 손을 잡기 전 저는 다른 브랜드의 휴대폰을 사용했습니다. 하지만 이제 저는 아이폰으로 바꾸기로 결정했습니다. 쿡 회장께서 오늘 아침 차이나 모바일용으로 만들어진 첫 번째 아이폰 한 대를 제게 주신 데 대해 매우 감사하게 생각합니다. 금색 전화기입니다."

쿡은 미소를 지었다. 그가 선물용으로 선택한 금색은 세계에서 가장 인구가 많은 중국에서 애플의 미래를 상징했다.

쿡은 인터뷰 도중 회사의 주가 움직임을 기록하듯 손을 위쪽으로 쓸어 올리며 이렇게 말했다. "우리는 장기적 안목을 갖고 활동합니다. 오늘의 발표는 우리 고객, 주주, 직원 모두가 장기적으로 훌륭한 일을 해내는 데 더할 나위 없이 중요한 이정표 중 하나라고 생각합니다."

쿡과 시는 이후 차이나 모바일이 운영하는 3,000개 매장 중 한 곳으로 향했다.[7] 두 사람은 뒤로 몰려든 손님들에게 미소를 지으며 발을 맞춰 매장 안으로 걸어 들어갔다. 시가 애플과의 거래에 대해 말할 때 쿡은 마치 결승선을 통과하는 올림픽 마라톤 선수처럼 두 손을 머리 위로 올린 채 주먹을 불끈 쥐었다. 이 거래를 위해 6년간 애써왔던 그는 이번 계약이 회사의 시그니처 기기인 아이폰의 판매 신장으로 이어지며 '대수의 법칙'을 극복하게 만들 것임을 알고 있었다. 그는 마이크를 잡고 조용히 속삭이고 있던 군중들을 바라봤다. 그는 흥분한 듯 다소 큰 목소리로 "이날이 오기를 오랫동안 염원하고 기다렸습니다. 오늘날 우리는 세계에서 가장 빠르고 큰 네트워크에 최고의 스마트폰을 연결했습니다"라고 말했다.

그의 앞에는 기념 아이폰 다섯 대가 놓여 있었다. 상자마다 한쪽 귀퉁이에는 소용돌이치는 모양의 쿡의 서명이, 그리고 다른 쪽 귀퉁이에는 날카로운 필체로 적힌 시의 서명이 들어가 있었다. 서명된 기념품들은 곧 중국 소비자들이 수백만 대의 아이폰을 구매하는 데 자리를 내줄 예정이었다.

미국으로 돌아와 성장 방법을 모색하던 쿡은 남부 캘리포니아로 향했다. 그가 안락한 산타 모니카 사무실 공원에 들어갔을 때 2014년 겨울은 봄으로 바뀌고 있었다. 그는 잡스의 사망 후 경영진으로 승진한 에디 큐와 함께 아이클라우드와 아이튠즈는 물론이고 말썽 많은 지도를 포함해 애플이 제공하는 일단의 서비스들을 이끄는 책임을 맡았다. 그들은 새로운 기업을 인수함으로써 인위적으로 수익을 끌어올릴 기회를 평가하기 위해 그곳에 모였다.

둔화했다고는 하나 그래도 아이폰 사업이 여전히 계속해서 막대한 이익을 내면서 애플의 금고에는 현금이 넘쳐났다. 애플은 금고에 1,500억 달러를 모아놓고 있었다. 애플이 가진 돈이 늘어나는 것을 지켜보고 있던 월가는 애플에 거래를 요구하기 시작했다. 회사 내부에서도 압박이 커지는 상황이었다. 1년 전 애플의 이사였던 앨 고어^{Al Gore} 전 미국 부통령은 쿡에게 토니 파델이 경영하는 디지털 온도계 회사인 네스트 랩스^{Nest Labs} 인수를 고려해봐달라고 권유했다. 네스트의 투자자인 고어는 쿡과 파델의 만남을 주선했고, 쿡을 만난 파델은 네스트가 어떻게 음성 비서로 집 안의 조명을 조절하는 스마트홈 IoT 기기들을 생산할 수 있는지를 간략히 설명했다. 하지만 결국엔 애플이 아닌 구글이 갑자기 끼어들어 네스트를 32억 달러에 인수했다. 쿡에게 네스트처럼 인수 대상을 찾도록 부추겼던 고어는 이 거래를 보고 짜증이 났다. 아이폰과 여전히 개발 중이었던 애플워치를 강타하는 역풍이 불고 있는 상황에서 기성 브랜드나 제품의 인수를 통해 애플은 다른 회사 매출을 대차대조표에 추가하고 성장에 대한 압박에서 벗어날 수 있었다.

쿡과 큐는 비츠 일렉트로닉스Beats Electronics의 사무실에 들러 공동 창업자인 지미 아이오빈Jimmy Iovine의 환영을 받았다. 브루클린 항만 노동자의 아들인 아이오빈은 타의 추종을 불허하는 대중문화 감성을 지닌 지칠 줄 모르는 야심가였다. 그는 가수 존 레넌과 브루스 스프링스틴의 작업을 돕는 녹음 엔지니어로 경력을 시작해서 톰 페티, 스티비 닉스, U2와도 함께 작업했다. 1989년에 인터스코프 레코드라는 음반사를 차렸고, 닥터 드레라고 불리는 안드레 영과 트렌트 레즈너가 이끄는 밴드인 나인 인치 네일스를 비롯해 장르를 불문하고 여러 가수들과 계약했다. 그는 드레가 음악 산업을 변화시키고 자신과 평생 우정을 쌓으면서 갱스터 랩을 대중화할 수 있게 도왔다. 2006년 드레는 아이오빈에게 "한 운동화 회사로부터 광고 출연 섭외가 들어왔다"고 말했다. 그러자 아이오빈은 "운동화는 때려치우고 스피커를 팔라"고 조언했다.

가만 있지를 못하는 성격이었던 아이오빈은 영감을 받아 비츠라는 회사를 차린 다음에 그 당시에 구할 수 있는 최고의 헤드폰들을 수집했다. 그와 드레는 그들이 만든 톰 페티의 노래와 피프티 센트의 노래를 들으며 헤드폰을 평가했다. 그들은 제품을 개발하고 브랜드를 지원하기 위해 전 애플 디자인 책임자인 로버트 브루너를 고용했다. 그렇게 2008년에 선보인 '비츠 바이 드레Beats by Dre' 헤드폰은 문화적인 센세이션을 일으켰다. 운동선수들은 올림픽 경기에서, 그리고 아티스트들은 뮤직비디오에서 그것을 착용했다. 1년 만에 판매량이 2만 7,000대에서 100만 대로 급증했다. 애플은 350달러짜리 이 헤드폰 수천 개를 매장에서 판매했다. 헤드폰이 뜨자 음반 제작자에서 기업가로 변신한 아이오빈은 친했던 잡스에게 비츠 인수를 자주 권했다. 아이오빈은 잡스가 자신의 요청을 25차례 거절했다면서도 "애플이 결국 생각을 바꿀 것"이라고 덧붙여 말하길 좋아했다.

그날 아이오빈은 산타 모니카의 거리가 내려다보이는 햇살 가득한 방에서 쿡과 큐를 만났다. 회의 테이블에 둘러앉은 쿡과 큐는 아이오빈에게 비츠의 사업 현황, 특히 스트리밍 음악 서비스 비츠뮤직^{Beats Music}을 선보이며 하드웨어에서 소프트웨어로 최근 사업을 확장한 이유에 대해 캐물었다. 아이오빈은 논의 도중 전면에 커다란 빨간색 알파벳 b가 적혀 있는 휴대용 블루투스 스피커를 비롯해 비츠가 선보일 몇 가지 제품을 자랑했다. 그는 애플이 음악에서 구축해온 교두보를 내줄까 봐 걱정하며 돕기를 원했다.

"애플의 마음과 뿌리는 음악에 있지요." 그는 그들에게 말했다. "어떻게 그걸 포기하겠습니까?"

아이오빈은 비츠 사업의 밝은 미래를 열정적으로 설명함으로써 차분한 쿡의 관심을 끌기 위해 총력을 기울였다. 비츠뮤직이 출시되기 몇 주 전에 그는 배우 톰 행크스와 프로듀서 겸 래퍼인 숀 콤스(디디^{Diddy}라는 이름으로 더 잘 알려진) 같은 친구들이 서비스를 미리 이용해보게 했다. 그는 쿡에게도 비츠뮤직을 미리 사용해보라고 했다. 비츠뮤직은 월 10달러에 무제한으로 음악을 들을 수 있게 한다는 점에서 스포티파이^{Spotify}와 비슷했지만 아티스트들, 특히 레즈너의 도움을 받아 만들어졌다는 점에서 스포티파이 및 다른 경쟁자들과 많이 달랐다. 비츠뮤직은 1960년대와 1970년대의 음반매장 관리자들의 디지털 버전처럼 노래를 큐레이션하고 구독자들이 자칫 놓칠 수 있는 음악을 찾아내게 도와줌으로써 그들의 경쟁우위를 확보했다. 아이오빈은 그것을 "애플스럽다 Apple-like"라고 말하기 좋아했다.[8] 그는 쿡도 그것을 좋아할 것이라고 확신했다.

쿡은 다음 행보를 저울질하면서 애플의 경영진 순위를 또다시 조정했다. 2014년 3월에 애플은 오랜 기간 CFO로 일했던 피터 오펜하이머가 회계연도 말에 은퇴한다는 보도자료를 발표했다. 회계 담당자인 루카 마에스트리Luca Maestri가 그의 뒤를 잇기로 했다는 소식이었다.

인피니트 루프 밖에서는 이 발표가 거의 관심을 끌지 못했지만 회사 내부, 특히 애플의 장기 근속자들은 이번 변화에 대해 우려를 표했다.

잡스는 회계사와 변호사는 의사결정에 대체로 관여하면 안 되고, 사업에 영향을 주기보다는 사업을 시행하는 사람이 되어야 한다고 믿었다. 오펜하이머는 CFO로 일하는 10년 동안 그러한 잡스의 철학을 실천에 옮긴 사람이었다. 그는 꼭 필요한 경우가 아니면 회사 지출에 의문을 제기하지 않았고, 회사가 돈을 벌기 위해선 때때로 돈을 써야 한다는 잡스의 견해를 대체로 받아들였다.

그러나 2011년부터 쿡은 잡스와 다른 금융 원칙을 도입하고 있었다. 산업 엔지니어이자 MBA 출신인 쿡은 가능하다면 효율성을 높이고 비용을 절감하기를 원했다. 이는 존 브로윗 소매 부문 책임자가 비용을 절감하기 위해 취한 단기 노력에 반영되었고, 쿡이 부품에 대한 가격 인하 협상을 부단히 추진한 데서도 분명히 드러났다.

이탈리아 출신인 마에스트리는 재정 원칙에 대한 쿡의 이런 성향과 닮은 점이 많았다. 그는 가장 먼저 제3의 공급업체들과 회사가 체결한 모든 계약들을 재검토했다. 그의 검토 요청에 부담을 느낀 부서장들은 종종 컨설턴트들에게 의뢰해 전략, 채용, 미래 기회 탐구에 대해 도움을 받기도 했다. 이 사건은 애플에서 재무를 의사결정 순위의 맨 뒤에서 맨 앞으로 이동시킨 권력 이동의 시작에 불과했다.

인피니트 루프에서 남쪽으로 3킬로미터 정도 떨어진 곳에서는 애플의 새로운 본사 건설 작업이 빠르게 진행되고 있었다. 전체 건설 비용에 대한 예상치는 놀라울 정도였다. 애플이 건물 외관에 써달라고 요구한 13미터 높이의 약간 구부러진 유리를 생산해본 제조업체는 없었다. 그런 유리를 만들려면 새로운 제조 공정을 개발하고, 새로운 공장을 지어야 했다. 지금껏 없었던 이런 초대형 유리를 주문하는 데는 10억 달러라는 엄청난 비용이 들 것으로 예상됐다. 쿡은 비용 때문에 고통스러워하면서도 지출을 줄일 방법을 찾느라 골머리를 앓았다.[9] 그는 수억 달러를 절약하기 위해 비용을 짜내고, 낭비 요인을 없애고, 세계적 수준의 흥정을 할 수 있는 사람이 필요하다는 것을 깨달았다. 그에겐 인피니트 루프 안에서 '블레비네이터Blevinator(애플의 생산 비용 절감 전문가인 '블레빈스'와 '협상가negotiater'를 합친 말-옮긴이)'라고 불리는 바로 그 사람이 필요했다.

노스캐롤라이나주 제퍼슨에 있는 작은 블루 릿지 산맥 마을 출신의 완고한 협상가 토니 블레빈스Tony Blevins는 무엇을 사더라도 정가에 사려고 하지 않았다. 그는 흥정 끝에 3달러를 깎아 2달러에 산 싸구려 조개 껍데기 목걸이를 자랑스럽게 걸고 다니면서 직원들에게 어떤 것도 정가에 사지 말

것을 상기시켜줬다. 그는 8,000달러짜리 남성용 빈티지 자동차를 2,500달러에 구입한 것을 포함해 자신이 이뤄낸 소위 '승리'를 친구들에게 늘 자랑하고 다녔다. 친구들이 그에게 보유한 애플 주식 덕분에 백만장자이니 정가를 지불하고 차를 살 능력이 되지 않느냐고 하면 그는 어깨를 으쓱하며 "하지만 나는 판매자가 원하는 것을 얻도록 놔두지 않을 걸세"라고 말했다. 협상에서 승리하려는 그의 이런 불굴의 정신은 그를 애플 운영팀의 최고 자리에 오르게 해줬다.

아이브가 애플이 사용해야 한다고 생각하는 종류의 유리를 선택하자 블레빈스는 독일과 중국의 유리 제조업체들을 홍콩의 그랜드 하얏트 호텔로 초대했다. 그는 호텔에서 맞붙어 있는 일련의 회의실들을 한꺼번에 예약하고, 회의실마다 입찰 회사 한 곳씩을 집어넣었다. 그러고 나서 이 방 저 방을 돌아다니면서 입찰사들에게 가격을 낮추라는 압력을 넣었다. 그는 제곱피트당 500달러 이상을 요구하던 독일인들에게 중국인들은 그보다 훨씬 더 낮은 금액을 요구하고 있다고 말했다. 그러면서 10분을 줄 테니 가격을 더 내리라고 말했다. 그는 "당신들이 이 숫자에 동의하지 않더라도 옆방 사람들은 그러겠다고 말했습니다"라고 최후통첩을 전하고 방을 나갔다. 시간이 갈수록 다양한 입찰사들은 가격을 낮춰도 프로젝트가 충분한 이윤을 낼 수 있는지 계산해보느라 골머리를 앓았다.

그러는 동안 블레빈스는 이 방 저 방을 돌아다니며 압력 수위를 높였다. 그는 이렇게 말했다. "프로젝트가 진전되지 않고 있네요. 비용 문제 때문입니다. 15분을 드릴 테니 당신 회사가 제시할 수 있는 최저의 가격을 제시해주세요."

이처럼 엄포와 요구를 뒤섞자 효과가 나타났다. 최종 입찰가를 받았을 때 블레빈스는 애플이 내야 할 유리 가격을 수억 달러나 낮췄다.

계약을 따낸 독일 제조업체인 젤러Seele는 유리를 미묘한 곡선 형태로 구부릴 수 있는 주문 제작 기계를 갖고서 완전히 새로운 제조 공법을 창안해냈다.**10** 또 이 작업을 하기 위해 대형 유럽 제조 공장도 건설했다. 유리 설치를 위해서는 거대한 유리 패널을 건물 외부로 들어 올릴 수 있을 만큼 강력한 흡착판이 달린 지금까지 없던 100만 달러짜리 기계가 필요했다. 프로젝트에 참여한 건축가들은 애플의 대범한 요구가 어떻게 건설 산업에까지 혁신을 강요했는지를 보고 놀랄 따름이었다. 그 후 몇 년 동안 그들은 로스앤젤레스 카운티 미술관Los Angeles County Museum of Art 등 다른 건물들이 애플 파크가 없었다면 불가능했을 곡면 유리로 외관을 꾸민 걸 보고 경이로워했다.**11**

13미터 높이의 초기 패널 일부가 완성되자 건축가들은 보잉 747 전세기를 타고 쿠퍼티노로 날아갔다. 그런 다음 옛 휴렛팩커드 캠퍼스 근처에 건설된 프로토타입 건물의 외부에 패널을 설치했다.

어느 날 쿡은 새로 설치된 패널을 검사하기 위해 몇몇 애플 경영진과 함께 그곳에 도착했다. 그는 포스터+파트너스의 수석 건축가들의 환영을 받은 뒤 세계 최대 규모의 곡선 사무실 창을 따라 만들어진 폭 4.5미터의 넓은 복도로 안내를 받았다. 햇빛이 투명한 외벽을 통해 쏟아져 들어와 그의 눈앞에 있는 흰색 테라초 바닥을 노란색 빛으로 물들였다. 쿡은 걸으면서 미래 본사의 축소판 하나하나를 평가하며 사방을 살펴보았다. 이렇게 훑어보던 그가 갑자기 멈춰 섰다. 그러자 주변 사람들이 모두 얼어붙었다.

쿡은 유리 패널 중 하나를 향해 걸어가더니 한쪽 무릎을 꿇었다. 그가 숫자에 정통한 인물인 것은 사실이었지만 애플에서 보낸 시간은 그에게 디자인에 대해 적어도 아마추어 정도의 안목을 갖게 해줬다. 잡스와 아이브는 세세한 부분까지 집착하며 회사 전체에 어느 정도 미적 감성을 불어넣어줬다. 쿡은 1인치 스테인리스 스틸 밑에서 실리콘 스트립에 의해 테라초 바닥과 0.5인치 정도 분리된 유리 바닥을 응시했다. 강철과 실리콘 장벽은 유리를 보호하고 안정시키는 완충장치 역할을 하면서 지진이나 폭풍우에도 움직일 수 있는 공간을 제공했다. 그러나 무릎을 꿇고 있는 쿡에게는 강철 주위에 무언가가 벌어져 있는 것처럼 보였다.

"이 간격을 더 줄일 수 있을까요?" 그가 물었다.[12]

엔지니어들은 점점 더 안절부절못하고 있었다. 소수의 고위급 엔지니어들이 집단으로 애플을 떠난다는 소식이 전해졌기 때문이다. 애플워치 프로젝트가 빠르게 진행되면서 몇몇 사람들은 애플이 다음에 할 수 있는 '큰 프로젝트'가 무엇일지 고민을 시작한 터였다. 만족스러운 대답을 얻지 못하고 있던 상태에서 들려온 이들의 퇴사 소식에 직원들은 크게 술렁거렸다.

이러한 갑작스러운 퇴사 소식은 그들의 소속 부서를 거쳐 쿡의 귀에까지 닿았다. 퇴사하려는 엔지니어 중 일부는 아키텍처 및 핵심 운영 시스템팀 소속으로, 애플 제품을 살린 칩과 내부 기능을 개발하면서 애플의 로드맵을 세운 인물들이었다. 또한 그들 중 다수는 엄청난 '제도적 지식institutional knolwedge(회사 직원들이 보유한 경험, 데이터, 업무 절차, 전문 지식, 가치, 정보를 통틀어 일컫는 말 - 옮긴이)'을 가진 애플의 장기근속 직원들이었다. 한 명만 잃더라도 걱정스러운 일이었고, 만일 그들 모두를 잃는다면 가히 두뇌 유출에 해당했다.

쿡은 난제에 직면했다. 대량 퇴사를 막기 위해 그는 엔지니어링 부문 리더들에게 다음에 하고 싶은 일이 뭔지를 질문함으로써 회사를 떠나려는 엔지니어들에게 힘을 실어주고 영감을 주라고 지시했다.

"자동차 개발입니다." 그들이 대답했다. 애플이 차를 만들기를 원한다는 얘기였다.

당시 전기자동차 회사 테슬라^{Tesla}는 직원 수를 두 배로 늘리고 더 정교한 전기자동차용 배터리 개발에 돈을 쏟아붓고 있었다.[13] 테슬라는 애플에서 수십 명의 엔지니어를 빼내가고 있었다. 그들은 전 동료들에게 테슬라의 창업자인 일론 머스크^{Elon Musk}가 제2의 잡스가 될 것이라고 말했다. 그런 데다 구글은 인근 마운틴 뷰^{Mountain View}에서 자체 자율주행차를 개발하고, 몇 년 안에 그것을 전국 도로에서 운행하기 위해 기존 자동차 회사들과 제휴를 시도하고 있는 중이었다. 미국 전체가 가히 교통 혁명에 대한 기대감으로 떠들썩했다.

일단의 엔지니어들이 앞으로 어떻게 해야 할지 논의하기 위해 회의실에 모였다. 그들은 컨설팅 회사 맥킨지가 작성한 마케팅 분석 결과를 검토했다. 결과지는 애플이 5,000억 달러 규모의 가전 업계에서 이익의 대부분을 올리고 있으며, 주주들을 위해 매출을 늘리려면 다른 분야로 진출할 필요가 있다는 점을 보여주었다. 가장 큰 선택지는 2조 달러 규모의 자동차 산업과 7조 달러 규모의 헬스케어 산업이었다.[14] 일부 엔지니어들은 이런 MBA 스타일의 분석 결과를 보고 혼란을 느꼈다. 잡스는 컨설턴트들을 업신여기곤 했다.[15] 그는 일단 권고만 해놓고 아무 책임도 지지 않는 집단이라며 컨설턴트를 믿지 않았다. 그러나 쿡은 숫자와 데이터를 갈구했기에 컨설턴트들은 전통적인 비즈니스 정보 출처로 눈을 돌려 결국 프로젝트에 대한 쿡의 지지를 얻어냈다.

그렇게 애플은 아이폰이 통신 업계에 일대 혁신을 일으켰던 것과 같은 방식으로 자동차 산업에 혁신을 일으키길 바라며 전기자동차를 개발에 뛰어들었다. 최초는 아니더라도 최고의 전기차가 될 수 있었다.

그들은 이 새로운 노력을 '프로젝트 타이탄Project Titan'이라고 불렀다.

어느 날 밤, 쿡은 퇴근 후 음악을 들으면서 시장 조사를 하고 있었다.[16] 스트리밍 음악 서비스 세계는 새로운 진입자들로 거품이 형성되고 있는 중이었다. 시장 개척자인 스포티파이에 힙합 아티스트 제이 지Jay Z가 만든 서비스인 타이달Tidal과 지미 아이오빈의 비츠뮤직이 가세했다. 이런 서비스가 하나씩 등장할 때마다 지난 10년 동안 99센트에 노래를 팔았던 아이튠즈의 사업은 그들에게 잠식됐다.[17] 쿡의 눈에는 음악 산업이 구독 기반 미래를 향해 나아가고 있다는 사실이 분명해 보였다.

이러한 변화는 아이튠즈 사업과 음악에 대한 애플의 사고방식 모두에 위협이 되었다. 음악 산업은 애플 정체성의 핵심이었고, 잡스가 진정 사랑한 산업 중 하나였다. 1960년대 록과 포크 음악의 열렬한 팬이었던 잡스는 2000년대 초 냅스터Napster 같은 무료 파일 공유 서비스가 자사의 매출을 잠식하고 있었을 때 애플이 음반 산업에 구명보트를 제공한 방식에 대해 자부심을 느꼈다. 아이튠즈는 말 그대로 음악 산업이 살아날 수 있게 도와줬다. 애플의 서비스가 디지털 음악 분야에 지배적인 판매 엔진이 되자 잡스는 사람들이 음악을 대여하기보다는 소유하기를 원한다는 믿음을 더욱 굳혔다. 그는 심지어 스타트업들이 월 사용료를 내면 전체 음악 카탈로그에 접근할 수 있는 앱을 제공하는 동안에도 자신의 '소유' 철학을 계속해서 설파했다. 스타트업 앱들이 음악 산업을 변화시키기 시작할 때도 애플은 잡스의 생각을 그대로 따랐다. 하지만 그날 밤 쿡은 음악을 들으면서 전임자 잡스의 지혜를 재평가하기 시작했다.

쿡은 시장에 출시된 다양한 스트리밍 서비스인 스포티파이, 타이달, 비츠뮤직을 이리저리 옮겨 다니며 이용해봤다. 그는 그 앱들의 모양과 느낌을 비교했다. 이런 조사를 하다 보니 자연스럽게 "이 서비스들의 노래 카탈로그가 모두 같다면 서비스들 사이에서 과연 무엇이 우위를 결정할까?"란 질문이 떠올랐다. 쿡은 비츠를 이용할 때마다 뭔가 다르다는 걸 느꼈다. 하지만 왜 그런지를 잘 몰랐다. 그러다 갑자기 비츠에는 인간 큐레이터들이 있기 때문이라는 사실을 깨달았다.

그 후 며칠 동안 쿡은 자신이 알아낸 사실을 떠들고 다녔다. 그는 비츠에 대한 평가는 그만 접고 이제 비츠를 인수하고 싶어졌다. 그를 지켜보던 동료들은 그가 비츠에 완전히 반했다고 생각했고, 쿡이 멋진 아이가 여는 주말 파티에 초대된 고등학생처럼 행동하고 있다고 농담했다. 많은 농담들이 그렇듯이 그 농담도 어느 정도 사실이었다. 가수 조안 바에즈Joan Baez와 교제했던 잡스는 애플의 광고와 제품을 사회의 전면에 내세운 대중문화적 감수성을 갖고 있었다. 그는 엔지니어들이 만들 수 있는 것과 사람들이 원하리라고 기대했던 것 사이의 격차를 줄였다. 그가 가장 좋아하던 음악은 비틀스와 밥 딜런의 음악이었다. 쿡에겐 잡스가 가진 그런 감수성이 부족했다. 그의 등 뒤에서 회사의 마케터와 디자이너들이 쿡의 음악 취향을 갖고 놀려대는 일도 있었다. 그들은 쿡이 비츠에 보인 관심을 애플의 멋진 모습을 되찾으려는 그만의 방법이라고 간주했다.

비츠는 또한 쿡에게 애플이 스트리밍 음악 사업에 진출하지 못한 데 대한 해결책을 제시했다. 시장이 변했다는 것을 인지한 큐의 서비스팀은 사람들이 아이튠즈에서 산 곡들을 전체 노래 카탈로그와 섞어서 들을 수 있는 자체 스트리밍 상품을 만들기 위해 애쓰고 있었다. 그러나 이 서비스의 초기 디자인은 다소 실망스러웠다. 현대적인 앱이라기보다는 그냥 아이튠즈 목록처럼 보였기 때문이다. 클레이튼 크리스텐슨Clayton Christensen 하버드 경영대학원 석좌교수의 저서 《혁신 기업의 딜레마The Innovator's Delemma》의 영향을 받은 잡스는 혁신에 의해 무너지기보다는 혁신을 일으키는 것을 선호했다. 그는 애플의 베스트셀러 아이팟 미니iPod Mini를 단종시키고, 그 대신에 더 가볍고 얇은 아이팟 나노를 내놓았다. 아이팟 나노는 아이팟 미니보다 훨씬 더 많이 팔렸다. 잡스라면 아이튠즈를 대체할 업계를 선도할 음악 앱 개발을 직접 진두지휘했을지 모르지만, 쿡은 외부의 도움을 구하려고 했다. 그는 아이오빈이 애플이 최첨단 음악 서비스를 만드는 데 필요한 감성을 넣어줄 수 있다고 믿었다. 아이오빈은 이미 비츠뮤직을 통해 그가 애플이 하고자 하는 것과 맥락을 같이하는 뭔가를 창조할 수 있음을 보여주었다. 소프트웨어와 음악 편집자들이 합쳐진 비츠뮤직은 '최고의 제품은 기술과 교양 과목의 교차점에 산다'는 잡스의 철학을 전달해주었다.

그러나 쿡의 인수 제안은 즉각적인 저항에 부딪혔다. 아직 은퇴하기 전인 오펜하이머는 비츠가 애플의 문화에 어울리지 않을 거라는 우려를 제기했다. 드레는 1991년 TV 진행자를 벽에 밀어붙인 후 머리를 주먹으로 때린 폭행 사건에 연루되는 등의 전력이 있었다.**18** 애플은 반항적인 과거를 대부분 털어버리고 캘리포니아 법인이 되었고, 자유로운 사내 복장 규정 뒤에는 완벽을 위해 애쓰는 사람들로 가득 찬, 강렬하고 세세한 부분까지 신경 쓰는 조직 분위기가 숨겨져 있었다.

애플의 리더들은 또한 "왜 우리가 직접 스트리밍 서비스를 만들면 안 되지?"란 당연한 질문에 대해 고민했다. 쿡도 이 방법에 대해 고민을 안 한 것은 아니었다. 애플이 독자적인 서비스를 만들 수도 있지만 쿡은 비츠팀을 데려오면 애플 서비스에 음악 애호가와 아티스트들의 감성을 불어넣을 수 있을 거라고 생각했다. 아이오빈과 드레의 결합으로 애플은 소개하는 모든 것에 고객의 신뢰를 얻을 수 있었다.

거래를 성사시키기란 쉽지 않았다. 아이오빈은 두 개 사업을 하나로 통합했다. 그와 드레는 비츠 일렉트로닉스의 헤드폰 사업에 많은 지분을 가지고 있었다. 초기 스트리밍 서비스인 비츠뮤직은 그것을 구축하는 데 힘쓴 많은 소프트웨어 개발자들에게 주식을 나눠줬다. 애플이 헤드폰 사업이 아닌 스트리밍 서비스만을 인수한다면 돈이 덜 들었겠지만 아이오빈은 애플이 둘 다를 사야 한다고 주장했다.

이어진 논쟁에서 애플 재무팀은 결국 기회가 존재함을 인정했다. 비츠의 헤드폰 사업은 연간 약 13억 달러의 매출을 올리면서 제조사들에게 15퍼센트의 생산 마진을 지급하고 있었다. 이에 비해 애플은 제조사들에게 2~3퍼센트의 마진을 주었다. 쿡이 계획한 대로 애플이 제조사들에게 줄 마진을 줄이라고 압박한다면 비츠의 이익은 급증할 것이고 인수는 몇 년 안에 남는 거래가 될 수 있었다.

협상이 진행되면서 애플은 두 건의 인수에 잡스가 가장 좋아했던 가수인 딜런과 비틀스라는 코드명을 붙였다. 애플은 별도의 변호사팀을 꾸려 스트리밍 음악 서비스인 딜런과 헤드폰 사업인 비틀스 인수를 진행했다.

애플은 5월까지 35억 달러를 지불하기로 합의한 상태였다. 아이오빈과 드레가 제대로 가늠하기 힘들 만큼의 거액이었다. 변호사들이 최종 세부

사항을 검토하는 동안 아이오빈은 비츠의 경영진을 베벌리힐스 근처에 있는 그의 집으로 불렀다. 그는 모두에게 대규모 거래 타결이 임박했다고 말했다. 그 거래에 대한 소문이 밖으로 새어나가는 것만 막는다면 말이다. 아이오빈은 애플을 마치 마피아처럼 묘사했다. 그는 애플이 비밀을 철저히 엄수하고 있으며, 사업 파트너들도 마찬가지로 그렇게 해주기를 기대한다고 알려줬다. 그는 팀원들에게도 입을 굳게 다물고 전화기를 끄라고 경고했다. 그는 "무슨 일이 있어도 이번 거래에 대해 발설하시면 안 됩니다"라고 당부했다.

주말을 앞두고 아이오빈은 드레와 통화하면서 다시 주의를 환기시켰다. "영화 〈좋은 친구들〉에서 지미가 남자들에게 모피를 사지 말고, 차를 사지 말고, 잘난 척하지 말라고 하는 장면을 기억하죠?" 그는 말했다.[19] "말하지 마세요."

"알았습니다." 드레가 말했다.

새벽 2시에 아이오빈은 디디로부터 전화 한 통을 받았다. 디디는 드레와 래퍼 타이레스Tyrese가 애플과의 거래에 대해 떠드는 페이스북 동영상을 봤다면서 어찌된 일인지 물었다. 동영상을 튼 아이오빈은 녹화장에서 하이네켄을 마셔 취했다고 자랑하는 타이레스를 보고 순간 온몸이 얼어붙었다. 드레가 손가락으로 카메라를 가리키자 타이레스는 으스대듯 고개를 좌우로 흔들면서 "친구야, 진짜 억만장자 소년 클럽에 가입한 걸 축하해. 《포브스》 부자 명단도 갱신돼야 해. 상황이 달라졌으니까"라고 말했다.

"엄청나게 달라졌지." 드레가 말했다. "힙합계의 첫 번째 억만장자가 바로 여기 웨스트 코스트 출신 아니겠니!"

아이오빈은 크게 당황했다. 그의 사업 파트너가 거래가 공식화되기 전 세계에서 가장 비밀을 중시하는 회사와 맺을 수십억 달러짜리 거래를 방금 날려버린 것이다. 갑자기 모든 것이 위태로워졌다.

이 동영상에 대한 소식을 받은 쿡은 아이오빈과 드레를 쿠퍼티노로 소환했다. 쿡은 은밀한 대화를 위해 그들을 회의실로 불렀다. 아이오빈은 쿡이 거래를 없던 일로 할까 봐 불안해하고 두려워했다. 그런 순간 잡스라면 분노와 욕설을 쏟았겠지만 쿡은 담담한 표정을 지었다. 그는 두 사람에게 자신이 실망했고, 드레가 소셜 미디어를 통해 거래를 발설하지 않기를 바랐지만 그렇게 되지 않았고, 그럼에도 문제의 동영상 때문에 비츠를 인수하는 게 옳다는 자신의 신념이 흔들리지는 않았다고 말했다.

숙련된 협상가였던 쿡은 소셜 미디어 사태를 계기로 거래 조건의 수정을 요구했다. 그 후 며칠 동안 애플은 제시했던 인수 가격에서 약 2억 달러를 깎은 것으로 추정됐다. 이후 비츠 직원들은 애플이 드레가 힙합계의 억만장자가 되지 못할 만큼 인수가를 깎았다고 말했다.

애플이 그해 봄에 인수 계약 발표를 준비하고 있는 동안 쿡은 최종 조건과 언론 대응 방안을 논의하기 위해 인피니트 루프 이사회로 경영진을 불렀다. 이번 거래로 음악 산업의 아이콘인 두 사람, 아이오빈과 드레는 애플의 직원이 됐다. 그들은 캠퍼스 입장 배지를 받고 회의에 참석할 터였다. 하지만 아무도 그들의 직함이 무엇이 될지는 몰랐다. 그들이 여러 가지 가능성을 논의하던 중에 애플의 한 임원이 다음과 같은 의견을 냈다. "아이오빈을 최고창조책임자 chief creative officer라고 부르면 어떨까요?"

모두가 그 생각을 재고 있는 동안 회의실 안은 조용해졌다. 아이오빈은 세계에서 가장 인정받는 아티스트들과 함께 일하면서 음악 크리에이터로 일생을 보냈다. 그는 헤드폰 회사를 세계에서 가장 인기 있는 브랜드 중 하나로 만드는 마케팅 기술을 보여주면서 사업 크리에이터로서 인생 2막을 열었다.

물론 모두가 그 직함이 어울린다고 생각한 건 아니었다.

"나머지 분들 생각은 어떤가요?" 실러가 화가 나서 씩씩거리며 물었다. "우리는 창의적이지 않은가요?"

결국 쿡은 직함을 붙여주지 않기로 했다. 그 행동 자체가 실러의 질문에 대한 대답이었다.

CHAPTER 11

파티

새로운 창작물을 내놓아야 할 때가 올 때마다 조너선 아이브 가슴 속에는 불안감이 팽배했다. 그는 어떤 제품도 '완성됐다'는 느낌을 받을 수 없었다. 시장에서 인위적으로 정해놓은 데드라인에 맞추려는 경쟁을 벌이다 보면 항상 타협을 해야 하는 일이 생겼다. 달성 불가능한 기술적 진보, 불순물이 사라지지 않는 재료, 그리고 구성요소의 물리적 요인 때문에 생긴 한계 때문이었다. 완벽으로 나아가는 길에서 감수해야 했던 이런 타협은 아이브가 애플 제품들로 가득 찬 세상을 걸으며 '더 좋은 제품을 만들기를 바라게' 만들었다.[1]

2014년 9월 9일 아침, 쿠퍼티노의 디엔자 칼리지에 도착한 아이브는 불안해 보였다. 그는 작고한 창의적 파트너를 기리고, 애플의 지속적인 혁신 능력을 둘러싸고 불거진 의구심을 잠재우기 위한 프로젝트에 3년 동안 매진해오고 있었다. 그는 애플워치의 디자인을 두고 고민했고, 인터페이스를 정의하기 위해 고심했으며, 마케팅을 구체화하기 위해 노력했다. 이제 세계가 그의 노력을 판단할 때가 왔다.

아이브가 디엔자 칼리지의 공연 예술 센터와 맞닿아 있는 2,500만 달러짜리 천막 옆을 지나갈 때 햇살이 내리쬐는 푸른 하늘을 가로질러 구름이 흩날리듯 움직였다. 우뚝 솟아 있는 천막은 임시 결혼식장이라기보다는 건물에 더 가까웠다. 2층 높이였고, 깔끔한 90도 모서리가 특징이었으며, 머리 위에 떠다니는 구름처럼 흰색이었다.[2] 또한 플린트 센터 강당의 정면과 비슷한 모양이 되도록 세심하게 설계되었다. 그 안에서 직원들은 최근 중국에서 도착한 시계들이 금속 받침대 위에 올려져 있고, 워치에 달린 여러 색깔의 실리콘 밴드들이 무지개처럼 펼쳐진 길고 하얀 테이블 사이로 분주히 움직였다.

뉴욕시에서 약 4,800킬로미터 떨어진 이곳에서 사람들은 바로 그날 늦게 워치를 구입할 수 있을 것으로 기대하고 5번가에 있는 애플 매장 밖에서 줄을 서기 시작했다.[3] 지난 수년간 애플이 내놓은 히트작들은 애플 팬들에게 애플이 또 다른 히트작을 내놓는 것은 시간문제일 뿐이라는 확신을 주었다.

아이브는 마침내 애플의 제품 쇼케이스가 열리기 전에 친구와 특별 손님들이 모여 있던 근처 뜰에 도착했다. 그는 미디어계의 거물인 루퍼트 머독과 NBA 스타 케빈 듀란트 등이 모여 있는 소수의 군중 사이로 이동했다. 한 《뉴요커》 기자가 아이브가 콜드플레이의 리드 싱어 크리스 마틴과 배우 스티븐 프라이 등 오랜 친구들과 커피를 마시며 수다를 떠는 동안 그를 따라다니며 밀착 취재했다.[4] 《뉴요커》 기자가 질문하면 아이브는 손가락을 꼼지락거렸다. 그는 모든 것이 너무 이상하다고 설명하며 이렇게 덧붙였다. "내가 매우 소중히 여기고 소유욕을 느끼던 어떤 것이 갑자기 더 이상 내 것이 아닌 모든 사람의 것이 되어버린 것 같은 느낌입니다"라고 말했다.

그의 이런 철학적인 사색에는 그날 하루 동안 받을 스트레스가 숨겨져 있었다. 수년간 개발에 매진한 뒤라 그는 워치가 완전히 준비되지 않았다는 것을 알았음에도 그것을 왼쪽 손목에 찰 수 있었다.

플린트 센터 앞에 모인 약 2,000명의 손님들이 자리를 잡기 위해 출입문 밖에 줄을 서기 시작했다. 유럽에서 온 패션 작가와 편집장, 샌프란시스코에서 온 기술 기자, ABC와 CNBC TV 제작진 모두가 쇼케이스를 취재하고 애플에 수백만 달러 상당의 무료 광고를 해주려고 그곳에 모여 있었다.

아이브는 광분한 군중들을 피해 다른 문을 통해 들어가서 맨 앞줄 마크 뉴슨과 크리스 마틴 사이에 앉았다. 이전에 열린 많은 쇼들에서 그랬던 것처럼 아이브는 공개적으로 말할 생각이 없었기에 동료들에게 쇼맨십을 맡겼다. 조명이 어두워지자 쿡이 열광적인 박수갈채를 받으며 무대 위로 걸어 올라왔다.

플린트 센터는 애플의 역사에서 매우 중요한 한 부분을 차지했다. 약 30년 전에 스티브 잡스도 같은 자리에 서서 애플이 가장 오랫동안 선보인 제품 라인인 맥을 공개했다. 고인이 된 잡스는 15년 가까이 지난 뒤에 다시 돌아와 아이맥을 공개함으로써 애플의 부활에 불을 지폈다. 이제 쿡이 새로운 미래를 가리키는 상징적인 몸짓을 하며 그곳에 서 있었다.

그는 주로 새로 문을 연 매장 수나 늘어난 아이폰 고객 수를 상세히 기술하는 식으로 사업 현황을 길게 요약해서 알려주는 이벤트를 열어왔다. 하지만 이번에는 그런 요약을 생략하고 "모든 것이 상당히 좋습니다"라는 단 하나의 문장으로 회사의 실적을 요약했다.[5]

홀 안에선 웃음과 박수와 고음의 휘파람 소리가 가득 퍼졌다. 이를 보고 웃고 있던 아이브는 다시 쿡이 전작보다 각각 17퍼센트와 38퍼센트씩 더 커진 대화면 아이폰인 아이폰6와 아이폰6 플러스를 소개하며 두 시간짜리 프레젠테이션을 진행하는 모습을 지켜보았다. 아이폰은 동영상 시청, 게임, 사진 촬영을 위해 디스플레이 크기가 더 큰 아이폰을 출시하라는 고객들의 요구를 충족시켰다. 그들은 또한 몇 달 동안 더 큰 화면의 휴대폰을 판매해온 삼성과의 경쟁 압력에 맞서 싸웠다. 이후 쿡은 휴대폰 스캔만으로 결제를 할 수 있게 해주는 '터치리스touchless' 결제 시스템인 애플페이에 대해 자세히 설명하려고 무대 위로 올라온 에디 큐를 맞이했다. 뉴캐슬에서 아이브가 추진했던 블루 스카이 프로젝트를 떠올리게 해주는 이 기능은 애플을 전 세계에서 일어나는 수백만 건의 거래마다 소액의 수수료를 챙길 수 있는 금융 세계로 밀어 넣었다. 무대로 돌아온 쿡은 "애플페이는 우리 모두가 물건을 사는 방식을 영원히 바꿔줄 것"이라고 말했다.

그는 이어 "이제 오늘 말씀드릴 건 충분히 말씀드린 것 같지만 아직 완전히 끝난 게 아닙니다"라면서 군중을 쳐다보았다.

"한 가지가 더 있습니다."

의미심장한 말이었다. 1990년대에 복귀한 잡스는 이 '한 가지가 더 있습니다'라는 말을 자신의 쇼맨십 무기고에서 가장 특별한 무기로 만들었다. 그는 한 시간 동안 제품 공개를 지휘했는데, 앞서 소개한 제품을 능가하는 다음 제품을 내놓는 식으로 군중의 놀라움과 탄성을 끌어냈다. 그리고 나선 "한 가지가 더 있습니다"라고 간략히 말한 후 작은 아이팟 셔플iPod Shuffle이나 최초의 애플 TV처럼 전혀 사람들이 예상하지 못했던 제품을 공개하곤 했다. '한 가지 더'라는 세 단어는 그의 마케팅 마법을 구현했고, 그가 죽은 이후로는 무대에서 사용된 적이 없었다.

쿡이 그 말을 하는 것을 듣자마자 그 자리에 있던 사람들은 폭발했다. 일어난 사람까지 있는 가운데 많은 사람들이 앙코르 직전의 콘서트 관객처럼 머리 위로 손을 올린 채 박수를 쳤다.

강당이 조용해지고 홀 안은 어두워졌다. 새벽 지구의 모습을 보여주기 위해 우주에서 줌아웃하는 카메라와 함께 화면이 살아나자 스피커를 통해 로켓 추진기 후미에서 나오는 저음이 쏟아져 나오면서 아이브의 좌석을 뒤흔들었다. 이어 손가락을 튕기는 소리에 맞춰 화면 속 행성은 크롬색 테두리, 원형 용두, 스크린을 꽉 채운 애플워치 바디 이미지에 자리를 내주었다.

시계를 확대한 모습이 이어졌다. 동영상은 앱 아이콘을 확대·축소하는 용두와 시계 케이스에 딱 들어맞는 가죽 스트랩을 보여줬다. 그것은 9,000만 명의 청중 앞에서 펼쳐진 3년간 진행된 작업의 결과였다.

동영상이 끝나자 아이브는 쿡이 머리 위로 시계를 찬 손목을 들어 올리며 무대 위로 돌아오는 모습을 지켜보았다. 쿡은 감사하는 마음으로 두 팔을 내밀고 아이브 쪽으로 천천히 걸어갔다. 군중 속에 있던 수백 명의 애플 직원이 일어나 기립박수를 쳤다. 아이브는 터치다운을 했을 때의 승리감을 느끼듯 두 팔을 머리 위로 들어 올리는 쿡과 눈이 마주쳤다. 요란한 반응에는 참석자들의 열기만큼이나 그들이 느끼는 안도감이 고스란히 반영되어 있었다. 지난 3년 동안 잡스가 없어도 새로운 뭔가를 만들 수 있을지 의심에 시달리던 애플은 그런 의심이 틀렸다는 것을 증명했다. 직원들이 느끼는 기쁨은 과거에 그래왔던 것처럼 이번에도 시장이 애플의 최신 발명품을 받아들일 것이란 확신을 주었다. 하지만 아이브는 아직 상업적 성공이 보장되지 않았다고 생각했다.

쿡은 대중들에게 애플워치를 팔아야 했다. 그의 프레젠테이션은 아이브의 설계대로 시작됐다.

애플워치는 정확하고 개인화된 시계이자 의사소통 도구이며 건강관리 기기였다. 이 세 가지 기능에 대한 프레젠테이션은 잡스가 아이폰을 전화기이자 MP3 플레이어, 컴퓨터로 팔았던 방식을 그대로 가져온 것이었다. 아이폰은 사람들이 그들의 투박한 휴대폰을 교체하기를 원했기 때문에 인기를 끌었다. 그러나 애플워치가 직면한 가장 큰 도전은 아무도 더 나은 시계를 갖기를 간절히 원하지 않는다는 점이었다. 사실 휴대폰이 시간을 알려주면서 시계를 더 이상 착용하지 않는 사람들이 많아지고 있었다. 손목에 무언가를 다시 차도록 그들을 설득할 필요가 있었다.

쿡이 워치의 기능을 소개한 순서 때문에 그것의 단점이 드러났다. 애플워치가 건강관리 기기를 만들려는 잡스의 관심에서 영감을 받았지만 이 1세대 워치는 사용자의 심박수를 재는 것 외에는 사실상 다른 건강관리 기능이 없었다. GPS로 걷기나 달리기를 추적할 수도 없었고, 심전도 판독 값을 알려줄 수도 없었다. 따라서 건강관리 제품으로 내세우기가 어려웠다. 이는 하드웨어 엔지니어인 제프 다우버가 본 행사에 앞서 제기하려고 했던 문제이기도 했다. 다시 말해 애플워치에는 반드시 주목해야만 하는 '제작 목적'이 없었다. 그러나 여러 기능을 개발할 시간이 부족했던 탓에 다우버의 걱정과 바람은 무시되었다. 직원들은 쿡이 비평가들을 침묵시키고 투자자들을 안심시키기 위한 신제품 출시를 열망하다 보니 그렇게 됐다고 생각했다. 쿡은 본질보다는 속도를 선호했다.

이제 그러한 기능들이 없는 상태에서 쿡은 사람들에게 애플워치가 손목에 차는 패셔너블한 컴퓨터임을 설득하기 위해 아이브의 도움을 구했다. 그는 아이브가 녹화한 10분짜리 동영상이 홀 안을 가득 채우자 무대에서 내려왔다.

영상에서 아이브는 "애플은 실은 처음부터 이 지점에 끌렸습니다. 믿을 수 없을 만큼 강력한 기술을 채택하여 그것을 누구나 쉽게 이용하고, 누구에게나 적절하며, 궁극적으로는 그것을 개인적인 것으로 만들어야 한다는 충동 말입니다."라고 말했다. 그러면서 그는 '디지털 용두'라고 명명한 것을 소개했다. 용두를 돌리면 앱 아이콘들의 크기가 커졌고, 사용자는 용두로 홈 화면으로 돌아올 수 있었다. 아이브는 시계 케이스 아랫면에 붙어 있는 적외선 센서로 착용자의 맥박을 추적할 수 있다고 말했다. 그리고는 다양한 금속(알루미늄, 스테인리스스틸, 금)과 가죽, 금속, 실리콘 끈으로 시계를 맞춤 제작할 수 있게 만들었다는 점을 자세히 설명했다. 그는 "우리는 이제 실제로 착용 가능한 기술을 설계하는 강렬한 출발점에 서 있습니다"라고 말했다.

동영상에서 아이브는 애플워치에 대한 개인적인 우려를 전혀 드러내지 않았지만 몇몇 친구들에게는 워치가 예상보다 너무 일찍 출시되는 데 대한 스트레스와 개인적인 걱정을 털어놓았다. 애플의 엔지니어들은 배터리 수명 문제를 해결하지 못했고, 시계가 단지 얼마 동안만 시간을 보여주는 식의 타협안에 만족해야 했다. 아이브의 친구들은 나중에 그에게 농담조로 "누가 정말 하루에 세 시간씩 충전해야 하는 시계를 원하겠어?"라고 묻곤 했다.

쿡이 청중들에게 내년 봄이 돼야 시계를 판매할 수 있다고 말했을 때 그는 애플에게 여전히 해야 할 일이 있다는 것을 사실상 인정한 셈이었다. 애플이 판매 몇 달 전에 미리 신제품 카테고리를 선보인 것은 아이폰 이후 처음 있는 일이었다. 하지만 쇼는 거기서 끝나지 않았다.

U2가 공연을 하기 위해 무대 위에 올라왔다. U2의 리드 싱어 보노는 애플이 U2의 서명이 들어간 아이팟 스페셜 에디션을 출시한 2004년부터 애플과 친하게 지내왔다. 보노는 아이브의 절친한 친구가 되었고, U2의 앨범을 프로듀싱했던 애플의 새 임원 지미 아이오빈과도 돈독한 관계를 유지했다. U2는 '(조이 라몬의) 미라클The Miracle (of Joey Ramone)'이라는 노래를 열창했고, 이후 쿡과 함께 아이폰을 가진 5억 명 모두가 U2의 새 앨범을 무료로 다운로드해 들을 수 있다고 발표했다. 이 음반은 역대 최대의 음반 발매 기록을 세웠다.

행사가 막바지로 치닫자 쿡은 이날 공개된 제품들의 작업에 참여한 모든 애플 직원들에게 자리에서 일어나달라고 부탁했다. 그는 동료들의 박수 속에 그들의 노고에 감사를 표했다.

쿡은 "특히 조너선 아이브가 애플워치에 기여한 놀라운 공로를 높이 평가하고 싶다"고 말했다. 그는 또한 COO인 제프 윌리엄스와 애플페이 개발을 이끈 에디 큐에게 감사를 전했다. 잡스와는 다른 모습이었다. 잡스는 보통 특정 개인의 기여를 콕 집어 이야기하기보다는 애플 팀 전체의 도움을 받아 제품을 개발한 자신의 공로를 내세웠다. 잡스의 그러한 관행에 대해 불평해왔던 아이브는 이제 모든 청중이 자신을 향해 박수를 보내는 모습을 보았다.

청중들이 자리를 뜨기 위해 일어나자 애플워치 개발에 참여했던 몇몇 엔지니어와 디자이너들의 얼굴은 심각한 근심으로 가득 찼다. 그들은 잡스 이후 애플의 첫 번째 신제품을 만들었고, 기립박수를 받았고, 이후 U2가 짧은 콘서트로 이 모든 것을 축하하게 했다. 경력의 절정에 도달한 느낌이었다. 이제 그들은 앞으로 어떻게 해야 할지가 고민이었다.

아이브는 별도의 문을 통해 행사장을 빠져나와 입체적으로 보이는 흰색 건물로 들어갔다. 사진작가와 기자들이 받침대 위에 걸려 있는 흰색 시계 테이블 주위에서 웅성거리고 있었다. 애플워치는 프라다Prada 런웨이쇼 조명을 주로 담당하던 이탈리아 패션 조명 전문가가 디자인한, 위에서부터 비추는 시원하고 투명한 빛 아래에서 반짝거렸다.

들뜬 분위기가 잦아들자 그는 워치 제작에서 가장 핵심적인 역할을 했던 21명의 팀원들과 함께 건물 내부 흰 벽에 걸린 검은색 애플 로고 아래서 사진을 찍기 위해 합류했다. 아이브는 뉴슨의 어깨 위로 팔을 내던지고, 살짝 미소를 지으며 카메라를 응시했다. 실리콘 스포츠 밴드가 달린 흰색 애플워치가 그전까지 아무것도 없던 그의 손목에 느슨하게 매달려 있었다.

무대 뒤에서 쿡은 흥분해 활력이 넘치는 모습이었다. 애플의 커뮤니케이션팀은 ABC의 〈월드 뉴스 투나잇World News Tonight〉 진행자 데이비드 뮤어David Muir와 단독 인터뷰를 주선해놓았다. ABC가 월트 디즈니의 소유였고, 디즈니의 CEO인 밥 아이거가 애플의 이사였기 때문에 팀원들은 ABC를 '아빠 네트워크'라고 불렀다. 쿡은 뮤어에게 그날의 의미를 이해시키고자 애썼다. 그는 "혁신이 잘 살아 있다는 것을 보여주었죠"라고 말했다.[6]

그는 뮤어가 애플워치를 구경하고 아이브를 만날 수 있게 2,500만 달러를 들여 만든 흰색 텐트로 그를 데리고 갔다. 그들이 도착하자 아이브는 뮤어의 손을 꼭 잡은 채 스포트라이트를 벗어나려는 듯 뒤로 물러섰다. 그는 쿡의 에너지나 열정을 전혀 전달해주지 않았다. 그는 애플워치가 어떻게 받아들여질지 여전히 불안해하고 있었다. 뮤어는 아이브가 사람들이 착용하고 싶어 하는 시계를 만드는 데 집중했다는 것을 이해한다면서 그를 안심시키려고 애썼다.

아이브는 "시계는 사람들이 팔에 착용하는 것이고, 게다가 매일, 하루 종일 차고 있는 물건이기에 기준이 매우 높습니다"라면서 "그래서 우리는 호감이 가면서도 동시에 모두가 똑같은 시계를 차고 싶어 하지 않는다는 점에서 개인 맞춤이 가능한 시계를 만들기 위해 매우 열심히 일했습니다"라고 말했다.

며칠이 지나고 햇빛에 흠뻑 젖은 인피니트 루프 뜰에서 아이브는 디자인 팀과 같이 점심을 먹었다. 그는 동료들이 애플워치에 대해 테크 리뷰어들과 패션 기자들이 쓴 언론 보도 내용을 주고받는 소리를 들었다. 주요 비평가인 《보그》의 수지 멘키스Suzy Menkes는 나비에서부터 꽃에 이르기까지 이 디지털 시계의 다양한 전면이 경이롭다고 썼다.

그녀는 "패션계가 이 똑똑한 시계를 받아들일지, 아니면 휴대전화를 시계로 사용하는 요즘 세대들이 손목 밴드를 매력적으로 여길지는 잘 모르겠다"고 썼다.[7] 엄격한 비평가인 그녀는 시계의 미학을 중립적으로 묘사하면서 "하지만 내 기분이나 아마도 내 옷차림에 따라 시각적인 측면을 설정할 수 있게 한 것은 마음에 든다. 내 보라색 옷을 돋보이게 해줄 제비꽃 한 다발의 역할을 할 수 있다고나 할까? 시계를 보고 꿈을 꾸면 왜 안 되겠는가?"라고 말했다.

그날 밤 디자이너들은 근처 베이브리지의 반짝이는 불빛이 내려다보이는 대형 유리창으로 꾸며진 고급 베트남 식당 '슬랜티드 도어'에 모였다. U2 멤버들이 3년간 쏟은 노력을 축하하기 위해 마련된 이 특별한 저녁 식사에 합류했다.

아이브는 거품이 이는 샴페인 잔을 들고 친구 보노 옆에 앉았다. 애플워치 출시로 인해 느꼈던 불안감은 전부 사라졌다. 그는 몇 년 만에 처음으로 자유롭게 축하할 수 있다고 느꼈다.

몇 주 뒤인 9월 말 아이브는 애플워치가 최초로 공개 전시될 예정인 파리 패션 위크Paris Fashion Week로 날아갔다.

판매 전략을 담당한 폴 드네브는 패션계에서 가장 유명한 매장인 콜레트Colette에 팝업 전시를 마련했다. 이브생로랑 CEO를 지낸 그는 샤넬과 나이키 같은 브랜드의 스타일과 스트리트웨어 큐레이션으로 유명한 3층짜리 파리 부티크의 대표를 알고 있었다. 그곳에서 하는 전시는 세계에서 가장 영향력 있는 매장에서 애플워치를 팔 수 있게 만들려는 거시적 전략의 첫 단계에 해당했다. 또한 모든 유행하는 액세서리에 관례적으로 사용되는, 대중적인 제품에 일부 특권층만 누릴 수 있는 고급스러움을 접목하려는 시도였다.

아침 일찍 아이브와 그의 디자인 파트너 마크 뉴슨은 패션 기자와 인플루언서들에게 애플워치를 선보이기 위해 콜레트로 향했다.[8] 오픈 시간 전에 도착한 그들은 매장이 애플의 최신 제품 이미지들로 도배되어 있는 모습을 발견했다. 입구는 흰색 바탕에 매달려 있는 벽면 크기의 애플워치 포스터들로 장식되어 있었다. 인도에 있던 사람들은 아이브와 뉴슨이 무늬가 새겨진 애플워치를 찬 채 애플 스토어 테이블을 빙빙 도는 모습을 바닥에서 천장까지 이어진 대형 창문을 통해 지켜보았다.

곧 패션 아이콘 애나 윈투어와 칼 라거펠트가 도착해서 애플 디자이너들을 맞이했다. 윈투어는 개인적으로 애플워치를 접해본 후 완전히 팬이 되어 《보그》 10월호 마지막 페이지에 실리는 가장 영향력 있는 특집기사 중 하나인 '래스트 룩Last Look'에 애플워치를 소개했다. 그녀는 아이브와 닮은 구석이 많다고 생각한 라거펠트에게 같이 가자고 권했다.

라거펠트까지 오자 아이브는 깜짝 놀랐다. 라거펠트와 뉴슨은 친구 사이였지만 패션계에서 '검은 옷을 입은 남자'로 통하는 라거펠트는 콜레트 같은 상업 행사에 모습을 드러낸 적이 거의 없었다. 하지만 그는 오랫동안 애플 제품의 팬이었고, 종종 수십 대의 아이팟을 구입해서 노래를 채워 넣은 다음에 친구들에게 나누어주곤 했다. 아이브는 라거펠트를 테이블 쪽으로 데려와서 애플워치의 디자인과 그 아이디어가 어떻게 시작되었는지에 대해 설명해줬다.

근처에서 뉴슨은 《위민스 웨어 데일리Women's Wear Daily》 기자와 애플이 콜레트에 들어오게 된 이유에 대해 이야기했다.[9] 그는 "패션은 대중문화입니다. 기술도 대중문화입니다"라고 말했다. 그는 애플이 그곳에 있는 이유가 "애플이 패션과 기술을 융합시켰기 때문"이라면서 "애플은 크고 바보 같으며 끔찍한 플라스틱이 아닌 중요한 뭔가를 만들었다"라고 주장했다.

그날 저녁 아이브는 접대를 하는 사람에서 접대를 받는 사람으로 입장이 바뀌었다. 패션계에서 가장 존경받는 인물 중 한 명인 아제딘 알라이아Azzedine Alaïa가 아이브와 뉴슨을 위해 스타들이 가득한 디너 파티를 주최했다. 꼼꼼하게 수작업으로 만든 드레스로 유명하며 완벽주의자인 그는 미국의 시인이자 소설가로 새로운 예술운동의 비호자가 된 현대판 거트루드 스타인Gertrude Stein이 되어 힙합 스타 카니예 웨스트와 화가 줄리안 슈나벨 등 문화 인플루언서들을 위한 만찬을 주최했다. 아이브를 위해 그가 열어준 이 행사는 파리 패션 위크에서 가장 많은 사람들이 받고 싶어 하는 초대장 중 하나였다. 수많은 록 스타들과 배우, 모델, 그리고 테이스트메이커들이 아이브의 패션계 데뷔 무대에서 애플워치를 축하하기 위해 모습을 드러냈다.

알라이아를 대부로 여겼던 아이브와 뉴슨은 방 안을 가득 채운 유명인사들을 보고 경악하지 않을 수 없었다. 그들은 아침에는 라거펠트를 만나고 저녁에는 알라이아와 시간을 보내는 식으로 두 패션 거장을 따로 만나는 게 재미있게 느껴졌다. 실은 두 사람이 서로 앙숙인 걸로 유명했기 때문이다. 라거펠트는 알라이아를 "갱년기 패션 피해자들이 신을 발레 슬리퍼나 만든다"며 무시한 반면, 알라이아는 "라거펠트는 평생 가위를 만져본 적이 없다"면서 깎아내렸다.[10]

모두가 원형 테이블들 주위에 앉아 식사하고 있을 때 스페인 안무가 블랑카 리Blanca Li가 근처 무대 위에 올라 플라멩코 춤을 추기 시작했다. 이후 손님들은 애플워치를 차본 뒤 어떤 것을 살지 의논했다.

와인 한 잔을 손에 든 채 아이브는 저녁 늦게 방 뒤편에서 이 광경을 구경하고 있었다.[11] 옆에 서 있던 뉴슨은 〈뉴욕 타임스〉 패션 비평가와 이야기를 나누면서 애플의 최고 디자이너가 지금 이 상황을 어떻게 느끼고 있는지 포착하기 위해 최선을 다했다. 그는 방 안을 살펴보면서 "쿠퍼티노에서 아주 멀리 떨어진 곳으로 와 있네요"라고 말했다.

CHAPTER 12

자부심

팀 쿡으로서는 그 숫자들이 이해가 안 갔다.

매일 새벽 4시경 일어나 전 세계 판매 보고서를 검토하던 그는 숫자를 훑어보다가 깜짝 놀랐다.[1] 아이폰6와 아이폰6 플러스의 출시로 애플의 가장 인기 있는 제품인 아이폰에 대한 수요가 폭증하면서 이 신제품들을 사기 위해 몇 시간씩 기다리는 고객들로 애플 매장 밖은 장사진을 이뤘다. 쿡이 휴일 동안 애플의 일간 판매 수치를 확인했더니 아이폰은 전년 대비 무려 46퍼센트 증가한 7,400만 대가 판매된 것으로 집계됐다.[2] 이는 평균적으로 하루 24시간 중 1분마다 500대의 아이폰이 팔렸다는 뜻이었다.[3] 애플은 맥도날드가 5달러짜리 빅맥 햄버거를 만드는 것과 같은 속도로 600달러짜리 아이폰을 소비자에게 전달했다.

중국이 판매 신장의 효자 노릇을 했다. 쿡이 차이나 모바일과 유통 계약을 성사시키기 위해 오랫동안 기울인 노력이 효과가 있었다는 게 입증됐다. 중국 소비자들 덕분에 애플은 세계 최대 스마트폰 시장인 그곳에서 판매량을 두 배 가까이 늘릴 수 있었다. 쿡은 경쟁사인 삼성이 미국과 중국에서 대화면 폰 판매에 성공한 것을 보고 아이폰6도 잘 팔릴 거라고 예상했지만, 판매량은 그의 가장 낙관적인 전망치까지도 훌쩍 뛰어넘었다. 평소 차분한 쿡을 흡족하게 만들기에 충분한 판매량이었다.

쿡은 10월 분석가들과의 전화 통화에서 "새 아이폰에 대한 수요가 놀라울 정도"라며 "이보다 더 행복할 수 없다"라고 말했다.[4]

잡스 이후 애플의 미래에 대한 의구심이 사라지자 쿡은 흔하지 않은 자신의 '개인적 위험'을 감수하는 데 필요한 자신감을 갖게 됐다.

2014년 가을 쿡은 앨라배마주 '명예 아카데미Academy of Honor' 소개식에 참석하기 위해 고향으로 돌아갈 준비를 했다.[5] 명예 아카데미에는 매년 뛰어난 대학 풋볼 선수에게 주어지는 하이즈먼 트로피Heisman Trophy 수상자인 보 잭슨Bo Jackson과 콘돌리자 라이스Gondoleezza Rice 전 국무장관 등을 포함해 앨라배마 출신 유명인사 100명만 이름을 올릴 수 있었다. 소개식 행사에서 쿡은 주의회 의사당에서 주 대표들을 상대로 연설할 기회를 가졌다.

연설 내용을 고민하던 그는 익숙한 갈등에 발이 걸려 넘어질 뻔했다. 그는 자신이 앨라배마 출신임에 자부심을 느꼈지만, 인종과 평등에 관해 주가 남긴 유산에는 실망을 금치 못했다. 자신이 자라온 곳에 대한 사랑과 앨라배마주가 행해온 인종차별의 끔찍함 사이에서 고군분투했던 남부 출신 아들들은 이 지점에서 늘 긴장감을 느꼈다. 그들에게 그건 익숙한 경험이었다. 그러나 쿡에게는 개인적으로 느끼는 좌절감이 이런 불협화음을 증폭시켰다.

2013년 미국 상원이 성적 성향과 성 정체성에 기반한 편협함으로부터 보호해야 할 대상을 노동자들로까지 확대하는 법안을 검토하면서 차별금지 정책이 정치권의 주요 화두가 되었다. 쿡은 당시 〈월스트리트 저널〉에 이 법을 지지하는 사설을 기고했다.[6] 그는 당시 사설에서 이렇게 주장했다.

"평등성과 다양성을 촉진하는 보호 조치를 누군가의 성적 성향에 따라 다르게 적용해서는 안 된다. 너무 오랫동안 너무 많은 사람들이 직장 내에서 자신의 정체성에 있는 그런 부분을 숨겨야만 했다." 이 법은 의회에서 통과되지 못해 각 주법에 따라 노동자들을 보호할 수밖에 없었는데, 앨라배마주는 이 법을 채택하지 않았다.

쿡은 레즈비언, 게이, 양성애자, 트랜스젠더 노동자들이 각자의 성적 취향에 따라 해고되지 않게 그들을 보호하는 법을 통과시키지 않은 주 지도자들을 부르고 싶었다. 그는 주 지도자들이 진실을 안다면 그의 말로 인한 압박을 더 강하게 느끼리란 사실을 알고 있었다.

그해 10월 말 쿡은 애플의 커뮤니케이션 책임자 스티브 다울링Steve Dowling을 불러 자신이 동성애자임을 세상에 알리는 방법에 대해 논의했다.

쿡은 오랫동안 비밀로 해왔던 이 사실을 공개하는 것에 대해 한동안 고민하고 있었다. 그는 2년 전에 CNN의 앤더슨 쿠퍼Anderson Cooper 기자가 작가 앤드류 설리번Andrew Sullivan에게 보낸 이메일을 통해 자신이 동성애자임을 인정한 사실을 알고 있었다.[7] 쿡은 쿠퍼가 지극히 개인적인 일을 그처럼 간결하고 직접적인 방식으로 알린 데 대해 감탄했다. 그는 그런 발표 방식이 세련됐다는 인상을 받았다. 그와 애플의 다른 두 임원은 뉴욕에서 쿠퍼와 점심 식사 약속을 잡았다. 평소 내성적인 쿡은 쿠퍼와 쉽게 농담을 주고받았고, 이를 지켜보던 동료들은 농담조로 자신들이 자리를 비켜줬어야 했다고 말하기도 했다. 쿠퍼의 용기에 감탄한 쿡은 그와 비슷하게 아낌없이 솔직하고 고무적인 방식으로 공개 커밍아웃을 해야겠다고 생각하게 되었다.

쿡은 어떻게 해야 할지 고민하다가 쿠퍼에게 조언을 구했다. 그는 쿠퍼에게 자신이 왜 더 일찍 커밍아웃하지 않고 왜 지금 하는지를 설명하는 글을 쓰고 싶다고 말했다.[8] 쿡은 어떻게 커밍아웃을 진행해야 할지 대체로 마음을 정해둔 상태였지만 두 사람의 대화는 그가 다음에 할 일에 큰 영향을 미쳤다.

쿡은 몇 년의 시간에 걸쳐 《타임》 출신인 조쉬 타이랑기엘Josh Tyrangiel 《블룸버그 비즈니스위크Bloomberg Businessweek》 기자를 다른 어떤 기자들보다 신뢰하게 되었다. 그는 애플 CEO가 된 뒤 타이랑기엘과 두 차례 대면 인터뷰를 하면서 그가 똑똑하고 원칙적인 사람이라고 생각했다. 쿡과 다울링은 타이랑기엘에 연락해서 《블룸버그 비즈니스위크》에 자신의 성 정체성에 대한 개인적인 에세이를 쓰는 공간을 마련하는 방안에 대해 논의했다.

쿡은 타이랑기엘에게 전화를 걸어 만남을 요청했고 뉴욕에 있던 그를 캘리포니아로 초대했다.[9] 엄격한 애플의 비밀 엄수 규정에 따라 타이랑기엘은 《블룸버그 비즈니스위크》 기술팀 동료들에게 자신의 출장에 대해 함구했다. 쿡이 혼자서 한 사람의 청중만 상대하길 원하는 게 분명했다.

인피니트 루프에 온 타이랑기엘에게 쿡은 어떤 중요한 일로 인해 매일 괴롭다고 고백했다. 그는 매일 사무실에 들어가서 벽에 붙여놓은 마틴 루터 킹 주니어Martin Luther King Jr. 목사 사진을 보면서 어떤 날은 영감을 얻었고, 또 어떤 날은 도전 욕구를 느꼈다고 말했다. 그런데 그가 그토록 보호해오던 사생활과 자신이 타인에게 영감을 줄 수 있는 막강한 위치에 있다는 인식 사이에서 갈팡질팡하는 것처럼 느껴져서 그런지 최근엔 후자보다는 전자인 경우가 더 많았다고 설명했다.

쿡은 이젠 직접 나서서 자신이 동성애자임을 털어놓을 때가 왔다고 말했다. 그는 쿠퍼를 흉내 내《블룸버그 비즈니스위크》에 자신의 개인 에세이를 써보면 어떨지 문의했다. 그는 그 글이 표지에 실리거나 적극적으로 알려지기를 원하지는 않았다. 그는 잡지 안에 묻혀 큰 주목을 받지 않고 언급되는 상황을 상상했다. 그는 타이랑기엘에게 에세이 초고를 건네주었다.

타이랑기엘은 쿡의 개인 에세이를 읽었다. 평범하게 시작되어 쿡의 커밍아웃으로 나아가는 에세이였다. 에세이는 다음과 같이 시작했다.

사회생활을 하는 내내 나는 기본적인 사생활 수준을 유지하려고 노력했다. (중략) 이와 동시에 나는 "인생에서 가장 끊임없이 제기되며 긴급한 답변을 요하는 질문은 '당신은 다른 사람들을 위해 무엇을 하고 있는가?'란 질문이다"라고 한 마틴 루터 킹 목사의 말을 깊이 신뢰한다. 종종 스스로에게 이 질문에 대한 답을 요구하다가 사생활을 지키고자 하는 내 욕망이 내가 더 중요한 어떤 일을 하지 못하게 감정을 억누르고 있다는 사실을 깨달았다. 그것이 오늘의 나로 이끌었다.

몇 년 동안 많은 사람들에게 내 성적 취향을 털어놓았다. 애플의 많은 동료들은 내가 동성애자라는 사실을 알고 있으며, 그 사실로 인해 그들이 나를 다르게 대하는 것 같지는 않다.[10]

에세이를 다 읽은 타이랑기엘은 쿡에게《블룸버그 비즈니스위크》다음 호에 에세이를 넣을 페이지를 잡아놓겠다고 약속했다.

2000년대 들어 처음으로 미국에서 게이와 레즈비언 관계를 수용하는 속도가 빨라졌다.[11] 미국인들 대다수가 처음으로 동성 관계를 합법적으로 받아들이게 되었다. 실리콘밸리 사람들도 오랫동안 그러한 견해를 유지해왔다. 샌프란시스코가 아량이 넘치는 개방적 도시로 평판이 높았기에 제2차 세계대전 이후 이곳이 게이 남성들의 목적지가 된 게 영향이 컸다.[12]

1980년에는 샌프란시스코 인구의 5분의 1이 동성애자로 추정되었다. 카스트로Castro 지역에 사는 남성들은 자신의 성적 취향에 대해 개방적인 태도를 취하자고 서로를 격려했다. 그로 인해 그들을 돕는 커뮤니티가 조성됐고, 베이 에어리어는 레즈비언, 게이, 양성애자, 트랜스젠더의 영어 단어 앞 글자 하나씩을 따서 만든 'LGBT'라고 불리는 성소수자들의 본거지가 되었다. 이들이 몰려든 시기는 PC 시대가 닷컴 붐으로 변하면서 일어난 경제 변화의 시기와 일치했다.

쿡도 그러한 경제 성장기에 애플에 입사했다. 애플은 오랫동안 LGBT 노동자를 받아들이고 지원하는 데 있어 미국 내에서 가장 진보적인 성향의 기업에 속했다. 대표적으로 1990년 채용정책을 수정해 성적 취향에 따른 차별을 금지했고, 2년 뒤 국내 협력사 직원들에게까지 이 정책을 확대 적용했다.[13]

쿡이 애플에서 승진하면서 외부에서는 그의 성적 취향에 대한 뒷말이 무성했다. 《포춘Fortune》은 2008년 기사에서 그를 '평생 총각lifelong bachelor'이라고 묘사했는데, 이는 가십 사이트인 고커Gawker가 쿡이 동성애자임을 나타내는 코드로 갖다가 붙인 말이다.[14] 오웬 토마스Owen Thomas는 《포춘》 기사를 분석한 포스트에서 쿡을 "사무실을 나가면 체육관, 등산로, 또는 자전거를 타며 독하게 개인 시간을 보내는 운동광"으로 묘사한 기사에 대해 조목조목 비판했다. 그는 "이것은 무엇인가?《포춘》이 작성한 프로필인가,

아니면 (지역 생활 정보 사이트인) 크레이그리스트^{Craigslist}에 올라온 남성 구인 광고인가?"라면서 "쿡이 동성애자인지 궁금해하지 않는다면 우리는 호사가로서 우리의 의무를 게을리하게 될 것"이라고 꼬집었다.

그때까지도 쿡의 동료들 중 다수는 그가 너무 끊임없이 일만 하느라 데이트할 시간이 없는 거라고 추측했다. 그는 자전거 타기, 하이킹, 풋볼을 제외하고는 일 이외의 취미에 대해 거의 언급한 적이 없었다. 애플 내 몇몇 동성애자 직원들은 쿡을 술집에서 본 적이 있지만 캠퍼스 내에서 그 사실을 떠들고 다니지는 않았다고 말했다. 일정 시간 쿡이 동성애자인지 몰랐던 잡스는 진실을 알기 전까지 쿡이 여자들과 데이트할 수 있게 주선해주려고 애썼다.

'고커'에 올라간 기사는 동료들의 의심을 '무언의 사실'로 만들었다. 2011년 잡지 《아웃^{Out}》은 쿡을 미국에서 가장 영향력 있는 게이 남성에 선정함으로써 본인이 공개적으로 인정하지 않았음에도 그가 게이라는 사실을 대중들에게 공개했다.[15] 그가 CEO가 된 후 '고커'는 애플 경영진에 속하는 몇몇이 그의 커밍아웃이 회사 브랜드 가치에 해를 끼칠까 봐 걱정했다고 보도했다.[16] 기사는 "쿡이 아시아 남자들에게 푹 빠졌다"라고 주장하면서 수많은 기사에서 팀 쿡의 남자친구로 거론된 벤 링$^{Ben Ling}$이라는 구글 임원과 쿡이 잘 어울릴 거라고 추측했다. 링은 즉시 반박했다. 그러나 해당 기사로 소문만 더 무성해졌을 뿐, 쿡의 성적 취향은 여전히 베일 속에 가려져 있었다.

회사 리더로서 맡은 역할이 자리가 잡히자 쿡은 상황의 점진적인 반전을 꾀했다. 그는 2014년에 샌프란시스코를 대표하는 성소수자 행사인 '프라이드^{Pride}' 축하 퍼레이드에 처음으로 애플의 참가를 승인했고, 6월 LGBT

를 상징하는 무지개 깃발을 흔드는 직원 4,000명과 함께 프라이드 글자 위에 애플 로고가 달린 하얀 현수막을 내세운 채 마켓 스트리트를 행진했다.

그로부터 몇 달 뒤인 2014년 10월 27일 아침, 쿡은 1940년대 후반 마틴 루터 킹 목사가 재직했던 앨라배마주 몽고메리에 소재한 덱스터 애비뉴 침례교회를 방문했다. 쿡은 킹 목사가 1955년 시민의 평등권 운동에 불을 지핀 몽고메리 버스 보이콧Montgomery bus boycott(1955년 12월부터 이듬해 11월까지 앨라배마주 몽고메리에서 흑백 분리주의의 철폐를 요구하며 흑인들이 벌인 인종차별 반대 시위 – 옮긴이)을 주도한 현장을 보고 싶어 했다. 그는 하얀색 둥근 기둥으로 덮인 단순한 모양의 벽돌 건물 밖에 서 있으면서 증오를 용인하는 세상에서 평등을 위해 일어선 킹 목사의 용기에 감동을 받았다.

몇 시간 뒤 그는 주의회 의사당 안에 있는 강단에 올랐다. 그는 아이패드를 연단 위에 놓고 자신을 앨라배마주에서 가장 중요한 100명의 시민 중 한 명으로 인정해준 사람들을 응시했다.[17] 이어 그는 그들을 비난하기 시작했다.

"우리는 모두 평등한 권리를 얻기 위해 아프리카계 미국인 형제자매들이 해왔던 역사적 투쟁에 익숙합니다. 저는 우리 주와 이 나라의 일부 사람들이 제가 앨라배마주 로버츠데일에서 자라면서 배운 가치관과 정반대로 인간의 존엄성에 대한 기본원칙에 저항한 이유를 이해할 수 없었습니다. (중략) 우리 부모님은 우리가 더 나은 삶을 살고, 대학에 진학하고, 원하는 것을 이룰 수 있도록 열심히 일하셨습니다. 그들은 앨라배마로 이사했습니다. 이곳에서 그들의 가치를 공유하는 친구와 이웃들을 찾았기 때문입니다. (중략) 당시는 우리 주와 나라에서 위대한 투쟁이 일어나던 시기였습니다. 그것은 저에게 깊은 영향을 주었습니다."[18]

쿡은 의원들에게 그날 아침 자신이 킹 목사의 교회를 방문한 일과 그 방문이 어떻게 그에게 평등과 인권을 위한 대중적 입장을 취하는 것의 중요성을 일깨워줬는지를 말했다. "저는 오랫동안 제 자신과 이러한 신조들에 대한 제 신념에 절대 침묵하지 않겠다고 약속했습니다. 비록 많은 진전이 있었던 건 사실이나 킹 목사의 꿈이 실현되기까지는 아직 우리 주와 나라가 가야 할 길이 멉니다. 국가로서 우리는 평등을 향한 조치를 취하는 데 너무 오랜 시간이 걸렸습니다. 그리고 일단 시작했을 때도 그 속도가 너무 느렸습니다. 아프리카계 미국인들에게는 평등에 이르는 속도가, 불과 14년 전에 합법화된 인종 간 결혼의 합법화 속도가, LGBT 커뮤니티에게도 여전히 평등에 이르는 속도는 모두 너무 느렸습니다. 앨라배마 시민들은 여전히 성적 성향에 따라 합법적으로 해고될 수 있습니다. 우리는 과거를 바꿀 수는 없지만, 과거로부터 배울 수 있고 다른 미래를 창조할 수 있습니다."

LGBT 커뮤니티가 누릴 수 있는 권리와 기회의 부족에 대한 쿡의 비판은 주요 뉴스로 다루어졌다. 일부 언론은 그가 한 말을 보도하며 격분했다. 한 저명한 보수 언론사는 쿡의 연설 내용은 한 줄도 싣지 않고 의원들이 연설을 '하급'이라고 표현했다는 것만 보도했다.[19]

캘리포니아로 돌아온 쿡은 《블룸버그 비즈니스위크》에 게재될 자신의 에세이에 대해 논의하기 위해 애플의 최고 경영진과 회의를 열었다. 쿡은 경영진들에게 자신이 동성애자임을 처음으로 밝히면서, 중동과 러시아처럼 동성애에 덜 관용적인 시장에서 이 사실이 공개됐을 때의 위험을 평가

해달라며 도움을 요청했다. 그는 이 발표를 승인한 애플의 이사회와도 비슷한 대화를 나누었다. 대화 도중 쿡은 자신이 동성애자라는 사실을 공개하기로 계획했던 이유 중 하나가 최근 아이폰6와 애플워치가 출시된 이후 애플이 안정된 기반 위에 올라왔기 때문이라고 인정했다. 잡스의 뒤를 이은 초대 CEO로 겪는 실패는 개인적 능력 부족 때문으로 간주되고 끝나겠지만, 최초의 동성애자 CEO로서 겪는 실패는 다른 LGBT 임원들에게 CEO가 될 기회를 제한하는 나쁜 선례를 남겼을 것이다. 애플 최고 경영진이 보기에 이것은 쿡이 다른 차원에서 생각하고 있다는 걸 잘 드러내주는 사례였다.

궁극적으로 쿡은 괴롭힘을 당하거나 가족들이 자신을 못마땅해할까 봐 걱정하는 젊은이들에게 자신이 미래의 롤모델이 될 수 있도록 지금 말하고 싶다는 뜻을 분명히 밝혔다. 그가 동성애자임을 공개적으로 밝히는 첫번째 기업 임원은 아닐지라도 세계 최대 기업 CEO로서 그의 위치는 엄청난 영향력을 발휘할 수 있을 것이었다. 또한 7년 전 존 브라운John Browne 브리티시 페트롤리엄British Petroleum CEO가 자신의 동성애 관련 사생활에 대한 언론 보도를 금지하는 소송을 냈다가 받아들여지지 않자 사임한 이후 LGBT 커뮤니티가 얼마나 많이 달라졌는지를 보여주는 본보기가 될 수 있었다. 쿡은 자신의 발표가 젊은이들에게 세대 장벽이 무너졌다는 사실을 보여줄 것이라고 생각했다.

그는 나중에 "내가 동성애자라는 사실을 몇몇 지인들에게만 알렸지만 지금 이 시점에서는 그렇게 하는 것이 오히려 이기적인 행동이라는 생각이 들었다"면서 이렇게 덧붙였다.[20] "나는 그보다 더 대범해져야 한다. 나는 젊은이들을 위해 무언가를 해야 한다. 그리고 그들에게 당신이 동성애자라고 하더라도 여전히 인생에서 계속해서 큰일을 할 수 있으며, 거기에 길이 있다는 걸 보여줘야 한다."

《블룸버그 비즈니스위크》 내에선 쿡의 계획을 알고 있는 사람이 거의 없었다. 타이랑기엘은 그 주에 발간되는 잡지의 페이지를 비워놓고서 완성본을 인쇄소로 발송하기 직전에야 그의 에세이를 집어넣었다.

에세이는 쿡이 앨라배마에서 연설을 하고 3일 뒤에 실렸다. "팀 쿡, 입을 열다Tim Cook Speaks Up"란 제목이 달린 이 에세이는 즉시 경제 방송인 CNBC와 블룸버그 뉴스Bloomberg News에서 주요 뉴스거리로 다뤄졌고, 〈월스트리트 저널〉과 〈뉴욕 타임스〉의 1면 기사로 실렸다.[21] 언론은 모두 쿡이 한 다음의 말을 보도했다.

나는 한 번도 내 성적 지향을 부정해본 적이 없지만 지금까지 그것을 공개적으로 인정해본 적도 없다. 그러니 확실히 해두자면, 내가 동성애자라는 것이 자랑스럽고, 신이 내게 주신 가장 큰 선물 중 하나라고 생각한다.

동성애자로 살면서 나는 성소수자가 된다는 것이 무엇을 의미하는지 더 깊이 이해할 수 있게 되었고, 다른 성소수자 그룹에 속한 사람들이 매일 직면하는 어려움들을 살펴볼 수 있는 창구를 얻게 됐다. 동성애자로서의 삶은 내가 사람들을 더 배려하고 더 풍요로운 삶을 살 수 있게 이끌었다. 그 길은 때때로 힘들고 불편했지만, 나 자신에 충실하고, 내가 가고 싶은 길을 걷고, 역경과 편협함을 극복할 수 있는 자신감을 주었다. 또한 그것은 애플의 CEO에게 아주 요긴한, 타인의 공격이나 비판을 무시할 수 있는 능력을 주었다.

이 에세이로 쿡은 자신이 동성애자임을 선언한 《포춘》 선정 500대 기업의 첫 번째 CEO가 되었다. 그의 이번 선언은 그가 10년 넘게 문화를 이끌어왔던 기업의 CEO였다는 점에서 더 큰 무게가 느껴졌다. 게이, 레즈비언, 양성애자, 트랜스젠더 커뮤니티를 넘어 포용성과 다양성에 대한 그의 관심은 비즈니스 세계에서 더 많은 기회를 제공받기를 바라는 다른 소수자 집단의 마음을 사로잡았다.

게이 커뮤니티 사람들은 쿡의 에세이가 다른 유명인사들을 옭아맨 함정을 피하는 효과를 거뒀다며 호평했다.[22] 쿡은 어떤 개인적인 부담으로부터 해방된 느낌을 밝히기보다는 왜 자신의 성적 취향이 자신에게 선물이라고 생각했는지를 강조했다. 동성애자라서 자신이 더 나은 삶을 살고 있다는 그의 메시지는 성소수자들 사이에서 반향을 일으켰다. 인지도가 높은 CEO로서 쿡은 어떤 성소수자가 직장 동료들에게 커밍아웃을 선언하더라도 비즈니스 세계에서 그들을 더 우호적으로 받아들여줄 것이라는 희망을 주었다.

쿡의 에세이는 게이 커뮤니티가 최근 정부로부터 전례 없는 수준의 인정을 받은 시기에 나오면서 동성애자 권리 증진 움직임에 가속도를 붙였다. 쿡의 선언은 연방대법원이 동성결혼을 인정하지 않은 이른바 '결혼 보호법Defense of Marriage Act' 일부에 대해 위헌 결정을 내린 지 1년 만에 나온 것이었다. 연방대법원은 1년 뒤에 동성결혼이 모든 주에서 인정돼야 한다고 판시했다. 이러한 성과들은 그의 선언을 무색하게 만들었으나 그가 미국 기업에 끼친 영향이 줄어들지는 않았다.

뉴스 매체들은 쿡의 여정에 대해 더 듣고 싶어 했지만 그는 에세이 하나로 끝낼 작정이었다. 그는 여기저기 토크쇼에 출연하지 않았고 인터뷰도

하지 않았다. 그는 사람들이 자신을 최초의 동성애자 CEO가 아니라 엔지니어, 삼촌, 자연을 사랑하는 사람, 운동광, 스포츠광으로 봐주길 원했다. 모두 그가 생각하는 그의 온갖 다른 모습들이었다. 그는 다음과 같은 말을 남기며 에세이를 마무리 지었다.

"우리는 정의를 향해 함께 햇빛이 비치는 길을 포장하며 나아간다. 벽돌 하나하나씩. 이건 나의 벽돌이다."

CHAPTER 13

구식

조너선 아이브는 새로운 고비를 맞은 듯 보였다. 불과 몇 달 전 수천 명의 사람들이 애플워치를 응원하고, 그를 스타처럼 대하고, 기립박수를 치며 그를 축하해줬다. 그가 깊은 인상을 주고 싶었던 패션업계 권위자들은 파리에서 그를 환영해줬고, 그가 만든 애플워치를 보고 경탄했다. 아이브의 노고는 보상을 받았고, 그의 최신작은 애플에 자신감과 자부심 가득한 활력을 불어넣어줬다.

2014년 12월 말, 그는 '더 룸The Room'이라고 알려진 인피니트 루프 내 모임 공간에서 회의를 열기 위해 소프트웨어 설계팀을 소집했다. 아이브는 스콧 포스톨이 퇴사한 뒤 소프트웨어 시연에 사용되는 스크린과 극장용 좌석을 디자인 스튜디오에 있는 것과 똑같은 긴 오크 테이블과 벤치로 교체하며 이곳을 리노베이션했다.

소프트웨어 팀원들이 모여들자 아이브는 테이블 상석에 자리를 잡았다. 그는 애플워치와 아이폰에 쏟은 그들의 노고를 치하하며 그들이 지금까지 해온 모든 일에 감사를 표했다. 그러고선 잠시 호흡을 가다듬은 후, 다소 피곤한 기색을 비치며 이렇게 말했다.

"저는 애플에서 20년 동안 일했습니다. 올해는 제가 보낸 가장 도전적인 한 해였습니다."

아이브의 말과 몸짓은 팀원들을 혼란스럽게 만들었다. 그런 낙담한 표정과 최근 그가 애플워치를 위해 엄청난 열정을 쏟았던 모습이 서로 어울리지 않았기 때문이다. 그들 앞에 선 아이브는 그날의 활기찬 분위기에 용기를 얻고 환호하기보다는 다른 생각을 하고 있는 사람처럼 보였다.

아이브는 자신의 창조성이 약해지는 것을 느낄 수 있었다. 그는 지난 3년 동안 보이지 않는 곳에서 회사 내 분쟁에 휘말리며 많은 시간을 쏟았다. 우선 전 소프트웨어 책임자인 스콧 포스톨과 애플워치 개발 여부를 두고 언쟁을 벌였다. 그 후 마케팅 책임자인 필 실러와 워치에 어떤 기능을 넣을지에 대한 문제를 놓고 다투었다. 이와 동시에 애플 파크의 건설 자재를 선정하는 과정에서 불거진 비용을 놓고 여러 반대에 부딪쳤다. 그리고 수십 명의 소프트웨어 디자이너를 관리해야 하는 추가적인 책임에도 시달렸다. 그는 이 모든 일을 잡스의 지원과 협력 없이 해내야 했다. 그러다 보니 지치고 외로웠다.

회의가 끝나고 얼마 지나지 않아 아이브의 전용 걸프스트림^{Gulfstream} V 제트기는 하와이 오아후 섬 북서부의 화산도인 카우아이로 이륙했다.[1] 그는 그곳 나팔리 해안 근처에 있는 자신의 별장에서 3주 동안 휴가를 보냈다. 몇 년 만에 가지는 가장 긴 휴식이었다. 하지만 새해가 다가오는데도 그는 여전히 피로와 씨름하고 있었다. 자신의 비전을 이루기 위해, 특히 패션을 통해 애플워치를 마케팅하려는 그의 시도에 반대했던 애플의 마케터들과 앞으로도 많이 싸워야 할지 모른다는 느낌 때문이었다. 그런 좌절감으로 애플워치에 대한 그의 자부심은 많이 줄어든 상태였다. 좌절감이 극에 달하자 2008년 그를 사로잡았던 애플을 떠나야겠다는 생각이 다시 솟구치기 시작했다.

2015년 아이브는 운전기사가 모는 벤틀리 뮬산 뒷좌석에 앉아 인피니트 루프로 이동했다.[2] 벤틀리 뮬산은 넓은 레그룸과 크림색 가죽 인테리어로 장식된 30만 달러짜리 초호화 자동차다. 차에선 와이파이를 쓸 수 있어 탑승자들은 이동 중에도 일을 할 수 있다. 또 트렁크와 맞춤으로 특별히 제작된 수공예 가죽 수화물도 들어 있다. 운전기사가 280번 고속도로로 차를 모는 동안 그는 뒷자리에 몸을 뻗고 누운 채로 창밖을 응시할 수 있었다. 그는 차 안에서 가끔 라디오로 경제뉴스 전문방송인 CNBC를 들었다. 그는 애플이 세계 최대 기업이라 월가가 쉴 새 없이 애플을 화젯거리로 삼고 있다는 사실을 아주 잘 알고 있었다.

그는 〈매드 머니Mad Money〉와 〈스쿼크 온 더 스트릿Squawk on the Street〉의 활기차고 수다스러운 진행자인 짐 크레이머Jim Cramer가 애플을 사랑해서 애플의 실적에 대해 끊임없이 열광하고 있다는 사실을 알 정도로 CNBC를 계속해서 시청했다. 크레이머는 히트작이 아이폰밖에 없는 회사라고 애플을 계속해서 깎아내리는 회의론자들을 조롱하면서 아이브 등 애플 직원들로부터 사랑을 받았다.

크레이머는 애플 회의론자들을 겨냥해 "매년 그들이 우리가 지구상에서 가장 위대한 회사 주식을 소유하지 못하게 막았다"라고 주장했다.[3] 또한 쿡이 아이브를 포함한 주주들을 위해 "정말로 놀라운 부를 창출해줬다"고 극찬했다.[4] 처음에는 제대로 평가받지 못했던 잡스의 후계자 쿡은 이제 월가의 총아가 되었다. 쿡이 CEO에 오른 지 4년도 채 안 돼 애플의 시가총액은 7,000억 달러로 두 배 불어났고, 직원 수는 6만 명에서 10만 명 가까이 늘어났다. 그리고 이 수치들은 아이브를 점점 더 불편하게 만들었다. 그와 애플 내 다른 인사들은 수백 명의 핵심팀이 모여 아이폰을 개발했던 시절을 그리워했다. 애플은 더 이상 디자이너들이 CEO를 옆자리로 불러와서 사탕색 컴퓨터 라인에 쓸 재료를 주제로 토론할 수 있는 그런 친밀한 회사가 아니었다. 애플은 이제 수많은 아이폰, 아이패드, 맥을 만들었고, 연기금과 월가 트레이더들은 애플 주식이 하락할 때마다 이를 예의 주시했다. 게다가 수만 명의 직원이 가족을 부양하기 위해 애플에 의지했다. 애플 제품의 미래에 미치는 아이브의 영향력은 그가 상상하고 싶은 수준보다 더 많은 사람들에게 영향을 미쳤다. 그는 애플의 폭발적 성장을 보고도 마음이 편하지 않았다. 애플이 번 그 많은 돈으로 비용을 내주는 운전기사가 딸린 꿈의 자동차를 타고 있었는데도 그랬다.

애플의 다음 행사 초대장이 사람들의 받은 편지함에 도착했다. 제목은 단 두 단어 '봄 앞으로Spring Forward'라고 되어 있었다. 영리하고, 수수께끼 같고, 도발적인 이 단어들은 애플이 마침내 사람들에게 애플워치 신제품을 구입할 수 있는 시기를 알려줄 것이라는 언론의 추측을 불러일으켰다.

애플워치를 공개하고 6개월이 지나자 열광적 분위기는 회의적인 분위기로 바뀌었다. 기술과 패션 담당 기자들은 이구동성으로 애플워치 개발 목적에 대해 의문을 제기했다. 3월 초에 샌프란시스코의 예르바 부에나 예술 센터에 도착한 기자들은 애플워치가 뭘 할 수 있는지를 알고 싶어 했다.

애플이 워치를 패션 액세서리로 홍보하자 팀 쿡은 예상치 못한 비판에 시달렸다. 〈뉴욕 타임스〉의 패션 기자 바네사 프리드먼Vanessa Friedman은 '이 황제에겐 새로운 옷이 필요하다'라는 제목의 기사에서 "팀 쿡이 그의 셔츠를 (바지 안에) 집어넣을 때인가?"라며 조롱했다.[5] 그녀는 애플이 파리 패션 위크에서 애플워치 이벤트를 개최했고, 중국판《보그》11월호 커버 촬영 시 애플워치를 슈퍼모델 리우웬Liu Wen의 손목에 채웠다고 언급했다. 프리드먼은 "그런 브랜드의 리더 역할을 리우웬이 맡는 게 과연 마땅한 일인가?"라고 물었다. 그녀는 품이 크고, 약간 주름진 버튼다운 셔츠를 바지 밖으로 꺼내 입는 쿡의 패션을 비판했다. 그녀는 그것을 '패션이 아닌 패션'이라고 불렀다.

이 기사를 본 애플의 커뮤니케이션팀은 깜짝 놀랐다. 커뮤니케이션팀은 프리드먼이 옹졸하다고 비난했다. 그러면서도 쿡이 옷을 더 세련되게 입으려면 어떻게 해야 하는지 감각이 뛰어난 동료들에게 조언을 구했다. 그 결과 쿡의 전담 스타일리스트를 고용하라는 조언을 들었다. 그해 봄 행사 당일 쿡의 외모에 뚜렷한 변화가 나타났다. 그는 그날 아침 다림질한 높은 깃의 셔츠 위에 꼭 맞는 감색 집업 스웨터를 걸치고 진한 색 청바지를 입고 도착했다. 토요일날 집에서 쉬는 아빠 스타일이라기보다는 로저스 씨Mr. Rogers(미국 어린이용 TV 프로그램인 〈로저스 아저씨네 동네Mister Rogers' Neighborhood〉 진행자인 프레드 로저스Fred Rogers – 옮긴이)처럼 세련된 스타일이라고 해도 전혀 문제될 게 없는 스타일을 택한 것이다.

반면에 행사 30분 전에 행사장에 도착한 아이브는 지난 1년간 받은 스트레스로 불어난 몸무게를 숨겨주는 검은색 특대형 스웨터 차림이었다.[6] 그는 안으로 성큼성큼 들어가서 늘 앉았던 맨 앞줄 로렌 파월 잡스 옆에 자리를 잡았다.

행사가 시작되자 쿡은 몇 달 전에 비해 덜 활기찬 모습으로 무대 위에 올랐다. 그는 지난 6주 동안 여섯 개 매장을 열며 중국에서 이뤄낸 지속적인 확장에 대해 이야기했다. 애플은 중국 내 매장 수를 내년까지 현재의 21개에서 40개로 늘릴 계획이었다.

그러고선 쿡은 "이제 여러분이 그 매장들을 방문해야 할 몇 가지 이유가 더 생겼습니다"라고 말했다.[7]

쿡은 애플워치를 다시 소개하면서 그것의 디자인은 물론이고 기능도 강조했다. 그는 워치를 현대판 스위스제 만능 칼처럼 시간을 보고, 활동을 추적하고, 메시지를 보내고, 약속을 기억하고, 커피값을 내는 등 여러 가지 일을 할 수 있으면서도 패션 액세서리로서 사용자를 세련되어 보이게 해 주는 기기로 포지셔닝했다. 그는 워치가 가진 이러한 다재다능한 기능을 강조하기 위해 슈퍼모델 크리스티 털링턴 번스Christy Turlington Burns를 무대 위로 불렀다. 그녀는 최근 탄자니아에서 열린 하프 마라톤 도중 애플워치를 착용했다. 마라톤은 그녀가 소속된 자선단체를 홍보하기 위해 열린 행사였다. 그녀는 달리는 동안에는 실리콘 손목 밴드를 착용했고, 이후 격식을 갖춘 행사에 참석할 때는 가죽 손목 밴드를 착용했다고 말했다. 그러면서 애플워치가 건강과 패션 활동 모두에 유용했다고 강조했다.

털링턴이 무대를 떠나자 쿡은 애플워치의 가격 책정 계획을 자세히 설명했다. 알루미늄 애플워치 스포츠는 399달러, 스테인리스스틸 애플워치는 599달러, 18k 금 애플워치 에디션은 1만 달러에서 1만 7,000달러로 정해졌다.[8] 판매는 4월 24일부터 개시될 예정이었다.

행사가 끝나자 월가 분석가들은 애플워치의 판매고를 예상하느라 분주했다. 이전에 나온 애플의 신제품 아이패드는 첫 회계연도에 3,200만 대를 팔았다.[9] 스티브 밀루노비치Steve Milunovich UBS 분석가는 애플워치가 4,100만 대가 팔리면서 아이패드의 판매고를 넘어설 것으로 예상했다. CNBC에 출연한 앵커들은 허드슨 스퀘어 리서치Hudson Square Research의 다니엘 에른스트Daniel Ernst에게 사람들이 시계를 구입할 거라고 생각하는지 물었다.**10** 그러자 에른스트는 "단언컨대 그렇다고 본다"면서 "아름답고, 마치 보석처럼 느껴지고, 싸구려 플라스틱 제품 같아 보이지 않기 때문"이라고 말했다.

마치 아이브가 직접 에른스트가 할 말을 적어준 것 같았다. 아이브는 세계가 애플워치를 이전에 나왔던 모든 시계의 연장선상으로 여기길 원했다. 그래야 대중이 당황하지 않고 그것을 포용하고 착용할 것이기 때문이었다.

성공은 결코 장담할 수 없었다. 애플은 애플워치 생산을 시작하자마자 곧바로 제조상의 문제에 부딪혔다.

태평양 건너 상하이 외곽에 있던 애플 운영팀은 시계 조립을 위해 고용한 제조사 공장에 일할 노동자가 부족하다는 사실을 알고 고민에 빠졌다. 그냥 부족한 수준이 아니라 1만 명 넘는 노동자가 부족했다.

운영팀 내 많은 사람들을 깜짝 놀라게 만든 엄청난 숫자였다. 특히 며칠 안에 작업자들을 찾아야 하는 상황이었기에 더 놀랄 수밖에 없었다. 해결책을 찾는 과정에서 두 가지 근본적인 문제가 발견되었다. 이때는 애플이 신뢰하는 파트너였던 폭스콘이 아닌 퀀타 컴퓨터Quanta Computer에 시계 조립을 맡긴 상태였다. 공급망을 다변화하고 중국의 주요 제조 허브인 선전에 있는 경쟁사들과 멀리 떨어진 제조 현장을 활용해서 프로젝트의 보안을 지키려고 선택한 업체였다. 일할 사람이 부족해진 이유는 춘절春節을 맞아 연휴를 가족과 보내려고 시골로 간 중국 공장 노동자 중 다수가 돌아오지 않았기 때문이었다. 미국에서는 이와 비슷한 인력 부족 사태가 일어나리라고는 상상조차 할 수 없었다. 예정된 제품 출시일은 점점 다가오고, 퀀타에서 일할 노동자가 부족한 상황에서 오직 한 회사만이 애플의 제조 일정을 맞춰줄 수 있었다. 애플이 등을 돌렸던 바로 그 회사, 폭스콘이었다.

제프 윌리엄스 COO는 궈타이밍 폭스콘 회장에게 도움을 요청했다. 궈는 애플이 이번 프로젝트에 폭스콘 대신 퀀타를 참여시킨 게 불만이었지만 불만을 떨쳐버리고 생산 라인에서 일할 10만 명이 넘는 노동자를 즉시 보내줬다. 대만 사업가인 궈는 중국에서 탄탄한 인맥을 확보해놓고 있었고, 종종 불가능해 보이는 일도 가능한 일로 바꿔버리는 능력도 있던 인물이라 그렇게 빨리 윌리엄스의 부탁을 들어줄 수 있었다. 그는 윌리엄스에게 '당신들, 나한테 빚진 겁니다'란 무언의 메시지와 함께 노동자들을 보내줬다.

일단 일할 사람은 충원됐으나 조립 라인은 각기 다른 세 종류의 시계를 만들어야 하는 복잡함으로 어려움을 겪었다. 특히 금시계 제조는 여간 까다로운 게 아니었다. 기계가 단단한 금덩어리에서 시계를 잘라내면 시급이 약 2달러에 불과한 중국 공장 노동자들의 머리 위로 반짝이는 금 부스러기가 소나기처럼 쏟아져 내렸다.[11] 노동자들 다수가 한 달 동안 그들 머리에 떨어진 금 부스러기보다 적은 돈을 벌었다. 애플은 노동자들이 일과 후 머리에서 털어 낸 금 부스러기를 갖고 나가는지 지켜보기 위해 감시 시스템을 설치했다. 이를 지켜보던 엔지니어들은 아이브의 정확한 디자인의 터무니 없는 경제적 부정확함에 놀랐다.

결함이 있는 부품은 훨씬 더 큰 문제를 초래했다. 조립 과정 후반에 애플 엔지니어들은 두 공급업체 중 한 곳에서 생산된 탭틱 엔진에서 결함을 발견했다.[12] 탭틱 엔진은 사람들이 메시지나 전화 등이 왔을 때 이를 알 수 있게 손목에 약한 진동을 전달하는데, 한 공급업체가 만든 탭틱 엔진에서 일정 시간이 지나면 작동이 멈추는 오류가 생긴 것이다. 이러한 결함 때문에 생산할 수 있는 제품 수가 제한됐다. 이는 수백만 대의 애플워치를 예정된 일정에 맞춰 공급하려는 애플의 중대한 추진 계획에 차질을 준 때아닌 오류였다.

공급에 제한이 걸린 애플은 결국 유통을 제한하는 전략을 취했다.

폴 드네브 전 이브생로랑 CEO는 루이뷔통과 에르메스Hermès 등 명품 브랜드에서 빌려온 판매·유통 계획을 세웠다. 두 브랜드는 희소성과 고급스러움을 내세워 그들이 파는 핸드백과 의류의 가격 인상을 정당화하고, 그 제품들을 선망의 대상으로 만들었다. 드네브는 '손목에 차는 컴퓨터'가 아닌 '개인 액세서리'로 인식돼야 애플워치가 시간의 시련을 견딜 수 있다는 아이브의 의견에 동의했다. 드네브는 제품의 만족도를 높이기 위해 세계에서 가장 탐나는 물건을 파는 것으로 알려진 고급 상점에서 애플워치를 판매하기로 하고 런던의 셀프리지Selfridges 백화점, 도쿄의 이세탄Isetan 백화점, 파리의 갤러리 라파예트Galleries Lafayette 백화점과 유통 계약을 체결했다. 애플워치가 널리 판매되기 몇 주 전 스테인리스스틸과 금 모델은 위 매장들에서 까르띠에, 롤렉스Rolex의 시계들과 같이 전시되어 애플의 일상적 이미지에 화려함을 더했다.

4월 말 드네브는 애플 스토어로 유통망을 넓힐 계획을 세웠다. 애플 스토어는 이제 기술만이 아니라 보물을 파는 곳으로 리메이크될 예정이었다. 그는 개별 영업사원들이 고객에게 가장 잘 맞는 모델과 밴드를 선택할 수 있게 도와주면서 시계의 무형적 가치를 확장하기를 원했다. 애플의 가장 개인적인 기기에서 개인적인 손길을 느끼게 해주자는 생각이었다. 그는 이러한 개념에서 한 걸음 더 나아가 고객이 가장 가까운 매장에서 워치를 예약 구입할 수 있게 해주자고 제안했다. 소매 부문 책임자인 앤절라 아렌츠는 4만 6,000명의 소매 직원을 '스타일 카운슬러'로 전환하는 프로그램을 도입하면서 아이브의 생각을 뒷받침해주었다.

판매가 시작되기 약 3개월 전 애플 스토어의 장기근속 직원인 재론 노이도르프Jaron Neudorf는 교육을 받기 위해 캐나다 캘거리에 있는 한 매장에 도착했다. 새 애플워치의 판매 과정에는 고객이 입은 옷을 살펴보고 어떤 브랜드의 시계를 착용했는지 살펴보면서 고객의 재산을 평가하는 방법에 대한 지침도 포함되어 있었다. 그와 동료들은 고객들이 지불할 수 있으리라 여겨지는 가장 높은 가격대의 애플워치를 권하도록 지시받았다. 예를 들어 세 아이를 둔 싱글 맘에게는 가장 가격이 저렴한 알루미늄 모델을, 정장을 입은 은행원에게는 그보다 비싼 스테인리스스틸 버전을 사도록 권하라는 식이었다. 맥의 문제를 분석 및 해결하고 깨진 아이폰 화면을 수리하는 데 익숙한 노이도르프를 비롯한 매장 직원들은 이런 개념이 혼란스러웠다. 곧 그들이 일하는 매장들은 보석 진열대로 가득 찼고, 애플은 고객이 시계를 착용해볼 수 있는 공간을 만들기 위해 공간 디자인을 다시 했다. 변화가 너무 극적이다 보니 노이도르프는 매장 이름이 애플 부티크Apple Boutiques로 바뀌는 건 아닌지 궁금해졌다.

인피니트 루프에서는 이 새로운 전략이 논쟁에 불을 지폈다.[13] 지난 수십 년 동안 애플은 '기술 회사'로서의 정체성을 받아들였는데, 일부 사람들은 애플이 패션 전략을 채택하기 위해 그러한 유산으로부터 거리를 두는 것을 참을 수가 없었다. 맥, 아이폰, 아이패드 출시를 총괄한 영업 임원들은 명품 브랜드들이 썼던 전술을 수용했다가 자칫 애플의 강점 중 하나인 '접근하기 쉬운 프리미엄 브랜드'로서의 정체성이 훼손될까 걱정했다. 잡스 시절 애플은 아이브의 날렵한 디자인과 사용이 편리한 소프트웨어를 결합해 기술 분야에서 가장 높은 가격을 받았다. 쿡의 경영 마법은 그런 높은 가격을 감당 가능한 수준으로 유지시켜왔다. 임원들은 애플워치가 애플을 덜 민주적이고 더 배타적으로 만듦으로써 충성 고객들을 떠나게 만들까 우려했다.

정식 판매가 시작되기 일주일 전 애플은 이탈리아에서 고급 마케팅 전략을 가동하기 시작했다.

파리와 뉴욕에서 열린 패션 행사 기간 중 애플워치를 자랑했던 조너선 아이브는 2015년 4월 중순, 세계의 또 다른 패션 수도인 밀라노에 도착해서 이탈리아 공예의 거장들에게 자신이 캘리포니아 디자이너와 중국 제조업체들을 데리고 할 수 있었던 일을 보여줬다. 그는 밀라노의 연례 디자인 박람회인 '밀라노 가구 박람회Salone del Mobile'에 참석하는 이탈리아 인플루언서들을 위한 특별 행사를 앞두고 단추가 풀린 흰색 셔츠에 검은색 새틴 넥타이를 매고 짙은 색 정장 재킷을 입었다.[14]

애플은 애플워치 출시 기념 디너 파티를 위해 시내에 있는 궁전을 빌렸다. 그리고 전 영국 럭비 국가대표팀 주장인 윌 칼링Will Carling과 사교계 명사인 움베르타 그누티 베레타Umberta Gnutti Beretta 같은 디자이너와 테이스트 메이커들에게 초대장을 보냈다. 100명 이상의 손님이 와인이 가득 담긴 잔을 들고 아이브가 그날 행사 전용으로 만든 무지개색 밴드에 감탄하면서 널찍한 궁전의 실내를 돌아다녔다. 이후 모든 손님들이 자리에 앉아 샴페인이 곁들여진 멀티코스 이탈리안 만찬을 즐겼다. 아이브는 이탈리아 사회 및 디자인 분야 명사들과 흥청댔고, 수십 년 동안 패션 부문에 영향을 끼쳐왔던 이 행사에 자신의 작품이 전시됐다는 데 흥분했다.[15]

행사가 시작되고 며칠 후 그는 피렌체에서 열린 제1차 콘데 나스트 국제 럭셔리 콘퍼런스Condé Nast International Luxury Conference에 뉴슨과 함께 올라 연설했다. 그것은 과거 콘퍼런스 주변에 얼씬대지도 않았던 아이브에게 새로운 시작을 의미했다. 애플워치의 출시로 애플이 전통적인 보석 및 가죽 제품 제조사들과 경쟁할 것이라는 두려움이 커진 상태였다. 수십 년 동안 혁신을 일으켰던 애플은 새로운 제품 카테고리를 출시할 때마다 전체 산업을 전율케 했다. 애플워치 판매가 시작되기 이틀 전, 약 500명의 손님이 애플이 가하는 이러한 위협에 대해 아이브와 뉴슨의 이야기를 직접 듣고자 700년 역사의 시청으로 몰려들었다.

디자이너들이 무대에 오른 직후 보그 인터내셔널Vogue International의 수지 멘키스가 방 안에 있는 많은 사람들이 궁금해했던 다음과 같은 질문을 던졌다.[16] "이 콘퍼런스의 핵심으로 들어가 보면, 당신은 경쟁자인가요? 개인적 차원의 경쟁을 의미하는 게 아닙니다. 당신네 제품은 우리가 밖에서 보는 핸드백처럼 전통적인 명품으로 묘사되어온 많은 것들과 경쟁하고 있습니까? 이제 당신도 그 경쟁에 뛰어들었나요?"

아이브는 의자 왼팔에 기댄 채 넓은 홀 위에 우뚝 솟아 있는 조르조 바사리Gergio Vasari가 르네상스 시대에 그린 그림 쪽을 향해 눈을 돌렸다. 그림은 1554년 피렌체 군대가 시에나 공화국을 다시 지배하기 위해 공격할 당시 사람과 말이 충돌하는 모습을 묘사하고 있었다. 이는 마치 자신들이 오랫동안 지켜온 영역으로 애플이 진출한 데 대해 겁을 먹고 있던 명품 회사 임원들에 둘러싸인 아이브 자신의 모습과 비슷해 보였다.

아이브는 멘키스 쪽으로 시선을 돌리더니 "우리는 우리가 하는 일에 대해 그런 식으로 생각하지 않습니다"라며 이렇게 덧붙여 말했다. "우리는 유용한 제품을 개발하기 위해 최선을 다하는 데 집중하고 있습니다. 우리가 아이폰 개발을 시작한 동기는 우리 모두 지금까지 썼던 휴대폰보다 더 나은 휴대폰을 원했기 때문입니다. 우리가 애플워치를 만든 동기는 그때와는 완전히 달랐습니다. (중략) 우리가 더 나은 시계를 디자인할 수 있다고 생각했기 때문은 아닙니다. (중략) 손목이 최첨단 기술을 적용하기에 기막히게 좋은 장소라는 것을 알았기 때문입니다."

아이브는 이런 대답을 통해 애플이 워치를 만드느라 걸어왔던 힘든 길을 설명해주었다. 애플이 이전에 내놓았던 제품들은 모두 '문제'에 대한 '해결책'이었다. 잡스는 휴대폰이 형편없다고 생각해서 아이폰 프로젝트를 시작했다. 그는 화장실에서 들고 읽을 것을 원해서 아이패드를 만들고자 했다.[17] 그가 없자 애플워치 프로젝트는 불분명한 목적을 갖고 시작됐다. 워치는 몇 가지 장점을 다루는 걸 목표로 했다. 즉, 여성들은 더 이상 핸드백에 넣은 휴대폰이 울리는지 신경 쓰지 않아도 되고, 당뇨병 환자들은 비침습적 포도당 모니터링을 할 수 있고, 누구나 피트니스 트래킹 혜택을 누리게 만들고 싶었다. 애플은 이처럼 알림, 건강, 피트니스처럼 각기 다른 실들을 시계 산업을 교란하지 않으면서 기술을 사람들의 주머니에서 손목으로 재배치하는 플랫폼으로 엮었다. 이런 다양한 목표를 인지한 멘키스는 아이브에게 워치 개발 목적에 대한 그의 개인적 생각을 알려달라고 부탁했다.

"대부분의 사람이 새 시계를 어떻게 사용할 것 같습니까?" 멘키스가 물었다.

아이브는 이렇게 답했다. "사람들은 저마다 사뭇 다른 이유로 애플워치를 사용할 것입니다. 먼저 건강과 피트니스 기능, 워치가 알려줄 수 있는 코칭 기능 등에 관심 있는 사람이 있겠죠. 또한 다른 방식으로 더 많은 연락을 취할 수 있어서 행복해하는 사람도 있을 거라 생각합니다. 또 좀 더 직관적이고 개인적인 의사소통 방법에 대해 흥미를 느끼는 사람들도 있을 테고요."

그것은 애플워치의 최종 테스트 시간이었다. 제프 다우버가 워치가 공개되기 전에 제프 윌리엄스에게 주의를 줬듯이 애플워치는 이전에 사람들이 아이팟, 아이폰, 아이패드를 살 때 가졌던 것처럼 워치를 구매해야 하는 '단 하나의 설득력 있는 이유'를 가지고 있지 않았다. 워치가 다양한 목적을 위해 개발됐다는 건, 일종의 시장 테스트를 위해 세계에 출시되고 있다는 의미이기도 했다. 워치의 존재 이유를 말해줘야 하는 주체는 애플이 아니라 사용자들이어야 했다.

정식 판매가 시작되고 나서도 애플워치를 살 수 있는 장소는 매우 제한적이었다. 제조상의 문제와 판매 전략 때문에 출시량을 축소했기 때문이다. 애플 스토어는 예약자에 한해 워치를 착용해볼 수 있게 했지만 주문은 온라인으로 하게 시켰다. 파리, 런던, 베를린, 도쿄 같은 주요 도시에 있는 소수의 고급 매장에서만 제한적으로 즉시 구매가 가능했다.

미국에서는 캘리포니아주 웨스트할리우드West Holywood에 있는 맥스필드

Maxfield 패션 부티크가 애플워치를 바로 사서 가지고 올 수 있는 유일한 매장이었다.[18] 드네브는 패션 업계에서 가장 영향력 있는 매장인 이곳에서만 애플워치를 팔았다. 그는 그곳에서 애플워치를 판매하면서 일으킨 관심의 잔물결이 거대한 수요의 파도를 일으켜주기를 바랐다. 매장 밖에 길게 늘어선 줄은 작은 가방을 허리에 찬 애플 팬보이들이 버버리 가방을 멘 패셔니스타들과 어깨를 부닥치는 문화적 충돌을 상징했다.[19] 일렬로 늘어선 고객들 사이의 차이는 패션에 초점을 맞추려는 아이브의 의지가 역사적으로 기술에 초점을 맞춰온 회사 문화와 충돌하며 애플 내부에서 벌어지고 있는 분열을 잘 드러내주었다.

평가는 엇갈렸다. 1만 7,000달러짜리 애플워치 에디션을 착용해본 전문 테크 매체 '버지Verge'의 기자는 실망감을 감추지 않았다. 그는 더 작은 크기의 시계도 차봤지만 역시 같은 반응을 보였다. 그는 "어느 것도 명품 시계처럼 느껴지지 않았고, 단지 애플워치의 금색 버전처럼 느껴졌다"라고 혹평했다.[20] 아이브의 디자인에 대한 일련의 엇갈린 평가 중 처음으로 나온 평가였다.[21] 대부분 남성들인 기술 평론가들은 롤렉스나 오메가Omega 같은 기존 명품 시계의 디자인만큼 세련되지는 않았지만 애플워치가 우아하고 혁신적이며 카테고리를 혁신한 제품을 만들어온 애플의 유산을 이어오고 있다며 호평했다. 반면에 여성 중심의 패션 언론은 워치를 '손목용 컴퓨터'라고 깎아내리면서 다양한 밴드 옵션 때문에 지나치게 산만하다고 평가했다. 또 일부 여성들의 손목에 차기에는 워치가 너무 컸다. 남녀 그룹 모두 워치가 갖고 있으면 괜찮긴 하지만 아이폰만큼 필요불가결한 제품은 아니라는 데 동의했다. 그들의 견해는 '애플워치 리뷰: 하나로 다 되길 원하겠지만 하나도 필요가 없다'란 블룸버그 기사 제목을 통해 가장 잘 함축

적으로 요약됐다.[22]

이러한 견해는 애플워치가 출시되기 몇 달 전에 인피니트 루프 내부에서 격렬하게 일어났던 논쟁과 맥을 같이 했다. 아이브가 한 디자인의 아름다움에 의문을 제기하는 사람은 드물었지만 수많은 마케터와 엔지니어들은 계속해서 그것의 '존재 목적'을 찾느라 씨름했다.

시큰둥한 반응에도 불구하고 쿡은 야심 찬 판매 목표를 밀고 나갔다. 그의 격려로 애플의 시장전망팀은 이 신제품에 대한 전례 없는 수요를 충족시키기 위해선 발매 첫해에 4,000만 대의 워치를 만들어야 한다고 추산했다. 이는 야심 찬 수치로, 애플이 2010년 아이패드를 출시했을 때의 판매 대수를 훨씬 웃도는 것이었다. 애플의 고객층이 커짐에 따라 애플은 그러한 공격적인 판매 목표를 달성할 수 있으리라고 확신했다.

하지만 초기 판매 결과는 기대와 딴판이었다. 쿡은 매일 아침 팰로앨토에서 일어나자마자 약간 당황한 표정으로 애플워치의 최신 판매 데이터를 분석했을 것이다. 알루미늄, 스테인리스스틸, 그리고 고급스러운 금 모델 모두 그의 기대에 못 미치는 판매 수치를 기록했다. 이런 부진한 성과는 애플 내부에서 애플워치가 대성공을 거두지 못할 것이라는 불안감에 불을 지폈다.

구매가 지지부진하자 애플 운영팀은 생산량을 줄였다. 애플은 출시 직후 만들기로 계획했던 워치 대수를 70퍼센트 줄였고, 몇 주 뒤에는 추가로 30퍼센트를 더 줄였다. 고객이 관심을 보이지 않자 UBS의 밀루노비치는 애플워치 판매 전망치를 3,100만대로 25퍼센트 하향 조정했다.[23] 온라인에는 배터리 수명이 짧고 알림이 지연된다는 사용자들의 불평이 올라왔다.

아이브가 애플워치가 아직 준비되지 않았다고 걱정하게 만든 바로 그 단점들이었다. 밀루노비치는 애플워치가 아이폰 판매량을 크게 늘렸던 '입소문 열기'를 불러일으킬 수 있을지에 대해서 의문을 제기했다. 그는 "애플워치는 시계로서 주요한 강점을 갖고 있지만 그것이 엄청나게 매력적이지는 않다"라고 썼다.

인피니트 루프에서는 분노가 끓어올랐다. 초기 판매가 신통치 않자 애플의 판매 담당자들 사이에서 퍼졌던 드네브의 전략에 대한 회의론에 힘이 실렸다. 판매팀은 전자제품 판매점인 베스트바이 등 주요 체인점으로 유통망을 확대하는 방안을 추진했다. 그들은 쿡에게 희소성 전략을 버리고 애플의 전통적인 전략으로 되돌아갈 것을 촉구했다. 그들은 회사가 너무 오래 기다리면 제품이 '좀비 기기'가 될 수 있다고도 경고했다.[24]

이처럼 우려가 커지자 윌리엄스는 드네브에게 새로운 마케팅과 판매 전략을 마련하라고 닦달했다. 이러한 압력은 윌리엄스가 회의 도중 문제가 많았던 애플 지도를 고치라고 포스톨을 압박했던 장면을 연상시켰다. 윌리엄스와 쿡이 패션에 초점을 맞춰 마케팅하는 방안을 승인했던 이유는 그러는 게 마음이 편해서가 아니라 통하리란 믿음이 있었기 때문이다. 저렴한 자동차를 몰고, 꾸미지 않고 다니는 실용적인 남성들인 윌리엄스와 쿡 모두에게 패션계는 이질적으로 느껴졌다. 쿡은 마케팅과 판매 전략에 대해 아이브의 의견을 따르고, 실러가 이끄는 마케팅팀의 의견을 수용해 전략의 균형을 맞추려고 했었다. 윌리엄스가 개입하면서 그는 전통적인 유명 소매업체로 판매망을 확대하라고 압박했다.

그러나 드네브는 판매망을 넓히라는 압력을 거부했다. 아이브와 마찬가지로 그는 신제품 카테고리가 자리를 잡기까지는 시간이 걸린다는 입장이었다. 아이팟과 아이폰도 초기 판매 속도는 더뎠다가 이후 폭발적으로 증가했던 전력이 있었다. 그는 인내심을 갖자며 격려했다.

애플워치와 관련된 문제가 계속해서 생기는 와중에도 아이브는 자신의 주장을 고수했다. 그는 아이폰과 아이패드도 판매량이 급증하자 초기 비평가들이 입을 다물었듯이 시간이 지나면 애플워치를 의심하는 사람들이 틀렸다는 게 입증될 거라고 주장했다.

그러나 그는 개인적으로는 이와 다르게 이야기했다. 그는 종종 친구, 동료, 이사진들에게 프로젝트 전개 방향에 불만을 토로하고, 어떤 대화에서는 애플워치를 너무 성급하게 출시한 것 같다는 말을 하기도 했다. 애플은 과도한 아이폰 의존도를 낮추고 애플의 혁신에 의문을 제기했던 비평가들의 코를 납작하게 만들기 위해 애플워치를 시장에 밀어 넣었다. 제품에 단점이 있었던 건 그러한 사업상의 압력 때문이었다. 그래서 알림과 배터리 수명 문제에 대한 소비자 불만이 터져나왔을 때, 아이브를 포함해 그 사실에 놀라워한 사람은 아무도 없었다. 이미 출시 첫날부터 두 문제에 대해서 걱정하고 있었기 때문이다.

제품 개발 기간 동안 아이브는 본래 자신의 역할뿐 아니라 잡스의 역할도 같이 맡아 산업 및 소프트웨어 디자인을 감독하고 마케팅을 지휘했다. 그러다 보니 디자인 스튜디오에서 나와 회의에 참석하는 횟수가 점점 더 늘어났다. 한때 제품 개발의 모든 측면에 걸쳐 그가 가하려고 했던 영향력은 신체적 고통을 동반한 끊임없는 의무와 스트레스로 그에게 부담을 주었다. 그는 열한 살짜리 아이들과 제대로 시간을 보낼 수조차 없었다. 폐렴

에도 걸렸다.[25]

이 모든 좌절감을 더욱 심화시킨 건 혼자서 너무 많은 책임을 지고 있다는 느낌이었다. 잡스는 거의 매일 스튜디오를 방문해서 디자이너들의 작업을 도와줬고, 그들에게 나아갈 방향을 알려주면서 전진해줄 것을 촉구했다. 반면에 쿡은 스튜디오에 들르는 법이 거의 없었고, 설사 들르더라도 아주 잠깐 머물다가 떠났다.

몇 년 사이에 잡스가 가장 좋아했던 제자였던 아이브는 쿡이 지향하는 평등한 세상에 존재하는 많은 리더 중 한 명으로 바뀌었다. 그는 회사를 떠나야겠다고 결심했다.

그해 봄, 아이브는 쿡에게 자신의 속마음을 전했다. 그는 쿡에게 피로가 극에 달했으며 회사 업무에서 손을 떼고 싶다는 뜻을 전했다. 창조적인 에너지는 시들해졌고, 어느 때보다도 많은 것을 요구하는 일임에도 자신이 원하는 수준대로 일할 수 없다는 게 이유였다. 그는 수백 명으로 불어난 디자인 스튜디오와 소프트웨어 디자인팀에 대한 관리 책임이 늘어난 데 불만을 제기했다. 또 애플워치 방향을 둘러싸고 마케팅팀과 싸우며 진이 다 빠졌다는 이야기도 했다. 그의 전성기는 20명의 디자이너로 구성된 엘리트팀을 이끄는 데 집중했을 때였다. 그때 잡스는 그들이 가는 길에 놓인 모든 관료주의적 분위기를 불도저로 몰아내고, 칙령에 따라 주요 결정을 내렸다. 아이브는 이제 자신의 아이디어에 문제를 제기하는 동료들에게 수적으로 밀렸고, 수십 년 동안 일만 해서 진이 빠졌으며, 친구인 잡스의 죽음에 따른 슬픔으로 몹시 지쳐 있다고 느꼈다. 그는 에너지를 재정비하고 끌어모으고 싶었다.

이런 불만들은 3년 전 포스톨을 해고하고 회사의 기능 구조를 강화하기로 한 쿡의 결정이 어리석었음을 여실히 드러내줬다. 아이브는 소프트웨어 디자인 분야에서 발언권을 갖기를 원했으나 그 결정을 후회했다. 일하기 위해 사는 쿡은 잡스가 과거 그래준 것처럼 아이브를 보호하고, 그에게 창의적으로 일할 수 있는 공간을 제공하기보다 자기처럼 일하기 위해 살아달라고 요구했다. 그는 예술가인 아이브가 줄 수 있는 것보다 더 많은 것을 그로부터 뽑아냈다.

아이브는 떠나고 싶었다.

이 소식을 들은 쿡은 불안감에 휩싸였다. 그는 결코 세계 최고의 산업 디자이너를 잃은 CEO로 기억되고 싶지 않았다. 그는 아이브의 퇴사가 재무적 차원에서도 회사에 상당한 위협을 가할 것이라고 우려했다. 잡스가 애플에서 가장 중요한 인물이라고 불렀던 아이브가 떠나면 투자자들은 애플의 미래를 걱정하면서 주식을 투매할지도 몰랐다. 일부 관측통은 만일 투매가 시작된다면 애플의 주가는 최대 10퍼센트 폭락하고, 그로 인해 시가총액은 페덱스FedEx의 시가총액을 상회하는 500억 달러 이상이 증발해버릴 것으로 추측했다.[26] 아이브가 겪고 있는 일을 이해하지 못했던 쿡은 동료들에게 조언을 구했다.

쿡은 애플의 최고 경영진과 논의한 끝에 아이브가 파트타임으로 일할 수 있도록 하는 방안을 생각해냈다. 그들은 아이브가 애플에 머물더라도 일상적인 경영 활동에서 물러나서 애플이 짓고 있는 새로운 캠퍼스와 향후 프로젝트에 더 많은 시간을 투자하게 해주자고 합의했다. 또한 잡스가 살아 있다면 아이브가 관리했을 프로젝트인, 전 세계 도시에 있는 애플 스토어의 리모델링 작업도 맡기기로 했다. 즉, 고인이 된 CEO의 유산을 이행하는 것을 아이브가 해야 할 일의 우선순위로 삼았다.

아이브가 파트타임으로 일한다면 그의 부하 직원 중 산업 디자이너 리처드 하워스와 소프트웨어 디자이너 앨런 다이를 부사장으로 승진시켜 디자인팀을 매일 책임지게 할 예정이었다. 두 임원 모두 쿡에게 보고하고, 아이브는 계속해서 디자인에 대한 의견을 내더라도 매일 애플에 출근할 필요가 없었다. 애플의 리더들은 아이브가 일선에서 물러나는 것이 주주와 대중에게 긍정적으로 보이도록 아이브를 최고디자인책임자CDO, chief design officer라는 새로운 직위로 승진시키자고 제안했다. 승진 사실은 언론을 통해 알리면 됐고, 쿡은 이를 통해 직원과 투자자들에게 아이브와 관련해 일어난 저간의 사정을 긍정적으로 설명할 수 있었다.

소수의 사람만이 진실을 알고 있었다. 아이브가 번아웃에 시달리고 있다는 사실을.

변화에 앞서 아이브는 절친한 친구 스티븐 프라이Stephen Fry에게 〈텔레그래프Telegraph〉에 실릴 독점 인터뷰 기사를 쓸 기회를 주었다.[27] 영국 배우이자 작가이면서 자칭 애플 팬보이인 프라이는 아이브를 '원더보이wonder boy'라고 불렀다. 그는 쿡이 아이브에게 애플의 소프트웨어를 과거의 스큐어모픽skeuomorphic(다른 사물의 형태를 차용한 디자인 기법 – 옮긴이) 디자인에서 탈피해 '더 밝고 깨끗하고 정교하게 디자인된 이미지'로 바꿀 수 있도록 권한을 부여했다고 밝혔다.

프라이는 "쿡은 분명 조니를 아주 좋아한다. 계속해서 황금알을 낳아주는 거위로서가 아니라 동료이자 인간으로서 그렇다. 모두가 아이브를 좋아한다. 고도로 집중하는 그의 모습을 보고 즐겁게 빠져들지 않기란 불가능하다"라고 말했다.

아이브는 인터뷰 도중 자신의 승진과 다이와 하워스가 새로 맡은 역할의 중요성에 대해 설명했다. 그는 "앨런과 리처드 덕분에 행정과 관리 업무에서 해방되었습니다. 그 일은 제가 할 일이… 할 일이…."

"당신이 이 세상에서 해야 할 일이 아니지 않은가요?" 프라이가 물었다.

"바로 그렇습니다." 아이브가 대답했다.

조직 개편이 완료되자 쿡은 워치를 둘러싼 싸움에 다시 초점을 맞췄다. 그는 그해 여름 로스앤젤레스에서 날아온 지미 아이오빈을 포함해 애플의 최고 경영진과 마케터들이 참석하는 회의를 소집했다. 회사 이사회실에 모인 그들에게 애플워치는 마치 곧 터지기 직전의 시한폭탄과도 같았다.

모두가 착석하자 쿡은 애플워치의 반응이 실망스러웠다는 사실을 인정했다. 그러고선 어떻게 하면 매출을 되살릴 수 있을지에 대해 최고의 답변을 내놔주길 원했다.

대화는 계속해서 '패션에 집중하는 마케팅을 피트니스에 집중하는 쪽으로 바꾸자'로 회귀했다. 실제로 핏빗은 사람들의 운동량을 추적하는 기능을 강조하면서 매출이 호조를 나타냈다. 이러한 사실은 운동을 지원하는 기기에 대한 소비자의 수요가 존재함을 보여줬다. 애플도 워치에 대한 강조점을 런웨이에서 달리기로 전환해야 했다.

새로운 전략이 점차 구체화됐다. 제품 마케팅팀은 나이키와 손을 잡고 전체 제품에 피트니스의 후광을 비춰주는 공동 브랜드 워치를 개발하고, 아이오빈은 테니스 스타인 세레나 윌리엄스Serena Williams 같은 운동선수들의 손목에 워치를 채우기로 했다.

"세레나 윌리엄스가 그것을 차게 만들어야 합니다." 아이오빈은 말했다.

그곳에 모인 사람들은 모두 피트니스를 취하고 패션을 버리자는 데 동의했다.

아이브는 그 자리에 없어 반대하지 못했다.

CHAPTER 14

융합

애플 최고 경영진이 회사 연례 수련회를 위해 모였을 때는 사기가 드높아진 상태였다. 애플워치의 판매가 실망을 줬지만 2014년 말 아이폰 사업이 급성장하기 시작한 가운데 차이나 모바일과의 거래와 세계 최대 스마트폰 시장인 중국 시장에서의 전례 없는 수요로 인해 2015년 판매량도 52퍼센트 신장을 향해 순항하고 있었기 때문이다.[1] 잡스 사망 이후 처음으로 카멜 밸리 랜치 회의실에는 자신감이 넘쳤다.

참석자들이 자리에 앉자 팀 쿡은 회사의 미래를 보여주는 일련의 슬라이드를 보여주는 것으로 회의를 시작했다. 애플은 무선 헤드폰을 개발하고, 애플페이의 사용 범위를 넓히고, 애플워치에 새로운 기능을 도입하는 중이었다. 하지만 참석자 모두의 관심을 끈 것은 애플이 자동차를 개발하고 있다는 최근 뉴스 보도에 관한 쿡의 발언이었다.[2]

쿡은 언론 보도가 담긴 슬라이드를 클릭하면서 "보도 내용은 사실"이라면서 "자동차를 개발 중"이라고 말했다.

그는 자동차 개발팀이 아직 개발할 자동차의 크기나 모양을 정하지는 않았으나 인재를 공격적으로 채용 중이며 2015년 기준 세계에서 가장 크고 경쟁이 치열한 시장 중 하나인 자동차 시장으로 진입하기 위한 계획을 밀고 나가고 있다고 말했다. 코드명 '프로젝트 타이탄'인 이 계획은 회사 직원들의 활력을 북돋워주고, 모두에게 불가능하다고 생각하는 일을 할 수 있다는 자부심과 자신감을 심어준 탁월한 베팅이었다.

하지만 '미래'를 혁신한다는 꿈이 방 전체에 퍼지자 쿡은 회사의 '현재' 운명을 바꿀 수 있다고 믿는 프로젝트로 모두의 관심을 전환시켰다. 그는 음악 분야에서 애플의 입지를 더 넓히고자 했다. 그것이 회사의 사업을 기기 제작에서 세계적인 수준의 새로운 서비스 개발로 확대해주리라는 기대에서였다. 이 프로젝트는 '융합Fuse'이란 진취적인 코드명으로 시작할 예정이었다.

애플은 모든 프로젝트에 코드명을 부여했다. 직원들이 하는 일에 신비롭고 비밀스러운 분위기를 주기 위한 방법이었는데, 이러한 전통은 1970년대 후반으로 거슬러 올라간다.[3] 당시 애플은 한 엔지니어가 좋아하는 사과 품종의 이름을 코드명으로 써서 저렴한 컴퓨터를 개발하고 있었다. 그 사과 품종이 바로 '매킨토시McIntosh'였다(이후 애플은 스펠링을 살짝 바꿔 매킨토시 컴퓨터를 출시했다. – 옮긴이). 어떤 이름들은 이처럼 창의적이라기보다는 실용적이었다. 융합이란 코드명은 애플이 최근에 인수한 비츠뮤직의 사업을 애플의 기존 음악 사업과 융합할 것이라는 생각에서 따온 것이었다.

비츠뮤직의 인수가 마무리된 직후 애플 지도부는 200명이 넘는 비츠뮤직 팀원들을 인피니트 루프로 불러 양사 합병에 대해 이야기했다. 애플의 엔지니어들이 비츠의 새로운 동료들에게 가장 먼저 알려주고 싶었던 것은 애플이 자체 스트리밍 음악 서비스 개발을 사실상 완료했다는 점이었다. 그러나 그 서비스는 출시되지 못했다. 애플이 여전히 한 달에 9.99달러를 받고 지금껏 만들어진 모든 노래를 빌려주기보다는 음악을 팔아 소유권을 주는 방식을 고수했기 때문이다. 자체 스트리밍 서비스의 존재를 본 비츠뮤직 팀원들은 바로 자신들이 그 서비스를 구축하기 위해 애플에 인수됐다는 사실을 깨달았다. 그들은 새로운 사업을 정의하기보다는 두 개의 분리된 개념을 결합해야 했다.

애플의 소비자 애플리케이션 담당 부사장 겸 아이튠즈의 수석 엔지니어인 제프 로빈Jeff Robin이 스트리밍 서비스 개발을 맡았고, 비츠와의 계약을 통해 애플에 합류한 나인 인치 네일스의 리더인 트렌트 레즈너가 비츠를 대표하여 두 회사 직원들이 서비스에 대해 같이 고민할 수 있게 도와줬다.[4] 이 서비스는 비평가들이 큐레이션한 플레이리스트와 아티스트들의 인터뷰가 나오는 라디오 방송을 제공해줬다.

쿡은 음악 제품 개발에 시시콜콜 끼어들지 않았지만, 사업 계획에는 큰 관심을 가졌다.

프로젝트 진행에 속도가 붙자 쿡은 서비스 담당 수석 부사장인 에디 큐, 지미 아이오빈과 함께 전 비츠 마케팅팀이 준비한 구독 목표에 대한 프레젠테이션을 들으러 갔다. 애플뮤직은 아이클라우드를 제외한 애플의 첫 번째 구독 서비스였기 때문에 벤치마킹할 만한 대상이 없었다. 이안 로저스Ian Rogers 전 비츠뮤직 CEO와 보조마 세인트 존Bozoma Saint John 현 마케팅 책임자는 애플 버전의 새로운 서비스가 약 1,000만 명의 가입자를 확보할 수 있다고 자신했다. 이 수치는 비츠뮤직이 애플에 인수되기 몇 달 전까지 확보했던 10만 명의 구독자 수보다 100배 증가한 것이다.[5] 세인트 존이 목표를 제시하자 쿡은 무표정한 표정으로 듣더니 "좋네요"라고 심드렁하게 말했다.

그러고는 곧바로 "더 늘릴 수 있겠죠?"라고 덧붙였다.

쿡은 애플이 가진 유통력에 대해 비츠뮤직 출신 사람들보다 훨씬 더 강한 믿음을 가지고 있었다. 애플은 연간 약 2억 대의 아이폰을 출하했다. 쿡은 이 새로운 음악 앱을 아이폰에 미리 설치해둠으로써 잠재 고객들로 이루어진 거대한 네트워크에 서비스를 곧바로 선보일 수 있다는 사실을 알고 있었다. 비츠뮤직 팀원들은 그 점을 고려하지 못한 채 구독자를 예상했던 것이다. 쿡은 그들이 훨씬 더 야심 찬 목표를 제시해야 한다고 생각했다. 쿡이 이처럼 도전 의식을 북돋운 팀원들은 목표를 원래 목표의 두 배인 2,000만 명까지로 늘리겠다는 아이디어를 내놓았다.

이러한 새로운 목표를 들은 세인트 존은 불안했지만, 그녀의 상사인 큐는 성취 가능한 목표라며 그녀를 안심시켰다. 단 하나의 질문만으로 쿡은 애플뮤직팀으로부터 그들이 본래 내놓았던 것보다 더 많은 상업적 야망을 끌어냈다.

쿡은 새로운 앱이 거대한 아이폰 사업에서 더 많은 매출을 끌어냄으로써 회사 전체 매출을 신장시키기 위한 새로운 전략의 선두에 서주기를 원했다. 그는 지난 몇 년 동안 애플이 아이폰 앱스토어를 통해 소프트웨어를 배포하는 모습을 지켜봐왔다. 앱스토어는 아이폰에 다운로드할 수 있는 모든 앱을 검사하고 승인해줬다. 이런 게이트키퍼 역할로 애플은 짭짤한 수익을 올렸다. 애플은 판매한 모든 앱에 대해 판매 가격의 30퍼센트를 수수료로 받았고, 구독 앱으로부터도 매달 이와 비슷한 금액을 받았다. 이렇게 올린 매출이 180억 달러 상당의 서비스 부문 매출 대부분을 차지함으로써 앱스토어의 실적 기여도가 가장 빠르게 늘어났다. 그러나 쿡은 앱을 배포하기보다 만드는 쪽으로 전략을 전환함으로써 성장하는 앱 경제에서 더 많은 돈을 벌 기회를 보았다.

음악 서비스는 전임자의 혁명적 발명을 토대로 새로운 제국을 건설하기 위한 시험대가 될 예정이었다.

2015년 초여름, 엔지니어와 디자이너들은 음악 서비스 출시로 스트레스를 받고 있었다. 그들이 정해놓은 데드라인은 본래 6월 초였으나 시간이 가는데도 앱의 많은 부분이 작동하지 않고 있었다.

레즈너는 아티스트들이 팬들과 직접 노래, 사진, 동영상을 공유할 수 있게 해주는 '커넥트Connect'라는 기능을 넣자는 의견을 내놓았다. 그런 내부 SNS가 1위 스트리밍 업체인 스포티파이와의 차별점으로 작용할 것이라는 주장이었다. 그러나 그 아이디어는 애플 내부에 불안감을 불러일으켰다. 2010년 선보인 소셜 네트워크인 아이튠즈 핑iTunes Ping이 가짜 계정과 스팸으로 피해를 보고 서비스가 취소되었던 전례가 있었기 때문이다. 이런 과거의 경험에서 교훈을 얻은 애플 지도부는 커넥트에서 커뮤니티 대화를 할 수 있게 해주고 싶지 않았다. 이 결정을 알게 된 일부 비츠뮤직 팀원들은 커넥트 기능을 가치 있게 만들 만한 충분한 콘텐츠가 없을까 봐 걱정했다. 이런 엇갈린 시각으로 인해 이 기능이 좌초될지 모른다는 우려가 제기됐다.

한편 비츠뮤직 출신 엔지니어들은 애플이 독점적으로 사용하는 코딩 언어에 적응하고 있었다. 그들은 수천 명의 앱 개발자들에게 친숙한, 광범위하게 사용되는 코딩 언어를 써서 이전 앱들을 개발해왔지만, 애플은 아이튠즈를 개발할 때 사용했던 것과 유사한 배타적인 코드를 사용하도록 요구했다. 엔지니어들은 아이튠즈가 비츠뮤직 앱보다 더 느리게 기능을 로

드한다고 생각했고, 이 문제를 해결할 방법을 찾기 위해 안간힘을 쓰고 있었다.

아이오빈에게도 비슷한 압력이 가해지고 있었다. 그에게는 서비스 출시 전 완전히 준비된 음악 카탈로그를 제공하기 위해 음반사들과 필요한 라이선스 계약을 확실히 마무리할 책임이 있었다. 오랫동안 음반사들을 상대해왔기에 그에게 그건 크게 어려운 일이 아니었다. 그런데 3개월 동안 서비스를 무료로 이용할 수 있게 해주려는 애플의 계획 때문에 협상에 문제가 생겼다.[6] 애플은 음반사들도 라이선스 요금을 면제하는 데 동참해주기를 원했기 때문이다. 음반사들이 3개월 동안 요금을 면제해준다면 애플이 더 많은 노래를 들을 신규 가입자 수백만 명을 모집해 음반사와 아티스트들에게 더 많은 돈을 되돌려줄 수 있을 것이라는 게 애플의 논리였다. 소니와 유니버설Universal 같은 대형 음반사들은 거래에 동의했지만, 독립 음반사들은 주저하는 바람에 애플은 아델과 라디오헤드처럼 인기 있는 아티스트들의 음악을 확보하지 못하고 있는 상태였다. 그러자 애플뮤직이 확보한 음악들이 아니라 확보하지 못한 음악들에 대한 이야기가 화제가 되면서 서비스 출시에 그림자가 드리워졌다.

애플뮤직 출시 행사 이틀 전까지도 앱은 완성되지 않았고, 거래 협상도 마무리되지 않았다. 모두가 "이게 잘 될까?"라는 질문을 던지며 불안감으로 안절부절못했다.

6월 초의 따뜻하고 화창한 아침, 5,000명이 넘는 소프트웨어 개발자들이 샌프란시스코 모스콘 센터로 천천히 발걸음을 옮겼다. 배낭과 숄더백에는 노트북이 잔뜩 들어 있었고, 목에는 신분증이 흔들리고 있었다. 컨벤션 센터 외부에 2층 높이로 걸린 애플 로고의 흰색 이미지는 그들에게 세 시간 동안 이뤄질 소프트웨어 쇼케이스를 보러 들어오라는 유도등 역할을 했다.

팀 쿡은 박수와 휘파람과 폭소와 아우성을 끌어낸 여러 약속이 담긴 프레젠테이션을 통해 애플의 신도들을 이끌었다.[7] 그는 애플의 마법에 홀린 신도들과 함께 무대를 휘젓고 다니면서 '한 가지 더' 약속했다. 그가 잡스의 마법 같은 표현을 사용한 게 그때가 1년 만에 두 번째였다. 하지만 이번에는 애플이 그간 만든 것만큼이나 많이 샀던 것, 즉 '음악'을 위해 그 표현을 소환했다.

그는 "우리는 음악을 사랑합니다. 그리고 우리의 삶과 문화에서 정말로 중요한 게 음악입니다"라고 말했다.

그는 이렇게 말하면서 애플이 무엇을 잃었는지를 슬그머니 숨겼다. 10년 전 스티브 잡스는 같은 무대에 서서 사람들이 디지털로 노래를 구입할 수 있는 아이튠즈 뮤직 스토어iTunes Music Store를 선보였다.[8] 이 혁신적인 서비스는 음악 업계에 혁명을 일으켰고, 애플을 문화의 선두에 세웠다. 수십억 달러의 매출과 수백만 명의 고객이 뒤따랐다. 스포티파이가 월 구독료를 내면 노래 카탈로그에 사실상 무한대로 접속할 수 있게 해주면서 고객을 빼앗고 새로운 혁신의 물결을 일으켰지만 성공에 도취된 애플은 현실에 안주해 있었다. 쿡과 청중은 음악 산업의 리더로서 애플의 위상이 점차 흔들리고 있다는 것을 알았다. 반전이 필요했다.

잡스가 혁신으로 애플을 이끈 반면 쿡은 모방으로 이끌었다. 그는 애플이 애플뮤직이라는 스포티파이와 유사한 자체 구독 서비스를 선보인다고 소개했다. 그는 "이것이 음악을 경험하는 방법을 영원히 바꿔줄 것입니다"라고 말했다. 그는 자신보다 음악 업계에서 더 오래 활동한 지미 아이오빈에게 추가 설명을 부탁했다.

음악계의 거물인 아이오빈은 자유의 여신상 이미지가 그려진 티셔츠를 입고 무대 위에 올랐다. 평소 즉흥 연설을 즐기던 그였지만, 이미지를 중시하는 애플은 아이오빈에게 프롬프터를 보고 대본대로 이야기해줄 것을 요청했다. 그는 10년 전 아이튠즈 광고를 보고 받았던 느낌을 이야기하며 애플이 정말 '다르게 생각하는' 기업이라고 강조했다. "기술과 예술은 서로 공조할 수 있습니다." 그는 프롬프터를 읽으며 이렇게 말했다. 이어 "최소한 애플에서는 그렇습니다"라고 덧붙였다. 그는 기존의 음악 서비스 앱들이 가졌던 한계, 즉 재생목록에 올라와 있는 곡들 사이의 전환이 좋지 못한 이유는 대부분의 재생목록이 알고리즘에 의해 프로그래밍되어 있기 때문이라고 설명했다. 그는 이어 애플뮤직은 그들과 다를 것이라고, 비츠뮤직과 마찬가지로 애플뮤직도 알고리즘이 아닌 사람에 의해 큐레이션되기 때문에 전혀 다른 경험을 할 수 있을 것이라고 말하며 사람들의 환호를 끌어냈다.

모스콘 센터에 모인 청중들은 이 새로운 음악 서비스에 대한 기대감으로 들끓었다.

팝스타 테일러 스위프트Taylor Swift는 애플이 이 새로운 음악 서비스를 추진하던 6월에 유럽 투어를 돌고 있었다.[9] 투어 도중 그녀는 음악 산업에서 같이 일하는 친구로부터 애플뮤직 계약서 이미지가 담긴 문자 한 통을 받았다. 계약서에는 아티스트들에게 돌아갈 보상이 전혀 없다는 내용이 담겨 있었다.

화가 난 그녀는 한밤중에 다음 날 아침 일찍 자신의 웹사이트에 올릴 편지를 썼다.

애플에 드리는 글

애플뮤직이 서비스에 가입하는 모든 사람에게 3개월 무료 서비스
를 제공한다는 사실을 알고 있을 것입니다. 애플뮤직이 그 3개월
동안 작사가, 프로듀서, 또는 아티스트들에게 돈을 지불하지 않을
것이라는 사실도 알고 있는지 모르겠습니다. 이번 일은 충격적이고
실망스러우면서 역사적으로 진보적이면서 관대했던 애플에게 전혀
어울리지 않는 행동이라고 생각합니다.

외람되지만 이번 정책을 바꾸고, 그로 인해 심각하게 영향을 받게
될 음악 업계 종사자들의 마음을 바꾸기에 아직 늦지 않았다고 말
씀드립니다. 우리는 당신들에게 공짜 아이폰을 요구하지 않으니 우
리에게도 아무런 보상 없이 우리 음악을 달라고 요구하지 말아주시
길 바랍니다.

테일러 드림[10]

아버지의 날Father's Day(보통 6월 셋째 일요일 – 옮긴이)이었던 그날 아침 아이
오빈은 스위프트의 웹사이트 링크가 담긴 메시지를 받고 남부 캘리포니
아에 있는 집에서 일어났다.[11] 그는 애플이 3개월 무료 서비스를 진행하는

동안 아티스트들에게 돈을 지불하지 않을 계획이라는 이유로 애플의 새로운 음악 서비스를 왜곡해놓은 스위프트의 편지를 발견했다. 스캇 보르체타Scott Borchetta가 이끄는 스위프트가 속한 독립 음반사인 빅 머신 레이블 그룹Big Machine Label Group은 사실 아이오빈과 애플뮤직에 곡 사용 라이선스를 주기 전에 소속 아티스트들이 돈을 받게 해주는 방안에 대해 협의해오고 있었다.[12] 스위프트가 공개적으로 분통을 터뜨리기 전에 당사자들이 거래를 성사시킬 수 없던 것뿐이었다.

그럼에도 아이오빈은 그녀의 신랄한 불평을 무시할 수 없었다. 특히 "우리는 당신들에게 공짜 아이폰을 요구하지 않으니 우리에게도 공짜로 음악을 달라고 하지 말아 달라"는 부분이 마음에 걸렸다. 그는 즉시 보르체타에게 전화를 걸었다. "이게 뭡니까?" 그는 한 옥타브 목소리를 높이며 물었다.[13] "이 편지가 대체 뭐냐구요?"

"그녀가 방금 내게도 보냈어요." 보르체타가 말했다. "내가 부추겨서 쓴 편지는 아니지만 그녀의 말에도 일리가 있습니다."

아이오빈은 말을 멈춘 뒤 "트렌트에게 전화할게요"라고 말했다. 그는 전화를 끊고 트렌트 레즈너에게 전화를 걸어 스위프트의 편지에 대해 설명했다. 나인 인치 네일스의 리더인 레즈너는 스위프트가 화내는 이유를 인정했다. 아이오빈은 곧바로 에디 큐와 통화했고, 큐는 애플이 큰 기대를 건 신제품이 음악계의 가장 유명한 인사 중 한 명에 의해 왜곡되고 있다는 사실에 놀랐다. 그는 서비스를 둘러싼 회사의 신생 전략이 본격적으로 비상하기도 전에 날개가 꺾일까 봐 걱정했다.

"짜증나는 일이네." 큐가 투덜거렸다.[14]

그와 아이오빈은 쿡에게 전화를 걸어 홍보 위기를 막을 방법에 대해 의

논했다. 쿡은 스위프트의 주장이 타당하다고 판단했다. 그는 애플이 아티스트들에게 돈을 지불해야 한다고 말한 뒤 큐와 아이오빈에게 지불 조건에 대해 알아보라고 지시했다. 두 사람은 내슈빌에서 아버지의 날 수영장 파티에 참석하고 있던 보르체타에게 전화를 걸어 해결책을 찾으라고 압박했다. 그들은 수영장에서 첨벙거리고 있는 사람들의 소리도 무시한 채 애플이 옳은 일을 하고 아티스트들에게 돈을 줘야 한다는 보르체타의 말을 들었다. 보르체타는 돈을 안 준다면 애플뮤직을 어떻게 아티스트 친화적인 서비스라고 마케팅할 수 있겠느냐고 반문했다.

"좋은 소식이 있습니다. 애플뮤직을 아직 출시하기 전이니 문제를 해결할 시간이 있다는 겁니다." 보르체타가 말했다.[15]

"적절한 요금을 얼마로 할까요?" 큐는 스트리밍 서비스가 일반적으로 재생되는 곡당 내는 금액을 언급하며 물었다.[16]

보르체타는 자신에게 전체 음악 산업의 요금을 정할 권한이 있음을 깨닫고 깊게 숨을 들이마셨다. 당시 스포티파이는 아티스트들에게 스트리밍한 곡당 약 0.006달러를 지불하고 있었다.[17]

"스포티파이가 주는 돈이 얼마인지 알고 있으시잖아요. 그것보다 더 주세요." 보르체타가 말했다.

간단히 해결될 것처럼 보였던 문제가 설명되지 않았던 비용을 발생시킴으로써 애플뮤직의 재정이 뒤집힐 위험이 커졌다. 애플은 아티스트들에게 줘야 할 계획에 없던 돈을 충당하기 위해 수중에 있던 2,000억 달러를 끌어와 써야 했다. 아이오빈과 큐는 쿡과 상의한 끝에 거래를 성사시키라는 승인을 받았다. 그들이 항복하지 않았다면 스위프트의 편지를 계기로 다른 아티스트들이 용기를 내서 애플뮤직 서비스에 반대하는 시위를 일으키는 등의 위험을 각오해야 했을 것이다.

그날 오후 아이오빈과 큐는 보르체타 및 스위프트와 전화 회의를 했다. 큐가 먼저 입을 열었다.[18] "테일러, 우리가 당신의 편지를 보고 진지하게 고민했다는 사실을 알아줬으면 합니다. 우리는 첫 번째 스트리밍 곡부터 돈을 주기로 결정했습니다."

스위프트는 큐가 시간을 내어 자신과 직접 이야기를 나누고, 자신의 입장을 존중해준 데 대해 감사를 표했다. 그녀와 보르체타는 그것이 음악 산업 발전을 위해 내딛은 거대한 한 걸음이라고 생각했다.

이후 며칠 동안 애플은 아델과 라디오헤드를 포함한 여러 독립 음반사들과 계약을 체결했다. 이후에는 보르체타의 빅 머신 레이블 그룹과도 계약을 맺었다.[19] 계약 조건은 공개되지 않았지만 몇 년 후 음반사들에 보낸 편지에서 애플은 아티스트들에게 스포티파이보다 더 많은 돈을 지불했다고 자랑했다.

큐와 아이오빈은 개인적으로 계속해서 스위프트에게 도움을 주었다. 몇 달 뒤 그녀는 애플뮤직의 광고에 출연했다. 그러자 일부 기자들은 그녀의 편지가 사실은 애플이 설계한 고도의 홍보 전략일지도 모른다고 추측했다. 당연히 보르체타와 아이오빈을 비롯해 애플뮤직 직원들은 이를 부인했다. 몇 년 뒤 내슈빌에서 보르체타는 "사람들이 그런 오해를 하기 딱 좋은 일이라고 생각하나 사실은 절대 그렇지 않다"라면서 "(애플 내) 누구도 자기 신발에 이런 흙이 묻기를 원하지 않았다. 애플은 새로운 서비스를 시작하려던 참이었다. 홍보 차원에선 악몽 같은 일이었다"라고 말했다.[20]

애플이 음악 사업에서 겪은 위기를 순조롭게 해결하는 가운데 쿡은 회사의 전통적인 하드웨어 사업과 관련된 일련의 중요한 결정에 직면하고 있었다.

CEO가 된 지 4년이 지났지만 그는 여전히 제품 개발에 관여하기를 꺼렸다. 그는 자신이 잡스를 흉내 내려고 하면 실패할 것이라는 믿음을 고수했다. 그러나 조너선 아이브가 파트타임으로 일하게 되면서 제품을 둘러싼 일상적인 리더십에 공백이 생겼다. 쿡의 고위 부관 중 몇몇은 그에게서 제품의 방향성에 대해 더 자세한 지침을 받기를 기대하기 시작했다.

2015년 일련의 토론이 진행되는 동안 하드웨어 엔지니어링 책임자 댄 리치오Dan Riccio는 쿡에게 시리의 음성 인식 기능을 활용해서 질문을 처리하고 음악을 재생하는 가정용 스피커 개발 계획을 제시했다. 아마존은 이미 인공지능 음성 인식 서비스인 알렉사Alexa가 제어하는 에코Echo 스피커를 선보이면서 '스마트 스피커'라는 카테고리를 대중화해놓은 뒤였다. 애플의 엔지니어들은 몇 년 동안 그와 비슷한 개념을 탐구해왔는데, 그들은 디지털 월마트Walmart라고 생각했던 아마존이 그처럼 세련된 기기를 만들어내는 것을 보고 깜짝 놀랐다. 리치오는 스마트 스피커 시장에 진입하자고 제안했고, 그가 이끄는 팀은 시장에서 팔리는 스피커 중 최고의 음질을 자랑하는 스마트 스피커의 초기 콘셉트 모델을 개발했다. 리치오는 승인을 받기 위해 그것을 쿡에게 가져갔다.

토론 도중 쿡은 스마트 스피커로 무엇을 할 것인지와 사람들이 그것을 어떻게 사용할지에 대한 질문을 던지며 리치오를 압박했다. 쿡이 스피커의 존재 이유를 납득하지 못했다는 인상을 받은 리치오 팀은 스마트 스피커 개발을 서서히 중단했다. 그러나 몇 달 뒤 쿡이 리치오에게 아마존의 에코 스피커에 관한 기사 링크를 이메일로 보내면서 애플의 자체 스피커 개발이 어느 정도 진척된 상태인지를 물었고, 리치오 팀은 포기했던 스마트 스피커 개발 프로젝트에 다시 뛰어들면서 연구 강도를 높이기 시작했다.[21] 아마존의 에코 스피커가 약 300만 대가 팔리면서 고객들 사이에서 입지를 다져가고 있던 때였다. 아마존이 앞서나가는 것 같았고, 애플은 뒤로 밀려나고 있었다. 직원들의 반응은 엇갈렸다. 애플이 인내심을 갖고 깊은 고민 끝에 스마트 스피커를 추진하는 것이라고 생각한 사람도 있던 반면에 애플이 그동안 보여줬던 민첩한 행동에는 존재하지 않았던 관료적 게으름이 느껴졌다고 생각한 사람도 있었다. 잡스가 엔지니어들에게 확실하고 빠른 방향을 제시하면서 본능에 따라 결정을 내린 것과 달리, 쿡은 일을 진행하기 전에 듣고 정보를 수집하는 스타일을 더 선호했다. 그는 이른바 지나치게 생각이 많아 결정을 내릴 수 없는 '분석 마비'에 시달리고 있었다.

그러나 그해 아이폰이 개발의 기로에 서 있을 때 쿡은 자신이 결단력이 있는 사람임을 증명했다. 당시 애플에게 가장 중요한 제품인 아이폰은 틱톡 주기ticktock cycle(인텔이 개발한 신형 프로세서 개발 정책으로, 프로세서 공정 속도를 올리는 게 '틱'이고 구조 개선을 통해 성능 개량을 하여 새로운 프로세서를 만드는 게 '톡'이다. 한 주기의 기간은 대략 1년에서 18개월 정도다. - 옮긴이)라고 불리는 출시 케이던스release cadence(자체적으로 정한 기간마다 규칙적으로 제품을 출시하는 것 - 옮긴이)를 따르고 있었다. 애플은 '틱' 해에 아이폰의 디자인을 정비하여 줄었던 판매량의 급신장을 유도하고, 판매량이 다시 감소하게 되는 '톡' 해에 디자인을 개선하곤 했다. 이러한 전략은 노동력과 새로운 기계에 드는 비용을 2년에 걸쳐 분산하는 효과를 거두었다. 그러나 애플의 제품 로드맵은 역사상 처음으로 틱톡 주기에서 잠시 벗어날 것을 요구했다.

2014년 아이폰6로 아이폰 디자인을 전면 개편한 애플은 2015년과 2016

년에 디자인을 개선할 계획이었다. 그 결과로 생긴 '틱톡-톡' 케이던스는 아이폰 출시 10주년을 기념하는 해인 2017년에 진정 극적인 뭔가를 해야 한다는 내부적인 압력을 심화시켰다.

쿡은 제품에 활기를 불어넣어줄 아이디어를 내라고 다그쳤다. 최근 인수한 이스라엘 반도체 회사 프라임센스PrimeSense 출신 엔지니어들은 게임 콘솔용 기술을 소형화하자는 아이디어를 내놓았다. 그들이 개발한 시스템은 카메라와 센서를 이용해서 사용자의 손동작을 처리했다.[22] 그들은 가로 9인치, 세로 3인치의 이 시스템을 사람들이 얼굴로 전화기를 잠금 해제할 수 있도록 10배 더 줄여서 만들자고 제안했다. 얼굴 인식 기술이 있으면 애플은 홈 버튼을 없애고, 아이폰의 화면을 모서리 끝에서 끝까지 확장해서 인피니티 풀처럼 디스플레이와 주변 공간 사이의 구분을 흐릿하게 만들 수 있었다.

이것은 엄청난 공학적인 혁신이 필요한 야심 찬 개념이었지만 쿡은 위험을 최소화할 수 있다고 판단해 이 계획을 승인했다. 프라임센스 기술은 더 가격을 올려 팔 프리미엄 아이폰에 넣기로 했다. 가격을 올리면 더 비싸진 부품 비용을 충당할 수 있지만, 그보다 더 중요한 사실은 그로 인해 아이폰의 수요도 진정시킬 수 있었다.[23] 출시 약 3개월 만에 5,000만 대 이상 팔리며 인기를 끌 것으로 예상되는 신형 아이폰 판매량의 수요를 과연 감당할 수 있을지 걱정하는 사람이 많았다. 애플은 아이폰6에 또 다른 소소한 업데이트를 실시해 프리미엄 폰을 보완함으로써 과도한 수요를 충족시키는 한편 혹시 생길지 모를 안면 인식 오류에 대비하기로 했다. 위험 관리 측면에서 이 계획은 가히 마스터 클래스라고 할 만큼 어려운 일이었다.

테일러 스위프트 사건을 잘 넘긴 애플의 음악 사업부는 곧이어 또 다른 산을 넘어야 했다. 고객과 리뷰어들이 이 새로운 서비스를 마구 헐뜯기 시작한 것이다.

〈월스트리트 저널〉의 기술 평론가 조안나 스턴Joanna Stern은 "나는 애플뮤직을 사랑하지 않는다"고 직설적으로 말했다.[24] 그녀는 "여기엔 세련미와 단순함이 부족하다"면서 애플뮤직의 재생목록과 메뉴를 러시아의 마트료시카 인형에 비유했다. 〈뉴욕 타임스〉는 애플뮤직을 마이크로소프트가 만들 법한 서비스라고 꼬집었다. 그리고 기술 매체인 '버지'는 "애플뮤직은 엉망이고, 로딩이 느리고, 설정이 복잡하다"라고 말했다. 오랜 기간 애플을 지지해왔던 월트 모스버그조차도 애플뮤직이 아이튠즈와 통합된 방식은 높이 사면서도 서비스가 경쟁사들의 서비스에 미치지 못한다는 것을 인정했다.

고객들은 대표 기능 중 하나인 커넥트가 제대로 작동하지 않는다고 불평했다. 실제로 커넥트에 글을 업데이트하기가 복잡해 그것을 제대로 사용하는 아티스트들이 많지 않았고, 고객들은 몇 안 되는 콘텐츠를 보는 것에 만족할 수밖에 없었다.[25] 애플 엔지니어들은 결국 이 기능을 없애는 방안을 논의했다.

애플뮤직에는 단순함과 아름다움이라는 애플이 가장 자부심을 가졌던 점들이 부족했다. 애플은 사람들이 "그냥 쓰면 된다It just works"고 말할 정도로 직관적인 소프트웨어와 하드웨어를 만들어서 유명해졌다. 그러나 애플 지도가 망하고서 3년이 지난 뒤 애플은 또다시 그러한 기준에 부합하지 않는 세간의 이목을 끄는 서비스를 내놓았다.

쿡은 커넥트에 대한 평가가 마음에 들지 않았지만 그래도 애플뮤직의 구독자 수에서 희망을 발견했다. 하루가 다르게 3개월 무료 체험 서비스를 구독하는 사람들이 늘어났고, 체험 기간 만료 후에는 많은 사람들이 유료 구독으로 전환하고 있었다.

애플뮤직의 구독자 수는 비판이 별로 중요하지는 않다는 것을 보여주었다. 무대 위 아이오빈의 고군분투, 테일러 스위프트의 공격, 그리고 혹평 등 여러 가지 문제가 있었지만 애플뮤직은 비상했다. 쿡이 정한 야심 찬 목표 구독자 수 때문에 불안에 떨었던 전 비츠뮤직 마케팅팀은 애플뮤직이 5억 대의 아이폰으로 확산하는 것을 놀라움으로 지켜볼 뿐이었다. 3개월간의 무료 체험 기간 동안 수백만 명의 신규 고객이 생겼고, 그들 중 다수는 이탈하지 않았다. 애플은 불과 6개월 만에 1,000만 명의 유료 구독자를 확보했는데, 이는 경쟁사인 스포티파이가 6년에 걸쳐 달성한 대기록이었다.[26] 1년 뒤 이 숫자는 2,000만 명으로 불어났다.

쿡은 미소를 지을 수밖에 없었다. 그는 애플이 '유통 기계'를 만들었다는 것을 알았다.

CHAPTER 15

회계사

자유의 몸이 된 조너선 아이브는 도망쳤다. 그가 탄 걸프스트림 V 제트기는 새너제이에서 주유하고, 5월에는 하와이, 6월에는 프랑스, 그리고 연말에는 버진아일랜드로 떠났다. 아이브는 호화로운 비행기 객실에 앉아 상류층이 주로 찾는 이러한 목적지들을 돌아다녔다.

이 비행기는 본래 잡스가 주문 제작한 것으로, 아이브는 잡스가 세상을 떠난 뒤 그의 가족으로부터 이 제트기를 구입했다. 잡스 가족은 2000년경 애플 이사회가 파산을 면하게 해준 데 대한 감사의 선물로 잡스에게 선물해준 이후로 이 전용기를 이용해왔다.[1] 잡스는 1년 이상을 투자해 객실 내부를 자기 취향대로 꾸몄다. 그는 객실 내 유광 금속 버튼을 무광 금속 버튼으로 교체하는 등 세세한 점들에까지 신경을 썼다.[2] 잡스에게 제트기 내부 디자인 상담을 해줬던 아이브에게 그런 까다로운 손길이 더해진 부분들은 세상을 바꾼 높은 기준을 가졌던 파트너를 떠올리게 했다.[3]

애플워치 출시 이후 아이브는 쿠퍼티노에서 겪은 번아웃 상태에서 벗어나고 싶었다. 파트타임 계약 덕에 부관들이 애플의 산업 및 소프트웨어 디자인 분야에서 일하는 수백 명 직원들의 관리를 떠맡는 동안 그는 여행을 다니며 심신을 치유할 수 있었다. 아이브는 회사 내부 상황이 담긴 최신 정보를 계속 받았지만, 그의 인생 20년을 정의했던 디자인 스튜디오의 주간 회의는 대부분 건너뛰었다. 그의 산업 및 소프트웨어 디자이너들이 향후 출시할 제품의 곡선과 색상을 토론하는 동안 카우아이에서 원기를 회복하고, 프랑스 리비에라의 강청색 물가에서 시간을 보냈다.

샌프란시스코로 돌아와서는 자신의 퍼시픽 하이츠 저택에서 진행 중인 리노베이션 상태를 점검했다. 가격이 1,700만 달러가 나가는 침실 네 개, 욕실 일곱 개짜리 집이었다. 애플의 새로운 캠퍼스를 설계한 포스터+파트너스는 이 집을 그와 가족들을 위해 더 맞춤화된 공간으로 만들 계획을 세웠다. 공사가 진행되는 동안 아이브는 실리콘밸리의 엘리트들만 모이는 샌프란시스코 시내의 전용 사교클럽 '배터리'에서 시간을 보내기도 했다. 그는 쿠퍼티노에서 75킬로미터 떨어진 이곳으로 디자이너들을 불러 가끔 회의를 열었다. 애플이 추진 중인 프로젝트를 계속 따라가기 위해서였다.

그는 회사 일에 관여했다가 안 했다가, 모습을 드러냈다가 드러내지 않았다가, 책임을 졌다가 전적으로 지지 않았다가 하며 왔다 갔다 했다. 그의 시간은 다시 한번 그의 것이 되었다.

아이브가 떠나 있는 동안 타이탄 자동차 프로젝트 작업에 속도가 붙었다. 애플은 배터리와 카메라, 기계 학습과 수학에 전문성을 갖춘 수백 명의 엔지니어와 학자를 채용했다. 그들은 디트로이트Detroit(미국 자동차 산업계를 통칭 – 옮긴이)를 빠르게 뛰어넘어 세계를 리메이크할 위대한 제품을 개발하겠다는 애플의 약속에 마음을 빼앗겼다.

새로 충원된 사람들은 인피니트 루프가 아닌 캘리포니아 서니베일Sunnyvale에 있는 별다른 특징 없는 한 창고에서 일했다. 그곳은 철저히 베일에

싸인 새로운 전초 기지였다. 그들은 미 우주 항공국NASA의 달 탐사만큼이나 복잡하다고 여겨지는, 애플이 지금껏 착수했던 프로젝트 중 가장 복잡한 프로젝트의 성공을 위해 고군분투했다. 그들은 바깥 세계의 다차원적인 모습을 보여주는 동시에 자동차의 이동 방법을 결정해줄 카메라와 센서로부터 받은 정보를 처리할 수 있는 운영체제를 개발해야 했다. 자동차 자체에는 수백 킬로미터를 주행할 수 있는 정교한 배터리 셀이 필요했다. 또한 고객 경험에 대해서도 생각해야 했다. 자동차 안에 앉아 있으면 어떤 기분이 들까?

초기 자율주행차 개발 분야에 진입한 기업들은 단편적인 접근법을 취했다. 업계 선두주자인 구글은 자동차 제작보다 운영체제 제작에 우선순위를 두었다. 그런 이유로 구글은 미니밴들이 피닉스 같은 도시의 거리를 정해진 루트대로 주행할 수 있도록 하는 시스템을 개선하는 데 시간을 투자했다. 테슬라는 제한적인 자율주행 기능만을 제공하는 전기차를 만드는 데 주력했다. 애플 지도부는 자율주행 시스템을 개발하는 동시에 전기로 구동되는 차량을 만들기를 원했다.

산업 디자인팀이 주도적인 역할을 맡았다. 아이브와 그의 팀원들은 수많은 영향력 있는 자동차 디자인 스튜디오들이 모여 훗날 도로를 주행하게 될 콘셉트카를 개발하고 있는 로스앤젤레스를 찾기 시작했다. 그들은 차량에 대한 호불호를 이야기하고, 아이디어를 스케치하고, 한층 역동적인 형태로 애플의 트레이드마크인 곡선을 확대하는 방법들을 평가해봤다.

더 이상 풀타임으로 일하지는 않았지만 애플의 테이스트메이커로서의 역할 때문에 아이브는 이 프로젝트에서 큰 목소리를 낼 수 있었다. 그는 자신의 주변에 있던 차량들을 수년간 연구한 지식을 바탕으로 자동차에 대해 강력한 의견을 피력했다. 어린 시절 그는 아버지와 함께 스포츠카인 오스틴-힐리 스프라이트Austin-Healey Sprite(1958년에 등장해서 1971년에 단종 - 옮긴이)의 복원 작업을 한 적이 있었다.[4] 어른이 되어서는 자동차를 많이 수집했는데, 그중 다수가 애스턴 마틴 DB4와 빈티지 벤틀리 컨티넨탈Bentley Continental S3 등 영국제 자동차들이었다. 자동차에 대한 자기 기준이 워낙 강하다 보니 그는 호텔에서 그를 픽업하기 위해 보낸 벤츠 S클래스 세단을 보고 발끈하며 승차를 거부하기도 했다. 차의 뒷바퀴 주변 프레임 모양이 마음에 안 든다는 게 이유였다. 그는 프레임 디자인이 잘못되었다고 생각했다.

아이브는 애플이 음성 지원 기능을 충분히 갖추고 운전자가 없는 '완전 자율주행차'를 만들기 원했다. 아이브의 비전은 하드웨어 최고책임자인 댄 리치오 및 그의 제품 디자이너들의 견해와는 달랐다.[5] 디자이너들은 테슬라처럼 자율주행과 수동 운전을 번갈아 가며 할 수 있는 반자율주행 전기차를 만들고자 했다. 그들은 애플이 노키아Nokia와 휴대폰 산업에서 벌였던 일을 테슬라와 자동차 산업에도 벌이는 모습을 상상했다. 즉, 늦었지만 조만간 지배적 기술이 될 정도로 뛰어난 기술을 가지고 시장에 진입하는 것이었다.

논쟁이 가열되자 산업 디자인팀은 프로토타입 콘셉트를 가지고 작업했다.[6] 그들은 핸들이 없는 자동차 내부를 상상했는데, 자동차에 운전자가 필요하지 않다면 핸들도 없는 게 맞았다. 그리고 네 개의 좌석이 모두 정면을 향하기보다는 서로 마주 볼 수 있도록 만들어 자동차 실내를 라운지처럼 탈바꿈시켰다. 사용할 재료를 논의하다가 캘리포니아 햇살의 열기를 낮출 수 있는 변색 선루프 유리에 대해 이야기했다. 또 소리를 내지 않고 닫히는 기계식 문을 상상했다. 식당이나 바깥 거리의 이름을 유리창에 겹쳐서 보여주는 증강현실 디스플레이 역할을 할 두 배 더 큰 투명한 창문도 있으면 좋을 것 같았다.

또한 그들은 1980년대 일본에서 인기를 끌었던 도요타의 미니멀리즘 밴 왜건에 대한 향수를 공유했다. 그 왜건의 주요 특징은 시중에 나와 있는 그 어떤 차들과도 다른 정면 유리의 미묘한 각도였다. 이러한 디자인에서 영감을 받은 그들은 애플의 시그니처인 베지어 코너를 본떠 모서리가 부드럽게 처리된 미니멀리즘적인 느낌의 미니밴 모형을 실물 크기로 만들었다. 엔지니어들에게 그것은 마치 각과 모서리가 없는 거대한 달걀이자 굴러가는 곡선 형태의 객실처럼 보였다.

수년 동안 그래왔듯이 디자인팀은 시중에 나와 있는 대부분의 자동차보다 더 엄격한 사양을 설정했다. 그들은 눈에 거의 보이지 않는 센서가 달린 차를 원했기에 애플의 엔지니어들은 라이다^{lidar}라는 자체 기술을 개발해야 했다. 이용 가능한 많은 센서들이 흉물스러운 교도소 감시탑처럼 지붕 위에 얹혀 있었기 때문이다.

2015년 가을 어느 날, 아이브는 서니베일에서 팀 쿡을 만나 자신이 상상하는 자동차의 모습을 보여주었다. 그는 차량에 탑승한 승객들이 차량을 음성으로 제어하고, 시리에게 원하는 목적지를 말하는 모습을 상상했다. 두 사람은 라운지처럼 인테리어를 한 내부 프로토타입에 들어가 자리에 앉았다. 밖에서는 한 배우가 시리 역을 연기하고 가상 시연 용도로 작성된 대본을 읽었다.[7] 상상의 차가 앞으로 질주하자 아이브는 창문 밖을 내다보는 척했다.

"시리야, 우리가 방금 지나갔던 그 식당은 무슨 식당이었지?" 아이브가 물었다.

밖에 있던 배우가 응답했다. 이후 임원들과 배우 사이에 몇 차례 대화가 오갔다.

시연이 끝나자 아이브는 미래가 그가 상상했던 것보다 더 웅장하다고 생각하는 듯 얼굴에 만족스러운 표정을 지으며 차에서 내렸다. 그는 엔지니어들이 지켜보고 있다는 걸 잊어버린 것 같았다. 아이브와 다르게 일부 엔지니어들은 이 프로젝트가 시연만큼 허구적일 수 있다는 걱정에 사로잡혔다. 프로젝트의 작업이 빠르게 추진되고는 있었지만 실상은 최종 목적지 근처에도 도달하지 못한 상태였기 때문이다.

파트타임으로 일하며 아이브는 매달 애플의 본사이자 미래 캠퍼스를 둘러보았다. 그는 샌프란시스코를 떠나 쿠퍼티노로 가곤 했는데, 그곳에서는 터파기 작업이 진행 중이었다.

잡스는 애플 기술의 놀라운 본거지가 될 수 있는 애플의 새 본사에 행사장을 꼭 마련하고 싶어 했다. 숨지기 전 그는 행사장에서 본사까지 지하 터널을 뚫어 자신의 집무실에서 지하로 걸어서 행사장 무대까지 가는 통로를 만들자는 아이디어를 내놓았다. 그런데 점차 이 계획이 수정되어 결국 메인 캠퍼스에서 약 400미터 정도 떨어진 언덕 위에 세련된 극장을 세우기로 했다. 잡스가 의도했던 개념을 실현시키는 건 아이브의 몫이었다.

계획된 극장은 비행접시 모양의 탄소 섬유 지붕을 씌운 6.7미터 높이의 원형 유리 형태로 만들기로 했다. 지붕이 떠 있는 듯한 착각을 계속 일으키기 위해선 유리 벽에 기둥이 있으면 안 됐기 때문에 건축가들은 송전선과 스프링클러 등을 유리 패널 사이의 이음새 안에 숨기는 방안을 상상해야 했다. 지붕은 44척의 탄소 섬유 요트를 3,600킬로그램 무게의 은으로 된 원에 볼트로 접합해놓은 선체와 맞먹었다. 이 모든 것을 맥북 광택 수준의 비드 블라스트bead blast(미세한 유리구슬을 고압으로 분사하여 금속 표면의 조도를 일정 수준 이하로 줄여놓는 것 – 옮긴이)로 하고, 야외 정자 같은 느낌을 주도록 햇빛이 비치는 테라초 바닥 위에 얹을 예정이었다. 또 강당은 지하에 만들어서 두 개의 구부러진 계단을 통해 접근할 수 있게 할 계획이었다.

아이브는 극장 내부가 깔끔하고, 디자인적으로 군더더기가 없게 만들기 위해 열과 성을 다했다. 2,000석에 달하는 내부 좌석을 만들기 위해 포스터+파트너스의 건축가들은 전 세계 제혁공장에서 수십 개의 가죽 샘플을 조달해왔다.[8] 아이브는 애플워치 밴드를 살펴봤을 때처럼 가죽 샘플을 하나씩 일일이 조사했다. 페라리 스포츠카에서 흔히 볼 수 있는 폴트로나 프라우Poltrona Frau 가죽으로, 색상은 불그스름한 빛깔의 캐러멜색을 골랐다. 의자 하나당 가격이 무려 1만 4,000달러에 달했지만 아이브는 잡스처럼 좋은 취향에는 가격을 따지지 않았다.

모든 좌석은 오크 바닥으로 마감된 줄 위에 올려놓을 예정이었다. 바닥 목재를 구하기 위해 포스터+파트너스는 전 세계에서 가로 7센티미터, 세로 1.2미터 크기의 오크 샘플을 수백 개 주문했다. 아이브는 각 샘플을 평가하면서 청소와 유지보수가 시간이 지나면서 외관에 어떤 영향을 미치는지를 물어봤다. 그는 결국 체코산 오크를 선택했다. 그는 나무가 살짝 휘면서 무대 쪽으로 구부러졌으나 감지하기는 힘든 곡선이 만들어지기를 원했는데, 이것은 주문 제작 과정을 통해서만 충족할 수 있는 요청이었다. 건축가들은 아이브가 직접 보고 승인할 수 있도록 가죽 좌석을 갖춘 가로 3미터, 세로 6미터 크기의 샘플 원형 극장을 만들었다.

아이브는 극장 건설 작업을 하면서 활력을 되찾았다. 대부분의 결정이 새로우면서도 참신했다. 이 일은 아이폰, 아이패드, 맥을 점진적으로 개선하기 위해 곡선을 가다듬고 재료를 선택하는 일만큼 지루하고 반복적이지 않았다. 그는 창조의 기지개를 켜는 게 너무 즐거운 나머지, 시카고와 파리 같은 대도시 내 애플 스토어의 리노베이션과 개발에도 관여했다. 그와 앤절라 아렌츠는 건축가들과 함께 애플 매장을 사람들이 쇼핑하는 건 물론이고 함께 모여서 애플 제품에 대한 수업을 듣고, 영화를 보고, 놀 수 있는 자칭 '타운 스퀘어town square'로 전환하기 위해 애썼다. 그들은 투명 유리 등 새로운 애플 캠퍼스의 많은 개념을 이곳에도 적용시켰다. 그러자 애플의 모든 매장에서 두루 통합된 건축적 감성이 느껴졌는데, 아이브는 잡스가 숨진 이후 처음으로 이런 신선한 느낌을 받았다.

매장 리노베이션을 하는 동안 아이브는 아렌츠가 중국 내 애플 사업을 더 발전시키기 위해 꿈꿔왔던 프로젝트에 대해 조언해줬다. 그녀는 애플 매장이 들어서지 않은 도시와 마을에서 아이폰을 팔면서 중국 이곳저곳을 돌아다니며 바퀴 달린 애플 스토어 역할을 하는 버스를 선보이고 싶었다. 단, 이 계획을 실천하려면 청소를 할 수 있게 매일 밤 버스들을 차고로 돌아오게 해야 했다. 아렌츠가 이끄는 팀의 몇몇 멤버들은 세계적인 디자이너인 그녀를 대형 그레이하운드Greyhound(미국의 버스 회사 - 옮긴이) 버스에서 일하게 한다는 게 터무니없다며 비웃었다.

아이브는 아이폰, 아이패드, 맥을 더 신선하게 만드는 방안에 대한 검토는 물론이고 애플 캠퍼스와 애플 카 관련 작업에도 계속 참여했지만, 가끔씩 회사에 대한 자신의 영향력이 줄어들고 있다는 느낌을 받았다.

10월이 되자 쿡은 제임스 벨James Bell을 애플의 8인 이사회에 앉혔다. 보잉의 CFO로 일한 경험이 있는 흑인 임원을 이사로 임명함으로써 모두 백인인 이사회의 다양성 부족 문제를 해결하겠다는 것이었다. 오랜 기간 애플 주식에 투자해왔던 제시 잭슨Jesse Jackson 목사는 수년간 애플에 흑인 이사를 임명하라고 압박해왔다.[9] 그는 심지어 회사의 연례 주주총회에도 참석해 앨라배마 출신인 팀 쿡에게 "셀마Selma(1965년 '셀마 행진' 등 흑인 인권과 참정권을 위한 운동이 펼쳐졌던 앨러배마주의 한 도시 – 옮긴이)에서 실리콘밸리로는 끊기지 않고 이어지는 선이 있으며, 그 선은 평등, 인권, 경제적 공정성을 찾기 위한 긴 여행의 일부"라고 말하기도 했다. 그의 공격은 자칭 다양성 옹호자인 쿡이 흑인 이사를 찾도록 압박했다. 결국 쿡이 벨을 선택하자 애플의 스타 디자이너는 짜증이 났다.

아이브 역시 이사회의 다양성을 지지하긴 했지만 벨은 다름 아닌 미키 드렉슬러Mickey Drexler 이사의 퇴사로 공석이 된 자리를 채우고 있었다. 드렉슬러는 아이브의 오랜 절친이자 잡스가 회사에 불어넣은 마케팅과 고상함을 제대로 이해하는 사람이었다. 잡스가 본능에 따라 애플을 운영했던 것처럼 드렉슬러는 갭Gap과 J. 크루J. Crew에서 직감에 의지하여 두 회사를 소매업계의 거인으로 변화시켰다. 그의 사임은 이사회가 10년 이상의 경험과 타고난 마케팅 감수성과 아이브 같은 크리에이터의 말을 들어줄 귀를 가진 이사를 잃게 됐다는 뜻이었다. 그런데 쿡이 그런 드렉슬러를 대신해 운영과 금융 교육을 받은 이사를 임명한 것이다. 쿡이 타고난 마케터보다 운영자를 선택한 일은 최근 몇 년 사이 이번이 벌써 두 번째였다. 2014년 애플에서 회장 생활을 오래 한 잡스의 측근 빌 캠벨Bill Campbell이 사임하자 쿡은 그를 블랙록의 COO인 수전 바그너Susan Wagner로 교체했다. 바그너와 벨로 인해 이사회 내 전문 지식의 균형은 운영 쪽으로 기울게 되었다.

이런 변화를 본 아이브는 괴로웠다. 그는 동료와 친구들에게 쿡이 잡스의 미망인인 로렌 파월 잡스를 이사회에 넣거나, 잡스를 잘 알고 있는 다른 누군가를 넣어야 했다고 불평했다. 그는 쿡이 적어도 '마케팅 감성'이 있는 사람을 선택할 수 있었다고 생각했다. 아이브와 이야기를 나눈 한 동료는 벨을 옹호했다. 그 동료는 "그는 상당히 평판이 좋습니다"라고 말했다.

"그게 무슨 상관입니까?" 아이브는 말했다. "우리는 회사를 걱정해야 합니다. 그는 그냥 평범한 회계사에 불과합니다."

아이브가 느낀 좌절의 이면에는 또 다른 불편한 사실이 숨겨져 있었다. 그가 이사로 임명될 사람들에게 영향을 줄 수 없다는 사실이었다. 잡스가 회사를 이끌었을 때 아이브는 잡스의 마음을 움직일 수 있었다. 그와 잡스는 자주 점심 식사를 하면서 미래의 계획과 사업 상황에 대해 논의했었다. 그의 의견은 중요했고, 회사의 미래에 대한 주요한 사업 결정에 영향을 미칠 수 있었다. 하지만 디자인 스튜디오를 좀처럼 방문하는 법이 없던 쿡의 부상으로 아이브의 영향력은 줄어들었다. 대부분의 사안에서 COO 제프 윌리엄스와 CFO 루카 마에스트리가 쿡의 고문 역할을 맡았다. 아이브는 영향력을 잃고 이제 구경꾼으로 전락했고, 일상적인 업무에서 한 발짝 물러서기로 한 자신의 선택으로 인해 그는 더욱 열외 취급을 받았다.

아이브에게 잡스를 잃은 고통은 사라지지 않았다. 그는 매년 10월 잡스의 기일이 돌아올 때마다 고통에 시달렸다. 2015년 가을 소니는 잡스의 일대기를 다룬 전기영화를 출시할 계획이었다. 영화는 로렌 파월 잡스에게 또 다른 고통을 안겨주었다. 영화가 그녀가 싫어했던 월터 아이작슨의 전기를 원작으로 하여 잡스가 첫째 딸 리사 브레넌 잡스Lisa Brennan-Jobs를 친자로 인정하지 않았다는 사실을 집중적으로 다뤘기 때문이다.[10] 죽은 남편의 유산을 더럽힐 수 있는 일이었다. 촬영이 시작되기 전에 그녀는 배우 레오나르도 디카프리오가 영화에 출연하지 못하게 막아 영화 제작 프로젝트를 방해하려고 했다.

잡스의 기일이 지나고 며칠 뒤 아이브는 로스앤젤레스의 베벌리힐스에서 《베니티 페어Vanity Fair》 주최로 열린 '뉴 에스태블리시먼트 서밋New Establishment Summit'에 참석했다.[11] 아이브는 행사에서 〈스타워즈: 깨어난 포스〉 감독인 J. J. 에이브럼스J. J. Abrams와 〈뷰티풀 마인드〉의 프로듀서인 브라이언 그레이저Brian Grazer 등 스타급 패널과의 대담을 진행하기 위해 무대 위에 올랐다. 아이브는 무대 위 옅은 회색 안락의자에 앉은 뒤 클락스 왈라비 스웨이드 신발을 앞에 벗어놓았다. 편안한 분위기 속에서 대화할 수 있으리라고 예상했기 때문이었다.

그와 그의 왼쪽에 앉아 있던 에이브럼스는 친구이자 서로 영향을 주고받는 창조적인 뮤즈였다. 아이브는 시사 전문지인 《뉴요커》와의 인터뷰에서 에이브럼스와 저녁 식사를 하면서 앞으론 〈스타워즈〉에서 나오는 광선검을 '더 튀게' 만들라는 조언을 전했다고 말했다.[12] 더 원시적이면서 위협적으로 느껴지게 울퉁불퉁하게 만들라는 것이었다. 아이브가 제시한 시각적 개념에 영감을 얻은 에이브럼스는 새로운 시도를 해봐야겠다고 마음먹었다. 그 결과로 태어난 것이 제국군 사령관 '카일로 렌'의 불길한 느낌을 주는 레이저 검이었다.

그레이저는 디자이너와 감독 사이에서 창작 과정의 복잡함을 주제로 토론을 진행했다. 관객들이 질문할 시간이 되자 정장 재킷을 차려입은 한 남성이 강당 중앙에 있는 마이크 앞으로 다가갔다. 그는 "조니, 스티브 잡스 영화에 나오는 일종의 가내 수공업 방식(영화 〈스티브 잡스〉에서는 잡스가 가내 수공업으로 '애플 I '을 출시하고 이후 공개한 '애플 II'가 대히트를 치자 성공 가도를 달리는 것으로 묘사된다. - 옮긴이)에 대해 조금이라도 말씀해주실 수 있는지 궁금합니다"라면서 "영화 〈스티브 잡스〉를 보셨나요? 아니면 앞으로 보실 건가요?"라고 물었다.

아이브는 질문자를 노려보면서 몸을 앞으로 홱 틀었다. 그는 불편한 속내를 감추고 "제가 지금까지 들어본 적이 없는 듣기 좋은 묘사네요"라고 말했다. 그는 자세를 바꾸면서 눈썹을 치켜올리더니 "가내 수공업 방식이라…"라면서 웃었다. 그는 은근슬쩍 비판적인 말투로 질문자를 응시하며 "드릴 말씀이 정말로 많네요"라고 말했다. 그는 해당 영화를 본 적이 없었지만 그것 때문에 머리가 아팠다.

그는 말을 이어갔다. "그 영화는 제게 일종의 원초적인 두려움을 느끼게 해줍니다. 또 한 사람이 어떻게 정의되고 묘사될지가 그의 가족과 친구가 아닌 아주 다른 의도를 가진 사람들에 의해 악용될 수 있다는 점에서 제게 꽤 깊은 영향을 미칩니다. 그래서 더 이상 무슨 말씀을 드려야 할지 모르겠습니다."

그는 더 이상 어떻게 할 수 없다는 듯 양손을 의자 팔걸이에 떨어뜨리고 말을 이어갔다.

"아들과 딸과 미망인과 절친한 친구들이 몹시 혼란스럽고 속상해하고 있습니다. 우리는 스티브의 삶을 기억하고 있습니다. 영화가 아름답게 연출되었음에도 저는 (영화에서) 그를 전혀 알아보지 못하겠습니다. 제가 영화에 대해 약간 투덜대듯 말해서 미안합니다. 하지만 사실 너무 슬퍼서 그렇습니다. 왜냐하면 알다시피 스티브는 우리처럼 승리와 비극을 모두 맛봤지만, 우리 대부분과 달리 자신의 정체성이 저마다 다른 수많은 사람들의 관점으로 정의되고 묘사되고 있기 때문입니다."

아이브는 자신의 왼쪽 무릎을 잡고 마치 감정을 제자리로 되돌려놓으려는 듯 오른쪽 다리를 왼쪽 다리 아래로 조심스럽게 집어넣었다. 그는 무대 위에서 표현이 풍부한 편은 아니었지만 질문을 받고 감정이 울컥했다. 그를 중심으로 애플이 변화하는 가운데서도 그는 자신이 상상하지 못했던 방식으로 친구이자 파트너인 잡스를 그리워하고 있었다.

캘리포니아에서 멀리 떨어진 뉴욕에서는 한 박물관 큐레이터가 사람들이 기계가 아닌 사람 손으로 만든 제품에 더 높은 가치를 두는 이유에 대해 곰곰이 생각하고 있었다.

앤드류 볼튼Andrew Bolton은 사회가 기계로 만든 물건을 평범하게 여기고 수제 물건은 무조건 고급스럽고 특별한 무언가로 간주하는 것을 시대착오적이라고 생각했다.[13] 메트로폴리탄 미술관 의상 연구소 소장인 그는 사람들이 "내가 손으로 만든 것과 기계로 만든 것 사이의 차이를 구별할 수 있을까?"라고 자문해보는 만드는 전시회를 통해 그러한 선입견에 맞서고 싶었다.

10년 전 박물관에 들어온 볼튼은 패션 업계에서 가장 영향력 있는 이야기꾼이었다. 주제가 확실한 그의 전시품들은 예술과 상업의 교차점에 사는 산업을 발전시킨 데 대한 공로를 인정받았다. 이런 전시품들 덕에 그는 모든 주요 패션쇼에 초대를 받고, 그해 7월에는 파리에서 열린 샤넬 쇼에서 영감을 받기도 했다. 이 쇼에서 그는 임신한 모델이 합성 스쿠버 슈트

천으로 만든 흰색 웨딩드레스를 입고 런웨이를 미끄러져 내려오는 장면을 보았다. 픽셀 무늬 금으로 장식된 웨딩드레스의 옷자락 길이만 약 6미터에 달했다. 네덜란드 화가이자 유럽 북부 르네상스 미술의 선구자로 불리는 얀 반 에이크Jan van Eyck가 그린 그림 속에서 걸어 나온 듯한 그 여성은 기계로 만든 네오프렌neoprene과 손으로 꿰맨 옷자락을 걸치면서 '주문 제작' 패션의 개념에 도전했다. 드레스는 인간과 기계의 합작품이었다.[14]

볼튼은 이 개념을 박물관의 가장 중요한 행사인 '멧 갈라Met Gala'의 테마로 사용하고 싶었다. 매년 5월이 되면 박물관은《보그》편집장 애나 윈투어가 이끄는 연례 모금 행사에 맞춰 새로운 전시회를 열었다. 그녀의 지휘 아래 멧 갈라는 연례 최고의 엘리트 사교 모임 중 하나가 되었다. 사진기자들이 연신 카메라 플래시를 터뜨리는 가운데 모델, CEO, 아티스트, 배우, 운동선수들이 레드카펫 위를 행진했다.

볼튼이 윈투어에게 자신의 아이디어와 전시 제목인 '마누스×마치나 Manus×Machina'에 대해 설명하자 그녀는 즉시 아이브를 떠올렸다. 그녀는 애플이 이 행사를 후원하는 데 관심이 있는지 알아보고자 아이브에게 전화를 걸었다.[15] 기계로 만든 제품과 핸드메이드 제품에 대한 인식에 도전하겠다는 볼튼의 생각은 수제 수준의 정교함을 갖춘 제품을 대규모로 만들기 위해 한평생 노력해온 아이브에게 곧바로 반향을 일으켰다. 그는 이 전시회를 애플워치와 패션의 연관성을 확장시킬 수 있는 완벽한 기회라고 생각했다. 그는 쿡에게 가서 300만 달러 이상으로 추정되는 후원을 요청해 승인을 받아냈다.[16]

그해 가을 아이브는 볼튼과 윈투어를 쿠퍼티노로 초대하여 스튜디오를 보여주며 전시회에 대해 논의했다. 10월 말 초대에 응한 두 사람은 깔끔한 스튜디오로 가서 스케치와 프로토타입 제작에 집중하고 있는 디자이너들의 활기찬 모습을 보았다. 아이브는 손님들을 허리 높이의 오크 테이블로 안내했다. 테이블 위에는 디자이너들의 초기 콘셉트 제품이 얇은 검은 시트로 가려져 있었다. 아이브는 시계가 보관되어 있던 곳으로 가서 그들에게 디자인팀의 최신작을 보여주었다. 175년 역사를 가진 패션 브랜드 에르메스와 특별히 협업해 만든 작품이었다.

아이브는 "양사 관계자들이 파리에서 점심 식사를 같이하다가 제휴를 하게 됐다"라고 설명했다.[17] 당시 그는 콜레트에서 애플워치가 첫선을 보인 직후 에르메스 CEO를 만나서 미래 시계에 대한 협업 아이디어를 꺼냈다. 그 결과 애플의 스테인리스스틸 케이스 중 하나와 에르메스의 가죽 스트랩이 합쳐졌다. 가죽 스트랩은 수십 년 동안 공정을 물려받아온 제혁공들이 비밀리에 만든 것이었다. 그것은 새로운 기술과 옛 기술이 합쳐진 결과물이었다.

투어를 마친 볼튼과 윈투어는 디자이너들을 만나 다가올 전시회를 주제로 이야기를 나누었다. 볼튼은 쇼에 소개될 드레스 사진들을 공유했고, 윈투어는 패션의 미래에 대한 디자이너들의 질문에 답했다. 옆에서 듣고 있던 볼튼은 기술 디자이너와 패션 디자이너들 사이의 유사점을 보고 깜짝 놀랐다. 그들은 서로 다른 분야에서 활동했지만 두 분야의 실무자들 모두 시간이 지나면 시대에 뒤떨어질 수밖에 없는 것들을 만들기 위해 엄청난 시간을 쏟아붓고 있었다. 패션쇼에서 아무리 숨 막히는 드레스라도 1년만 지나면 새로운 스타일에 의해 밀려나며 역사 속으로 천천히 사라지는 것처럼 아무리 넋이 빠질 만큼 매혹적인 아이폰이라도 더 빠른 칩과 더 나은 카메라가 등장하면 곧바로 뒤집힐 것이었다. 이 세상에 존재하는 아이브와 라거펠트 같은 사람들은 모두 '다음 새로운 것'을 추구하기 위해 인생을 바치는 사람들이었다.

멧 갈라가 코앞으로 다가오자 아이브는 애플워치의 미래에 대해 확신했다. 기술과 패션이 융합되고 있었고, 애플은 몇 년 전 아이팟과 음악을 통해 그렇게 했듯이 이 문화적 충돌의 선두에 서 있었다. 아이브는 애플워치의 판매에 대한 동료들의 걱정을 무시했다. 그는 애플이 시계의 배터리 수명을 개선하고 건강 기능을 추가하면 판매량이 증가할 것이라고 믿었다. 그는 그렇게 할 수 있을 때까지 얼마나 오랜 시간이 걸릴지 걱정할 필요가 없다고 보았다.

그러나 쿡은 확신하지 못했다. 그는 아이브가 추구하는 패션 중심의 마케팅 전략 때문에 계속 괴로워했다. 미래의 피트니스 홍보 계획이 수립되고 있는 가운데, 그는 회사의 마케팅팀과 영업팀을 개편하기로 결정했다. 쿡은 필 실러가 TBWA\미디어 아트 랩과 힘을 합쳐 아이폰으로 찍은 사진을 보여주는 빌보드 광고로 칸 광고제에서 최고상을 수상한 전력이 있었음에도 그를 애플워치 광고 제작 업무에서 제외했다. 또한 이브생로랑에서 데려온 폴 드네브가 퇴사하도록 압박했다. 실러는 앱 스토어를 관리하는 더 큰 역할을 맡기로 했고, 드네브는 애플을 떠나 패션 업계로 복귀하기로 했다. 두 임원 모두 쿡의 기대에 못 미쳤던 애플워치를 내놓는 데 핵심적인 역할을 했던 사람들이었다. 당시의 아이브는 몰랐지만 멧 갈라는 애플이 걷는 마지막 런웨이가 될 예정이었다. 그가 성장시켰던 회사는 이제 그조차도 알 수 없는 방식으로 변하고 있었다.

AFTER STEVE

CHAPTER 16

보안

2016년 12월 어느 날 아침, 캘리포니아주 남부 샌버너디노^{San Bernardino} 카운티 공중보건부 직원 약 80명이 하루 동안 팀 구성 훈련을 받기 위해 지방자치 단체 건물로 몰려들었다.[1] 사무 보조원과 임상의, 데이터 분석가와 보건 검사관, 어머니, 아버지, 형제, 자매 등이었다. 그들은 한구석에 처박힌 크리스마스트리가 휴일 분위기를 내며 빛나고 있는 다소 밋밋해 보이는 정부 회의실 좌석에 앉았다.

오전 중반 휴식 시간이 되기 직전, 동료인 리즈완 파룩^{Rizwan Farook}이 회의실을 나갔다. 잠시 뒤 문이 획 열리면서 그가 검은색 마스크를 쓴 채 자동소총을 들고 들어왔다. 회의실 안으로 들어온 그는 사격을 개시했다. 탕, 탕, 탕. 총소리가 울려 퍼졌다.

몇몇 직원은 출구를 향해 전력 질주했다. 바닥에 엎드려 탁자 밑으로 숨으려 한 사람도 있었다. 두 번째 총격범인 파룩의 아내도 안으로 뛰어들어와 총질을 해대기 시작했다. 벽, 창문, 스프링클러 파이프에 총알이 박혔다. 총격이 계속되는 가운데 천장에서 물이 쏟아져 나왔다.

신고를 받고 출동한 경찰은 조심스럽게 건물 안으로 들어갔다. 그들은 스프링클러에서 쏟아지는 물을 맞으며 전진하다가 바닥에 널브러진 시체들을 발견했다. 그들은 회의실 안으로 진입했지만 총격범들은 사라진 뒤였다.

구급대원들이 부상자들을 돌보는 가운데 경찰관들은 생존자를 인터뷰하다 복면을 쓴 총격범이 파룩이었다는 사실을 알게 되었다. 수사관들은 이 미국 태생의 파키스탄인을 추적한 끝에 주택가에서 그가 탔던 SUV를 발견했다. 경찰이 다가오자 파룩은 속도를 높여 도주를 시도했다. 그의 아내는 뒤쫓아 오는 경찰들을 향해 총을 발포했다. 반대 방향에서도 경찰차가 다가오자 그는 운전석을 빠져나온 뒤 총질을 해댔고, 그의 아내 역시 순찰차를 향해 사격을 개시했다. 150명 이상의 경찰관이 현장에 도착하여 수백 발을 쏜 끝에 파룩과 그의 아내를 사살했다.

총격전이 멈추자 수사관들은 범죄 현장을 정리했다. 파룩의 아내는 14명의 목숨을 앗아간 이번 공격 전에 페이스북에 글을 올려 급진 수니파 무장단체인 이슬람국가Islamic State에 충성을 맹세한 전력이 있었다. SUV를 수색하던 요원들은 '디지털 시대의 지문'이나 다름없는 아이폰을 포함해 여러 종류의 전자제품을 발견했다. 그들은 그것이 그날의 혼란과 폭력에 대해 설명해주길 바랐다.

다음 날 애플의 고문 변호사인 브루스 시웰은 케이블 뉴스 방송들이 베이 에어리어에서 남쪽으로 약 640킬로미터 떨어진 곳에서 발생한 이번 테러리스트 총격 사건을 연이어 보도하는 동안 체육관에 있었다. 휴대폰이 울리자 그는 운동기구 소리가 들리지 않는 조용한 곳으로 발걸음을 옮겼다. 전화를 건 법무팀 당직자는 그에게 미국 연방수사국FBI이 그와 즉시 통화하기를 원한다는 말을 전했다.

몇 분 뒤 시웰은 한 FBI 요원과 통화했다. 요원은 전날 일어난 사건을 자세히 설명하더니 걱정거리를 하나 추가로 얘기해줬다. 수색 영장이 발부되어 정부가 파룩이 몰던 차들 중 한 대에 숨겨져 있던 아이폰을 확보했는데, 총격범들이 추가 공격을 계획하고 있는 테러 조직에 소속됐는지 판단할 수 있게 아이폰 비밀번호를 푸는 걸 도와달라는 것이었다.

시웰은 바로 쿡에게 연락했다. 쿡은 시웰의 어조에서 뭔가 잘못되었음을 직감했다. 시웰은 늘 차분하고 침착하게 말했다. 로스쿨을 다니기 전에 소방관으로 일하면서 터득한 냉철함 덕분이었다. 그는 실제 불을 꺼본 경험이 충분히 많아서 법률적인 불을 봐도 좀처럼 당황하지 않았다. 그러나 FBI가 총격범으로 추정되는 범인의 아이폰을 찾아냈다고 전할 때 그의 목소리는 떨리고 있었다.

그는 애플의 법무상 연락은 프로토콜을 따르고 있다고 이야기했다. 애플은 이미 FBI에 아이폰에 접근할 수 있는 여러 옵션을 알려줬으며, 아이폰에 담긴 정보를 검색하는 데 직접 관여하지 않는데도 그것의 소프트웨어에 대해 설명해주면서 원격 기술 지원을 제공할 것임을 분명히 했다. 애플의 정책에 따라 아이폰 잠금을 해제해주지는 않았다.

이 정책은 논쟁을 불러일으켰다. 모바일 기기가 건강 정보와 커뮤니케이션 등 민감한 데이터의 허브가 되면서 엔지니어들은 해커로부터 사용자를 보호하기 위해 보안과 암호화를 강화했다. 반면에 사법당국은 범죄를 해결하고 생명을 구하기 위해 구체적인 범행 정보가 담겨 있을 수 있는 전화기에 더 쉽게 접근할 수 있기를 원했다. 사용자 보호에 대한 애플의 관심과 사회 보호에 대한 FBI의 관심이 점차 더 강하게 대립했다. 2014년 애플이 PIN 번호나 지문 없이는 누구라도 아이폰에 접근하지 못하게 막는 기능을 도입한 후 마찰은 더욱 심해졌다. 경찰관과 검사들은 이것을 공공의 안전보다 프라이버시를 우선시하는 기능으로 간주했다. 이로 인해 범죄자들은 그들이 나눈 대화가 법정에서 증거로 쓰일 위험을 덜 느끼면서 의사소통할 수 있게 되었다는 것이다. 사법당국은 이런 곤란한 상황을 '강력한 암호로 인해 모니터링이 불가한 상황going dark'으로 규정했다.

시웰은 총격 사건 이후 샌버너디노 카운티가 FBI가 회수한 아이폰5c의 수색영장을 발부했다는 소식을 듣고 고무됐다. 아이폰5c에는 카운티 보건부가 휴대폰의 사용을 통제할 수 있는 소프트웨어가 들어 있었다. 카운티는 애플의 도움 없이도 아이폰5c에 접근할 수 있었다. 정부는 또한 파룩의 아이클라우드 계정에 접속할 수 있었다. 파룩이 애플의 디지털 저장 서비스인 아이클라우드에 전화기를 백업해뒀을 수 있었다. 애플은 휴대폰의 잠금을 해제해주지는 않았지만 아이클라우드에 저장된 백업 내용을 해독하고, 소환장에 응해 메시지와 사진을 넘기기로 했다.[2] 애플은 고객에게 이런 일을 해줄 수 있다는 걸 광고하지는 않았지만 사법당국에는 알려줬다. 이러한 보안상의 허점 때문에 압수한 전화기에 접근할 수 있었다.

그러나 이후 며칠 동안 신속한 문제 해결이 가능할 거라는 애플과 FBI의 기대는 여지없이 무너졌다. 총격범이 마지막으로 휴대폰을 백업한 게 몇 달 전이라는 사실이 드러났기 때문이다.[3] 또한 카운티에서 사용하고 있던 소프트웨어 관리 시스템이 완전히 구현되지 않아서 FBI가 이 시스템을 통해 아이폰에 접근할 수 없다는 사실도 드러났다.[4] FBI는 수색영장을 발부해 일부 이메일과 메시지를 확보했으나 이렇게 확보한 자료 중 무엇도 문제 해결의 돌파구가 되어주지 못했다. 그들이 찾던 대답은 아이폰 안에 있었기 때문이다.

사건이 발생한 지 거의 한 달 만인 1월 초, 쿡은 제임스 코미^{James Comey} FBI 국장, 로레타 린치^{Loretta Lynch} 법무장관, 데니스 맥도너^{Denis McDonough} 백악관 비서실장 등 정부 대표단을 만나기 위해 새너제이에 소재한 미국 특허상표국^{U.S. Patent and Trademark Office}에 도착했다.[5] 오바마 행정부 대표들은 페이스북과 구글 및 기타 소셜 미디어 서비스들이 테러리스트들을 과격하게 만드는 IS의 메시지를 제거하도록 권고하기 위해 실리콘밸리에 머물고 있었다.[6] 코미는 또한 범죄 수사를 복잡하게 만드는 암호화된 통신 서비스에 대해 논의하고자 했다. 국가안보국^{NSA}이 미국인들을 사찰할 때 기술기업들이 이를 도왔다는 내용의 문서를 에드워드 스노든^{Edward Snowden}이 유출한 이후 정부와 거대 기술기업들 사이의 관계는 소원해졌다.[7] 이에 대중들이 반발하자 기술기업들은 정부와 거리를 둔 채 적대적으로 변했다. 오바마 행정부는 이런 관계가 '리셋', 즉 재설정되기를 원했다.

아이폰이 가진 지속적인 강점과 애플뮤직의 급성장에 대해 낙관하던 쿡은 용기를 내서 싸울 준비를 끝냈다. 그는 창문이 없는 밋밋한 느낌의 방에 들어가 당시 셰릴 샌드버그^{Sheryl Sandberg} 페이스북(현재의 메타−옮긴이) COO, 오미드 코데스타니^{Omid Kordestani} 트위터 회장 등 동료들과 함께 회의 테이블에 앉았다. 워싱턴에서 나온 대표단은 기술 리더들 맞은편에 앉아 정부의 테러범 모집 차단 활동을 도와줄 만한 소셜 미디어 전문가를 고용할 수 있게 도와달라는 요청 등을 포함해서 여러 안건에 대해 논의를 시작했다. 쿡은 논의의 주제가 암호화 문제로 바뀔 때까지 대체로 침묵을 지켰다. 그러다 마침내 입을 열었다.

쿡은 오바마 행정부가 암호화 분야를 이끌 리더십이 부족하다고 꼬집었다. 그는 아이폰에 기술적 '백도어^{back door}(시스템 관리자가 일부러 열어놓은 보안 구멍 – 옮긴이)'를 만들어달라는 FBI의 요구를 비난하며 정부 측에서 이를 제재해야 한다고 말했다.[8] 그는 정부의 접근을 가능하게 해주는 그런 특별한 소프트웨어가 자칫 나쁜 사람들의 손에 넘어가면 일반 사람들에게 악용될 위험이 있다고 강조했다. 그는 애플이 프라이버시 보호에 기반을 둔 도덕적으로 우월한 위치를 점유하고 있으나 지금 정부는 그러한 보호를 무너뜨리려 한다고 주장했다.

쿡이 말하는 동안 맥도너의 귀가 빨개지기 시작했다. 그날 그 방에 있던 정부 인사들에게 쿡은 신성한 체하는 사람처럼 보였다.

린치가 끼어들어 "프라이버시와 국가 안보 이익 사이에 균형이 잡혀야 한다"고 말했다. 코미는 "기업은 정부가 조사 도중에 법원이 명령한 기기에 접근할 수 있게 해주는 시스템을 개발해야 한다"며 정부 입장에 대해 더 자세히 설명했다.[9]

샌버너디노에 대해 언급한 사람은 없었다. 모두가 아이폰을 둘러싼 논쟁에 빠져 있었기 때문이었다.

남부 캘리포니아에서는 FBI가 디지털 러시안 룰렛 게임을 하고 있었다. 잠긴 아이폰의 네 자리 암호를 맞히는 시도를 총 10번 할 수 있지만 만일 10번 다 실패하면 아이폰의 모든 데이터가 자동으로 지워지거나 비활성화되어 마지막 단서를 완전히 잃어버리게 될 수 있었다.

그러한 최악의 시나리오에 직면하자 코미는 전 세계의 위협에 대한 정보위원회Intelligence Committee 브리핑을 하기 위해 '하트 상원 사무소Hart Senate Office Building'로 성큼성큼 걸어 들어갔다. 테러범들이 샌버너디노에서 14명을 살해한 지 두 달 이상이 지난 2월 9일이었다. 코미는 FBI가 확보한 아이폰을 여전히 풀지 못한 데 대해 좌절했다. 리처드 버Richard Burr 상원의원은 FBI 국장의 어두운 분위기를 감지하고 이렇게 물었다. "코미 국장님, 법원의 명령이 떨어졌는데도 기업이 통신 내역 제공을 거부한다면 사법당국과 기소와 관련해 어떤 위험이 생길까요?"[10]

코미는 그 앞에 있던 버를 쳐다보며 "우리가 사건을 해결하지 못하고 정말 나쁜 놈들이 풀려나게 될 위험이 생깁니다"라고 답했다. 그는 '강력한 암호로 인해 모니터링이 불가한 상황'이 초래되면 사법당국이 살인, 마약, 납치 사건을 해결하지 못하게 된다고 강조했다. 버는 다시 "그런 일이 벌어진다면, 그리고 법원이 충분히 타당한 이유가 있다는 사실을 입증해준다면 기업은 정보를 줘야 한다는 데 미국 내에서 공감대가 형성될 것이라 생각합니다"라면서 "그게 논리적이지 않나요?"라고 반문했다.

그러자 코미가 대답했다. "맞습니다. 특히 기기, 전화, 기본 잠금장치의 경우가 그렇습니다. 이런 기기들에 종종 아동 포르노나 납치 계획은 물론이고 범죄 해결에 도움을 줄 수 있는 다른 세부 사항들에 대한 증거도 들어 있기 때문입니다." 그는 두 손으로 자신의 심장 쪽을 가리키며 개인적으로 느끼는 좌절감에 초점을 맞췄다. 그는 이어서 말했다. "그런 문제가 우리의 대對테러 활동에 영향을 미칩니다. 샌버너디노 사건은 우리에게 매우 중요한 수사에 해당하나 우리는 아직 풀지 못한 살인범의 휴대폰을 갖고 있습니다. 지금까지 두 달 넘게 그러고 있습니다."

신문 기자와 뉴스 진행자들은 일제히 논평을 쏟아냈다.[11] 애플에 대한 코미의 비난은 애플의 암호화 정책이 샌버너디노 수사를 방해하고 있다는 데 대한 첫 번째 공개적인 확인이자 코미가 싸움을 할 준비를 마쳤음을 알리는 신호였다.

시웰은 코미의 최근 발언을 암호화에 맞서 1인 반대 운동을 벌이고 있는 FBI 국장의 분노 정도로 이해하고 있었다. 애플의 법무 연락 담당자는 시웰에게 FBI와의 사이에서 일어난 일에 대해 정기적으로 업데이트해줬다. 그는 해결책이 곧 마련될 거라고 믿었다.

캘리포니아 리버사이드Riverside 인근에서 남쪽으로 수백 킬로미터 떨어진 곳에서는 법무부 변호사들이 난국을 타개할 방법을 모의하고 있었다. 그들은 기업이 형사 사건을 돕도록 강제할 수 있는 1789년 제정된 '모든 영장법All Writs Act'에 따라 법원 명령 신청서 초안을 작성했다.[12] 단지 두 단어에 불과한 이 법 덕분에 법무부는 과거 아동 성범죄자와 마약 거래자들의 휴대폰을 푸는 데 애플의 도움을 받을 수 있었다. 모호하지만 효과적인 법이었다.

2월 16일 정부 측 변호사들은 판사에게 애플이 아이폰의 암호 입력 오류 10회 제한을 무력화할 수 있는 소프트웨어를 직접 개발하도록 강제해달라고 요청하는 40페이지 분량의 요청서를 미국 중앙 캘리포니아 지방법원에 제출했다.[13] 소프트웨어가 개발되면 러시안 룰렛을 해야 하는 부담이 줄어듦으로써 FBI는 휴대폰 잠금을 풀 시간을 벌 수 있었다. 판사는 이 요청을 예비 승인했고, 애플에게 단 5일 안에 응답하라는 명령을 내렸다.

이 판결에 시웰은 짜증이 났다. 그는 법무부의 움직임을 법적 모독으로 해석했다. 그에겐 애플이 테러리스트들을 돕고 있다는 정부의 주장에 공개적으로 대응 계획을 짤 시간이 별로 없었다. 그는 정부가 이러는 유일한 목적이, 이번 테러 참사를 애플의 브랜드에 엄청난 충격을 가하는 강력한 무기로 바꾸려는 것일 수 있다며 분개했다.

시웰은 쿡에게 전화를 걸어 법원 명령에 대해 알려줬다. 애플 법무팀이 판결문을 구해왔고, 그와 쿡은 그것을 함께 읽었다. 판결문은 사실적 묘사로 시작했다.

"2015년 12월 2일 캘리포니아 샌버너디노 대학살에 대한 결정적인 증거를 얻기 위해 정부는 대량 학살범 중 한 명이 사용한 애플 아이폰을 합법적으로 압수해 (범법 행위에 관한 정보를) 수색하기 위해 노력해왔다. 수색허가 영장과 휴대전화 소유자의 동의에도 불구하고, 정부는 아이폰의 암호화된 콘텐츠에 접근할 수 없어 수색을 완료하지 못하고 있다. 애플은 정부가 수색을 완료하도록 도와줄 수 있는 독점적인 기술적 수단을 가지고 있으나 그에 대한 자발적 지원을 거부했다."

쿡은 정부가 만들고 있는 '프레임'을 바로 알아볼 수 있었다. FBI의 선한 사람들은 대학살을 해결하기 위해 싸우고 있는 반면에 애플의 나쁜 사람들은 그들의 앞길을 완강히 가로막고 있다는 식이었다. 정부는 법정 다툼만큼이나 홍보전을 유리하게 이끌어 가기 위해서 이런 식의 프레임을 씌웠다. 보안에 대한 애플의 입장은 정해지지 않은 상태였다.

쿡은 애플이 정부가 요구한 소프트웨어를 만든다면 그것이 전 세계 모든 아이폰에서 사용될 수 있다는 점을 걱정했다. 사람들이 사진, 건강 정보, 금융 데이터를 아이폰에 저장할 때 그 정보가 보호받고 있다는 것을 믿을 수 있어야 했다. 아이폰 잠금을 해제하는 시스템을 만들었다가 자칫 아이폰에 대한 사람들의 신뢰가 무너질 수 있었다. 그것은 쿡이 의존하던, 애플 매출 대부분을 올려주는 '아이폰의 마법'을 더는 부리지 못하게 위협할 수 있었다. 또한 온라인에서 사람들을 추적한 구글의 안드로이드 운영체제보다 아이폰이 더 프라이버시를 지켜준다고 선전했던 쿡의 신뢰성을 깎아내리는 일임은 두말할 필요도 없었다.[14] 쿡은 고객에게 보내는 편지에 이렇게 썼다. "우리의 사업 모델은 아주 단순합니다. 우리는 훌륭한 제품을 판매합니다. 우리는 광고주에게 팔기 위해 귀하의 이메일 콘텐츠나 웹 검색 습관에 대한 프로필을 구축하지 않습니다."

쿡은 정부의 공격을 방어하는 방법을 찾아내기 위해 재무 책임자 루카 마에스트리, 마케팅 책임자 필 실러, 소프트웨어 책임자 크레이그 페더리기, 커뮤니케이션 책임자 스티브 다울링 등 회사 리더들을 이사회실로 불러 모았다. 늦은 오후였고, 그는 아침 해가 뜨기 전에 애플의 전 고객들에게 알릴 수 있는 묘수를 원했다.

정부에 굴복하는 것은 선택지에 없었다. 쿡은 샌버너디노 총격 사건 훨씬 이전부터 법원 명령에 맞서 싸우기로 결심했다. 애플이 아이폰 보안을 강화한 만큼 그는 누군가가 납치됐는데 사법당국이 납치범의 아이폰에 접속하는 것만이 피해자를 구출하는 유일한 방법이라고 말했을 때 어떻게 대응해야 할지에 대한 가상 시나리오를 놓고 법무팀과 논의하기도 했다. 쿡은 모든 각도에서 시나리오들을 꼼꼼히 살피면서 "이 부분에 대해 생각해봤나요?"라는 질문을 자주 던졌다. 그는 결국 백도어 제작을 거부함으로써 모든 애플 고객을 보호하는 것이 하나의 범죄를 해결하는 것보다 낫다고 판단했다. 그는 싸울 준비가 되어 있었다.

쿡 주변에 앉아 있던 임원들이 대처 방안을 논의하는 동안 그들 사이로 아드레날린이 퍼져나갔다. 사법당국과의 대결로 자칫 애플의 브랜드가 손상될 위험이 있었다. 임원들이 느끼는 불안감을 감지한 쿡은 체계적인 질문으로 모두의 마음을 진정시키고자 노력했다. 그는 냉정한 어투로 처음부터 시작해보자고 제안했다. 그는 "우리가 아이폰에 대해 아는 게 뭘까요?"라고 물었다.

이 정확하면서도 간단한 질문에 모두가 집중할 수밖에 없었다. 시웰은 애플이 힘든 상황에 직면하게 된 자초지종을 모두에게 알려주면서 쿡에게 아이폰의 상태와 FBI의 지원 요청을 일목요연하게 정리해주었다. 그러자 쿡은 정부가 애플이 해주기를 원하는 것으로 시선을 돌렸다. "이 문제에 대한 기술적 해결책은 무엇입니까?" 그가 물었다. "해결에 얼마나 걸릴까 요?"

페더리기는 애플이 오랫동안 '정부용OS^GovtOS'라고 부르며 경멸해왔던 것에 대한 FBI의 요청 내용을 분석했다.[15] 정부용OS는 FBI 요원들이 아이 폰의 자동 잠금 기능을 우회할 수 있게 해주는 맞춤형 소프트웨어 시스템 을 말했다. 그러한 것을 만들려면 여섯 명 이상의 엔지니어가 최소 2주 이 상 작업을 해야 했다. 애플이 문제의 소프트웨어를 만들면 범죄자들의 휴 대폰을 열어 수사하려는 사법당국의 요청이 쇄도하리라고 예상할 수 있었 다. 그렇게 맞춤형 소프트웨어가 확산하다 자칫 애플이 의도하지 않은 방 식으로 그것을 이용할 수 있는 해커나 권위주의 정부의 손에 들어갈 위험 도 커질 수 있었다.

임원진은 쿡이 회사의 웹사이트에 애플의 입장을 설명하는 편지를 쓰는 것에 합의했다. 그것이 직원, 고객, 언론, 국회의원에게 애플의 입장을 설명 하는 가장 빠른 방법이라고 생각했기 때문이다. 이후 시웰과 마에스트리 는 질문에 답하기 위해 언론 브리핑을 열기로 했다. 이 전략은 쿡을 이슈의 전면에 내세우면서 동시에 언론과의 마찰로부터 그를 보호해줬다.

쿡은 다울링과 함께 편지에 어떤 내용을 넣어야 할지 한 시간 동안 논의 했다. 애플이 살인자들의 프라이버시를 보호하는 것처럼 보이게 만들려는 법무부의 움직임에 맞서기 위해 쿡은 애플이 피해자와 그들의 가족들이

처한 안타까운 상황에 공감한다는 뜻을 분명히 전달하고 싶었다. 그는 또한 아이폰 잠금 해제에 대한 애플의 거부감을 샌버너디노의 테러범들뿐만 아니라 모든 고객을 보호하기 위해 취하는 조치로 다시 프레임을 짜고 싶었다. 그는 테러리스트들에 대한 감정이 북받친 대화를 함으로써 그것을 프라이버시에 대한 철학적인 대화로 만들 필요가 있었다.

다울링이 편지의 1차 초안을 잡아 쿡에게 검토를 의뢰했다. 쿡은 다울링에게 일부 내용의 수정을 요청했다. 두 사람은 어조를 정하고 개별 단어들을 조정하면서 여섯 시간에 걸쳐 편지를 주고받는 과정을 약 여섯 차례 반복했다.

한편 시웰과 소송 담당 최고 임원인 노린 크랄Noreen Krall 변호사는 강경한 어조로 법적 대응안 초안을 작성했다. 쿡이 대중들 앞에서 착한 경찰 역할을 하는 동안 그들은 법정에서 나쁜 경찰 역할을 하기로 자처했다. 그들은 애플이 이미 FBI를 어떻게 도왔는지 정확히 설명함으로써 그들의 답변이 정부 설명과 얼마나 다른지를 확실히 보여주고자 했다. 그들은 법적인 수 싸움에서 밀리지 않으려고 대응안 초안 분량을 법무부가 제출한 고소장보다 훨씬 더 길게 만들었다.

초안은 이렇게 시작했다. "이번 사건은 아이폰에만 해당하는 사례가 아닙니다. 그보다 이것은 법무부와 FBI가 법원을 통해 의회와 미국 국민이 주려고 하지 않았던 위험한 힘, 다시 말해 애플 같은 기업들이 전 세계 수억 명의 기본적인 보안과 프라이버시를 훼손하도록 강제하는 능력을 얻으려는 문제와 관련되어 있습니다."

오전 4시 30분경, 쿡의 편지가 온라인에 게재됐다. 밤새 한숨도 못 자고 일한 임원진은 자신들이 자칫 회사 브랜드에 심각한 타격을 입힐 수 있는 인기 없는 입장을 취하고 있다는 사실도 확실히 알고 있었다. 그것은 회사를 건 도박이었다.

그 후 며칠 동안 미디어에는 온통 애플과 FBI의 대결에 관한 뉴스만 나왔다. 관련 기사만 하루에 약 500건이 나왔고, TV에서도 이 대결에 대한 논의가 계속해서 이어졌다. 도널드 트럼프Donald Trump 당시 공화당 후보가 애플을 맹비난하며 애플 제품 불매운동을 촉구하자 그것이 대선 유세의 화두가 됐다.[16] 여론은 분열되면서 애플이 FBI에 협조해야 한다는 쪽과 애플의 저항을 지지하는 쪽으로 나뉘었다.[17] 세계 최대 기업과 세계 최강 정부의 싸움은 눈을 떼기 힘들 만큼 흥미로웠다.

편지를 공개하고 일주일 뒤인 2월 25일, ABC 뉴스 제작진이 〈월드 뉴스 투나잇〉의 앵커 데이비드 뮤어와 함께 인피니트 루프에 도착했다.[18] 애플의 커뮤니케이션 담당자가 이들을 맞이한 후 회사의 4층 집무실로 안내했다. 다울링은 ABC 제작진이 회사에 유리한 쪽으로 보도해주기를 기대하며 그들을 쿠퍼티노로 초청했다. 그는 이미 몇 년 전부터 뮤어를 알고 지냈기에 이 마흔두 살 먹은 흑발의 앵커가 세상에 애플의 시각을 잘 전달해주리라고 믿었다. ABC는 1996년 디즈니에 인수된 후 애플의 이사인 밥 아이거가 감독하는 거대한 디즈니 제국에 속한 '아빠 네트워크'였다.

그들은 집무실을 지나 쿡의 사무실로 발걸음을 옮겼고, 그곳에서 뮤어는 피곤에 찌든 쿡을 발견했다. 쿡은 이 인터뷰가 애플이 미친 짓을 하는 게 아니라는 걸 미국 국민들에게 납득시키기 위한 최선의 시도임을 알고 있었다. 그들이 만난 장소는 그 순간이 얼마나 중요한지를 알려주었다. 커뮤니케이션팀이 가끔 로봇처럼 보이는 쿡을 인간처럼 보이게 만들려고 노력하는 가운데, 내성적인 쿡은 자신의 사무실에서 인터뷰를 진행하는 것에 동의했다.

그가 뮤어의 맞은편 의자에 앉자 카메라는 그가 매일 일하는 그곳을 시청자들이 엿볼 수 있게 해주었다. 사무실에는 각종 서류철과 은색 아이맥이 놓여 있는 깔끔한 책상이 있었다. 뒤편 벽면에는 액자에 넣어놓은 오번 대학교 동문 잡지와 애플 매장들에서 가져온 컬러 사진들이 장식되어 있었다.

잠을 너무 못 자서 눈이 부어 있던 쿡은 두 손을 무릎에 얹고 뮤어를 바라봤다. 그는 의자 위에서 잔뜩 경직되어 뻣뻣하게 굳은 채 집중하고 있었다. 뮤어가 "당신 사무실에서 인터뷰를 한 적이 없는 것 같네요"라고 말했다. 그러자 쿡은 웃음기 없는 표정으로 "사무실에서 인터뷰를 해본 적이 있는지 잘 모르겠네요"라고 말했다.

뮤어는 바로 본론으로 들어가기로 했다. "우리가 여기 앉아 있는 동안 샌버너디노에 있는 희생자 가족 몇 분이 이제 FBI가 아이폰 잠금을 해제할 수 있게 애플이 도와줘야 한다는 판사의 명령을 지지하기 위해 나섰습니다. 가족 중 한 분은 '왜 애플이 이 일을 거부하는지 화가 나고 혼란스럽다'고 말한 것으로 알려졌습니다. 오늘 밤 가족들에게 뭐라고 하실 건가요?"

경청하던 쿡은 이렇게 답했다. "데이비드, 이번 사건에 대해 정말 유감스럽게 생각합니다. 그들이 겪은 일은 누구도 겪지 말아야 할 일입니다." 쿡은 잠시 말을 멈추더니 아래를 내려다보다 다시 말을 이어갔다. "애플은 이번 사건에서 FBI에 전적으로 협력했습니다. 그들이 우리에게 와서 문제의 휴대폰에 관한 모든 정보를 요구했고, 우리는 우리가 가지고 있는 모든 정보를 주었습니다. 우리는 한 걸음 더 나아가 엔지니어들에게 FBI를 도와

줄 것을 제안하면서 이 사건에서 더 많은 정보를 얻을 수 있는 방법에 대해 많은 제안을 했습니다. 하지만 이번 사건은 한 대의 전화기에 관한 사건이 아닙니다. 이건 미래에 관한 사건입니다. 여기서 중요한 문제는 정부가 애플에게 전 세계 수억 명의 고객을 취약한 상태로 만들 수 있는 소프트웨어를 개발하도록 강요할 수 있느냐는 것입니다."

그날 밤 ABC로 나간 이 독점 인터뷰는 약 900만 명의 시청자를 TV 앞으로 끌어모았다. ABC는 또한 유튜브에 이 30분짜리 전체 인터뷰 영상을 올렸다. 애플 내부에서는 쿡이 '아빠 네트워크'에 출연한 일을 두고 FBI와의 공개 토론에서 승리를 거뒀다고 평가했다. 인터뷰는 또한 쿡이 진지하고, 동정적이며, 이 문제를 완전히 통제하고 있는 것처럼 보이게 했다. 나아가 복잡한 철학적 논쟁 없이 "아이폰 잠금을 쉽게 풀 수 있게 하는 소프트웨어를 만들어달라는 정부의 요청은 마치 '암적癌的인 소프트웨어'를 만들라는 것과 같다"는 간결한 비유로 정리해버린 사건이었다.

한편 시웰은 애플의 '터프가이'답게 법원 안팎에서 정부에 적극적으로 맞섰다. 2월 양측의 관계에 금이 가기 시작하고 며칠 동안 그는 정부 측 소송을 이끌던 샐리 예이츠Sally Yates 법무부 차관과 통화했다. 예이츠는 시웰이 지나치게 공격적이라며 비난했다. 시웰은 "당신들이 지나치게 공격적인 건 생각하지 않나 보죠? 우리도 물러서지 않을 겁니다"라며 맞받아쳤다.

법무부는 소송 도중 "애플이 정부의 명령을 따르지 않은 것은 사업 모델과 대중적 브랜드 마케팅 전략을 둘러싼 우려 때문인 것으로 보인다"는 주장을 내세우며 애플을 향한 공세를 강화했다.[19] 법무부는 애플이 이전에는 '모든 영장법'의 요구사항을 준수했다는 점을 언급한 뒤 쿡이 이끄는 애플이 광고 사업을 위해 고객 데이터를 수집한 다른 기술회사들, 즉 구글 및 페이스북과는 달리 '고객 프라이버시의 보호자'라는 프레임으로 자신들을 포장해왔다고 지적했다. 법무부는 애플을 실리콘밸리의 암흑세력과 맞서 싸우는 백기사로 묘사한 쿡의 최근 편지와 공개 발언들을 이에 대한 증거로 제시했다.[20]

정부는 물론이고 애플과 경쟁 관계에 있는 기술기업들의 눈에 프라이버시에 대한 쿡의 입장은 다소 위선적으로 보였다. 애플은 과거 정부가 휴대폰 잠금을 풀 수 있게 도와줬을 뿐만 아니라, 일부 중국 고객들의 데이터를 정부가 시민을 철저히 감시하는 중국 내 서버에 저장하기도 했다. 법무부는 만약 쿡이 말한 것처럼 프라이버시가 인권의 문제라면 왜 중국 정부에는 반항하지 않는지 의구심을 가졌다. 쿡이 국가가 해외 브랜드 판매를 제한할 수 있는 중국에서의 판매량을 지키기 위해 자신의 높은 도덕적 기준을 포기한 채 "애플은 영업하고 있는 국가의 규칙을 준수한다"면서 타협안을 꾸며냈다는 얘기였다.[21] 법무부는 또한 쿡이 구글을 아이폰의 기본 검색엔진으로 만들기 위해 구글과 연간 약 100억 달러 상당에 해당하는 일련의 거래를 맺음으로써 애플이 그가 공개적으로 비난했던 바로 그 데이터 수집 관행으로부터 막대한 재정적인 이득을 얻었다고 주장했다. 게다가 고객들에게 아이클라우드에 아이폰 정보를 백업하도록 장려해놓고서 아이클라우드 이용료로 매달 데이터 임계값 보다 높은 요금을 부과하는 건 물론이고 고객들에게 그들의 민감한 정보가 정부 소환에 취약할 수 있다는 사실을 공공연히 밝히지 않았다고도 주장했다. 이처럼 법무부의 의견만 놓고 보면 쿡이 쌓아 올린 '아이폰 프라이버시 요새'는 돈벌이를 위한 작은 구멍들로 숭숭 뚫려 있었다.

하원 법사위원회는 현재 진행 중인 전투에 대해 증언하도록 코미와 시웰을 소환했다. 밥 굿래트^{Bob Goodlatte} 위원장은 시웰에게 애플이 기술적 문제나 잠재적인 사업 모델에 대한 문제에 대해 어떤 입장을 취하고 있는지 물었다. 시웰은 "이런 말을 들을 때마다 저는 분노로 피가 끓습니다"라면서 이렇게 말했다.[22] "이것은 마케팅의 문제가 아닙니다. 상대방을 비하하는 방법입니다. 우리는 애플의 보안 정책을 홍보하는 광고판을 세워놓지 않아요. 우리는 애플의 암호화 정책을 대외적으로 알리는 광고를 꺼내 들지 않습니다. 우리는 그저 수억 명의 아이폰 사용자들의 보안과 프라이버시를 보호하는 게 옳은 일이라고 생각하기 때문에 이렇게 하는 것입니다."

시웰의 강경한 방어에 그의 증언을 보고 있던 FBI 측 인사들은 깜짝 놀랐다. 그들은 프라이버시 보호가 애플의 마케팅 전략의 일부임을 알고 있었지만 국가 안보보다 그것을 더 우선시하는 애플의 결정에 분노했다. 그로부터 몇 년 뒤 그들은 하원 법사위원회에서 보인 시웰의 태도가 실체를 부풀려 과장스럽게 연기한 것이라는 자신들의 생각이 옳았음을 깨닫게 되었다. 애플이 "아이폰에서 일어나는 일은 아이폰에서만 머문다^{What happens on your iPhone, stays on your iPhone}"라는 광고로 라스베이거스 옥외 광고판을 도배하고 TV로 떠들어댔기 때문이다.[23]

교착 상태는 한 달 이상이나 계속되었다. 3월 말 시웰은 애플이 법원의 명령을 따르게 할지를 결정하는 재판에 참석하러 샌버너디노 카운티로 향했다. 그의 변호인단은 지난 3일 동안 변론 리허설과 증인 준비, 재판부의 예상 질문에 대한 답변들을 연습했다. 6년 이상 삼성과 다퉈온 시웰이었지만 이번이 아마도 그의 인생에서 가장 중요한 재판이 될 터였다. 법무팀이 최종 준비를 끝마치자 그의 몸에는 아드레날린이 솟구쳤다. 그때 누군가로부터 전화가 걸려왔다. 법원이었다.

시웰은 곧 법무부 및 판사와 전화 회의를 했다. 그는 FBI가 아이폰을 풀수 있는 다른 방법을 찾아냈을 수도 있으니 법원이 2주간 재판을 중단하겠다고 말하는 것을 들었다. 시웰은 즉시 쿠퍼티노에 있던 쿡에게 전화를 걸어 이 소식을 전했다. 그는 "믿기 힘들겠지만 2주 동안 여기에 머물러야 할 수도 있다"고 말했다. 쿡은 즉시 무슨 상황인지 물었다. 그는 시웰이 자신에게 말해줄 수 있는 모든 것을 알고 싶었다. 그러나 시웰이 말할 수 있는 것이라고는 FBI가 아이폰에 침입할 수 있는 제3자를 찾아냈고, 그것이 가능하다면 애플만이 아이폰을 해제할 수 있다는 정부의 주장이 타당성을 잃게 될 것이라는 게 전부였다.

쿡은 말없이 뜻밖에 새롭게 전개된 상황의 득실을 따져봤다. 그는 재판 연기 기간 중 판사가 애플이 법원의 명령을 위반하지 않았다는 사실을 인정해줄 것이라는 시웰의 설명을 들었다. 현재로선 애플이 더 이상 '나쁜 기업'이 아니었다.

며칠 후 법무부는 소송을 취하했다. 정부는 전문 해커들에 100만 달러가 넘는 돈을 주고 애플의 도움 없이도 테러리스트의 아이폰을 풀었다.[24] FBI는 결과에 만족하지 않았다. 아이폰을 풀지 못했던 FBI는 범죄 수사에서 생길 수 있는 아이폰 잠금 해제를 둘러싼 분쟁에 대한 보다 영구적인 해결책을 원했다.[25] FBI는 필요할 때 법원 명령에 따라 아이폰을 강제로 잠금 해제할 수 있기를 원했지만 일단 다른 해제 방법을 찾음으로써 그러한 옵션을 잃어버리게 됐다.

쿡과 시웰은 미국 대법원까지 갈 준비가 되어 있었다. 다만 그랬다가는 논쟁이 장기화하고, 애플이 대중의 안전보다 자사의 이익을 우선시한다는 비난에 더 오래 노출될 수 있었다. 애플의 브랜드 평판에는 가히 재난과 같은 일이 될 것이었다. 사건의 핵심 쟁점은 해결되지 않고 남았지만 적어도 애플에 가해진 피해는 제한적이었다. 사건이 정리되자 쿡은 다시 애플의 사업 현황이라는 더 시급히 해결해야 할 문제에 집중할 수 있었다.

한 달 가까이 일련의 사건이 이어지는 동안 2015년 9월에 출시된 애플의 아이폰 6s의 판매량은 특히 중국을 중심으로 급감했다. 쿡이 새로운 피트니스 마케팅으로 수혜를 누리길 바랐던 애플워치는 아이폰 판매량 감소를 상쇄해줄 만큼 충분히 수익에 기여하지 못하고 있었다. 10여 년 만에 처음으로 애플은 분기 매출이 감소했다고 밝혔다.[26] 4월 26일, 쿡은 분기 실적에 우려를 표명하는 월가 분석가들의 질문 공세에 시달렸다. 애플이 전년 대비 아이폰을 1,000만 대 적게 팔았던 3개월의 힘든 시기를 하나하나 설명해야 하는 쿡은 몹시 피곤해 보였다. 그가 말하는 동안 애플의 주가는 8퍼센트가 곤두박질쳤고, 시가총액은 460억 달러가 쪼그라들었다.[27]

밀물처럼 여러 문제가 한꺼번에 밀려오면서 애플의 케케묵은 취약성이 또다시 드러났다. 바로 애플의 미래가 과거의 제품에 달려 있다는 점이었다. 대중은 애플이 계속해서 혁신적이면서 새로운 제품을 발명해줄 것으로 기대했다. 침체기에 빠지거나, 더 나쁘게는 아무 관심도 받지 못하는 그저 그런 제품을 만드는 회사로 전락하지 않기를 바라며 말이다. 쿡은 끊임없이 그러한 압박에 시달렸다.

CHAPTER 17

하와이에서의 날들

조너선 아이브는 서니베일에 도착해서 예정대로 답보 상태에 있던 자동차 프로젝트에 대한 검토에 착수했다. 때는 2016년 초였고, 그는 프로젝트의 더딘 진척 상태에 곧바로 불안감을 느꼈다.

그가 상상했던 완전 무인자동차 소프트웨어 개발은 부족한 데이터와 완전히 처음부터 자율주행 시스템을 구축해야 하는 작업의 난해함 때문에 예정보다 뒤처져 있었다. 하드웨어 부문은 진전이 있었지만 마찬가지로 회사가 야심 차게 정한 일정을 맞추지 못하고 있었다. 완전 자율주행차가 회사가 자체적으로 정한 데드라인인 2019년까지 준비될 리 만무했다.

아이브는 폭발했다. 프로젝트가 지나친 야망의 부담감에 눌려 차질을 빚고 있다는 게 모든 관계자의 눈에 명백히 보였다. 완전 자율주행차에 대한 아이브의 비전은 프로그래머와 센서 전문가들로 구성된 대규모 팀의 구축으로 이어졌고, 하드웨어 책임자인 댄 리치오 역시 전기 자동차 제작에 주력하기 위해 배터리와 자동차 전문가들로 구성된 대규모 팀을 만들었다. 이에 따라 이 프로젝트에는 협력하여 프로젝트를 이끌어나가기보다는 각자 회사 내 세력 확장에 집중할 것처럼 보이는 세 명의 리더가 생겨났다. 애플워치 개발에 심각한 지장을 줬던 기업 내분을 연상케 하는 상황이 또

발생한 것이었다.

막대한 투자가 불안을 가중시켰다. 프로젝트 추진 비용은 연간 10억 달러라는 엄청난 규모로 불어났다. 프로젝트 타이탄의 리더들은 두당 1,000만 달러씩을 주고 자율주행차 연구원들을 고용했고, 자동차들의 갑작스러운 움직임으로 인해 생기는 멀미를 줄이기 위한 기술 개발에도 투자했다. 애플의 R&D 비용은 2015년 말이 되자 81억 달러로 두 배 가까이 불어났다. 현금 2,000억 달러를 가진 회사에게는 푼돈일 수 있겠으나, 엔지니어들은 이 프로젝트를 실리콘밸리의 거인이 전혀 보여줄 게 없는 것에 거액을 낭비하는 행태로 간주했다.

좌절감에 사로잡힌 아이브는 디자인팀 전원이 다른 일에 집중할 수 있도록 프로젝트에서 손을 떼게 했다. 그는 더 이상 디자이너들이 자율주행차에 시간을 낭비할 가치가 없다고 생각했다. 애플의 야심 찬 프로젝트는 가장 호평을 받았던 팀 없이 계속 움직여야 했다.

프로젝트 타이탄 팀원들도 그와 비슷한 불쾌감을 느꼈다. 이 특별 프로젝트 그룹은 1,000명의 조직으로 불어났다. 불가능한 일을 하느라 혈안이 된 애플 경영진의 끊임없이 샘솟는 의지와 자율주행차 개발에 정통한 경험 많은 외부인들의 회의적 시선이 뒤섞여 탄생한 돌연변이 문화를 가진 조직이었다. 기존 직원과 새로 합류한 직원 모두가 잡스는 이와 다른 방식으로 아이폰을 개발했다는 것을 알고 있었다. 즉, 잡스는 그가 이끌어왔던 부서의 기존 직원들을 중심으로 만든 효율적인 팀에 의지했다. 그러나 쿡은 자신이 새로 세운 협력 왕국에서 더 이상 제품 개발을 이끌지 않았고, 그로 인해 생긴 공백은 혁신을 향한 회사의 노력에 계속 방해가 됐다.

아이브와 리치오 사이가 틀어지면서 실패에 익숙하지 않았던 회사에서 커지던 좌절감은 절정에 이르렀다. 그 후 2월 이사회를 위해 열리던 자동차 시연회는 취소됐다. 프로젝트의 미래가 불투명했다. 애플 리더들이 위험을 알리는 깃발을 흔들면서 애플의 차세대 혁신을 향해 나아가는 속도는 둔화되기 시작했다.

새로운 프로젝트가 주는 짜릿함은 온데간데없고 아이브와 그가 오랫동안 일했던 일터 사이의 거리는 더욱 벌어졌다. 그는 익숙한 것에서 다른 곳으로 시선을 돌렸다. 아이폰의 곡률을 부단히 개선하거나 노트북의 두께를 줄이는 일로는 새로운 것에 대한 그의 관심의 완전히 돌릴 수 없었다. 그에게 필요한 자양분은 새로운 아이디어를 탐구하고, 예상치 못한 호기심을 충족시킬 때 나왔다. 애플의 창조적인 과정에 질서를 가져다주고, 야심 차게 추진하는 프로젝트들에 대해 명확한 판단을 내려주는 잡스가 없는 상태에서 아이브는 표류하고 있는 자신을 발견했다.

2016년 그가 성취감을 느낄 다른 곳을 찾던 도중 메트로폴리탄 미술관이 개최할 예정인 '마누스×마치나' 전시회에 애플이 관여하는 데 관심을 보인 건 놀라운 일이 아니었다. 기술과 패션의 접목이라는 전시회 주제는 그의 발견 욕구를 충족시켰다. 애플워치에 시대를 초월한 스타일을 불어넣기 위해 애쓴 세월은 그에게 여성복 디자이너의 미학에 대해 더 많은 것을 배우고 싶다는 호기심을 불러일으켰다. 아이브는 5월 1일 앤드류 볼튼이 새로 연 전시회를 관람하기 위해 뉴욕 어퍼이스트사이드에 있는 칼라일 호텔을 나와 5번가를 거쳐 뉴욕 최대 규모의 미술관으로 향했다. 전시회는 아이브와 애플에게 특별한 '귀환의 순간'을 의미했다. 칼라일 호텔에서 애나 윈투어에게 처음으로 애플워치를 보여준 지 근 2년이 지나 그는

'기술의 땅에서 온 외부인'이 아니라 '패션 세계에 공인된 기여자'로서 도시로 돌아오고 있었다.

볼튼은 석회암 벽으로 둘러싸인 박물관 안에서 그를 맞이한 후 센트럴 파크 쪽으로 돌출된 삼각형 모양의 증축 건물인 로버트 리먼 동Robert Lehman Wing으로 안내했다. 천장에서 빛이 쏟아지는 화랑에는 이탈리아 르네상스 시대 거장들의 작품을 포함한 300여 점의 그림이 전시되어 있었다. 그러나 최근 몇 달 동안 전시회를 위해 건물 안에 건물이 하나 또 지어지고, 내부를 무채색 고딕 양식의 성당처럼 바꿔놓은 흰색 배경막들이 세워지면서 화랑의 모습은 예전과 달라졌다.

아이브는 볼튼을 따라 흰색 복도를 지나갔다. 벽감alcove(벽면을 오목하게 들어가게 해서 만든 공간 – 옮긴이)으로 꾸며진 복도에는 패션의 경계를 확장해주는 앙상블 컬렉션이 전시되어 있었다. 볼튼은 수제 옷이 기계로 만든 옷보다 우수하다는 개념에 도전하는 170건의 드레스와 디자인 사례를 찾아놓았다. 전시품은 가브리엘 '코코' 샤넬Gabrielle "Coco" Chanel이 디자인한 해군 장식을 단 클래식한 크림색 정장부터 이브 생로랑이 디자인한 분홍색 극락조 깃털로 만든 이브닝드레스까지 다양했다. 이 모든 것 위로는 영국의 음악가 브라이언 이노Brian Eno의 노래 '언 엔딩An Ending'에 나오는 여러 겹의 키보드와 점점 커지는 신시사이저가 소리가 조화를 이루며 만들어내는 천상의 소리가 떠다녔다.

투어는 화랑의 가운데에 있는 칼 라거펠트가 디자인한 샤넬 웨딩드레스가 전시된 원형 방에서 절정에 달했다. 스쿠버 소재로 제작된 드레스 끝부분에서 이어진 6미터 길이의 옷자락이 방 안을 가득 채웠다. 볼튼은 금박 무늬와 보석을 일일이 손으로 박음질한 이 옷자락을 만드는 데만 450시간의 작업이 필요했다고 설명했다.

그는 "고급 여성복이 아닌 고급 맞춤복이죠"라고 말했다.

아이브는 그런 말장난을 듣고 웃었다. 사실 드레스는 고급 여성복이 으레 그래야 하는 것처럼 맞춤 제작됐지만, 합성 스쿠버 소재를 사용한 방식은 '고급 맞춤복은 반드시 수제여야 한다'는 원칙에서 벗어났다. 아이브는 10분 가까이 드레스를 살펴보면서 그것이 낯익은 것과 낯선 것, 그리고 격식과 비격식을 섞어놓은 데 경탄했다. 라거펠트의 이런 창의적인 비전은 그에게 영감을 주었다.

다음 날 아이브는 저녁 있을 멧 갈라에 앞서 전시회의 언론 시사회를 위해 박물관으로 돌아왔다. 그는 박물관의 대리석 바닥을 가로질러 자선가 밀튼 페트리의 이름을 딴 화랑에서 약 100명의 기자와 함께 아침 식사를 하러 갔다. 그는 실내에서도 검은색 선글라스를 끼고 있던 윈투어를 만났다. 두 사람은 기자들이 연단 앞에 마련된 의자에 앉기 시작할 때까지 잠시 수다를 떨었다. 곧 아이브는 마이크 앞으로 걸어가서 그 밑에 인쇄된 종이 몇 장을 연단에 올려놓았다. 그는 눈앞에 모인 사람들을 응시하며 아이폰 디자이너가 패션 전시회를 여는 이유에 대해 설명하기 시작했다.

"윈투어와 볼튼 두 사람이 이 전시회에 대해 제게 처음 이야기했을 때, 저는 이 전시회가 손으로 만드는 것과 기계로 만드는 것 사이의 관계를 탐구하는 논의를 일으킬 것이라는 점에 특히 흥미를 느꼈습니다. 또한 그것이 전자가 후자보다 본질적으로 더 가치 있다는 일부의 선입견에 도전할 것이라는 사실에도요."[1]

그는 방 안을 둘러보았다. 참석한 사람들 중에 애플이 이런 행사를 후원하는 게 얼마나 이례적인 일인지를 아는 사람은 거의 없었다. 많은 나라들의 국내총생산GDP을 넘어서는 정도의 시가총액을 가진 애플은 전통적으로 스스로 완전히 통제할 수 없는 곳에 브랜드를 빌려주는 법이 없었다. 애플이 이번에 이런 전통을 어긴 이유 중 하나는 이 행사가 아이브에게 중요했기 때문이다. 쿡도 그에게 후원하지 말라고 말하기 어려웠을 것이다. 하지만 아이브는 후원 얘기는 철저히 배제한 채, 자신의 창조적인 신념과 일치하는 이번 전시회에 끌리게 된 연유에만 기자들을 집중시켰다.

그는 "애플의 디자인팀에서 일하는 많은 디자이너들은 기계의 시적詩的인 가능성을 믿습니다"라면서 "우리의 목표는 항상 기능적인 만큼 아름답고, 유용한 만큼 우아한 물건을 만드는 것이었습니다"라고 말했다. 그는 몇몇 현대 디자이너가 물건을 제조하는 방법에 대한 호기심을 잃었다며 이렇게 덧붙였다. "저는 훌륭한 공예가인 아버지와 함께 손으로 직접 재료를 다룰 때 비로소 그것의 실체, 특징, 속성, 그리고 제가 생각하기에 매우 중요한 그것의 잠재성을 이해할 수 있게 된다는 믿음을 기본적으로 가지고 자랐습니다." 그는 아버지에 대한 이야기가 여운을 남기도록 잠시 말을 멈춘 뒤 이렇게 첨언했다. "진짜 성공한 디자인을 결정하는 데는 깊은 관심이 중요합니다. 손이나 기계 중 무엇으로 만들든 그런 디자인은 일정이나 가격에 대한 집착이 아니라 훌륭한 사고가 낳은 창작물입니다."

그가 메모를 집어 들고 자리로 돌아오자 청중들은 박수를 보냈다. 그의 연설은 디자인에 대한 그의 철학을 온전히 표현해줬다. 그도 잡스처럼 예술이 돈벌이보다 중요하지 그 반대의 경우가 되어서는 안 된다고 생각했다.

언론 시사회가 끝난 뒤 볼튼은 로렌 파월 잡스와 쿡에게도 투어를 시켜줬다. 그들이 한 앙상블에서 다른 앙상블로 걸어갈 때 로렌 파월 잡스는 전시품에 대해 질문했고, 쿡은 임시로 만든 성당 같은 화랑의 흰색 벽과 벽감을 훑어보면서 조용히 따라갔다. 회사가 새로운 본사를 건설하게 되면서 건축에 대한 엔지니어적 관심이 커진 쿡은 볼튼에게 어떻게 건물 안에 또 건물을 지었는지를 물었다.

그날 저녁 아이브와 쿡은 턱시도와 흰색 넥타이를 매고 멧 갈라에 참석할 준비를 했다.[2] 그들은 다른 어디서도 볼 수 없는 구경거리를 기대했다. 초현대적인 크롬 마스크를 쓴 모델들이 세계에서 가장 영향력 있는 아티스트, 배우, 임원, 정치인들을 30만 송이의 자홍색 장미로 꾸며진 아치형 입구를 통해 크리스털 유리 그릇이 놓여져 있는 테이블로 안내할 예정이었다. 결국 아이브와 쿡은 가수 위켄드가 노래를 부를 때 그와 악수를 할 수 있을 정도로 무대와 가까운 앞쪽 테이블에 도착했다.[3] 그러나 이 모든 일이 일어나기 전에 그들은 파파라치들이 일으킨 대혼란을 지나쳐 와야 했다.

멧 갈라에 도착한 그들은 녹색 바리케이드 뒤에 두 줄로 비좁은 공간에 모여 있는 사진기자들 때문에 혼란스러운 광경을 목격했다. 카메라맨들은 가수 비욘세와 배우 니콜 키드먼처럼 지나가는 스타들을 향해 고함을 질러댔다. 옷을 잘 차려입은 이런 연예인들이 포즈를 취하자 찰칵찰칵하는 카메라 소리가 만들어낸 불협화음이 그들의 고함 위로 올라왔다.

쿡은 로렌 파월 잡스와 함께 이 소동을 뚫고 걸어갔다. 그는 레드카펫 중간쯤에서 차량 공유회사 우버의 트래비스 칼라닉Travis Kalanick CEO와 이야기를 나누기 위해 발걸음을 멈췄다. 사진기자들이 카메라 쪽으로 얼굴을 돌리고 미소를 지으라고 요구하자 두 실리콘밸리의 임원들은 무척 혼란스러워 보였다. 그들은 서로 다른 방향을 바라보다가 연예인이 된 듯한 낯선 변신에 어색해하면서 사진기자들이 자신들에게 무엇을 기대하고 있는지 이해하게 됐다.

아이브는 조용히 들어가서 혼자 사진기자들 앞에서 포즈를 취했다. 그는 두 손을 호주머니에 집어넣고 뭉툭한 턱을 사진기자들을 향해 치켜들었다. 웃지는 않았지만 레드카펫 위에 자신 있게 서서 카메라를 정면으로 쳐다보았다. 칭퍼드 공예가의 아들이 패션계의 가장 큰 무대 위에 오른 순간이었다.

인피니트 루프에서 아이브는 유령처럼 행동했다. 그는 회의실로 돌아가기를 거부했고, 수년 동안 자신이 집착하며 만들었던 일련의 제품들에 대한 업데이트 의견을 들었을 뿐이었다.

그가 작업했던 하드웨어와 소프트웨어는 이제 '똑같은 모습이 반복되는 단계'에 들어섰다. 즉, 아이폰은 계속해서 애플 매출의 대부분을 견인했다. 애플은 새로운 색상, 더 빠른 칩, 더 나은 카메라를 추가함으로써 고객들을 흥분시키려고 애썼지만, 아이폰의 모양과 특징은 늘 엇비슷했다. 아이패드, 애플워치, 맥북도 기본 폼팩터form factor(제품 외형이나 크기, 물리적 배열을 의미하며, 일반적으로 모바일 기기의 외형을 가리키는 용어 - 옮긴이)를 고수했다. 향후 디자인 면에서 도약하려면 엔지니어링의 발전이 필요했다. 누군가에겐 그러한 어려운 상황이 오히려 지루함을 유발했다.

아이브는 쿠퍼티노의 단조로움 속에서 뒹굴기보다는 샌프란시스코에서 디자인팀 멤버들을 만나 그들의 작업에 대한 브리핑을 듣곤 했다. 그는 자신이 잘 가는 사교클럽인 '배터리'를 예약하고, 말이 술술 나오는 도서관을 테마로 한 공간에서 디자인 평가 모임을 열곤 했다.

이 간헐적인 모임은 디자인팀의 활동 리듬을 바꿔놓았다. 지난 수년 동안 그들은 항상 스튜디오 내 주방 테이블에서 일주일에 세 번씩 만났다. 그들은 개발 중인 모든 제품에 대한 최신 소식을 검토하고 프로토타입 개선 방법에 대해 논의했다. 이처럼 회의가 규칙적으로 열렸을 때는 생대리석을 깎아내는 조각가처럼 며칠 동안 그들이 한 작업을 다듬으면서 점진적으로 디자인을 수정해나갈 수 있었다. 잡스가 살아 있을 시절에 그가 이러한 변화를 주도하면 나중에 아이브가 각각의 조정과 개선의 결과를 승인하곤 했다.

처음에 디자인팀은 아이브가 없는 상황에서도 선전했다. 그들은 2017년에 출시될 10주년 기념 아이폰의 방향도 신속하게 결정했다. 홈 버튼을 얼굴 인식 시스템으로 대체하여 풀스크린 디스플레이를 만드는 것이 그것이었다. 형태를 잡고, 기능을 첨가한 뒤 아이브의 승인을 받았다. 그러나 아이브가 일상적인 업무에서 벗어나자 여러 어려움이 생겼다. 특히 그가 제품의 방향성에 대한 통제력을 유지하고 싶어 하면서 최종 승인을 본인이 직접 하겠다고 고집을 피우고 있어서 더욱 그랬다. 아이브는 일선에서 물러나고 싶은 소원을 이뤘지만, 실제로 일을 손에서 놓지는 못했다. 디자인팀과 엔지니어들은 한 달 내내 열심히 일을 하고도 몇 달에 한 번 얼굴을 비추는 아이브가 와서 승인을 해줄 때까지 결과를 기다려야 했다. 이러한 기능 장애는 손발이 잘 맞았던 디자인팀 내에 불화를 일으켰다.

쿡이 스마트 스피커 제작을 승인하자 디자인팀은 스피커 모양을 정하기 위해 열심히 노력했다. 홈팟HomePod으로 알려진 이 스피커는 터치스크린 볼륨 조절 기능이 있는 커피포트 크기의 원통 모양이었다. 후기 개발 단계에서 제품 디자이너들은 아이브가 디자인을 검토하며 위쪽의 터치스크린 부분과 만나는 메시로 된 몸체의 가장자리 부분을 매끄럽게 맞추라고 했던 것으로 기억한다. 한 섬유 부서 팀원이 아이브의 구체적 요구사항에 맞게 디자인 작업을 다시 하느라 몇 시간을 쏟아부었다. 이러한 어려움들은 일부 디자인 팀원들에게 잡스의 사망 이후 애플이 운영 방법을 조정하느라 얼마나 어려움을 겪었는지를 다시 한번 떠올리게 해줬다. 바뀐 점은, 모두가 잡스가 다시 돌아오지 않을 것임을 알고 있었지만 아이브는 언제든지 나타날 수 있다는 것이었다.

스튜디오에선 가끔 그가 갑자기 사무실로 올 거란 소문이 퍼지곤 했다. 그러면 아이브가 도착하기 전에 재료와 프로토타입을 준비하기 위한 사람들로 평소 조용했던 스튜디오가 떠들썩하게 변했다. 하급 직원들은 이러한 광경을 1920년대 증시 붕괴 장면에 비유하곤 했다. 또 디자이너 중 몇몇은 아이브가 자리를 비운 시기를 '하와이의 날들Hawaii days'이라고 부르기 시작했다. 아이브가 사무실로 오는 경우가 좀처럼 드물었던지라 그가 근처 샌프란시스코 주간 고속도로에서 한 시간 떨어진 곳에서 오고 있다기보다 하와이 어딘가에서 야자수에 둘러싸인 채 보내고 있다고 생각하는 편이 더 낭만적이었기 때문이다.

이와 유사한 비효율성이 소프트웨어 디자이너들을 괴롭혔다. 디자이너들은 아이브가 본인 대신 디자인팀을 이끌라고 한 앨런 다이가 콘셉트 승인을 내줘도 이를 임시 승인으로 간주했다. 어쨌거나 디자이너들은 궁극적으로 아이브의 평가를 원했기 때문이다. 그러한 역학은 모두가 아이브가 월요일부터 금요일까지 내내 스튜디오에서 그들의 작업을 검토하고 토론하면서 보내겠다고 약속한 '월간 디자인 위크'가 오기만을 고대하게 만들었다. 다만 문제는 그가 실제로 나타나는 법이 거의 없었다는 것이다.

2016년 말, 한 디자인 위크를 앞두고 애플의 사진 앱을 담당했던 조니

만자리Johnnie Manzari는 그가 아이브에게 보여주려고 했던 수정안이 담긴 가로 11인치, 세로 17인치 크기의 이미지 10여 장 앞에 서 있었다. 그가 자신의 작품을 검토하고 있을 때 스튜디오에서 아이브가 오지 않을 것이라는 말이 흘러나왔다.

"이제 어떻게 해야 하죠?" 실망한 만자리는 동료에게 물었다.[4]

만자리나 디자인팀의 다른 누구도 아이브가 모든 결정을 내려줘야 한다고 생각하지는 않았지만, 그들 대부분은 아이브와 함께 시간을 보내고 싶어 했다. 그는 세계에서 가장 세련된 눈을 가지고 있었고, 항상 그들에게 더 잘하도록 도전 의식을 북돋워줬기 때문이다.

아이브는 창조적인 자양분을 얻기 위해 애플 밖으로 눈을 돌렸다. 그해 11월 그의 걸프스트림 V 제트기가 영국에 도착했다. 런던 고급 주택지인 메이페어Mayfair에 있는 그가 좋아하는 클라리지스 호텔에서 마크 뉴슨과 몰입감 있는 크리스마스트리 설치 디자인을 같이하기로 예정되어 있었다.

그 구식 호텔은 말 그대로 신화적인 명성을 가지고 있었다. 1812년에 세워져 왕족들이 정기적으로 묵었던 그 호텔은 버킹엄 궁전Buckingham Palace의 확장판으로 알려져 있었다. 호텔 현관의 천장은 높았고, 벽에는 아르데코 풍 거울들이 줄지어 장식되어 있었다. 호텔에서는 매 연말마다 로비 디자인을 바꾸기 위해 일류 크리에이터들을 고용했다. 전년도에는 버버리의 수석 디자이너인 크리스토퍼 베일리가 황금 우산 나무를 디자인했다.

아이브와 뉴슨은 이 전통을 이어받은 최초의 산업 디자이너들이었다.[5] 두 사람이 디자인 방법에 대해 논의하는 동안 아이브는 자신이 한평생 추구했던 진실성과 단순함이 뭔지를 증명해줄 공간을 상상했다. 그와 뉴슨은 사람들이 한 무더기의 눈과 자작나무 숲이 가득한 로비에서 '숲의 평온함'을 느끼도록 만들고 싶었다. 그들은 낮에는 밝은 빛으로 따뜻한 겨울 풍경 느낌을 주었다가 밤에는 빛이 서서히 약해지면서 반짝이는 별빛 속으로 사라지는 식으로 시간에 따라 빛의 변화를 보여주는 조명 시스템을 머릿속에 그렸다.

연휴 직전 우뚝 솟은 푸른 소나무 뒤에 있는 호텔 입구에 가느다란 은빛 자작나무를 배치하면서 이들의 비전이 살아났다. 나무들은 끝없이 펼쳐진 듯한 숲이 그려진 벽지를 배경으로 서 있었다. 벽지 앞쪽 공간에는 상록수 묘목이 밀어 넣어져 있었다.

아이브는 사람들에게 그 가느다란 나무가 홀로 스포트라이트를 받으며 서 있는 미래를 상징한다고 설명했다.

AFTER STEVE

CHAPTER 18

삼성의 리콜

삼성은 애플이 처한 상태를 더 악화시키는 기술을 완성하고 있었다. 2016년 삼성은 애플이 제기한 소송과 아이폰을 베꼈다는 주장을 이겨내며 질주했다. 그해 미국 연방항소법원이 삼성과 애플 간 2차 특허 소송에서 삼성의 손을 들어주자 삼성은 스마트폰 시장을 계속해서 지배했다. 고해상도 디스플레이가 장착된 프리미엄폰 시리즈인 갤럭시 라인업은 더 커진 화면과 더 나은 카메라 등의 새로운 기능을 내세우며 기술 평론가들로부터 호평을 받았다.

삼성은 또한 애플보다 먼저 제품을 발표하면서 시장 선점을 통한 우위를 확보하기 위해 애썼다. 아이폰7이 출시되기 한 달 전인 8월 초, 삼성은 뉴욕의 해머스타인 볼룸Hammerstein Ballroom을 예약하고 최신 갤럭시 공개 행사에 전 세계 언론을 초청했다. 이 행사는 애플이 대중화시킨 프레젠테이션을 그대로 가져온 것이었다. 밝은 조명과 세련된 동영상, 화려한 기악 소리가 곁들여진 가운데 고동진 삼성전자 IM(IT 및 모바일) 부문장 사장이 신형 기기를 보여주기 위해 무대 위에 올랐다. 고동진 사장은 파란색 스포츠 재킷에 크림색 바지를 입고 감정을 속으로 감춘 스티브 잡스처럼 보였다. 그는 자신이 배우 조지 클루니처럼 느껴진다고 농담을 했다. 이 쇼의 주인공

은 눈을 스캔하여 사용자의 신원을 확인할 수 있는 세계 최초의 휴대폰 갤럭시 노트7이었다.[1]

이 소위 홍채 인식 스캐너는 애플이 내세웠던 독창성을 약화시켰고, 휴대폰 자체도 적어도 며칠 동안 아이폰 판매에 심각한 위협을 가했다. 판매가 시작된 지 얼마 되지 않아 조니 바윅Joni Barwick이라는 고객이 갤럭시 노트7을 한 대 샀다. 일리노이주 마리온Marion에서 활동하는 마케터인 그녀는 갤럭시 노트7의 디스플레이가 커서 광고 자료를 평가하고, 일할 때 사용하는 구글 제품들에 접속하기 더 쉬울 것으로 생각했다.[2] 갤럭시 노트7은 멀티태스킹의 강자였다. 그녀는 노트를 하루 종일 사용한 뒤 매일 밤 충전하기 위해 침대 옆 충전기에 꽂아놓았다.

그러던 어느 날 새벽 3시경, 그녀는 불꽃이 튀는 소리에 잠에서 깼다. 침대에서 몸을 돌려 봤더니 그녀의 갤럭시폰에서 오렌지색과 붉은색의 불꽃이 뿜어져 나오고 있었다. 매캐한 연기가 방 안을 가득 메웠다. 남편 존은 전화기의 가죽 케이스를 잡고 아래층 부엌으로 급히 뛰어 내려갔다. 그는 휴대폰을 싱크대에 떨어뜨린 뒤 오븐 장갑을 끼고 다시 문 쪽으로 옮겼다. 그가 집에 불이 날까 봐 걱정돼 뒷마당 쪽으로 달려가는 동안 녹은 플라스틱이 바닥으로 떨어졌다.

불이 꺼지자 존은 삼성에 전화를 걸어 이 사건을 알렸다. 그는 침대 옆 탁자, 목재 바닥, 카펫의 피해 금액을 총 9,000달러로 추산했다. 삼성은 24시간 이내에 그에게 다시 전화하겠다고 말해놓고선 전화를 걸지 않았다.

그러는 동안 불길은 번져나갔다. 전 세계적으로 갤럭시폰들에 불이 나기 시작했다. 미국 소비자 보호국은 갤럭시 노트7이 출시되고 불과 몇 주 만에 불이 났다는 신고를 92건 접수했다.[3] 화재 원인은 불분명했지만 전문가들은 배터리가 원인이라고 추정했다. 스마트폰에 들어간 충전식 리튬이온 배터리에는 양극제와 음극제 사이에 아주 얇은 분리막이 있었는데, 그것이 뚫리면 배터리가 폭발할 수 있었다. 이번 화재는 삼성이 새 스마트폰 출하를 연기할 계획이라고 말했을 정도로 안전상의 위험을 제기했다. 삼성은 이 문제가 큰 반향을 불러올 수 있다는 걸 알았다.

쿡은 삼성의 고민을 보고 마냥 즐거워할 수만은 없었다. 삼성의 화재 사건 이후 처음으로 열린 월요일 임원 회의에선 축하하기보다는 걱정하는 분위기가 팽배했다. 쿡은 갤럭시 노트7의 연소 원인이 무엇이고, 아이폰 역시 같은 문제에 취약한지 알고 싶어 했다. 신형 아이폰7 출시를 며칠 앞두고 있던 상태였기 때문이다. 원인을 제대로 파악한다면 쿡에겐 삼성이 겪은 것과 비슷한 난처한 문제를 피할 시간이 있었다.

평소 정확한 스타일인 쿡은 아이폰 역시 이러한 문제가 있는지 판단하기 위해 배터리 전문가와 공급망 전문가들로 이루어진 팀에게 질문을 던졌다. 그들은 삼성이 스마트폰 배터리의 약 30퍼센트를 ATL이라는 중국 공급업체로부터 받았고, 나머지 70퍼센트는 삼성 계열사인 SDI로부터 공급받는다고 설명했다.[4] 애플도 일부 아이폰 배터리를 ATL로부터 공급받았지만 SDI에서는 공급받지 않았다. 애플로서는 다행스럽게도 조사 결과 삼성이 겪은 문제는 주로 SDI에서 공급받은 배터리에서 비롯되었을 가능성이 가장 큰 것으로 판단됐다. 그런 면에서 아이폰은 안전했다.

삼성 입장에서 불길은 걷잡을 수 없이 번져나갔다. 노트7은 비행기 안에서 특히 연소에 취약한 것으로 드러났다. 몇몇 비행기에서 기내 압력이 낮아지자 전화기에 불이 붙었다. 삼성이 노트7을 리콜하려고 하자 미국 연방

항공청Federal Aviation Administration은 승객들이 비행 도중 전화기를 켜거나 전화기를 위탁수하물로 보관하는 걸 금지시켰다. 승무원들은 이륙 전에 승객들이 노트7을 휴대했는지 가려내기 시작했다. 그들은 승객들에게 "삼성 갤럭시 노트7의 사용을 금지한다"면서 전화기를 완전히 꺼달라고 말하고 다녔다.

이러한 경고는 반대로 여행 중인 애플 경영진의 얼굴에는 기쁨의 미소를 짓게 해줬다. 그들은 가만히 앉아서 하루 수백만 명에게 '아이폰은 안전하다'는 사실을 무료로 광고하고 있다는 사실에 기쁨을 감출 수 없었다. 노트7의 위험성에 대한 발표는 소비자들에게는 아이폰을 사야 한다는 사실을, 애플 경영진에게는 위험한 브랜드로 낙인찍혀서는 안 된다는 사실을 상기시켜줬다.

안심한 쿡은 곧 샌프란시스코에서 열릴 예정인 애플의 신제품 출시 행사로 관심을 돌렸다. 그는 오전 7시 37분에 빌 그레이엄 시빅 센터Bill Graham Civic Auditorium 밖에서 트위터에 한 장의 사진을 올렸다. 떠오르는 태양이 화강암으로 된 센터의 정면에 그림자를 드리우는 모습이 담긴 사진이었다. 보도 위 4.5미터 높이로 우뚝 솟은 거대한 애플 로고가 아치형 창문 중앙에서 하얀 빛을 내비쳤다.[5]

쿡은 트위터에 "중요한 날Big day!"이라고 적었다.

무대에 오른 그는 정복자처럼 신중하고 차분하게 걸었다.[6] 쿡은 결코 잡스만큼 화려한 쇼맨십을 보여주지는 못했지만 5년 동안 회사의 수장으로 지내면서 자신감으로 충만한 채 아주 침착하고도 멋지게 무대에서 자신의 존재감을 내뿜고 있었다. 그는 수많은 팬보이들을 향해 애플이 세계를 지배하고 있다는 것을 보여주는 증거들을 장황하게 늘어놓았다. 그는 아이폰 판매량, 서비스 첫해에 애플뮤직에 가입한 고객들이 2,000만 명에 이른 다는 사실, 앱스토어가 어떻게 가장 가까운 경쟁사보다 두 배의 수익을 창출하고 있는지 등에 대해 자랑했다. 이어 그는 청중들의 관심을 애플이 가장 최근 이뤄낸 업적인 애플워치로 돌렸다.

다만 쿡은 애플워치 출시 후 1년 반 동안 판매량이 당초 전망했던 수준에 미치지 못한다는 사실은 언급하지 않았다. 애플은 출시 첫해 기준으로 최초의 아이폰 판매량보다 많은 약 1,200만 대의 애플워치를 판매했지만, 이 같은 판매량은 아이패드 출시 첫해 때의 판매량과 비교하면 몇백만 대가 적은 수치였다.[7] 월가에선 애플의 고객층이 팽창해온 추세를 고려해봤을 때 애플워치는 실망스러운 제품이라고 평가하기도 했다. 특히 애플에게 아이폰 판매 감소를 상쇄하기 위해 새로운 사업이 필요했기 때문에 더더욱 그랬다. 애플워치는 약 60억 달러의 매출을 창출한 것으로 추산됐는데, 그 정도로는 지난 한 해 동안 줄어든 200억 달러에 가까운 아이폰 매출 감소분을 메꾸기에는 역부족이었다.

그러나 무대 위에서 쿡은 이런 모든 사실들을 무시했다. 대신 그는 애플이 시계 산업 매출에서 그해 롤렉스에 이어 세계 2위를 차지했다는 사실에 초점을 맞추면서 애플이 알리고 싶은 현실에 대한 이야기를 이어갔다. 그는 구체적인 수치를 공개하진 않은 채 애플워치가 고객 만족도 1위를 차지했다는 사실도 강조했다. 이어 제프 윌리엄스 운영 책임자에게 무대를 넘겼다. 윌리엄스는 전작과 디자인은 똑같지만 방수 기능을 갖춰서 수영이나 서핑 시 착용할 수 있고, GPS가 내장돼 있어 달리거나 걸을 때 주행거리를 정확하게 추적할 수 있는 일련의 새로운 기능이 들어간 애플워치 시리즈 2를 공개했다. 윌리엄스는 다음으로 애플이 나이키와 손을 잡고 특별한 구멍이 뚫린 밴드가 포함된 공동 브랜드 워치와 나이키 런닝앱을 만들었다고 발표했다. 애플의 최고 경영진이 함께 모여 애플워치를 어떻게 구할지 논의한 지 거의 1년 만에 그들은 계획대로 패션에서 피트니스로 판매 전략을 전환하고 있었다.

쿡은 몇 달 전부터 앞으로 나올 아이폰의 전망에 대해 걱정해왔지만 신제품을 소개하기 위해 무대 위로 다시 성큼성큼 올라갔을 때는 그러한 걱정을 전혀 드러내지 않았다. 그는 "애플이 앞으로도 여러 도전에 직면할 수는 있겠지만 회사의 미래에 대해서는 자신 있다"면서 "어디를 쳐다봐도 항상 그렇게 많은 아이폰을 보는 데는 그만한 이유가 있다"고 말했다. 그는 이어 "우리는 현재 10억 대 이상의 아이폰을 팔았다"면서 "이로써 아이폰은 세계 역사상 가장 많이 팔린 휴대폰 중 하나가 되었다"고 덧붙였다.

그는 이어 최신 모델인 아이폰7과 아이폰7 플러스를 선보였다. 신형 아이폰들은 전작인 아이폰6 및 아이폰6s와 디자인은 비슷했고, 플러스 뒷면에 두 번째 카메라를 넣고 두 폰 모두에서 헤드폰 잭을 없애는 등의 몇 가지 사소한 변화만 있었다. 새로운 칩과 소프트웨어와 결합된 두 번째 카메라는 '인물사진 모드'라는 새로운 사진 기능을 쓸 수 있게 해줬다.[8] 인물에만 초점을 맞추고 배경은 흐릿하게 날려주는 기능이었다. 이처럼 미묘하지만 의미심장한 카메라 사진 기술의 도약은 사람들의 찬사를 불러일으켰다. 반면 헤드폰 잭을 없앤 일에 대해서는 그만큼 큰 호응을 이끌어내지 못했다. 헤드폰 잭은 사람들이 음악을 듣거나 전화를 걸 때 항상 사용하는 모든 스마트폰의 핵심 부품이었다. 그런데 그것을 없앴다니! 그 이유를 묻는 질문이 나오는 것은 당연했다.

무대 위에 오른 필 실러는 "헤드폰 잭에 미련을 버린 이유는 한 단어로 귀결됩니다. 용기^{courage}입니다"라고 말했다.

잡스가 말했다면 환호를 불러일으켰을 수도 있겠지만 다른 사람의 입에서 나올 경우 비웃음을 유발할 수도 있는 실로 대담한 주장이었다.

곧이어 실러는 애플의 다음 신제품은 에어팟^{AirPod}이라는 무선 이어폰이라고 말했다. 아이브가 이끄는 디자인팀은 2013년 브레인스토밍 세션에서 에어팟 아이디어를 처음으로 생각해냈다. 애플워치는 그것과 무선으로 연결해 전화를 걸거나 음악을 듣는 방법이 있어야만 사용자들을 휴대폰에서 해방시킬 수 있었다. 그런 필요성 때문에 신제품을 추구하게 된 것이었다.

무선 이어폰을 만든다는 건 험난한 모험의 연속이었다. 엔지니어와 배터리 전문가들은 디자이너들과 함께 회의에 회의를 거듭하면서 작지만 사람들의 귀에 잘 맞는 무언가를 만들기 위해 노력했다. 배터리 전력의 제약과 블루투스 기술의 한계 등으로 처음 제시된 디자인은 크고 투박하기 그지없었다. 아름답지 못한 디자인에 불만을 품은 수석 디자이너 리코 조켄도르퍼와 엔지니어들은 배터리를 소형화시키고자 애썼다. 그러다 수년 동안 진정한 무선 헤드폰을 꿈꿔왔던 벤 쿡^{Ben Cook}과 액설 버니^{Axel Berny}라는 두 명의 음악광 하드웨어 엔지니어들이 이끄는 패스이프 세미컨덕터^{Passif Semiconductor}라는 작은 스타트업을 인수하게 되었다. 그들은 전력을 덜 소비하되 두 개의 독립된 헤드폰으로 받는 신호를 마치 하나의 헤드폰에서 받는 것처럼 해주는 칩을 개발했다. 조켄도르퍼와 엔지니어링팀은 패스이프에서 영감을 받은 디자인으로 처음에 만든 못생긴 프로토타입을 재정비했다. 그들은 두 개의 이어폰을 연결하는 선을 자르고, 그 독립된 이어폰을 충전할 수 있는 케이스를 만들었다. 케이스가 사람들의 호주머니에 들어가야 한다는 것을 알고 있던 조켄도르퍼는 지포 라이터 크기의 얇은 케이스를 스케치했다. 그런 다음 엔지니어들과 협력하여 만족스럽게 딱딱 열리고 닫히는 자석을 이용한 개폐 장치를 만들었다.

그들은 케이스 안에 면봉처럼 하얀 이어폰을 끼워 넣었다. 신형 칩인 W1는 좌우 귀로 각기 다른 음악 소리를 재생할 수 있게 해줌으로써 이어폰 가격을 159달러라는 고가로 책정하는 걸 정당화시켜줬다. 이어폰은 "마법처럼 된다"는 실러의 말대로 케이스에서 꺼내는 순간 아이폰에 자동으로 연결됐다.

실러는 "이것이 바로 혁신입니다"라고 말했다.

하지만 에어팟의 판매 실적은 저조했다. 출시 며칠 만에 에어팟은 온라인에서 조롱 거리가 되었다.

실러가 한 '용기'라는 말도 조롱의 대상이었다. 그는 헤드폰 잭을 제거하는 것이 매우 도전적인 결정이었음을 드러내는 뉘앙스를 없앤 채 잡스가 한 말을 지나치게 단순화해버렸다. 잡스는 숨지기 1년 전에 CD-ROM 드라이브 같은 신기술을 받아들이기 위해 플로피 디스크 같은 일부 인기 있는 기술들을 포기해온 회사의 역사를 강조한 바 있다.[9] 잡스는 고객들은 애플이 그들 대신 그러한 선택을 해주길 원하며, 만약 그렇게 잘 해줬다고 판단하면 제품을 구매해줌으로써 애플에 보상해줄 것이라고 믿었다. 그는 당시 "사람들은 우리를 미쳤다고 한다"면서 "우리는 적어도 '이것(플로피 디스크)으로 훌륭한 제품을 만들 수 있다고 생각하지 않기에 빼버릴 것이다'라고 자신 있게 말할 용기를 가지고 있다"라고 술회했다.

코미디 사이트인 칼리지유머CollegeHumor는 아이폰7 패러디 동영상을 제작했다.[10] 동영상에는 영국 억양을 가진 코미디언 코난 오브라이언이 아이브의 목소리를 흉내 내며 애플 제품의 바뀐 점들을 설명하는 장면이 나온다. 오브라이언은 "우리는 처음에는 반직관적인 것처럼 보였고, 실제로도 그러한 어떤 짓을 했습니다. 그런데 우린 그것을 엉망으로 만들었지요"라고 말했다. 그러더니 이번에는 안경을 낀 백발의 쿡으로 분장한 채 이렇게 말했다. "우리는 헤드폰 잭을 제거했습니다. 그게 다예요. 그게 바로 새로운 소식입니다. 단지 있었던 걸 없애서 지금 없어진 것뿐입니다. 없어졌습니다. 더 이상 없습니다. 짜잔!"

패러디는 애플 광고를 풍자하는 영상으로 이어졌다. 예전 아이팟 광고 느낌이 나는 밝은 노란색 배경에 흰색 에어팟을 귀에 꽂은 사람들이 세련된 음악에 맞춰 춤을 추는 모습이 실루엣으로 등장했다. 사람들이 고개를 흔들자 159달러짜리 무선 이어폰이 귀에서 떨어져 나와 거리의 배수구로 떨어졌고 그들은 새로운 이어폰을 사야 했다. 이 광고는 "애플 에어팟. 무선이고, 비싼데, 사라졌다"는 문구로 끝났다.[11]

하지만 출시 며칠 뒤 쿡은 '아빠 네트워크'인 ABC의 앵커 로빈 로버츠 Robin Roberts 옆에 앉아 값비싼 새 기기에 대한 소비자들의 두려움을 떨쳐내 버렸다.[12] 그는 트레드밀 위를 달리고, 걷고, 휴대폰을 사용하고, 음악을 들을 때 에어팟을 착용했으나 전혀 문제가 없었다고 말했다. 그는 방어적 뉘앙스를 풍기며 "에어팟을 사용한 이후로 저는 그걸 한 번도 떨어뜨린 적이 없습니다"라고 말했다.

그러나 쿡의 말은 진실이 아니었다. 그렇게 야단법석을 떨었던 에어팟은 사실 아직 제대로 준비하고 내놓은 제품이 아니었던 것이다. 쿠퍼티노에서 애플의 엔지니어들은 여전히 아이폰에 연결된 안테나를 작동시키기 위해 노력하고 있었다. 소프트웨어와 하드웨어팀은 문제의 원인을 두고 서로 자주 다퉜으며 각자 안테나의 성능을 향상시키기 위해 서로 다른 테스트 과정을 따랐다.[13] 이 분쟁은 기름칠이 잘된 기계처럼 돌아갔던 애플의 이전 제품 개발 과정이 지금 어떤 문제에 직면했는지를 상징적으로 보여 줬다. 비밀 유지 약속에 따라 부서들마다 서로 정보를 숨겼다. 잡스는 그런 문화를 장려하면서 각 그룹의 기여를 하나의 제품으로 통합했다. 그러나 쿡은 개입을 거부한 채, 부서장들이 통합자로서 잡스의 역할을 대신하리라 기대했다.

하지만 현실은 그렇지 않았다. 크리스마스 쇼핑 시즌 전 에어팟 출하 시기가 도래했을 때조차 엔지니어링과 제조상의 문제가 지속되면서 애플은 수백만 달러의 매출을 올릴 기회를 놓쳤다. 이러한 손실로 인해 애플의 인사과 직원들은 에어팟 개발 프로젝트에 대한 감사를 실시했고, 애플의 유산인 '다르게 생각하라' 캠페인에 기반을 둔 새로운 개념을 추진하게 됐다.[14] 그들은 직원들에게 개인보다 집단을 우선시하라고 격려했고, '달라도, 함께Different. Together'라는 새로운 슬로건을 생각해냈다.

아이폰7과 에어팟에 대한 대중의 시큰둥한 반응은 애플의 최대 경쟁사가 휘말린 혼란에 의해 조용히 묻혔다.[15] 삼성은 배터리 결함이 있는 전화기 250만 대를 리콜한 후 다른 공급업체로부터 납품받은 배터리로 교체해 줬다. 하지만 교체해준 전화기에서도 발열 현상이 나타나면서 삼성은 어쩔 수 없이 두 번째 리콜을 발표했다. 회사 내부에서 노트7이 '손 댈 수 없을 만큼 너무 뜨거운' 문제라는 우울한 농담이 나올 만큼 삼성으로서는 난처한 일이 아닐 수 없었다. 이 실수로 삼성은 적어도 50억 달러의 손실과 함께 평판에 엄청난 손상을 입었다.

몇 달 동안 미국의 국내선은 물론이고 모든 국제선 항공에 노트7의 기내 반입이 금지됐다. 결국 삼성은 노트7을 시장에서 철수시켰다. 불과 두 달 만에 최신 갤럭시는 기대작에서 사용 불가 제품으로 전락해버렸다.

그리고 쿡은 그의 가장 큰 경쟁사 덕분에 최고의 행운을 누렸다. 그것도 두 차례나.

애플의 자체 스마트폰 라인업이 약했던 해에 애플은 판매 감소를 예상하고 있었다. 애플은 두 종의 전작들과 유사한 디자인의 아이폰7 수요가 둔화하리라 예상해 생산량도 제한해놓은 상태였다. '재고는 악'이라는 쿡의 격언을 따른 경영진은 그들이 판매할 수 있는 것보다 더 많이 생산되는 위험을 막으려고 애썼다. 하지만 아이폰7 플러스는 출시되자마자 후면 듀얼 카메라와 인물사진 모드를 써보고 싶어 하는 고객들이 몰리면서 불티나게 팔려나갔다. 수요를 따라잡는 데 몇 달이 걸릴 정도였다.

쿡은 아이폰7에 대한 고객들의 기대를 충족시켜주지 못했지만, 삼성이 저지른 실수는 애플의 최근 출시작이 세계에서 가장 많이 팔린 스마트폰이 되도록 도와줬다.[16] 갤럭시 노트7의 판매량은 상위 5위 안에 들지 못했다. 삼성은 스마트폰 사업을 회복하느라 어려움을 겪을 것이 분명했다. 애플의 사업에 가했던 삼성의 위협은 그렇게 삼성이 휘말린 사건들로 인해 서서히 약해졌다.

아이폰7의 판매가 예상을 웃돌자 애플의 주가는 상승세로 돌아섰다. 몇 년간 애플의 주가는 투자자들이 핵심 아이폰 사업에 대한 우려를 제기하면서 지지부진한 상태에 놓여 있었다. 하지만 주가가 이처럼 실망스러운 움직임을 보이자 한 선도적인 가치 투자자가 애플 주식에 관심을 보이기 시작했다.

다름 아닌 워런 버핏이 이끄는 투자회사 버크셔 해서웨이Berkshire Hathaway의 투자 매니저인 테드 웨슐러Ted Weschler였다.[17] 그는 지난 몇 년 동안 애플을 예의 주시해오고 있었다. 그는 아이폰이 충성 고객층을 만드는 데 코카콜라보다 더 효과적이라고 생각했다. 아이폰을 산 사람들은 또 타사 휴대폰 운영체제에 대해 배우고 싶어 하지 않아서 다른 휴대폰으로 잘 바꾸지 않았다. 애플이 그런 고객들을 잡아놓을 수 있다는 얘기는 그들에게 아이클라우드에 사진을 저장하고, 애플뮤직에서 노래를 듣게 할 뿐만 아니라 그들이 구매한 앱에서 요금을 징수할 수 있다는 것을 의미했다. 웨슐러는 쿡이 잡스가 만든 생태계를 기반으로 더 많은 수익을 뽑아내어 아이폰을 앞으로 수년간 현금을 창출해줄 '구독 기반 사업'으로 전환시키고 있다는 사실을 파악했다. 그는 또한 쿡이 잡스라면 하지 않았을 법한 자사주 매입을 계속하고 있다는 게 마음에 들었다. 이에 따라 그는 애플의 주가가 주당약 27달러였을 때(2024년 3월 현재 주당 약 170달러-옮긴이) 조용히 애플 주식 10억 달러어치를 매입했다.

뉴욕을 방문한 웨슐러는 버크셔 해서웨이의 이사 데이비드 '샌디' 고츠만David "Sandy" Gottesman을 만나 애플에 대한 자신의 관심을 이야기해줬다. 아흔 살의 고츠만은 투자자문회사 퍼스트 맨해튼First Manhattan Co.을 세우고 버핏과 친해진 후 억만장자가 되었다. 그는 수년간 애플에 투자해왔고, 애플 제품을 좋아했다. 그는 웨슐러에게 자신은 어디를 가나 아이폰을 가지고 다니며, 바지 주머니에서 흘러내리는 바람에 택시에 아이폰을 놓고 내려 망연자실한 적도 있다고 이야기해줬다. 그는 "마치 내 영혼의 한 조각을 잃어버린 것 같았어요"라고 말했다.

웨슐러가 버핏에게 이 이야기를 전하자 버핏의 얼굴에는 생기가 감돌았다. 버핏은 자기와 비슷한 나이 또래의 친구가 기술 제품에 대해 그렇게 느꼈다는 데 놀라서 애플의 사업에 대해 더 자세히 알아보기로 했다. '오마하의 현인'으로 불리는 버핏은 그동안 기술 회사에 투자하는 데 강한 거부감을 가지고 있었다. 그는 언제나 자신이 잘 아는 사업에 투자했고, 많은 기술기업들의 사업 모델은 자신과 맞지 않다고 여겼다. 그는 또한 기술기업에 투자해서 재미를 본 적이 없었다. 2011년 IBM에 투자해서 쓴맛을 본 게 가장 대표적인 사례다. 그러나 고츠만의 이야기를 듣고 나서는 주변 사람들이 쓰고 있는 아이폰에 더 많은 관심을 기울이기 시작했다.

버핏은 아이폰 소유자가 애플에서 삼성의 갤럭시폰으로 바꾸려면 어떤 기회비용을 감수해야 하는가 궁금했다. 그는 어느 일요일 날, 손주들과 함께 패스트푸드 체인점인 데어리 퀸^{Dairy Qeen}에서 식사를 하는 동안 손주들이 휴대폰에 푹 빠져 있다는 사실을 알아챘다.[18] 그는 그렇게 웨슐러가 옳았다는 것을 깨달았다. 아이폰은 기술이 아니라 현대의 '크래프트 마카로니 앤 치즈^{Kraft Macaroni & Cheese}'(미국에서 판매 1위를 차지하는 인스턴트 식품 – 옮긴이)였다. 아이폰은 사용자와 대중문화를 사로잡았고, 이런 현상은 몇 년 동안은 지속될 걸로 보였다. 그의 지시에 따라 버크셔 해서웨이는 애플 주식을 매집했고, 총 투자액은 70억 달러로 불어나며 결국 애플은 버크셔 해서웨이가 가장 많은 돈을 투자한 회사 중 하나가 되었다.

버핏의 주식 매수 소식이 언론을 통해 알려지자 인피니트 루프에서의 반응은 엇갈렸다. 제품 엔지니어들은 버크셔 해서웨이가 확보한 애플 지분 때문에 눈치를 보게 된 애플이 더 이상 위험을 무릅쓰거나, 미친 짓을 하거나, 혁신적인 일을 하지 못하게 되는 건 아닌지 걱정했다.

하지만 쿡은 너무 좋아서 어쩔 줄 몰랐다. 그는 버크셔 해서웨이가 그렇게 많은 지분을 보유한 것이 자신의 리더십에 대한 궁극적인 검증이라고 여겼다. 세계에서 가장 똑똑한 투자자가 애플을 코카콜라에 버금갈 만큼 소비자에게 어필하는 기술회사로 봤음을 시사한다는 뜻이었다.

월가도 쿡과 의견을 같이했다. 버핏은 장기적 가치에 초점을 맞춘 투자 전략으로 40년 동안 17만 4,000달러를 800억 달러로 불린 사람이었다. 미국의 개인 투자자들은 그와 비슷한 성공을 거두기를 바라며 그의 행동 하나하나를 따라 하고 모방했다. 그렇게 많은 사람들이 애플에 투자함으로써 애플 주가를 더 끌어 올렸다.

급등한 애플 주가를 보고 쿡은 경탄했다. 그는 CNBC와 가진 인터뷰에서 버핏의 투자가 자신에게는 최고의 칭찬이었다며 "가볍게 보아 넘길 일이 아닙니다. 와우, 다름 아닌 워런 버핏이 우리 회사에 투자하고 있는 것 아닙니까!"라고 말했다.

애플의 주가가 상승하자 쿡은 마음껏 다른 곳에 관심을 쏟아부었다.

자율주행차 개발 프로젝트를 재개하기 위해 그는 전 하드웨어 부문 최고 책임자인 밥 맨스필드의 복귀를 추진했다.[19] 은퇴한 맨스필드는 여름 내내 진행 중인 개발 작업을 검토하다가 대면 회의 일정을 잡았다.

그해 초가을 자율주행차 개발 프로젝트에 투입된 수백 명이 전세 버스에 올라타 실리콘밸리 호텔로 향했다. 그들은 머리를 바싹 자르고 나타난 맨스필드가 기다리고 있던 넓은 회의실로 줄지어 들어갔다. 맨스필드는 반도체 분야 출신으로 맥북에어 같은 제품의 혁신을 이뤄내며 애플의 고위 경영진 자리에 오른 인물이었다. 애플의 조직도상 그는 존중을 받을 위치에 있었다. 맨스필드는 방 안에 모인 사람들을 향해 그들 대부분이 익히 잘 알고 있는 사실, 즉 프로젝트가 엉망진창이 되었다는 사실을 직설적으로 언급했다. 그는 자신이 자율주행차의 기술적 난제를 완전히 이해하지는 못한다고 말하면서도 프로젝트를 다시 정상 궤도에 올려놓기 위해 최후의 전략을 쓸 수밖에 없다고 밝혔다. 그는 운영을 효율화하고 초점을 전환하면서 정리해고를 통해 약 200명의 직원을 내보내겠다고 발표했다. 그의 눈에는 애플이 운전자 없이 도로를 주행할 수 있는 기본 소프트웨어를 어떻게 구성할지 결정하기 전까지는 자동차 개발을 추진할 수 없다는 게 분명해 보였다. 그는 "애플이 지나치게 많은 일을 하고 있다"면서 "정리해고 후 자율주행차 개발을 실현시킬 수 있는 운영체제 개발을 중점적으로 추진해 나갈 것"이라고 말했다. 방 안에 있던 모두가 그 일이 실현되려면 수년이 걸릴 것임을 알고 있었다.

결국 애플은 자율주행차를 2019년에 출시하겠다는 목표를 포기했다. 그렇게 회사 전체에서 가장 핫한 테스트 프로젝트로 간주되던 서니베일 프로젝트는 끝없이 이어질 연구 실험으로 전환되었다.

쿡이 이끄는 애플 제국이 이어오던 5년간의 확장세가 벽에 부딪혔다. 버핏의 신임 투표와 아이폰7의 판매 개선에도 불구하고 애플은 중국에서 계속 고전했다. 쿡이 차이나 모바일과 손을 잡은 이후 규모가 세 배가 커졌던 아이폰 사업은 그동안 거뒀던 일부 수익을 반납했다. 자신의 사회적 신분 과시에 집착하는 고객층이 2년 전 출시된 아이폰6와 거의 똑같아 보인다는 이유로 아이폰6s와 아이폰7의 구매를 미루면서 아이폰 판매량은 고점 대비로 17퍼센트 급감했다. 애플의 확장에 기름을 부어줬던 바로 그 시장이 이제는 애플의 매출 감소를 유발하고 있었다.

중국 '소비자들'에게만 문제가 있었던 건 아니었다. 2016년 중국 정부는 돌연 아이튠즈 영화와 도서 판매를 중단했다. 성장하는 애플 서비스 사업의 핵심 상품 판매를 막은 것이다. 그간 중국 지사 직원들은 쿡과 애플의 지도부에 중국의 지도자 시진핑Xi Jinping이 서방 기업들에 더 강경한 노선을 취하기 시작했다고 경고해온 터였다. 시진핑은 서구 이데올로기를 단속하고 화웨이Huawei와 텐센트Tancent 등 중국이 통제할 수 있는 현지 기술 대기업들을 편애하고 있었다. 아이튠즈 셧다운 직후 시 주석은 현지 기술 지도자들을 만나 "중국은 온라인 콘텐츠가 건강하고 긍정적인 문화를 창조하도록 해야 한다"고 역설했다.[20]

중국에서 아이튠즈 서비스가 일부 중단되자 쿡은 불안감에 휩싸였다. 중국에서 사업을 키우기 위해 10년을 투자했던 그는 이제 중국 현지인들에게 그의 비전이 실현되지 못할 수 있다는 말을 듣고 있었다. 사내 자문관들은 중국 정부가 애플을 공격할 준비를 하고 있을 거라고 경고했다. 중국 공산당은 규모가 너무 크거나 힘이 지나치게 세다고 생각하는 외국 회사들을 응징하는 것으로 유명했다. 바로 중국 소셜 미디어에서 여론 조성을 담당하는 보이지 않는 손, 즉 인플루언서 집단 '수이쥔shuijun'을 동원해서 말이다. 수군水軍이라는 뜻인 수이쥔은 중국 공산당의 지원을 받는다. 마찬가지로 중요한 사실은 맥, 아이패드, 아이폰을 생산하기 위해 중국에서만 300만 명이 넘는 노동자가 고군분투하고 있다는 점이었다. 쿡의 지시에 따라 애플은 중국 내 생산에 집중해왔기 때문에 제품을 만들고 수출하기 위해선 중국 정부의 지원이 절실히 필요했다.

쿡은 애플의 사업에 가해지는 더 큰 피해를 막기 위해 사내 정책팀과 머리를 맞대고 중국 정부와의 관계를 개선할 수 있는 방법을 모색했다. 정책팀은 중국 내 사업에 대한 메시지 전달 방식을 바꾸는 전략을 정리해서 보여줬다. 정책팀이 새로 개발한 메시지는 중국 내 아이폰 판매량을 강조하기보다는 중국에서 애플이 지원하는 개발자와 간접 고용한 사람 수를 강조하는 내용으로 시작했다. 쿡은 중국을 방문해 그런 개발자들을 여러 명 만나면서 애플이 어떻게 중국 경제와 밀접하게 연결되어 있는지를 몸소 집중 조명해주었다.

10월에 쿡은 선전으로 날아가 4,500만 달러를 투자해 중국에서 R&D 센터를 설립하겠다는 계획을 발표했다. 애플 공공업무팀은 중국 지도자들에게 보내는 화해의 제스처 차원에서 이번 투자 계획을 발표하자고 제안했다. 그들은 쿡에게 그 발표가 애플이 중국에 헌신하고 있으며, 기술 선진국이 되려는 중국의 노력을 돕겠다는 메시지를 전달해줄 것이라고 말했다. 쿡은 방중 기간 리커창Li Keqiang 총리 등 중국의 여러 지도자를 만나 대화를 나눴다.

쿡의 투자와 방문으로 애플은 전 세계에서 두 번째로 큰 중국 시장에서 간절히 원했던 호의를 얻어냈다. 다만 쿡이 알지 못했던 사실이 있으니, 당시 세계 경제에서 중국이 차지하는 위상은 상상하기 힘들 만큼 심각한 혼란에 휩싸이기 직전이었다는 것이다.

당시 미국에선 공화당 대통령 후보 도널드 트럼프가 미국 전역에서 포퓰리즘 정서를 부추기면서 중국에 아웃소싱하는 기업을 규탄하고, 중국에 빼앗긴 일자리를 되찾아오겠다고 약속하고 있었다.

그의 첫 번째 공격 목표는 바로 쿡이었다.

트럼프는 버지니아주 중부 린치버그Lynchburg에 있는 리버티 대학교에서 열린 선거 유세 도중 "우리는 애플이 다른 나라가 아닌 이 나라 미국에서 망할 컴퓨터와 물건들을 만들게 할 것"이라면서 "우리는 미국을 다시 위대하게 만들 것입니다!"라고 말했다.[21]

트럼프가 짓겠다고 말한 '위대한 국가'로 가는 길은 쿠퍼티노를 관통했다. 그는 지지자들에게 만약 자신이 대통령에 당선된다면 중국산 수입품에 45퍼센트의 관세를 부과하겠다고 약속했다. 아이폰 사업에 치명적 타격을 가할 수 있는 관세였다.

쿡은 정치적 변신의 귀재였다. 살면서 접한 다른 많은 것들에도 그랬지만, 그는 어느 하나에 충성을 고집한 적이 없었다. 그는 1990년대에는 공화당원으로 투표하겠다고 등록해놓고선 민주당과 공화당 양쪽에 기부했다. 트럼프의 선거 공세에 맞서 그는 캘리포니아주 로스앨터스Los Altos에서 모금 행사를 주최하며 힐러리 클린턴Hillary Clinton을 지지했다. 그는 선거운동에 쓰라며 26만 8,500달러의 후원금도 냈다. 힐러리 클린턴은 애플과 쿡이 중국에서 세운 효율적인 제조 기계에 가해진 4년간의 공격을 막아준 장벽이었다.

선거 당일 첫 번째 대통령 선거 결과가 발표될 당시 쿡은 사무실에 있었다. 〈뉴욕 타임스〉는 클린턴이 승리할 확률이 85퍼센트에 달한다고 보도하는 등 일주일 내내 나온 각종 여론 조사 결과는 클린턴의 승리를 점치는 경우가 압도적으로 많았다.[22] 트럼프 선거운동 관계자들은 CNN에 그가 대통령이 되기 위해서는 기적이 필요할 것이라고 말하기도 했다. 하지만 캘리포니아에 어둠이 깔리면서 노스캐롤라이나와 플로리다에서 예상보다 많은 트럼프 지지표가 나오자 예측이 바뀌기 시작했다. 트럼프 선거캠프는 1988년 이후 공화당이 승리한 적이 없었던 펜실베이니아주에서 트럼프가 클린턴보다 우위에 있다고 방송사에 알리기 시작했다. 트럼프는 오하이오주에서도 승리를 선언했다. 태평양 시간Pacific time으로 오후 9시가 되자 선거는 끝난 것처럼 보였다. 그리고 쿡은 다른 나머지 미국인들과 마찬가지로 깜짝 놀랐다.

예측력, 끈기, 침착함의 대명사인 애플의 CEO는 이제 예측할 수 없는 대통령이 이끌 불확실한 미래에 직면했다. 그의 궁극적인 적이라 할 수 있는 '혼돈의 왕'이 백악관에 입성하고 있었다.

CHAPTER 19

50세의 아이브

2017년 1월, 일단의 디자이너들에게 초대장이 발부됐다. 아이폰 출시 10주년에 대한 월가의 기대감이 커지고 있는 가운데, 조너선 아이브는 제품 평가를 위해 회사의 최고 소프트웨어 디자이너들을 전용 사교클럽 '배터리'에 초대했다.

오전 11시쯤 디자이너 20명과 일부 애플 보안 담당자들이 미출시 아이폰이 든 검은색 펠리컨 케이스를 배터리 5층 펜트하우스로 운반했다. 그들은 노출 강철 빔이 샌프란시스코에서 오클랜드까지 7킬로미터를 아치 모양으로 연결하는 거대한 베이브리지Bay Bridge 다리가 내려다보이는 통창이 설치된 576제곱미터 크기의 방으로 빠져나갔다.[1] 창문 맞은편에는 회색 가스 벽난로가 자리해 있었다. 방은 미니멀리즘적이면서 현대적이었으며, 아이브의 마음을 사로잡을 만한 우아한 손길이 느껴졌다. 방에는 사탕색 아이맥을 연상시키는 반투명 오렌지색 의자로 둘러싸인 유리 테이블이 놓여 있었다.

방에 모인 사람들은 아이브와 공유하기 위해 몇 주 동안 기다려온 디자인 아이디어가 담긴 인쇄물을 나눠주기 시작했다. 그들은 풀스크린 디스플레이를 설치하기 위해 홈 버튼을 없앤 아이폰을 디자인하는 과정에 있었다. 아이브는 눌러야 할 버튼 대신 스크린 하단에 사람들이 위쪽으로 쓸어 넘기면 아이폰의 대시보드에 닿게 해주는 가느다란 흰색 막대를 배치하고 싶어 했다. 그것을 도입하려면 잠금과 홈 스크린 모양은 물론이고 턱 모양의 노치notch(스마트폰 화면 윗부분을 움푹 파서 카메라와 수화기를 넣고 양옆으로 날짜, 배터리 용량 등을 표시한 디자인 – 옮긴이) 디자인을 한 기기에서 동영상을 보여주는 방법 등 다른 많은 결정도 내려야 했다. 일부 디자인 팀원들은 아이브가 오기를 기다리던 중 디자인 과정 내내 자주 지침을 내려주던 잡스와 포스톨이 함께 했던 주간 회의를 떠올리며 향수에 젖었다. 그들은 이제 아이브와 드물게 여는 회의에 적응한 상태였다. 아이브의 의견은 디자인 작업을 갑자기 중단시키거나 완전히 새로운 방향으로 움직이게 할 수 있었다.

작업을 정리한 디자이너들은 근처에 있던 소파에 앉아서 아이브를 기다렸다. 어느덧 시계가 오후 1시를 가리키고 있었다. 아이브가 나타나지 않자 디자이너들은 서로 눈치를 보기 시작했다. 소프트웨어 디자인 부책임자 앨런 다이는 아이브가 지금 오는 중이며, 곧 도착할 것이라고 팀원들을 안심시켰다. 상사의 말에도 팀원들은 노트북을 만지작거리거나 아이폰을 휙휙 넘겨보며 마음을 졸였다. 그리고 대체 왜 이런 일이 벌어졌는지 궁금해했다.

본래 회의 시간보다 세 시간 가까이가 지난 오후 2시 직전 엘리베이터를 빠져나온 아이브는 펜트하우스 라운지에 있는 소파에 흩어져 있는 팀원들을 보았다. 그는 자신이 늦게 온 데 대해 사과하지도, 그걸 언급하지 않았다. 대신 인쇄물이 올려져 있던 테이블 쪽으로 걸어가서 작업 결과를 검토하기 시작했다. 다이가 진행자처럼 그에게 각 프로젝트에 대해 안내해줬다.

아이브가 각각의 디자인을 천천히 훑어보면서 피드백을 제공했지만 그는 어떠한 최종 결정도 내리지 않았다. 그는 생각할 시간을 더 많이 갖기를 원했다. 모두가 그가 오기만을 기다리며 보낸 세 시간은 앞으로 겪을 더 오랜 기다림의 전조에 불과했다.

그 후 몇 달 뒤 아이브는 애플의 연례 기업 수련회에 참석해 애플의 최고 경영진과 함께 시간을 보냈다. 그는 앞서 수년 동안 그러한 회의에 수십 차례 참석해왔기 때문에 향후 출시할 제품과 현재의 제품 판매량에 의해 회의 분위기가 어떻게 흘러갈지 누구보다 잘 알고 있었다. 그해 자율주행 자동차 프로젝트의 차질과 아이폰 판매의 부진으로 회의장 안에는 불안감이 감돌았다.

발표가 시작됐을 때 아이브는 바람을 쐬기 위해 밖에 서 있었다. 그가 5성급 호텔 입구 근처에서 어슬렁거리고 있을 때 최근 애플에 합류한 피터 스턴Peter Stern이 직원들 앞으로 나와 회사의 아이클라우드 서비스에 대한 최신 정보를 알려주기 시작했다. 스턴은 몇 달 전 애플에 입사했다. 회사의 구독 서비스를 개발할 적임자를 물색하던 애플의 눈에 타임워너 케이블Time Warner Cable에서 구독자를 늘리는 데 성공한 그가 눈에 띄었고, 애플은 곧바로 그를 영입했다.[2] 애플뮤직 출시 이후 쿡은 이 서비스로부터 아이폰의 매출을 짜낼 수 있는 더 많은 방법을 찾고 싶어 했다. 스턴은 그 방법을 설명해줬다.

직원들 앞에 선 그는 애플의 하드웨어 이익률이 하락하고 서비스 이익률은 상승하는 상황을 일목요연하게 보여주는 X자 모양의 차트 이미지를 클릭했다. 그가 참석자들에게 전하고자 한 메시지는 아이브와 가장 관련이 깊은 애플의 '레거시 사업legacy business(한 기업이 보통 10년 넘게 운영해온 기존 사업-옮긴이)'이 회사 실적의 발목을 잡고 있다는 것이었다. 판매 가격이 제자리걸음을 하는 동안 아이폰에 카메라와 부품을 추가하는 비용은 올랐기 때문이었다. 한편 아이클라우드 구독 서비스 등은 상대적으로 고정비용이 덜 들고, 월 구독료를 내려고 가입하는 사람이 늘어나고 있어 회사의 수익성을 끌어올리고 있었다. 스턴은 그렇게 쉬운 돈벌이 수단으로부터 더 많은 수익을 창출할 수 있는 방법을 찾아내는 일을 맡았다.

스턴의 발표를 들은 경영진들은 깜짝 놀랐다. 스턴이 아이브와 제품 제조업의 중요성이 떨어지고, 쿡이 점점 더 강조해온 애플뮤직과 아이클라우드 같은 서비스가 더 중요해지는 미래를 명확히 보여줬기 때문이다.

주변 사람들이 바뀌면서 아이브는 팀 내에서 커지는 불안감과 싸우기 시작했다. 리처드 하워스가 디자인 부문 부사장으로 승진하면서 그 긴장감이 더 고조됐다. 하워스는 평사원에서 약 20명이 합심해 일하는 팀의 수장 자리에 올랐다. 아이브가 잡스 밑에서 10년 넘게 일한 끝에 회사에서 가장 영향력 있는 사람 중 한 명이 된 것에 비하면 상당히 빠른 승진이었다. 다만 아이브가 최종 결정 권한을 가진 데 비해 하워스에게는 그럴 만한 권한이 없었다. 아이브의 부재로 공백이 생기자 연공서열이 높은 경영진과 엔지니어들은 회사 경영을 핑계로 디자인에 영향력을 끼치려고 했다. 하워스의 감정은 점점 더 폭발했다.

하워스가 이끄는 디자인팀은 꼬박 1년 동안 아이패드를 완전히 다시 디자인하고 있었다. 디자이너 대니 코스터가 이 작업을 주도했다. 그는 반투명한 아이맥을 만드는 데 중요한 역할을 했고, 호주에서 가장 유명한 해변

중 하나인 '본다이 비치'에서 따와 '본다이 블루'라는 색깔의 이름을 탄생시키는 데 도움을 준 인물이었다. 그는 한층 더 곡선이 세련되고, 본체 무게를 줄여 사람들이 손에 쥐었을 때 훨씬 더 자연스럽고 산뜻한 느낌을 주도록 아이패드를 업그레이드했다. 작업에 투입된 몇몇 제품 디자이너들은 그 아이패드가 너무 우아하다고 생각해서 높은 소매 가격에도 사람들이 기꺼이 지갑을 열 것이라고 생각했다. 하지만 운영팀의 생각은 달랐다. 애플 운영팀은 처음부터 아이패드에 몇 가지 새로운 '기능'을 추가할 것을 요구했다. 새로운 기계와 새로운 논리 기판 및 기타 구성요소에 드는 초기 비용은 수십억 달러에 달할 터였고, 이를 회수하려면 족히 수년은 걸릴 것이었다. 결국 이러한 초기 개발비non-recurring engineering cost 때문에 애플의 사업부는 아이패드 개발을 중단하게 됐다.

이처럼 비용을 의식한 결정은 제품팀의 일부 팀원들에게 좌절감을 안겨줬다.[3] 결국 코스터는 애플을 떠나서 액션 카메라 회사인 고프로GoPro의 디자인 책임자로 합류했다. 1994년부터 애플에서 일했던 코스터는 명실상부 애플 디자인팀의 핵심 멤버였다. 처음으로 디자인팀의 핵심 멤버가 애플을 떠나는 모습을 보며 몇몇 핵심 멤버 역시 떠날 결심을 하기 이르렀다.

홈팟 작업이 마무리됨에 따라 본 프로젝트에 투입된 수석 디자이너인 크리스 스트링거는 애플을 떠날 준비가 됐다고 판단했다. 1995년 애플에 입사한 그는 이제 지난 20년 동안 일하면서 느꼈던 만큼의 의욕을 느끼지 못하고 있었다. 그는 2월에 아이브를 만나서 자신의 이직 계획을 알렸다. 스트링거는 일에 흥미가 떨어진 건 물론이고 홈팟도 불만족스러웠다. 애플이 아이폰과 아이패드 같은 핵심 제품을 만들 때는 여러 부서를 제작에 참여시켰던 것과 달리 이번에는 그런 과정을 배제한 채 홈팟을 마치 취미 용품처럼 취급했기 때문이었다. 애플의 디지털 비서인 시리가 경쟁 제품인 아마존의 에코처럼 물건이나 음식을 주문하거나 우버 차량을 호출할 수 없었기 때문에 홈팟의 개발은 차질을 빚었다. 그는 가슴 한편에서 좀 더 세련된 스피커의 가능성을 상상했다. 그러나 지금의 애플은 결코 그런 스피커를 추구하지 않을 게 뻔했다. 스피커는 결코 팀 쿡의 문턱을 넘어 100억 달러 규모의 사업이 될 리가 없었다. 스트링거는 결국 자신이 직접 오디오 회사를 설립하기로 결심했다.

그런 결정을 할 수 있었던 이유는 다른 많은 동료들처럼 그에게도 은퇴하거나 퇴사할 수 있는 경제적 여유가 충분했기 때문이다. 애플은 주가가 1달러 정도였을 때 스트링거에게 주식을 주기 시작했는데, 이후 애플의 주가는 특히 쿡이 경영권을 잡으면서 주당 133달러를 넘어섰다.[4] 회사의 성공 덕에 스트링거는 베이 에어리어, 타호 호수, 남부 캘리포니아에 모두 집을 가진 백만장자가 되었다. 사람들이 하는 말마따나 그는 '평화에 투자vest in peace'할 수 있었다(가치가 올라가는 안정적인 회사에서 필요한 일만 하면서 회사에서 받은 스톡옵션이 충분히 오르기만을 기다리는 것을 의미한다. – 옮긴이).

10주년 기념 아이폰이 개발되는 가운데 소프트웨어 디자인팀에도 비슷한 불안감이 퍼져나갔다. 최고의 소프트웨어 디자이너 중 한 명인 임란 초드리도 퇴사 계획을 짜기 시작했다. 짧은 머리에 검은색 티셔츠와 청바지를 입고 다니던 이 영국계 미국인은 1995년 인턴으로 애플에 입사해 아이폰의 멀티터치 기술을 개발한 팀의 일원으로 애플에서 확고한 입지를 다졌다. 그는 스콧 포스톨 밑에서 수년간 일하다가 이후 애플워치 인터페이스를 개발하는 소규모 팀에 합류했다.[5] 그는 회사의 개발 기조 발표회에서 프레젠테이션을 하는 위치까지 올랐지만 시간이 지나면서 회사가 혁신적인 도약에 관심이 없는 것처럼 보이자 퇴사를 고민하기 시작했다.

그는 자신의 창의성을 충분히 발휘할 수 없다고 느끼고 애플을 떠날 때가 왔다고 판단했다. 그는 회사 내 일반적인 관행에 따라 보상 차원에서 주는 주식을 받은 뒤 몇 달 안에 회사를 떠날 계획임을 아이브와 앨런 다이에게 알렸다.**6** 이런 방식이 쿡 치하의 애플에서는 더 흔했다. 퇴사자들의 재고용을 거부하고, 그들을 나쁘게 헤어진 연인 대하듯 경멸하며 응징했던 스티브 잡스와는 대조적이었다.

떠나기 한 달 전에 초드리는 동료들에게 자신의 퇴사 계획을 알리는 이메일을 보냈다. 그는 애플에서 혁신적인 제품을 만들기 위해 했던 일들을 떠올리며 함께 일할 수 있어 영광이었다고 말했다. 그는 페르시아 시인 루미Rumi가 쓴 시구를 좋아했는데, "영혼을 다해 어떤 일을 할 때 당신은 당신 안에서 강이 흐르는 것을 느낍니다, 기쁨의 강 말입니다"라는 구절이었다. 초드리는 이 구절을 살짝 바꿔서 "안타깝게도 강은 말라가고 있고, 이제 당신은 새로운 강을 찾네요"라고 썼다.

이 이메일을 본 아이브와 다이는 깜짝 놀랐다. 두 사람은 초드리가 보낸 메시지가 직원들에게 애플의 전성기가 지났다는 의미로 해석될까 봐 걱정했다. 강물이 말랐다니! 외부인들이 애플이 더 이상 혁신적이지 않다고 말하는 것과 아이폰 멀티터치 기술을 탄생시킨 주역이 그런 비판을 하는 건 완전히 별개의 문제였다. 그들은 초드리의 메시지가 직원들의 사기를 해칠 것을 우려해 분주히 움직였다.

이메일이 발송된 직후 다이는 초드리를 해고했다.

이로 인해 초드리는 개인적으로 엄청난 피해를 봤다. 더 이상 주식을 받지 못하게 됐기 때문이다. 마음에 상처를 입은 그는 친구들에게 자신이 해

고된 데 대해 불만을 터뜨리면서 아이브와 다이가 '강'의 뜻을 오해했다고 주장했다. 그는 친구들에게 자신은 이메일에서 애플을 언급한 적이 없고 자신이 더 이상 기쁨을 느끼지 못한다는 사실을 개인적으로 토로한 것일 뿐이라고 설명했다.

그러나 직원들의 동요를 무마시켜야 했던 경영진은 그것을 회사에 대한 개인적 차원의 공격으로 해석했다.

애플에서 일어난 창의적 두뇌들의 유출 사태를 본 아이브는 실망했지만 놀라지는 않았다. 애플을 떠나는 동료들이 말한 것과 같은 좌절감을 그 역시 많이 느꼈기 때문이다. 그는 그들의 결정이 쉽지 않았다는 것을 알고 있었다. 아이브처럼 한 회사에 20년간 헌신하면 회사는 자기 정체성의 일부가 되어버린다. 거기에서 벗어나려면 매우 큰 용기가 필요하다. 아이브로서는 절대 끌어모을 수 없었던 용기였다.

2017년 3월 그는 자신의 50번째 생일을 축하하기 위해 가장 좋아하는 샌프란시스코 식당 중 하나인 퀸스에서 친한 사람들과 모임을 열었다. 그는 미슐랭 3스타인 이 이탈리아 레스토랑에서 자주 식사를 하곤 했다. 그는 가족들과 샌프란시스코 잭슨 스퀘어 근처 자갈길에 벽돌로 지어진 이 유서 깊은 식당에 도착했다. 식당에서 그들은 로렌 파월 잡스와 잡스의 아들 리드, 아이브의 절친한 친구들인 디자이너 마크 뉴슨과 도쿄에서 활동하는 음악 프로듀서 닉 우드Nick Wood를 만났다. 식당 직원들은 그들을 하얀 식탁보와 유리 샹들리에가 갖춰진 식사 공간으로 안내했다. 직원들은 샴페인 카트를 밀고 테이블마다 다니면서 아이브가 좋아하는 음료수를 무료로 나눠줬다. 이후 이날 모인 사람들이 사진을 찍기 위해 포즈를 취했을 때 아이브는 아들의 목에 팔을 두른 채 카메라를 응시했다.

중요한 생일을 맞으면 종종 사람들은 자신이 살아온 인생, 그동안 내린 결정, 놓친 기회를 되돌아보게 된다. 아이브가 영국을 떠나 미국으로 온 지도 25년이 지났다. 그는 거의 반평생을 애플에서 일하며 보냈고, 캘리포니아를 고향으로 여기는 두 아들을 두었다. 또한 상상을 뛰어넘는 많은 부를 축적했다. 그가 1992년 애플로부터 받은 일자리 제의를 몇 주 동안 고민하며 보냈을 때 상상했던 삶은 아니었다. 이후로 그는 자신의 창조적인 파트너이자 상사이자 친구인 잡스를 떠나 보냈고, 그 후 몇 년 동안 애플에서 출시된 유일한 신제품 개발을 이끌었다. 그 역시 애플을 떠나고 싶었지만 이미 하나의 프로젝트를 마무리하겠다고 약속한 상태였다.

고요하고 사색적으로 보내던 저녁 이후 시끌벅적한 사건이 일어났다.

그해 봄 아이브의 친구와 가족들에게 초대장이 도착했다. 초대장에는 런던에서 시작하여 코츠월드Cotswolds에서 열리는 이틀간의 축하 행사에 참석한 뒤 베니스로 가서 점심 식사를 하고, 호화로운 24개의 객실을 갖춘 아만 호텔에서 즐겁게 하룻밤을 머무는 것으로 마침표를 찍는 며칠 동안 이어질 화려한 행사 일정이 적혀 있었다.

말 그대로 호화로운 행사였다. 코츠월드 행사의 진행자인 매튜 프로이트Matthew Freud는 친구의 50번째 생일파티가 특별하기를 원했다.[7] 세계적인 마케팅 및 커뮤니케이션 회사의 창립자이자, 심리학자 지그문트 프로이트Sigmund Freud의 손자이며, 기업인 엘리자베스 머독Elizabeth Murdoch의 전 남편인 그는 이 행사를 위해 '버포드 프라이오리Burford Priory'라는 22개의 방이 딸린 700만 달러짜리 대저택을 빌려주었다. 손님 목록에는 로버트 브루너,

지미 아이오빈, 폴 드네브와 20명의 산업 디자인팀을 포함해 애플에서 그의 일을 도왔던 친구와 동료들이 포함되어 있었다. 반면 애플의 비즈니스 리더 중 초대받은 사람은 거의 없었는데, 그가 이 모임 참석자를 회사에서 창의적인 일을 하던 핵심 멤버들로 제한했기 때문이다.

잡스가 죽고 기사 작위를 받은 뒤 아이브의 친구 네트워크는 영국 코미디언, 영화감독, 음악가들로까지 확장되었다. 그들은 시골 카니발 장소로 바뀐 버포드 프라이오리로 애플 출신 사람들과 함께 도착했다. 그곳에는 범퍼카와 홍백색 카니발 부스가 마련돼 있었고, 아이브의 친구인 아티스트 데미언 허스트Damien Hirst는 한 부스에서 손님들이 그린 그림을 심사했다. 그러다 모두가 잘 차려진 저녁 식사와 생일 축하 바비큐 파티를 하러 텐트로 이동했다.

아이브는 무대 위에 놓인 둥근 가죽 의자에 아내 헤더와 아들들과 함께 앉았다. 그는 노란색 빈티지 애플 티셔츠와 담청색 스포츠 코트를 입고 있었다. 누군가가 그날 저녁 행사를 위해 그의 코트 위에 이름표를 달아주었다. 둥그런 모양의 두꺼운 이름표였다.

프로이트가 무대 위에 올라 마이크 앞으로 다가갔다. 그는 "조니를 위한 성대한 파티가 열리는 이 경사스러운 날에 버포드 프라이오리로 오신 걸 환영합니다. 성대하고, 넉넉하고, 훌륭한 파티이며, 정말 좋은 뜻을 갖고 여는 약간 주체할 수 없을 만큼 기쁜 파티입니다"라고 말했다.

아이브의 절친한 친구인 배우 스티븐 프라이가 사회를 보기 위해 무대 위로 올랐다. 그는 아이브가 칭퍼드에서 태어났을 때 아이브의 아버지가 그를 보며 이렇게 말했다면서 농담을 시작했다. "이 녀석은 더할 나위 없이 아름답고 섬세합니다. 저와 아내는 이 녀석을 한 손에 쏙 들어올 만큼 작게 만들었지요. 이 녀석의 부드러운 윤곽선을 만들어내느라 정말, 정말 많은 정성이 필요했답니다."

사람들은 아이브가 아이폰을 설명할 때는 쓰는 말을 그대로 패러디한 프라이의 농담에 낄낄거렸다.

프라이는 아이브가 흔히 알려진 조니Johnny라는 이름보다 조아니Joan-y로 본인의 이름을 썼다는 사실을 놀리면서 "조니. 아니지, 조아니라고 쓰는 걸 더 좋아했지"라며 "왜 우리 중 누구도 그 점에 대해 토를 달지 않았던 거죠?"라고 말했다.

프라이의 농담에 아이브가 아주 크게 웃음을 터트렸다. 회사 내에서는 물론이고 애플 행사장에서도 늘 진지한 모습을 보이던 아이브였던지라 친구들 사이에서도 그의 유머 감각과 유쾌함을 아는 사람은 별로 없었다.

프라이의 축하 인사가 끝나자 아이브는 다른 모든 사람들과 함께 박수를 쳤다. 이어 배우 사샤 바론 코헨Sacha Baron Cohen이 마이크를 들고 무대 위에 올라 20퍼센트 더 덩치가 커지고 85퍼센트 더 머리숱이 줄어든 '조니 50' 모델에 대한 가짜 애플 프레젠테이션을 진행했다. 사람들 사이에서 또 한 번 웃음이 터졌다.

무대 뒤 대형 스크린에서는 버락 오바마Barack Obama 전 대통령과 배우 벤 스틸러 등이 짧은 동영상으로 건배를 제의하는 모습이 나타났다. 동영상 속에서 스틸러는 흰색 벽 앞에 서서 몇 년 전 아이브의 가족과 만난 뒤 곧바로 친구가 되었다고 설명했다. 그는 그 과정에서 아이브의 겸손함을 존경하게 되었다고 말했다.

스틸러가 말하는 동안 아이브는 감정이 복받쳤다. 헤더가 손을 뻗어 그의 손을 잡았다.

스틸러는 "당신을 위해 건배를 제의하고 싶습니다"라고 말했다. 영상 속에서 그가 흰 벽에서 벗어나 모퉁이를 돌자 나온 곳이 자신들의 카우아이 집 부엌이라는 것을 알고 아이브 부부는 깜짝 놀랐다. 스틸러가 아이브의 냉장고 쪽으로 가서 테킬라를 찾자 객석은 웃음바다가 되었다.

"이봐요, 리처드, 리처드!" 스틸러가 소리쳤다.

"네, 스틸러 씨." 집사가 말했다.

"나머지 테킬라 어딨어요?" 스틸러가 물었다.

"어젯밤 내내 마시지 않으셨습니까." 집사가 말했다.

스틸러는 집사에게 나가서 테킬라를 좀 더 사 오라고 부탁했다. 그러고선 부엌문을 열고 나와 셔츠를 벗고 바지를 내렸다. 완전히 나체가 된 그는 아이브의 수영장으로 다이빙했다.

패러디와 웃음이 한바탕 이어지고 조금 차분해졌을 무렵, 우아한 검은색 드레스를 입은 로렌 파월 잡스가 무대 위에 올랐다. 그녀는 "조니와 스티브는 놀랍고도 깊은 유대감을 공유했습니다"라면서 "스티브는 조니와의 신뢰할 수 있는 파트너십을 통해서 그의 인생 최고의 작품을 볼 수 있었습니다"라고 말했다.

그녀는 고개를 끄덕이고는 다시 말을 이어갔다. "저는 두 사람의 창조성이 발현되는 것을 옆에서 목격했습니다, 그들은 화사한 여름을 만끽하며 우리 집에서 일했고, 풍성한 꽃과 과일나무로 둘러싸인 길을 거닐었습니다. 1년 뒤에 나온 최신 아이맥은 꽃에서 영감을 받은 긴 목과 회전 스크린 형태로 디자인되었지요."

그녀는 미소를 지은 채 아이브에게 시선을 고정하며 다시 말했다. "조니,

당신이 훌륭한 디자인을 우리 모두가 쓸 수 있는 것으로 만들어주었다는 데 의문의 여지가 없습니다. 조니는 정말로 멋진 친구가 되어주었기에 숭고한 아티스트가 되었습니다. 조니는 추상적인 아이디어와 기술적인 개념을 깊고 인간적이며 감정적인 경험으로 바꾸는 비할 데 없는 능력을 가지고 있습니다. 그래서 우리는 그가 디자인한 제품을 갖고 작업할 때면 만족도가 올라가지요. 그는 무언가를 창조할 때 항상 다른 사람들을 생각합니다. 그래서 그가 만든 제품이 그렇게 특별한 겁니다."

저녁 식사 후 조명이 어두워지고 밴드 U2가 무대 위에 올랐다.

보노가 마이크 스탠드를 잡고 어깨에 걸치자 U2의 다른 멤버인 디 에지가 기타를 치기 시작했다. 그들은 아이오빈이 프로듀싱한 여덟 번째 앨범 〈래틀 앤 험〉에 수록된 곡을 연주하기 시작했다. 앨범 발매 당시 대학생이던 아이브는 몸을 숙여 아들의 귀에 대고 뭔가를 속삭였다. 그 후 그는 펄쩍펄쩍 뛰며 노래를 따라 부르기 시작했다. 주변 친구들도 이에 합세하면서 애플 밖에서의 아이브가 충만한 삶을 살았음을 증명해주었다.

히트곡으로 수놓아진 콘서트 후반부에 보노는 음악을 멈추고 노래 한 곡을 소개했다. U2가 음악적으로 중대한 기로에 서 있을 때 만든 곡이었다. 그는 1990년대 초 베이시스트인 애덤 클레이튼과 드러머 래리 멀런 주니어가 록에 집착했던 반면 그와 디 에지는 전자 음악이 가미된 곡을 만들고 싶어 했던 순간을 떠올렸다.[8] 이런 의견 대립 때문에 밴드는 거의 해체될 뻔했다. 그러던 어느 날 스튜디오에서 디 에지는 보노가 가사를 붙인 멜랑꼴리한 화음을 연주하기 시작했다.

보노는 "이 노래가 우리를 하나로 만들었습니다"라면서 "우리가 마주치는 인간관계가 얼마나 어려운지를 이야기하는 곡입니다"라고 말했다. 그의 말이 끝나자 디 에지가 기타를 연주하기 시작했고 멀런은 심벌즈를 두드렸다. 보노가 노래 '원One'의 첫 소절을 부르자 오르간에선 블루지한 백비트가 흘러나왔다.[9]

내가 너무 많은 것을 요구했나요? 과도할 정도로요?

당신은 내게 아무것도 주지 않았어요. 이제 이게 내가 받은 전부랍니다.

아이브의 친구들과 애플의 창의적인 동료들이 무대 앞에서 몸을 흔들어 댔다. 잡스의 상속자들이 뿔뿔이 흩어졌을 때조차 그들은 앞에 있는 U2를 뭉치게 해줬던 노래를 들으며 흥청댔다.

애플의 최고 경영진들은 수십 년 동안 아이브와 함께 일했지만 그곳에 초대받지 못했다. 에디 큐도, 필 실러도, 심지어 팀 쿡도 마찬가지였다.

AFTER STEVE

CHAPTER 20

권력 이동

도널드 트럼프가 국회의사당 계단 위에서 대통령 취임 선서를 하던 순간 쿠퍼티노에서 일하던 쿡은 취임사에서 미래에 대한 단서가 나올지 예의주시하고 있었다. 그의 사무실은 그의 가치관을 잘 보여주는 증표였다. 그의 책상 뒤 파일 캐비닛 꼭대기에는 로버트 케네디^{Robert Kennedy}의 청동 흉상이 어깨 너머로 그를 바라보고 있었고, 마틴 루터 킹 주니어도 문 근처에 걸린 사진 속에서 그를 응시하고 있었다. 쿡은 이 두 사람을 1960년대 정의의 십자군 역할을 한 미국을 가장 잘 대표하는 인물로 여겼다. 그는 그들의 전기를 읽었고, 그들의 연설을 분석했으며, 그들이 한 말을 인용해 직원들에게 보낼 이메일을 썼다. 그는 결함 있는 미국을 더 밝은 미래로 향하도록 이끈 그들의 이상주의와 회복력에 감탄했다. 하지만 50년 가까이 지난 지금, 그는 미국을 더 어두운 시각으로 묘사한 리얼리티 쇼 스타인 트럼프의 말을 예의주시하고 있는 자신을 발견했다.

흐린 하늘에 찬바람이 휘몰아치자 트럼프는 헐떡이고, 멈칫거리면서 말했다. 그가 묘사한 미국은 완전히 녹슨 공장들이 비석처럼 흩어져 있는 땅, 탐욕스러운 사업가들이 노동계급의 일자리를 해외로 빼돌린 곳, 갱단과 폭력과 마약과 빈곤이 판치는 땅이었다. 미국은 공포 영화에 나오는 곳처럼 황량하고 무시무시한 곳이었다. 취임식에 모인 군중들이 그가 한 불길한 말에 환호하자 트럼프는 눈살을 찌푸리며 "미국에서 일어난 이러한 대학살은 바로 여기, 그리고 바로 지금 멈출 것입니다"라고 말했다. 그는 일자리를 되찾고, 경제적 기회를 되살리고, 항상 미국을 최우선시하겠다고 맹세했다.[1]

"우리는 우리 제품을 만들고, 우리 회사를 빼앗고, 우리 일자리를 파괴하는 다른 나라들의 유린 행위로부터 우리 국경을 보호해야 합니다."

미국 시가총액 1위 회사인 애플의 CEO에게 트럼프의 연설은 마치 쿡 자신에게 하는 얘기처럼 들렸다. 애플의 사업이 가진 힘은 중국이 끊임없이 공급해주는 값싼 노동력을 통해 얻은 막대한 이익에서 나왔다. 그리고 그러한 아웃소싱 기계를 만든 게 쿡이었다. 트럼프의 연설에서 쿡은 '탐욕스러운 미국인 사업가'의 프로필에 딱 들어맞았다. 미국에서 제조할 수 있는 일을 해외로 수출한 사람이었기 때문이다. 쿡은 정치인들에게는 애플이 판매하는 아이폰을 생산하기 위해 공장에서 수십만 명의 계절노동자 seasonal workers(일의 분량이 계절에 따라 크게 달라지는 산업에 종사하는 노동자 – 옮긴이)를 고용할 수 있는 나라는 중국이 유일하다고 말하면서 그러한 사업 관행을 정당화했다. 그는 버락 오바마 등에게 미국에는 그런 식으로 일할 수 있는 인력이나 제조 엔지니어가 충분하지 않다고 설득했다. 그러나 새 대통령은 그러한 현실적인 고려에 꿈쩍도 하지 않았다. 트럼프의 연설은 애플에게 미국에 공장을 짓게 하겠다는 그의 선거 공약을 상기시켰다. 그것은 쿡의 아웃소싱 기계를 망가뜨리고, 회사의 주가를 폭락하게 만들겠다는 위협이나 마찬가지였다.

쿡은 재앙적인 대통령령의 위험을 막기 위해서라도 트럼프와 관계를 개선시킬 필요가 있었다. 애플을 지키려면 그가 맞서 싸울 정치인만큼이나 약삭빠르면서도 매력적으로 행동해야 했다.

애플의 CEO가 된 지 6년이 지난 쿡은 회사 경영과 직접적으로 관련되지 않은 많은 일을 하고 있었다. FBI와 맞섰을 때는 위기 완화자가 되어야 했다. 중국에서 아이튠즈로 혼란을 겪었을 때는 외교관 노릇을 해야 했다. 뉴욕 멧 갈라에서는 예술 후원자가 돼야 했다. 이 모든 일을 겪으면서 그는 법적 분쟁에서 지정학적 갈등을 거쳐 레드카펫 데뷔에 이르기까지 다재다능한 '팔색조'의 모습을 보여주었다. 그러나 그는 애플의 아이폰 의존도가 지나치게 높은 데 대해 걱정하는 투자자와 비평가들에게 계속해서 시달렸고, 여전히 "다음엔 무엇을 내놓을까?"라는 질문에 답하느라 초조해했다.

이미 2017년은 쿡에게 지금까지 보냈던 그 어떤 해보다도 더 도전적인 한 해가 되어 가고 있었다. 이 해를 무사히 넘기려면 그는 다른 어느 해보다 강력한 플레이어로 변신하지 않으면 안 됐다. 백악관의 새 주인이 된 '최고혼란유발자disruptor-in-chief', 즉 트럼프의 트윗에 따른 존재론적 위기만 있었던 게 아니었다. 그러한 백악관의 위협과 원하기만 하면 곧바로 애플의 공급망을 폐쇄해버릴 수도 있는 중국 공산당 지도자들의 경쟁적 요구 사이에서 균형을 잡아야 했다. 쿡은 어떻게든 헨리 키신저Henry Kissinger 전 국무장관처럼 뛰어난 국제 외교력을 발휘하면서 미국 대통령과 중국 정치국 모두를 달래는 법을 배워야 했다.

이와 동시에 그는 불가능해 보이는 또 다른 일도 해내야 했다. 즉, 애플이 또다시 세계를 바꿀 새로운 기기를 발명해야 한다는 끊임없는 압력을 해소시켜야 했다. 그러한 요구는 비현실적이면서도 무자비했다. 특히 최근 실적 부진 여파로 그러한 요구는 점점 더 커져만 갔다. 그해 초 애플의 아이폰 사업 매출은 반등했지만 여전히 2년 전 기록한 최고치에는 미치지 못하고 있었다. 현재 추세대로라면 애플은 2015 회계연도 상반기 때와 비교해서 4퍼센트 적은 아이폰 판매량을 기록할 것으로 예상됐다.[2] 애플워치의 판매량 증가만으로는 이 차이를 메우기 충분하지 않았다. 쿡은 월가에 애플이 총매출을 계속 늘릴 수 있다는 점을 보여줄 필요가 있었지만, 이미 연간 약 2,200억 달러의 매출을 기록하고 있다는 사실을 감안하면 이는 벅찬 도전이었다.

그렇게 쿡은 해결책을 찾기 위해 애플 사업 전반을 둘러보던 중 완벽한 답으로 생각되는 것을 발견했다. 그것은 애플 전체 사업 전략을 재탄생시킬 정도의 급진적인 아이디어였다. 쿡은 전적으로 멋진 '제품'만을 기준으로 회사를 정의하기보다 그러한 제품을 통해 제공하는 '서비스'의 잠재력에 더 많은 관심을 집중하기로 했다.

앱스토어는 이미 주요 수익 파이프라인으로 자리를 잡은 상태였다. 애플은 판매한 모든 앱 가격을 30퍼센트 인하하고, 구독료를 부과한 앱들도 비슷한 수준으로 가격을 내렸다.[3] 또한 앱들을 분석할 소수정예로 이루어진 평가팀을 유지함으로써 앱 배포 비용을 낮게 유지했다. 한편 개발자들은 포트나이트Fortnite 같은 모바일 게임을 대중화하고 있었다. 포트나이트의 유저들은 무기와 슈퍼히어로의 능력을 사기 위해 아낌없이 돈을 냈다. 애플은 그런 모든 판매 제품에 대해 할인해줬다. 그렇게 해서 판매된 가격의 약 80퍼센트가 순수익으로 추정되었다.[4] 아이폰으로 다운로드되는 앱의 수가 줄어들 기미는 보이지 않았다. 현재의 성장률을 유지한다면 앱스토어 덕에 서비스 사업 규모를 두 배로 늘릴 수 있었다. 쿡은 월가도 이처럼 자신의 눈에 분명하게 보이는 가치를 인정해주기를 원했다.

　그 시점에서 투자자들은 애플을 '아이폰 회사'로 간주하고 있었다. 그들은 애플의 사업이 성숙했다고 생각하고, 판매가 위축됨에 따라 제품 제조 원가가 상승하리라 예상했다. 그런 이유로 애플의 주가수익비율PER은 고집스러우리만큼 낮은 수준이 유지됐다. 본래 애플 같은 하드웨어 회사들은 히트작 중심으로 사업이 돌아가기 때문에 소프트웨어 회사들보다 PER이 더 낮다. 아이폰6처럼 특히 인기 있는 제품은 판매가 급증할 수 있는 반면에 아이폰6s 같은 비인기 제품은 이윤을 떨어뜨릴 수 있다. 애플이 자칫하면 소비자들로부터 관심을 받지 못하는 형편없는 제품을 내놓을지 모른다는 투자자들의 두려움 때문에 당시 애플의 PER은 구글이나 페이스북의 PER 대비 절반에도 미치지 못하는 15배에 불과했다. 이로 인해 애플의 시가총액도 살아나지 못했기 때문에 쿡의 마음은 심란했다. 그는 당시 시가총액 6,500억 달러였던 애플이 1조 달러의 회사가 되기를 원했다.

　그해 1월 쿡은 성장하는 소프트웨어 판매로 투자자들의 관심을 집중시킴으로써 회사의 밸류에이션을 옭아매는 하드웨어의 올가미에서 벗어나는 방안을 모색했다. 그렇게 되면 자연히 PER도 올라갈 터였다. 쿡은 분석가들과의 통화에서 아이폰7의 강력한 성능을 자세히 설명한 뒤 아이폰7의 서비스 사업, 즉 이전에 아이튠즈, 소프트웨어, 서비스로 알려진 사업에서 72억 달러의 매출을 올렸다고 강조했다.[5] 앱스토어 매출이 이 중 3분의 1을 차지했다.[6] 나머지는 아이튠즈, 애플페이, 애플뮤직 등에서 나왔다. 쿡은 연말까지 이 서비스들이 페이스북과 거의 같은 270억 달러의 매출을 올리며 《포춘》 선정 100대 기업이 될 것이라고 자신했다. 그는 "향후 4년 안에 서비스 사업 규모를 두 배로 늘리는 게 우리의 목표"라고 설명했다.

이 약속은 쿡이 공개적으로 재정 목표를 세우는 것을 본 적이 없던 인피니트 루프 직원들 사이로 빠르게 퍼져나갔다. 잡스는 한때 혁신적인 신제품을 공개하며 미국 개인 투자자들을 열광시켰던 반면, 쿡은 기존 및 성장 사업을 조명하며 월가의 전문 투자자들을 열광시키는 데 자신의 마케팅 노하우를 발휘하고 있었다. 위계질서가 있는 회사 내부에서 쿡이 어떻게 약속을 이행할지 아는 사람은 거의 없었지만, 그가 약속을 이행할 것임을 의심하는 사람은 아무도 없었다.

쿡은 새로운 재정 목표를 발표한 뒤, 전 타임워너 케이블 임원 출신인 피터 스턴과 서비스 책임자인 에디 큐를 만나 추진 계획을 세웠다. 그 당시 애플의 최대 서비스는 아이클라우드였다. 아이클라우드는 사람들의 사진을 백업해주는 대가로 한 달에 고작 99센트만 청구하고 있었다. 아이클라우드 사업을 이끌고 있던 스턴은 아이클라우드를 다른 구독 앱들과 묶어서 구독자 수와 결제 금액을 늘리는 방안을 제안했다. 프라임 배달 서비스를 만들고, TV 쇼와 영화를 볼 수 있는 프라임 비디오 앱 이용 혜택도 누릴 수 있게 함으로써 구독자를 끌어모은 아마존의 전략이 반영됐다.

쿡은 이러한 서비스의 가능성이 무궁무진하다는 것을 깨달았다. 애플은 요가 수업이 담긴 피트니스 앱을 만들거나, 잡지도 읽을 수 있는 뉴스 서비스를 디자인하거나, 자체 넷플릭스Netflix를 만들 수 있었다. 애플에게 이러한 앱들은 별도의 개발비용 없이 수백만 명의 구독자를 끌어들임으로써 금융 전문가들이 말하는 '경상수익'을 올려줄 수 있었다. 이처럼 반복되는 영업활동의 결과로 발생하는 수익을 창출할 수 있으면 애플로서는 매달 어린이 용돈만큼 안정적으로 돼지 저금통을 채우는 지속적인 결제 흐름을 창출하게 되는 것이었다. 구독자들은 회원 가입 상태를 유지하는 동안 아이폰 가격인 1,000달러보다 애플에게 더 많은 돈을 안겨줄 터였다. 사업상 획기적인 돌파구임이 분명해 보였다.

회의 도중 쿡은 스턴의 전략을 수용하면서 "이 서비스 묶음 안에 좋은 게 뭐가 있을까요?"라고 물었다. 쿡의 소크라테스식 대화법에 익숙한 스턴은 쿡의 질문 의도를 이해했다. 게으름 피우지 말고 실제 가치를 지닌 서비스를 만들라는 것이었다.

쿡은 애플 재무팀과 가진 일련의 회의에서는 다른 메시지를 전달했다. 그는 앱스토어, 아이클라우드, 애플뮤직이 올린 성과를 검토하기 위해 그들과 매달 만나기 시작했다. 회의는 그가 아이폰, 아이패드, 맥 판매량을 검토하기 위해 금요일마다 열었던 '쿡과 데이트하는 밤' 마라톤 모임처럼 열정적 분위기 속에서 열렸다. 재무 담당자들은 애플뮤직 구독자는 증가했는데도 아이튠즈 매출은 어떻게 해서 줄었는지, 구독 수입 대비 아이클라우드의 비용은 어떻게 되는지, 앱스토어 매출을 견인하고 있는 베스트셀러 앱은 무엇인지 등 다양한 질문에 답변할 준비를 했다. 그들은 쿡을 도와주기 위해 조만간 출시할 앱 목록도 만들었다. 그가 수익 창출 잠재력이 있는 새로운 소프트웨어가 무엇인지 계속 확인할 수 있도록 하기 위해서였다.

이러한 방식은 잡스가 앱스토어를 바라보던 방식에서 벗어난 것이었다.[7] 앱스토어 내 앱 판매 수익을 70대 30으로 나눠 애플이 30퍼센트만 가져가기로 한 방식은 잡스가 처음 도입한 것으로, 앱 저장 및 판매 비용을 충당하기 위해 고안되었다. 잡스는 그러한 앱스토어가 '이윤 창출의 중심점profit center' 역할을 해주리라고는 전혀 예상하지 못했다. 그는 단지 앱스토어가 아이폰 판매량을 늘리는 데 도움이 될 거라고만 예상했다.

하지만 쿡은 잡스와 다른 곳에 초점을 맞추었다. 그는 기기 판매보다는 아이폰을 통해 다수의 소프트웨어를 판매함으로써 아이폰으로부터 추가 수익을 끌어내는 미래로 애플의 방향을 틀고 있었다.

1월 말 쿡이 수도 워싱턴에 와서 보니 그곳은 온갖 논란으로 시끌벅적한 모습이었다. 트럼프는 백악관에 입성한 뒤 며칠간 취임식 인파 규모를 놓고 언론과 공방을 벌였고, 300만 표의 부정투표가 없었다면 힐러리 클린턴보다 자신이 더 많은 표를 얻었을 것이라는 거짓 주장을 펼쳤다.[8] 또 멕시코에 일자리를 넘겼다며 제너럴모터스General Motors를 맹비난했다.

이런 호전적인 대통령의 편에 제대로 서기로 결심한 쿡은 대통령의 사위 재러드 쿠슈너Jared Kushner와 딸 이방카 트럼프Ivanka Trump와 함께 이탈리안 레스토랑에서 저녁 식사를 하기로 했다. 애플의 정부 담당 부사장이자 버락 오바마 대통령 시절 환경보호국Environmental Protection Agency 국장을 지낸 리사 잭슨Lisa Jackson도 합류했다. 그녀는 국가 관료제에 깊은 전문 지식을 가진 정치적 상식이 풍부한 운영자였다. 트럼프와 가까운 사람들은 쿡에게 애플 추종자로 알려진 대통령 사위와 딸과 함께 일할 수 있을 것이라고 조언했다.

쿡의 워싱턴 방문은 그의 전임자가 취하던 방법과는 대조적이었다. 잡스는 반정치적 성향이 강했다.[9] 그는 애플이 훌륭한 제품을 만든다면 더 강력한 정치적·문화적 영향력을 가질 수 있으리라고 믿었다. 그는 워싱턴 직원들을 소규모(몇 년 동안 단 두 명)로만 유지했고, 외부 로비스트는 아예

고용하지 못하게 막았다. 로렌 파월 잡스가 2010년 그를 위해 오바마 대통령과의 만남을 주선하려고 했을 때도 잡스는 내켜 하지 않았다.[10] 자신의 전기 작가인 월터 아이작슨에게 방송에 나와 CEO와 형식적 만남을 갖는 대통령에게는 관심이 없다고 말하기도 했다. 그러나 그의 아내는 포기하지 않았고, 결국 잡스는 백악관으로 가서 "중국에서는 공장을 세우기 쉽지만 미국에선 뭐든지 세우려면 끝없는 관료적 형식주의와 맞서 싸워야 한다"면서 오바마 대통령에게 기업에 우호적이지 않은 미국의 상황에 대해 일장 연설을 했다.

그러나 쿡은 워싱턴 여행을 즐겼다. 그는 몇 년 전 열린 세무 청문회를 통해 정치적 영향력의 가치를 배운 바 있었다. 이후로 그는 의회 복도를 걷고, 개인적으로 상·하원 의원들을 만나기 위해 워싱턴을 자주 방문하곤 했다. 그는 리사 잭슨과 자주 같이 갔고, 그녀를 그의 이너서클inner circle 중 한 명으로 만들었다. 그는 애플의 워싱턴 사무실을 증축하면서 그곳의 팀 규모를 꾸준히 100명 이상으로 늘렸다. 쿡의 현실주의가 반영된 결정이었다. 사세가 커지자 애플은 아이폰 보안에서부터 세금에 이르기까지 모든 부문에서 애플을 눈엣가시처럼 보는 연방 공무원들의 표적이 되었다.

쿡과 잭슨은 모임 주최자를 따라 고급 이탈리안 레스토랑 안으로 들어가 쿠슈너와 이방카를 만났다. 그들은 바닷가재 수프와 양고기 파스타를 먹으면서 정책 문제를 거론하기에 앞서 이방카 부부가 워싱턴에 어떻게 적응하고 있으며 행정부가 어떤 점을 가장 중점적으로 보고 있는지 등에 대해 이야기를 나누었다. 대화는 유쾌한 분위기 속에서 진행됐고, 쿡은 이방카 부부 그리고 트럼프 행정부와 함께 일할 수 있다는 확신을 갖게 됐다.

그러나 다음 날 오후 트럼프는 이슬람 7개국의 미국 이민을 금지하는 행정명령에 서명했다. 그러자 실리콘밸리를 포함하여 전국적으로 시위가 일어났다. 실리콘밸리에선 2,000명 넘는 구글 직원이 회사 공동 설립자인 세르게이 브린Sergey Brin과 함께 사무실 밖에서 시위를 벌였다.

쿡은 의표를 찔렸다. 저녁 시간 내내 쿠슈너와 이방카는 이민 정책에 대해선 단 한마디도 꺼내지 않았던 것이다. 만약 이민 금지가 수십 년 전에 시행됐더라면 이민자의 아들인 잡스는 태어나지 않았을 것이고, 애플은 존재하지 않았을지도 모른다. 쿡의 받은 편지함은 놀란 직원들이 보낸 이메일로 넘쳐났다.[11] 그는 서둘러 전 직원들에게 그들을 안심시키는 편지를 썼다. "애플은 열려 있는 회사입니다. 어디서 왔든, 어떤 언어를 쓰든, 누구를 사랑하든, 어떻게 숭배하든, 누구에게나 열려 있습니다."[12]

그가 쿠퍼티노로 돌아오자 직원들은 그에게 행정명령의 후폭풍에 대해 이야기해줬다. 애플에는 취업 비자인 H1B 비자를 받아 일하는 직원 수만 수백 명인데, 그들 중 다수가 전 세계에 배치되어 있었고, 회사의 인사·법률·보안팀은 그들의 상태를 추적하기 위해 안간힘을 쓰고 있었다. 그들이 접촉한 모든 직원들은 속상해하면서도 겁을 먹었다. 이민 금지 대상 국가 출신 중 몇몇은 해외에 있거나 가족이 여행 중이었는데 혹여 가족이 미국으로 돌아오지 못할까 걱정했다. 그들은 몹시 심란해하면서 애플이 더 강력한 입장을 취해주기를 원했다. 인사 담당자들은 쿡이 이번 일로 영향을 받은 몇몇 직원들을 만나 그들의 심정을 더 잘 이해해보는 시간을 가져주기를 바랐다. 쿡은 10여 명의 직원을 만나 행정명령이 그들에게 얼마나 잔혹하게 느껴지는지에 대한 이야기를 듣고 대응에 나서기로 했다.

쿡은 애플 직원들에게 자신이 백악관에 연락해 "행정명령은 무조건 취소돼야 한다"는 명확한 메시지를 전달했다고 말했다.[13]

이민 명령을 계기로 중국에 아웃소싱한 기업을 공격하려는 트럼프 행정부의 계획은 구체화되기 시작했다.

행정부는 무역 정책을 이끌 두 명의 보호 무역주의자들을 임명했다. 로버트 라이트하이저Robert Lighthizer 미국 무역대표부USTR 대표와 피터 나바로Peter Navarro 백악관 무역·제조업정책국장이었다. 라이트하이저는 취임 직후 관세 인상을 통해 중국이 미국의 기술을 도용하지 못하도록 하기 위해 열을 올렸고, 나바로는 중국을 '전 세계의 기생충'이라고 불렀다. 그들은 전 세계 공급망의 일부를 미국으로 다시 갖고 오기를 원했다. 그럴 경우 애플은 사업상 큰 위험에 빠질 것이 자명했다.

쿡은 트럼프에게 아이폰 제조가 단순히 중국 공장에서 조립하고 끝나는 게 아니라는 것을 보여줘야 했다. 애플의 커뮤니케이션팀이 좋은 아이디어를 생각해냈다. 사실 많은 미국 기업들이 아이폰에 들어가는 중요한 부품들을 공급해주고 있었는데, 애플은 나중에 미래 제품에 필요한 맞춤형 부품을 납품해줄 미국 제조업체들을 위해 매년 새로운 기계와 조립 공정에 수십억 달러를 투자해오고 있었다. 커뮤니케이션팀의 아이디어는 이렇게 계획된 투자 중 일부를 미국 제조업 지원을 위한 특별 기금처럼 홍보하면 어떻겠느냐는 것이었다.

이 소식을 듣고 '애플, 미국 공장 일자리에 수십억 달러 투자 약속' 같은 제목의 언론 보도가 쏟아질 것으로 예상됐다. 일종의 '공급망 차원에서 보여주기식 조치'를 취하자는 것이었고, 회사 내부 인사들은 이 조치가 트럼프의 마음을 사로잡으리라 생각했다.

5월 말 커뮤니케이션팀은 CNBC 〈매드 머니〉 진행자 짐 크레이머를 인피니트 루프 1번지에 초대해서 몇 가지 특별한 소식을 전했다.[14] 크레이머는 애플 건물 안뜰에서 쿡을 만나 인터뷰했다. 쿡은 크레이머의 맞은편 의자에 앉아 미리 짜여진 질문에 답했다. "애플은 미국에서 일자리를 창출하기 위해 무엇을 하려고 했습니까?"란 질문이었다.

쿡은 애플이 150만 명의 앱 개발자와 약 50만 명의 공급업체 직원을 포함해 미국에서 200만 개의 일자리를 만들었다고 자랑했다. 크레이머는 애플이 300만 명의 공장 노동자와 150만 명의 개발자 등 약 450만 명의 노동자를 지원하는 중국과 비교해서 그 숫자가 얼마나 작은지를 지적하지 않았다.[15] 대신 쿡에게 미국 내 일자리 창출을 위해 돈을 투자할 의사가 있는지 물으면서 미국 이야기에 집중했다.

쿡은 "그렇게 하고 싶고, 또 실제로도 그럴 것입니다"라면서 이렇게 덧붙였다. "애플은 미국 공급업체들에 투자할 10억 달러를 토대로 '선진 제조 기금advanced manufacturing fund'을 조성하고 있습니다. 우리가 일자리 창출의 마중물을 부을 것입니다."

쿡의 이런 고상한 말투는 일부 회사 내부 사람들까지 사실로 알고 있던 게 사실이 아니었던 것처럼 착각하게 만들었다. 실은 그가 말한 '선진 제조 기금'은 사람들의 이목을 끌기 위한 홍보용 멘트였다. 애플은 이미 미국 공급업체들에게 10억 달러를 쓰기로 계획해놓고 있었고, 사실을 말하자면 이미 수년 동안 국내에서 그것보다 더 많은 돈을 쓰고 있었다. 다만 애플은 지금까지 그러한 투자를 '홍보'할 필요성을 느끼지 못하고 있었을 뿐이었다. 그러나 백악관이 세부적 내용보다는 겉으로 드러나는 면에 더 집착하자 애플은 늘 지루하게 해오던 일을 멋지게 포장해서 드러냈다. 과장을 효과적으로 이용한 기업 책략이었다.

정신없이 빠른 속도로 성장하면서 애플의 직원 수는 12만 명 이상으로 불어났다.[16] 아이폰 제국의 규모는 쿡이 물려받았을 당시보다 두 배로 커졌다. 애플의 사무실들은 미국뿐 아니라 전 세계 곳곳에 흩어져 있었다. 그 많은 사무실들에서 일어나는 모든 일을 속속들이 파악하기란 거의 불가능했다. 그러나 쿡은 비용을 아끼는 CEO가 되겠다는 초심을 유지한 채 민항기를 타고 다녔다. 그러자 마침내 이사회가 개입했다.

2017년 이사회는 쿡에게 민항기가 아닌 자가용 제트기를 타고 다닐 것을 요청했다. 애플의 사무실들이 전 세계에 너무 넓게 퍼져 있다 보니 사무실을 방문할 때마다 매번 공항 보안 게이트를 통과하느라 그가 시간을 낭비하게 된다는 게 이유였다. 게다가 새 대통령이 제기하는 도전들로 인해 그는 어느 때보다도 자주 워싱턴을 방문해야 했다.

6월 중순 쿡은 백악관으로부터 '기술 정상회담'에 참가해달라는 요청을 받았다. 트럼프가 미국의 가장 강력한 산업에 대한 자신의 통제권을 보여주기 위해 준비한 자리였다. 앞서 애플의 '선진 제조 기금'에 대한 소식이 행정부에 전달된 뒤 미국에서 가장 세간의 이목을 끄는 아웃소싱 업체인 애플에 대한 트럼프의 시각은 대폭 개선됐다. 덕분에 그로부터 한 달 뒤 백악관에서 열린 기술기업 CEO들과의 만찬 자리에서 쿡은 트럼프의 바로 오른쪽 자리에 앉을 수 있을 수 있었다.

하지만 쿡이 대통령과 너무 친해졌다고 생각하는 사람이 없도록 애플은 이날 아침 미국 인터넷 미디어인 '악시오스Axios'가 보도한 '쿡이 이민 명령에 대해 대통령에 맞설 계획'이라는 기사 내용이 사실임을 확인해줬다.[17] 이에 불안감을 느낀 백악관 보좌관들은 쿡이 말할 때마다 몸을 앞으로 내밀었다. 그가 입담 좋은 트럼프와 마찰을 일으킬까 봐 두려웠기 때문이다.

하지만 쿡이 이민 명령에 대해 단 한마디도 하지 않자 그들은 안도했다.

토론이 마무리되자 쿡은 홀로 트럼프 대통령에게로 다가갔다. 그는 "대통령께서 이민 정책에 열과 성을 다하시길 바랍니다"라고만 말한 후 자리를 떠났다.[18] 그러나 그가 너무 빠른 속도로 말하는 바람에 트럼프는 거의 알아듣지 못했다. 그러나 그 짧은 대화 내용이 순식간에 악시오스로 유출되었고, 악시오스는 '팀 쿡, 트럼프에 이민자 논쟁에 더 신경 써달라 말해'라는 제목을 써서 두 사람의 대화를 '마찰'로 묘사하며 보도했다.

백악관 인사들은 쿡의 책략에 혀를 내둘렀다. 쿡은 대통령 오른쪽에 앉아 자신이 원하는 것을 알렸다. 물론 섬세하고 개인적으로 이의를 제기했지만 어쨌든 트럼프의 이민 정책에 맞섰다는 사실을 전략적으로 흘림으로써 쿠퍼티노에 있는 직원들의 체면을 살려주었다.

하지만 결정적인 말을 한 사람은 트럼프였다. 그는 이후 백악관 집무실에서 이뤄진 〈월스트리트 저널〉과 가진 인터뷰에서 쿡의 얘기를 꺼내면서 "쿡이 내게 미국에서 아주, 아주, 아주 큰 공장 세 곳을 짓겠다고 약속했습니다"라고 말했다.[19] 기자가 "정말인가요? 위치는 어디인가요?"라고 묻자 트럼프는 이렇게 대답했다.

"두고 봐야 할 겁니다. 당신이 그에게 전화해 물어봐도 되겠죠. 하지만 내가 쿡에게 '당신이 이 나라에 공장을 짓지 않는 한 내 정부가 경제적 성공을 거둘 걸로 생각하지 않을 텐데 그래도 좋냐'고 물었습니다. 그러자 그가 제게 전화를 걸어와서는 아름다운 대형 공장 세 곳의 건설을 추진 중이라고 하더군요. 위치는 그에게 전화해서 물어보세요. 어쩌면 그가 내게 해준 말을 당신에게는 하지 않을지도 모르지만, 저는 그가 그렇게 공장들을 지을 것이라고 믿습니다."

이 주장을 들은 애플 경영진은 요동쳤다. 쿡이 트럼프에게 '대형 공장'
과 관련해 어떤 비슷한 말도 한 적이 없었기 때문이다. 기자들이 전화해서
논평을 요구했지만 애플 대변인들은 트럼프의 발언에 대해 어떠한 반박도
않았다. 만약 쿡과 그의 자문관들이 트럼프를 거짓말쟁이라고 불렀다가는
'트윗 전쟁'에 불을 붙이거나, 애플 제품에 대한 관세 위협을 촉발하거나,
심지어는 애플 제품 불매운동을 자극할까 봐 두려웠기 때문이다. 애플은
침묵을 지키는 쪽을 택했다.

조용한 불안감이 쿠퍼티노에 스며들었다. 트럼프가 일부러 거짓말을 한
것이라면 쿡과 그의 동료들은 그가 다음에 무엇을 할지 추측만 할 수 있을
뿐이었다.

쿡이 트럼프와의 관계에서 자신의 입지를 개선할 방법을 추가로 찾는 동
안 애플의 강력한 로비 사무실은 트럼프 행정부의 세제 개편 추진을 돕기
위해 몸을 던졌다. 세제 개편의 목표는 기업들이 해외 보유 현금을 국내로
송금할 경우 한시적으로 세율을 낮춰주는 것이었다. 2017년 말 이 개편안
이 통과되면서 애플은 수년간 지속된 세금 관행을 둘러싼 논란에 종지부
를 찍었다. 그것은 또한 애플이 대통령에게 잘 보일 수 있는 또 다른 기회
를 주었다.

쿡은 애플의 재무 및 커뮤니케이션팀과 함께 트럼프의 관심을 끌 만한
미국 경제를 위해 애플이 해줄 수 있는 약속을 찾았다. 세제 개편에 따라
애플은 해외에서 벌어들인 이익에 대해 약 380억 달러인 15.5퍼센트의 세
금을 한 번에 내야 했다. 뿐만 아니라 약 300억 달러가 소요될 다른 공사를
시작하는 건 물론이고 새로운 고객 지원 캠퍼스와 데이터 센터를 건설할
계획을 세웠다. 게다가 미국 공급업체들에 연간 약 550억 달러를 투자하

고, 미국에서 연간 약 5,000명의 신입사원을 고용하고 있었다. 따라서 애플은 세제 개혁의 결과로 향후 5년간 미국 경제에 3,500억 달러의 직접적인 기여를 할 뿐만 아니라 2만 개의 새로운 일자리를 창출할 것이라고 주장할 수 있었다. 모두 트럼프가 좋아한 크고 간단한 종류의 숫자들이었다.

쿡이 전화를 걸어 애플의 이 '대형 약속'을 발표했는데도 트럼프는 심드렁한 반응을 보였다.[20] 숫자를 착각해 투자 금액이 3억 5,000만 달러라고 이해했기 때문이다. 트럼프는 그 정도 투자라면 괜찮은 규모의 공장을 짓긴 하겠으나 가장 위대한 공장을 짓지는 못할 것이라고 생각했다. 그러자 쿡은 출연금이 3,500억 달러임을 재차 강조했다.

그제야 트럼프는 "그 정도면 대단하네요"라고 말했다.

2018년 1월 17일 애플은 "애플, 미국 투자와 고용 창출 가속화… 향후 5년간 미국 경제에 3,500억 달러 투자키로"라는 제목으로 보도자료를 발표했다. 이 발표문에서 애플은 이러한 약속의 약 80퍼센트가 세제 개편 추진 여부와 상관없이 원래 진행 중인 사업의 일환이었음을 명시하지 않았다. 그러나 세부적인 면까지 결코 따져보는 법이 없던 트럼프는 그런 계산을 할 리가 만무했다.

그렇게 그는 국정연설에서 자신이 추진하는 '미국 우선주의America First' 정책이 효과를 발휘하고 있다는 증거로 애플의 3,500억 달러 상당의 투자 약속을 지목했다.

워싱턴에서 날아온 채찍에 쿡은 긴장했다. 그가 한 발짝씩 나아갈 때마다 행정부가 딴지를 거는 일이 계속됐다. 2018년 봄이 되자 상황은 그가 통제할 수 없는 방향으로 흘러갔다.[21]

워싱턴에서 열린 미·중 무역 협상에서 미국이 중국에 대미 무역 흑자를 1,000억 달러 줄이고, 지식재산권 도용을 중단하며, 국영기업에 대한 정부 보조금 지급을 중단할 것을 요구하자 양국 협상가들은 충돌했다. 미국은 200페이지에 달하는 중국에 대한 불만 사항을 정리한 보고서를 들이대며 중국 경제에 대한 직접적인 공격을 퍼부었다. 여기에 더해 트럼프는 기자 회견을 열어 600억 달러 상당의 중국산 수입품에 25퍼센트의 관세를 부과하겠다고 위협했다. 전면적인 무역전쟁을 일으키겠다는 선언이었다. 증시는 요동쳤고, 투자자들이 아이폰 생산이 부수적인 피해를 볼 것을 우려하면서 애플 주가는 6퍼센트 급락했다.[22]

쿡이 세운 제국의 운명은 중국 정부와 좋은 관계를 유지하는 데 달려 있었다. 애플은 거의 모든 제품을 중국 공장에서 생산했다. 특히 쿡이 차이나모바일과 계약을 체결한 이후 14억 중국인들은 애플의 최대 고객이 되었다. 이를 반대로 뒤집으면 미·중 무역분쟁으로 한순간에 애플의 사업 모델이 위태로워질 수 있다는 얘기였다. 트럼프 행정부가 중국산 수입품에 관세를 부과한다면 아이폰 가격이 오를 수 있었다. 시진핑이 이끄는 중국이 보복한다면 이미 포드 차량의 수입을 막았던 것처럼 중국 공장에서 생산되는 아이폰 수출을 막거나 지연시킬 수 있었다.[23] 고객 측면에서는 여론이 애플에 불리하도록 소셜 미디어에서 '수이쥔'을 동원할 수 있었다. 애플의 중국 고위 지도부는 쿡에게 상황이 나빠질 수 있다고 경고했다. 그들은 냉담하고 로봇 같은 쿡에게 변덕스러운 미국의 전 리얼리티 TV 스타와 예측 불가능한 중국 독재자 사이에서 균형을 맞춰달라고 간청했다.

이런 논란 속에서 쿡은 2018년 연례 행사인 중국개발포럼China Development Forum 참석을 위해 베이징을 방문했다. 중국개발포럼은 스위스 다보스에서 열린 세계경제포럼World Economic Forum 회의에 맞서 중국 공산당이 기획해 열리는 포럼이었다. 쿡을 태운 차량이 베이징의 교통 정체가 심한 거리를 거쳐 1972년 리처드 닉슨Richard Nixon 전 미국 대통령과 저우언라이Chou En-lai 전 중국 총리가 만났던 외교 행사장인 댜오위타이Diaoyutai 국가 영빈관으로 향하는 가운데서도 지정학적 긴장이 고조되었다. 쿡은 한 명의 외교 사절로 그곳에 가 있었다. 과묵한 공급망 효율화의 달인이었던 그는 어느새 세계에서 가장 중요한 기업의 리더가 되어 있었다. 자유무역 시대에 쿡보다 더 많은 것을 얻거나 무역전쟁 발발 시 더 많은 것을 잃을 수 있는 사람은 지구상에 없었다. 그는 미국과 중국이 모두 자신의 말 한 마디 한 마디에 예의 주시하면서 그가 어느 편에 서 있는지 판단하리라는 것을 잘 알고 있었다.

일요일이 되자 그는 행사를 열기 위해 붉은색 배경 앞에 있는 강단으로 발을 내디뎠다. 그는 공산당 지도자들과 구글의 순다르 피차이Sundar Pichai CEO를 포함한 기업 CEO들로 가득한 행사장을 내려다보며 그들에게 계속해서 단합해 자유무역을 지지하자고 촉구했다.

이 주제에 대해 언급한 미국 재계 지도자들은 거의 없었지만 쿡은 포럼 기간 중 하루도 빠지지 않고 이를 언급했다. 그는 미국과 중국 관리들에게 "냉정한 머리가 승리하게 해달라"고 목소리를 높였다. 그는 패널 토론에서 도널드 트럼프에게 어떤 메시지를 보내고 싶냐는 질문을 받자 이렇게 답했다. "개방을 포용하는 나라, 무역을 포용하는 나라, 다양성을 포용하는 나라가 특출하게 잘나가는 나라들입니다. 그리고 그렇지 않은 나라들은 잘나가지 못합니다."[24]

행사 마지막 날 리커창 중국 총리는 그곳에 모인 재계 지도자들에게 자유무역을 보호하고 보호주의에 반대해달라고 요청했다. 그는 "무역전쟁에서 승자는 없다"고 말했다.

리 총리와 쿡의 논평은 마치 같은 브리핑 노트에서 나온 것 같았다. 듣고 있던 사람이 누구건 간에 쿡이 공산당의 노선을 따르고 있는 것이 분명해 보였다.

양국의 무역분쟁이 과열되자 애플의 사업 전략을 바꾸는 일이 가장 시급한 일로 떠올랐다. 서비스를 추가로 개발하면 회사의 수익 창출 경로를 다변화하고 관세 부과에 따른 하드웨어 운영상의 피해가 완화되리라 전망됐다. 이렇게 로스앤젤레스 인근 애플 사무실에서 미래에 대한 쿡의 비전은 새로운 차원으로 진화했다.

애플 경영진 중에서 가장 가만히 못 있는 지미 아이오빈은 애플뮤직을 아주 특별한 서비스로 만드는 방법을 찾고자 했다. 서비스 개시 후 2년 지난 현재 애플뮤직의 구독자 수는 경쟁사인 스포티파이의 절반 정도에 불과했다.[25] 애플뮤직은 스포티파이와의 차별화를 위해 안간힘을 쓰고 있었다. 가수 드레이크 등의 독점 앨범으로 구독자를 끌어들이려는 초기 계획은 래퍼 카니예 웨스트가 "음악 산업을 망치고 있다"고 비난한 이후 갑자기 중단됐다. 음반사와 아티스트들은 자신들의 음악이 가능한 한 널리 퍼지게 하려면 최대한 많은 팬들에게 음악을 들려줘야 한다고 생각했다. 독점 판매 계획이 무산됐다는 건 애플뮤직과 스포티파이가 같은 노래 카달로그를 갖고 있고 단지 색깔만 다른 앱이라는 것을 의미했다. 애플 입장에서는 아주 특별한 뭔가를 추가하지 않는 한 스포티파이와 같은 경쟁사들을 뛰어넘기란 사실상 불가능해 보였다. 아이오빈은 이에 대한 해결책이

오리지널 TV 프로그램을 추가하는 것이라고 판단했다.

그는 로스앤젤레스에서 활동하는 자신의 광범위한 인맥을 활용해 할리우드 에이전트들을 만났다. 또한 쿡과 큐를 상대로 TV 프로그램 제작을 시작하자는 로비에 착수했다. 그는 "TV 프로그램을 밀고 있습니다. 그러려면 그걸 보여줄 콘텐츠 공간이 있어야 합니다. 그런 플랫폼이 반드시 필요합니다"라고 말했다.

아이오빈은 그 공간이 어떻게 작동하게 되는지 보여주고 싶은 마음에 여섯 편의 시리즈물로 이루어진 닥터 드레의 반자전적 작품을 개발했다. 에피소드마다 분노 등 각기 다른 감정을 느끼는 드레의 캐릭터가 그런 감정을 어떻게 다루는지를 집중적으로 보여주는 작품이었다. 아이오빈과 드레는 샘 록웰 같은 유명 배우들을 캐스팅해 촬영을 시작했다. 아이오빈은 쿡에게 에피소드를 보라고 재촉했다. 그러나 그것을 본 쿡은 깜짝 놀라고 말았다. 코카인을 흡입하고, 총을 쏘고, 할리우드 저택에서 섹스를 벌이는 난잡한 장면들이 나왔기 때문이다. 그것은 내성적인 성격의 쿡이 가장 좋아하는 힙하지 않은 정치 드라마 〈마담 세크리터리Madam Secretary〉와 가족이 함께 봐도 좋은 드라마 〈프라이데이 나이트 라이츠Friday Night Lights〉와는 완전히 딴판이었다.[26] 애플은 깨끗한 이미지를 내세우며 아이폰과 맥을 판매해온 회사였다. 따라서 섹스와 폭력으로 얼룩진 프로그램은 브랜드 이미지에 먹칠을 할 수 있었다.

쿡은 아이오빈에게 말했다. "우린 이걸 내보낼 수 없습니다. 너무 폭력적입니다."

아이오빈은 실망했지만 포기하지 않았다. 대신에 그는 〈플래닛 오브 더 앱Planet of the Apps〉이라는 보다 가족 친화적인 리얼리티 TV 프로그램을 제시했다. ABC의 투자 프로그램인 〈샤크 탱크Shark Tank〉를 본떠 만든 이 프로그램은 모바일 앱을 만들어 유명인사 심사위원단으로부터 투자금을 받으려는 야심 찬 기업가들의 모습을 보여줬다. 쿡은 이 프로젝트를 승인했다. 그는 그 리얼리티 쇼가 애플의 사업에 중대한 공헌을 하는 앱 개발자들을 주인공으로 했다는 점이 마음에 들었다. 초반 에피소드에서는 압박을 받는 개발자들이 답답한 마음에 욕설을 퍼붓는 등 긴장감 넘치는 순간들이 담겨 있었다. 프로그램을 검토한 쿡과 큐는 욕설을 삭제해달라고 요청했다. 그들은 이 프로그램이 모욕적인 대화로 인해 더럽혀지지 않고, 고무적이면서 긍정적인 분위기를 보여주기를 원했다.

프로그램이 첫선을 보이자 TV 비평가들은 현실성이 부족하다며 비판했다.[27] 할리우드 영화, 텔레비전, 음악, 기술 및 문화 산업에 대해 폭넓게 다루는 것으로 유명한 《버라이어티Variety》는 그것을 "〈샤크 탱크〉의 단조롭고 어설픈 싸구려 복제품"이라고 비판했다. 영국의 〈가디언Guardian〉은 "짜증나는 작품"이라고 혹평하면서 애플이 오리지널 콘텐츠를 통해 작품 수준을 넷플릭스가 올려놓은 수준까지 높여야 한다고 이야기했다.

'완벽한 제품을 만드는 회사'라는 호평에만 익숙했던 애플에게 그러한 혹평은 전례가 없는 일이었다. 쿡은 TV 시장 진출로 '탁월한 회사'라는 애플의 평판에 흠집이 생길 위험이 있다는 사실을 깨달았다. 할리우드 프로그래밍은 애플이 추진하는 서비스에 스타 파워를 더해줄 수는 있었으나 애플은 실험 이상의 것을 해야 했다. 애플 경영진은 앞서 수년간 다양한 시점에서 디즈니나 넷플릭스, HBO를 소유한 타임워너의 인수 가능성을 논의한 바 있었다. 그러나 비츠뮤직 인수 때 애플의 경직된 문화 속으로 다른 기업을 끌어들이는 것이 얼마나 어려운 일인지를 분명하게 경험한 터였다. 쿡은 혼자 나아가고자 했다. 그의 이러한 결심은 애플 내부에서 일명 '프로젝트 북극성Project North Star'으로 알려진 프로젝트 추진으로 이어졌다. 10억 달러를 투자하면 애플이 자체적으로 넷플릭스를 만들 수 있다는 베팅이었다.

쿡은 가능하면 할리우드에 대해 많이 배우려고 애썼다. 그는 할리우드의 산업, 참가자, 작업 과정, 성공과 실패 요인 등을 이해하고 싶었다. 그와 큐는 '크리에이티브 아티스트 에이전시Creative Artists Agency(이하 CAA)'의 에이전트를 포함한 전문가들을 쿠퍼티노로 불렀다. 두 사람은 애플의 이사회실에서 CAA팀을 만나 자신들이 엔터테인먼트 산업에 대해 공부하고 있다고 설명했다. 쿡은 한쪽 다리를 꼬고 깊은 생각에 잠긴 듯 캐주얼한 포즈를 취하면서 CAA 사람들을 편안하게 해줬다. 이어 그들은 질문을 던지기 시작했다. "TV 프로그램 한 편을 제작하는 데 비용이 얼마나 드나요?", "프로그램은 어떻게 만들어집니까?", "배우들의 출연료는 어떻게 되나요?" 등등의 질문이었다.

CAA의 에이전트들은 텔레비전 산업이 어떻게 돌아가는지, 넷플릭스가 성공하기 위해 무엇을 했는지를 설명해줬다. 과거 DVD 대여 서비스로 출발한 넷플릭스는 구독 스트리밍 사업을 시작하며 업계에 변화의 물결을 일으켰다. 이 서비스는 2013년에 비평가들로부터 호평을 받은 두 편의 프로그램, 정치 드라마 〈하우스 오브 카드House of Cards〉와 교도소를 배경으로 어두운 분위기 속에서 펼쳐지는 코미디 드라마 〈오렌지 이즈 더 뉴 블랙Orange Is the New Black〉을 발표하면서 떴다. 이런 트렌드를 앞서가는 프로그래밍은 TV 산업의 부족한 점을 메웠고, 구독자 수도 급증하면서 광대역 인터넷 서비스를 이용하는 수백만 명의 사람들이 케이블 네트워크인 HBO를 유료로 시청하듯 앱으로 보는 TV 프로그램에도 돈을 낼 것임을 증명해줬다. 넷플릭스는 오리지널 프로그램들을 내놓은 지 4년 만에 시가총액이 네 배 불어나며 830억 달러를 기록했다. 넷플릭스의 성공 공식은 단순했다. CAA의 에이전트의 말대로 히트작 두 편만 있으면 됐다.

쿡은 엔터테인먼트 분야에서 성공하려면 경험 많은 '할리우드의 손'이 필요하다는 것을 알았다. 그런데 애플이 도움을 간절히 원하던 바로 그 순간, 소니 픽처스Sony Pictures의 최고위급 임원 두 명의 계약 기간이 끝나가고 있었다.

아이오빈은 소니의 그 두 임원인 잭 반 앰버그Zack Van Amburg와 제이미 일리크트Jamie Erlicht를 개인적으로는 몰랐지만, 친구들에게 평판을 익히 들어 알고 있었다. 그는 자신이 가장 좋아하는 드라마 중 하나인 〈브레이킹 배드Breaking Bad〉를 제작한 게 마음에 들었다. 그는 푸르른 잔디밭과 사생활 보호를 위해 문이 높게 세워진 1,000만 달러짜리 호화 맨션들이 즐비한 동네인 홈비 힐Holmby Hills에 있는 자신의 집으로 그들을 초대했다.

반 앰버그와 일리크트는 애플에 어떤 기대를 할 수 있는 상황이 아니었다. 그들은 아이오빈을 만나본 적이 없었고, 애플이 지금까지 〈플래닛 오브 더 앱〉으로 한 일에 대해 그다지 깊은 인상을 받지 못했다. 아이오빈은 그들을 맞이한 뒤 그들에게 애플뮤직 안에 MTV를 만들겠다는 자신의 비전에 대해 설명했다. 아이오빈은 그들이 애플에 적합한 인물인지는 몰랐지만 어쨌든 자신보다는 엔터테인먼트 분야에 대해 더 잘 아는 사람이 필요했다. 반 앰버그와 일리크트는 소니 픽처스에서 자신들이 한 일에 대해 이야기해주었다. NBC의 〈블랙리스트The Blacklist〉와 FX의 〈레스큐 미Rescue Me〉 같은 드라마 제작에 중요한 역할을 했다고 말이다. 그들이 자신들이 이룬 성공을 실제보다 축소해서 말하자 아이오빈은 그들이 자존심이 아주 강한 외부인들을 잘 수용하지 않는 애플과 잘 맞을 것 같다는 인상을 받았다.

이후 아이오빈은 큐에게 전화를 걸어 그들을 만나보라고 설득했다. 큐 역시 그들에게서 감명을 받았다. 두 사람이 소니와의 계약에서 벗어나자 큐는 그들과 계약을 맺고 그들에게 '북극성 프로젝트'를 맡겼다.[28] 몇 달 만에 두 사람은 리즈 위더스푼과 제니퍼 애니스톤이 출연하는 시리즈물인 〈더 모닝 쇼The Morning Show〉 제작 계약을 체결했다.[29] 드라마는 스티브 카렐이 성추행 스캔들 함정에 빠진 앵커를 연기하는 오전 텔레비전 뉴스 프로그램을 배경으로 했다. 스타들을 대거 출연시킴으로써 애플은 새로운 사업에 진지하게 임하고 있다는 것을 업계 사람들에게 보여주었다. 애플은 애니스톤과 위더스푼에게 각자 회당 100만 달러 이상의 출연료를 지불하기로 합의했다. 드라마의 총 제작비는 1억 달러에 달했다.

인재가 더 많은 인재를 끌어들이는 선순환을 일으킬 거라고 믿는 쿡은 새로운 팀을 꾸려 애플의 새로운 서비스를 통해 오프라 윈프리Oprah Winfrey를 TV에 복귀시키는 방안을 추진했다. 2018년 중반 그들은 윈프리가 쿠퍼티노로 와서 애플 파크를 개인적으로 둘러볼 수 있게 해주었다. 쿡은 최선을 다해 신인 선수에게 경기장을 안내해주는 코치 흉내를 냈다. 그러고선 윈프리를 스티브 잡스 극장으로 데려간 뒤 다른 리더들과 함께 그녀에게 공간을 소개하고 동영상 한 편을 봐달라고 부탁했다. 스크린 좌우로 글자들이 나오는 가운데 감정을 고조시키는 음악이 어두컴컴한 극장 안을 가득 채웠다. 동영상에선 격동의 세계가 영감을 주는 그녀의 목소리를 그리워한다는 멘트가 흘러나왔다. TV로 복귀하라는 애플의 감정적인 호소에 그녀는 울먹였다. 얼마 지나지 않아 그녀는 애플팀에 합류하기로 결정했다.

쿡은 풍부한 자금력을 바탕으로 자사 서비스를 강력하게 띄우는 데 필요한 스타 파워를 위해서라면 기꺼이 투자할 의사가 있다는 걸 보여주었다.

미·중 무역분쟁이라는 골치 아픈 문제로 쿡은 세계 최대 경제 대국의 수도 두 곳을 오가면서 시간을 보내야 했다. 베이징 공개 석상에 모습을 드러낸 지 한 달 뒤인 2018년 4월, 그는 대통령과 사적 접견을 위해 백악관을 방문하기로 했다.

트럼프가 대통령이 된 지 1년이 넘는 시간이 흐른 가운데, 무언의 불신이 두 사람 사이를 갈라놓았다.[30] '규율의 제왕lord of discipline'인 쿡은 대통령의 변화무쌍한 발언과 오락가락하는 우선순위에 장단을 맞추느라 애를 먹었다. '변덕의 달인master of volatility'인 트럼프는 쿡을 자신의 정책을 무산시키려는 음모를 꾸민 실리콘밸리의 진보적 지도자들과 같은 부류로 간주했다. 쿡은 트럼프와의 이견을 좁히기 위해 새로 임명된 래리 커들로Larry Kudlow 국가경제위원회 위원장에게 다가가 겸손하게 '도움'을 청했다.

CNBC에서 진행자 생활을 오래 했던 커들로는 쿡의 사업적 통찰력에 감탄했고, 그가 처한 불안정한 상황에 공감했다. 그는 애플의 중국 사업을 높이 평가하면서 대통령과 그가 만날 수 있도록 일정을 잡는 걸 도와주었다.

그해 봄 쿡이 백악관에 들어갈 즈음, 미·중 무역 긴장은 더욱 고조되고 있었다. 쿡이 방문하기 전 며칠 동안 트럼프는 자동차, 스마트워치, 스마트폰을 포함한 다양한 수입품에 대해 1,000억 달러의 관세를 추가로 부과하겠다고 위협했다.[31] 중국은 500억 달러 규모의 미국산 수입품에 대한 관세로 이를 보복했다. 양국 사이에서 쿡이 애플의 사업에도 영향을 미칠까 두려워했던 일종의 보복전이 계속 이어졌다.

쿡은 비좁고 북적대는 백악관 복도를 따라 걸어 대통령 집무실과 보좌진 사무실 등이 있는 '웨스트 윙West Wing' 2층에 있는 커들로의 사무실로 향했다.[32] 쿡은 수행원 없이 다녔다. 그렇게 다니는 것이, 즉 백악관 관료들에게 애플의 '궁극적인 권위자'를 상대하고 있다는 확신을 줄 수 있도록 개인적으로 접촉하는 것이 더 낫다고 판단했기 때문이다.

쿡은 목판으로 가려진 커들로의 집무실로 들어가 커들로의 맞은편 의자에 앉아 편한 자세를 취했다. 그는 조용히 "이곳에 와본 적이 있다"며 자신감을 보여줬다. 그는 여유로웠고, 격식을 차리지 않았다. 대통령과의 만남을 불안해하며 경직된 모습을 보이는 CEO들에게 익숙했던 커들로는 쿡의 매끄러운 태도를 보고 깊은 인상을 받았다. 쿡은 인도를 포함해 자신이 논의하고 싶은 문제들로 곧바로 들어갔다. 애플은 외국인 직접투자 규정 때문에 인도에서 매장을 열 수 없었다. 또한 그는 아일랜드에서 진행 중인 애플의 세금 소송 건에 대해서도 이야기했다. 애플은 그곳에서의 납세 문제를 두고 규제 당국과 수년간 싸우고 있었다. 그러다가 마침내 지식재산권 절도에 대한 문제를 꺼냈다. 커들로는 당시 쿡이 그 문제에 대한 행정부의 우려에 공감하면서 행정부의 정책적 입장에 동의했다고 회상했다. 그러나 쿡은 중국이 애플에는 지식재산권 문제를 일으키지 않았다면서 중국의 역할을 대단치 않게 여겼다. 그는 그런 점에서 오히려 인도에 대해 더 걱정했다.

쿡은 능숙한 '정치 게임'을 하고 있었다. 그는 행정부에 자신은 트럼프가 하는 행동을 지지한다는 신호를 보내는 한편, 애플의 사업 모델을 요동치게 만들 수 있는 중국과의 관세전쟁으로부터 정책 입안자들의 관심을 다른 데로 슬쩍 돌리고 있었다.

쿡이 행정부를 향해 새로이 따뜻한 모습을 보여줄 수밖에 없었던 이유는 중국에서 부상하고 있는 새로운 이슈들 때문이었다. 중국은 2017년 모든 중국 전화 고객들의 데이터를 본토에 저장하도록 강제하는 사이버 보안법을 통과시켰다.**33** 애플은 어쩔 수 없이 중국 남서부 구이저우Guizhou에 있는 한 국영 회사와 애플의 데이터 센터를 짓고 운영하는 방안에 대해 협상할 수밖에 없었다. 그리고 이와 같은 계획에 애플의 프라이버시와 보안팀 일부 멤버들은 불쾌한 기분을 느꼈다. 그들은 애플이 샌버너디노 사건 때 FBI의 도움 요청을 공개적으로 거부해놓고 중국에서는 중국 법을 조용히 준수해야 한다는 사실을 용납할 수가 없었다. 쿡은 고객의 프라이버시를 보호하겠다는 고상한 약속을 하는 대신에 시민들을 감시하는 것으로 유명한 중국 정부의 요구에 굴복해놓고선 나중에 그가 한때 반항했던 미국 정부에다 도움을 요청하고 있는 것처럼 보였다. 실용적 성향의 쿡은 시장의 압력에 직면했을 때 도덕적 나침반을 잃어버리는 듯했다.

회의를 끝낸 커들로는 쿡을 대통령 집무실로 안내했다. 그들은 대통령과 마주 보고 있는 한 쌍의 의자로 걸어갔다. 쿡은 미소를 지으면서 입을 열었다. "대통령님, 조세 개혁에 감사드립니다."

방 안의 긴장감이 사라졌다. 쿡은 트럼프가 세제 개편과 그로 인해 미국 경제가 누릴 것으로 기대하는 혜택에 대해 열렬히 떠드는 동안 열심히 귀를 기울였다.

이 만남은 쿡에게 앞으로 트럼프를 상대하는 본보기가 되었다. 이후 그는 트럼프에게 직접 전화를 걸었다. 그는 또 트럼프가 백악관 회의에서 그를 '팀 애플'이라고 잘못 소개했을 때에도 굳이 일부러 그를 비판하거나 잘못을 바로잡지 않았다. 나중에 한 기자가 트럼프에게 왜 쿡과는 연락을 주고받는 것 같은데 다른 CEO들과는 연락하지 않느냐고 묻자 트럼프는

"그는 내게 전화를 걸지만 다른 CEO들은 걸지 않는다"라고 대답했다.[34]

무역전쟁이 격화되고 있었지만 애플의 사업은 순항했다. 쿡은 7월 말 또 다른 기록적인 분기 실적을 발표하며 투자자들을 향해 애플이 앞으로도 계속 강력한 판매 실적을 이어갈 것이라고 장담했다. 애플의 서비스 부문 매출은 40퍼센트 증가했고, 주요 수입원인 아이폰은 정점에 달했던 2015년과 거의 맞먹는 매출을 달성했다. 이익은 사상 최고치를 찍었다.

무엇보다 중요한 사실은 쿡이 월가 분석가들에게 새로운 무역 관세가 애플에 영향을 미치지 않았으며, 앞으로도 영향을 미치지 않으리라 생각한다고 말한 점이었다. 백악관을 방문한 지 얼마 되지 않아 그는 미국과 중국 사이의 무역 긴장이 해소될 것으로 낙관했다.

이에 고무된 투자자들은 이후 이틀 동안 애플의 주가를 9퍼센트 끌어 올렸다. 쿡은 애플의 시가총액이 1조 달러를 향해 나아가는 광경을 지켜봤다. 그리고 2018년 8월 2일, 마침내 애플은 미국 기업 중 최초로 시가총액 1조 달러에 도달했다.[35] 쿡은 한때 파산 직전까지 내몰렸던 회사를 엑손모빌Exxon Mobil, P&G, AT&T를 합친 것과 맞먹는 가치의 회사로 탈바꿈시켰다. 7년 만에 애플의 시가총액은 세 배가 뛰었다. 쿡은 너무 흥분한 나머지 직원들에게 이 역사적 사건을 알리는 편지를 썼다.

그러던 9월, 트럼프 행정부가 새로 갱신한 관세 부과 대상 제품 목록을 발표하면서 투자자들은 혼란에 빠졌다. 애플워치와 에어팟이 대상 목록에 들어가 있었던 것이다.[36] 애플의 주가는 곧바로 폭락했고, 애플 법무팀은 서둘러 미국 무역대표부에 항의서를 제출했다. 월가의 분석가들은 애플의 매출이 곤두박질치리라 예측했다.

이 모든 일이 벌어지는 와중에도 쿡은 냉정함을 유지했다. 그는 백악관에 직접 연락해 트럼프와 이야기를 나눴다. 그리고 며칠 지나지 않아 트럼프 행정부는 관세 목록을 다시 갱신했다. 목록에서 애플 제품은 사라져 있었다.

CHAPTER 21

작동 불능

애플 최고위층은 영상을 꼼꼼히 점검했다.

2017년 9월 초의 어느 날 밤, 아이브와 쿡은 회사의 새로운 극장에 모였다. 잡스의 목소리가 나오는 영상으로 이 새 극장의 문을 열어도 될지 중대한 결정을 내리기 위해서였다. 그들은 어두운 공간에 자리를 잡고 '스티브 잡스 극장에 오신 것을 환영합니다'란 글자로 채워진 스크린을 바라보았다.

그리고 목소리가 나왔다. 잡스의 목소리였다.

"사람답게 되기 위한 많은 방법들이 있습니다. 저는 사람들이 전 세계 인류에 감사를 표시하는 한 가지 방법은 멋진 것을 만들어 내놓는 것이라고 믿습니다. 그런데 당신은 결코, 결코 사람들을 만나지도 않고, 그들과 악수하지도 않습니다. 그들의 이야기를 들어주거나, 당신의 이야기를 해주지도 않습니다. 그래도 어쨌든 많은 관심과 애정을 들여 뭔가를 만드는 행위를 통해 뭔가가 상대방에게 전달됩니다. 그리고 바로 이것이 우리가 인류에게 깊은 감사를 표현하는 방법입니다. 그래서 우리는 현재 우리의 모습에 충실하고 우리에게 정말로 중요한 것이 무엇인지를 기억할 필요가 있습니다. 그것이 애플을, 애플의 지금 모습을 유지해줄 것입니다. 우리가 우리의 지금 모습을 유지한다면요."[1]

아이브와 쿡은 중대한 결정을 내려야 하는 순간을 맞이하고 있었다. 잡스의 이름을 딴 극장 개장 행사가 시작될 때 과연 이 동영상을 재생해야 할까? 하지 말아야 할까?

앞서 며칠 동안 이 동영상은 밀리초 단위로 편집되었다. 제작진이 오디오가 완벽한 감정적 음색을 낸다고 생각할 때까지 속도를 높이고 낮췄다. 하지만 아이브와 쿡은 그것을 트는 문제 자체에 대해 걱정했다.

쉽게 결정을 내리지 못하는 그들의 모습은 두 사람 모두 사랑했던 잡스의 유산을 존중한다는 것이 만만치 않은 도전임을 드러내주었다. 1997년 잡스는 자신의 목소리를 넣어 그 유명한 '다르게 생각하라' 광고를 만드는 데 반대했다.[2] 자신의 목소리를 썼다가 자칫 애플이 아닌 자신을 알리는 캠페인이 될 수도 있다고 생각했기 때문이다. 그로부터 20년 뒤인 지금, 그의 후임자들은 당시 잡스의 결정을 머릿속에 떠올리면서 그의 목소리가 들어간 동영상을 틀었다가 극장 개장식을 그가 상상했던 캠퍼스에 대한 행사가 아닌 고인이 된 창업자에 대한 행사로 만들어버릴까 봐 걱정했다.

결국 아이브와 쿡은 합의에 도달했다. 잡스의 이름을 딴 극장을 열되, 그와 애플이 믿었던 것을 세상에 상기시켜주기로 했다.

행사 당일 아침 아이브는 기운차게 일어났다. 그와 그가 이끄는 팀은 구슬로 꾸민 천장에서부터 계단을 따라 세워진 움푹 들어간 난간에 이르기까지 거의 10년의 시간을 쏟아부어 새 극장 안에 있는 모든 것을 디자인했다. 하강할 때 내부가 도는 유리 엘리베이터 역시 그의 아이디어였다. 엘리베이터는 나선형으로 회전하여 내려온 뒤 사람들이 탔을 때와 반대 방향에서 문이 열렸다. 아이브는 보통 세상에 신제품을 출시하기 전 늘 불안해했지만, 극장을 세상에 알릴 때는 설렘을 느꼈다.

사람들이 도착하기 전에 그는 영향력 있는 루이뷔통 남성복 컬렉션의 예술 감독인 버질 아블로^{Virgil Abloh}에게 극장을 안내해주었다. 두 사람은 아이브가 패션계에 발을 들여놓았을 때 친구가 되었다. 아이브는 아블로를 데리고 극장의 테라초 바닥을 가로질러 무게가 80톤이나 되는 원형 공간의 회색 천장 아래를 지나갔다.[3] 그들은 굴곡진 오크나무 바닥과 이탈리아 폴트로나 프라우 가죽 좌석으로 꾸민 지하 강당으로 들어갔다. 아이브는 극장 건축과 인테리어에 관련된 모든 걸 꿰뚫고 있었다.

행사에 초대된 손님들이 근처 방문객용 입구 밖에 모여들기 시작했다. 그들은 구불구불한 길을 따라 걸어 오크나무와 새로 깐 검은색 뿌리 덮개로 둘러싸인 인공 언덕에 도착했다. 정상에 도착한 사람들의 눈에는 캠퍼스의 대표적 건물이 가장 먼저 띄었다. 6미터 높이의 유리 원통 위에 탄소 섬유로 만든 지붕이 덮인 완벽하게 투명한 건물이었다. 건물은 마치 초대형 맥북에어처럼 보였다.[4]

손님들 사이에 있던 애플의 공동 설립자 스티브 워즈니악은 이 건물을 보고 어리둥절했다. 그는 멈춰 서서 건물을 올려다보면서 '어떻게 이런 일이 가능할까' 생각했다.[5] 그는 전선과 데이터 케이블과 스프링클러 시스템을 감추어 건물이 깨지지 않은 유리 고리처럼 보이게 유리 벽들을 꿰매듯 연결해놓은 건물 외부를 훑어봤다. 워즈니악의 눈에 그것은 잡스의 철두철미한 디자인 감성을 완벽하게 반영한 결과물이었다. 그는 금속 지붕 그늘 밑에 서서 "여러분의 눈에 보이지 않는 것이 이 건물을 믿을 수 없이 훌륭하게 만듭니다"라면서 "창문의 아름다움과 개방성은 독일 디자인 스타일처럼 깔끔하게 모든 자잘한 군더더기를 최소화했습니다"라고 말했다.

워즈니악은 이 건물에 감탄한 후 모여 있던 기자들에게 모두가 그날 애플이 출시할 것으로 예상한 10주년 기념 아이폰에 대해 말했다. 애플의 이 주력 제품은 다시 활력을 되찾아야 했다. 아이폰 판매량은 2015년 고점 대비 9퍼센트나 감소했다. 월가의 분석가들은 신형 아이폰이 그러한 감소세를 막아줄 것이라 예상했지만 워즈니악은 과연 그럴 수 있을지 회의적이었다. 그는 기자들에게 아이폰 판매량이 이미 정점을 찍었다고 말했다. 신형 아이폰은 이전 아이폰과 큰 차이가 없어 보였고, 매력적인 새로운 기능은 오히려 더 줄었다. 그는 처음으로 자신이 최신 모델을 사지 않을지도 모르겠다고 말했다.

아이브는 평소 앉던 대로 로렌 파월 잡스 옆에 앉아서 그가 승인한 동영상을 시청했다.[6] 동영상이 시작되자 그의 친구이자 창의적인 파트너였던 잡스의 목소리가 극장 안을 가득 채웠다. 영상은 그곳에 모인 모든 사람들에게 제품 제작을 위해 전력을 기울였던 잡스의 모습을 떠올리게 했다. 영상이 끝나자 아이브는 쿡이 강당 크기의 잡스 이미지가 걸린 무대 위로 오르는 것을 지켜보았다. 쿡은 무대 중앙으로 걸어와 전임자가 만든 그늘 밑에 섰다.

그는 미소를 지으면서 "스티브가 극장 문을 열었다면 좋았을 텐데요"라고 말했다. 그는 눈물을 훔친 뒤 말을 이었다. "시간이 좀 걸렸지만 이제 우리는 슬픔 대신 기쁨 속에서 그에 대한 기억을 떠올릴 수 있습니다." 쿡은 잡스가 남긴 유산에 대해 "그가 준 가장 위대한 선물, 그의 진가를 보여주는 가장 위대한 표현은 하나의 제품이라기보다는 애플 그 자체일 것입니다"라며 그만의 개성을 입힌 설명을 곁들였다.

이후 두 시간 동안 아이브는 쿡이 세상을 떠난 상사의 마법에 대한 기억을 되살리려는 모습을 지켜봤다. 애플은 또다시 '혁신할 수 있느냐'는 질문에 직면했다. 애플워치 프로젝트가 끝난 후에도 여전히 피곤하고 복잡한 자동차 공정 때문에 좌절한 아이브는 회의론자들을 반박하고 신제품을 선보임으로써 애플 신자들에게 새로운 활력을 불어넣어야 했지만 그럴 수가 없었다. 대신 그는 쿡이 노화된 기기에 대해 새로운 의견을 제시하게 했다.

쿡은 "우리 인생에서 아이폰만큼 세상에 영향을 미친 기기는 없었습니다"라고 말하며 터치 디스플레이에서 앱스토어에 이르기까지 애플이 내놓았던 기능들을 자세히 설명했다. 그러고선 "10년이 지난 지금, 우리가 이 자리에, 이날 여기 있는 것은 당연한 일입니다"라더니 잠시 숨을 고른 뒤 거의 고함에 가깝게 목소리를 높이며 "앞으로 10년 동안 기술이 나아갈 길을 열어줄 제품을 공개하기 위해서 말입니다!"라고 말했다.

그가 이렇게 목청을 높인 이유는 신형 아이폰을 응시하고 있는 사람들에게 활력을 불어넣어주기 위해서였다. 그의 뒤편 화면에 나타난 아이폰은 풀스크린 디스플레이와 두 대의 카메라 그리고 얼굴 인식 시스템이 들어간 움푹 들어간 디자인을 특징으로 했다. 아이폰은 사용자 얼굴 전반에 보이지 않는 점 3만 개를 뿌린 뒤 즉석에서 찍은 사진 이미지와 소유자의 본래 얼굴 이미지를 비교해서 두 이미지가 일치하면 잠금이 해제됐다.

동영상에서 아이브는 신형 아이폰이 디자인팀이 오랫동안 이루고자 했던 목표를 이루게 해줬다고 말했다. 그의 말에 따르면 그 목표는 "전체가 디스플레이로 덮인, 경험 속으로 사라지는 물리적 물체로 아이폰을 만드는 것"이었다.

이 신형 아이폰인 아이폰X는 홈 버튼을 없애고 소프트웨어팀이 개발한

스와이프 시스템으로 이를 대체했다. 하지만 아이브는 이전 모델들을 발표했을 때와 달리 외관 디자인이나 소재에 대해서는 거의 언급하지 않았다. 대신에 카메라 시스템과 'A11 바이오닉 칩'에 대해 설명했다. 그것은 마치 잡스가 복귀하기 전 시절의 애플을 떠올리게 했다. 당시 아이브는 애플 제품이 얼마나 아름다운지보다 칩이 얼마나 강력한가에 집중하는 방식에 절망을 금치 못했었다. 그러던 것이 약 20년이 지난 지금, 아이브 자신이 엔지니어링의 중요성을 강조하고 있었다.

CMO인 필 실러가 무대 위에 올라 아이폰X의 가격이 999달러라고 밝히자 비싼 가격에 대한 충격이 일파만파 번져나갔다.

이 가격은 1년 전 출시된 아이폰7의 시작 가격보다 50퍼센트나 오른 것이었다. 본래 '기술 법칙'에 따르면 제품이 성숙해 감에 따라 가격이 하락하는 경향을 보여야 하는데 아이폰은 반대인 셈이었다. 애플의 아이폰 판매량이 줄어들고 있는 가운데, 쿡은 애플의 핵심 제품인 아이폰을 팔 때마다 350달러를 더 받아 더 많은 수익을 창출하려고 했다. 가격 인상은 더 비싸진 디스플레이와 고가의 얼굴 인식 시스템에 드는 더 높은 비용을 상쇄해주고도 남았다. 일반 소비자를 낙담시키면서 동시에 월가의 성원을 얻어낸 기민한 전략이었다.

신형 아이폰은 예정과 달리 9월 말이 아니라 11월로 출시 시기가 늦춰졌다. 실러는 그 이유를 설명하지 않았지만 임원들은 제조상의 문제가 원인임을 알고 있었다. 안면 인식 시스템에서 기능상 문제를 발견한 엔지니어들은 이 기술을 재평가하고 아이폰X의 출시를 연기해야 했다. 애플은 또한 암호명이 각각 로미오Romeo와 줄리엣Juliet인 두 개의 얼굴 인식 공급의 균형을 찾는 데 어려움을 겪었다.[7] 프로젝션 유닛인 로미오는 조립하는 데 더 많은 시간이 걸렸고, 카메라 유닛인 줄리엣은 공급받기까지 기다려야 했다. 이러한 문제들로 6주간 판매 시기를 늦춰야 했다.

그러나 애플은 9월 말에 또 다른 신형 모델인 아이폰8을 출시해 피해를 줄였다. 홈 버튼이 있고, 전년도 모델과 비슷한 디자인의 제품이었다. 2015년부터 비상 상황 시 내놓을 휴대폰으로 계획됐던 아이폰8은 당시 애플에게 절실히 필요했던 안전망 역할을 해주었다.

행사가 끝나자 아이브는 극장 밖에 있던 쿡에게 다가갔다. 그가 쿡과 원활히 협력하고 있다는 인상을 주려는 작위적 제스처처럼 보였다. 사진기자들은 아이브가 쿡의 어깨 너머로 신형 아이폰을 쳐다보는 모습을 찍었다. 이 광경에서 느껴지는 공허함 때문에 몇몇 동료들은 얼굴을 찌푸렸다.

쿡이 아이브가 파트타임으로 일하는 걸 승인하자 아이브의 동료들은 짜증이 났다. 실리콘밸리 내 다른 회사들보다 직원들이 사무실에서 일하는 걸 더 중시하는 애플의 문화와 맞지 않았기 때문이다. 몇 번의 제품 출시 지연은 아이브가 파트타임으로 일한 탓이 컸다. 이런 식의 차질이 계속 생기자 애플의 작업 과정에 대해 정밀 감사를 해야 한다는 이야기들이 계속 나왔다. 한때 효율적으로 돌아갔던 애플의 운영을 방해하는 가장 큰 장애물 중 하나는 최고 테이스트메이커의 부재였다.

신형 아이폰 출시로 애플은 11월에 기록적인 매출을 달성했다. 쿡은 월가 분석가들과의 통화에서 아이폰X의 초기 주문량은 애플이 역대 최고 매출을 올리는 한 해를 기록할 수 있을 만큼 강력하다고 말했다.[8]

그러나 아이폰X의 그 같은 성공도 쿡과 아이브와의 합의를 둘러싸고 점점 커가는 불안감을 진정시켜주지는 못했다. '배터리'에서 아이브와 갖는 회의와 그로 인한 업무 지연에 대한 좌절감도 좌절감이지만, 최고위층에서는 다른 모든 직원들보다 적은 일을 하는 것 같은 아이브에게 더 많은 돈을 주고 있다는 데 대한 불만이 커지고 있었다. 사실 아이브의 임금은 오랫동안 원망의 대상이었다. 잡스 시절을 비롯해 쿡의 경영하에서 애플은 10명의 임원에게 각자 매년 총 약 2,500만 달러의 보상금을 똑같이 지급했다.[9] 미국에선 증권거래법Securities Exchange Act 16조에 따라 경영진의 임금 내역 공개를 의무화하고 있어 그들의 임금은 매년 공개됐다. 하지만 아이브는 동료들보다 많은 임금을 받았는데도 임금 내역 공개 의무화 대상 경영진에 해당하지 않아 임금을 숨길 수 있었다(증권거래법 16조에서는 기업들이 특정 사업 부문을 감독하는 경영진의 임금만을 보고하도록 규정하고 있다). 아이브가 그의 지위를 남용하고 있다는 걸 보여주는 또 다른 사례들도 드러났다. 최근 걸프스트림 V 제트기를 개조한 그는 비행기 안에 설치되어 있던 맞춤형 알루미늄 비누 디스펜서의 기능에 문제가 있다는 사실을 발견했다. 그러자 그는 애플의 컴퓨터 엔지니어들에게 해결책을 찾도록 지시했다. 한 엔지니어가 미래의 맥을 연구하는 걸 중단한 채 몇 주 동안 아이브의 비누 디스펜서를 고치는 데 매달렸다. 그의 동료들은 이런 일을 두고 농담을 섞어 "주주들은 전혀 모르는 사실"이라고 말하기도 했다.

디자인 스튜디오에서 쓰는 돈도 늘어나고 있었다. 사진작가 앤드류 주커만이 2016년 포토북《디자인드 바이 애플 인 캘리포니아》작업을 끝내자 아이브는 그에게 예정된 다큐멘터리 제작을 위해 애플 파크의 개발 과정이 담긴 동영상과 사진 촬영을 의뢰했다.[10] 주커만은 적어도 잡스가 페이스타임FaceTime 광고를 찍기 위해 그를 써도 된다고 승인한 2010년부터 애플에서 일하고 있었다. 그의 작품은 아이브와 잡스에게 반향을 일으켰다. 그도 그들처럼 완벽함과 미니멀리즘에 집착했기 때문이다. 주커만은 화랑과 박물관에 전시할 매력적인 사람, 동물, 꽃 사진을 찍었다. 모두 피사체의 색과 질감이 돋보이게 흰색 배경으로 찍었다. 그는 또한 친구이자 영화배우인 매기 질렌할과 피터 사스가드가 출연한 단편 영화를 포함해서 여러 편의 영화를 감독했다.

애플은 애플 파크 다큐멘터리 작업을 위해 그에게 연간 350만 달러를 주기로 합의했다. 팀원들은 잡스라면 아예 줄 생각도 하지 않았을 엄청난 액수라고 말했다. 잡스라면 "사진과 동영상이 쓸모가 있을까?"라는 질문을 던졌을 거라는 얘기였다. 그에게는 예술적 기교가 상업적 고려보다 중요했을 것이다. 그러나 잡스는 더 이상 돈줄을 통제하지 않고 있었다.

애플 재무팀은 이 돈에 주목했다. 재무팀은 쿡과 CFO인 마에스트리의 지휘하에 외부 하청업체로 나가는 지출에 대해 면밀히 조사했고, 주커만의 일은 바로 조사 대상에 올랐다.[11]

결국 애플의 재무 담당자들은 주커만의 서비스에 대해 과다한 보수를 지불했다는 판단을 내렸다. 그리고선 앞서 수년간 청구한 금액 중 최대 2,000만 달러를 상환할 것을 요구했다. 그것은 주커만이 포토북과 다른 프로젝트들을 통해 번 돈의 상당 부분에 해당하는 엄청난 액수였다. 재정적인 재앙을 피하고자 주커만은 아이브에게 도움을 요청했다. 하지만 아이브는 "유감스럽지만 도와드릴 수 없습니다"라고 말했다. 쿡이 감사의 배후에 있어서 자신이 해줄 수 있는 일이 아무것도 없다는 뜻이었다.

아이브가 애플 재무팀의 일로 인해 사과해야 했던 경우는 이번만이 아니었다. 애플은 2,000억 달러 이상의 현금을 보유하고 있었지만 애플 파크와 애플 스토어 작업을 했던 건축회사인 포스터+파트너스가 제기한 합법적인 청구 요청조차 거부한 바 있었다. 포스터+파트너스의 파트너 중 한 명이 아이브에게 이 사실을 알리자 아이브는 화가 나서 반발했다. 그는 애플이 왜 벤더들의 돈을 떼먹는 짓을 하는지 이해할 수가 없었다. 그러나 그에게는 회사와 싸울 만한 에너지가 더 이상 남아 있지 않았다.

아이브가 자신이 가진 힘의 한계를 받아들이고 있는 가운데, 쿡은 일상적인 경영에 아이브가 참여하지 않는 문제에 대해 걱정하기 시작했다. 그는 그들의 파트타임 협정이 별로 효과적이지 않다는 뜻을 아이브에게 전달했다.

쿡은 아이브가 떠난다면 남은 사람들이 오히려 자력으로 의사결정을 내릴 수 있지 않을까 생각했다. 지금처럼 아이브가 계속 의사결정에 참여한다면 직원들은 그를 책임자라고 느끼며 스스로 결정을 내리지 않을 게 분명했다. 그러나 지난 2년 동안 뿌리내린 '한 발은 걸치고 한 발은 뺀' 듯한 아이브의 업무 방식 탓에 제품 측면의 리더십도 이도 저도 아닌 애매한 상태에 빠져 있었다. 아이브가 디자인 분야의 일상적인 관리를 재개해야 할 필요가 분명히 있었다.

이와 비슷한 시기에 디자인팀이 개입에 나섰다. 일단의 디자이너들은 리더십에 일부라도 개선이 없다면 회사를 떠나겠다고 압박하면서 그를 설득해 복귀시키려고 애썼다. 아이브도 결국 그들의 의견에 동의할 수밖에 없었다. 최근 일어난 대니 코스터, 크리스 스트링거, 임란 초드리 같은 디자이너들의 잇따른 퇴사는 그의 부재로 디자인팀이 얼마나 힘들게 고군분투하고 있는지를 드러내주었다. 아이브는 회사로 복귀해서 잃어버린 질서

의식을 되찾고 싶었다.

그렇게 2017년 말, 아이브는 20명의 디자이너로 구성된 그의 팀 대부분을 워싱턴으로 데려갔다.[12] 그가 디자인의 미래에 대해 연설할 예정인 스미소니언Smithsonian 행사에 참여시키기 위해서였다. 연설 요청은 자신만 받았지만 아이브는 그의 팀이 만들고 성취한 모든 것이 함께 노력한 결과인 이상, 디자이너들도 같이 행사에 참여해주기를 원했다. 그는 연설 내내 디자인팀을 가리키며 과거를 되돌아볼 때마다 그들이 창조해낸 것보다 함께 일했던 방식이 더 애틋하게 느껴진다고 말했다.

아이브는 이렇게 말했다. "우리 팀원들 사이에는 신뢰가 워낙 돈독하다 보니 각자 낸 아이디어가 터무니없이 들릴까 봐 긴장하고 두려워서 그것을 사전 검열하는 일은 없습니다. 신뢰가 있다면 경쟁이 일어나지 않습니다. 우리는 함께 뭉쳐 오로지 어떻게 하면 최고의 제품을 만들지에만 관심이 있습니다."

아이브는 이처럼 공개 석상에 모습을 드러내며 자신이 회사로 복귀했음을 알렸다. 일단 캘리포니아로 돌아오자 그는 자신만의 방식으로 팀을 경영했다. 정기적으로 디자인 스튜디오를 방문할 계획을 세웠고, 쿠퍼티노보다는 샌프란시스코 주변 장소에서 디자이너들과 자주 만나기 시작했다.

애플 경영진은 그의 복귀를 환영했다. 그들은 아이브가 돌아오면서 의사 결정이 빨라지고 제품 개발이 개선되리라 낙관했다. 그들은 회사 밖 친구들에게 곧바로 개선의 징후가 나타났다고 말하고 다녔다.

업무에 복귀하고 얼마 지나지 않아 아이브는 곧 출시될 아이폰11의 디자인 개편을 추진했다. 휴대폰 뒷면에 초광폭 카메라를 추가하자는 것이었다. 초기 디자인은 카메라가 가느다란 I자 모양으로 살짝 튀어나온 부분에 세 개의 카메라를 쌓아두듯이 집어넣은 모양이었다. 아이브는 작은 사각형 안에 카메라 두 개를 좌측에 나란히 놓고 나머지 하나는 오른쪽 중앙에 놓아 렌즈들이 정삼각형 모양으로 배열되게 디자인을 수정했다. 그 결과로 나온 디자인은 하드웨어의 두께를 최소화하며 균형이 잡혀 있었다.

아이브 디자인의 보증 수표였던 일종의 '맛깔스러운 손길'이 느껴지는 디자인이었다.

2018년 아이브가 새로 디자인해 내놓은 '최신 제품'은 직원용으로 출시되었다. 애플 직원들은 오래된 인피니트 루프 캠퍼스에서 미래지향적인 애플 파크 본사로 이사하기 시작했다. 이 4층짜리 새로운 건물은 개발하는 데만 7년이 걸렸고, 약 50억 달러가 소요됐다. 지금까지 지어진 건물 중에서 가장 비싸고 가장 많은 논의 끝에 완성된 기업 건물 중 하나였다. 반지 모양의 이 건물은 4층 높이에 전체 둘레는 1.6킬로미터에 달했다. 건물의 매끄러운 곡면 유리 외관은 각 층의 바닥에서 천장까지 이어졌고, 건물안 복도에는 햇살이 가득했다. 창문 너머로는 살구나무, 사과나무, 벚나무가 우거진 구릉이 있었다. 원의 한가운데 있는 웅덩이에선 감자 크기의 돌들 위로 잔물결이 치며 명상할 때 내는 낮은 음조의 소리를 만들어냈다.

아이브와 디자이너들은 엘리베이터 버튼의 곡률에서부터 사무실 문밖의 신분증 판독기에 이르기까지 건물 내부의 모든 것을 정의하느라 수년의 시간을 쏟아부었다. 애플 제품을 연상시키는 요소들은 건물 내 모든 곳에서 찾아볼 수 있었다. 일반적인 건물은 대체로 90도 각도로 지어지지만 애플 파크는 끝이 없는 곡선 형태였다. 건물 주위를 감싸는 800개의 유리 패널은 완벽하게 구부러져 약 1.2킬로미터 길이의 원을 만들었다. 엘리베이터 내부는 네모난 모서리가 아닌 둥근 모서리로 처리되었다. 대리석처럼 생긴 맞춤형 흰색 콘크리트로 만든 계단통(건물 내부에 계단이 나 있는 공간 - 옮긴이)에는 작은 호弧로 끝나는 계단이 이어져 있었다. 구부러진 모양들은 모든 아이폰에서 신중하게 설계된 곡선을 연상시키면서 세상의 어떤 회사 건물에서도 볼 수 없는 끊임없이 이어진 고리 모양을 하고 있었다.

이 거대한 원은 유리문으로 분리된 여덟 개의 똑같은 모양의 조각으로 나뉘어 있었다. 유리문이 워낙 투명하다 보니 고리가 영원히 이어지는 것처럼 보였다. 직원들 눈에 이런 식의 배치는 거울이 세워진 복도처럼 공간 감각을 상실하게 만들었다. 그래서인지 이사 온 지 얼마 되지 않아 애플 시리팀의 한 엔지니어가 유리문이 없다고 착각해 지나가려다가 문에 세게 부딪혀 코가 부러지는 사고를 당했다. 그의 얼굴에선 피가 흘러내렸다. 그 뒤로도 희생자는 여럿 나왔다. 직원 한 명은 눈썹이 잘렸고, 또 다른 직원은 뇌진탕을 당했다. 때론 직원들의 부상 정도가 심해 구급대가 출동하기도 했다. 신고 전화를 너무 자주 하다 보니 보안팀은 구급차가 현장에 도착하기 전까지 의료 상담 직원과 직접 통화하도록 연결시켜주는 방법까지 알고 있었다.[13] 그들의 통화는 보통 "무슨 일이 있었는지 정확히 말해주세요"라는 상담원의 질문으로 시작했다.

다친 직원은 "음, 밖에 나가려다가 애플 파크 1층에 있는 유리문으로 걸어 나가는 바람에 부딪혔습니다"라고 말했다.

"유리문을 '열고' 나가다가 그랬나요?" 상담원이 물었다.

"유리문을 '열고' 나가려다 그런 게 아니라 유리문이 없는 줄 알고 '통과해서' 가려다가 다쳤습니다." 직원이 답했다.

"좋습니다. 잠시만요. 머리를 다치셨나요?" 상담원이 물었다.

"머리를 부딪혔어요." 직원이 답했다.

방금 복싱 링에서 KO를 당하고 내려온 사람처럼 보이지 않기 위해 직원들은 얼굴보다 손가락이 먼저 유리에 닿기를 바라면서 좀비처럼 팔을 앞으로 내밀고 건물 내부를 걷기 시작했다. 애플은 이 문제를 신속히 해결하기 위해서 건물 모서리에 붙일 몇 킬로미터에 달하는 검은색 스티커를 주문했다. 새 건물에 가장 먼저 입주한 애플 사업전략팀 소속의 고위 임원과 팀원들은 유지관리 직원들을 도와 직원들이 소위 '비상 스티커 작업'이라고 부른 일을 같이 했다.

끊임없이 이어진 유리 때문에 실내외 구분이 힘들어 보이는 건물에서 이 검은색 스티커 점들은 유일한 결함처럼 두드러져 보였다. 직원들은 이 스티커들을 '조니의 눈물'이라고 부르기 시작했다.

야심 차게 지은 애플 파크로 인해 직원들은 둘로 나뉘었다. 새로운 본사를 좋아하는 직원들도 있었다. 그들은 잔잔하게 물결이 이는 물웅덩이 주변에 모여 눈앞에서 출렁이는 물을 바라보며 소프트웨어 코드를 입력하곤 했다. 4,000석 규모의 카페테리아에서 서성거리다가 그곳을 가로질러 놓인 다리를 건너는 동료들의 실루엣을 보고 경탄하는 직원들도 있었다. 그들의 모습이 마치 공중을 걷는 것처럼 보였기 때문이다. 팰로앨토 언덕 주변을 동료들과 함께 산책했던 잡스처럼 산책로를 따라 목적 없이 이리저리 거니는 직원도 있었다. 또 어떤 직원들은 바닥부터 천장까지 칸막이로 막힌 화장실이 선사하는 프라이버시처럼 자잘하지만 사려 깊은 손길에서 기쁨을 발견하기도 했다. 그들은 여기가 아닌 다른 곳에서 일한다는 걸 상상조차 할 수 없었다.

하지만 모두가 애플 파크를 사랑한 건 아니었다. 일부 직원들은 아이브가 그의 커리어 후기에 보여줬던 기능보다는 형태를 선호하는 경향이 이곳에 그대로 드러났다고 여겼다. 타협하지 않는 아름다움 속에서 애플 파크는 어쩔 수 없이 견뎌야 하는 '불필요한 고난'을 만들어냈다. 아이브와 쿡은 서로 다른 부서 사람들이 우연히 만나 협력하는 방법을 찾아낼 수 있도록 전 직원을 한 공간에 모으기 위해 애플 파크를 지었다고 말했다. 그러나 더 커진 카페테리아와 공원 풍경은 직원들 사이의 상호작용 분위기를 조장했지만, 내부는 정반대였다. 건물 내부의 나눠진 부분들은 신분증이 있어야만 접근할 수 있는 독립된 쐐기 모양의 사무실 공간으로 만들어졌다. 직원들이 같은 층의 인접한 쐐기 모양의 사무실 공간에서 열리는 회의에 참석하려고 해도 계단으로 두 층을 내려와 다른 층계를 따라 올라가야 한다며 불평했다. 그러자 건물은 마치 일방통행으로만 움직일 수 있는 도시처럼 느껴졌다. 그들은 이 폐쇄된 느낌을 주는 미로를 '우주 감옥Space Prison'이라고 불렀다.

소음은 더 큰 골칫거리였다. 곡선 유리 패널을 따라 건물의 내부 통로가 나 있는데, 이 패널은 과학 박물관에서 속삭이는 소리를 내는 벽처럼 아주 먼 거리를 가로질러 소리를 날려줬다. 사람들의 잡담 소리는 유리 패널 사이의 이음새를 통해 사무실 안으로 유입됐고, 일부 직원들은 유색의 스티로폼 조각으로 그 틈을 메우곤 했다. 결국 애플은 복도에서 나는 소음을 줄이기 위해 '백색 소음' 기계를 설치했다.

이뿐만 아니라 건축물 외의 다른 골칫거리도 등장했다. 쥐들이었다. 쥐들이 휴렛팩커드가 남긴 잔해 속에서 숨어 살다가 새로운 캠퍼스의 첫 번째 거주자가 되어 구내 이곳저곳을 총총걸음 치고 다녔다. 건물 내부에서는 증기 파이프가 갓 부은 콘크리트 밖으로 방울 모양의 물을 밀어내는 바람에 벽에 녹슨 자국을 남겼다. 일부 직원들이 물이 흘러내리지 말라고 호텔 수건을 테이프로 붙여놓자 엔지니어들은 이 건물에 산업용 디펜드 기저귀가 필요하다는 농담을 하기도 했다.

빈정거리는 유머는 일상이 되었다. 한 엔지니어는 이런 불합리한 상황을 알리는 '애플 파크에서의 오늘Today at Apple Park'이란 밈을 만들었다. 직원들은 70만 제곱미터의 캠퍼스를 가로지르느라 예전보다 15분이나 더 늘어난 통근 시간에 대해 조롱했다. 또 어떤 직원은 캠퍼스에 심어진 나무에서 과일 따는 것을 금지함으로써 쿡이 돈을 벌 수 있는 새로운 방법을 찾아냈다고 농담하기도 했다. 새로운 본사에서 귀신이 나올 것 같다고 느끼는 사람도 있었다. 복도 소음부터 유리문 부상까지 모든 것이 사람들에게 중심축이 떨어져 나간 회사를 떠올리게 했다.

잡스 시절 애플은 예술과 엔지니어링의 균형을 맞춰 아름답고 혁신적인 제품들을 창조했다. 그의 판단으로 애플은 오리지널 아이맥에서 플로피 디스크 드라이브를 빼고 대신 CD 드라이브를 넣었는데, 이는 제품의 디자인 과정을 단순화시킨 센세이셔널한 선택이었다. 아이패드 하단부에 곡선을 넣어야 한다는 그의 직감은 애플의 이 첫 번째 태블릿을 손쉽게 집어들 수 있게 만들었다. 잡스는 불완전한 프로토타입과 세련되지 못한 광고를 만든 사람들에게 "당신은 정말 형편없습니다!"라는 거친 말도 서슴지 않았다. 그리고 그러한 태도는 직원들이 애플을 위대하게 만든 훌륭한 일을 하도록 동기를 북돋는 역할을 했다. 만약 그가 살아 있었다면 새로운 본사 건물에 이와 같은 결함들이 생기는 일은 결코 없었을 것이다. 애플 파크는 아름답긴 했지만 아주 완벽하지는 않았다.

직원들이 이사할 준비를 하자 쿡은 애플 파크에서 일할 직원 수를 당초 계획했던 1만 2,000명에서 1만 4,000명으로 증원했다. 이처럼 더 많은 직원을 집어넣기로 한 결정은 운영 효율성 면에서 한 획을 그었다. 본사 건설이 시작되고 3년 동안 애플의 직원 수는 9만 2,600명에서 12만 3,000명으로 3분의 1이 늘어났다. 같은 크기의 공간에 인원을 3분의 1 더 배치하기로 하면서 이 '오픈 플로어 플랜open-floor plan(공간 구조 방식의 하나로, 벽이나 파티션이 없는 열린 공간을 의미함 – 옮긴이)' 형식의 건물에 더 많은 책상이 들어가게 되자 엔지니어들이 일할 수 있는 공간은 줄어들었다. 이처럼 활동 공간이 비좁아지자 직원들은 매일 애플이 '최첨단 사과 압착기'가 된 것 같다고 생각했다.

캠퍼스 밖에서 애플 파크는 단연 호기심의 대상이었다. 학자와 역사학자들은 이 건물이 거대 기술기업들이 수행하고 있는 일련의 건축 프로젝트 중에서 가장 호화롭다고 여겼다. 구글, 페이스북, 아마존도 실리콘밸리에서 흔하게 볼 수 있는 밋밋하고 층수가 낮은 사무용 빌딩을 그들의 시장가치가 급등했음을 상징하는 '기업 궁전'과 맞바꾸려 하고 있었다.

잡스는 2010년 포스터+파트너스에게 애플의 비밀과 통제 문화의 발현처럼 보이는 이 '폐쇄된 루프' 작업을 의뢰하면서 건축 붐을 일으켰다. 페이스북이 그 뒤를 이었다. 건축가 프랭크 게리Frank Gehry가 후드티를 입은 마크 저커버그Mark Zuckerberg CEO에게 비공식적으로 경의를 표하기 위해 합판으로 안을 댄 커뮤니티 커피숍과 사무실이 있는 캠퍼스를 디자인했다. 이에 뒤지지 않으려고 구글의 모회사 알파벳Alphabet은 덴마크 건축가 비야

케 잉겔스Bjarke Ingels의 도움을 받아 구글의 검색 엔진 덕에 가능해진 정보의 접근성을 상징하는 일반 보도 위에 우뚝 솟은 유리로 된 건물을 지었다.

호화로운 본사는 저 멀리 이집트의 파라오 시절부터 오랫동안 부와 권력의 상징이었다. 그 건물들의 등장은 과거 권력자들과 마찬가지로 현대 자본주의의 지배 세력으로 부상한 기업들에게 어울리는 것 같았다. 그러한 건물들은 스마트폰, 검색 엔진, 소셜 미디어에서 금융과 헬스케어까지 산업 분야를 막론하고 뻗어나갔다. 모든 성지聖地가 무덤이 될 수 있다는 것을 알면서도 권력자들은 점점 더 커지는 자존심을 독특한 건물을 통해 만족시키고자 했다.

이전에 세워졌던 '자본주의 신전'들은 기업의 운명이 돌변할 것임을 예고해주었다. 현금이 넘쳐나던 기업들은 호황기에 종종 허세를 부리며 본사를 짓다가 스스로의 무게에 견디지 못해 자멸의 길을 걷곤 했다. 1970년에 제관회사인 아메리칸 캔 컴퍼니American Can Company는 코네티컷주 그리니치에 있는 63만 제곱미터 규모의 캠퍼스로 이전한 뒤 일련의 정리해고와 자회사 매각을 단행했다. 정유회사인 엔론Enron은 파산 신청을 했을 때 50층짜리 본사를 건설하던 중이었다

파괴적 혁신을 통해 승리했다가도 신속하게 퇴각하는 분위기가 만연했던 실리콘밸리는 이러한 추세의 대표적 모델이었다. 애플이 사들인 71만 제곱미터 규모의 캠퍼스는 PC 시장이 침체된 후 휴렛팩커드가 버려둔 곳이었다. 페이스북은 2000년 닷컴 버블이 터지면서 사업이 초토화됐을 당시 완공됐던 IT 회사 썬 마이크로시스템즈Sun Microsystems 본사의 낡은 잔해를 인수해 새로운 건물을 지었다. 2011년 캠퍼스를 인수한 마크 저커버그는 직원들에게 성공에 안주하는 게 얼마나 위험한지를 상기시키기 위해

썬 마이크로시스템즈의 간판을 누구나 볼 수 있게 남겨두었다.

거액을 들여 지은 애플의 본사를 둘러싸고 애플도 같은 일을 겪을지 모른다는 우려가 제기됐다. 베스트셀러 제품인 아이폰이 지어준 애플 파크는 아이폰이 출시된 지 10년 만에 완공됐다. 아이폰은 여전히 애플 매출의 3분의 2를 차지했고, 애플워치와 에어팟과 기타 신제품들은 아직 아이폰에 견줄 만한 판매량을 달성하지 못하고 있는 상태였다. 학계에서는 "애플의 궁전은 현명하지 못한 투자로 드러날 것인가?"라는 의문이 공공연하게 떠돌았다.

디자인팀이 새 캠퍼스로 옮겨갈 준비를 하는 동안 〈뉴욕 타임스〉는 기술과 패션의 결연이 끝났다는 부고를 실었다.[14] 두 산업의 융합은 주로 아이브와 애플워치에 의해 주도되어왔지만, 신문의 패션 평론가 바네사 프리드먼Vanessa Friedman은 둘 사이의 연애 감정이 식었다고 평했다. 그녀는 애플워치를 '따분한 제품'이라고 불렀다. 아이브와 디자인팀은 새로운 작업 공간에 적응하면서 부담을 느끼던 중 이러한 비난까지 듣게 되자 더 큰 부담을 느꼈다. 디자인팀은 가장 마지막에 애플 파크로 이사한 부서였다. 다른 직원들은 디자인팀이 쥐들이 다 없어지고 나서 옮기고 싶어 그렇게 늦게 이사한 게 아니냐며 농담했다. 사실은 시제품 제작을 위해 사용하는 무거운 기계를 설치할 시간이 필요했기 때문이었다. 디자이너들은 당연히 캠퍼스에서 최고의 전망을 자랑하는 공간을 차지했다. 전체 건물이 한눈에 내려다보이는 최고층인 4층 자리였다.

아이브는 새로운 업무 공간 덕에 부서 간 협업이 더 원활히 이뤄지기를 바랐다. 소프트웨어와 산업 디자이너들이 처음으로 같은 층을 쓰고, 같은 공간을 공유하게 됐다. 아이브는 그들이 오가다 우연히 만나 서로 기기의 디자인과 사람들이 기기와 상호작용하는 방법을 개선할 수 있는 아이디어를 공유하는 장면을 상상했다. 그는 그러한 목표를 달성하는 데 시간이 걸린다는 것을 알고 있었다. 비밀스러운 회사에서 수년간 각자 떨어져 일해왔던 이 두 그룹이 서로를 같은 팀의 일원으로 받아들이기 위해서는 격려가 필요했다. 하지만 그는 두 팀이 서로 협업할 수 있으리라 생각했다.

새 디자인 스튜디오로 이사하고 얼마 지나지 않은 어느 날 저녁, 아이브는 한 무리의 디자이너들이 벽만 한 창문에 모여 공원을 내려다보고 있는 모습을 보았다. 그는 무엇이 그들의 주의를 끌었는지 보기 위해 그들 쪽으로 걸어갔다. 그들은 일몰을 보고 있었다. 아이브는 하늘의 색이 변하는 동안 그들과 나란히 서 있었다. 아이브가 기억하기론 그들이 함께한 수십 년 동안 하늘을 보기 위해 하던 일을 멈췄던 건 그날이 처음이었다.

6월 말 아이브는 최근 그를 명예총장으로 임명한 왕립예술대학에서 열린 행사에 참가하고자 런던으로 향했다. 명예총장 역을 맡게 됨으로써 그는 영국의 이 일류 예술·디자인 학교 학생과 후원자들을 위해 열리는 연례 만찬에 참석해야 했다. 아주 연한 청색 정장을 입고 클락스 왈라비 스웨이드 신발을 신고 나타난 그는 로렌 파월 잡스, 마크 뉴슨, 영화배우 겸 모델 나오미 캠벨, 그리고 영향력 있는 디자인 및 건축 잡지인 《월페이퍼 Wallpaper》의 전 편집장 토니 챔버스Tony Chambers 등과 함께 '기술과 패션이 만난' 테이블에 앉았다.

아이브와 챔버스는 수년간 서로 알고 지낸 사이로, 챔버스는 신제품이 출시된 이후 정기적으로 아이브와 인터뷰를 하곤 했다. 아이브는 심지어

2017년 《월페이퍼》의 객원 편집자로 활동하면서 무지개 색깔이 들어간 잡지 배너 외에는 아무것도 없는 흰색 표지를 디자인하기도 했다. 최근에 챔버스가 《월페이퍼》를 떠났기에 아이브는 그에게 요즘 무슨 일을 하고 있는지 물었다. 그러자 챔버스는 "컨설팅을 해주는 중"이라고 답했다.

아이브는 창업해서 작은 회사를 키우기 시작했다는 챔버스의 말을 들었다. 그는 예술학교를 졸업했을 때부터 자신의 그래픽 디자인 회사를 차리는 것이 꿈이었다고 이야기했다. 그런데 어느 순간 정신을 차려 보니 《월페이퍼》에서 가장 높은 자리까지 올라가 있더라는 것이었다. 챔버스는 문득 자신의 젊은 시절의 꿈이 마음 한구석에서 자꾸 그를 괴롭히는 걸 느꼈고, 그렇게 '너무 늦기 전에 《월페이퍼》를 떠나야 하는 건 아닐까?'라는 고민이 시작됐다고 이야기해주었다.

챔버스는 안정된 직장에 다니고 있었고, 은퇴할 때까지 《월페이퍼》를 운영할 수도 있었다. 하지만 새로운 뭔가를 하고 싶은 창조적인 충동을 느낀 후 회사에서 물러나 1년을 파트타임으로 일하기로 결심했다. 그리고 그렇게 일하던 어느 날 회사를 떠나겠다고 발표했다.

아이브는 한편으로 놀라면서도 다른 한편으로는 이해한다는 눈으로 그를 바라보다가 이렇게 말했다.

"오, 그렇군요. 저도 그렇게 건방진 짓을 해볼까 고민 중입니다."

CHAPTER 22

10억 명의 호주머니

유타주의 외딴 구석에 한 현대식 호텔이 바람에 깎인 메사mesa(꼭대기는 평평하고 등성이는 벼랑으로 된 언덕 - 옮긴이)를 배경으로 지어져 있었다.[1] 호텔의 각진 돌담이 주변 사막 풍경과 묘한 조화를 이루고 있었다.

11월 말 팀 쿡은 그곳에 혼자 도착했다.

아만기리 호텔·리조트는 부유한 모험가들이 꼭 가보고 싶어 하는 곳이다. 이곳의 34개 스위트룸은 1박에 약 2,200달러나 한다. 방마다 벽난로가 있는 개인 파티오patio가 있고, 끝없이 펼쳐지는 맑은 밤하늘이 보인다.

자연은 쿡에게 언제나 영감과 동기를 줬다.[2] 하이킹이야말로 명상의 궁극적인 형태라고 생각한 그에게 국립공원 방문은 몇 안 되는 취미 중 하나였다. 그는 사무실 바로 바깥에 있는 그랜드 캐니언 룸Grand Canyon Room을 포함해 회사의 새로운 회의실들의 이름을 이러한 야외 메카로 짓기를 좋아했다. 그는 아만기리를 출발해 그가 가장 좋아하는 장소 중 하나인 시온 국립공원Zion National Park에 도착했다. 그곳에는 파란 하늘과 멋진 녹색 미루나무들이 우뚝 솟은 붉은색, 분홍색, 주황색 사암沙巖 협곡을 에워쌌다. 아이브와 친구들이 베니스의 아만 호텔에서 50번째 생일을 축하한 지 1년이 조금 지난 지금 쿡은 혼자 휴식을 취하기 위해 유타에 있는 그곳의 자매 호텔인 이곳에 왔다.

그는 추수감사절에 통창 밖으로 빈 평야가 펼쳐져 보이는 식당 테이블에 앉았다. 식당선 목초지에서 자란 닭으로 만든 치킨 콩피confi와 샤프란 saffron 크림이 들어간 연어 요리 등 미국 남서부 전통 요리 스타일을 따라 만든 메뉴를 상시 제공했다. 쿡이 조용히 저녁 식사를 하는 동안 근처에 앉아 있던 한 어린 소녀가 쿡이 혼자 있다는 것을 알아챘다. 소녀는 엄마에게 "저 아저씨한테 우리와 같이 먹자고 할까요?"라고 물었다. 딸의 사려 깊은 생각에 감동한 엄마는 쿡에게 같이 식사하자고 말하려고 했다. 그러나 그녀는 혼자 있는 그 사람이 다름 아닌 자신이 아는 사람이란 걸 깨닫고선 마음을 접었다.

세계 최대 기업의 CEO는 고독하게 식사를 마쳤다. 겸손한 일 중독자인 그는 그 시골 호텔에서 평화롭게 산책하고 온천을 방문하며 나머지 시간을 보냈다. 어려운 시기가 그를 기다리고 있었다. 추수감사절이 지나면 곧바로 애플에게 가장 바쁜 시기인 크리스마스 연휴를 맞이해야 했다. 이 시기에 애플은 아이폰, 아이패드, 맥의 주문 예약으로 매출의 약 3분의 1을 올렸다. 쿡은 아만기리 주변을 하이킹하면서 그렇게 분주한 시간을 보내기 전에 마음의 평화를 누릴 수 있었다. 그리고 그가 동료 손님에게도 말했듯이 그곳에는 세계 최고의 안마사들이 있었다.

쿠퍼티노에서 긴급한 지시가 내려졌다. 생산을 '당장' 줄이라는 지시였다.

2018년을 마무리하면서 애플은 최신 아이폰 세 개 모델에 들어가는 부품 주문을 대폭 줄였다.[3] 아이폰X가 높은 가격 덕에 매출 신기록을 쓰면서 아이폰 판매에 활력을 불어넣어줬지만 그것의 후속 제품들인 XS, XS 맥스, XR은 똑같아 보였지만 가격도 똑같이 비쌌다. XS 모델 가격은 1,000달러부터 시작했고, 디스플레이 해상도가 떨어지는 XR 가격은 전년도에 나온 보급형 모델보다 100달러 오른 749달러로 가격이 책정됐다. 쿡과 애플은 특히 중국에서 XR 판매에 큰 기대를 걸고 있었다. 쿡은 중국판 트위터인 웨이보Weibo에 "중국에서 그토록 많은 분들이 신형 아이폰 XR을 즐기는 것을 보니 정말 멋집니다"라며 자신의 수백만 팔로워들에게 이 제품을 마케팅했다. 그의 이 메시지에는 아이폰 XR이 세계 최대의 스마트폰 시장에서 인기를 얻기를 바라는 회사의 기대가 반영되어 있었다. 하지만 그런 기대는 여지없이 빗나갔다.

중국의 경쟁 환경이 바뀐 뒤였다. 중국 최대 스마트폰 제조업체인 화웨이는 XR 가격의 3분의 1 수준이지만 저장 공간이 더 크고, 카메라 성능은 더 뛰어나며, 배터리 용량도 더 큰 P20을 포함해 애플보다 기능 면에서 앞서면서도 가격은 더 저렴한 일련의 폰으로 시장을 강타했다.[4] 가격에 민감한 중국 고객들이 떼 지어 화웨이폰을 구매했다. 중국의 휴대폰 사용자들은 위챗WeChat이라고 불리는 슈퍼앱superapp(별도로 다른 앱을 설치하지 않아도 하나로 쇼핑, 송금, 투자, 예매 등 다양한 서비스를 이용할 수 있는 애플리케이션 – 옮긴이)을 달고 살다시피 했다. 위챗으로 메시지와 결제에서부터 소셜 미디어 이용과 자동차 호출에 이르기까지 모든 걸 할 수 있기 때문에 겉만 번드르르한 애플의 소프트웨어에 큰 매력을 느끼지 못했다. 고조되고 있는 미국과 중국 간의 무역 긴장은 또 다른 문제였다. 양국의 상호 보복관세 부과에 관한 부정적인 뉴스가 쏟아지자 애플의 브랜드 이미지가 손상됐다. 한때 중국 시장의 선두주자였던 애플은 이후 몇 년 동안 중국 내 판매 순위 5위로 밀려났다.[5]

아이폰 XR이 팔리지 않자 쿡과 애플은 서둘러 제조 계획 재검토에 착수했다.[6] 그들의 감산 지시는 공급망 전반에 일대 파문을 일으켰다. 폭스콘은 투자자들에게 스마트폰 수요 급감에 대해 경고하며 수익성을 회복하기 위해 29억 달러의 비용을 절감하려고 안간힘을 썼다. 반도체 제조업체와 함께 디스플레이와 레이저 공급업체는 모두 분기 이익 추정치를 하향 조정했다. 한 회사가 그렇게 하는 것도 드문 일인데 그토록 많은 기업이 동시에 그렇게 하는 것은 전례가 없는 일이었다. 아이폰 제국이 무너지고 있는 것처럼 보였다.

쿡은 해결책을 찾기 위해 영업과 마케팅팀의 도움을 구했다. 그들이 조사해본 결과 아이폰 문제는 중국은 물론이고 유럽과 미국에서도 나타난 것으로 확인됐다. 2년마다 신형 폰을 샀던 고객들이 이제 업그레이드를 미루고 있던 것이다. 고객들은 그들이 소유하고 있는 아이폰이 필요한 기능을 문제없이 수행했고, 통신사들이 더 이상 신형 모델을 싸게 살 수 있는 보조금을 지급하지 않자 소비 패턴에 변화를 주었다. 애플은 자체적으로 보조금을 제공함으로써 정가 아이폰의 비싼 가격 때문에 생기는 거부감을 해소하고자 노력했다. 결국 애플은 사람들이 구형 모델을 반납하면 신형 아이폰 가격을 최대 수백 달러까지 낮추는 보상 판매 프로그램을 개발했다.[7] 애플은 중고폰을 중개업자에게 팔았고, 중개업자들은 중고폰을 해외로 수출해서 팔았다.

12월 초가 되자 애플은 아이폰 XR을 449달러에 판다고 광고하기 시작했다. 단, 할인 가격은 구형 아이폰을 반납하는 사람들만 누릴 수 있는 혜택임을 별도로 언급했다. 마케팅팀은 고객이 반납하는 구형 아이폰의 가치를 25달러 더 쳐줌으로써 보상 판매 프로그램이 순조롭게 돌아가도록 도왔다.[8] 애플이 사실상 사람들에게 새 휴대폰을 살 돈을 쥐여주는 셈이었다. 이 같은 조치를 시행하자 평소 여유로웠던 애플 스토어 분위기도 주차장과 같은 분위기로 바뀌었다. 직원들은 '제한된 시간'에만 적용되는 할인 가격 아래 XR의 사진을 보여주는 컴퓨터 모니터 옆에서 보상 판매 프로그램을 광고해야 했다.

그러자 월가는 곧바로 애플에 처벌을 내렸다. 2018년 말 애플의 시가총액은 3,000억 달러 이상이 증발했다.[9] 이는 그해 월마트의 시가총액을 약간 상회하는 엄청난 액수였다. 그해 애플은 10년 가까이 이어오던 세계 시가총액 1위 기업 자리를 한때 적이었던 마이크로소프트에 내주고 말았다.[10]

시장에 대한 쿡의 판단은 잘못된 것으로 드러났다. 애플이 월가에 크리스마스 기간 판매 전망치를 제시했을 때 그가 예상했던 판매 실적은 실제와 거리가 있었다. 쿡은 매일 판매 실적을 자세히 살펴보면서 약속한 실적과 실제 실적 사이의 격차가 점점 더 벌어지고 있음을 깨달았다. 미국 증권법에 따라 그는 이 부족분을 공개해야 했다.

2019년 1월 2일 증시가 마감된 직후 쿡은 투자자들에게 보낸 편지를 공개해 16년 만에 분기 매출액 전망치를 하향 조정했다.[11] 편지에서 그는 이제 당초 예상했던 890억 달러가 아닌 840억 달러의 매출을 예상한다고 말했다. 매출 증가세를 이어가리라고 예상됐던 회사의 매출이 무려 4.5퍼센트 감소할 것이란 설명이었다. 쿡은 아이폰 수요 부진과 중국의 경기 둔화를 판매 감소 원인으로 지목했다. 그는 애플이 이 정도의 판매 둔화를 예상하지는 못했다며 이렇게 덧붙였다.

"우리는 고조되고 있는 미국과의 무역 긴장으로 중국의 경제 환경이 추가로 영향을 받았다고 보고 있습니다. 불확실성이 커진 경제 환경이 금융 시장에 부담을 주면서 분기가 진행되는 동안 중국 내 애플 판매점 및 채널 파트너channel partner(제조나 생산업체와 제휴해 업체의 서비스나 기술을 마케팅하고 판매하는 회사 – 옮긴이)를 찾는 방문객 수가 줄어드는 등 그 여파가 소비자에게도 미치는 것으로 나타났습니다."

쿡 입장에서는 고객들이 아이폰의 점진적인 개선에 지쳐 있는 현실을 인정하기보다 경제와 무역 제재를 탓하기가 더 쉬웠다. 그는 아이폰 매출 감소에서 중국이 차지하는 비중이 절반에도 미치지 못한다는 점을 언급하지 않았다. 유럽과 미국에서도 판매가 감소했지만 투자자들은 나중에 애플이 발표한 수치를 자세히 따져보기 전까지는 그 사실을 알지 못했다. 90억 달러의 아이폰 매출 감소는 2007년 이후 분기 기준 최대 감소 폭이었다. 애플에게 가장 중요한 제품에 대한 열정적 관심이 식고 있었다.

쿡은 오후 애플 본사에서 CNBC 기자 조쉬 립튼Josh Lipton과 가진 인터뷰에서 무엇이 잘못됐는지를 설명했다.[12] TV 인터뷰가 진행되는 동안 그는 몸을 앞으로 숙인 채 의자에 앉아 입을 다물고 있다가 애플이 직면하고 있는 문제들에 대해 천천히 진지하게 말했다. 그는 도중에 자주 웃으며 농담하고 활력이 넘치는 모습을 보였다.

"분기가 지날수록 매장 방문자 수, 채널 파트너 매장 방문자 수, 스마트폰 산업 관련 보도 등이 줄어들었습니다." 그는 투자자들에게 애플이 판매량을 늘릴 계획임을 확실히 보여주고자 노력했다. "우리는 당분간 거시경제 환경이 바뀌기를 기다리며 관망할 겁니다. 그렇게 되기를 바라고, 사실 그러리라고 낙관하지만 우리는 우리가 통제할 수 있는 일들에 정말 진지한 관심을 쏟을 겁니다."

　다음 날 애플의 주가는 10퍼센트 급락하면서 시가총액 750억 달러가 사라졌다.[13] 이 같은 하루 하락 폭은 6년 만의 최대치였고, 애플의 시가총액은 2017년 2월 이후 최저 수준으로 감소했다. 그러자 미국 경제가 흔들렸다. 애플 주식은 뮤추얼 펀드, 인덱스 펀드, 퇴직연금401k 등 기관 투자자들 사이에서 가장 광범위하게 인기를 누리던 주식 중 하나였다. 워런 버핏과 버크셔 해서웨이 덕분에 플로리다에 거주하는 할머니들부터 중서부 지역에서 일하는 자동차 노동자들에 이르기까지 너나 할 것 없이 모두가 애플의 사업에 관심을 가졌다. 하지만 이제 그들 모두가 고통을 받았다.

　쿡은 애플 스토어를 찾는 방문객 수를 늘림으로써 전세를 역전시키려고 했다. 소매 부문 책임자인 앤절라 아렌츠를 포함한 경영진과 일련의 회의를 열고 매장들이 고객을 끌어모으지 못하는 이유에 대해 논의했다. 버버리 CEO를 지낸 아렌츠가 애플에서 일하는 5년 동안 그녀에 대한 반응은 극과 극으로 엇갈렸다. 처음에는 남성들로만 이루어진 애플의 경영진에 새로운 스타일을 선사한 사람이라는 우호적인 평가를 받았지만 일부 동료들로부터는 냉대를 받았다. 동료들 사이에선 그녀가 받기로 한 보상안에 거액의 헤어 스타일리스트와 개인 운전기사가 딸린 고급 승용차 유지비가 포함되어 있다는 소문이 퍼졌다(애플 대변인은 승용차 유지비는 그녀의 보상안에 포함되어 있지 않다며 소문을 부인했다). 그러한 특전은 미국 기업들 사이에서 흔했으나 잡스가 생존해 있던 시절 애플에서는 그렇지 않았기에 사람들의 눈살을 찌푸리게 만들었다. 아렌츠는 아이디어로 동료들의 마음을 사로잡는 데도 애를 먹었다. 동료들은 중국 전역에서 애플 스토어로 고객들을 실어나르는 버스를 만들려고 1년 동안 들인 그녀의 노력을 비웃었다. 그녀가 쿡에게 이 아이디어를 제안하자 그는 그녀의 말을 끊고 그럴 필요가 없다고 말했다. 그는 그것이 비현실적인 아이디어라고 여기고 없애버렸다.

동료들에 따르면 회사 근무 기간 내내 그녀는 경영진으로서 장기적인 비전을 제시하고, 사소한 세부 사항에도 주의를 기울일 수 있어야 한다는 쿡의 기대에 부응하지 못했다. 쿡이 질문 공세를 퍼붓는 동안 그녀는 이 두 가지 임무 사이에서 균형을 잡지 못해 힘들어했다. 한 번은 회의가 끝나고 여자 화장실로 들어가 문을 닫고 심호흡을 한 적도 있었다. 최근 한 차례 '심문'을 당한 후에는 피로에 지쳐 동료를 바라보며 이렇게 묻기도 했다. "대체 어떻게 해야 하는 거죠?"

애플의 아이폰 사업이 흔들리자 회사의 소매사업에 대한 쿡의 질문 공세는 더 거세졌다. 그는 매장을 찾는 사람들이 감소한 이유는 무엇이고, 그런 추세를 되돌리기 위해서 무엇을 하고 있는지 알고 싶어 했다. 아렌츠와 함께 일했던 사람들은 그녀가 항상 수치를 준비해놓거나 쿡이 요구하는 아주 자세한 숫자를 늘 깊이 이해하고 있지는 못했다고 전했다.

2019년 초, 열띤 만남이 이어지던 끝에 쿡과 아렌츠는 결국 이별에 합의했다. 2월에 그녀가 떠날 것이라는 갑작스러운 발표가 나간 이후 그녀가 해고됐다는 소문이 파다하게 퍼졌다. 애플 홍보팀은 이 같은 루머를 진압하기 위한 행동에 돌입하면서 그녀의 퇴사가 원래 계획됐던 일임을 알리려고 애썼다. 실제로 아렌츠는 친구들에게 자신이 애플을 떠날 준비가 되었다고 말하고 다녔다. 그녀는 애플에서 5년 동안 일하면서 1억 7,300만 달러를 벌었다.[14] 그녀는 냉담한 CEO가 직원들을 심문하며 공격하는 이 제국을 떠날 준비가 되어 있었다.

쿡은 그녀의 빈자리를 메우기 위해 그의 오랜 운영 담당 부관 중 한 명인 데어드레이 오브라이언에게 눈을 돌렸다. 그녀는 쿡이 입사한 1998년에 애플에 입사해서 애플 신제품에 대한 수요 예측에 뛰어난 능력을 보여줌으로써 쿡 운영팀의 핵심 멤버로 두각을 나타냈다. 그녀는 많은 면에서 아렌츠와 정반대였다. 검은 머리를 짧게 자른 채 밋밋한 블레이저와 어두운 데님을 입고 다녔다. 그녀는 숫자와 세부 사항에 집착하는 스타일로, 쿡의 조직에서 승승장구할 수 있었다. 그녀는 곧바로 쿡과 CFO인 루카 마에스트리와 함께 전 세계 아이폰 가격을 조정하며 아이폰 판매 둔화에 대처하기 위해 나섰다.

아렌츠의 퇴사가 발표된 직후 지미 아이오빈은 자신도 애플과 결별을 준비하고 있다고 밝혔다. 그가 구축을 도왔던 애플뮤직의 구독자 수는 꾸준히 늘어나고 있었고, 그가 추진했던 할리우드 콘텐츠는 전 소니 임원들인 잭 반 앰버그와 제이미 일리크트가 개발하고 있었다. 그는 애플이 대중문화와 보조를 맞추기에는 너무 커지고 관료적으로 변했다고 판단했다. 그러한 조직 문화는 그가 바꿀 수 있는 부분이 아니었기 때문에 아이오빈은 비트를 애플에 30억 달러에 매각하고 5년이 지난 65세의 나이로 은퇴를 결심했다.

서비스를 운영하던 에디 큐는 아이오빈을 애플뮤직팀의 오랜 멤버로 대체했다. 회사의 글로벌 콘텐츠 부문을 운영하던 올리버 슈서Oliver Schusser였다. 슈서는 브루클린 태생의 활기찬 전임자 아이오빈과는 정반대였다. 절제력이 강하고 효율적으로 일하는 스타일의 독일인인 그는 15년 가까이 애플에서 일하면서 음악 조직에 어울리는 세련된 운영 능력을 보여줬다.

몇 달 사이에 애플의 최고참 크리에이티브 두 명이 퇴사했다. 한 명은 패션 업계, 다른 한 명은 음악 업계에 있던 사람이었다. 결국 쿡은 아이브를 좌절하게 만든 이사회 개편을 시작으로 애플을 리메이크하기 시작했다. 애플이 위기에 빠지자 그는 그가 가장 잘 아는 '운영'에 능숙한 원칙적인 임원들에게로 눈을 돌렸다.

어느 아름다운 봄날 저녁 애플 파크로 별빛이 쏟아져 내렸다. 그곳엔 몇 년 동안 준비해왔던 승리의 축하연을 위해 많은 사람들이 모여 있었다.

최근 아이폰 위기가 터지기 훨씬 전부터 이미 쿡은 커튼을 걷어 올리고 그가 애써 만들어온 '신제품'을 세상에 공유할 계획을 세워놓은 상태였다. 3월 말이 되자 그는 오랫동안 약속해온 애플의 서비스를 자랑할 준비를 끝냈다.

그 주 일요일 오프라 윈프리, 제니퍼 애니스톤, 리즈 위더스푼은 카페테리아로 가는 길에 거대한 본사 주변을 돌아봤다. J. J. 에이브럼스와 존 추Jon Chu 같은 영화 감독들도 같은 길을 따라 걸었다. 그들은 카페 맥Caffè Macs 의 아트리움을 가득 채운 채 영화 시사회와 TV 상영회에서 흔히 볼 수 있는 상투적인 잡담을 나누는 연예 에이전트와 제작자들 무리에 합류했다.

모임에 워낙 유명 인사들이 많이 와서인지 방 안에 모인 사람들이 모두 낯익어 보였다. 음식을 가지러 한 걸음만 옮겨도 영화 배우 제니퍼 가너나 이완 맥그리거를 지나쳐 갈 수 있었다. 술을 가지러 가다 보면 드라마 〈브레이킹 배드〉에 출연한 배우 애런 폴이나 〈다운튼 애비Downton Abbey〉에 나왔던 배우 미셸 도커리 옆자리에 서 있게 되는 식이었다. 그런 유명한 사람들과 친분을 쌓는 일이 대부분의 손님들에게는 친숙했다. 물론 지금 그들이 모여 있는 고립된 기업 캠퍼스는 전혀 친숙하지 않았지만 말이다.

애플 파크의 주변 환경은 할리우드 인사들 사이에 약간의 짜증을 불러일으켰다. 그들은 쇼를 어떻게 진행해야 하는지 지시하는 데 익숙한 사람들이었다. 그런 사람들이 어떤 세부 사항도 알려주기를 거부한 애플의 비밀스러운 행사를 위해 480킬로미터를 날아온 것이다. 영화 감독 M. 나이트 샤말란은 펜실베이니아에서 비행기를 타고 왔는데, 그가 기조연설 시간에 어떤 역할을 맡게 되는지조차 확실히 몰랐다. 험담하길 좋아하는 이 업계 사람들의 짜증을 불러일으킬 만한 일이었음에도 애플은 모든 것을 비밀에 부쳤다.

농담을 주고받던 손님 중 일부는 회사 카페테리아에 있는 4층 높이의 실내 화초를 보고 놀랐다. 내부를 50억 달러를 들여 호화롭게 꾸며놓고선 음료라고는 와인과 맥주밖에 제공하지 않은 데 대해 농담하는 사람도 있었다. 할리우드 사람들은 도수가 낮은 양주나 보드카 소다 혹은 라임이 들어간 진과 토닉을 선호했다. 값싼 결혼식 느낌을 주는 그 행사는 참가자들에게 오늘 일정을 외부에 알리지 말아달라는 애플의 요청과 함께 또 다른 미스터리로 여겨졌다.

행사가 끝나기 전 많은 배우와 감독들이 스티브 잡스 극장 내 캠퍼스로 모였다.[15] 애플은 유명 사진작가 아트 스트라이버Art Streiber를 초빙했다. 그는 종종 《베니티 페어》에 여러 페이지에 걸쳐 들어가는 '사회에서 가장 중요한 인물들' 사진 촬영을 담당했다. 그는 극장 원형 로비에 흰색 기둥처럼 생긴 의자를 만들어 31명의 유명 인사들을 선별해 배치했다. 칼라가 높은 검은색 집업 스웨터에 검은색 바지를 입은 쿡이 그들 한가운데에 자리를 잡았다. 그는 조립 라인 감독관처럼 팔짱을 낀 채 간결한 미소를 지으며 카메라를 응시했다. 희색이 만면한 오프라가 그의 오른쪽에 앉았고, 느긋한 표정의 에이브럼스가 그의 왼쪽에 앉았다. 애니스톤과 위더스푼은 근처에 있었다. 쿡은 자신만만하고 확신에 찬 표정이었다. 그는 돈을 주고 할리우드 인사들을 한 자리에 모으면서 그의 글로벌 제국의 재정적 능력을 증명해 보였다.

다음 날 아침 기조연설을 듣기 위해 스티브 잡스 극장으로 가는 작은 언덕을 오르는 할리우드 손님들을 애플 로고 티셔츠를 입은 사람들이 인사를 하며 맞이했다. 500명 이상의 미디어 인사들이 지나갈 때 로스앤젤레스에서 온 에이전트와 제작자들은 전날 밤 리셉션을 주최했던 애플의 우주선 모양의 본사 사진을 찍었다. 지은 지 1년이 지났지만 유리로 된 원 모양의 애플 파크는 여전히 세계 8대 불가사의처럼 간주되고 있었다.

할리우드 대표단은 극장 안에서 다양한 사람들을 만났다. 극장은 정기적으로 애플 행사에 참석한 테크 기자와 분석가들뿐만 아니라 엔터테인먼트, 게임, 신용카드를 주제로 글을 쓰는 새로운 사람들로 가득 찼다. 거기엔 골드만삭스의 CEO 데이비드 솔로몬David Solomon도 있었다. 에이전트와 프로듀서들은 아침 식사를 하면서 쇼가 시작되기만을 기다렸다.

쿡은 아래층 대기실에서 무대에 오를 준비를 하고 있었다. 그곳은 소파와 메이크업 룸이 갖춰진 23제곱미터 크기의 작고 평화로운 공간이었다. 행사가 열리기 며칠 전에 그는 근처 발전기에서 나오는 윙윙거리는 소리가 나지 않게 해달라고 요청했었다. 엔지니어와 유지보수 담당 직원들은 그 거대한 발전기를 고무 패드 위로 옮겨놓았다. 이후로 대기실은 줄곧 조용했다.

사람들이 개당 1만 4,000달러짜리 가죽 좌석에 앉자 쿡은 무대 위로 올라왔다. 애플 직원들은 떠들썩하게 박수를 치고 함성을 질러댔다.[16] "고맙습니다." 쿡은 손을 흔들며 말했다. 그는 기도하듯 두 손을 턱 앞에 모으고 청중들에게 오늘의 행사는 과거에 열린 행사들과 차원이 다를 것임을 장담했다.

"지난 수십 년 동안 애플은 세계적인 수준의 하드웨어와 소프트웨어를 만들어왔습니다. 우리는 또한 점점 더 많은 세계적인 수준의 서비스 컬렉션을 만들어왔습니다. 이것이 바로 오늘날 가장 중요한 문제입니다." 쿡은 잠시 멈추더니 다시 이야기를 시작했다. "그래서 서비스란 무엇인가요? 자, 사전을 찾아보면…." 그가 이렇게 말하는 순간 '서비스'라는 단어의 정의가 검은색 스크린에 흰색으로 나타났다.

서비스: (명사) 누군가를 돕거나 누군가를 위해 일을 해주는 행위

잡스의 프레젠테이션은 설명할 필요가 거의 없을 정도로 직관적인 '그냥 쓰면 되는' 기기들에 집중되어 있었기 때문에 사람들을 매료시켰다. 기기를 상자에서 꺼내는 순간부터 이런 마법이 시작됐다. 그러나 쿡은 '제품'이 아닌 '금융 구조'를 소개하고 있었다. 그는 2014년 '아이튠즈, 소프트웨어, 서비스'에서 '서비스'로 분기 보고서에 들어가는 품목명을 변경한 후 이 '서비스'라는 단어를 사용하기 시작했다. 아이튠즈 매출이 감소하고 애플뮤직이 개발되면서 품목명이 바뀐 것이다. 그보다 2년 전, 월가에 애플이 2021년까지 '서비스' 매출을 두 배로 늘릴 것이라고 약속한 후 쿡은 서비스를 투자자들에게 보여주는 분기 보고서에서 집중해서 봐야 할 카테고리로 만들었다. 그는 매달 앱들을 구매하는 구독자 수를 부각시키고, 애플

뮤직의 실적을 선전했다. 그것이 운영 상태를 알리는 홍보 문구가 되었다.

쿡의 이러한 전략은 일부 불가피한 선택이기도 했다. 쿡은 여러 애플 서비스의 생명선인 앱스토어의 앱들이 갑자기 줄어드는 미래를 예상할 수 있었다. 애플은 앱 개발자들에게 부과하는 30퍼센트의 수수료 때문에 사용자들의 비난을 받고 있었다. 2주 전에 스포티파이는 애플이 30퍼센트의 수수료를 내지 않으면 아이폰 사용자들에게 자사 앱을 마케팅하기 어렵게 만들어 경쟁을 억누르고 있다며 유럽연합에 소송을 제기했다.[17] 이후 진행된 반독점 조사는 포트나이트 게임 제작사인 에픽게임즈Epic Games와의 지난한 법정 싸움에 대한 예고편과도 같았다. 이러한 압력은 앱스토어 매출에 타격을 줌으로써 대차대조표를 악화시키고 회사의 주가를 폭락시킬 수 있었다. 쿡은 회사를 보호할 수 있는 유일한 방법은 자체 앱 제품군을 도입하는 것이라는 결론에 이르렀다.

이러한 전략은 회사의 '역사'에 대한 도전이기도 했다. 애플은 항상 정교한 소프트웨어로 놀라운 기기를 만드는 데 강점이 있었다. 반면 서비스 부문의 실적은 엇갈렸다. 아이튠즈는 음악 산업에 일대 혁신을 일으켰을 만큼 엄청난 성공을 거뒀지만 애플 지도는 실패작이었다. 2008년에 나온 이메일, 연락처, 일정 관리용 서비스인 모바일미MobileMe는 제대로 작동하지 않았고, 애플이 새롭게 선보인 음성 비서인 시리는 성능 면에서 경쟁자들에게 뒤처졌다. 다음 게임 체인저가 없는 상황에서 쿡은 고객들이 아이폰에 얽매였던 것처럼 애플뮤직 등의 서비스들에 묶어놓음으로써 아이폰을 계속 쓰도록 설득할 수 있으리라 확신하고 있었다. 그는 두 번째 해자를 파고 있었다.

애플의 프레젠테이션 공식에 따라 쿡은 쇼의 가장 중요한 것을 마지막에 남겨둔 채 청중에게 여러 서비스를 소개했다. 그는 우선 매달 9달러 99센트를 내면 《보그》, 《뉴요커》, 《내셔널 지오그래픽National Geographic》 등 300권 이상의 잡지를 무제한으로 읽을 수 있는 '애플 뉴스+Apple News+' 서비스를 소개하면서 시작했다. 이어 골드만삭스 및 마스터카드Mastercard와 공동으로 개발한 신용카드인 애플카드Apple Card를 선보였다. 그리고선 월간 비디오 게임 구독 서비스인 애플 아케이드Apple Arcade를 소개했다.

쿡이 새로운 서비스를 소개하는 동안 할리우드 청중들은 안절부절못하고 지루해했다. 잡지, 신용카드, 비디오 게임에서는 잡스가 세상을 바꾸는 기기들을 공개하는 것을 수년간 지켜보며 익숙해져 있던 '엄청난 흥분'이 느껴지지 않았다. 청중들의 반응이 점점 더 냉랭해지고 있는 가운데 쿡은 무대 중앙에 자리한 뒤 "애플은 감독들이 영화를 편집할 때 쓰는 맥을 만드는 차원을 뛰어넘어 엔터테인먼트 분야에서도 그것이 쓰이게 활용도를 확장할 계획을 세웠다"고 말했다. 그러면서 그것이 할리우드의 이야기를 들려주는 데 직접적인 역할을 할 것이라고 외쳤다. "우리는 가장 사려 깊고, 재주가 많고, 수상 경력이 화려한 창의적 비전 그룹과 파트너 관계를 맺었습니다. 그들은 지금까지 없었던 새로운 서비스를 만들기 위해 한자리에 모였습니다!"

쿡의 목소리는 고함에 가까울 만큼 올라갔다. 그가 애플이 진정으로 혁신적인 무언가를 하고 있다는 것을 청중에게 설득시키려고 할 때 종종 보이는 모습이었다. 하지만 할리우드 사람들은 옴짝달싹하지 않았다. 영화 산업은 이미 한 세기 이상 동안 이야기를 해오고 있었다. 높아진 목소리와 특별한 무언가에 대한 약속 뒤에서 그들은 이미 엔터테인먼트물로 넘쳐나는 세상에 더 많은 TV 프로그램과 영화를 추가하려고 작정한 기술회사를 보았을 뿐이었다.

쿡 뒤에 있는 화면이 켜지면서 하얀 구름 물결에 이어 애플 로고와 TV+ 라는 단어가 나오자 그들의 그런 인상은 공고해졌다. 많은 관중에게 그것은 그저 HBO 프로그램의 도입부처럼 보였고, 또 들렸다.

쿡의 뒤를 이어 무대 위로 올라온 소니 출신인 잭 반 앰버그와 제이미 일리크트는 스티븐 스필버그, 소피아 코폴라, 론 하워드, 데이미언 셔젤 감독들이 이야기를 전달하는 방법을 소개하는 장면이 담긴 동영상을 보여주면서 애플 TV+의 사명使命을 설명했다. 동영상이 끝나자 스필버그는 기립박수를 받으며 무대 위에 올라 애플 TV+에서 상영될 그의 프로덕션 회사가 만든 프로그램 〈어메이징 스토리Amazing Stories〉에 대해 이야기했다. 이어 리즈 위더스푼, 제니퍼 애니스톤, 스티브 카렐이 그들이 출연하는 드라마 〈더 모닝 쇼〉에 대한 자세한 내용을 알렸다.

대본은 친숙하게 느껴졌다. 엔터테인먼트 업계는 그것을 TV 방송사들이 매년 가을마다 광고주들에게 보여주는 소위 선공개 프레젠테이션에 비유했다. 그런 행사에서 임원과 배우들은 광고 시간을 팔기 위해 새로운 시즌에 선보일 프로그램에 대한 개요를 제공한다. 애플의 서비스에는 광고가 들어가지 않을 예정이었다. 아직 확정되지 않은 월 사용료를 받고, 마찬가지로 아직 확정되지 않은 날짜에 첫선을 보일 작정이었다. 이러한 부족한 세부 사항에 청중들은 크게 실망했다.

하지만 그들의 실망도 쿡을 막지 못했다. 무대로 돌아온 그는 한 가지 더 알려줄 게 있다고 말했다.

검은 바탕의 화면에 흰 글자가 나오는 동영상이 재생되기 시작하자 극장 안은 어두워졌다. 동영상에서는 깨진 세상에선 연결을 만들 수 있는 목소리를 가진 누군가가 필요하다는 말이 흘러나왔다. 그런 세상에서는 '잃어버린 목소리'가 필요하다는 것이었다.

조명이 들어오자 오프라 윈프리가 흰색 블라우스에 검은색 바지를 입고 무대에 서 있었다. 청중들은 열광했다. 사람들은 벌떡 일어나 비명을 지르며 박수를 쳤다. 윈프리는 그런 열정적인 반응을 좀 더 지켜본 후 "좋습니다. 안녕하세요"라고 말했다. 그녀의 다정한 말투가 극장 안을 가득 메우자 관중들은 환호를 보냈다.

윈프리는 말했다. "우리 모두는 연결을 갈망합니다. 공통점을 찾습니다. 다른 사람들이 우리 말에 경청해주기를 바라지만, 우리 자신도 경청하고, 마음을 열고, 기여해야 합니다." 그녀는 바로 그것이 애플 TV+에서 프로그램을 진행하기로 한 이유라고 말했다. 애플이 그녀가 수년간 해왔던 일을 '완전히 새로운 방식'으로 하도록 기회를 줄 거라는 얘기였다.

그녀는 어깨를 으쓱한 뒤 두 손을 들었다가 마치 비밀을 공유하려는 듯 몸을 앞으로 내밀고 고개를 가로저으며 "그들은 10억 명의 호주머니에 안에 들어 있기 때문입니다, 여러분"이라고 말했다. "10억 명의 호주머니 안에요."

그녀가 말을 끝마쳤을 때, 쿡은 박수를 치며 무대 위로 걸어 올라왔다. 그는 몸을 숙여 그녀를 껴안고선 "정말 대단합니다"라고 부드럽게 속삭였다.

쿡이 눈가에 맺힌 눈물을 훔치려는 순간 오프라의 팔이 그의 허리를 감쌌다. 이런 감정적인 표현에 놀란 쿡의 동료들은 앨라배마의 작은 마을 출신인 쿡이 전 세계에 처음으로 선보이는 TV 프로그램의 간판스타로 윈프리를 영입하느라 들인 수고 때문에 감정을 주체하지 못했다고 추측할 수밖에 없었다. 윈프리는 웃었다. 그녀에겐 사람들 마음속에 깊숙이 숨겨져 있는 감정을 끌어내는 초능력이 있었다. 그녀는 그동안 수많은 사람들을 눈물짓게 했다. 개인적 생각이나 감정을 좀처럼 드러내지 않는 CEO가 감정을 드러내자 그녀의 매력은 더욱 도드라져 보였다.

쿡은 웃으면서 "지금 이 순간을 결코 잊지 않을 겁니다"라고 말했다. 그는 눈을 다시 가볍게 두드린 후 청중을 향해 "죄송합니다"라고 말했다.

그의 뒤에서 전날 밤 애플의 스타 한 명을 제외한 모두의 모습이 담긴 흑백 사진이 나타났다. 애플은 할리우드 작가들과 함께 스트라이버가 쿡을 빼고 찍은 사진을 선택했다. 쿡은 사진에 찍히지 않은 대신 그가 모은 앙상블을 전적으로 지휘하며 무대에 서 있었다.

쿡은 말했다. "이분들은 훌륭한 목소리, 믿을 수 없는 창의성, 그리고 놀라울 정도로 다양한 관점으로 존경받는 사람들입니다. 그들이 우리 문화와 사회에 미친 영향을 보며 우리는 매우 흥분하고 있습니다." 그는 잠시 말을 멈추었다가 이어 말했다. "그들과 함께 일할 수 있게 되어 몸 둘 바를 모르겠습니다."

사람들이 극장을 떠나기 시작하자 몇몇은 혼란스러워했다. 할리우드에서 온 사절들은 새로운 TV 프로그램에 대해 더 알고 싶어 했다. 금융업계는 신용카드에 대한 더 자세한 정보를 얻기 위해 발 빠르게 움직였다. 출판업계는 앞다투어 뉴스 앱에 대한 더 많은 정보를 구하고자 했다. 업계마다 관련 서비스에 대한 정보를 얻느라 정작 중요한 사실 하나를 아무도 알아채지 못했다. 바로 이번 프레젠테이션에는 '혁명'이 빠져 있다는 점이었다.

지난 몇 년 동안 "다음 새로운 기기는 무엇입니까?"라는 똑같은 질문에 시달리던 쿡은 마침내 그의 대답을 내놓았다. '아무것도 없다는 것'이었다.

그의 메시지는 개인 투자자들을 향한 것이 아니라 월가의 전문 투자자들을 겨냥한 것이었다. 그는 투자자들이 '중대한 변화를 일으키고 있는 애플'의 모습을 봐주길 원했다. 쿡은 자사 제품이 영광을 창출하기보다는 애플이 타사 제품의 영광을 누리는 미래를 설명했다. 그는 매년 아이폰을 단순히 업데이트하는 걸로 만족하고 싶지 않았다. 대신 사람들이 아이폰으로 시청한 영화에 대해 구독료를 지불하기를 원했다. 그리고 디지털 결제를 가능하게 하는 것이 아니라 애플이 모든 거래를 '처리'할 수 있기를 원했다. 또한 애플이 잡지 기사를 읽는 화면을 만드는 것이 아니라 잡지에 대한 '접근권'을 팔기를 원했다.

쿡은 다년간 이런 각각의 사업에서 새로운 수익 창출의 기회를 확인했다. 그는 2014년에 비츠를 인수하고, 이후 몇 년 동안 할리우드 에이전트와 감독들의 환심을 사려고 애쓰고, 그 기간 내내 골드만삭스와 강력한 유대감을 형성하면서 그런 기회를 얻기 위한 길을 계획해왔다. 그리고 이 모든 과정에서 점차 약해지고 있던 기기 사업이 주는 부담을 떨쳐버리고 무한한 성장을 약속하는 '서비스의 세계'로 들어가는 방법을 모색했다.

월가가 이런 전략을 받아들이자 애플의 주가는 급등했다. 연말이 되자 주가는 두 배 가까이 뛰었다.[18] 개인 투자자들의 오랜 사랑을 받았던 애플 주식은 월가 투자자들로부터도 사랑을 받았다. 쿡의 정복이 마무리됐다.

CHAPTER 23

〈예스터데이〉

잠복 취재는 동이 트자마자 시작됐다. 2019년 봄, 테크 뉴스 사이트인 '더 인포메이션The Information' 기자가 샌프란시스코의 거대한 저택 그늘에 검은색 닛산 세단을 주차했다. 그는 길 건너 녹색 차고가 있는 마구간을 개조해 만든 2층짜리 작은 벽돌집을 응시했다. 계속 그렇게 지켜보면서 누군가가 카메라에 잡히기를 기다렸다.

조너선 아이브가 애플과 절연했다는 소문이 다시 한번 실리콘밸리에 퍼지고 있었다. 디자인팀 사정에 정통한 사람들은 그가 더 이상 출근하지 않고 있으며, 대부분의 일을 집에서 몇 블록 떨어진 이 마구간을 개조해 만든 스튜디오로 옮겨와서 하고 있다고 말했다. 이 건물에는 커다란 차고 위에 방 하나짜리 아파트가 있었다.[1] 아이브는 제품 평가를 위해 차고 안에다 유리로 된 회의 테이블을 마련해놓았다. 애플 직원들이 이곳을 들락날락하기 시작하자 이웃들은 짜증이 났다. 이웃들은 그들이 거주하는 조용한 주택가에 허가 없이 사업체가 운영되고 있다고 불평했다.

더 인포메이션의 기자는 이 모든 일이 사실인지 알아보려고 이곳에 도착한 것이었다. 애플을 떠났지만 아이브는 여전히 권력을 쥐고 있을까?

시간이 지나면서 거리도 활기를 띠었다. 인근 주택에서 작업하던 건설 인부들은 주차해놓은 트럭에서 도구를 꺼내 운반했다. 청소부가 도착해서 마구간을 개조해 만든 집으로 걸어 들어갔다. 배달원은 나중에 문 앞에 택배를 떨어뜨려 놓았다.

기자는 아이브나 쿠퍼티노에서 온 누군가를 볼 수 있기를 바라면서 이 모든 광경을 지켜보았다. 결국 그는 더 자세히 보기 위해 차에서 나와 길을 걸어 내려갔다. 감시 카메라가 있는지 확인하기 위해 건물을 쳐다보자 위층 아파트에 불이 켜진 것이 보였다. 그때 안에 있던 누군가가 블라인드를 쳤다.[2]

초대장은 5월 초에 이메일로 도착했다.[3] 원색의 곡선 바퀴가 그려진 초대장이었다. 이어 여섯 줄의 글이 적혀 있었는데, 애플의 오리지널 로고색인 파랑, 보라, 빨강, 주황, 노랑, 초록으로 한 줄씩 쓰여 있었다.

팀 쿡, 조너선 아이브, 로렌 파월 잡스는

스티브에게 경의를 표하기 위해

애플 파크의 아주 특별한 저녁에 여러분을 초대합니다.

음악, 음식, 축하가 어우러진 저녁에

우리와 함께해주세요.

2019년 5월 17일

잡스가 새로운 본사에 대해 말을 꺼낸 지 15년 가까이 지난 지금, 그와 가장 가까웠던 세 사람이 그의 최종 제품이자 비전이 성취된 것을 공식적으로 축하하기 위해 손을 맞잡고 있었다.

행사가 열리기 전 몇 주 동안 건설 인부들은 애플 파크 안에 무지개 색깔의 반원형 알루미늄 프레임들을 올리기 위해 애썼다. 그들은 아이브가 디자인한 무대 위에 아치를 만들었다. 구부러진 알루미늄 조각들은 12일 동안 전문 기계공의 손을 거쳐 만들어진 뒤 맞춤형 카트에 실려 애플 캠퍼스로 운반됐다. 조각들은 프레임마다 네온색을 내뿜었다. 그들을 작은 것부터 큰 것 순으로 쌓아 올리자 유명한 할리우드볼Hollywood Bown(1922년 개장한 할리우드의 야외 원형 극장 - 옮긴이)을 연상시키는 음악당이 만들어졌다. 애플은 그것을 애플 스테이지Apple Stage라고 명명했다.

아이브는 직원들에게 보낸 애플 스테이지를 소개하는 메시지에서 누구나 즉시 알아볼 수 있는 뭔가를 만들고 싶었다고 말했다.[4] "오랜 세월 동안 우리 정체성의 일부였던 무지개 로고에는 울림이 느껴집니다. 무지개는 또한 우리가 중시하는 포용적 가치들의 긍정적이고 즐거운 표현이며, 저는 그것이 우리에게 그렇게 곧바로 심오하게 울려 퍼지게 된 주된 이유 중 하나는, 반원이 고리 형태와 너무나 아름답고 자연스럽게 연결되어 있기 때문이라고 생각합니다."

이 행사에 대한 기대감으로 가득했던 아이브는 아내 헤더와 10대 아들들을 데리고 행사를 보러 올 계획이었다.[5] 하지만 축하 행사 전날 그는 끔찍한 소식을 들었다. 아버지인 마이클 아이브가 심각한 뇌졸중으로 쓰러졌다는 것이었다. 아버지는 서머셋에 있는 집 근처 병원으로 급히 이송되었다가 다시 런던으로 이송되었다. 의사들은 그의 임종을 걱정했다.

아이브는 즉시 영국으로 날아갔다. 지금의 그를 만든 사람은 아버지였다. 아이브의 어린 시절 호버크라프트 제작에서부터 물건들을 만드는 방법에 대한 논의에 이르기까지 아버지는 기술에 대한 아들의 관심을 키워줬다. 그는 아이브가 제품의 재료에 통달하고, 펜으로 상상력에 생기를 불어넣는 숙련된 제도사가 되도록 도왔다. 그 덕에 아이브는 뉴캐슬 폴리테크닉을 수석으로 졸업하고, 로버트 브루너의 눈에 띄었고, 마침내는 잡스와 손을 잡고 애플에서 아이맥, 아이팟, 아이폰을 만들 수 있었다.

애플의 비밀 유지에 대한 과도한 집착 때문에 아이브는 애플에서 한 일을 아버지와 많이 공유하지 못했다. 친구들은 종종 마이클에게 애플이 다음에 어떤 제품을 출시할지 물어보았지만 마이클은 어깨를 으쓱할 수밖에 없었다.[6] 그는 "전혀 몰라. 조니가 말해주지 않을 거야"라고 말했다. 대신 아이브는 종종 아버지가 샌프란시스코를 방문할 때까지 기다렸다. 그는 아버지를 애플 스토어에 데려갔고, 부자는 함께 애플 스토어를 둘러보면서 전시된 모든 제품에 대해 이야기를 나누곤 했다. 아버지가 아들을 데리고 영국의 매장들을 돌아다니면서 제품이 어떻게 만들어지는지 설명해주던 수십 년 전의 모습과 정반대였다. 학생이었던 아이브가 이제는 선생님이 되었다.

그렇게 제품에 대해 이야기하다가 아이브는 계산대로 가서 아버지에게 최신 아이팟이나 아이폰을 선물해주곤 했다. 그것은 애플과 외부 세계 사이의 벽, 그의 가족에게도 놓여진 벽을 뛰어넘는 그만의 방식이었다.

아이브가 탄 비행기가 고국에 도착하자 그의 가슴은 상반된 감정으로 요동쳤다. 그는 아름다운 제품을 만들고 싶었던 자신의 꿈을 실현해준 창조적인 파트너를 기리는 즐거운 행사를 캘리포니아에 남겨두고 영국으로 왔다. 그는 그 꿈을 추구할 수 있도록 기술을 가르쳐준 아버지를 잃을지도 모른다는 걱정을 하며 비행기에서 내렸다.

애플 파크에서는 직원들이 축구장 크기의 잔디밭을 가로질러 애플 스테이지 무지개 끝으로 전력 질주했다. 가수 레이디 가가가 새로운 캠퍼스의 공식 오프닝을 축하하기 위해 그날 밤 공연할 것이라는 소문이 퍼지자 직원들은 최대한 가까이서 공연을 보고 싶어 했다.

팀 쿡은 검은색 옷을 입고 무대 위로 올랐다. 대형 스크린이 과일나무와 명상 풀meditation pool로 파도 모양을 이루는 공원을 가로질러 그를 클로즈업해서 찍은 이미지를 내보냈다. 그는 모든 사람들을 환영하며 그들의 관심을 비디오 스크린으로 돌렸다. 스티브 잡스의 모습이 나타났다. 고인이 된 애플 공동 창업자의 목소리가 희미하게 빛나는 기업 콜로세움 내부를 가득 채웠다.

영상 속에서 잡스가 말했다. "인간에겐 그가 가지고 있는 고유의 능력을 증폭시킬 수 있는 도구를 만드는 능력이 있습니다. 그리고 우리가 바로 여기서 하고 있는 일이 그 일입니다. 우리는 도구 제작자로서, 인간의 능력을 증폭시키는 도구를 만들고 있습니다."

모인 사람들은 곧 아이브의 익숙한 영국 억양을 들었다. 영국으로 떠나기 며칠 전 그는 그 특별한 날을 기념하기 위해 미리 영상을 녹화해놓았다. 그가 연설하는 동안 50억 달러가 투입된 애플 제국의 기념비를 보여주는 이미지들이 화면을 스쳐갔다. 영상 속에서 아이브는 "아침에 일어나 기분 좋은 비몽사몽 중일 때 그날이 이례적인 날이 되리라는 것을 깨달을 때가 종종 있습니다. 잊지 못할 날인 거죠. 바로 오늘 아침 제가 그런 기분을 느졌습니다"라고 말했다.

청중들은 아이브가 그 자리에 없다는 사실을 알지 못했다. 그들은 영상 속 아이브가 2004년 잡스와 함께 런던 하이드파크를 거닐었던 추억을 이야기하는 것을 들었다. "어쩌면 당연하게도 우리는 산책과 공원과 나무에 대한 이야기를 나누었습니다. 그런 다음 아주 자연스럽게 서로와 자연 사이를 강력히 연결해줄 수 있는 건축 공간에 대해 생각했습니다."

아이브는 그러한 개념이 애플 파크의 토대가 되었다고 설명했다. 오랫동안 다른 사람들을 위한 제품을 만들어온 그와 잡스는 마침내 '그들 자신을 위한 제품'을 만들 기회를 갖게 된 것이다. 사람들이 중간에 모여 있던 캠퍼스는 디자인, 시제품 제작, 엔지니어링, 건축에 수년의 시간을 들인 야심찬 하나의 도구였다.

아이브는 "프로젝트가 끝날 무렵 제가 결코 잊을 수 없는 어떤 일이 일어났습니다. 사소해 보였지만 그야말로 의미심장한 일이었습니다"라고 말했다. 그러면서 그는 자신의 디자인팀과 함께 일몰을 지켜보던 그 순간이 어떻게 자신과 잡스가 애플 파크를 구상할 때 생각했던 것, 즉 사람과 사람 사이의 교감, 사람과 자연 사이의 교감을 오롯이 담아냈는지를 회상했다. 이어서 그는 직원들과 함께 이토록 아름다운 장소에서 함께 일하게 되어 정말로 다행스럽게 생각한다고 말했다.

연설이 끝난 뒤 레이디 가가가 크롬 헬멧을 쓰고 무대 위에 올랐다. 디스코볼 같은 무대 조명 아래에 몸에 딱 달라붙는 반짝거리는 점프 수트를 입은 무용단이 뒤따라 등장했다.

"스티브 잡스를 축하할 준비가 됐나요?" 그녀는 무대 위에 오르면서 소리쳤다.[7] "그의 천재성을요! 그의 친절함을요!"

밴드가 그녀의 초기 히트곡인 '포커 페이스Poker Face'의 비트를 연주하기 시작하자 관중들은 함성을 질렀다. 그녀는 연신 옷을 갈아입고 나와 더 많은 노래를 부르며 애플의 엔지니어들을 열광으로 몰아넣었다. 흥겨운 음악들이 한바탕 지나가고 난 뒤 그녀는 분위기를 진정시키면서 진지하게 말했다. 그녀는 "이렇게 아름다운 장소를 디자인해준 조니 아이브에게 감사하다고 말하고 싶습니다. 팀 쿡에게도 감사합니다. 그리고 여러분 모두에게도요"라고 말했다.[8]

그녀는 영화〈스타 탄생〉을 위해 본인이 직접 쓴 발라드곡 '샐로우Shallow'로 공연을 마무리했다. 피아노 앞에 앉은 그녀는 어쿠스틱 기타 반주에 맞춰 삶의 무게에 지친 한 커플에 대한 가사를 부드럽게 부르기 시작했다. 그들은 책임의 중압감에서 벗어나 누구도 자신들을 알아보지 못하는 곳으로 도피하기를 갈망한다.[9] 노래가 후렴 부분으로 향할수록 그녀의 목소리가 올라가다가 커플이 상상했던 안전한 장소에 이르자 더욱 커졌다.

사람들이 우리를 해치지 못하는 곳으로 뚫고 들어가
우리는 이제 얕은 곳으로부터 멀리 떨어져 있어요.

대서양 건너에서 아이브는 런던 병원 근처의 클라리지스 호텔 방에 조용히 머물며 아버지를 돌보고 있었다. 그는 늦게까지 깨어 있었고, 실망과 걱정으로 괴로워했다. 그는 애플 파크 완공을 축하하며 동료들과 함께 쿠퍼티노에 있지 못한 것이 싫으면서도 뇌졸중에서 살아남은 아버지가 신체적 장애를 갖게 되면 어쩌나 걱정했다. 이런 상반된 감정들이 생겼다 말았다

반복하는 가운데 그의 휴대폰은 레이디 가가 공연을 본 동료들이 보내온 메시지와 영상으로 가득 찼다. 그는 그녀가 그에게 감사를 표하는 영상을 보면서 가슴이 벅차올랐다. 또한 자신이 디자인한 무대에서 스포트라이트를 받으며 공연하는 그녀의 모습을 보면서 감상에 젖어 들었다.

아이브는 지금까지 수년 동안 일과 가정 사이의 긴장을 해소하기 위해 고군분투했다. 2008년 그는 부모님과 더 많은 시간을 보내고, 아들들에게 조국에 대해 더 많이 알려주려고 애플을 떠나려던 참이었다. 하지만 잡스의 암이 재발하면서 그는 애플에 남아 계속 함께 일하기로 했다. 잡스가 죽은 뒤에는 자신의 멘토가 세운 회사를 확실히 살아남게 만들고 싶어 떠날 시기를 다시 미루었다. 세월이 흐르면서 영국에서 더 많은 시간을 보낼 수 있는 가능성은 사라졌고, 애플에 대한 아이브의 헌신도 '책임'에서 '따분한 일'로 바뀌었다. 아이브가 앞으로 아버지와 함께할 어떤 시간도 그가 더 일찍 캘리포니아를 떠나 함께했을 시간과 똑같을 수 없었다. 새로운 세대의 시계 제작자는 그가 다시 정의하고 싶었던 바로 그것, 즉 시간에 의해 패배했던 것이다.

아이브는 이전과는 다른 마음으로 캘리포니아로 돌아왔지만, 애플에서 그의 책임은 여전히 남아 있었다. 그는 새 캠퍼스가 잡스가 꿈꿨던 협업의 비전을 제대로 충족시킬 수 있게 현재 작업 공간을 공유하고 있는 소프트웨어팀과 산업 디자인팀을 통합하는 쪽으로 관심을 돌렸다.

6월 말 화요일 저녁 그는 샌프란시스코에 있는 특수 효과 및 프로덕션 스튜디오인 인더스트리얼 라이트 & 매직Industrial Light & Magic으로 두 팀을 불렀다. 〈스타워즈〉 제작자 조지 루카스가 설립한 이 스튜디오는 〈쥬라기 공원)과 〈쥬만지〉 같은 영화에 나오는 '마법'을 만들어냈다. 아이브는 팀원들에게 영화 〈예스터데이〉를 보여주기 위해 스튜디오 안에 있는 400석짜리 극장을 예약해놓았다.

이 영화는 한 싱어송라이터가 사고에서 깨어나 자신이 비틀스를 기억하는 유일한 사람이 되는 세상을 상상해 그려놓았다. 아이브는 영화 각본을 쓴 리처드 커티스Richard Curtis와 개인적으로 친분이 있는 사이였다. 영화의 콘셉트는 아이브에게 큰 반향을 일으켰다. 결국 잡스도 비틀스의 음반사인 애플 레코드에 경의를 표하기 위해 회사명을 애플로 지었고, 애플의 직원들이 개인적으로 창조할 수 있는 것보다 더 위대한 것을 창조하기 위해 함께 모이는 밴드처럼 움직이기를 원했다.[10]

극장의 불빛이 희미해지자 아이브와 디자이너들은 영화의 주인공인 잭 말리크가 작은 술집에서 그를 무시하는 청중을 앞에 두고 노래하는 장면을 지켜보았다. Y2K 같은 사건이 비틀스를 역사 속에서 지워버린 뒤 말리크는 비틀스의 음악을 지키기 위해 안간힘을 쓴다. 그가 만든 비틀스 노래 데모는 음반사 임원의 관심을 끌었고, 그 임원은 말리크를 밥 딜런 이후 가장 뛰어난 작사가라고 생각한다. 그는 곧 로스앤젤레스의 스타로 변모했지만 그의 음반이 판매 기록을 세울 것이라는 음반사의 상업적 기대감 때문에 어쩔 수 없이 그곳과 계약을 체결해야 하는 자기 자신을 발견하게 된다. 그러는 동안 그는 자신이 다른 사람(비틀스)의 노래를 연주하는 사기꾼이라는 사실이 밝혀질까 봐 두려워한다.

예술과 상업 사이의 영원한 갈등이 영화의 중심에 자리 잡고 있었다. 말리크는 비틀스의 예술적 진실성에 충실하고, 그들의 위대한 음악이 성공하기를 바랐다. 하지만 음반사는 그를 록의 천재로 광고해 수익을 보장받고 싶었다. 영화에선 회의실로 들어간 말리크를 마케팅 임원 30명이 응시하는 장면이 나온다. 그들은 마케팅에서 원하는 앨범 제목을 제시하기 위해 그곳에 모여 있었다. CMO는 말리크가 낸 몇 가지 아이디어를 일축하면서 회의를 시작했다. 예를 들어 〈서전트 페퍼스 론리 하트 클럽 밴드Sgt. Pepper's Lonely Hearts Club Band〉라는 앨범 제목은 너무 길어서 안 된다고 했다. 또 〈화이트 앨범The White Album〉은 다양성 문제를 일으킬 수 있으니 안 되고, 〈애비 로드Abbey Road〉는 단지 사람들이 운전하다가 길을 잘못 들었을 때 가는 곳에 불과하다고 지적했다(세 앨범은 모두 비틀스의 음반 중 명반으로 손꼽히는 앨범이다. - 옮긴이). CMO는 그들이 완벽한 앨범 제목인 〈원 맨 온리One Man Only〉를 선택했다고 알려줬다. 비틀스를 기리고자 했던 자신의 생각이 음반사의 상업적 시스템에 의해 짓밟히는 것을 보면서 말리크의 얼굴은 찌그러졌다.

극장에 모인 몇몇 디자이너는 영화의 내용이 아이브가 걸어왔던 여정과 판박이임을 눈치 챘다. 아이브는 애플에 온 뒤 그가 구상했던 20주년 기념 매킨토시를 애플이 출시할 수 있도록 고군분투했다. 그는 그 후 회사가 파산할 뻔한 불확실한 상황에 직면했다. 이러한 고난은 그가 잡스와 함께 개발한 일련의 히트작들인 아이맥, 아이팟, 아이폰, 아이패드를 초현실적인 제품처럼 보이게 만들었다. 동료들은 아이브의 완벽주의 때문에 그가 계속해서 가면 증후군을 앓는 사람처럼 행동했다고 말했다. 그의 의식 속에는 자신이 어쨌든 사기꾼으로 드러날지 모른다는 우려가 잠재되어 있는 듯했다. 그 후 애플이 쿡의 치하에서 급성장하면서 세계 시가총액 1위 회사가 되자 아이브는 자신이 고압적인 상업적 분위기 속에 갇혀 있다고 생각하게 됐다. 한때 잡스와 가졌던 친밀한 만남은 이제 그가 만들고 있는 제품에 대해 저마다 다른 의견을 가진 임원들로 가득 찬 회의실 모임으로 대체되었다. 회사의 덩치가 점점 더 커지자 '추상화 계층layers of abstraction(컴퓨터 공학에서 개념적 모델이나 알고리즘을 구체적 실행 방안과 동떨어지게 일반화시키는 것-옮긴이)'이 생겨나면서 신제품을 만드는 그의 작업과 그것을 사용하는 고객들 사이에 단절이 생겼다.

잡스의 죽음 이후 애플판 비틀스에도 균열이 생겼다. 인재들이 줄지어 회사를 떠났다. 이렇게 떠난 사람 중에는 하드웨어 분야의 리더인 밥 맨스필드와 소프트웨어의 마법사 스콧 포스톨도 있었다. 그들과 같이 일하던 많은 팀원들도 그들의 뒤를 따랐다. 그 후 대니 코스터와 크리스 스트링거의 뒤를 이어 아이브의 카풀 친구인 다니엘 드 이우리스와, 애플워치와 에어팟 개발을 이끈 리코 조켄도르퍼 및 줄리안 회니그마저 떠나자 디자인 팀에선 분란이 일어나기 시작했다. 아이브는 2년 동안 10년 이상을 함께 보낸 팀원의 3분의 1을 잃었다. 밴드가 해체되고 있었다.

영화가 끝나자 아이브는 그룹 앞으로 나아갔다. 전할 말이 있었다. 그는 분명 영화로부터 영감을 받았고, 팀원들이 함께 영화를 보면 좋겠다고 생각한 이유를 알려줘야겠다고 느꼈다. 그는 그들이 항상 협력하면서 애플 내에서 예술과 창의성이 번창할 수 있는 환경을 조성하는 것이 중요하다고 강조했다.

그는 "예술이 성장하기 위해선 적절한 공간과 지원이 필요합니다"라면서 "회사가 정말로 커졌을 때 특히 그것이 더 중요합니다"라고 말했다.

다음 날 디자이너들은 아이브와 회의를 하기 위해 일정을 비워놓으라는 메시지를 받았다. 이례적인 요청이었다. 누구도 그렇게 갑작스럽게, 특히 아무런 이유나 설명도 없이 기존 회의를 취소하고 시간을 비워두라는 요청을 받았던 적이 없었다. 그들은 일제히 일정을 비워뒀다.

기존 회의 일정이 갑자기 취소되자 캠퍼스 전체가 그 영향을 받았다. 디자인 팀원들과 만나기로 예정되어 있던 엔지니어와 운영진들은 분노했다. 통상 작업을 진행하기 위해서 디자인팀의 승인을 받아야 하는 다른 부서들도 지체할 시간이 없었다. 한 엔지니어가 디자이너에게 "당신들이 회의를 취소했다니 믿을 수 없어요"라고 이메일을 써서 보내자 디자이너는 "죄송합니다. 아이브 문제 때문에 그렇게 됐습니다"라고 답했다.

2019년 6월 27일 미팅 당일 아이브는 새롭게 통합된 소프트웨어 및 산업 디자인 스튜디오 근처 4층 공터로 디자이너들을 소집했다. 그는 100명 넘는 디자이너들이 아주 낮은 회색 소파가 마련된 곳에서 어깨를 맞대고 모여 있는 모습을 지켜보았다. 여름 햇살이 건물 유리창을 관통해 흘러나와 따뜻한 노란빛을 내며 천장을 환하게 비췄다.

아이브는 자신이 처음 업무 인수인계를 받았을 때보다 훨씬 더 늘어난 디자이너들을 바라보았다. 그는 정치력과 운영 요령을 발휘하며 팀을 점차 키워나갔다. 이제는 재료 과학 전문가, 인체공학 연구원, 섬유 공학자들도 팀에 합류했다. 또한 애플의 아이콘 모양과 기기 작동 방식을 책임지는 100명이 넘는 소프트웨어 디자이너들에 대한 감독 책임도 맡았다. 아이브는 잡스 밑에 있었을 때보다 더 많은 제품에 대한 통제권을 갖게 되었지만 대신 그의 모든 시간을 희생해야 했다. 그가 맡은 관리자로서의 책임이 결국 애플을 떠나게 하는 원인이 되었다.

아이브는 디자이너들에게 그의 가장 중요한 프로젝트이자 잡스의 유작인 애플 파크를 완성했다고 말했다. 그는 애플의 디자인팀은 미래에도 성공 가도를 달리겠지만 그 팀을 이끄는 자신의 역할은 이제 여기서 끝났다고 이야기했다.

아이브를 보고 있던 디자이너들의 얼굴이 창백해졌다. 그를 멍하니 바라보는 사람도 있었고, 두려움에 사로잡힌 표정을 짓는 사람도 있었다. 무거운 침묵이 그들 안에서 터져 나오는 경악의 합창을 억누르고 있었다. 그들은 모두 마음속으로 "이런 젠장! 이런 일이 일어나다니!"라고 외쳤다.

많은 디자이너들에게 아이브의 말은 마치 영화의 한 장면처럼 시간이 더디게 가는 듯한 느낌을 주었다. 그가 회사를 떠나는 이유 중 하나로 애플의 관료주의에 싫증이 났기 때문이라고 말하자 몇몇 디자이너들은 흐느끼기 시작했다. 서로 그 사실을 인정하지는 않았지만 그들은 회사의 스타트업 문화가 이미 퇴색했다는 것을 알고 있었다. 혹자는 잡스가 세상을 떠나자 애플이 냉철한 심장을 가진 기계가 되었다고 생각했다.

쿡은 애플의 재무팀 권한을 강화했다. 그는 회계사와 운영진들에게 더 많은 발언권을 주었다. 그들의 영향력은 결코 제작되지 못했던 2015년형 아이패드, 사진작가 앤드류 주커만과 같은 오랜 파트너들을 상대로 한 감사, 그리고 건축회사인 포스터+파트너스의 청구서 거부를 통해 가시화됐다. 잡스는 변호사와 회계사들의 존재 이유가 회사의 창조적 핵심 업무를 담당하는 사람들의 결정을 실행하기 위해서라는 생각을 고수했다. 그러나 시간이 흐를수록 이런 관료적인 소수의 집단이 회사를 움직이는 엔진이 되었다.

게다가 회의도 문제였다. 아이브가 샌프란시스코에 있는 스튜디오에서 일하기 시작한 이유 중 하나는 자신의 일정이 회의로 채워지는 걸 피하고 싫었기 때문이다. 회의 규모가 커지면서 회의실은 영화 〈예스터데이〉에 나오는 회의실처럼 항상 사람들로 꽉꽉 찼다. 당연히 의사결정 속도는 느려졌고, 급기야 마비 현상이 나타나자 아이브는 견딜 수가 없었다.

그는 팀원들에게 "더 이상 저 빌어먹을 회의에 가고 싶지 않아요"라고 말했다.

아이브는 애플의 변화에 안타까워할 때조차 팀원들을 칭찬했고, 그들에게 애플이 본래의 정체성을 유지할 수 있게 해달라고 부탁했다. 결단력 있게 행동하고, 세상에 놀라움과 기쁨을 주기 위한 노력에 매진해달라는 것이었다. 그는 디자인팀 전체가 애플 파크에 모인 이상 그들이 앞으로 어떤 성취를 이룰 수 있을지 기대가 된다며 흥분했다. 그들은 새로운 자원과 장비를 가지고 있었다. 그들이 공유하는 공간은 협업을 촉진할 것이었다. 그리고 자신이 매일 그곳에 있지 않더라도 친구 마크 뉴슨과 함께 애플과 계속 협력하게 될 독립 디자인 회사를 설립할 예정이라고 말했다.

아이브는 잡스를 기리며 회사 이름을 지었다. 스티브 잡스 극장 개장식 때 상영한 동영상에서 그의 오랜 협력자인 잡스는 제품은 배려와 사랑으로 만들어짐으로써 인류에게 감사를 표시해야 한다고 말했다. 아이브는 이러한 그의 생각을 두 단어로 압축해서 자신의 에이전시 회사명을 지었다. 바로 '러브프롬LoveFrom'이었다. 이 두 단어는 그가 자신이 만든 모든 제품을 통해 전달하고자 하는 핵심 가치를 말해줬다.

아이브는 러브프롬의 첫 고객인 애플이 자신에게 1억 달러가 넘는 퇴직 패키지를 주기로 했다는 것은 밝히지 않았다. 또한 애플은 아이브가 경쟁사에서 일하지 못하게 막는 계약을 체결했다. 아이브와 러브프롬이 가까이서 애플 프로젝트에 계속해서 기여하도록 하는, 매년 갱신되는 계약이었다. 아이브에게 주기로 한 금액은 많은 기업들이 떠나는 CEO들에게 주는 고액의 퇴직금 수준이었다.[11]

이날 증시가 마감되고 난 오후 늦은 시각, 애플은 아이브의 퇴사를 알리는 보도자료를 냈다. 보도자료에는 새로운 보고 구조도 간략히 설명되어 있었다. 지난 15년 동안 CEO에게 직접 보고해왔던, 애플에서 신으로 여겨진 탐미주의자 모임으로 아이브가 오랫동안 이끌었던 디자인팀은 이제 MBA 출신의 기계 엔지니어 제프 윌리엄스 COO의 관리 아래 놓이게 되었다.[12]

애플의 연금술은 오랫동안 선견지명을 가진 두 사람에게 의존해왔다. 그 시작은 스티브 워즈니악과 스티브 잡스로부터였고, 잡스와 조너선 아이브에 의해 부활했으며, 아이브와 팀 쿡에 의해 유지됐다.

잡스의 죽음 이후 몇 달 그리고 몇 년 동안 실리콘밸리는 애플의 사업이 흔들리리라 예상했다.[1] 월가는 애플의 앞길에 대한 우려를 멈추지 않았다. 충성 고객들은 자신들이 사랑하는 혁신기업의 미래를 걱정했다.

그로부터 10년 뒤 애플의 주가는 사상 최고치를 기록했다. 애플의 시가 총액은 여덟 배 이상 상승해 3조 달러를 돌파했고, 세계 스마트폰 시장 지배력은 수그러들지 않았다. 애플은 비록 파괴적 혁신기업으로서 일부 빛을 잃었지만 월가의 가장 사랑받는 존재가 되었다. 가장 중요한 건, 잡스가 한때 걱정했던 소니, 휴렛팩커드, 디즈니처럼 되지 않았다는 사실이다.

애플이 보여준 인내력과 재정적 성공은 잡스가 향후 회사를 이끌어 가라고 맡겼던 사람들이 뛰어난 능력자였음을 보여주는 증거다. 회사 운영을 맡은 쿡은 회사가 당면한 외교적 골칫거리를 헤쳐나가는 동시에 애플 제국을 중국과 서비스 분야로 확장하는 예술성을 보여줬다. 아티스트인 아이브는 애플워치 개발을 주도하고, 잡스의 죽음 이후 시작한 중대한 신사업인 애플 파크를 완성하는 데 있어 운영상의 노하우를 보여줬다.

　로렌 파월 잡스는 그들의 리더십을 되돌아보는 이메일을 통해 두 사람의 기여가 없었다면 회사가 버티기는 불가능했을 것이라고 말했다.[2] 그녀는 그들이 "스티브와 애플에 대한 사랑을 계속 공유하면서 서로의 강점을 잘 이용했다"라고 말했다.

　그러나 그들이 이룬 성공은 이제 그들의 결별로 인한 실망으로 어두워졌다. 파트너십의 해체는 불가피한 일이었다. 두 사람은 애플에 대한 사랑만 공유했을 뿐, 그 외에는 공유한 게 거의 없었다. 아이폰의 폭발적인 성장과 더불어 애플의 사세가 커지자 쿡은 그렇게 커진 규모를 관리하기 위해 회사 구조를 개편하기 시작했다. 그의 지시에 따라 애플은 제조 제품 수를 늘렸고, 지출 비용을 까다롭게 살펴봤으며, 하드웨어에서 서비스로 초점을 옮겼다. 쿡과 아이브를 서로 연결해주던 끈들은 서서히 풀리고 있었다.

　모든 제품에 공감해주길 원했던 아이브에게 무관심하고 속을 알 수 없는 태도를 가진 쿡은 불완전한 파트너였다. 쿡의 동료들은 아이브가 창의성을 발휘하고 성취감을 느낄 수 있게 하는 방법에 대해 쿡에게 조언을 건넸지만 그가 별다른 관심을 보이지 않았다고 말했다. 그들의 거듭된 권유에도 쿡은 아이브의 팀워크를 보기 위해 디자인 스튜디오에 가는 법이 거의 없었다. 그는 과거 아이오빈 같은 아티스트들을 상대한 적이 있는 애플 내부 사람들에게 조언을 구하지도 않았다. 아이브가 2015년 처음 퇴사 이야기를 꺼내자 쿡은 그의 후계 구도를 정하는 데만 주력했다. 함께 일했던 사람들이 보기에 그는 '직원'을 지키기보다는 '회사'를 지키는 데 더 관심이 많았다. 동료들은 지켜보기 힘든 일이었지만 주주들에게는 옳은 일이었다.

　아이브도 비난에서 자유롭지 못했다. 수십 년간의 노동으로 몹시 지치고, 잡스의 죽음 이후 닥친 슬픔에 시달렸던 그는 애플의 불씨를 지키고 싶었지만 정작 본인의 불씨를 꺼트려버렸다. 여러 차례 실수를 저지르기도 했다. 포스톨이 퇴사한 후 소프트웨어 디자인과 관리 부담을 떠안았고 애플워치 개발과 애플 파크 디자인을 곡예 부리듯 감독하면서 동시에 라이카 프로젝트까지 떠맡았다. 그는 지쳐서 녹초가 되었다. 2015년에 파트타임으로 일하기로 합의하자 회사 주가가 일시적으로라도 하락하는 사태는 피했지만, 그는 자신과 팀과 사랑하는 회사를 위해서 '불건전한 합의'를 체결한 셈이었다.

회사 리더인 쿡은 잡스가 아마도 상상하지 못했을 방식으로, 그리고 아이브는 결국 견딜 수 없었던 방식으로 회사를 재편했다.

잡스는 밥 딜런이 끊임없이 자신을 재창조했기에 그를 존경했다. 그는 그러한 정신을 회사에 주입하여 아이맥으로 PC 라인을 재창조했고, 아이팟으로 컴퓨터 제조업체에서 소비자 가전 대기업으로 변신했으며, 아이폰으로 탁월함을 굳건히 지켰다. 그러한 소위 '혁신의 해트트릭'은 그를 현대판 레오나르도 다빈치로 만들었다.

쿡이 그러한 정신을 모방할 수 있으리라고 기대한 사람은 없었다. 심지어 쿡 자신도 마찬가지였다. 혁신에 영양분을 공급하기보다 이 산업 엔지니어는 그가 물려받은 사업으로부터 더 많은 매출을 끌어내 역사상 가장 수익성이 좋은 기업을 만듦으로써 자신의 장점을 살렸다. 이는 마술보다는 전략으로, 완벽함보다는 끈기로, 그리고 혁명보다는 개선으로 이뤄낸 승리였다. 잡스가 도약을 조율하고 업계를 전복시킴으로써 애플에 정체성을 부여한 반면 쿡은 잡스가 만든 가장 위대한 제품이라고 생각하는 '애플 자체'를 지키는 데 집중했다.

그는 신중하고, 협력적이며, 전략적인 자신의 성격을 회사에 잘 적용했다. 전임자의 혁명적인 발명품을 중심으로 제품과 서비스의 생태계를 구축했으며, 하드웨어와 소프트웨어 제품군에 동급 최고의 업데이트를 제공하는 명성을 유지했다. 이런 작업으로 그는 회사가 2021 회계연도에 부채를 빼고 660억 달러라는 현금을 창출할 수 있게 도왔다.[3] 매장 진열대에서 모든 제품을 빼더라도 회사를 다년간 지속가능하게 해줄 수 있는 엄청난 액수였다. 그러면서 그는 애플이 세계에 다시 놀라움과 즐거움을 선사할 가능성을 계속해서 지켜나갔다.

아이폰 판매가 호조를 보이는 동안 애플 신자들은 이 비밀스러운 회사 안에서 진행되고 있는 프로젝트에 대해 궁금해할 수 있었다. 과연 애플이 계속해서 추구하던 차를 만들 수 있을까? 개발 중이던 증강현실 안경을 출시할 것인가? 비침습적인 혈당 모니터링 시스템은 어떻게 될까? 이런 제품 중 애플 스토어에서 팔리는 제품이 있을까?

2021년 5월 21일, 쿡은 애플을 상대로 제기된 반독점 소송 재판의 마지막 날 증인석에 서기 위해 오클랜드 법원에 도착했다. 포트나이트 게임 제작사인 에픽게임즈는 애플이 아이폰에서 경쟁 앱스토어 이용을 부당하게 금지하고, 개발자들에게 매출의 30퍼센트를 수수료로 낼 것을 강요했다며 애플을 상대로 소송을 제기한 상태였다. 이 소송은 쿡이 설계한 서비스 사업의 핵심을 찔렀다.

쿡은 서비스 사업 규모를 두 배로 늘리겠다는 약속대로 2020 회계연도 중 서비스 사업에서 530억 달러의 매출을 올렸다. 이 같은 매출은 골드만삭스와 중장비 제조기업인 캐터필러^{Capterpillar}의 매출과 맞먹었다.[4] 쿡은 피트니스용 서비스를 포함해 애플의 새로운 구독 서비스를 연이어 선보였고, 회사는 코로나19 팬데믹 당시 집에 틀어박혀 살던 사람들이 앱스토어에서의 구매를 크게 늘리자 수혜를 봤다. 투자자들은 매출 성장에 환호했다. 그들은 애플을 아이폰의 인기에 따라 실적에 부침을 보이는 전통 하드웨어 기업과 다른 각도로 평가하기 시작했다. 평균 16배였던 애플의 PER는 2020년 30배 이상으로 뛰어올랐다.[5] 변화가 너무 극적이다 보니 일부 투자자들은 그것을 '격렬한^{violent} 상승'이라고 평가했다.[6]

에픽게임즈가 소송을 제기하자 쿡은 그것을 자신이 구축해놓은 제국에 가하는 위협으로 보고 짜증을 냈다. 애플 사람들은 오랜 경쟁사인 마이크로소프트가 주도하는 대리 소송이라며 묵살했다. 쿡은 법이 애플 편이라고 확신했다. 애플은 미국 스마트폰 시장에서 막대한 점유율을 차지하고 있지 않아서 그동안 법원은 iOS에 대한 지배만으로 애플이 독점 판매하고 있다고 판결하기를 꺼려왔다. 그러나 쿡은 앱스토어가 유지되도록 하기 위해 그날 연기를 해야 했다.

네 시간 동안 진행된 재판에서 연방 판사와 에픽게임즈 측 변호사들은 쿡에게 애플의 사업과 관련된 질문을 퍼부었다. 쿡은 경쟁 앱스토어 금지와 개발자들에게 부과하는 수수료 덕분에 회사가 앱의 품질을 유지하고 보안 결함으로부터 사용자를 보호할 수 있다고 주장했다. 에픽게임즈 측 변호사들이 애플이 앱스토어에서 올리는 이익률을 계산해본 적이 있는지 묻자 쿡은 실적 논의를 하지 않겠다고 주장했다.[7] 쿡이 매달 재무팀과 회의를 열고 서비스 부문 매출을 꼼꼼히 따져보고 있다는 점에서 그의 그런 대답은 놀라웠다. 에픽게임즈 측 변호사들은 쿡의 정직성을 평가하기 위해 구글이 아이폰의 기본 검색 엔진이 되기 위해 애플에 80억 달러에서 120억 달러를 지불했다는 주장이 맞는지를 물었다.

그러자 쿡은 "정확한 숫자는 기억나지 않습니다"라고 답했다. 액수가 100억 달러 이상이었는지를 묻는 질문에도 그는 기억상실증이 걸린 듯 행동했다. 그는 매일 새벽 일어나 매출 수치를 확인하고, 직원들에게도 모든 것을 파악하고 있으라고 요구하면서도 정작 자신은 구글 결제 건에 대해 아는 게 없다고 주장한 것이다.

쿡의 오랜 팬들조차 그의 이런 연기를 보고 당혹스러워했다. 재판 과정에서 공개된 내부 문건에 따르면 애플은 최근 몇 년간 앱스토어의 영업이익률이 75퍼센트가 넘는다고 계산하고 있었다.[8] 쿡은 이 문건이 '일회성 프레젠테이션'에서 나온 것이라 정확하지 않다고 주장했다. 실리콘밸리에 대한 회의가 깊어진 순간 그는 기술 과점寡占 시대의 주역으로서 자신의 위치를 잘 활용한 것처럼 보였다.

판사는 애플의 사업 관행이 정당하다는 판결을 내렸다. 애플은 비디오 게임용 앱스토어가 합법적으로 간주되는 사실상 완전한 승리를 거두었다.[9] 다만 이 승리에는 애플이 지켜야 할 경고가 따라왔다. 판사는 앱들이 고객들을 30퍼센트의 수수료를 내지 않아도 되는 웹사이트와 다른 외부 결제 시스템으로 안내하는 걸 애플이 더 이상 막아선 안 된다고 판결했다. 이 판결은 앱스토어가 당면한 과제를 잘 보여줬다. 앱스토어는 이제 마치 젠가 Jenga 게임에 갇힌 상태가 되었다. 규제 당국과 개발자들이 한때 견고했던 애플의 사업을 지켜준 블록들을 하나씩 걷어내고 있는 것이다. 앱스토어 사업의 축소는 시간문제처럼 보인다.

에픽게임즈의 소송 외에도 애플은 유럽에서 스포티파이보다 애플뮤직이 더 유통되도록 혜택을 받았다는 혐의로 반독점 소송에 직면했다(2024년 3월, 이 반독점 소송은 EU집행위원회가 애플에게 18억 4천만 유로의 과징금을 부과하는 것으로 결론이 났다. 애플은 즉각 이에 대한 소송을 제기할 방침이라고 밝혔다. - 편집자). 미국 법무부도 궁극적으로 앱스토어를 타깃으로 하는 수사에 착수했다. 세 가지 사건 속에서 쿡이 구축해온 서비스 사업은 분명 변신이 필요했다. 실제로 애플은 일부 개발자들에게 부과하는 수수료율을 30퍼센트에서 15퍼센트로 낮추면서 한발 물러나기 시작했다.

중국은 애플의 미래에 대해 비슷한 불확실성을 던졌다. 시진핑 주석 치하에서 중국 정부는 더 공격적이고 국수주의적인 모습을 보였다. 공산당은 홍콩을 장악하고, 친민주 성향 신문들을 폐간시켰다. 선경Xianjing이란 외딴 지역에 정부는 소수 민족인 위구르인Uyghurs들을 위한 재교육 캠프를 열었다. 일부 위구르인들은 애플과 관련된 일곱 개 공급업체 공장에서 강제노동을 한 것으로 알려졌다.[10] 애플은 강제노동의 증거를 발견하지 못했다고 주장했지만, 이 문제는 쿡이 애플에게 두 번째로 큰 시장인 중국 시장에서 영업을 계속하기 위해 타협할 의사가 있는지를 둘러싸고 새로운 의문을 불러일으켰다. 마틴 루터 킹 주니어의 말을 인용하고, 미국의 인권과 프라이버시에 대해 앞장서 발언해왔던 그가 중국에서는 그러한 입장을 취하지 않았다.

종합해봤을 때 쿡은 서비스 사업과 중국 사업 확장을 주도해 회사와 주주들을 위해 엄청난 가치를 창출했지만 지난 10년 동안 애플이 이뤄낸 성장의 상당 부분은 규제 당국과 독재자들의 변덕에 좌우되는, 마치 '움직이는 모래'와 같은 사업에 기반을 두고 있었다.

쿡은 비판이나 질문을 받을 때 항상 숫자를 가리킬 수 있었다. 2011년 8월

CEO로 승진한 이후 애플의 시가총액은 1조 5,000억 달러 이상 늘었고, 재투자한 배당금을 포함한 총 주주 수익률은 867퍼센트, 돈으로 확산하면 약 5,000억 달러였다.[11] 2021년 9월 말 애플 이사회는 쿡에게 2020년 말부터 5년간 고용을 연장하고, 2025년까지 100만 주의 성과급 패키지를 지급하기로 하는 보상안을 제시했다.[12] 지난 10년 동안, 다시 말해 그는 2011년 이후 성과급으로 받은 추가 주식 112만 주 전부를 기부하고도 억만장자가 되었다.

눈이 휘둥그레질 만큼 놀라운 숫자들이 쿡 자신만큼 신중하고 절제된 상태로 딱딱한 회사 서류철에 들어가 있었다. 그 숫자들은 그의 집요함에 대한 증거였다.

발표를 끝낸 아이브는 새로운 길을 향해 떠났다. 2019년 9월 애플에서 쌓은 그의 경력에 대한 마지막 기조연설 이후 그와 디자인팀은 샌프란시스코에서 파티를 열고자 잭슨 스퀘어 근처 2층 레스토랑인 '빅스'에 모였다. 캐비아와 샴페인이 나왔고, NBA 스타 코비 브라이언트 등이 손님으로 초대됐다. DJ를 맡은 록밴드 LCD 사운드시스템의 리더 제임스 머피는 자정이 훨씬 넘도록 신나는 음악을 연주했다. 애플에서 오랫동안 일한 아티스트를 위해 열린 마지막 파티였다.

아이브의 퇴사는 두 달 후 회사가 조용히 그의 사진과 이름을 경영진 소개란에서 삭제하면서 공식화되었다. 팡파르도 없었고 그의 공헌에 대한 기념행사도 전혀 없었다. 가장 애플다운 방식대로 그는 하루를 그곳에 더 머문 뒤 다음 날 떠났다.

그는 이루 가치를 헤아리기 힘든 제품들을 유산으로 남겼다. 그와 잡스는 아이맥으로 회사를 부활시켰고, 이후 나왔던 히트상품들로 회사를 최고의 자리에 올려놓았다. 아이브의 미적 감성은 사회가 디자인 언어를 인정해주는 분위기를 고조시켰다. 애플은 디터 람스 같은 디자인 업계의 선조들은 상상조차 할 수 없었던 방식으로 세상에 단순함의 원칙과 소재의 가치를 주입했다.

애플워치 그리고 그것과 쌍둥이 제품인 에어팟은 애플의 실적에 중대한 기여를 했다. 2021년 애플의 소위 웨어러블 제품 매출은 384억 달러로, 25퍼센트 증가했다.[13] 이 사업 부문에서 올린 매출은 코카콜라의 연매출을 상회했다. 말도 많고 탈도 많았던 애플워치의 출시는 애플이 아이폰만큼 성공적인 다른 제품을 만들지 못한다는 데 베팅한 회사들을 입 다물게 만들었다.

아이브는 잡스가 지난 수십 년 동안 그랬던 것처럼 애플을 위해 신제품 카테고리라는 반석 위에다 상당한 규모의 사업을 쌓아 올렸다. 웨어러블 사업은 쿡이 구축한 서비스 사업의 약 절반 규모였지만, 범주 면에서는 압도적인 우위를 보였으며, 향후 몇 년간 중단 없는 판매로 수십억 달러의 수익을 창출할 것으로 예상됐다.

아이브는 결코 자신이 올바른 방법으로 애플을 떠났다고는 주장하지는 않을 것이다. 일부 디자인 팀원들은 그의 후계자 계획이 실패한 데 좌절하고, 팀의 결속력이 약화된 데 실망했다. 하지만 25년 넘게 일했던 직장을 떠난다는 건 쉽지 않은 일이다. 특히 창의적인 파트너를 잃음으로써 야기된 슬픔 위에 서 있을 때는 더욱 그렇다.

회사의 성장, 회의 수, 재정적 압박에 좌절한 아이브는 그가 내부에서보다 외부에서 애플을 더 잘 도울 수 있을 거라 생각했다. 또한 세상에 유용한 기여를 할 수 있는 새로운 길을 찾고 싶었다. 그와 뉴슨은 러브프롬으로 소프트웨어 디자이너 크리스 윌슨Chris Wilson, 산업 디자이너 유진 황, 포스터+파트너스의 건축가 제임스 맥그래스James McGrath를 포함해 여러 명의 오랜 애플 동료들로 이루어진 팀을 소집했다. 이 크리에이티브 집단은 그들의 흥미를 끄는 고객들을 직접 골랐다.**14** 숙박 공유 업체인 에어비앤비Airbnb는 아이브에게 앱 디자인을 다시 하고 신제품을 개발하는 일의 지원을 의뢰했고, 슈퍼카 업체 페라리는 아이브와 뉴슨에게 자사의 첫 전기차 디자인과 명품 의류, 수하물 사업 확장 지원 업무를 맡겼다. 러브프롬은 또한 애플에도 계속 컨설팅을 했다(2022년 7월, 아이브와 애플의 컨설팅 계약이 종료됨에 따라 아이브는 더 이상 애플의 제품 개발 컨설팅을 하지 않기로 했다. 저자는 7월 22일 자 '애플, 전 디자인 책임자 조니 아이브와 컨설팅 계약 종료'라는 제목의 〈뉴욕타임스〉 기사에서 복수의 소식통의 말을 인용해 이같이 보도했다. ― 옮긴이).

아이브는 재개된 자동차 개발 노력과 증강현실 기기 개발 등 향후 프로젝트에 대해서도 애플에 계속 조언을 해주고 있다. 그는 다음에 나올 앨범을 자랑하는 록스타처럼 주변 사람들에게 그러한 미래의 기기들이 그의 경력에서 최고의 작품이 될 것이라고 말한다. 그의 한 오랜 동료는 자동차 프로젝트에 대해 "패러다임을 전환하는 산업 디자이너로서 조너선 아이브의 이야기는 아직 끝나지 않았다"라고 말하기도 했다.

애플 디자인팀은 대체로 아이브에 대한 미련을 버렸다. 디자인팀의 핵심 멤버들은 아이브와 러브프롬이 애플의 작업에 거의 영향을 미치지 않는다고 이야기했다. 그는 이제 작업을 통제하는 감독이라기보다는 존경받는 조언자가 되었다. 그들은 아이브가 없는 동안 디자인팀이 특히 엔지니어링과 운영 부문 동료들과의 협력에서 더 친밀해지고 민주적이 되었다고 말했다.

아이브의 퇴장으로 디자인이 애플의 제품 방향에 대해 다시 지배적인 목소리를 낼 수 있을지는 불확실하다. 디자인에 헌신하는 문화가 회사 깊숙이 스며들 수 있게 아이브와 디자인팀에 많은 힘을 실어준 사람은 잡스였다. 이와 관련해 미국 기업 중 애플에 필적할 만한 곳은 없다고 할 수 있을 정도다. 가까운 장래에 그렇게 많은 힘과 영향력을 가진 새로운 권력자의 등장을 기대하기란 어렵다. 결국 아이브도 그러한 강력한 영향력을 얻기까지 근 20년이 걸렸으니 말이다.

그의 팀이 해체된 후 팀원들은 차츰 그들이 뒤에 남겨둔 회사에 대한 판단을 하기 시작했다. 그들은 잡스가 남긴 유산을 되새기면서 그가 세상을 바꾼 제품들을 만들었다는 걸 관찰하곤 했다. 그의 후계자인 쿡과 더 나아가 애플에서 그들이 보낸 마지막 10년이 어떻게 기억될 것 같은지 묻자 몇몇은 미소를 지으며 이렇게 답했다. "돈을 엄청나게 많이 번 사람으로 기억될 것입니다."

어느 늦은 여름 오후, 조너선 아이브는 아이보리 색 소파에 대자로 누워 낮잠을 자고 있었다. 퍼시픽 하이츠에 있는 그의 집 최상층은 흰색 벽 위에 아치형 흰색 천장이 우뚝 솟아 있는 흰색 창공이었다. 방 안의 색깔은 오직 작은 테이블 위 꽃병에 꽂힌 생기 넘치는 분홍색 달리아와 정원 장미꽃들로 이루어진 아방가르드풍 꽃다발에서 나왔다.[15]

방 안의 금욕적 분위기는 붉은색 페인트로 칠해진 우뚝 솟은 금문교가 청록색 바다를 가로지르는 풍경이 보이는 통창으로 사람들의 시선을 향하게 했다.

그가 잠에 빠져 있을 때 개인 비서가 점심을 들고 조용히 계단을 올라왔다. 아이브는 한 시간 뒤 전화를 받기로 예정되어 있었다. 비서는 "조니, 일어나세요"라고 속삭였다. 아이브는 그녀의 말을 듣지 못하고, 그녀가 어깨를 가볍게 두드릴 때까지 계속 졸았다. 그는 천천히 눈을 떠 한낮의 햇살이 가느다란 노란색 선 모양으로 흘러들어오는 창문 쪽으로 시선을 돌렸다.

"와!" 그가 말했다. "방 안에 들어오는 빛이 참 아름답네요."

그의 말을 듣고 비서는 깜짝 놀랐다. 그의 시선을 따라 몸을 돌리고 그 빛을 보려고 애썼다.[16] 나중에 그녀는 당시 이 조용했던 순간의 기억을 떠올리면서 어떤 사람들은 다른 사람들보다 100배나 더 많은 색을 볼 수 있다는 걸 알게 됐다고 회상했다.

"정말 아름답네요." 비서가 아이브에게 말했다.

그녀는 아이브에게 그가 받아야 할 전화에 대해 숙지시키고 점심을 준비해놨다고 알려준 후 방을 나왔다. 아이브는 캠퍼스를 완성해야 하는 책임, 알루미늄 컴퓨터 부품으로 받는 스트레스, 다음 애플워치의 가죽 밴드에 대한 고민에서 모두 벗어나 있었다. 그는 이제 무언가 만들고 싶은 게 있다면 언제든 그것을 자유롭게 만들 수 있었다. 모든 부담과 걱정에서 벗어난 평온한 마음으로.

감사의 글

애플 전·현직 임직원들의 협조가 없었다면 결코 이 책을 쓸 수 없었을 것이다. 이 놀라운 기업이 걸어온 역사적 순간을 기록하기 위해 그들은 회사의 '침묵 규약omertà' 문화를 뛰어넘어 그들이 어떻게 세상을 변화시킨 제품을 만들었는지 이야기해주었다. 그들이 베풀어준 아량에 영원히 감사할 것이다.

이 책의 여정은 〈월스트리트 저널〉 기자로서 애플을 취재하면서 커피 한 잔을 마시던 중 조너선 아이브에 대해 더 자세히 취재해보라는 제안을 받으면서 시작됐다. 아이브 기사를 쓸 때가 되었을 때 신문의 세계적인 테크 분야 편집자인 제이슨 딘Jason Dean은 내 보도를 응원해주고, 기사 방향을 제시해주고, 기사에 들어갈 단어들을 경이롭게 다듬어줬다.

브래드 올슨Brad Olson, 스콧 오스틴Scott Austin, 브래드 레이건Brad Reagan, 스콧 서름Scott Thurm, 제이미 헬러Jamie Heller, 매튜 로즈Matthew Rose, 태미 아우디Tammy Audi, 제이슨 앤더스Jason Anders, 맷 머레이Matt Murray를 비롯한 다른 편집자들이 한 애플에 대한 취재도 이 책의 집필에 많은 도움이 됐다.

〈월스트리트 저널〉에서 내 첫 편집자였던 벳시 모리스Betsy Morris는 애플의 부활에 관한 인간적인 이야기를 들려줬고 내게 영감을 준 책《문 앞의

야만인들Barbarians at the Gate》의 공저자인 존 헬리어John Helyar도 조언을 아끼지 않았다.

이들 외에도 요코 구보타Yoko Kubota와 유카리 케인Yukari Kane 등 헤아릴 수 없이 많은 회사 동료들이 집필 작업을 도와줬다. 모두에게 감사를 전한다.

마우로 디프레타Mauro DiPreta는 2019년 〈월스트리트 저널〉에 실린 아이브의 퇴사에 관한 기사를 읽고 이 책을 쓰라고 나를 구슬렀다. 그는 세계 최대 회사에 대한 광범위한 이야기가 될 거라고 생각했고, 사려 깊은 편집으로 이야기에 생기를 불어넣어줬다. 레빈 그린버그 로스턴 문학 에이전시 Levine Greenberg Rostan Literary Agency의 다니엘 그린버그Daniel Greenberg는 제안서에서부터 최종 초안에 이르는 과정 내내 조언해주었다.

토마스 프렌치Thomas French는 내 첫 독자이면서 가끔 치료사와 인내심 있는 코치 역할도 맡았다. 그는 모든 일화에 대한 나의 자세하고 세밀한 묘사가 통하리라고 봤다. 말 그대로, 아니 진심으로 그가 없었다면 이 책을 쓸 수 없었을 것이다.

사실 확인 작업을 해준 션 래버리Sean Lavery는 프로 중의 프로였다. 그는 단어 하나하나 꼼꼼히 살펴보면서 사실 여부를 확인하고 복잡한 부분을 풀어줬다. 연구 조수인 존 바우에른파인트John Bauernfeind는 아이브와 쿡에 대한 자세한 정보를 찾아내서 중요한 취재의 길을 열어줬다.

올스타 지원팀이 아낌없이 전화를 걸어주고, 편집도 해주었고, 정신도 차리게 해줬다. 로라 스티븐스Laura Stevens는 전체 초안을 48시간 만에 읽고 개선해줬고, 엘리엇 브라운Eliot Brown은 구성을 정하고 원고를 다듬는 일을 도와줬다. 저스틴 카타노소Justin Catanoso는 개요를 잡는 일을 도와줬고, 존 오랜드John Ourand는 누구에게 연락하면 좋을지 전략을 짜줬다. 그리고 롭

코플랜드Rob Coperland는 내 취재를 응원해줬다. 그들은 똑똑하면서도 무엇보다도 놀라운 친구들이다.

기술 산업은 복잡하기 때문에 이에 대해 학습하려면 가이드가 필요하다. 나는 운이 좋게도 많은 사람들의 지도를 받을 수 있었지만, 존 마코프John Markoff와 탈랄 샤문Talal Shamoon만큼 귀중한 지도를 해준 사람은 없었다.

나를 격려해주고 응원해주신 내 가족과 부모님에게도 이 자리를 빌려 감사를 드린다. 특히 부모님은 저널리즘에 대한 나의 관심을 지지해주셨고, 호기심을 갖고 경청하고 글의 함의含意를 이해하는 기술을 포함하여 내가 매일 사용하는 기술로 나를 무장시켜주셨다.

이 책을 쓰며 절정에 이른 낙관과 절망을 오가는 롤러코스터를 탈 때 늘 내 옆자리에 앉아 있던 아내 어맨다 벨Amanda Bell에게도 깊은 감사를 드린다. 그녀는 앞으로도 항상 내게 과분한 여성일 것이다.

애플에서 전·현직 임직원들은 엄격한 침묵 규범을 준수해야 한다. 기업의 '침묵 규약'이다.

자신을 보호하기 위해 이 용어를 만든 이탈리아 마피아처럼 아이폰 신디케이트는 운영상 관련된 일에 대한 비밀을 엄수하겠다는 약속을 지키는 데 한마음이다. 직원들은 여섯 가지 색으로 된 회사의 오리지널 로고 앞에서 맹세하도록 세뇌당하고, 쿠퍼티노 밖에선 누구에게도 자신이 하는 일에 대해 말하지 말라는 오리엔테이션을 받는다.

이와 유사한 정책을 고수하는 기업들은 많지만 애플에서는 그러한 정책이 특히 문화적으로 정돈되어 있다. 이 회사는 정보를 보호할 수 있는 구조로 되어 있다. 각 프로젝트에는 코드명이 부여되고 사업 전략은 최고위급 경영진만 짜고 볼 수 있다. 아래 직원들은 미래의 제품에 대한 정보를 제한적으로만 알 수 있게 나눠져 일한다. 그리고 모두가 비밀 유지를 통해 경쟁자들의 아이디어 도용을 막고, 자사의 현란한 행사에 대한 언론의 열띤 취재가 공짜 광고 효과를 낼 수 있도록 이러한 미스터리를 보존해야 한다는 생각을 받아들인다.

직원들은 회사의 성공은 비밀 유지에 달려 있다는 믿음을 공유한다. 그들은 언론에 정보를 흘리는 사람은 누구나 회사에 불이익을 준다고 확신한다. 애플을 떠난 뒤라도 기자들의 취재에 응하다가 동료와 친구들로부터 따돌림을 당한 사람도 있다. 또 해고되거나 고소당한 사람도 있다.

이런 문화는 애플에 대한 보도를 중대한 '도전'으로 만든다. 직원들은 서로 입을 굳게 다물 수 있다. 회사 내에서 서로 다른 부서에서 일하는 부부들조차 몇 년 동안 각자 맡은 일에 대해 서로 말하지 않는 경우도 흔하다. 한 커플은 두 사람 모두 은퇴한 지 한참이 지나서야 비로소 그들이 애플에서 한 일을 서로 공개하게 됐다고 말했다. 그 대화를 하기 위해 용기가 필요했다고 나에게 알려줬다.

프롤로그

1. Kia Makarechi, "Apple's Jonathan Ive in Conversation with Vanity Fair's Graydon Carter," Vanity Fair, October 16, 2014, https://www.vanityfair.com/news/daily-news/2014/10/jony-ive-graydon-carter-new-establishment-summit.

2. Interview with Joe O'Sullivan, former Apple operations executive.

CHAPTER 1. 한 가지 더

1. ABC 7 Morning News, October 4, 2011; Lisa Brennan-Jobs, Small Fry; interviews with multiple Apple executives who visited Jobs at home after he stopped coming into the office.

2. Interviews with former Apple employees; Jim Carlton, Apple; Yukari Iwatani Kane and Geoffrey A. Fowler, "Steven Paul Jobs, 1955–2011: Apple Co-founder Transformed Technology, Media, Retailing and Built One of the World's Most Valuable Companies," Wall Street Journal, October 6, 2011, https://www.wsj.com/articles/SB100014240527023 04447804576410753210811910; macessentials, "The Lost 1984 Video: Young Steve Jobs Introduces the Macintosh," YouTube, January 23, 2009, https://www.youtube.com/watch?v=2B-XwPjn9YY; Andrew Pollack, "Now, Sculley Goes It Alone," New York Times, September 22, 1985.

3. noddyrulezzz, "Apple iPhone 4S—Full Keynote—Apple Special Event on 4th October 2011," YouTube, October 6, 2011, https://www.youtube.com/watch?v=Nqol1AH_zeo; Geoffrey A. Fowler and John Letzing, "New iPhone Bows but Fails to Wow," Wall Street Journal, October 5, 2011, https://www.wsj.com/articles/SB100014240529702045246045 76610991978907616.

4. Apple, "Apple Special Event, October 2011" (video), Apple Events, October 4, 2011, https://podcasts.apple.com/us/podcast/apple-special-event-october-2011/

id275834665?i=1000099827893.

5. Nick Wingfield, "A Tough Balancing Act Remains Ahead for Apple," New York Times, October 5, 2011, https://www.nytimes.com/2011/10/06/technology/for-apple-a-big-loss-requires-a-balancing-act.html.

6. Jony Ive, "Jony Ive on What He Misses Most About Steve Jobs," Wall Street Journal, October 4, 2021, https://www.wsj.com/articles/jony-ive-steve-jobs-memories-10th-anniversary-11633354769?mod=hp_featst_pos3.

7. Walter Isaacson, Steve Jobs; James B. Stewart, Disney War (New York: Simon & Schuster, 2005); Michael G. Rukstad, David Collis, and Tyrrell Levine, "The Walt Disney Company: The Entertainment King," Harvard Business School, January 5, 2009, https://www.hbs.edu/faculty/Pages/item.aspx?num=27931; Brady MacDonald, "'The Imagineering Story': After Walt Disney's Death, Imagineering Wonders 'What Would Walt Do?,'" Orange County Register, November 4, 2019, https://www.ocregister.com/2019/11/04/the-imagineering-story-after-walt-disneys-death-imagineering-wonders-what-would-walt-do/; Christopher Bonanos, Instant: The Story of Polaroid (New York: Princeton Architectural Press, 2012); Christopher Bonanos, "Shaken like a Polaroid Picture," Slate, September 17, 2013, https://slate.com/technology/2013/09/apple-and-polaroid-a-tale-of-two-declines.html; interview with Carl Johnson, former executive vice president of advertising, Polaroid; Chunka Mui, "What Steve Jobs Learned from Edwin Land of Polaroid," Forbes, October 26, 2011, https://www.forbes.com/sites/chunkamui/2011/10/26/what-steve-jobs-learned-from-edwin-land-of-polaroid/; John Nathan, "Sony CEO's Management Style Wasn't Made in Japan," Wall Street Journal, October 7, 1999, https://www.wsj.com/articles/SB939252647570595508; John Nathan, Sony.

8. Dialogue based on interviews with Apple staff; Brian X. Chen, "Simplifying the Bull: How Picasso Helps to Teach Apple's Style," New York Times, August 10, 2014, https://www.nytimes.com/2014/08/11/technology/-inside-apples-internal-training-program-.html.

9. Wylsacom, "A Celebration of Steve's Life (Apple, Cupertino, 10/19/2011) HD," YouTube, https://www.youtube.com/watch?v=ApnZTL-AspQ.

CHAPTER 2. 아티스트

1. Walter Isaacson, Steve Jobs: description of the space, as well as interviews with Apple staff.

2. Interviews about the family with friends and work colleagues of Mike Ive, including John Chapman, Richard Tufnell, and Tim Longley.

3. John Arlidge, "Jonathan Ive Designs Tomorrow," Time, March 17, 2014, https://time.com/jonathan-ive-apple-interview/; Rick Tetzeli, "Why Jony Ive Is Apple's Design Genius," Smithsonian Magazine, December 2017, https://www.smithsonianmag.com/innovation/jony-ive-apple-design-genius-180967232/; interviews with Mike Ive's former colleagues and friends Ralph Tabberer, Richard Tuffnel, John Cave, and Netta Cartwright; interview with Jony Ive's classmates Rob Chatfield, Stephen Palmer, and Dan Slee; Leander Kahney, Jony Ive; Rob Waugh, "How Did a British Polytechnic Graduate Become the Design Genius Behind $200 Billion Apple?," Daily Mail, March 19, 2013, https://www.dailymail.co.uk/home/moslive/article-1367481/Apples-Jonathan-Ive-How-did-British-polytechnic-graduate-design-genius.html.

4. Interview with Walton design teacher Dave Whiting; Kahney, Jony Ive; NAAIDT HMI Mike Ive presentation 2001, http://archive.naaidt.org.uk/spd/record.html?Id=29&Adv=1&All=3; interview with Ive's former colleague Ralph Tabberer.

5. Interview with Roberts Weaver managing director Phil Gray; interviews regarding Newcastle Polytechnic with 1988 graduate Craig Mounsey; 1989 classmates Steve Bailey, Sean Blair, and David Tonge; 1990 classmate Jim Dawton; professors John Elliott and Bob Young; and faculty member Mark Bailey.

6. Interviews about Newcastle Polytechnic with Northumbria University Director of Innovation Design Mark Bailey, Ive's classmates Steve Bailey and Sean Blair, and professors John Elliott and Bob Young; tour of Squires Building; "Memphis Group: Awful or Awesome," The Design Museum, https://designmuseum.org/discover-design/all-stories/memphis-group-awful-or-awesome; Dieter Rams, Less But Better; "Tough on the sheets" tagline recalled by Sean Blair; Nick Carson, "If It Looks Over-Designed, It's Under-Designed," https://www.channel4.com/ten4, reprinted at https://ncarson.files.wordpress.com/2007/01/ten4-jonathanive.pdf.

7. Luke Dormehl, The Apple Revolution; interviews about Roberts Weaver with Clive Grinyer, Peter Phillips, Jim Dawton, Phil Gray, and Barrie Weaver; interviews about hearing aid with classmate Jim Dawton and professor John Elliott; interview regarding Macintosh with Ann Irving; "Q&A with Jonathan Ive," The Design Museum, October 3, 2014, https://designmuseum.org/designers/jonathan-ive; Ian Parker, "The Shape of Things to Come: How an Industrial Designer Became Apple's Greatest Product," The New Yorker, February 16, 2015, https://www.newyorker.com/magazine/2015/02/23/shape-things-come.

8. Interviews with professors John Elliott and Bob Young, as well as classmates Jim Dawton, Sean Blair, Craig Mounsey, and David Tonge; Melanie Andrews, "Jonathan Ive and the

RSA's Student Design Awards," RSA, May 25, 2012, https://www.thersa.org/blog/2012/05/jonathan-ive-amp-the-rsas-student-design-awards; "Apple's Jonathan Ive in Conversation with Vanity Fair's Graydon Carter" (video), Vanity Fair, October 16, 2014, https://www.vanityfair.com/video/watch/the-new-establishment-summit-apples-jonathan-ive-in-conversation-with-vf-graydon-carter; "The First Phone Jony Ive Ever Designed" (video), Vanity Fair, October 28, 2014, https://www.youtube.com/watch?v=oF21m-6yV0U; interview with Clive Grinyer; Kahney, Jony Ive; Sheryl Garratt, "Interview: Jonathan Ive," Times Magazine, December 3, 2005.

9. Interview with Craig Mounsey, Newcastle Polytechnic graduate and head of concepts and innovation at Fisher & Paykel Technologies.

10. Interviews with Ive's friend David Tonge and Lunar Design cofounder Robert Brunner; Molly Wood, "We Love Stories About Silicon Valley Success, but What Is Its History?," Podchaser, July 10, 2019, https://www.podchaser.com/podcasts/marketplace-tech-50980/episodes/we-love-stories-about-silicon-41846275; Andrews, "Jonathan Ive and the RSA's Student Design Awards."

11. Interviews with Roberts Weaver's managing director Phil Gray and lead partner Barrie Weaver; interviews with Tangerine's Peter Phillips, Clive Grinyer, Martin Darbyshire, and Jim Dawton; Kahney, Jony Ive; Parker, "The Shape of Things to Come"; Waugh, "How Did a British Polytechnic Graduate Become the Genius Behind Apple Design?"; Peter Burrows, "Who Is Jonathan Ive?," Bloomberg Businessweek, September 24, 2006, https://www.bloomberg.com/news/articles/2006-09-24/who-is-jonathan-ive; "Q&A with Jonathan Ive," The Design Museum, October 3, 2014, https://designmuseum.org/designers/jonathan-ive; "The First Phone Jony Ive Ever Designed" (video), Vanity Fair, Oct. 28, 2014, https://www.youtube.com/watch?v=oF21m-6yV0U.

12. Interview with then Apple design chief Robert Brunner; interviews with Tangerine's Clive Grinyer, Peter Phillips, and Martin Darbyshire; interview with Steve Bailey; Burrows, "Who Is Jonathan Ive?"; Parker, "The Shape of Things to Come."

CHAPTER 3. 운영자

1. Steven Levy, "An Oral History of Apple's Infinite Loop," Wired, September 16, 2018, https://www.wired.com/story/apple-infinite-loop-oral-history/.

2. Violla Young, "Tim Cook (CEO of Apple) Interview in Oxford," YouTube, July 18, 2018, https://www.youtube.com/watch?v=QPQ8qQP4zdk: "I saw my dad go to work and not love what he did. He worked for his family... but he never loved what he did. And so I wanted to get a job that I loved."

3. Michael Finch II, "Tim Cook—Apple CEO and Robertsdale's Favorite Son—Still Finds Time to Return to His Baldwin County Roots," AL.com, February 24, 2014, updated January 14, 2019, https://www.al.com/live/2014/02/tim_cook_--_apple_ceo_and_robe.html.

4. Joe R. Sport, History of Crenshaw County.

5. Ancestry.com research on Canie Dozier Cook, 1902–1985; Daniel Dozier Cook, 1867–1938; Alexander Hamilton Cook, 1818–1872; and William Cook, 1780–1820.

6. 1930 and 1940 U.S. Federal Census Records on Ancestry.com.

7. Tim Cook interview by Debbie Williams, WKRG TV, January 16, 2009.

8. Interview with Linda Booker, Robertsdale resident and widow of one of Donald Cook's friends.

9. John Underwood, "Living the Good Life," Gulf Coast Media, July 13, 2018.

10. "Robert Quinley Services Held"; "Bay Minette Wreck Takes Three Lives," Ancestry.com.

11. Finch, "Tim Cook—Apple CEO and Robertsdale's Favorite Son—Still Finds Time to Return to His Baldwin County Roots."

12. Jack House, "Vanity Fair to Expand Its Robertsdale Plant," Baldwin Times, October 31, 1963.

13. Interviews with local residents, including Barbara Davis, Fay Farris, and Rusty Aldridge, as well as articles from Baldwin Times in 1977 and 1978.

14. Interviews with Robertsdale High teachers Fay Farris, Barbara Davis, and Eddie Page.

15. Interview with Clem Bedwell, a classmate of Tim Cook and former church member.

16. Underwood, "Living the Good Life"; "Industry Wage Survey: Shipbuilding and Repairing, September 1976," Bulletin no. 1968, Bureau of Labor Statistics, U.S. Department of Labor, 1977, https://fraser.stlouisfed.org/files/docs/publications/bls/bls_1968_1977.pdf.

17. Homecoming, "With Tim Cook," SEC Network, September 5, 2017.

18. Interview with Jimmy Stapleton, Lee Drug Store pharmacist.

19. Interview with Cook's teacher Fay Farris.

20. Interviews with Cook's teachers Eddie Page and Ken Brett.

21. Homecoming, "With Tim Cook," SEC Network, September 5, 2017; Kirk McNair, "Remembering Alabama's 1971 Win over Auburn," 247sports.com, November 24, 2017, https://247sports.com/college/alabama/Board/116/Contents/As-this-year-1971-Alabama-Auburn-game-had-major-ramifications-110969031/; Creg Stephenson, "Check Out Vintage Photos from 1972 'Punt Bama Punt' Iron Bowl," AL.com, November 24, 2015, updated January 13, 2019, https://www.al.com/sports/2015/11/check_out_vintage_photos_from.html.

22. Finch, "Tim Cook—Apple CEO and Robertsdale's Favorite Son—Still Finds Time to Return to His Baldwin County Roots."

23. Interviews with Wayne Ellis, Robertsdale High classmate, and others.

24. Interviews with Wayne Ellis, Fay Farris, and others.

25. Todd C. Frankel, "The Roots of Tim Cook's Activism Lie in Rural Alabama," Washington Post, March 7, 2016, https://www.washingtonpost.com/news/the-switch/wp/2016/03/07/in-rural-alabama-the-activist-roots-of-apples-tim-cook/; Matt Richtel and Brian X. Chen, "Tim Cook, Making Apple His Own," New York Times, June 15, 2014, https://www.nytimes.com/2014/06/15/technology/tim-cook-making-apple-his-own.html.

26. Auburn University, "Tim Cook Receiving the IQLA Lifetime Achievement Award," YouTube, December 14, 2013, https://www.youtube.com/watch?v=dNEafGCf-kw.

27. 〈뉴욕 타임스〉 기사 "팀 쿡, 애플을 자신의 것으로 만들다Tim Cook, Making Apple His Own"에서 기자 매트 리첼Matt Richtel과 브라이언 첸Brian Chen은 '애플이 해당 이야기의 세부사항을 확인했다'고 적었으며 동시에 쿡이 인터뷰를 거부했다고 언급했다.

28. Facebook Group, Robertsdale, Past and Present, "Discussion: 'Apple's CEO Tim Cook: An Alabama Day That Forever Changed His Life,' AL.com," Facebook, June 15, 2014, https://www.facebook.com/groups/263546476993149/permalink/863822150298909/.

29. Interview with Lisa Straka Cooper. 애플 대변인은 이에 대한 논평을 거부했다.

30. Interviews with Mike Vivars and Eddie Page.

31. Interviews with classmates Rusty Aldridge, Johnny Little, Clem Bedwell, and Lisa Straka Cooper.

32. Interview with Johnny Little, former classmate, of Robertsdale, Alabama.

33. Interview with Lisa Straka Cooper.

34. Interview with yearbook teacher Barbara Davis.

35. Trice Brown, "Apple CEO Tim Cook Was Robertsdale High School's Salutatorian in 1978, but Whatever Happened to the Valedictorian?," Lagniappe, July 1, 2020, https://lagniappemobile.com/apple-ceo-tim-cook-was-robertsdale-high-schools-salutatorian-in-1978-but-whatever-happened-to-the-valedictorian/.

36. "Letter About Elimination of Gays Disgusting," Auburn Plainsman, March 4, 1982, https://content.lib.auburn.edu/digital/collection/plainsman/id/2559/.

37. Interviews with Fay Farris, Barbara Davis, Mike Vivar, and Johnny Little.

38. Tim Cook on The Late Show with Stephen Colbert, September 15, 2015; interviews with Mike Vivar, Lisa Straka Cooper, and Rusty Aldridge.

39. Interview with Fay Farris.

40. Interview with Mike Vivar.

41. Interview with Rusty Aldridge, a fellow resident.

42. Auburn University yearbook, 1982, https://content.lib.auburn.edu/digital/collection/gloms1980/id/17321/.

43. Homecoming, "With Tim Cook," SEC Network, September, 5, 2017.

44. 위와 동일.

45. Interview with Fay Farris; Auburn University Bulletin 1978–1982, says that tuition was $200 to $240; Leslie Cardé, "Tim Cook," Inside New Orleans, Summer 2019, 48–49, https://issuu.com/in_magazine/docs/1907inoweb/49; Ray Garner, "Steve Jobs' World Man," Business Alabama, November 1999, 59–60.

46. Interviews with Pamela Palmer, Auburn, industrial engineering graduate, 1981; Mike Peeples, Auburn, industrial engineering graduate, 1981; and Paul Stumb, Auburn, industrial engineering graduate, 1982.

47. Interview with Paul Stumb, Auburn, industrial engineering graduate, 1982.

48. "He could cut through all the junk and get down to the gist of the problem very quickly," Professor Robert Bulfin said. Yukari Kane, Haunted Empire: Apple After Steve Jobs, 98.

49. Interview with Auburn University professor Sa'd Hamasha, who works with the honor society.

50. Kit Eaton, "Tim Cook, Apple CEO, Auburn University Commencement Speech 2010," Fast Company, August 26, 2011, https://www.fastcompany.com/1776338/tim-cook-apple-ceo-auburn-university-commencement-speech-2010.

51. Andrew Pollack, "Big I.B.M. Has Done It Again," New York Times, March 27, 1983, https://www.nytimes.com/1983/03/27/business/big-ibm-has-done-it-again.html.

52. Michael W. Miller, "IBM Formally Picks Gerstner to Be Chairman and CEO—RJR Executive Doesn't Have a Turnaround Plan Yet for U.S. Computer Giant," Wall Street Journal, March 29, 1993; interview with Richard L. Daugherty, former IBM vice president of worldwide PC manufacturing.

53. Tim Cook on The David Rubenstein Show, June 13, 2018; anunrelatedusername, "IBM Manufacturing Systems—Keyboard Assembly," YouTube, https://www.youtube.com/watch?v=mEN6Rry4ekk; Gene Bylinsky, "The Digital Factory," Fortune, November 14, 1994, https://archive.fortune.com/magazines/fortune/fortune_archive/1994/11/14/79947/index.htm; interview with Richard L. Daugherty.

54. Interview with Richard L. Daugherty; John Marcom, Jr., "Slimming Down: IBM Is Automating, Simplifying Products to Beat Asian Rivals," Wall Street Journal, April 14, 1986.

55. Interviews with Richard L. Daugherty and Gene Addesso, IBM plant manager.

56. Bill Boulding, "What Tim Cook Told Me When I Became Dean of Duke University's Fuqua School of Business," Linkedin, December 10, 2015, https://www.linkedin.com/pulse/what-tim-cook-told-me-when-i-became-dean-duke-fuqua-school-boulding.

57. Andrew Gumbel, "Tim Cook: Out, Proud, Apple's New Leader Steps into the Limelight," Guardian,November 1, 2014, https://www.theguardian.com/theobserver/2014/nov/02/tim-cook-apple-gay-coming-out.

58. Violla Young, "Tim Cook (CEO of Apple) Interview in Oxford."

59. Interview with Dave Boucher, former IBM general manager.

60. Interviews with Thomas Coffey, former finance chief at Intelligent Electronics; Gregory Pratt, former president of Intelligent Electronics.

61. Interview with Thomas Coffey; Raju Nasiretti, "Extra Bites: Intelligent Electronics Made Much of Its Profit at Suppliers' Expense," Wall Street Journal, December 6, 1994; staff reporter, "Intelligent Electronics Agrees to Settle Class-Action Suits," Wall Street Journal, February 21, 1997, https://www.wsj.com/articles/SB856485760719766500; Leslie J. Nicholson, "Intelligent Electronics Pays $10 Million to Shareholders in Lawsuit," Philadelphia Inquirer, December 2, 1997; Intelligent Electronics Inc. Form 10-Q, Exton, Pennsylvania: Intelligent Electronics, September 16, 1997, https://www.sec.gov/Archives/edgar/data/814430/0000814430-97-000027.txt.

62. Interview with Larry Deaton, former IBM executive and colleague of Tim Cook.

63. Intelligent Electronics Inc., Form DEF 14A Proxy Statement, July 23, 1996, https://bit.ly/2XD4Hri.

64. Kevin Merrill, "IE Beefs Up Memphis, Inacom Makes Addition on West Coast," Computer Reseller News, September 6, 1995.

65. Interview with Tom Coffey.

66. Raju Narisetti, "Intelligent Electronics Sale," Wall Street Journal, July 21, 1997; Raju Narisetti, "Xerox Agrees to Buy XLConnect and Parent Intelligent Electronics," Wall Street Journal, March 6, 1998, https://www.wsj.com/articles/SB889104642954787000.

67. "Ingram Micro Will Buy Division," Wall Street Journal, May 1, 1997; interview with Tom Coffey.

68. Interview with Greg Petsch, former senior vice president of manufacturing and quality at Compaq Computer Corporation.

69. Interview with Greg Petsch.

70. Tim Cook on The Charlie Rose Show, September 12, 2014; Apple CEO Tim Cook on The David Rubenstein Show, June 13, 2018.

71. Interview with Rick Devine, executive recruiter who found Cook.

72. Interview with executive recruiter Rick Devine, who recruited Cook for Steve Jobs.

CHAPTER 4. 그를 잡아라

1. Interviews with Robert Brunner and Clive Grinyer.

2. "San Francisco in the 1990s [Decades Series]," Bay Area Television Archive, https://diva. sfsu.edu/collections/sfbatv/bundles/227905.

3. "Look Back: Pioneers of '90s Mission Arts Scene," San Francisco Museum of Modern Art, https://www.sfmoma.org/read/mission-school-1990s/; Stephanie Buck, "During the First San Francisco Dot-Com Boom, Techies and Ravers Got Together to Save the World," Quartz, August 7, 2017, https://qz.com/1045840/during-the-first-san-francisco-dot-com-boom-techies-and-ravers-got-together-to-save-the-world/.

4. Emma O'Kelly, "I've Arrived," Design Week, December 6, 1996, https://www.designweek. co.uk/issues/5-december-1996/ive-arrived/.

5. Interview with Robert Brunner.

6. Paul Kunkel, AppleDesign, 253.

7. G. Pascal Zachary and Ken Yamada, "Apple Picks Spindler for Rough Days Ahead," Wall Street Journal, June 21, 1993.

8. Interviews with Robert Brunner and Tim Parsey.

9. Emma O'Kelly, "I've Arrived," Design Week, December 6, 1996, https://www.designweek. co.uk/issues/5-december-1996/ive-arrived/; John Markoff, "At Home with: Jonathan Ive: Making Computers Cute Enough to Wear," New York Times, February 5, 1998, https://www.nytimes.com/1998/02/05/garden/at-home-with-jonathan-ive-making-computers-cute-enough-to-wear.html.

10. Interview with Tim Parsey, former Apple design studio manager, 1991–1996.

11. TheLegacyOfApple, "Jony Ive Introduces the 20th Anniversary iMac," YouTube, May 21, 2013, https://www.youtube.com/watch?v=et6-hK-LA4A.

12. Interview with Robert Brunner.

13. Jim Carlton, "Fading Shine: What's Eating Apple? Computer Maker Hits Some Serious Snags—Talk Rises About Booting Spindler as Share Falls and Laptops Catch Fire—The Search for a Power Mac," Wall Street Journal, September 21, 1995.

14. Jim Carlton, "Apple Ousts Spindler as Its Chief, Puts National Semi CEO at Helm, Wall Street Journal, February 2, 1996, https://www.wsj.com/articles/SB868487469994949500.

15. Jim Carlton, Apple.

16. O'Kelly, "I've Arrived."

17. Interview with Clive Grinyer; O'Kelly, "I've Arrived."

18. Kahney, Jony Ive.

19. Isaacson, Steve Jobs; Brent Schendler and Rick Tetzeli, Becoming Steve Jobs.

20. Isaacson, Steve Jobs, 317.

21. Interview with Doug Satzger.

22. Alyn Griffiths, "'Steve Jobs once wanted to hire me'—Richard Sapper," Dezeen, June 19, 2013, https://www.dezeen.com/2013/06/19/steve-jobs-once-wanted-to-hire-me-richard-sapper/.

23. Interview with Hartmut Esslinger.

24. Ian Parker, "The Shape of Things to Come: How an Industrial Designer Became Apple's Greatest Product," The New Yorker, February 16, 2015, https://www.newyorker.com/magazine/2015/02/23/shape-things-come.

25. Interview with Doug Satzger.

26. Parker, "The Shape of Things to Come."

27. Isaacson, Steve Jobs, 342.

28. Karnjana Karnjanatawe, "Design Guru Says Job Is to Create Products People Love," Bangkok Post, January 27, 1999.

29. Interview with Doug Satzger; Leander Kahney, Jony Ive.

30. Karnjanatawe, "Design Guru Says Job Is to Create Products People Love."

31. Isaacson, Steve Jobs, 349.

32. Leander Kahney, Jony Ive.

33. Interview with Peter Phillips, who was working at LG at the time.

34. Isaacson, Steve Jobs.

35. Kahney, Jony Ive.

36. Isaacson, Steve Jobs, 352; interview with Wayne Goodrich.

37. Interview with Wayne Goodrich. Another person who was present for this didn't recall Ive interacting with Jobs but agreed that Ive had a calming effect on him.

38. Karnjanatawe, "Design Guru Says Job Is to Create Products People Love."

39. David Redhead, "Apple of Our Ive," Design Week, Autumn 1998, 36-43.

40. Jon Rubinstein, Ive's manager, led the development of the iMac, making the critical choices of the components and firmware that powered the machine.

41. John Ezard, "iMac Designer Who 'Touched Millions' Wins £25,000 Award," Guardian, June 3, 2003.

42. Kahney, Jony Ive; interview with Doug Satzger.

43. Isaacson, Steve Jobs.

44. Steven Levy, "An Oral History of Apple's Infinite Loop," Wired, September, 16, 2018,

https://www.wired.com/story/apple-infinite-loop-oral-history.

45. Isaacson, Steve Jobs, 342.

46. Austin Carr, "Apple's Inspiration for the iPod? Bang & Olufsen, Not Braun," Fast Company, November 6, 2013, https://www.fastcompany.com/3016910/apples-inspiration-for-the-ipod-bang-olufsen-not-dieter-rams.

47. Isaacson, Steve Jobs; Tony Fadell told Isaacson that Ive had been given the product to "skin," a turn of phrase meaning that he was asked to create its exterior.

48. Isaacson, Steve Jobs.

49. Interview with Doug Satzger: "Color is hard. It alienates people. It makes some people happy and pisses some off. Black is too heavy. White is fresh and light."

50. Ron Adner, "From Walkman to iPod: What Music Teaches Us About Innovation," The Atlantic, March 5, 2012.

51. Kahney, Jony Ive.

52. Isaacson, Steve Jobs, 342.

53. 디자인 팀원들과의 인터뷰. 한 팀원은 마이어호퍼의 퇴사가 잡스 복귀 전에 계획된 것이었으며 그의 퇴사를 막기 위해 설득하는 노력이 있었다고 말했다.

54. Interview with Doug Satzger.

55. Interview with Tim Parsey.

56. Justin Housman, "Designer Rides: From Lamborghinis to Surfboards, Julian Hoenig Knows a Thing or Two About Design," Surfer, November 13, 2013, https://www.surfer.com/features/julian-hoenig/.

57. Brian Merchant, The One Device.

58. Brent Schendler and Rick Tetzeli, Becoming Steve Jobs, 310.

59. Jonathan Turetta, "Steve Jobs iPhone 2007 Presentation (HD)," YouTube, May 13, 2013, https://www.youtube.com/watch?v=vN4U5FqrOdQ.

60. Schendler and Tetzeli, Becoming Steve Jobs, 356–57.

61. Simon Trump, "Designer of the iPod Tunes into Nature," Telegraph, May 24, 2008, https://www.telegraph.co.uk/news/uknews/2023212/Designer-of-the-iPod-tunes-into-nature.html.

62. Interview with Clive Grinyer; Parker, "The Shape of Things to Come."

63. Isaacson, Steve Jobs. Representatives of Ive said he hadn't spoken with Isaacson about that important episode. Isaacson didn't provide Jobs's response or detail who had provided Ive's quotes in this exchange.

64. Isaacson, Steve Jobs.

65. "Apple Design Chief Jonathan Ive Is Knighted" (video), BBC, May 23, 2012, https://www.

bbc.com/news/uk-18171093; Yukari Kane, *Haunted Empire*.

66. Interview and photographs provided by event organizer Tracy Breeze.

67. Interview with Richard Tufnell, a friend of Mike Ive and former colleague at Middlesex Polytechnic: "Jony was his finest creation. He was incredibly proud. He pinches himself in some ways and thinks Is he my son?"

CHAPTER 5. 진지한 결정

1. Property records show that Cook lived in a 544-square-foot apartment.

2. Interviews with former Apple vice president, Consumer Products & Asia Operations, Joe O'Sullivan and finance chief Fred Anderson.

3. Interview with Joe O'Sullivan.

4. Adam Lashinsky, "Tim Cook: The Genius Behind Steve," Fortune, November 23, 2008, https://fortune.com/2008/11/24/apple-the-genius-behind-steve/; Adam Lashinsky, *Inside Apple*.

5. Interview with Joe O'Sullivan; Kane, *Haunted Empire*.

6. Interview with Joe O'Sullivan and other members of the team.

7. Interview with Joe O'Sullivan.

8. Kane, *Haunted Empire*.

9. Isaacson, *Steve Jobs*.

10. Interviews with Joe O'Sullivan and other members of hardware operations.

11. Jason Dean, "The Forbidden City of Terry Gou," Wall Street Journal, August 11, 2007, https://www.wsj.com/articles/SB118677584137994489.

12. Background interviews with Apple leadership.

13. Apple Form Def 14A, March 6, 2000.

14. Interview with Joe O'Sullivan.

15. Lashinsky, "Tim Cook: The Genius Behind Steve."

16. Interviews with former senior Apple officials; Brent Schlender and Rick Tetzeli, *Becoming Steve Jobs*.

17. Schlender and Tetzeli, *Becoming Steve Jobs*, 393.

18. Walter Isaacson, *Steve Jobs*.

19. 애플의 고위 경영진과의 인터뷰에 따르면, 이 공급망 전략은 잡스로부터 나왔고 잡스가 쿡에게 가능한 한 많은 메모리를 구매하도록 요청했다고 한다. See also Lashinsky, "Tim Cook: The Genius Behind Steve"; "Apple Announces Long-Term Supply Agreements for Flash Memory," Apple, November 21, 2005, https://www.apple.com/newsroom/ 2005/11/21Apple-Announces-Long-Term-Supply-Agreements-for-Flash-Memory/; Leander Kahney, Tim

Cook.

20. Leander Kahney, Jony Ive.

21. Corning Incorporated, "Apple & Corning Press Conference: Remarks from Apple COO Jeff Williams," YouTube, May 17, 2017, https://www.youtube.com/watch?v=AZgULosw6cY.

22. Isaacson, Steve Jobs.

23. "Apple Inc., Q1 2009 Earnings Call," S&P Capital IQ, January 21, 2009, https://www.capitaliq.com/CIQDotNet/Transcripts/Detail.aspx?keyDevId=6156218&companyId=24937.

24. Adam Lashinsky, "The Cook Doctrine at Apple," Fortune, January 22, 2009, https://fortune.com/2009/01/22/the-cook-doctrine-at-apple/.

25. Schlender and Tetzeli, Becoming Steve Jobs, 403–6.

26. z400racer37, "Apple CEO Tim Cook at D10 Full 100 Minute Video," YouTube, July 6, 2012, https://www.youtube.com/watch?v=eUAPHgiEniQ.

27. Walter Isaacson, Steve Jobs.

28. Donna Riley-Lein, "Apple No. 2 Has Local Roots," Independent, December 25, 2008.

29. Interview with Donna Riley-Lein.

30. z400racer37, "Apple CEO Tim Cook at D10 Full 100 Minute Video," YouTube, July 6, 2012 https://www.youtube.com/watch?v=eUAPHgiEniQ.

31. Yukari Kane, Haunted Empire.

32. Jessica E. Vascellaro, "Apple in His Own Image," Wall Street Journal, November 2, 2011, https://www.wsj.com/articles/SB10001424052970204394804577012161036609728.

33. Tripp Mickle, "How Tim Cook Made Apple His Own," Wall Street Journal, August 7, 2020, https://www.wsj.com/articles/tim-cook-apple-steve-jobs-trump-china-iphone-ipad-apps-smartphone-11596833902.

34. Homecoming, "With Tim Cook," SEC Network, September 5, 2017.

35. "We all looked at him and thought, 'He doesn't get it,'" a member of the design team said in an interview. "That's when we knew it was going to be different."

CHAPTER 6. 허술한 아이디어

1. 애플 디자인팀의 몇몇 구성원들은 이 순간에 애플워치 프로젝트가 공식적으로 시작됐다고 기억했다. 다른 이들은 아이디어를 처음으로 나눈 문자 교환, 그리고 디자이너 줄리안 회니그가 그 후에 위치의 초기 모델을 만들었다고 회상했다.

2. Charlie Rose, "Oracle CEO Larry Ellison: Google CEO Did Evil Things, Apple Is Going Down" (video), CBS News, August 13, 2013, https://www.cbsnews.com/news/oracle-ceo-larry-ellison-google-ceo-did-evil-things-apple-is-going-down/.

3. Cambridge Union, "Sir Jony Ive | 2018 Hawking Fellow | Cambridge Union," YouTube, November 28, 2018, https://www.youtube.com/watch?v=KywJimWe_Ok.

4. Walter Isaacson, Steve Jobs, 555.

5. 프로젝트와 관련된 사람들에 따르면, 에디 큐 수석 부사장이 TV 방송국의 소유주들, 월트 디즈니 회사와 CBS 코퍼레이션을 포함하여 라이선스 계약을 협상하는 데 실패해서 TV 프로젝트가 시작되지 못했다고 한다. Shalini Ramachandran and Daisuke Wakabayashi, "Apple's Hard-Charging Tactics Hurt TV Expansion," Wall Street Journal, July 28, 2016, https://www.wsj.com/articles/apples-hard-charging-tactics-hurt-tv-expansion-1469721330.

6. Adam Satariano, Peter Burrows, and Brad Stone, "Scott Forstall, the Sorcerer's Apprentice," Bloomberg Businessweek, October 13, 2011; Computer History Museum, "CHM Live | Original iPhone Software Team Leader Scott Forstall (Part Two)," June 28, 2017, https://www.youtube.com/watch?v=IiuVggWNqSA; Code.org, "Code Break 9.0: Events with Macklemore & Scott Forstall," YouTube, May 20, 2020, https://youtu.be/-bcO-X9thds.

7. Computer History Museum, "CHM Live | Original iPhone Software Team Leader Scott Forstall (Part Two)."

8. Jim Carlton, Apple.

9. Interview with William Parkhurst, who designed the process, and other former NeXT engineers.

10. Computer History Museum, "CHM Live | Original iPhone Software Team Leader Scott Forstall (Part Two)."

11. 위와 동일.

12. Interview with Dan Grillo, NeXT colleague.

13. Computer History Museum, "CHM Live | Original iPhone Software Team Leader Scott Forstall (Part Two)."

14. 위와 동일.

15. Satariano, Burrows, and Stone, "Scott Forstall, the Sorcerer's Apprentice."

16. Tony Fadell left the company in 2008.

17. Interview with Henri Lamiraux, former iOS engineering vice president.

18. Interview with Henri Lamiraux.

19. Peter Burrows and Connie Guglielmo, "Apple Worker Said to Tell Jobs IPhone Might Cut Calls," Bloomberg, July 15, 2010, https://www.bloomberg.com/news/articles/2010-07-15/apple-engineer-said-to-have-told-jobs-last-year-about-iphone-antenna-flaw.

20. Geoffrey A. Fowler, Ian Sherr, and Niraj Sheth, "A Defiant Steve Jobs Confronts 'Antennagate,'" Wall Street Journal, July 16, 2010, https://www.wsj.com/articles/SB10001424052748704913304575371131458273498.

21. "An Introduction to BEZIER Curves," presentation by Apple Industrial Design to Foster + Partners, circa 2014.

22. Matt Hamblen, "Android Smartphone Sales Leap to Second Place, Gartner Says," Computerworld, February 9, 2011, https://www.computerworld.com/article/2512940/ android-smartphone-sales-leap-to-second-place-in-2010--gartner-says.html.

23. Hansen Hsu and Marc Weber, "Oral History of Kenneth Kocienda and Richard Williamson," Computer History Museum, October 12, 2017, https://archive. computerhistory.org/resources/access/text/2018/07/102740223-05-01-acc.pdf.

24. 위와 동일.

25. Yukari Kane, Haunted Empire.

26. Hsu and Weber, "Oral History of Kenneth Kocienda and Richard Williamson."

27. Apple, "Apple WWDC 2012 Keynote Address" (video), Apple Events, June 11, 2012, https://podcasts.apple.com/us/podcast/apple-wwdc-2012-keynote-address/ id275834665?i=1000117538651.

28. Juliette Garside, "Apple Maps Service Loses Train Stations, Shrinks Tower and Creates New Airport," Guardian, September 20, 2012, https://www.theguardian.com/technology/2012/ sep/20/apple-maps-ios6-station-tower.

29. Kilian Doyle, "Apple Gives Dublin a New 'Airfield,'" Irish Times, September 20, 2012, https://www.irishtimes.com/news/apple-gives-dublin-a-new-airfield-1.737796.

30. Nilay Patel, "Wrong Turn: Apple's Buggy iOS 6 Maps Leads to Widespread Complaints," Verge, September 20, 2012, https://www.theverge.com/2012/9/20/3363914/wrong-turn-apple-ios-6-maps-phone-5-buggy-complaints.

31. Jordan Crook, "Tim Cook Apologizes for Apple Maps, Points to Competitive Alternatives," Techcrunch, September 28, 2012, https://techcrunch.com/2012/09/28/tim-cook-apologizes-for-apple-maps-points-to-competitive-alternatives/.

32. Tim Cook on The Charlie Rose Show, September 12, 2014.

CHAPTER 7. 가능성

1. Ian Parker, "The Shape of Things to Come: How an Industrial Designer Became Apple's Greatest Product," The New Yorker, February 16, 2015, https://www.newyorker.com/ magazine/2015/02/23/shape-things-come.

2. "Inside Apple," 60 Minutes, CBS, December 20, 2015.

3. Banksy, Monkey Queen, MyArtBroker, https://www.myartbroker.com/artist/banksy/ monkey-queen-signed-print/; Banksy-Value.com, https://bit.ly/39gTqzk.

4. Good Fucking Design Advice, "Classic Advice Print," gfda.co, https://gfda.co/classic/.

5. Joel M. Podolny and Morten T. Hansen, "How Apple Is Organized for Innovation," Harvard Business Review,November–December 2020, https://hbr.org/2020/11/how-apple-is-organized-for-innovation; Tony Fadell, "For the record, I fully believe . . ," Twitter, October 23, 2000, https://twitter.com/tfadell/status/1319556633312268288.

6. Klaus Göttling, "Skeumorphism Is Dead, Long Live Skeumorphism," Interaction Design Foundation, https://www.interaction-design.org/literature/article/skeuomorphism-is-dead-long-live-skeuomorphism.

7. St. Regis Lobby description provided by the hotel via email at author's request.

8. Erica Blust, "Apple Creative Director Alan Dye '97 to Speak Oct. 20," Syracuse University, https://news.syr.edu/blog/2010/10/18/alan-dye/; "Alan Dye," Design Matters with Debbie Millman (podcast), June 1, 2007, https://www.designmattersmedia.com/podcast/2007/Alan-Dye; "Bad Boys of Design III," Design Matters with Debbie Millman (podcast), May 5, 2006, https://www.designmattersmedia.com/podcast/2006/Bad-Boys-of-Design-III; Debbie millman, "Adobe & AIGA SF Presents Design Matters Live w Alan Dye," YouTube, https://www.youtube.com/watch?v=gBre88MsZZo.

9. "An Introduction to BEZIER Curves," presentation by Apple Industrial Design to Foster + Partners, circa 2014.

10. Interview with Bob Burrough, former Apple engineer, who attended the meeting.

11. Interview with David Rooney, writer and former curator of timekeeping at the Royal Observatory, Greenwich, U.K.; David Belcher, "Wrist Watches: From Battlefield to Fashion Accessory," New York Times, October 23, 2013, https://www.nytimes.com/2013/10/23/fashion/wrist-watches-from-battlefield-to-fashion-accessory.html; Benjamin Clymer, "Apple, Influence, and Ive," Hodinkee Magazine, vol. 2, https://www.hodinkee.com/magazine/jony-ive-apple; Esti Chazanow, "9 Types of Uncommon Mechanical Watch Complications," LIV Swiss Watches, December 21, 2019, https://p51.livwatches.com/blogs/everything-about-watches/9-types-of-uncommon-mechanical-watch-complications; Jason Heaton, "In Defense of Quartz Watches," Outside, July 17, 2019, https://www.outsideonline.com/outdoor-gear/tools/defense-quartz-watches/.

12. Mark Sullivan, "What I Learned Working with Jony Ive's Team on the Apple Watch," Fast Company, August 15, 2016, https://www.fastcompany.com/3062576/what-i-learned-working-with-jony-ives-team-on-the-apple-watch.

13. Catherine Keenan, "Rocket Man: Marc Newson," Sydney Morning Herald, July 30, 2009.

14. Jony Ive and Marc Newson on The Charlie Rose Show, November 21, 2013, https://charlierose.com/videos/17469.

15. "Crown (Watchmaking)," Foundation High Horology, https://www.hautehorlogerie.org/

en/watches-and-culture/encyclopaedia/glossary-of-watchmaking/.

16. Maria Konnikova, "Where Do Eureka Moments Come From?," The New Yorker, May 27, 2014, https://www.newyorker.com/science/maria-konnikova/where-do-eureka-moments -come-from.

CHAPTER 8. 불가능해진 혁신

1. 이 일화는 쿡이 직접 들려준 이야기에 근거한 것이다. 애플은 이 일화가 부정확하다며 이의를 제기했다. 쿡은 반복된 문의에 응답하지 않았다.

2. "Apple Fans Crowd New Downtown Palo Alto Store," Palo Alto Online, October 27, 2012, https://www.paloaltoonline.com/news/2012/10/27/apple-fans-crowd-new-palo-alto-store.

3. "iPhone 5 First Weekend Sales Top Five Million," Apple, September 24, 2012, https://www.apple.com/newsroom/2012/09/24iPhone-5-First-Weekend-Sales-Top-Five-Million/; "iPhone 4S First Weekend Sales Top Four Million," Apple, October 17, 2011, https://www.apple.com/newsroom/2011/10/17iPhone-4S-First-Weekend-Sales-Top-Four-Million/; "iPhone 4 Sales Top 1.7 Million," Apple, June 28, 2010, https://www.apple.com/newsroom/2010/06/28iPhone-4-Sales-Top-1-7-Million/.

4. Matt Burns, "Apple's Stock Price Crashes to Six Month Low and There's No Bottom in Sight," TechCrunch, November 15, 2012, https://techcrunch.com/2012/11/15/apples-stock-price-is-crashing-and-the-bottom-is-not-in-sight/. The market value fell from $656.34 billion on September 18, 2012, to $493.51 billion on November 15, 2012, per Macrotrends.

5. Jon Russell, "IDC: Samsung Shipped Record 63.7m Smartphones in Q4 '12," TNW, January 25, 2013, https://thenextweb.com/news/idc-samsung-shipped-record-63-7m-smartphones-in-q4-12.

6. Interview with Scott Pendleton; Michael Lev-Ram, "Samsung's Road to Global Dominatation," Fortune, January 22, 2013, https://fortune.com/2013/01/22/samsungs-road-to-global-domination/. Brian X. Chen, "Samsung Saw Death of Apple's Jobs as a Time to Attack," New York Times, April 16, 2014, https://bits.blogs.nytimes.com/2014/04/16/samsung-saw-death-of-steve-jobs-as-a-time-to-attack/.

7. Ina Fried, "Apple Designer: We've Been Ripped Off," All Things Digital, July 31, 2012, https://allthingsd.com/20120731/apple-designer-weve-been-ripped-off/.

8. Interview with Scott Pendleton.

9. Scott Peters, "Rock Center: Apple CEO Tim Cook Interview," YouTube, January 20, 2013, https://www.youtube.com/watch?v=zz1GCpqd-0A.

10. Peter Burrows and Adam Satariano, "Can Phil Schiller Keep Apple Cool?," Bloomberg, June 7, 2012, https://www.bloomberg.com/news/articles/2012-06-07/can-phil-schiller-keep-apple-cool.

11. Sean Hollister, "Apple's New Mac Ads Are Embarrassing," Verge, July 28, 2012.

12. Ian Sherr and Evan Ramstad, "Has Apple Lost Its Cool to Samsung?," Wall Street Journal, January 28, 2013, https://www.wsj.com/articles/SB10001424127887323854904578264090074879024.

13. Jay Yarrow, "Phil Schiller Exploded on Apple's Ad Agency in an Email," Business Insider, April 7, 2014, https://www.yahoo.com/news/phil-schiller-exploded-apples-ad-163842747.html.

14. Apple v. Samsung, U.S. District Court, Northern District of California, C-12-00630, vol. 3, 498–756, April 4, 2014.

15. Elise J. Bean, Financial Exposure: Carl Levin's Senate Investigations into Finance and Tax Abuse (New York: Palgrave Macmillan, 2018), e-book; interview with Elise Bean.

16. 위와 동일; interview with Elise Bean.

17. Offshore Profit Sharing and the U.S. Tax Code—Part 2 (Apple Inc.), Hearing Before the Permanent Subcommittee on Investigations of the Committee on Homeland Security and Government Affairs, United States Senate, May 21, 2013, https://www.govinfo.gov/content/pkg/CHRG-113shrg81657/pdf/CHRG-113shrg81657.pdf.

18. 위와 동일 9.

19. Apple, "Apple WWDC 2013 Keynote Address" (video), Apple Events, June 10, 2013, https://podcasts.apple.com/us/podcast/apple-wwdc-2013-keynote-address/id275834665?i=1000160871947.

20. 위와 동일.

21. David Pogue, "Yes, There's a New iPhone. But That's Not the Big News," New York Times, September 17, 2013, https://pogue.blogs.nytimes.com/2013/09/17/yes-theres-a-new-iphone-but-thats-not-the-big-news/; Darrell Etherington, "Apple iOS 7 Review: A Major Makeover That Delivers, but Takes Some Getting Used To," TechCrunch, September 18, 2013, https://techcrunch.com/2013/09/17/ios-7-review-apple/.

22. TouchGameplay, "Official Designed by Apple in California Trailer," YouTube, June 10, 2013, https://www.youtube.com/watch?v=0xD569Io7kE.

23. Seth Stevenson, "Designed by Doofuses in California," Slate, August 26, 2013, https://slate.com/business/2013/08/designed-by-apple-in-california-ad-campaign-why-its-so-terrible.html.

24. Cara Lombardo, "Carl Icahn Is Nearing Another Landmark Deal. This Time It's with His

Son," Wall Street Journal, October 19, 2019, https://www.wsj.com/articles/carl-icahn-is-nearing-another-landmark-deal-this-time-its-with-his-son-11571457602; interview with Carl Icahn.

25. Jeff Chu, "Can Apple's Angela Ahrendts Spark a Retail Revolution?," Fast Company, January 6, 2014, https://www.fastcompany.com/3023591/angela-ahrendts-a-new-season-at-apple.

26. Nicole Nguyen, "Meet the Woman Who Wants to Change the Way You Buy Your iPhone," BuzzFeed News, October 25, 2017, https://www.buzzfeednews.com/article/nicolenguyen/meet-the-woman-who-wants-to-change-the-way-you-buy-your.

27. Forty thousand retail employees: see Apple Inc.; Form 10-K, United States Securities and Exchange Commission, September 28, 2013, https://www.sec.gov/Archives/edgar/data/320193/000119312513416534/d590790d10k.htm.

CHAPTER 9. 용두

1. Paul Goldberger, "Designing Men," Vanity Fair, October 10, 2013, https://www.vanityfair.com/news/business/2013/11/jony-ive-marc-newson-design-auction#~o.

2. 위와 동일.

3. Jony Ive and Marc Newson, The Charlie Rose Show, November 21, 2013, https://charlierose.com/videos/17469.

4. Goldberger, "Designing Men."

5. "Apple Unveils Apple Watch—Apple's Most Personal Device Ever," Apple, September 9, 2014, https://www.apple.com/newsroom/2014/09/09Apple-Unveils-Apple-Watch-Apples-Most-Personal-Device-Ever/.

6. Apple Watch marketing site, April 30, 2015, via Wayback Machine—Internet Archive, https://web.archive.org/web/20150430052623/ http://www.apple.com/watch/apple-watch/.

7. The Apptionary, "Full March 9, 2015, Apple Keynote Apple Watch, Macbook 2015," YouTube, March 9, 2015, https://www.youtube.com/watch?v=U2wJsHWSafc; Benjamin Clymer, "Apple, Influence, and Ive," Hodinkee Magazine, vol. 2, https://www.hodinkee.com/magazine/jony-ive-apple.

8. Ariel Adams, "10 Interesting Facts about Marc Newson's Watch Design Work at Ikepod," A Blog to Watch, September 9, 2014, https://www.ablogtowatch.com/10-interesting-facts-marc-newson-watch-design-work-ikepod/.

9. Jim Dallke, "Inside the Small Evanston Company Whose Tech Was Acquired by Apple and Used by SpaceX," CHICAGOINNO, February 15, 2017, https://www.bizjournals.com/chicago/inno/stories/inno-insights/2017/02/15/inside-the-small-evanston-

company-whose-tech-was.html; "Charlie Kuehmann, VP at SpaceX and Tesla Motors, Is Visiting Georgia Tech!," Georgia Institute of Technology, https://materials.gatech.edu/event/charlie-kuehmann-vp-spacex-and-tesla-motors-visiting-georgia-tech.

10. Kim Peterson, "Did Apple Invent a New Gold for Its Luxury Watch?," Moneywatch, CBS News, March 10, 2015, https://www.cbsnews.com/news/did-apple-invent-a-new-gold-for-its-luxury-watch/; "Crystalline Gold Alloys with Improved Hardness," patent no. WO 2015038636A1, March 19, 2015, https://patentimages.storage.googleapis.com/59/52/60/086e50f497e052/WO2015038636A1.pdf; Apple Videos, "Apple Watch Edition—Gold," YouTube, August 13, 2015, https://www.youtube.com/watch?v=S-aEW0vWdT4.

11. Walter Isaacson, Steve Jobs.

12. Anick Jesdanun, "Pick Your Apple Watch: 54 Combinations of case, band, size," Associated Press, April 9, 2015, https://apnews.com/0cf0112b699a407e9fcc8286946949ff.

13. Christina Passariello, "How Jony Ive Masterminded Apple's New Headquarters," Wall Street Journal Magazine, July 26, 2017, https://www.wsj.com/articles/how-jony-ive-masterminded-apples-new-headquarters-1501063201.

14. David Pierce, "iPhone Killer: The Secret History of the Apple Watch," Wired, May 1, 2015, https://www.wired.com/2015/04/the-apple-watch/.

15. Apple Inc. Definitive Proxy Statement, Schedule 14A, United States Securities and Exchange Commission, January 7, 2013, https://www.sec.gov/Archives/edgar/data/320193/000119312513005529/d450591ddef14a.htm.

16. "Monitor Your Heart Rate with Apple Watch," Apple, https://support.apple.com/en-us/HT204666.

17. Jon Russell, "IDC: Smartphone Shipments Hit 1B for the First Time in 2013, Samsung 'Clear Leader' with 32% Share," TNW, January 27, 2014, https://thenextweb.com/news/idc-smartphone-shipments-passed-1b-first-time-2013-samsung-remains-clear-leader.

18. Mark Gurman, "Apple Store Revamp for Apple Watch Revealed: 'Magical' Display Tables, Demo Loops, Sales Process," 9to5Mac, March 29, 2015, https://9to5mac.com/2015/03/29/apple-store-revamp-for-apple-watch-revealed-magical-tables-demo-loops-sales-process/.

19. Interview with Anna Wintour.

CHAPTER 10. 거래

1. Ian Johnson, "China's Great Uprooting: Moving 250 Million into Cities," New York Times, June 15, 2013, https://www.nytimes.com/2013/06/16/world/asia/chinas-great-uprooting-moving-250-million-into-cities.html; Rui Zhu, "Understanding Chinese Consumers,"

Harvard Business Review, November 14, 2013, https://hbr.org/2013/11/understanding-chinese-consumers.

2. WikiLeaks, "Cablegate: Apple Iphone Facing Licensing Issues in China," Scoop Independent News, June 12, 2009, https://www.scoop.co.nz/stories/WL0906/S00516/cablegate-apple-iphone-facing-licensing-issues-in-china.htm?from-mobile=bottom-link-01.

3. Zheng Jun, "Interview with Cook: Hope That the Mainland Will Become the First Batch of New Apple Products to Be Launched," Sina Technology (translated) January 10, 2013; John Underwood, "Living the Good Life," Gulf Coast Media, July 13, 2018, https://www.gulfcoastnewstoday.com/stories/living-the-good-life,64626.

4. Apple Inc., Form 10-Q for the fiscal quarter ended December 27, 2013, Securities and Exchange Commission, https://www.sec.gov/Archives/edgar/data/320193/000119312515259935/d927922d10q.htm.

5. "Apple Inc. Presents at Goldman Sachs Technology & Internet Conference 2013," S&P Capital IQ, February 12, 2013, https://www.capitaliq.com/CIQDotNet/Transcripts/Detail.aspx?keyDevId=227981668&companyId=24937.

6. "CNBC Exclusive: CNBC Transcript: Apple CEO Tim Cook and China Mobile Chairman Xi Guohua Speak with CNBC's Eunice Yoon Today," CNBC, January 15, 2014, https://www.cnbc.com/2014/01/15/cnbc-exclusive-cnbc-transcript-apple-ceo-tim-cook-and-china-mobile-chairman-xi-guohua-speak-with-cnbcs-eunice-yoon-today.html.

7. "CEO Tim Cook Visits Beijing," Getty Images, January 17, 2014, https://www.gettyimages.com/detail/news-photo/tim-cook-chief-executive-officer-of-apple-inc-visits-a-news-photo/463193469; Dhara Ranasinghe, "Apple Takes a Fresh Bite into China's Market," CNBC, January 17, 2014, https://www.cnbc.com/2014/01/16/apple-takes-a-fresh-bite-into-chinas-market.html; Mark Gurman, "Apple CEO Cook Hands Out Autographed iPhones at China Mobile Launch, Says 'Great Things' Coming," 9to5Mac, January 16, 2014, https://9to5mac.com/2014/01/16/tim-cook-hands-out-autographed-iphones-at-china-mobile-launch-says-great-things-in-product-pipeline/.

8. Marco della Cava, "For Iovine and Reznor, Beats Music Is 'Personal,'" USA Today, January 11, 2014, https://www.usatoday.com/story/life/music/2014/01/11/beats-music-interview-jimmy-iovine-trent-reznor/4401019/.

9. Tripp Mickle, "Jobs, Cook, Ive—Blevins? The Rise of Apple's Cost Cutter," Wall Street Journal, January 23, 2020, https://www.wsj.com/articles/jobs-cook-iveblevins-the-rise-of-apples-cost-cutter-11579803981.

10. Sydney Franklin, "How the World's Largest Curved Windows Were Forged for Apple HQ,"

Architizer, https://architizer.com/blog/inspiration/stories/architectural-details-apple-park-windows/.

11. "Steel-and-Glass Design with Curved Glass for LACMA," Seele, https://seele.com/references/los-angeles-county-museum-of-arts-usa.

12. 이 행사와 프로젝트에 정통한 사람들에 따르면 포스터+파트너스의 건축가들은 철제 조각을 1인치에서 0.5인치 미만으로 줄이기 위해 노력했다고 한다.

13. Mike Ramsey, "Tesla Motors Nearly Doubled Staff in 2014," Wall Street Journal, February 27, 2015, https://www.wsj.com/articles/tesla-motors-nearly-doubled-staff-in-2014-1425072207; Daisuke Wakabayashi and Mike Ramsey, "Apple Gears Up to Challenge Tesla in Electric Cars," Wall Street Journal, February 13, 2015, https://www.wsj.com/articles/apples-titan-car-project-to-challenge-tesla-1423868072.

14. "2015 Global Health Care Outlook: Common Goals, Competing Priorities," Deloitte, https://www2.deloitte.com/content/dam/Deloitte/global/Documents/Life-Sciences-Health-Care/gx-lshc-2015-health-care-outlook-global.pdf; "The World's Automotive Industry," International Organisation of Motor Vehicles Manufacturers, November 29, 2006, https://www.oica.net/wp-content/uploads/2007/06/oica-depliant-final.pdf.

15. Tom Relihan, "Steve Jobs Talks Consultants, Hiring, and Leaving Apple in Unearthed 1992 Talk," MIT Sloan School of Management, May 10, 2018, https://mitsloan.mit.edu/ideas-made-to-matter/steve-jobs-talks-consultants-hiring-and-leaving-apple-unearthed-1992-talk.

16. "Tim Cook," Charlie Rose, September 12, 2014, https://charlierose.com/videos/18663.

17. Ben Fritz and Tripp Mickle, "Apple's iTunes Falls Short in Battle for Video Viewers," Wall Street Journal, July 9, 2017, https://www.wsj.com/articles/apples-itunes-falls-short-in-battle-for-video-viewers-1499601601.

18. Tom Connick, "Dr. Dre Discusses History of Abuse Towards Women: 'I Was Out of My Fucking Mind,'" NME, July 11, 2017, https://www.nme.com/news/music/dr-dre-discusses-abuse-women-fucking-mind-2108142; Joe Coscarelli, "Dr. Dre Apologizes to the 'Women I've Hurt,'" New York Times, August 21, 2015, https://www.nytimes.com/2015/08/22/arts/music/dr-dre-apologizes-to-the-women-ive-hurt.html.

19. Wall Street Journal, "Behind the Deal—The Weekend That Nearly Blew the $3 Billion Apple Beats Deal," YouTube, July 13, 2017, https://www.youtube.com/watch?v=A0md3ok60g8.

CHAPTER 11. 파티

1. "Jony Ive: The Future of Design," Hirshhorn Museum, November 29, 2017, podcast posted to Soundcloud.com by Fuste, https://soundcloud.com/user-175082292/jony-ive-

the-future-of-design; Ian Parker, "The Shape of Things to Come: How an Industrial Designer Became Apple's Greatest Product," The New Yorker, February 16, 2015, https://www.newyorker.com/magazine/2015/02/23/shape-things-come.

2. Justin Sullivan, "Apple Unveils iPhone 6," Getty Images, September 9, 2014, https://www.gettyimages.com/detail/news-photo/the-new-iphone-6-is-displayed-during-an-apple-special-event-news-photo/455054182; Karl Mondon, "Final Preparations Are Made Monday Morning, September 8, 2014, for Tomorrow's Big Apple Media Event," Getty Images, September 8, 2014, https://www.gettyimages.in/detail/news-photo/final-preparations-are-made-monday-morning-sept-8-for-news-photo/1172329286; Karl Mondon, "Different Models of the New Apple Watch Are on Display," Getty Images, September 9, 2014, https://www.gettyimages.com/detail/news-photo/different-models-of-the-new-apple-watch-are-on-display-for-news-photo/1172329258.

3. Don Emmert/AFP, "People Wait in Line on Chairs September 9, 2014 Outside the Apple Store on 5th Avenue," Getty Images, September 9, 2014, https://www.gettyimages.com/detail/news-photo/people-wait-in-line-on-chairs-september-9-2014-outside-the-news-photo/455039230.

4. Parker, "The Shape of Things to Come," The New Yorker.

5. "Apple Special Event, September 2014" (video), Apple Events, September 9, 2014, https://podcasts.apple.com/us/podcast/apple-special-event-september-2014/id275834665?i=1000430692664.

6. "Apple Watch: Will It Revolutionize the Personal Device?," Nightline, ABC, September 9, 2014, https://abcnews.go.com/Nightline/video/apple-watch-revolutionize-personal-device-25396956.

7. Suzy Menkes, "A First Look at the Apple Watch," Vogue, September 9, 2014, https://www.vogue.co.uk/article/suzy-menkes-apple-iwatch-review.

8. Colette Paris, "Apple Watch at Colette Paris," Facebook, October 1, 2014, https://www.facebook.com/www.colette.fr/photos/a.10152694538705266/10152694539145266.

9. Miles Socha, "Apple Unveils Watch at Colette," Women's Wear Daily, September 30, 2014, https://wwd.com/fashion-news/fashion-scoops/apple-unveils-watch-at-colette-7959364/.

10. Emilia Petrarca, "Karl Lagerfeld Talks Death and His Enemies in a Wild New Interview," New York, April 13, 2018, https://www.thecut.com/2018/04/karl-lagerfeld-numero-interview-azzedine-alaia-virgil-abloh.html#_ga=2.218658718.629632365.1631210806-1193973995.1631210803; Ella Alexander, "Full of Faults," Vogue, June 23, 2011, https://www.vogue.co.uk/article/alaia-criticises-karl-lagerfeld-and-anna-wintour.

11. "Apple Azzedine Alaia Party with Lenny Kravitz, Marc Newson, Jonathan Ive for Apple Watch," AudreyWorldNews, November 11, 2014, http://www.audreyworldnews.com/2014/11/apple-azzedine-alaia-party.html; Vanessa Friedman, "The Star of the Show Is Strapped on a Wrist," New York Times, October 1, 2014, https://www.nytimes.com/2014/10/02/fashion/apple-watch-azzedine-alaia-paris-fashion-week.html.

CHAPTER 12. 자부심

1. "Apple Inc., Q4 2014 Earnings Call, Oct 20, 2014," S&P Capital IQ, October 20, 2014, https://www.capitaliq.com/CIQDotNet/Transcripts/Detail.aspx?keyDevId=273702454&companyId=24937.

2. Apple Inc., Form 10-Q for the fiscal quarter ended December 27, 2014, United States Securities and Exchange Commission, https://www.sec.gov/Archives/edgar/data/320193/000119312515023697/d835533d10q.htm.

3. Walt Mossberg, "The Watcher of the Apple Watch: Jeff Williams at Code 2015 (Video)," Vox, June 18, 2015, https://www.vox.com/2015/6/18/11563672/the-watcher-of-the-apple-watch-jeff-williams-at-code-2015-video.

4. "Apple Inc., Q4 2014 Earnings Call, Oct 20, 2014," S&P Capital IQ, October 20, 2014, https://www.capitaliq.com/CIQDotNet/Transcripts/Detail.aspx?keyDevId=273702454&companyId=24937.

5. Ryan Phillips, "Tim Cook, Nick Saban Among Newest Members of Alabama Academy of Honor," Birmingham Business Journal, October 27, 2014, https://www.bizjournals.com/birmingham/morning_call/2014/10/tim-cook-nick-saban-among-newest-members-of.html.

6. Tim Cook, "Workplace Equality Is Good for Business," Wall Street Journal, November 3, 2013, https://www.wsj.com/articles/SB10001424052702304527504579172302377638002.

7. Jena McGregor, "Anderson Cooper was Tim Cook's Guide for Coming Out as Gay," Washington Post, August 15, 2016, https://www.washingtonpost.com/news/on-leadership/wp/2016/08/15/why-tim-cook-talked-with-anderson-cooper-before-publicly-coming-out-as-gay/.

8. Anderson Cooper on The Howard Stern Show, May 12, 2020, https://www.howardstern.com/show/2020/05/12/robin-quivers-struggles-turning-down-houseguests-amidst-global-pandemic/.

9. Bloomberg Surveillance, "Apple CEO Tim Cook: I'm Proud to Be Gay" (video), Bloomberg, October 30, 2014, https://www.bloomberg.com/news/videos/2014-10-30/apple-ceo-tim-cook-im-proud-to-be-gay.

10. Tim Cook, "Tim Cook Speaks Up," Bloomberg, October 30, 2014, https://www.bloomberg.com/news/articles/2014-10-30/tim-cook-speaks-up.

11. "LGBT Rights," Gallup, https://news.gallup.com/poll/1651/gay-lesbian-rights.aspx.

12. "The History of the Castro," KQED, 2009, https://www.kqed.org/w/hood/castro/castroHistory.html.

13. "Apple Gives Benefits to Domestic Partners," San Francisco Chronicle, July 25, 1992.

14. Adam Lashinsky, "Tim Cook: The Genius Behind Steve," Fortune, November 23, 2008, https://fortune.com/2008/11/24/apple-the-genius-behind-steve/; Owen Thomas, "Is Apple COO Tim Cook Gay?," Gawker, November 10, 2008, https://www.gawker.com/5082473/is-apple-coo-tim-cook-gay.

15. Nicholas Jackson, "To Be the Most Powerful Gay Man in Tech, Cook Needs to Come Out," The Atlantic, August 25, 2011, https://www.theatlantic.com/technology/archive/2011/08/to-be-the-most-powerful-gay-man-in-tech-cook-needs-to-comeout/244083/.

16. Ryan Tate, "Tim Cook: Apple's New CEO and the Most Powerful Gay Man in America," Gawker, August 24, 2011, https://www.gawker.com/5834158/tim-cook-apples-new-ceo-and-the-most-powerful-gay-man-in-america; interviews with Ben Ling and friends of Ben Ling, who said that Ling and Cook never dated.

17. Erin Edgemon, "Apple CEO Tim Cook Criticizes Alabama for Not Offering Equality to LGBT Community," AL.com, October 27, 2014, updated January 13, 2020, https://www.al.com/news/montgomery/2014/10/apple_ceo_tim_cook_criticizes.html; WKRG, "Apple's Tim Cook Honored, Slams Alabama Education System," YouTube, November 12, 2014, https://www.youtube.com/watch?v=P6xZSCyPWmA.

18. Ismail Hossain, "Apple CEO Tim Cook Speaks at Alabama Academy of Honor Induction," YouTube, January 3, 2015, https://www.youtube.com/watch?v=frpvn_0bxQs.

19. Ryan Boggus, "Sims Unloads on Apple CEO for 'Swooping In' to 'Lecture Alabama on How We Should Live,'" Yellowhammer News, October 28, 2014, https://yellowhammernews.com/sims-unloads-apple-ceo-swooping-lecture-alabama-live/.

20. "Exclusive: Amanpour Speaks with Apple CEO Tim Cook" (video), CNN, October 25, 2018, https://www.cnn.com/videos/business/2018/10/25/tim-cook-amanpour-full.cnn.

21. Cook, "Tim Cook Speaks Up."

22. Marc Hurel, "Tim Cook of Apple: Being Gay in Corporate America (letter)," New York Times, October 31, 2014, https://www.nytimes.com/2014/11/01/opinion/tim-cook-of-apple-being-gay-in-corporate-america.html; James B. Stewart, "The Coming Out of Apple's Tim Cook: 'This Will Resonate,'" New York Times, October 30, 2014.

CHAPTER 13. 구식

1. Flight records for N586GV; Ian Parker, "The Shape of Things to Come," The New Yorker, February 16, 2015, https://www.newyorker.com/magazine/2015/02/23/shape-things-come.

2. Parker, "The Shape of Things to Come"; Jake Holmes, "2014 Bentley Mulsanne Adds Pillows, Privacy Curtains and Wi-Fi," Motortrend, January 23, 2013, https://www.motortrend.com/news/2014-bentley-mulsanne-adds-pillows-privacy-curtains-and-wi-fi-199127/.

3. "Cramer: Own Apple, Don't Trade It" (video), Mad Money with Jim Cramer, CNBC, January 28, 2015, https://www.cnbc.com/video/2015/01/28/cramer-own-apple-dont-trade-it.html.

4. "Cook Calls Cramer: Happy 10th Anniversary!" (video), Mad Money with Jim Cramer, CNBC, March 12, 2015, https://www.cnbc.com/video/2015/03/12/cook-calls-cramer-happy-10th-anniversary.html.

5. Vanessa Friedman, "This Emperor Needs New Clothes," New York Times, October 15, 2014, https://www.nytimes.com/2014/10/16/fashion/for-tim-cook-of-apple-the-fashion-of-no-fashion.html.

6. Parker, "The Shape of Things to Come."

7. "Apple Special Event, March 2015" (video), Apple Events, March 9, 2015, https://podcasts.apple.com/us/podcast/apple-special-event-march-2015/id275834665?i=1000430692662.

8. Press Release, "Apple Watch Available in Nine Countries on April 24," Apple, March 9, 2015, https://www.apple.com/newsroom/2015/03/09Apple-Watch-Available-in-Nine-Countries-on-April-24/.

9. Apple Inc., 2011 Form 10-K for the year ended September 24, 2011, (filed October 26, 2011),p.30,SEC,https://www.sec.gov/Archives/edgar/data/320193/000119312511282113/d220209d10k.htm.

10. Jay Yarow, "There's 'Lackluster Interest' in Apple Watch, Says UBS," Business Insider, May 1, 2015, https://www.businessinsider.com/ubs-on-the-apple-watch-2015-5; "Can Apple Watch Move the Needle?" (video), CNBC, March 13, 2015, https://www.cnbc.com/video/2015/03/10/can-apple-watch-move-the-needle.html.

11. Karen Turner, "As Apple's Profits Decline, iPhone Factory Workers Suffer, a New Report Claims," Washington Post, September 1, 2016, https://www.washingtonpost.com/news/the-switch/wp/2016/09/01/as-apples-profits-decline-iphone-factory-workers-suffer-a-new-report-claims/.

12. Daisuke Wakabayashi and Lorraine Luk, "Apple Watch: Faulty Taptic Engine Slows

Rollout," Wall Street Journal, April 29, 2015, https://www.wsj.com/articles/apple-watch-faulty-taptic-engine-slows-roll-out-1430339460.

13. Interview with Patrick Pruniaux, who joined Deneve's team from the watchmaker Tag Heuer.

14. Alan F. "Rich and Famous in Milan Get Free Apple Watch," PhoneArena.com, April 17, 2015, https://www.phonearena.com/news/Rich-and-famous-in-Milan-get-free-Apple-Watch-Apple-Watch-Band-and-more_id68390.

15. Nick Compton, "Road-Testing the Apple Watch at Salone del Mobile 2015," Wallpaper, April 13, 2015, https://www.wallpaper.com/watches-and-jewellery/the-big-reveal-road-testing-the-apple-watch-at-salone-del-mobile-2015.

16. Micah Singleton, "Jony Ive: It's Not Our Intent to Compete with Luxury Goods" (video), Verge, April 24, 2015, https://www.theverge.com/2015/4/24/8491265/jony-ive-interview-apple-watch-luxury-goods; Scarlett Kilcooley-O'Halloran, "Apple Explains Its Grand Plan to Suzy Menkes" (video), Vogue, April 22, 2015, http://web.archive.org/web/20150425201744/https://www.vogue.co.uk/news/2015/04/22/the-new-luxury-landscape.

17. Imran Chaudhri, "So the Real Story Is That Steve's Brief," Twitter, December 16, 2019, https://twitter.com/imranchaudhri/status/1206785636855758855?lang=en.

18. Associated Press, "Shoppers Get to Know Apple Watch on First Day of Sales," CTV News, April 10, 2015, https://www.ctvnews.ca/sci-tech/shoppers-get-to-know-apple-watch-on-first-day-of-sales-1.2320387.

19. Tim Higgins, Jing Ceo, and Amy Thomson, "Apple Watch Debut Marks a New Retail Strategy for Apple," Bloomberg, April 24, 2015, https://www.bloomberg.com/news/articles/2015-04-24/apple-watch-debut-marks-a-new-retail-strategy-for-apple.

20. Sam Byford, Amar Toor, and Tom Warren, "We Went Shopping for an Apple Watch in Tokyo, Paris, and London," Verge, April 10, 2015, https://www.theverge.com/2015/4/10/8380993/apple-watch-tokyo-paris-london-shopping.

21. Nilay Patel, "Apple Watch Review," Verge, April 8, 2015, https://www.theverge.com/a/apple-watch-review; Nicole Phelps, "Apple Watch: A Nine-Day Road Test," Vogue, April 8, 2015, https://www.vogue.com/article/apple-watch-test-drive.

22. Joshua Topolsky, "Apple Watch Review: You'll Want One, but You Don't Need One," Bloomberg, April 8, 2015, https://www.bloomberg.com/news/features/2015-04-08/apple-watch-review-you-ll-want-one-but-you-don-t-need-one.

23. Jay Yarow, "There's 'Lackluster Interest' in Apple Watch, Says UBS," Business Insider, May 1, 2015, https://www.businessinsider.com/ubs-on-the-apple-watch-2015-5; sfgoldberg, "Long Sync Times, Delayed Notifications, and Other Issues—Explained!," Apple, May 12,

2015, https://discussions.apple.com/thread/7039051.

24. Interview with Patrick Pruniaux.

25. Parker, "The Shape of Things to Come."

26. "Fortune 500," Fortune, 2015, https://fortune.com/fortune500/2015/search/.

27. Stephen Fry, "When Stephen Fry Met Jony Ive: The Self-Confessed Tech Geek Talks to Apple's Newly Promoted Chief Design Officer," Telegraph, May 26, 2015, https://www.telegraph.co.uk/technology/apple/11628710/When-Stephen-Fry-met-Jony-Ive-the-self-confessed-fanboi-meets-Apples-newly-promoted-chief-design-officer.html.

CHAPTER 14. 융합

1. Apple Inc., 2015 Form 10-K for the year ended September 26, 2015,(filed October 28, 2011),p.30,SEC,https://www.sec.gov/Archives/edgar/data/320193/000119312515356351/d17062d10k.htm.

2. Daisuke Wakabayashi and Mike Ramsey, "Apple Gears Up to Challenge Tesla in Electric Cars," Wall Street Journal, February 13, 2015, https://www.wsj.com/articles/apples-titan-car-project-to-challenge-tesla-1423868072; Tim Bradshaw and Andy Sharman, "Apple Hiring Automotive Experts to Work in Secret Research Lab," Financial Times, February 13, 2015, https://www.ft.com/content/84906352-b3a5-11e4-9449-00144feab7de.

3. Nik Rawlinson, "History of Apple: The Story of Steve Jobs and the Company He Founded," Macworld, April 25, 2017, https://www.macworld.co.uk/feature/history-of-apple-steve-jobs-mac-3606104/.

4. Evan Minsker, "Trent Reznor Talks Apple Music: What His Involvement Is, What Sets It Apart," Pitchfork, July 1, 2015, https://pitchfork.com/news/60190-trent-reznor-talks-apple-music-what-his-involvement-is-what-sets-it-apart/.

5. Todd Wasserman, "Report: Beats Music Had Only 111,000 Subscribers in March," Mashable, May 13, 2014.

6. Josh Duboff, "Taylor Swift: Apple Crusader, #GirlSquad Captain, and the Most Influential 25-Year-Old in America," Vanity Fair, August 11, 2015, https://www.vanityfair.com/style/2015/08/taylor-swift-cover-mario-testino-apple-music.

7. Apple, "Apple—WWDC 2015," YouTube, June 15, 2015, https://www.youtube.com/watch?v=_p8AsQhaVKI.

8. "Steve Jobs to Kick Off Apple's Worldwide Developers Conference 2003," Apple, May 8, 2003, https://www.apple.com/newsroom/2003/05/08Steve-Jobs-to-Kick-Off-Apples-Worldwide-Developers-Conference-2003/; "Apple Launches the iTunes Music Store," Apple, April 28, 2003, https://www.apple.com/newsroom/2003/04/28Apple-Launches-

the-iTunes-Music-Store/; Apple Novinky, "Steve Jobs Introduces iTunes Music Store—Apple Special Event 2003," YouTube, April 3, 2018, https://www.youtube.com/watch?v=NF9o46zK5Jo.

9. Duboff, "Taylor Swift: Apple Crusader, #GirlSquad Captain, and the Most Influential 25-Year-Old in America"; interview with Scott Borchetta.

10. Peter Helman, "Read Taylor Swift's Open Letter to Apple Music," Stereogum, June 21, 2015, https://www.stereogum.com/1810310/read-taylor-swifts-open-letter-to-apple-music/news/.

11. "HBO's Richard Plepler and Jimmy Iovine on Dreaming and Streaming—FULL CONVERSATION," Vanity Fair, October 8, 2015, https://www.vanityfair.com/video/watch/hbo-richard-plepler-jimmy-iovine-dreaming-streaming.

12. Duboff, "Taylor Swift: Apple Crusader, #GirlSquad Captain, and the Most Influential 25-Year-Old in America"; Fortune Magazine, "How Technology Is Changing the Music Industry," YouTube, July 17, 2015, https://www.youtube.com/watch?v=5ZdVA-_deYE.

13. Interview with Scott Borchetta.

14. Jim Famurewa, "Jimmy Iovine Interview: Producer Talks Apple Music, Zane Lowe, and Taylor Swift's Wrath," Evening Standard, August 6, 2015, https://www.standard.co.uk/tech/jimmy-iovine-interview-producer-talks-apple-music-zane-lowe-and-taylor-swift-s-wrath-10442663.html.

15. Fortune Magazine, "How Technology Is Changing the Music Industry"; interview with Scott Borchetta.

16. Interview with Scott Borchetta.

17. Tim Ingham, "Pandora: Our $0.001 per Stream Payout Is 'Very Fair' on Artists. And Besides, Now We Can Help Them Sell Tickets," MusicBusiness Worldwide, February 22, 2015, https://www.musicbusinessworldwide.com/pandora-our-0-001-per-stream-payout-is-very-fair/.

18. Interview with Scott Borchetta.

19. Anne Steele, "Apple Music Reveals How Much It Pays When You Stream a Song," Wall Street Journal, April 16, 2021, https://www.wsj.com/articles/apple-music-reveals-how-much-it-pays-when-you-stream-a-song-11618579800.

20. Interview with Scott Borchetta.

21. Taylor Soper, "Amazon Echo Sales Reach 5M in Two Years, Research Firm Says, as Google Competitor Enters Market," GeekWire, November 21, 2016, https://www.geekwire.com/2016/amazon-echo-sales-reach-5m-two-years-research-firm-says-google-competitor-enters-market/.

22. Sean Hollister, "Microsoft Releases Xbox One Cheat Sheet: Here's What You Can Tell Kinect to Do," Verge, November 25, 2013, https://www.theverge.com/2013/11/25/5146066/microsoft-releases-xbox-one-cheat-sheet-heres-what-you-can-tell; Liz Gaines, "Apple Aiming at PrimeSense Acquisition, but Deal Is Not Yet Done," All Things D, November 17, 2013, https://allthingsd.com/20131117/apple-aiming-at-primesense-acquisition-but-deal-is-not-yet-done.

23. Linda Sui, "Apple iPhone Shipments by Model: Q2 2007 to Q2 2018," Strategy Analytics, February 11, 2019, https://www.strategyanalytics.com/access-services/devices/mobile-phones/handset-country-share/market-data/report-detail/apple-iphone-shipments-by-model-q2-2007-to-q4-2018.

24. Joanna Stern, "Apple Music Review: Behind a Messy Interface Is Music's Next Big Leap," Wall Street Journal, July 7, 2015, https://www.wsj.com/articles/apple-music-review-behind-a-messy-interface-is-musics-next-big-leap-1436300486; Brian X. Chen, "Apple Music Is Strong on Design, Weak on Networking," New York Times, July 1, 2015, https://www.nytimes.com/2015/07/02/technology/personaltech/apple-music-is-strong-on-design-weak-on-social-networking.html; Micah Singleton, "Apple Music Review," Verge, July 8, 2015, https://www.theverge.com/2015/7/8/8911731/apple-music-review; Walt Mossberg, "Apple Music First Look: Rich, Robust—but Confusing," Recode, June 30, 2015, https://www.vox.com/2015/6/30/11563978/apple-music-first-look-rich-fluid-but-somewhat-confusing.

25. Susie Ochs, "Turning Off Connect Makes Apple Music Better," Macworld, July 1, 2015, https://www.macworld.com/article/225829/turning-off-connect-makes-apple-music-better.html.

26. Matthew Garrahan and Tim Bradshaw, "Apple's Music Streaming Subscribers Top 10M," Financial Times, January 10, 2016, https://www.ft.com/content/742955d2-b79b-11e5-bf7e-8a339b6f2164.

CHAPTER 15. 회계사

1. Walter Isaacson, Steve Jobs.

2. Walter Isaacson, Steve Jobs, 366.

3. Brad Stone and Adam Satariano, "Tim Cook Interview: The iPhone 6, the Apple Watch, and Remaking a Company's Culture," Bloomberg, September 18, 2014, https://www.bloomberg.com/news/articles/2014-09-18/tim-cook-interview-the-iphone-6-the-apple-watch-and-being-nice.

4. Buster Hein, "These Are the Fabulous Rides of Sir Jony Ive," Cult of Mac, February 27,

2014, https://www.cultofmac.com/254380/jony-ives-cars/.

5. Daisuke Wakabayashi, "Apple Scales Back Its Ambitions for a Self-Driving Car," New York Times, August 22, 2017, https://www.nytimes.com/2017/08/22/technology/apple-self-driving-car.html.

6. Jack Nicas, "Apple, Spurned by Others, Signs Deal with Volkswagen for Driverless Car," New York Times, May 23, 2018, https://www.nytimes.com/2018/05/23/technology/apple-bmw-mercedes-volkswagen-driverless-cars.html.

7. Aaron Tilley and Wayne Ma, "Before Departure, Apple's Ive Faded from View," The Information, June 27, 2019, https://www.theinformation.com/articles/before-departure-apples-jony-ive-faded-from-view.

8. Foster + Partners, "The Steve Jobs Theater at Apple Park," fosterandpartners.com, September 15, 2017, https://www.fosterandpartners.com/news/archive/2017/09/the-steve-jobs-theater-at-apple-park/; Gordon Sorlini, "Full Leather Trim," The Official Ferrari Magazine, March 29, 2021, https://www.ferrari.com/en-GM/magazine/articles/full-leather-trim-poltrona-frau-dashboards; Seung Lee, "Apple's New Steve Jobs Theater Is Expected to Be a Major Reveal of Its Own," Mercury News, September 11, 2017, https://www.mercurynews.com/2017/09/11/apples-new-steve-jobs-theater-is-expected-to-be-a-major-reveal-of-its-own/.

9. Dawn Chmielewski, "Rev. Jesse Jackson Lauds Apple's Diversity Efforts, but Says March Not Over," Recode, March 10, 2015, https://www.vox.com/2015/3/10/11560038/rev-jesse-jackson-lauds-apples-diversity-efforts-but-says-march-not.

10. Stephen Galloway, "A Widow's Threats, HighPowered Spats and the Sony Hack: The Strange Saga of 'Steve Jobs,'" Hollywood Reporter, October 7, 2015, https://www.hollywoodreporter.com/movies/movie-features/a-widows-threats-high-powered-829925/.

11. "Jony Ive, J. J. Abrams, and Brian Grazer on Inventing Worlds in a Changing One—FULL CONVERSATION" (video), Vanity Fair, October 9, 2015, https://www.vanityfair.com/video/watch/the-new-establishment-summit-jony-ive-j-j-abrams-and-brian-grazer-on-inventing-worlds-in-a-changing-one-2015-10-09.

12. Ian Parker, "The Shape of Things to Come: How an Industrial Designer Became Apple's Greatest Product," The New Yorker, February 16, 2015, https://www.newyorker.com/magazine/2015/02/23/shape-things-come.

13. Interview with Andrew Bolton; Guy Trebay, "At the Met, Andrew Bolton Is the Storyteller in Chief," New York Times, April 29, 2015, https://www.nytimes.com/2015/04/30/fashion/mens-style/at-the-met-andrew-bolton-is-the-storyteller-in-chief.html.

14. Christina Binkley, "Karl Lagerfeld Runway Show Features Pregnant Model in Neoprene

Gown," Wall Street Journal, July 9, 2014, https://www.wsj.com/articles/BL-SEB-82150.

15. Interview with Anna Wintour.

16. Interview with Anna Wintour; Maghan McDowell, "Yahoo's $3 Million Met Ball Sponsorship Comes Under Fire," Women's Wear Daily, December 16, 2015, https://wwd.com/fashion-news/fashion-scoops/yahoos-3-million-met-ball-sponsorship-comes-under-fire-10299361/.

17. Christina Passariello, "Apple's First Foray into Luxury with Hermès Watch Breaks Tradition," Wall Street Journal, September 11, 2015, https://www.wsj.com/articles/apple-breaks-traditions-with-first-foray-into-luxury-1441944061; interview with Andrew Bolton.

CHAPTER 16. 보안

1. Rick Braziel, Frank Straub, George Watson, and Rod Hoops, Bringing Calm to Chaos: A Critical Incident Review of the San Bernardino Public Safety Response to the December 2, 2015, Terrorist Shooting Incident at the Inland Regional Center, Office of Community Oriented Policing Services, U.S. Department of Justice, 2016, https://www.justice.gov/usao-cdca/file/891996/download.

2. Apple, "Legal Process Guidelines: Government & Law Enforcement Within the United States," https://www.apple.com/legal/privacy/law-enforcement-guidelines-us.pdf.

3. Lev Grossman, "Inside Apple CEO Tim Cook's Fight with the FBI," Time, March 17, 2016, https://time.com/4262480/tim-cook-apple-fbi-2/; The Encryption Tightrope: Balancing Americans' Security and Privacy, Hearing Before the Committee on the Judiciary, House of Representatives, March 1, 2016, https://docs.house.gov/meetings/JU/JU00/20160301/104573/HHRG-114-JU00-Transcript-20160301.pdf.

4. Kim Zetter, "New Documents Solve a Few Mysteries in the Apple-FBI Saga," Wired, March 11, 2016, https://www.wired.com/2016/03/new-documents-solve-mysteries-apple-fbi-saga/.

5. John Shinal, "War on Terror Comes to Silicon Valley," USA Today, February 25, 2016, https://www.usatoday.com/story/tech/columnist/2016/02/25/war-terror-comes-silicon-valley/80918106/.

6. Ellen Nakashima, "Obama's Top National Security Officials to Meet with Silicon Valley CEOs," Washington Post, January 7, 2016, https://www.washingtonpost.com/world/national-security/obamas-top-national-security-officials-to-meet-with-silicon-valley-ceos/2016/01/07/178d95ca-b586-11e5-a842-0feb51d1d124_story.html.

7. Glenn Greenwald, "NSA Prism Program Taps In to User Data of Apple, Google and Others," Guardian, June 7, 2013, https://www.theguardian.com/world/2013/jun/06/us-tech-giants-nsa-data.

8. Jena McLaughlin, "Apple's Tim Cook Lashes Out at White House Officials for Being Wishy-Washy on Encryption," The Intercept, January 12, 2016, https://theintercept. com/2016/01/12/apples-tim-cook-lashes-out-at-white-house-officials-for-being-wishy-washy-on-encryption/.

9. Daisuke Wakabayashi and Devlin Barrett, "Apple, FBI Wage War of Words," Wall Street Journal, February 22, 2016, https://www.wsj.com/articles/apple-fbi-wage-war-of-words-1456188800.

10. Current and Projected National Security Threats to the United States, Hearing Before the Select Committee on Intelligence of the United States Senate, February 9, 2016, https:// www.govinfo.gov/content/pkg/CHRG-114shrg20544/pdf/CHRG-114shrg20544.pdf, 43–44; C-SPAN, "Global Threats" (video), c-span.org, February 9, 2016, https://www.c-span. org/video/?404387-1/hearing-global-terrorism-threats.

11. Dustin Volz and Mark Hosenball, "FBI Director Says Investigators Unable to Unlock San Bernardino Killer's Phone Content," Reuters, February 9, 2016, https://www.reuters.com/ article/california-shooting-encryption/fbi-director-says-investigators-unable-to-unlock-san-bernardino-killers-phone-content-idUSL2N15O246.

12. Orin Kerr, "Opinion: Preliminary Thoughts on the Apple iPhone Order in the San Bernardino Case: Part 2, the All Writs Act," Washington Post, February 19, 2016, https:// www.washingtonpost.com/news/volokh-conspiracy/wp/2016/02/19/preliminary-thoughts-on-the-apple-iphone-order-in-the-san-bernardino-case-part-2-the-all-writs-act/; Alison Frankel, "How a N.Y. Judge Inspired Apple's Encryption Fight: Frankel," Reuters, February 17, 2016, https://www.reuters.com/article/apple-encryption-column/refile-how-a-n-y-judge-inspired-apples-encryption-fight-frankel-idUSL2N15W2HZ.

13. Attorneys for the Applicant United States of America. In the Matter of the Search of an Apple iPhone Seized During the Execution of a Search Warrant on a Black Lexus IS300, California License Plate 35KGD203, ED No. 15-0451M, Government's Ex Parte Application, U.S. District Court, Central District of California, February 16, 2016, https://www.justice. gov/usao-cdca/page/file/1066141/download.

14. Issie Lapowsky, "Apple Takes a Swipe at Google in Open Letter on Privacy," Wired, September 18, 2014, https://www.wired.com/2014/09/apple-privacy-policy/.

15. Federighi dissected the FBI's request: Attorneys for Apple Inc. Apple Inc's Motion to Vacate Order Compelling Apple Inc to Assist Agents in Search and Opposition to Government's Motion to Compel Assistance, ED No. CM 16-10 (SP), United States District Court, the Central District of California, Eastern Division, March 22, 2016, https://epic. org/amicus/crypto/apple/In-re-Apple-Motion-to-Vacate.pdf.

16. Scott Bixby, "Trump Calls for Apple Boycott amid FBI Feud—Then Sends Tweets from iPhone," Guardian, February 19, 2016, https://www.theguardian.com/us-news/2016/feb/19/donald-trump-apple-boycott-fbi-san-bernardino.

17. Devlin Barrett, "Americans Divided over Apple's Phone Privacy Fight, WSJ/NBC Poll Shows," Wall Street Journal, March 9, 2016, https://www.wsj.com/articles/americans-divided-over-apples-phone-privacy-fight-wsj-nbc-poll-shows-1457499601.

18. ABC News, "Exclusive: Apple CEO Tim Cook Sits down with David Muir (Extended Interview)," YouTube, February 25, 2016, https://www.youtube.com/watch?v=tGqLTFv7v7c.

19. Eric Lichtblau and Matt Apuzzo, "Justice Department Calls Apple's Refusal to Unlock iPhone a 'Marketing Strategy,'" New York Times, February 19, 2016, https://www.nytimes.com/2016/02/20/business/justice-department-calls-apples-refusal-to-unlock-iphone-a-marketing-strategy.html.

20. Matthew Panzarino, "Apple's Tim Cook Delivers Blistering Speech on Encryption, Privacy," TechCrunch, June 2, 2015, https://techcrunch.com/2015/06/02/apples-tim-cook-delivers-blistering-speech-on-encryption-privacy/.

21. Jack Nicas, Raymond Zhong, and Daisuke Wakabayashi, "Censorship, Surveillance and Profits: A Hard Bargain for Apple in China," New York Times, May 17, 2021, https://www.nytimes.com/2021/05/17/technology/apple-china-censorship-data.html; Reed Albergotti, "Apple Puts CEO Tim Cook on the Stand to Fight the Maker of 'Fortnite,'"Washington Post, May 21, 2021, https://www.washingtonpost.com/technology/2021/05/21/apple-tim-cook-epic-fortnite-trial/.

22. The Encryption Tightrope: Balancing Americans' Security and Privacy, Hearing Before the Committee on the Judiciary, House of Representatives.

23. Michael Simon, "Apple's iPhone Privacy Billboard Is a Clever CES Troll, but It's Also Inaccurate," Macworld, January 6, 2019, https://www.macworld.com/article/232305/apple-privacy-billboard.html.

24. Mark Hosenball, "FBI Paid Under $1 Million to Unlock San Bernardino iPhone: Sources," Reuters, April 28, 2016, https://www.reuters.com/article/us-apple-encryption/fbi-paid-under-1-million-to-unlock-san-bernardino-iphone-sources-idUSKCN0XQ032; Ellen Nakashima and Reed Albergotti, "The FBI Wanted to Unlock the San Bernardino Shooter's iPhone. It Turned to a Little-Known Australian Firm," Washington Post, April 14, 2021, https://www.washingtonpost.com/technology/2021/04/14/azimuth-san-bernardino-apple-iphone-fbi/.

25. "A Special Inquiry Regarding the Accuracy of FBI Statements Concerning Its Capabilities to Exploit an iPhone Seized During the San Bernardino Terror Attack Investigation,"

Office of the Inspector General, U.S. Department of Justice, March 2018, https://www.oversight.gov/sites/default/files/oig-reports/o1803.pdf.

26. Apple Press Release, "Apple Reports Second Quarter Results," Apple, April 26, 2016, https://www.apple.com/newsroom/2016/04/26Apple-Reports-Second-Quarter-Results/.

27. Daisuke Wakabayashi, "Apple Sinks on iPhone Stumble," Wall Street Journal, April 26, 2016.

CHAPTER 17. 하와이에서의 날들

1. Video of Jony Ive's speech at the Metropolitan Museum of Art obtained during reporting; Dan Howarth, "'Fewer Designers Seem to Be Interested in How Something Is Actually Made' says Jonathan Ive," Dezeen, May 3, 2016, https://www.dezeen.com/2016/05/03/fewer-designers-interested-in-how-something-is-made-jonathan-ive-apple-manus-x-machina/.

2. Jim Shi, "See How Tech and Fashion Mixed at the Met Gala," Bizbash, May 10, 2016, https://www.bizbash.com/catering-design/event-design-decor/media-gallery/13481625/see-how-tech-and-fashion-mixed-at-the-met-gala.

3. Patricia Garcia, "Watch the Weeknd and Nat Perform at the 2016 Met Gala," Vogue, May 3, 2016, https://www.vogue.com/article/the-weeknd-nas-met-gala-performance.

4. Tripp Mickle, "Jony Ive Is Leaving Apple, but His Departure Started Long Ago," Wall Street Journal, June 30, 2019, https://www.wsj.com/articles/jony-ive-is-departing-apple-but-he-started-leaving-years-ago-11561943376?mod=article_relatedinline.

5. Alice Morby, "Jony Ive and Marc Newson Create Room-Size Interpretation of a Christmas Tree," Dezeen, November 21, 2016, https://www.dezeen.com/2016/11/21/jony-ive-marc-newson-immersive-christmas-tree-claridges-hotel-london/; Jessica Klingelfuss, "First Look at Sir Jony Ive and Marc Newson's Immersive Festive Installation for Claridge's," Wallpaper, November 19, 2016, https://www.wallpaper.com/design/first-look-jony-ive-marc-newson-festive-installation-claridges.

CHAPTER 18. 삼성의 리콜

1. Jonathan Cheng, "Samsung Adds Iris Scanner to New Galaxy Note Smartphone," Wall Street Journal, August 2, 2016, https://www.wsj.com/articles/samsung-adds-iris-scanner-to-new-galaxy-note-smartphone-1470150004; "Gartner Says Worldwide Sales of Smartphones Grew 7 Percent in the Fourth Quarter of 2016," Gartner, February 15, 2017, https://www.gartner.com/en/newsroom/press-releases/2017-02-15-gartner-says-worldwide-sales-of-smartphones-grew-7-percent-in-the-fourth-quarter-of-2016.

2. Interview with Joni Barwick; Olivia Solon, "Samsung Owners Furious as Company Resists Paying Up for Note 7 Fire Damage," Guardian, October 19, 2016, https://www.theguardian.com/technology/2016/oct/19/samsung-galaxy-note-7-fire-damage-owners-angry; "Samsung Exploding Phone Lawsuits May Be Derailed by Fine Print," CBS News, February 3, 2017, https://www.cbsnews.com/news/samsung-galaxy-note-7-fine-print-class-action-waiver-lawsuits/; Joanna Stern,"Samsung Galaxy Note 7 Review: Best New Android Phone," Wall Street Journal, August 16, 2016, https://www.wsj.com/articles/samsung-galaxy-note-7-review-its-all-about-the-stylus-1471352401.

3. "Samsung Recalls Galaxy Note7 Smartphones Due to Serious Fire and Burn Hazards," United States Consumer Product Safety Commission, September 15, 2016, https://www.cpsc.gov/Recalls/2016/Samsung-Recalls-Galaxy-Note7-Smartphones/.

4. Sijia Jiang, "China's ATL to Become Main Battery Supplier for Samsung's Galaxy Note 7: Source," Reuters, September 13, 2016, https://www.reuters.com/article/us-atl-samsung-battery/chinas-atl-to-become-main-battery-supplier-for-samsungs-galaxy-note-7-source-idUSKCN11J1EL; Sherisse Pham, "Samsung Blames Batteries for Galaxy Fires," CNN, January 23, 2017, https://money.cnn.com/2017/01/22/technology/samsung-galaxy-note-7-fires-investigation-batteries/.

5. Tim Cook, Twitter, September 7, 2016, https://twitter.com/tim_cook/status/773530595284529152.

6. Apple, "Apple Special Event, October 2016" (video) Apple Events, September 7, 2016, https://podcasts.apple.com/us/podcast/apple-special-event-october-2016/id275834665?i=1000430692673.

7. Daisuke Wakabayashi, "Apple's Watch Outpaced the iPhone in First Year," Wall Street Journal, April 24, 2016, https://www.wsj.com/articles/apple-watch-with-sizable-sales-cant-shake-its-critics-1461524901; Apple Press Release, "Apple Reports Fourth Quarter Results," Apple (with consolidated financial statements), October 25, 2016, https://www.apple.com/newsroom/2016/10/apple-reports-fourth-quarter-results/.

8. Apple Press Release, "Portrait Mode Now Available on iPhone 7 Plus with iOS 10.1," Apple, October 24, 2016, https://www.apple.com/newsroom/2016/10/portrait-mode-now-available-on-iphone-7-plus-with-ios-101/.

9. "Steve Jobs in 2010, at D8," Apple Podcasts, https://podcasts.apple.com/us/podcast/steve-jobs-in-2010-at-d8/id529997900?i=1000116189688.

10. CollegeHumor, "The New iPhone Is Just Worse," YouTube, September 8, 2016, https://www.youtube.com/watch?v=RgBDdDdSqNE.

11. "Apple's New AirPods Ad | Conan on TBS," YouTube, September 14, 2016, https://www.youtube.com/watch?v=z_wImaGRkNY.

12. Paul Blake, "Exclusive: Apple CEO Tim Cook Dispels Fears That AirPods Will Fall out of Ears," ABC News, September 13, 2016, https://abcnews.go.com/Technology/exclusive-apple-ceo-tim-cook-dispels-fears-airpods/story?id=42054658.

13. Interview with Chris Deaver, former human resources official, who did a white paper on the problem and developed a solution he called "Collaboration by Design."

14. Interview with Chris Deaver, former senior human resources business partner; Chris Deaver, "From Think Different to Different Together: The Best Work of My Life at Apple," LinkedIn, August 29, 2019, https://www.linkedin.com/pulse/think-different-together-best-work-my-life-apple-chris-deaver/.

15. Jonathan Cheng and John D. McKinnon, "The Fatal Mistake that Doomed Samsung's Galaxy Note," Wall Street Journal, October 23, 2016, https://www.wsj.com/articles/the-fatal-mistake-that-doomed-samsungs-galaxy-note-1477248978.

16. Neil Mawston, "SA: Apple iPhone 7 Was World's Best-Selling Smartphone Model in Q1 2017," Strategy Analytics, May 10, 2017, https://www.strategyanalytics.com/strategy-analytics/news/strategy-analytics-press-releases/strategy-analytics-press-release/2017/05/10/strategy-analytics-apple-iphone-7-was-world%27s-best-selling-smartphone-model-in-q1-2017.

17. Mark Böschen, "Berkshire Hathaway Manager Establishes Apple Investment," Manager Magazin, October 28, 2016; Anupreeta Das, "Warren Buffett's Heirs Bet on Apple," Wall Street Journal, May 16, 2016, https://www.wsj.com/articles/buffetts-berkshire-takes-1-billion-position-in-apple-1463400389; Hannah Roberts, "Warren Buffett's Berkshire Hathaway Has More than Doubled Its Stake in Apple," Business Insider, February 27, 2017, https://www.businessinsider.com/warren-buffetts-berkshire-hathaway-has-more-than-doubled-its-stake-in-apple-2017-2; Becky Quick and Lauren Feiner, "Watch Apple CEO Tim Cook's Full Interview from the Berkshire Hathaway Shareholder Meeting," CNBC, May 6, 2019, https://www.cnbc.com/2019/05/06/apple-ceo-tim-cook-interview-from-berkshire-hathaway-meeting.html.

18. Emily Bary, "What Warren Buffett Learned About the iPhone at Dairy Queen," Barron's, February 27, 2017, https://www.barrons.com/articles/what-warren-buffett-learned-about-the-iphone-at-dairy-queen-1488216174.

19. Daisuke Wakabayashi, "Apple Taps Bob Mansfield to Oversee Car Project," Wall Street Journal, July 25, 2016, https://www.wsj.com/articles/apple-taps-bob-mansfield-to-oversee-car-project-1469458580; Daisuke Wakabayashi and Brian X. Chen, "Apple Is Said to Be Rethinking Strategy on Self-Driving Cars," New York Times, September 9, 2016, https://www.nytimes.com/2016/09/10/technology/apple-is-said-to-be-rethinking-

strategy-on-self-driving-cars.html.

20. Paul Mozur and Jane Perlez, "Apple Services Shut Down in China in Startling About-Face," New York Times, April 21, 2016, https://www.nytimes.com/2016/04/22/technology/apple-no-longer-immune-to-chinas-scrutiny-of-us-tech-firms.html.

21. Liberty University, "Donald Trump—Liberty University Convocation," YouTube, January 18, 2016, https://www.youtube.com/watch?v=xSAyOlQuVX4.

22. Josh Katz, "Who Will Be President?," New York Times, November 8, 2016, https://www.nytimes.com/interactive/2016/upshot/presidential-polls-forecast.html; Gregory Krieg, "The Day That Changed Everything: Election 2016, as It Happened," CNN, November 8, 2017, https://www.cnn.com/2017/11/08/politics/inside-election-day-2016-as-it-happened/index.html.

CHAPTER 19. 50세의 아이브

1. "About the Battery," The Battery, https://www.thebatterysf.com/about.

2. Shalini Ramachandran, "Apple Hires Former Time Warner Cable Executive Peter Stern," Wall Street Journal, September 14, 2016, https://www.wsj.com/articles/apple-hires-former-time-warner-cable-executive-peter-stern-1473887487.

3. Fred Imbert, "GoPro Hires Designer Away from Apple; Shares Spike," CNBC, April 13, 2016, https://www.cnbc.com/2016/04/13/gopro-hires-apple-designer-daniel-coster-shares-jump.html; Paul Kunkel, AppleDesign.

4. Mike Murphy, "Apple Shares Just Closed at Their Highest Price Ever," Quartz, February 13, 2017, https://qz.com/909729/how-much-are-apple-aapl-shares-worth-more-than-ever/.

5. Jay Peters, "One of the Apple Watch's Original Designers Tweeted a Behind-the-Scenes Look atItsDevelopment,"Verge,April24,2020,https://www.theverge.com/tldr/2020/4/24/21235090/apple-watch-designer-imran-chaudhri-development-tweetstorm.

6. 애플은 총 보수의 일부로 직원들에게 주식 지분을 제공한다. 직원들은 약 4년의 귀속 기간이 지나면 제한적 주식 단위로 알려진 이 지분 전체를 전환할 수 있다. 애플에서는 주식이 일반적으로 가을과 봄에 귀속되며, 많은 직원들이 그 시기에 퇴사하거나 은퇴한다. 경우에 따라 몇몇 직원들은 새해에 일찍 귀속되는 지분을 받기도 한다.

7. Charlotte Edwardes, "Meet the Glamorous New Tribes Shaking Up the Cotswolds," Evening Standard, July 20, 2017, https://www.standard.co.uk/lifestyle/esmagazine/new-wolds-order-how-glamorous-new-arrivals-are-shaking-things-up-in-the-cotswolds-a3590711.html; Suzanna Andrews, "Untangling Rebekah Brooks," Vanity Fair, January 9, 2012, https://www.vanityfair.com/news/business/2012/02/rebekah-brooks-201202.

8. Bono, The Edge, Adam Clayton, Larry Mullen, Jr., with Neil McCormick, U2 by U2

(London: itbooks, 2006), 270–75.

9. Bono, Adam Clayton, The Edge, Larry Mullen, Jr., "One," Achtung Baby, 1992, https://genius.com/U2-one-lyrics.

CHAPTER 20. 권력 이동

1. "'America First': Full Transcript and Video of Donald Trump's Inaugural Address," Wall Street Journal, January 20, 2017, https://www.wsj.com/articles/BL-WB-67322.

2. Apple Press Release, "Apple Reports Fourth Quarter Results (Consolidated Financial Statements)," Apple, November 2, 2017, https://www.apple.com/newsroom/2017/11/apple-reports-fourth-quarter-results/; Apple Press Release, "Apple Reports Fourth Quarter Results (Consolidated Financial Statements)," Apple, October 27, 2015, https://www.apple.com/newsroom/2015/10/27Apple-Reports-Record-Fourth-Quarter-Results/.

3. Tripp Mickle, "Apple's Pressing Challenge: Build Its Services Business," Wall Street Journal, January 10, 2019, https://www.wsj.com/articles/apples-pressing-challenge-build-its-services-business-11547121605.

4. Tim Higgins and Brent Kendall, "Epic vs. Apple Trial Features Battle over How to Define Digital Markets," Wall Street Journal, May 2, 2021, https://www.wsj.com/articles/epic-vs-apple-trial-features-battle-over-how-to-define-digital-markets-11619964001.

5. "Apple Inc., Q1 2017 Earnings Call, Jan 31, 2017," S&P Capital IQ, https://www.capitaliq.com/CIQDotNet/Transcripts/Detail.aspx?keyDevId=415202390&companyId=24937.

6. Mickle, "Apple's Pressing Challenge: Build Its Services Business."

7. Nick Wingfield, "'The Mobile Industry's Never Seen Anything like This': An Interview with Steve Jobs at the App Store's Launch," Wall Street Journal, July 25, 2018, https://www.wsj.com/articles/the-mobile-industrys-never-seen-anything-like-this-an-interview-with-steve-jobs-at-the-app-stores-launch-1532527201.

8. Timothy B. Lee, "Trump Claims 1.5 Million People Came to His Inauguration. Here's What the Evidence Shows," Vox, January 23, 2017, https://www.vox.com/policy-and-politics/2017/1/21/14347298/trump-inauguration-crowd-size; Abby Phillip and Mike DeBonis, "Without Evidence, Trump Tells Lawmakers 3 Million to 5 Million Illegal Ballots Cost Him the Popular Vote," Washington Post, January 23, 2017, https://www.washingtonpost.com/news/post-politics/wp/2017/01/23/at-white-house-trump-tells-congressional-leaders-3-5-million-illegal-ballots-cost-him-the-popular-vote/; Akane Otani and Shane Shifflett, "Think a Negative Tweet from Trump Crushes a Stock? Think Again," Wall Street Journal, February 23, 2017, https://www.wsj.com/graphics/trump-market-tweets/.

9. G. Pascal Zachary, "In the Politics of Innovation, Steve Jobs Shows Less Is More," IEEE Spectrum, December 15, 2010, https://spectrum.ieee.org/in-the-politics-of-innovation-steve-jobs-shows-less-is-more.

10. Walter Isaacson, Steve Jobs.

11. Interview with Tim Cook.

12. Edward Moyer, "Apple's Cook Takes Aim at Trump's Immigration Ban," CNET, January 28, 2017, https://www.cnet.com/news/tim-cook-trump-immigration-apple-memo-executive-order/.

13. Interview with Tim Cook.

14. Lizzy Gurdus, "Exclusive: Apple Just Promised to Give U.S. Manufacturing a $1 Billion Boost" (video), CNBC, May 3, 2017, https://www.cnbc.com/2017/05/03/exclusive-apple-just-promised-to-give-us-manufacturing-a-1-billion-boost.html.

15. Tripp Mickle and Yoko Kubota, "Tim Cook and Apple Bet Everything on China. Then Coronavirus Hit," Wall Street Journal, March 3, 2020, https://www.wsj.com/articles/tim-cook-and-apple-bet-everything-on-china-then-coronavirus-hit-11583172087; Glenn Leibowitz, "Apple CEO Tim Cook: This Is the No. 1 Reason We Make iPhones in China (It's Not What You Think)," Inc., December 21, 2017, https://www.inc.com/glenn-leibowitz/apple-ceo-tim-cook-this-is-number-1-reason-we-make-iphones-in-china-its-not-what-you-think.html.

16. Apple Inc. Form 10-K 2017, Cupertino, CA: Apple Inc, 2017, https://www.sec.gov/Archives/edgar/data/320193/000032019317000070/a10-k20179302017.htm; Apple Inc. Form 10-K 2011, Cupertino, CA: Apple Inc, 2011, https://www.sec.gov/Archives/edgar/data/320193/000119312511282113/d220209d10k.htm; Apple Inc. Definitive Proxy Statement 2018, Cupertino, CA: Apple Inc., December 15, 2017, https://www.sec.gov/Archives/edgar/data/320193/000119312517380130/d400278ddef14a.htm.

17. Jonathan Swan, "What Apple's Tim Cook Will Tell Trump," Axios, June 18, 2017, https://www.axios.com/what-apples-tim-cook-will-tell-trump-1513303073-74d6db9f-d6c2-46c7-8e24-a291325d88e9.html.

18. David McCabe, "Tim Cook to Trump: Put 'More Heart' in Immigration Debate," Axios, June 20, 2017, https://www.axios.com/tim-cook-to-trump-put-more-heart-in-immigration-debate-1513303104-f5799556-4f78-4c80-aca3-d7b48864a917.html.

19. "Excerpts: Donald Trump's Interview with the Wall Street Journal," Wall Street Journal, July 25, 2017, https://www.wsj.com/articles/donald-trumps-interview-with-the-wall-street-journal-edited-transcript-1501023617?tesla=y; Tripp Mickle and Peter Nicholas, "Trump Says Apple CEO Has Promised to Build Three Manufacturing Plants in U.S.," Wall Street Journal,

July 25, 2017, https://www.wsj.com/articles/trump-says-apple-ceo-has-promised-to-build-three-manufacturing-plants-in-u-s-1501012372.

20. "Remarks by President Trump to the World Economic Forum," The White House, January 26, 2018, https://trumpwhitehouse.archives.gov/briefings-statements/remarks-president-trump-world-economic-forum/.

21. Bob Davis and Lingling Wei, Superpower Showdown.

22. 2018년 3월 20일의 애플 주가는 42.33달러, 2018년 3월 23일의 주가는 39.84달러였다.

23. Jack Nicas and Paul Mozur, "In China Trade War, Apple Worries It Will Be Collateral Damage," New York Times, June 18, 2018, https://www.nytimes.com/2018/06/18/technology/apple-tim-cook-china.html; Norihiko Shirouzu and Michael Martina, "Red Light: Ford Facing Hold-ups at China Ports amid Trade Friction," Reuters, May 9, 2018, https://www.reuters.com/article/us-usa-trade-china-ford/red-light-ford-facing-hold-ups-at-china-ports-amid-trade-friction-sources-idUKKBN1IA1O1; Eun-Young Jeong, "South Korea's Companies Eager for End to Costly Spat with China," Wall Street Journal, November 1, 2017, https://www.wsj.com/articles/south-koreas-companies-eager-for-end-to-costly-spat-with-china-1509544012.

24. Yoko Kubota, "Apple's Cook to Trump: Embrace Open Trade," Wall Street Journal, March 24, 2018, https://www.wsj.com/articles/apples-cook-to-trump-embrace-open-trade-1521880744; "Apple CEO Calls for Countries to Embrace Openness, Trade and Diversity at China Development Forum" CCTV, March 24, 2018; "China to Continue Pushing Forward Opening Up and Reform: Li Keqiang," China Plus, March 27, 2018, http://chinaplus.cri.cn/news/china/9/20180327/108308.html.

25. Caroline Cakebread, "With 60 Million Subscribers, Spotify Is Dominating Apple Music," Yahoo! Finance, August 1, 2017, https://finance.yahoo.com/news/60-million-subscribers-spotify-dominating-195250485.html.

26. Tripp Mickle and Joe Flint, "No Sex Please, We're Apple: iPhone Giant Seeks TV Success on Its Own Terms," Wall Street Journal, September 22, 2018, https://www.wsj.com/articles/no-sex-please-were-apple-iphone-giant-seeks-tv-success-on-its-own-terms-1537588880; Margaret Lyons, "'Madam Secretary' Proved TV Didn't Have to Be Hip to Be Great," New York Times, December 8, 2019, https://www.nytimes.com/2019/12/08/arts/television/madam-secretary-finale.html.

27. Maureen Ryan, "TV Review: Apple's 'Planet of the Apps,'" Variety, June 6, 2017, https://variety.com/2017/tv/reviews/planet-of-the-apps-apple-gwyneth-paltrow-jessica-alba-1202456477/; Jake Nevins, "Planet of the Apps Review—Celebrity Panel Can't Save Apple's Dull First TV Show," Guardian, June 8, 2017, https://www.theguardian.com/tv-

and-radio/2017/jun/08/planet-of-the-apps-review-apple-first-tv-show.

28. Tripp Mickle and Joe Flint, "Apple Poaches Sony TV Executives to Lead Push into Original Content," Wall Street Journal, June 16, 2017, https://www.wsj.com/articles/apple-poaches-sony-tv-executives-to-lead-push-into-original-content-1497616203.

29. Joe Flint, "Jennifer Aniston, Reese Witherspoon Drama Series Headed to Apple," Wall Street Journal, November 8, 2017, https://www.wsj.com/articles/jennifer-aniston-reese-witherspoon-drama-series-headed-to-apple-1510167626.

30. Interview with Larry Kudlow.

31. Hanna Sender, William Mauldin, and Josh Ulick, "Chart: All the Goods Targeted in the Trade Spat," Wall Street Journal, April 5, 2018, https://www.wsj.com/articles/a-look-at-which-goods-are-under-fire-in-trade-spat-1522939292; Bob Davis, "Trump Weighs Tariffs on $100 Billion More of Chinese Goods," Wall Street Journal, April 5, 2018, https://www.wsj.com/articles/u-s-to-consider-another-100-billion-in-new-china-tariffs-1522970476.

32. Aaron Steckelberg, "Inside Trump's West Wing," Washington Post, May 3, 2017, https://www.washingtonpost.com/graphics/politics/100-days-west-wing/.

33. Jack Nicas, Raymond Zhong, and Daisuke Wakabayashi, "Censorship, Surveillance and Profits: A Hard Bargain for Apple in China," New York Times, June 17, 2021, https://www.nytimes.com/2021/05/17/technology/apple-china-censorship-data.html.

34. "Remarks by President Trump Before Marine One Departure," The White House, August 21, 2019, https://trumpwhitehouse.archives.gov/briefings-statements/remarks-president-trump-marine-one-departure-011221/.

35. Noel Randewich, "Apple Breaches $1 Trillion Stock Market Valuation," Reuters, August 2, 2018, https://www.reuters.com/article/us-apple-stocks-trillion/apple-breaches-1-trillion-stock-market-valuation-idUSKBN1KN2BE.

36. Tripp Mickle and Jay Greene, "Apple Says China Tariffs Would Hit Watch, AirPods," Wall Street Journal, September 7, 2018, https://www.wsj.com/articles/apple-says-china-tariffs-would-hit-watch-airpods-1536353245; Tripp Mickle, "How Tim Cook Won Donald Trump's Ear," Wall Street Journal, October 5, 2019, https://www.wsj.com/articles/how-tim-cook-won-donald-trumps-ear-11570248040.

CHAPTER 21. 작동 불능

1. Apple, "Apple Special Event, September 2017" (video) Apple Events, September 14, 2017, https://podcasts.apple.com/us/podcast/apple-special-event-september-2017/id275834665?i=1000430692674.

2. Walter Isaacson, Steve Jobs.

3. Nick Compton, "In the Loop: Jony Ive on Apple's New HQ and the Disappearing iPhone," Wallpaper, December 2017, https://www.wallpaper.com/design/jony-ive-apple-park.

4. Tripp Mickle and Eliot Brown, "Apple's New Headquarters Is a Sign of Tech's Boom, Bravado," Wall Street Journal, May 14, 2017, https://www.wsj.com/articles/apples-new-headquarters-is-a-sign-of-techs-boom-bravado-1494759606.

5. Interview with Steve Wozniak, September 14, 2017.

6. Apple, "Apple Special Event, September 2017" (video), Apple Events, September 14, 2017, https://podcasts.apple.com/us/podcast/apple-special-event-september-2017/id275834665?i=1000430692674

7. Yoko Kubota, "Apple iPhone X Production Woe Sparked by Juliet and Her Romeo," Wall Street Journal, September 27, 2017, https://www.wsj.com/articles/apple-iphone-x-production-woe-sparked-by-juliet-and-her-romeo-1506510189.

8. "Apple Inc., Q4 2017 Earnings Call, Nov 02, 2017," S&P Capital IQ, November 2, 2017, https://www.capitaliq.com/CIQDotNet/Transcripts/Detail.aspx?keyDevId=540777466&companyId=24937.

9. Apple Inc. Definitive Proxy Statement 2018, Cupertino, CA: Apple Inc., December 15, 2017, https://www.sec.gov/Archives/edgar/data/320193/000119312517380130/d400278ddef14a.htm.

10. Zuckerman's documentary work was abandoned. Apple has not said whether it will release any of his work.

11. Apple Inc v. Gerard Williams III, Williams CrossComplaint Against Apple Inc., Superior Court of the State of California, County of Santa Clara, November 6, 2019.

12. "Jony Ive: The Future of Design," November 29, 2017, https://hirshhorn.si.edu/event/jony-ive-future-design/; fuste, "Jony Ive: The Future of Design" (audio recording), Soundcloud, 2018, https://soundcloud.com/user-175082292/jony-ive-the-future-of-design.

13. "Apple Park: Transcript of 911 Calls About Injuries from Walking into Glass," San Francisco Chronicle, March 2, 2018, https://www.sfchronicle.com/business/article/Apple-Park-Transcript-of-911-calls-about-12723602.php.

14. Vanessa Friedman, "Is the Fashion Wearables Love Affair Over?," New York Times, January 12, 2018, https://www.nytimes.com/2018/01/12/fashion/ces-wearables-fashion-technology.html.

CHAPTER 22. 10억 명의 호주머니

1. Becca Hensley, "Review: Amangiri," Condé Nast Traveler, https://www.cntraveler.com/

hotels/united-states/canyon-point/amangiri-canyon-point.

2. Michael Roberts, "Tim Cook Pivots to Fitness," Outside, February 10, 2021, https://www. outsideonline.com/health/wellness/tim-cook-apple-fitness-wellness-future/; "Tim Cook on Health and Fitness" (podcast), Outside, December 9, 2020, https://www.outsideonline. com/podcast/tim-cook-health-fitness-podcast/.

3. Yoko Kubota, "The iPhone that's Failing Apple: iPhone XR," Wall Street Journal, January 6, 2019, https://www.wsj.com/articles/the-phone-thats-failing-apple-iphone-xr-11546779603.

4. "Compare Apple iPhone XR vs Huawei P20," Gadgets Now, https://www.gadgetsnow. com/compare-mobile-phones/Apple-iPhone-XR-vs-Huawei-P20.

5. Yoko Kubota, "Apple iPhone Loses Ground to China's Homegrown Rivals," Wall Street Journal, January 3, 2019, https://www.wsj.com/articles/apple-loses-ground-to-chinas-homegrown-rivals-11546524491.

6. Debby Wu, "Apple iPhone Supplier Foxconn Planning Deep Cost Cuts," Bloomberg, November 21, 2018, https://www.bloomberg.com/news/articles/2018-11-21/apple-s-biggest-iphone-assembler-is-said-to-plan-deep-cost-cuts.

7. Hayley Tsukayama, "Apple Launches iPhone Trade-in Program," Washington Post, August 30, 2013, https://www.washingtonpost.com/business/technology/apple-launches-trade-in-program/2013/08/30/35c360a0-1183-11e3-b4cb-fd7ce041d814_story.html.

8. Mark Gurman, "Apple Resorts to Promo Deals, Trade-ins to Boost iPhone Sales," Bloomberg, December 4, 2018, https://www.bloomberg.com/news/articles/2018-12-04/apple-is-said-to-reassign-marketing-staff-to-boost-iphone-sales.

9. 2018년 9월 4일 애플의 시가총액은 1조 1,311억 달러였고, 2018년 12월 24일에는 6,950억 달러였다.

10. Jay Greene, "How Microsoft Quietly Became the World's Most Valuable Company," Wall Street Journal, December 1, 2018, https://www.wsj.com/articles/how-microsoft-quietly-became-the-worlds-most-valuable-company-1543665600.

11. "Letter from Tim Cook to Apple Investors," Apple, January 2, 2019, https://www.apple. com/newsroom/2019/01/letter-from-tim-cook-to-apple-investors/.

12. "CNBC Exclusive: CNBC Transcript: Apple CEO Tim Cook Speaks with CNBC's Josh Lipton Today," CNBC, January 2, 2019, https://www.cnbc.com/2019/01/02/cnbc-exclusive-cnbc-transcript-apple-ceo-tim-cook-speaks-with-cnbcs-josh-lipton-today.html.

13. Sophie Caronello, "Apple's Market Cap Plunge Must Be Seen in Context," Bloomberg, January 4, 2019, https://www.bloomberg.com/news/articles/2019-01-04/apple-s-market-cap-plunge-must-be-seen-in-context.

14. Apple Inc. Definitive Proxy Statement, 2014, Schedule 14A, United States Securities and Exchange

Commission, https://www.sec.gov/Archives/edgar/data/320193/000119312514008074/d648739ddef14a.htm; Apple Inc. Definitive Proxy Statement, 2017, Schedule 14A, United States Securities and Exchange Commission, https://www.sec.gov/Archives/edgar/data/320193/000119312517003753/d257185ddef14a.htm.

15. John Koblin, "Hollywood Had Questions. Apple Didn't Answer Them," New York Times, March 26, 2019, https://www.nytimes.com/2019/03/26/business/media/apple-tv-plus-hollywood.html.

16. Apple, "Apple Special Event, March 2019" (video), Apple Events, March 25, 2019, https://podcasts.apple.com/us/podcast/apple-special-event-march-2019/id275834665?i=1000433397233.

17. Valentina Pop and Sam Schechner, "Spotify Accuses Apple of Stifling Competition in EU Complaint," Wall Street Journal, March 13, 2019, https://www.wsj.com/articles/spotify-files-eu-antitrust-complaint-over-apples-app-store-11552472861.

18. Kevin Kelleher, "Apple's Stock Soared 89% in 2019, Highlighting the Company's Resilience," Fortune, December 31, 2019, https://fortune.com/2019/12/31/apple-stock-soared-in-2019/.

CHAPTER 23. 〈예스터데이〉

1. "Pac Heights Carriage House in Contract at $4K Per Square Foot," SocketSite, June 10, 2015, https://socketsite.com/archives/2015/06/3-5m-carriage-house-in-contract-at-4k-per-square-foot.html.

2. Aaron Tilley and Wayne May, "Before Departure, Apple's Jony Ive Faded from View," The Information, June 27, 2019, https://www.theinformation.com/articles/before-departure-apples-jony-ive-faded-from-view.

3. 초대장 사본에서 인용함.

4. Lewis Wallace, "How (and Why) Jony Ive Built the Mysterious Rainbow Apple Stage," Cult of Mac, May 9, 2019, https://www.cultofmac.com/624572/apple-stage-rainbow/.

5. Interview with Camille Crawford, former personal assistant to Jony Ive.

6. Interview with John Cave, longtime friend of Mike Ive and colleague at Middlesex Polytechnic.

7. Sina Digital, "Apple Park, Apple's New Headquarters, Opens Lady Gaga Rainbow Stage Singing (translated)," Sina, May 19, 2019, https://tech.sina.com.cn/mobile/n/n/2019-05-19/doc-ihvhiqax9739760.shtml

8. Monster Nation, PAWS UP, "Lady Gaga Live at the Apple Park" (video), Facebook, May 17, 2019, https://www.facebook.com/MonsterNationPawsUp/videos/671078713305170/.

9. Peggy Truong, "The Real Meaning of 'Shallow' from 'A Star Is Born,' Explained," Cosmopolitan, February 25, 2019, https://www.cosmopolitan.com/entertainment/music/a26444189/shallow-lady-gaga-lyrics-meaning/; Lady Gaga, Mark Ronson, Anthony Rossomando, and Andrew Wyatt, "Shallow," A Star Is Born, 2018, https://genius.com/Lady-gaga-and-bradley-cooper-shallow-lyrics.

10. Paulinosdepido, "Steve Jobs My Model in Business Is the Beatles," YouTube, December 13, 2011, https://www.youtube.com/watch?v=1QfK9UokAIo.

11. "10 of the Largest Golden Parachutes CEOs Ever Received," Town & Country, December 6, 2013.

12. Tripp Mickle, "Jony Ive's Long Drift from Apple—The Design Chief 's Departure Comes After Years of Growing Distance and Frustration," Wall Street Journal, July 1, 2019.

에필로그

1. Tripp Mickle, "How Tim Cook Made Apple His Own," Wall Street Journal, August 7, 2020, https://www.wsj.com/articles/tim-cook-apple-steve-jobs-trump-china-iphone-ipad-apps-smartphone-11596833902.

2. Email from Laurene Powell Jobs, March 25, 2021.

3. Apple Inc., "Apple Return of Capital and Net Cash Position," Cupertino, CA, Apple Inc, 2021, https://s2.q4cdn.com/470004039/files/doc_financials/2021/q3/Q3'21-Return-of-Capital-Timeline.pdf.

4. "Fortune 500," Fortune, 2020, https://fortune.com/fortune500/2020/.

5. "Apple Inc.," FactSet, https://www.factset.com.

6. Tripp Mickle, "Apple Was Headed for a Slump. Then It Had One of the Biggest Rallies Ever," Wall Street Journal, January 26. 2020, https://www.wsj.com/articles/apple-was-headed-for-a-slump-then-it-had-one-of-the-biggest-rallies-ever-11580034601.

7. Tim Higgins, "Apple's Tim Cook Faces Pointed Questions from Judge on App Store Competition," Wall Street Journal, May 21, 2021, https://www.wsj.com/articles/apples-tim-cook-expected-to-take-witness-stand-in-antitrust-fight-11621589408.

8. Tim Higgins, "Apple Doesn't Make Videogames. But It's the Hottest Player in Gaming," Wall Street Journal,October 2, 2021, https://www.wsj.com/articles/apple-doesnt-make-videogames-but-its-the-hottest-player-in-gaming-11633147211.

9. Ben Thompson, "The Apple v. Epic Decision," Stratechery, September 13, 2021, https://stratechery.com/2021/the-apple-v-epic-decision/.

10. Wayne Ma, "Seven Apple Suppliers Accused of Using Forced Labor from Xinjiang," The Information, May 10, 2021, https://www.theinformation.com/articles/seven-apple-

suppliers-accused-of-using-forced-labor-from-xinjiang.

11. "Apple Inc. Notice of 2021 Annual Meeting of Shareholders and Proxy Statement," Apple, January 5, 2021, https://www.sec.gov/Archives/edgar/data/320193/000119312521001987/d767770ddef14a.htm.

12. Anders Melin and Tom Metcalf, "Tim Cook Hits Billionaire Status with Apple Nearing $2 Trillion," Bloomberg, August 10, 2020, https://www.bloomberg.com/news/articles/2020-08-10/apple-s-cook-becomes-billionaire-via-the-less-traveled-ceo-route; Mark Gurman, "Apple Gives Tim Cook Up to a Million Shares That Vest Through 2025," Bloomberg, September 29, 2020, https://www.bloomberg.com/news/articles/2020-09-29/apple-gives-cook-up-to-a-million-shares-that-vest-through-2025.

13. Apple Inc. Form 10-K 2020. Cupertino, CA: Apple Inc, 2020, https://s2.q4cdn.com/470004039/files/doc_financials/2020/q4/_10-K-2020-(As-Filed).pdf.

14. Dave Lee, "Airbnb Brings in Jony Ive to Oversee Design," Financial Times, October 21, 2020, https://www.ft.com/content/8bc63067-4f58-4c84-beb1-f516409c9838; Tim Bradshaw, "Jony Ive Teams Up with Ferrari to Develop Electric Car," Financial Times, September 27, 2021, https://www.ft.com/content/c2436fb5-d857-4aff-b81e-30141879711c; Ferrari N.V. Press Release, "Exor, Ferrari and LoveFrom Announce Creative Partnership," Ferrari, September 27, 2021, https://corporate.ferrari.com/en/exor-ferrari-and-lovefrom-announce-creative-partnership; Nergess Banks, "This Is Ferrari and Superstar Designer Marc Newson's Tailored Luggage Line," Forbes, May 6, 2020, https://www.forbes.com/sites/nargessbanks/2020/05/05/ferrari-marc-newsons-luggage-collection/?sh=248a8e762d11.

15. Interview with Camille Crawford.

16. Interview with Camille Crawford; Alexa Tsoulis-Reay, "What It's Like to See 100 Million Colors," New York, February 26, 2015, https://www.thecut.com/2015/02/what-like-see-a-hundred-million-colors.html

참고문헌

책

Austin, Rob, and Lee Devin. Artful Making: What Managers Need to Know About How Artists Work. New York: FT Prentice Hall, 2003.

Brennan-Jobs, Lisa. Small Fry: A Memoir. New York: Grove Press, 2018.

Brunner, Robert, and Stewart Emery with Russ Hall. Do You Matter? How Great Design Will Make People Love Your Company. Upper Saddle River, NJ: FT Press, 2009.

Cain, Geoffrey. Samsung Rising: The Inside Story of the South Korean Giant That Set Out to Beat Apple and Conquer Tech. New York: Currency, 2020.

Carlton, Jim. Apple: The Inside Story of Intrigue, Egomania, and Business Blunders. New York: Times Books, 2017.

Davis, Bob, and Lingling Wei. Superpower Showdown: How the Battle Between Trump and Xi Threatens a New Cold War. New York: Harper Business, 2020.

Dormehl, Luke. The Apple Revolution: Steve Jobs, the Counter Culture and How the Crazy Ones Took Over the World. London: Virgin Books, 2012.

Esslinger, Hartmut. Keep It Simple: The Early Design Years at Apple. Stuttgart, Germany: Arnoldsche Art Publishers, 2013.

Higgs, Antonia. Tangerine: 25 Insights into Extraordinary Innovation & Design. London: Goodman, 2014.

Iger, Robert. The Ride of a Lifetime: Lessons Learned from 15 Years as CEO of the Walt Disney Company. New York: Random House, 2019.

Isaacson, Walter. Steve Jobs. New York: Simon & Schuster, 2011.

Ive, Jony, Andrew Zuckerman, and Apple Inc. Designed by Apple in California. Cupertino, CA: Apple, 2016.

Kahney, Leander. Jony Ive: The Genius Behind Apple's Greatest Products. New York: Portfolio/Penguin, 2013.

Kahney, Leander. Tim Cook: The Genius Who Took Apple to the Next Level. New York: Portfolio/Penguin, 2019.

Kane, Yukari Iwatani. Haunted Empire: Apple After Steve Jobs. New York: Harper Business, 2014.

Kocienda, Ken. Creative Selection: Inside Apple's Design Process During the Golden Age of Steve Jobs. New York: St. Martin's Press, 2018.

Kunkel, Paul. AppleDesign: The Work of the Apple Industrial Design Group. Cupertino, CA: Apple, 1997.

Lashinsky, Adam. Inside Apple: How America's Most Admired—and Secretive—Company Really Works. New York: Business Plus, 2013.

Levy, Steven. Insanely Great: The Life and Times of Macintosh, the Computer That Changed Everything. New York: Penguin, 1994.

Merchant, Brian. The One Device: The Secret History of the iPhone. New York: Back Bay Books, 2017.

Moritz, Michael. Return to the Little Kingdom: How Apple & Steve Jobs Changed the World. New York: Overlook Press, 1984, 2009.

Nathan, John. Sony: The Private Life. Boston: Houghton Mifflin Harcourt, 1999.

Rams, Dieter. Less but Better. Berlin: Gestalten, 1995.

Schendler, Brent, and Rick Tetzeli. Becoming Steve Jobs: The Evolution of a Reckless Upstart into a Visionary Leader. New York: Crown Business, 2015.

Shenk, Joshua Wolf. Powers of Two: How Relationships Drive Creativity. New York: First Mariner Books, 2014.

Stalk, George, Jr., and Thomas M. Hout. Competing Against Time: How Time-Based Competition Is Reshaping Global Markets. New York: Free Press, 1990.

Vogelstein, Fred. Dogfight: How Apple and Google Went to War and Started a Revolution. New York: Sarah Crichton Books, 2013.

영화

First Monday in May. Andrew Rossi. Magnolia Pictures, 2016.

Objectified. Gary Hustwit. Plexi Productions, 2009.

September Issue. R. J. Cutler. A&E Indie Films, 2009.

The Defiant Ones. Allen Hughes. Alcon Entertainment, 2017.

Yesterday. Danny Boyle. Decibel Films, 2019.

찾아보기